D1727780

Der Gerechte werden

Edward Fröhling

Der Gerechte werden

Meister Eckhart im Spiegel der Neuen
Politischen Theologie

 MATTHIAS-GRÜNEWALD-VERLAG

Mix
Produktgruppe aus vorbildlich bewirtschafteten
Wäldern, kontrollierten Herkünften und
Recyclingholz oder -fasern
www.fsc.org Zert.-Nr. GFA-COC-001229
© 1996 Forest Stewardship Council

Für die Schwabenverlag AG ist Nachhaltigkeit ein wichtiger Maßstab ihres Handelns. Wir achten daher auf den Einsatz umweltschonender Ressourcen und Materialien. Dieses Buch wurde auf FSC-zertifiziertem Papier gedruckt. FSC (Forest Stewardship Council) ist eine nicht staatliche, gemeinnützige Organisation, die sich für eine ökologische und sozial verantwortliche Nutzung der Wälder unserer Erde einsetzt.

Bibliografische Information der Deutschen Nationalbibliothek
Die Deutsche Nationalbibliothek verzeichnet diese Publikation in der Deutschen Nationalbibliografie; detaillierte bibliografische Daten sind im Internet über http://dnb.d-nb.de abrufbar.

 Der Matthias-Grünewald-Verlag
ist Mitglied der Verlagsgruppe engagement

Dissertation, Universität Passau 2008

Umschlaggestaltung: Finken & Bumiller, Stuttgart
Umschlagabbildung: © Christoph Thorman
Gesamtherstellung: Matthias-Grünewald-Verlag, Ostfildern
Hergestellt in Deutschland

ISBN 978-3-7867-2812-2

„Die Gerechtigkeit ist immerwährend und unsterblich. Dass aber Unerfahrene sagen und glauben, die Gerechtigkeit, Weisheit und dergleichen stürben mit dem Gerechten und Weisen, kommt von der Unwissenheit derer her, die das Körperliche zum Maßstab des Geistigen machen. [...] Deshalb heißt es bezeichnenderweise [...] ‚Die Seelen der Gerechten sind in Gottes Hand; des Todes Pein wird sie nicht berühren‘; es folgt: ‚in den Augen der Toren waren sie Sterbende‘."[1]

Meister Eckhart: InSap 42—43: LW II; 364,14—365,6

„ [Mich kann man töten.][2] Ich möchte aber klarstellen, dass niemand die Stimme der Gerechtigkeit töten kann".

Oscar Arnulfo Romero, Predigt vom 24.02.1980

---

1   „Iustitia perpetua est et immortalis. Quod autem dicitur et creditur ab imperitis iustitiam, sapientiam et huiusmodi mori cum iusto et sapiente, ex ignorantia est eorum, qui spiritualia iudicant secundum corporalia [...]. Propter quod signanter [...] dicitur: ‚iustorum animae in manu dei sunt, et non tanget illos tormentum mortis‘; et sequitur: visi sunt oculis insipientium mori".

2   „In dieser Woche habe ich die Nachricht bekommen, dass ich auf der Liste jener stehe, die in den nächsten Wochen umgebracht werden sollen. Ich möchte aber klarstellen, dass niemand die Stimme der Gerechtigkeit töten kann". Zit. nach Maier, Martin: Oscar Romero. Freiburg i. Br. 2001. 74.

Dank und Widmung

Die vorliegende Studie wurde unter dem Arbeitstitel *„Der Gerechte werden!" – Kenosis als Lebensform der Entlarvung und Entmachtung der Negativität. Eine Relektüre der Werke Meister Eckharts im Kontext der Neuen Politischen Theologie.* im WS 2008/09 an der Katholisch-Theologischen Fakultät der Universität Passau als Dissertationsschrift im Fachbereich der Fundamentaltheologie angenommen.

An dieser Stelle ist es notwendig, Dank zu sagen! Zuallererst meiner *Doktormutter*, Frau Prof. Dr. Martha Zechmeister-Machhart CJ (Passau/San Salvador), Sr. Martha, für ihre freundlich-bestimmte Unterstützung und Begleitung durch die Jahre der Arbeit an diesem Projekt, ihre unerschöpfliche Gastfreundschaft auf dem Langlebenhof in Passau, für so viele nicht nur fachlich bereichernde Gespräche. Es ist ein wirkliches Geschenk, solch eine „Verbündete" zu finden! Ebenso gilt mein Dank Herrn Prof. Dr. Wolfgang Treitler (Universität Wien), der dankenswerter Weise das Zweitgutachten im Promotionsverfahren erstellt hat.

Sodann meinen Brüdern und Schwestern in den Gemeinschaften der *Vereinigung vom Katholischen Apostolat (UAC)*, der ich als Pallottiner das Glück habe anzugehören:

Allen voran sind das Simone Hachen SAC und Markus Hau SAC, deren Gegenwart und Freundschaft mir Mut macht, weiter nach Wegen der Nachfolge in unserer so seltsamen Zeit zu suchen.

Für vielfältige Unterstützung habe ich zu danken meinen Mitbrüdern in der Provinzleitung und Provinzverwaltung, die mir nicht nur finanziell „den Rücken freigehalten haben", und den Vielen, mit denen ich in diesen Jahren gelebt habe: den Schülern und Schülerinnen in Gymnasium und Internat des Vinzenz-Pallotti-Kollegs in Rheinbach (die mich immer wieder „auf den Boden der Tatsachen geholt haben"), den KollegInnen dort, den Mitbrüdern der Rheinbacher Hausgemeinschaft, der „Tanzvergnügen-Truppe", den Verbündeten unter den franziskanischen Schwestern in Sießen und Vierzehnheiligen (besonders Prof. Dr. Margareta Gruber OSF und Franziska Dieterle OSF) und so vielen, deren Namen hier zu nennen jeden Rahmen sprengen würde.

So dürfen am Schluss nur noch zwei *Familien* nicht fehlen: Claus und Christina Stahl, die mir im schönen Schwarzwald „Asyl" gewährt haben, als ich wirklich nicht mehr weiter wusste, und natürlich „die Fröhlings", meine Eltern und Geschwister.

Ein solches Buch zu *schreiben* ist das Eine – etwas anderes ist es, es auch zu veröffentlichen. Ich bin sehr dankbar und froh, dass der Matthias-Grünewald-Verlag das Manuskript zur Drucklegung in sein profiliertes theologisches Verlagsprogramm aufgenommen hat!
Dank zu sagen ist hier – neben der Verlagsleitung der Verlagsgruppe des Schwabenverlags – vor allem Frau Anke Wöhrle, die mit Geduld und Freundlichkeit alle aufkommenden, nicht nur satztechnischen Fragen und Herausforderungen zu bewältigen geholfen hat.
Für verbleibende Fehler allerdings kann ich sie „leider" nicht verantwortlich machen – diese gehen „auf mein Konto".
Meine aufrichtige Dankbarkeit gehört natürlich auch denen, die durch ihre Zuschüsse die Drucklegung finanziell ermöglicht haben: Von Herzen Danke für jede Unterstützung!

Dieses Buch möchte ich dem emeritierten Bischof von Limburg, *Franz Kamphaus*, widmen.
Er ist für mich ein wirkliches Vorbild, an dem ich die gottes- und menschenfreundlicher Liebe zum Feuer und zur Armut des Evangeliums – so sichtbar und bescheiden vor Augen gestellt – bis heute sehen darf!
Mit seinem Namen (unter anderen) verbindet sich auch das inhaltliche Interesse meiner Studie: Ein Wagnis, sich hineinzubegeben in das Spannungsfeld von Mystik – Spiritualität – Theologie – Kirche und „Politik".

Ich hoffe, sich auf dieses Wagnis einzulassen wird die Leserinnen und Leser bereichern – und dem heiligen Vinzenz Pallotti (1795-1850) gefallen, den so vieles mit Meister Eckhart und seinen Gedanken verbindet – nicht wahr, Johannes?

Vallendar, Weihnachten 2009   Edward Fröhling SAC

Inhaltsverzeichnis

Einleitungsskizzen zur „Verortung" 15

Mystik und Politik: Gratwanderung zwischen zwei
„Abgründen" 20
   1. Was bedeutet es, Eckhart einen „Mystiker" zu nennen? 21
   2. Was bedeutet die Rede von „Politischer Theologie"? 23

Ein Spannungsfeld als Herausforderung 24

Die „glaubensgeschichtliche Wende" als Krise der Kirche   27

Zwischen Individualisierung und „Dressur für das
religiös Institutionelle" 32

Spirituelle Theologie als „fundamentale Theologie"
zwischen Orthodoxie und Orthopraxie 34

I. Teil: Meister Eckhart *lesen*

I.   Meister Eckhart *lesen* – Welten des Textes 45

I.1.   Biographisches: „Bruder Eckhart Predigerordens, Doktor
      und Professor der Heiligen Schrift" 45

I.2.   Eine Relektüre der Werke Meister Eckharts 64

      I.2.1.   Tradition und Normativität 64

      I.2.2.   Meister Eckhart *lesen* – Herausforderungen
                   des Textes 67

      I.2.2.1.   *Der Text als Werk des Autors* 67
      I.2.2.2.   *Der Text als „singuläre Wirklichkeit"* 73
      I.2.2.3.   *Interpretation als Aneignung* 75

      I.2.3.   Den Text „verstehen"- Erneuerung des
                   Lebens in der Gegenwart 78

I.3.   Die „Hermeneutik der Textwelten" als wissenschaftliche
Herausforderung 83

I.4.   Die „Welt hinter dem Text" – Meister Eckhart in seiner
Zeit 87

    I.4.1.   Der verachtete Arme – Die Zuspitzung der
            Sozialen Situation 93

    I.4.2.   Die Apostolische Armutsbewegung 100

    I.4.2.1.   *Das Evangelium: Nachfolge und apostolisches Leben in*
             freiwilliger Armut 100
    I.4.2.2.   *Die Armutsbewegung als Umkehr- und*
             Protestbewegung 112
    I.4.2.3.   *„Hochmütige Armut": Die Pervertierung des*
             Armutsgedankens 119
    I.4.2.4.   *Der dominikanische Weg: Die vernünftige Ordnung* 122

    I.4.3.   Der „Augenblick der Gefahr" 127

    1.4.3.1.   *„Politische Eckhart-Rezeption" nach der kirchlichen*
             Verurteilung 127
    1.4.3.2.   *Die perspektivische Lektüre der Werke Meister Eckharts* 135

II. Teil: *Meister Eckhart* lesen

II.   *Meister Eckhart* lesen – Die Welt der Texte 138

II.1.   Gott, das „ungesprochene Wort" – Die Tradition
„mystischer Theologie" 143

    II.1.1.   Dionysius Areopagita: Gotteserkenntnis
            zwischen *Ja* und *Nein* zur geschaffenen Welt .. 147

    II.1.2.   Meister Eckhart: „Das letzte Ende des Seins ist
            Finsternis" 157

II.2.   „Die große Edelkeit, die Gott an die Seele gelegt hat" 181

    II.2.1.   Die ‚imago dei' als ewige Idee des Menschen
            im Grund der Seele 183

II.2.2.	,Duplex esse': Das zweifache Sein des Menschen	215
II.2.2.1.	*Das Sein des Menschen „nach seiner Ungeborenheit"...*	217
II.2.2.2.	*Der „doppelte Fall"*	227
	a) Das Sein des Menschen „nach seiner Geborenheit": Schöpfung, Analogie und der Durst nach Sein	229
	b) Das „überschriebene Bild": Entfremdung und Sünde	242
II.2.3.	Überwundensein der Entfremdung in der Univozität: *Der Sohn*	259
II.2.3.1.	*Sohnes-Geburt*	260
II.2.3.2.	*Sohn Gottes „von Natur": Jesus von Nazaret*	263
II.2.3.3.	*Die Gnade der Inkarnation als „Wille zur Gleichheit"...*	273
II.2.3.4.	*Die „Gnade der Kindschaft"*	287
II.2.4.	Der Gerechte: der „göttliche, gottförmige Mensch":	296
II.3.	Die „Wieder-Einbildung in das einfaltige Gut, das Gott ist"	301
II.3.1.	Das Wirken Gottes: Licht und Feuer – Erleuchtung und Verwandlung	309
II.3.2.	Gottes Werk im Menschen: Erzeugung (generatio) als Veränderung (alteratio)	317
II.3.3.	„Synderesis": Der Funke im Grund als Ausgangspunkt der Verwandlung	331
II.3.4.	„... wenn sie auch nicht alle hören": Die notwendige Disposition des Menschen	344
II.3.5.	Die „andauernde Geburt" unter „Murren und Widerstreit des Erleidenden"	349
II.3.6.	Christus-Förmigkeit: Der „Sohn der Gerechtigkeit" als Ziel der Verwandlung	362
II.3.7.	„Wandle vor mir und sei vollkommen!": Das Leben des Gerechten *in tempore*	372

II.3.7.1.   *Der Gerechtigkeitsbegriff*   374

II.3.7.2.   *Gerechtigkeit als Erkenntnisgegenstand: Der Einspruch*
            negativer Theologie   378

II.3.7.3.   *Gerechtigkeit konkret: „Niemand kennt den Vater, außer*
            der Sohn" (Mt 11,27)   381

II.3.7.4.   *Das Sohn-Werden und die „Idee des frommen Menschen"*   388

II.3.7.5.   *Gerechtigkeit als Grenzbegriff*   405

II.3.8.   „Wenn ihr nicht glaubt, werdet ihr nicht
         verstehen": Die Befreiung zur Wahrheit   409

II.3.9.   „zuobinden": Das Gerecht-Werden in *respectus*
         und „Gespräch"   430

II.3.10.   „Zugekehrt" leben: In Demut und Liebe
         aufsteigen zu Gott   449

II.3.10.1.   *Das Gebot der Liebe als „Weg zum neuen Menschen"*   453

II.3.10.2.   *Die Demut: „propriissima dispositio omnis gratiae"*   458

           a) Demut als Befreiung zur Liebe   462

           b) Demut als Hingabe   464

           c) Demut als „Züchtigung des Stolzes" und der
           Überheblichkeit   465

II.3.11.   Die Dynamik des Gebetes und des
         „holocaustum" als Ganz-Opfer   476

II.3.12.   „abekêren": Nachfolge als Umkehr und Abkehr
         vom „alten, bösen Menschen"   486

II.3.12.1.   *Der Ruf zur Nachfolge*   493

II.3.12.2.   *„Niemand kann zwei Herren dienen!"*   502

II.3.12.3.   *Der Feind im Inneren*   514

II.3.12.4.   *Die Herausforderung und Zumutung der Umkehr*   525

II.3.12.5.   *Das „Freuden-Fest der Umkehr"*   534

II.3.13.   Das Lebensprinzip des Gerechten: *barmherzicheit*
         und Kenosis, Demut und Armut   549

II.3.14.   Die materielle Armut, das Almosen, die
         Gerechtigkeit und der Frieden   569

II.3.15.   „Gott wird in den Menschen geliebt":
         Die Universalität der Nächstenliebe   594

II.3.16. Die Kirche als mit-leidende Gemeinschaft des
          Leibes Christi 614

II.3.17. Ein möglicher Einspruch: „die gnâde, daz ich ez
          willîche lîde" 625

II.3.18. „Negatio negationis": Liebe zur Gerechtigkeit als
          Hass gegen die Ungerechtigkeit 629

II.3.19. Das „innere" und das „äußere Werk" der
          Gerechtigkeit 651

II.4.   Von „Abgeschiedenheit": Ganz-Hingabe und Bestehen im
        Leid 670

        II.4.1. Das leidlose Leiden des Gerechten und der
                 „innere Raum der Unberührbarkeit" 670

        II.4.2. „Der Sohn und die heiligen Märtyrer":
                 Freiheit zum Leiden 688

II.5.   Ertrag: Meister Eckhart, die Armutsbewegung und die
        Theologie radikaler Nachfolge 701

Verzeichnis der verwendeten und zitierten Literatur 708

Einleitungsskizzen zur „Verortung"

GERECHTIKEIT LIT IN GROSER NOT
DIE WAHRHEIT IST GESCHLAGEN DOT
DER GLAUBEN HAT DEN STRIT VERLORN
DIE FALSCHEIT DIE IST HOCH GEBORN
DAS DUT GOT DEM HERN ZORN
O MENSCH LAS AB
DAS DU NIT WERDES EWIGLICH VERLORN
LOBT GERECHTIHEIT[1]

Die vorliegende Arbeit versteht sich als ein Beitrag zur Vermittlung zwischen zwei „theologischen Welten", sie ist angesiedelt im Kontext einerseits der Auseinandersetzung mit dem Traditionsstrom der „Mystik", in diesem Sinn ein Versuch von „spiritueller Theologie", andererseits verortet im Bezugsrahmen der „Neuen Politischen Theologie", einer systematischen, kritischen Geisteswissenschaft, wie sie sich im Anschluss an Johann Baptist Metz[2] profiliert hat.

Sie fragt – orientiert an den Werken Meister Eckharts, seiner theologischen Lehre, deren Darstellung und Interpretation den Gegenstand dieser Studie bildet – nach den Möglichkeiten, in der Nachfolge Jesu Christi in dieser Welt ein „Leben in Fülle"[3] zu leben.

Sie tut dies als fundamentaltheologische Arbeit unter einem ausdrücklich kritischen Gesichtspunkt mit dem Ziel, den Wunsch nach erlebnishafter Erfahrung, der den gegenwärtigen Boom des Spiritualitäts- und Mystik-Marktes prägt, „nicht ausschließlich einer (enthusiastischen) Frömmigkeitspraxis zu überlassen, sondern eine solche

---

1   „Spirale der Gerechtigkeit". Gestühlschnitzerei (Meister Erhard Falckener, 1510) in der Pfarrkirche St. Valentin; Kiedrich/Rheingau.

2   Hierzu vgl. als Grundlagenwerk vor allem Metz, Johann Baptist: Memoria passionis – Ein provozierendes Gedächtnis in pluralistischer Gesellschaft.

3   Unter diesem programmatischen johanneischen Wort (Joh 10,10) fasst Josef Weismayer die Zielrichtung einer christlichen Theologie der Spiritualität zusammen. Vgl. das entsprechende Standardwerk: Weismayer, Josef: Leben in Fülle.
    Ergänzend dazu die Festschrift des Instituts für Spiritualität der PTH Münster in Verbindung mit der Katholisch-Theologischen Fakultät der Universität Wien: Dienberg, Thomas/Plattig, Michael (Hrsg.): Leben in Fülle – Skizzen zur christlichen Spiritualität.

Selbstvergewisserung des Glaubens auf der Ebene menschlicher Empfindung nochmals einer Reflexion und einer Prüfung anhand von Kriterien geistlicher Unterscheidung zu unterziehen"[4]. Unter diesem Gesichtspunkt ist sie – trotz aller Missverständlichkeit und Unzulänglichkeit des Begriffs – einzuordnen als Versuch, „Politische Theologie" zu betreiben.

„Politische Theologie", oder wie es sich in Abgrenzung etwa zu Carl Schmitt und seiner Theorie einer Politischen Theologie als Stütze und Garant staatlicher Herrschaftsordnung etabliert hat, „Neue Politische Theologie", möchte ich im Anschluss an Tiemo Rainer Peters als „Korrektivbegriff" verstehen, „unter dem die geschichts- und gesellschaftsvergessenen Theologien [...] auf die Dringlichkeit einer praxisorientierten Hermeneutik hingewiesen" werden. Es gehe, so Peters, „um eine Klarstellung ideologiekritischer Art": Jede Theologie „ist schon dadurch politisch, dass sie, erkannter- oder unerkanntermaßen, Interessen verfolgt, Weltbilder vermittelt, Zeitbewusstsein transportiert und beeinflusst. Sie hat darüber, will sie frei bzw. redlich bleiben, Rechenschaft zu geben".[5]

Gerade Meister Eckhart in Verbindung zu bringen mit dem Ansatz „Neuer Politischer Theologie", wirkt vielleicht auf den ersten Blick befremdlich. Meister Eckhart ist scheinbar ein Kronzeuge jener Mystik, die durch Ausschaltung des Zeitaspekts „im mystischen Erleben ewig, mindestens jedoch zeitlos zu sein glaubt, und dabei die Welt verachtet, sich aus ihr herausstellt, sich nicht entwickelt, keine Werke erstrebt, nichts von Ordnung und Gesetzen wissen will, die Ruhe des ewigen Seins in der Vereinigung mit der Gottheit wünscht und erstrebt; kurz, die Zeit ist ihm völlig gleichgültig. Er möchte ja am liebsten ganz aus ihr heraus"[6].

In eine ähnliche Richtung argumentierte zuletzt, sich auf Kurt Flasch und dessen Forschungen berufend, Tiemo Rainer Peters: „Meister Eckhart war, zumindest in seinem lateinischen Werk, ganz der islamisch-averroistischen Weisheit verpflichtet, für die Welt und Geschichte kein wirkliches Thema darstellte [...] Ihm ging es um die

---

4   Vgl. Benke, Christoph: Licht und Tränen. 11.

5   Vgl. Peters, Tiemo Rainer: Mystik – Mythos – Metaphysik. 95.

6   Gent, W. (1934); zit. nach Haas, Alois M.: Meister Eckharts Auffassung von Zeit und Ewigkeit. 340.

zeitlose ‚Präsenz der ungeschaffenen Wahrheit und Weisheit im Intellekt'"[7]. „Er erwartet nichts, er erhofft nichts", so beschreibt Kurt Flasch den außerhalb von Zeit und Ort stehenden tätigen Intellekt, um den es Eckhart gehe, „Gott kann ihm nichts nehmen, Gott kann ihm nichts geben, denn er gibt ihm immer schon sein selbsttätiges Hervorgehen. Dies bedeutet die Ent-Eschatologisierung und Ent-Historisierung des Christentums. Die wirkende Vernunft kennt kein Davor und kein Danach; ihr Inhalt ist das zeitlose Wesen". Polemisch fügt Flasch an: „Dieser Ent-Zeitlichung des Denkens im Umkreis [...] Eckharts stellt sich heute das Interesse von Modetheologien des 20. Jahrhunderts an Zeit und Geschichtlichkeit entgegen, sie fordern Apokalyptik und Endzeithoffnung"[8].

Eckhart steht nach gewohnter Deutung für radikalen, abstrakt-spekulativen Vernunftgebrauch – oder aber er wird in anderen Kontexten gedeutet als Verfechter einer Spiritualitätsform „reiner Innerlichkeit": In beiden Deutungsansätzen wird kaum ein Raum sichtbar, dass es um ein wie auch immer geartetes „politisches Engagement" gehen könnte.

Es fehlen bei Eckhart Traktate über Ekklesiologie, Gesellschaftsphilosophie oder auch eine Gerechtigkeitstheorie im expliziten Sinn (wie wir sie etwa von seinem Ordensbruder Thomas von Aquin[9] kennen).

So ist zuerst zu begründen, warum ich (anknüpfend etwa an die evangelische Theologin Dorothee Sölle) Eckhart gerade mit den Fragen „Politischer Theologie" in Verbindung bringe.

In der Auseinandersetzung um die „Theologie nach Auschwitz", als die sich die „Neue Politische Theologie" profiliert hat, begegnet der Anspruch einer Verbindung von Mystik und Politik als Postulat von ihren Anfängen an, verstärkt allerdings in der zweiten Hälfte der 1970er Jahre und der ersten Hälfte der 1980er Jahre. Die „Politische Theologie" – in erster Linie im Kontext der Auseinandersetzung um die lateinamerikanische „Befreiungstheologie" – galt in weiten Teilen des akademischen Diskurses als fragwürdig und „unausgegoren", gerade in Hinsicht auf einen mit ihrer Praxis verbundenen

---

7   Peters, Tiemo Rainer: Mehr als das Ganze. 129.
8   Vgl. Flasch, Kurt: Meister Eckhart. 156 – 157.
9   Thomas von Aquin: STh II-II, q. 57 – 79. Recht und Gerechtigkeit.

marxistisch geprägten Erlösungsoptimismus, der sich in einzelnen Fällen mit dem Aufruf zur Revolution und offener Gewaltbereitschaft verband. Mit der hieraus erwachsenden, für die Politische Theologie notwendigen Kritik setzten sich etwa Oscar Romero, Jon Sobrino, Gustavo Gutierrez, Edward Schillebeeckxs, Dorothee Sölle und Johann Baptist Metz auseinander.

Es ging hierbei jedoch ausdrücklich nicht um eine Neuorientierung des theologischen Denkens, sondern um die konsequente Rückbesinnung auf eines ihrer von Anfang an bestimmenden Prinzipien[10]: Dass nämlich das befreiende Handeln durch und für die Armen, die Opfer, in der Geschichte ein „Wirken des Geistes" ist, oder vielleicht besser: sein muss, wenn es fruchtbar sein soll.

Theologie der Befreiung (in Lateinamerika) und „Politische Theologie" (in Europa) waren von Anfang an „spirituelle Theologie"[11]:

---

10 Vgl. hierzu Richard, Pablo: Die ursprünglichen theologischen Kernstücke der Befreiungstheologie.
Zum Verhältnis Gerechtigkeit – Heiligkeit, mit ausdrücklichem Rekurs auf die „mystische Tradition der Kirche": Gutiérrez, Gustavo: Eine Theologie der Befreiung im Kontext des dritten Jahrtausends [Vortrag während eines Symposions der CELAM mit Mitgliedern der vatikanischen Glaubenskongregation, Vallendar 1996]. in: Colección Documentos Celam, Nr. 141. Kolumbien 1996. Eine Zusammenfassung bei Rubim, Achylle A.: Die Befreiung der Theologie der Befreiung. 137–145.
„Wir müssen der Kategorie ‚Gerechtigkeit' einen weiteren Sinn zusprechen. […] Denn es handelt sich um die Gerechtigkeit Gottes in seiner doppelten biblischen Neigung zur Gerechtigkeit unter menschlichen Wesen und zur Heiligkeit" (a. a. O., 143).

11 Die Notwendigkeit dieses „bestimmenden Prinzips" war und ist jedoch keineswegs unumstritten. Dorothee Sölle etwa beschreibt in ihrer Autobiographie ihr Scheitern beim Versuch, im Umfeld „links-liberaler Theologie" (die sich auf ihre Weise durchaus als der „Politischen Theologie" nah verbunden verstand) die „Notwendigkeit der Frömmigkeit" darzustellen und zu verteidigen. Vgl. hierzu: Sölle, Dorothee: Gegenwind. 297f:
„Die Mehrheit der linksliberalen Theologinnen und Theologen […] sahen das als eine Art pietistischen Rückfall an, des aufgeklärten Geistes unwürdig. Analyse ja, Kritik des Bestehenden ja, strukturelle Veränderung ja, aber wozu denn Fromm-sein? Wer braucht denn das – und wer profitiert davon?".

„Weil Politik nicht alles ist!", wie etwa Edward Schillebeeckxs betont.[12]
In diesem Kontext taucht auch die Theologie Meister Eckharts als Gegenstand der Auseinandersetzung auf: im deutschsprachigen Raum etwa bei Dorothee Sölle[13], die in Auseinandersetzung mit Eckhart ihr Konzept von einer „Frömmigkeit der Arbeit für die Gerechtigkeit ‚sunder warumbe' – ‚ohne Warum'" und ihr Verständnis vom „Leiden als Geburts-Schmerz um des Lebens willen" profilierte; ausführlicher, Grundlagen der Ethik betreffend, bereits seit den 1970er Jahren bei Dietmar Mieth[14], der in Hinblick auf die deutschen Predigten Eckharts ein klar profiliertes Modell einer Verbindung von „Aktion und Kontemplation" (der *vita activa* und der *vita contemplativa*) als Charakteristikum eckhartscher Theologie herausgearbeitet hat und in seinen Veröffentlichungen deutlich die soziale Bedeutung dieses Modells hervorhebt.

Für den lateinamerikanischen Kontext ist hier besonders Leonardo Boff[15] zu nennen, der sich um eine Auseinandersetzung mit den Predigten Eckharts im befreiungstheologischen Diskurs bemüht hat, sein Denken als Ausdruck einer „Mystik der totalen Verfügbarkeit" würdigte, Eckharts Theologie weiterführend jedoch als im „Kampf um Befreiung" nicht „brauchbar" erkannte.

Die Auseinandersetzung mit Eckhart bleibt in diesen Kontexten im ausdrücklich fundamentaltheologischen Bereich jedoch nur ansatzweise ausgeführt.

---

12 Schillebeeckx, Edward: Weil Politik nicht alles ist.
13 Sölle, Dorothee: Leiden. / Sölle, Dorothee: Gegenwind. / Sölle, Dorothee: Mystik und Widerstand.
14 Mieth, Dietmar: Die Einheit von vita activa und vita contemplativa. / Mieth, Dietmar: Christus – das Soziale im Menschen. / Mieth, Dietmar: Meister Eckhart - Mystik und Lebenskunst.
15 Vgl. Boff, Leonardo: Mestre Eckhart – A mística da total disponibilidade. und Boff, Leonardo: Mestre Eckhart – A mistica do ser e do náo ter.

Mystik und Politik:
Gratwanderung zwischen zwei „Abgründen"

Aus der Sicht Systematischer Theologie sieht man sich in Hinblick auf die Auseinandersetzung sowohl mit der religionswissenschaftlichen Kategorie der „Mystik" als auch mit dem Konzept „Politischer Theologie" mit sehr grundsätzlichen Schwierigkeiten konfrontiert, die unmittelbar aus dem Umgang mit diesen zwei in besonderer Weise uneindeutigen und ideologieanfälligen Begriffen[16] resultieren. Dies für sich allein genommen mag in weiten Teilen die Zurückhaltung[17] gegenüber dem Themenbereich „Mystik und Politik" begründen. So seien an dieser Stelle zwei grundsätzliche Klärungen vorgenommen:

---

16 Vgl. mit Blick auf den Mystik-Begriff: Acklin Zimmermann, Béatrice W.: Gott im Denken berühren. 11f.:
„[…] weist doch der ‚zerredete Titel' und die ‚merkwürdig uneindeutige Vokabel ‚Mystik' ‚eine solche Fülle möglicher Inhalte auf, dass man an einer tauglichen und operationalisierbaren Fassung des Begriffs verzweifeln möchte'. Wie sehr der ‚Mystik'-Begriff wie kaum ein anderer unklar und ideologieanfällig ist, zeigt die Vielzahl ideologischer Zugriffe und vermeintlicher Versuche, das ‚Wesen der Mystik' zu definieren".

17 Vgl. hierzu Ruffing, Janet K.: Introduction. 1f.:
„Mysticism is, at the present time, a topic of great interest in both the popular and scholarly worlds. […] The breadth and intensity of the interest in mysticism during the last half of the twentieth century have given rise to many different interpretations of mysticism and many conflicting theories about it. […] Within the field, the relationship between mysticism and social transformation has received relatively little exploration. This lacuns in the scholarship is rooted in a modern construction of mysticism in both philosophy and psychology that often fails to account for the social and religious contexts and institutions that influence historical mystics and within which mystics live and act and communicate. The increasing privatization of religion in general during the modern period has tended to separate mysticism, often referred to historically as the contemplative or inner life, from the worldly life of politics, commerce, academics, and public life. Even within religion itself, mysticism and theology have since at least the fourteenth century become increasingly alienated from one another. These splits have obscured the real relationships between contemplation and action, theory and practice, and mysticism and ethical behavior".

1. Was bedeutet es, Eckhart einen "Mystiker" zu nennen?

Bezogen auf die Eckhart-Forschung ist hier ausdrücklich die Auseinandersetzung mit Kurt Flaschs vehementer Forderung, Meister Eckhart „aus dem mystischen Strom zu retten", ernst zu nehmen. Von Seiten der Theologie wäre hier jedoch in grundsätzlicher Weise „die christliche Mystik" vor dem „mystischen Strom" zu retten! Dieser „mystische Strom" ist mit Fulbert Steffensky zu beschreiben als „eine gewisse Mystikgier der gegenwärtigen religiösen Lage": „Es wächst die Hochschätzung von religiösen Erlebniskategorien. Das religiöse Subjekt will sich in der Gestaltung seiner Frömmigkeit unmittelbar, sofort, ganz und authentisch erfahren. Die Erfahrung rechtfertigt die Sache und wird zum eigentlichen Inhalt von Religiosität. [...] In dieser Erfahrungssucht wird alles interessant, was plötzlich kommt, unmittelbar und nicht über Institutionen vermittelt ist, was erlebnisorientiert ist und religiöse Sensation bedeutet." „Ich weiß", so Steffensky, „echte Mystik ist alles andere als dies"[18].

So verstehe ich diese Arbeit über Meister Eckhart auch als Beitrag in der innertheologischen Auseinandersetzung mit dem modernen „Mystik"- und „Spiritualitäts-Boom" mit seinen offenen und versteckten Privatisierungstendenzen, seiner Rationalitätsfeindlichkeit, seiner Propagierung einer „Befreiung von konfessioneller Bindung"[19].

„Mystik", wie sie uns auf dem expandierenden Markt von Spiritualität und Esoterik (als Form eines „instant zen-buddhism"[20]) entgegengebracht wird, erscheint in weiten Bereichen als nichts anderes

---

18 Steffensky, Fulbert. Zit. bei Sölle, Dorothee: Mystik und Widerstand. 12f.

19 Vgl. hierzu etwa Haas, Alois M.: Civitatis Ruinae. 157:
    „Wie stereotyp immer die Meinung vorherrscht, dass ‚die Mystiker' sich durch Abneigung gegen alles Institutionelle von Kichen- und Dogmenstrukturen auszeichnen, ja dass sie die eigentlich Subversiven in religiösen und kirchlichen Gemeinschaften darstellen, sie muss deswegen nicht unbedingt immer zutreffen. [...] Das heißt, dass die Kriterien der Religionssoziologie neben Kritik immer auch den Grad der Identifikation des zu untersuchenden Mystikers mit seiner religiös-kirchlichen Gemeinschaft mitzuberücksichtigen hätten".

20 Aldous Huxley; zit. nach Sölle, Dorothee: Mystik und Widerstand. 13.

als ein „kompensatorischer Freizeitmythos bei gestressten Managern und Gemanagten", so J. B. Metz[21]. Die fundamentale Kritik, die etwa Christina Thürmer-Rohr mit Blick auf die Herausforderung der Etablierung und damit Zähmung feministisch-befreiungstheologischer Arbeit übt, indem sie von der Gefahr eines „Feminismus light" in Zeiten postmoderner Beliebigkeit spricht, „der eher zur Selbstbespiegelung narzistischer Interessen als der Gesellschafts- und Kulturkritik diene", lässt sich ohne Einschränkungen auf das ebenso fragwürdige Phänomen von „Spiritualität/Mystik light" übertragen:

Der Mensch „[...] in den Wohlstandszivilisationen krankt an einem schweren Symptom, das diese Kultur hervortreibt: an einer interessearmen Haltung zur Welt und zu den Anderen, an der Verengung des Blicks auf die eigene Person, an einer Ethik der Eigenliebe, an dem Glauben, das Ich im Ich finden zu können statt in der Begegnung und Konfrontation, der Zuwendung und Zuneigung, der Kritik und Dissidenz"[22].

---

21 Vgl. Metz, Johann Baptist: Gottespassion. 23f.:
   „Eine neue Religionsfreudigkeit, die man vorsichtiger als neue Mythen freudigkeit kennzeichnen sollte, breitet sich aus: unter Intellektuellen vor weg, aber auch bei Managern und Gemanagten, bei denen, die von ihren elektronisch vernetzten und verkabelten Arbeitsplätzen zurückkehren und deren Phantasien sich vom antlitzlosen Computer erholen wollen. Religion als kompensatorischer Freizeitmythos hat Konjunktur in unserer noch- und nachmodernen Welt. [...] Religion, gibt sie sich nur dionysisch, als Glücksgewinnung durch Leid- und Trauervermeidung und als Beruhigung vagabundierender Ängste, Religion als mythische Seelenverzauberung, als psychologisch-ästhetische Unschuldsvermutung für den Menschen, die alle eschatologische Unruhe im Traum von der Wiederkehr des Gleichen oder auch, religionsnäher noch, in neu aufkeimenden Seelen wanderungs- und Reinkarnationsphantasien stillgestellt hat: Religion in diesem Sinne ist höchst willkommen. Aber Gott? Aber der Gott Abrahams, Isaaks und Jakobs, der auch der Gott Jesu ist?".
22 Zit. nach Eckholt, Margit: Zwischen Entrüstung und Hoffnung. 152.

22 [Einleitungsskizzen]

2. Was bedeutet die Rede von "Politischer Theologie"?

Ebenso uneindeutig wie der Begriff der „Mystik" erscheint auch der Begriff der „Politischen Theologie". Hans Maier etwa spricht hier generell von einem „Versuch am untauglichen Begriff"[23], da er durch seine Geschichte[24] zu sehr belastet sei.

Das Misstrauen auch gegenüber einer politisch relevanten Eckhart-Deutung ist aus Gründen ähnlicher geschichtlicher Belastung nicht leichtfertig zu übergehen. Wo im Verlauf der Geschichte eine „politische" Deutung „versucht" wurde, müssen wir eher von Missbrauch und ideologischer Vereinnahmung reden.[25]

Hiergegen wäre ausdrücklich an die Ausführungen Dorothee Sölles in ihrer Grundsatzschrift zur „Politischen Theologie" zu erinnern, die vor dem Irrweg „einer theologisch begründeten Politik"[26] warnt, einer Theologie, die lediglich der Untermauerung einer politischen Ideologie diene: „'Politisch' hat in der Zusammensetzung mit Theologie nicht die Bedeutung, als solle die Theologie nun ihr Materialobjekt mit dem der Politologie vertauschen [...] Es handelt sich auch nicht um ein aus dem Glauben zu entwickelndes Programm oder um eine andere Art *social gospel*, in dem die Praxis die Theorie einfach verschluckte. Es gibt keine spezifisch christliche Lösung der Weltprobleme, für die eine politische Theologie die Theorie zu entwickeln hätte".[27]

---

23 Vgl. die entsprechenden Verweise bei Sölle, Dorothee: Politische Theologie. 62–65: „Zur Kritik des Begriffs".

24 Hier wird vorrangig auf das Konzept „Politischer Theologie" Bezug genommen, wie es sich bei Carl Schmitt findet: Er spricht von der Notwendigkeit und Nützlichkeit „politischer Theologie", die der Untermauerung und Festigung ideologischer Grundinteressen der herrschenden Staatsmacht dient, indem sie deren Forderungen mit der Autorität verbindet, die Gottfried Bachl als „Wucht des unendlichen Willens" benennt, die „alles mit der höchsten Qualität auszeichnet, die zu vergeben ist, mit dem Siegel des Absoluten" (Vgl. Bachl, Gottfried: Der beneidete Engel – Theologische Skizzen. 51 bzw. 102).

25 Vgl. etwa Rosenberg, Alfred: Die Religion des Meister Eckehart. Haas, Alois M.: Meister Eckhart im Spiegel der marxistischen Ideologie.

26 Vgl. Sölle, Dorothee: Politische Theologie. 62.

27 Sölle, Dorothee: Politische Theologie. 64.

Worum es nicht gehen kann und darf, ist ein Versuch, „politische Programme" oder „Patentrezepte" zu entwickeln, im Fall der vorliegenden Arbeit: aus Eckharts Theologie abzuleiten. Mit einem solchen Ziel würde sich jede so genannte „Politische Theologie" ins Abseits ernsthafter theologischer Arbeit stellen! Auch hier sind die Beispiele für solchen Missbrauch leider zahlreich.

Ein Spannungsfeld als Herausforderung

Aus der Perspektive katholischer Fundamentaltheologie versucht sich die vorliegende Studie mit ihrer Schwerpunktsetzung, unter Berücksichtigung der oben beschriebenen grundsätzlichen Schwierigkeiten, zusammenfassend folgender Herausforderung zu „stellen": Im Zuge der mit dem II. Vatikanischen Konzil eingeleiteten Rückbesinnung auf die Sendung der Kirche „in die Welt von heute" rückte deutlich der Zusammenhang von Spiritualität/Mystik und Politischem Handeln in das Blickfeld theologischen Arbeitens: So hebt etwa die römische Bischofssynode 1971 unter dem Titel „De iustitia in mundo" hervor, der Einsatz für „Gerechtigkeit und für die Beteiligung an der Umgestaltung der Welt" sei „wesentlicher Bestandteil der Verkündigung der Frohen Botschaft, d. i. der Sendung der Kirche zur Erlösung des Menschengeschlechts und zu seiner Befreiung aus jeglichem Zustand der Bedrückung"[28]. Angeknüpft wurde hier an die Überzeugung vom politischen Charakter der evangeliumsgemäßen Hilfeleistung, mit der in den Dokumenten des Konzils der „Vorrang der Gerechtigkeit" betont wurde – so etwa im Dokument über das Apostolat der Laien „Apostolicam actuositatem":
„Zuerst muss man den Forderungen der Gerechtigkeit Genüge tun, und man darf nicht als Liebesgabe anbieten, was schon aus Gerechtigkeit geschuldet ist. Man muss die Ursachen der Übel beseitigen, nicht nur die Wirkungen"[29].
Das diakonische Handeln der Kirche, wie es hier gedeutet wird, kann nicht unpolitisch sein, wenn es sich auf das Evangelium als

---

28 Iustitia in mundo; Nr. 6.; zit. nach Heimbach-Steins, Marianne: Einmischung und Anwaltschaft. 156.
29 Vaticanum II: Apostolicam Actuositatem. 8.

Quelle der Spiritualität beruft: „Je mystischer die Kirche ist, desto politischer wird sie sein" (Paul M. Zulehner)[30].

Beide Komplexe von „'Mystik', also Gottesbegegnung, und ‚Politik', also Dienst an der Gesellschaft"[31], in eine Verbindung zu bringen, erwies und erweist sich jedoch in der konkreten Ausgestaltung als schwierig. Die Spannung, die diese Schwierigkeit begründet, formuliert Otker Steggink folgendermaßen: „Mystik ist selten streitbar, kann aber doch jemanden wehrhaft machen. Nicht gegen Strukturen schlechthin, aber gegen Strukturen, die den Menschen unterdrücken, weil sie Macht falsch gebrauchen, unpersönlich geworden sind oder das Leben ersticken"[32].

Gerade in der Auseinandersetzung um die lateinamerikanische Befreiungstheologie in den 1980er Jahren wurde deutlich, von welcher Bedeutung die Bindung des aktiven kirchlichen Handelns für das „Reich Gottes" an ein Leben „im und mit dem Heiligen Geist" (eine Spiritualität also) ist.

Geist-lose Theologie der Befreiung, so die Warnung in den römischen Instruktiones[33] gegen „Fehlentwicklungen und Gefahren" im Kontext der Befreiungstheologie, würde aus der Kirche eine „politische Partei (marxistischer Prägung)" machen, die im Wunsch, („notfalls" mit Gewalt) ein „gerechtes System" zu errichten, in der Gefahr wäre, wichtige Grundanliegen des Christentums zu desavouieren, in der Konsequenz „aus der Gerechtigkeit eine Art Götzen zu machen, wenn wir sie in ein Absolutes verwandeln"[34].

In der Entwicklung nach der zweifachen römischen Intervention ist allerdings eine gegenläufige Tendenz zu beobachten: der neokonservative Rückzug auf ein so genanntes „kirchliches Kerngeschäft", das in der Feier der Sakramente und individualisierter Frömmigkeit bestehen soll.

---

30 Zit. bei Widl, Maria: Wie privat ist ChristIn-Sein?. 66.
31 Vgl. das gemeinsame Sozialwort der Kirchen in Deutschland (1997); zit. nach Heimbach-Steins, Marianne: Einmischung und Anwaltschaft. 16.
32 So bei Steggink, Otker u. a.: Mystik – Ihre Aktualität. 7.
33 Die zwei Instruktionen der Glaubenskongregation „Libertatis nuntius" (06.08.1984) und „Libertatis concsiencia" (22.03.1986).
34 So auch Gustavo Gutiérrez; zit. nach Rubim Achylle A.: Die Befreiung der Theologie der Befreiung. 143.

So spricht etwa Marianne Heimbach-Steins im Hinblick auf den „kirchlichen und gemeindlichen Selbstvollzug der Gegenwart von der Beobachtung: „Es scheint ruhig geworden zu sein um den notwendigen Zusammenhang von Glaubensbekenntnis und einer diesen Glauben bezeugenden Praxis, also um die notwendige Einheit von Bekenntnis und Tun. Das Schlagwort von ‚Mystik und Politik', von ‚Kampf und Kontemplation' – im Aufwind des Konzils war es in aller Munde. Heute aber scheint es, als habe sich eine gefährliche Ruhe breit gemacht, die die Identität der christlich Glaubenden und ihrer Kirchen in Frage stellen müsste. [...] Ist der kritische Impuls christlicher Solidarität erlahmt?"[35]

Der im Hintergrund dieser „sich breit machenden gefährlichen Ruhe" stehende Wunsch scheint dabei oftmals auch zu sein, den Infragestellungen kirchlicher Traditionen und Strukturen „nach innen", die Kirche und Theologie von Seiten „Politischer Theologie" (in Form etwa der Feministischen Theologie, der kulturraumgeprägten Befreiungstheologien, der radikal von der Tradition „Negativer Theologie" geprägten „Neuen Politischen Theologie" in Europa) zugemutet wurden, zu „wehren".[36] Die hiermit verbundene Art der „gemeinschaftlichen Individualisierung", des Rückzugs in ein „sicheres Territorium" von in sich geschlossenen kirchlichen Kerngemeinschaften und der Beschränkung auf eine entsprechende „Mikrosolidarität", eine „Hilfsbereitschaft im unmittelbaren Nahbereich"[37], nähert sich dabei in bedenklicher Weise in Form einer Gegenübertragung dem Trend, der bereits oben unter dem Schlagwort „Spiritualitäts-Markt" angesprochen wurde, der die „Mystik"

---

35 Heimbach-Steins, Marianne: Einmischung und Anwaltschaft. 146.
36 Zum „Zusammenhang zwischen Solidaritätsformen und einem autoritären oder nicht-autoritären Kirchenklima" vgl. im Anschluss an Paul M. Zulehner: Heimbach-Steins, Marianne: Einmischung und Anwaltschaft. 153–155.
  „Der Zusammenhang von Freiheit und Befähigung zur Solidarität bedeutet für die innerkirchliche Kommunikation keine geringe Herausforderung; interne Strukturprobleme wirken zurück auf die diakonische Kraft der Kirche und beeinträchtigen sie" (a. a. O.; 154).
37 Vgl. Heimbach-Steins, Marianne: Einmischung und Anwaltschaft. 154.

zur Grundlage „post-moderner Spiritualität" ohne konfessionelle Bindung und Verbindlichkeit werden lässt.[38]

Die „glaubensgeschichtliche Wende" als Krise der Kirche

Sprach Romano Guardini noch von einem „Erwachen der Kirche in den Herzen der Menschen", so muss in unserem Zusammenhang von einer tief greifenden Krise der Kirche, einem Abschied der Menschen von religiösen Institutionen überhaupt gesprochen werden. Nur wenige erleben diesen Abschied von der Kirche dabei als Verlust, wie es etwa Alfred Delp noch beschrieb:

„[…] dann hat diese Stunde eben das eine Thema: Nach dieser [auf die Apostel gegründeten, E.F.] Kirche zu fragen, […] aber nicht nach dieser Kirche zu fragen, wie sie damals war, auch nicht wie sie in Büchern steht, sondern nach dieser Kirche zu fragen, ernst, sachlich und schlicht, wie sie ist, nach ihrer jetzigen Gültigkeit, nach ihrer gegenwärtigen Lebendigkeit, nach dem, was sie uns bedeutet für Herz und Seele und Geist, das was sie eben ist und ob sie ist.

Vielleicht sagen Sie oder sagen andere: ‚Es ist überflüssig, so zu fragen. Es gibt andere Themen, die uns mehr angehen'. Oder vielleicht sagen Sie: ‚Da steht ja, die Pforten der Hölle werden sie nicht über-

---

38 Hierzu vgl. etwa Schönfeld, Andreas: Spirituelle Identität und Mystik. 4: „Der Marketing-Charakter ist in der Kirche angekommen. […] In diesem Punkt unterscheiden sich die Protagonisten der seichten Angebotskirche und ihre Gegner, die neokonservativen Ritualisten, psychologisch nicht voneinander. Das Grundübel ist ein spiritueller Narzissmus. Die *Relativisten* suchen ihre Identität im Nachgeben, die *Traditionalisten* ihre Konturen durch Abgrenzung. Beide beuten die Mystik aus, um sich im Spiegel ihrer Gefolgschaft bestätigt zu fühlen. Die Integration der eigenen Glaubensmitte – der mystischen Dimension – und ihrer kontemplativen Praxis werden damit verhindert. Der Kirche hilft kein ritualistischer Mystizismus, wie ihn etwa *Martin Mosebach [Die Häresie der Formlosigkeit – Die römische Liturgie und ihr Feind. München 2007.]* propagiert. Innerlichkeit reift nicht, wo man ‚jede Spur des Subjektiven auslöscht'. Genauso wenig helfen *Jugendgebetbücher* mit postmodernem Herz-Jesu-Kitsch, durch die die Jugend auf die Affektseite der Mystik festgelegt wird. Wir sollten nicht mit mystischen Versatzstücken werben, um Menschen zu gewinnen".

wältigen (Mt 16,18) – was sich also Sorgen machen. Sie wird überleben'.
Ja freilich, Kirche wird immer sein. […]
Aber wird Kirche immer bei uns sein? Wenn wir fragen: Lebt oder stirbt die Kirche?, dann meint das unsere Kirchenstunde. Da helfen uns keine Erwägungen. Da hilft nur die ehrliche Bestandsaufnahme dessen, was ist, und der innere Versuch, damit fertig zu werden. Die Erfahrung gibt uns auf die Frage: Kirche, lebst du oder stirbst du? die Antwort, dass die Kirche etwas Fremdes, Einsames geworden ist. Die Erfahrung legt die Versuchung nahe zu denken, dass die Kirche müde geworden ist und drängt zu der weiteren Frage: Ist das deine letzte Stunde? Fallen wir zerbrochen aus dir heraus?
Und vielleicht sagen Sie noch einmal: Was lebt, wird leben, was stirbt, wird sterben. Das kann man nur sagen, wenn man nicht weiß, wie die Kirche für uns Existenz bedeutet; wenn man nicht spürt, dass mit der Frage an die Kirche auch die Frage an den Sinn unseres Daseins gestellt ist."[39]

Das „Sterben der Kirche" wird dabei heute – anders als in den Ausführungen Delps – im Allgemeinen weniger als Bedrohung, sondern eher als Befreiung aus Abhängigkeit und Fremdbestimmung betrachtet. An die Stelle der institutionell verbürgten Religiosität der christlichen Konfessionen tritt die „Gewissheit eigener Erfahrung", die auf dem Weg der „Mystik" gesucht wird.
Im positiven Sinn bestimmt Eugen Biser diesen Wandel als „glaubensgeschichtliche Wende" vom Satz- und Bekenntnisglauben zum Erfahrungsglauben[40] und sieht darin ein Zu-sich-selbst-Kommen des Christentums, dessen Wesen er als „mystische Religion" bestimmt.
So recht Biser mit seiner Deutung des Christentums hat, so zweischneidig stellt sich die „glaubensgeschichtliche Wende" für Theologie und Kirche dar.
Es ist mit Blick auf die Fülle „mystischer" Gebrauchsliteratur, Werkausgaben „mystischer Texte", wissenschaftlicher Arbeiten und Forschungsprojekte zwar von einem „Erwachen der Mystik in den Herzen der Menschen" zu sprechen[41], verbunden allerdings mit dem

---

39 Delp, Alfred: Predigten und Ansprachen. 233ff.
40 Vgl. etwa Biser, Eugen: Einweisung ins Christentum. 86.
41 Nachdem die mystischen Traditionen des Juden- und Christentums (neben Kabbala und Chassidismus vor allem die ‚Deutsche Mystik') Anfang des

Abbruch der Bindung an ein bestimmtes traditionelles religiöses Bekenntnis – und christlicherseits dem Zusammenbruch institutioneller Strukturen.

Im Hintergrund steht dabei „das nicht leicht ausmerzbare Leitbild"[42], das „Mystik" in Anlehnung an Ernst Troeltschs Werk „Die Soziallehren der christlichen Kirchen und Gruppen" aus dem Jahr 1912 definiert als „Verinnerlichung und Unmittelbarmachung der in Kult und Lehre verfestigten Ideenwelt zu einem rein persönlich-innerlichen Gemütsbesitz"[43] und ihr eine „wesenhafte Anti-Kirchlichkeit"[44] zuschreibt.

Mystik sei „als selbständiges religiöses Prinzip" soziologischer Art zu verstehen, das „sie gegen jede religiöse Gemeinschaft gleichgültig macht, einerlei ob sie äußerlich sie mitmacht oder ob sie eine solche radikal verwirft". Sie empfinde sich „als Herstellung einer unmittelbaren Gotteinigung, fühlt sich selbständig gegenüber aller konkreten Religion und hat eine völlig individuelle innere Gewissheit". Damit werde sie „unabhängig von der konkreten Volksreligion, zeitlos und geschichtslos, höchstens unter geschichtlichen Symbolen verhüllt,

---

20. Jahrhunderts in eher ausgewählten Gelehrten- und Intellektuellenkreisen rezipiert wurden (zu nennen wären hier etwa Alfred Delp, Martin Buber, Franz Rosenzweig, Nelly Sachs, Erich Fromm u. a.), ist seit den 60er Jahren ein regelrechter „Mystik-Boom" zu beobachten.
Eine Übersicht zu diesem Phänomen bietet Otto Langer unter der Überschrift „Mystik und Rationalisierungsphänomene in der Moderne" in Ders.: Christliche Mystik im Mittelalter. 13−33.
Aufschwung und vertiefende Bereicherung erhielt die „Mystik-Bewegung" durch die Arbeiten der vergleichenden Religionswissenschaft und den interreligiösen Dialog, vor allem mit den religiösen Traditionen Asiens. Vgl. hierzu zuletzt mit Blick auf Eckhart: Keel, Hee-Sung: Meister Eckhart – An asian perspective.

42 Vgl. Haas, Alois M.: Civitatis Ruinae. 157.
43 Troeltsch; zit. bei Haas, Alois M.: Civitatis Ruinae. 158.
44 Mit dieser „Wesensbestimmung" weist Troeltsch in seinem Werk die provozierend gegenteiligen Äußerungen Adolf von Harnacks zurück: „Die Mystik ist die katholische Frömmigkeit überhaupt, soweit diese nicht bloß kirchlicher Gehorsam, d. h. fides implicita ist. [...] Ein Mystiker, der nicht Katholik wird, ist ein Dilettant".
Zit. nach Haas, Alois M.: Civitatis Ruinae. 158, Anm. 4.

die allein richtige Deutung des religiösen Vorgangs, unter welchen besonderen Vorstellungen er sich immer verkleide".[45]
Der Literaturwissenschaftler und Mystikforscher Alois M. Haas fasst dieses für ihn zweifelhafte Verständnis „mystischer Religiosität" wie folgt zusammen:

> „Mystik hat antiinstitutionell zu sein, weil sie auf Erfahrung aus ist. Erfahrung aber ist autonom in dem Sinne, dass sie nur Angelegenheit des erfahrenden Subjekts allein, d.h. antiinstitutionell ist. So lautet durchschnittlich die Meinung, die vor allem in der New-Age-Diskussion immer wieder zu hören ist."[46]

Selbst wo „Mystik" nicht unbedingt im Troeltschen Sinn als wesentlich anti-kirchlich gedeutet wird, erscheint sie aufgrund der Verheißung unmittelbarer, persönlicher Erfahrungsgewissheit attraktiv: Viel zitierter „Prophet" durch alle Bereiche der Mystik-Bewegung hindurch wurde dabei posthum Karl Rahner, dessen überliefertes theologisches Profil oftmals zusammenschrumpft auf den einen, in zusammenhangsbefreiter Form traditionsbildenden Satz: „Der Christ der Zukunft wird Mystiker sein, oder er wird nicht mehr sein!".

> „Der Fromme von morgen wird ein Mystiker sein – einer, der etwas erfahren hat –, oder er wird nicht mehr sein, weil die Frömmigkeit von morgen nicht mehr durch die im voraus zu einer personalen Erfahrung einstimmige, selbstverständliche, öffentliche Überzeugung und religiöse Sitte aller mitgetragen wird, die bisher übliche religiöse Erziehung also nur noch eine sehr sekundäre Dressur für das religiös Institutionelle sein kann."[47]

Im Anschluss an diese Ausführungen Rahners wurde die „Mystik" zum Ersatz bzw. zur Kompensation für versagende religiöse Erziehung innerhalb der institutionell-kirchlichen Strukturen. Sie scheint dem Individuum dort Anreize zu bieten, wo der „offizielle Kult" das

---

45   Sämtliche Zitate hier: Troeltsch; zit. nach Haas, Alois M.: Civitatis Ruinae. 157f.
46   Haas, Alois M.: Civitatis Ruinae. 159f.
47   Rahner, Karl: Frömmigkeit früher und heute. 22f.

30 [Einleitungsskizzen]

religiöse Verlangen des Einzelnen nicht befriedigt, wo das Christentum seinem eigenen Wesen, wie es im Entwurf Eugen Bisers bestimmt wird, nicht gerecht zu werden scheint.

Das Ziel der religiösen Suche des Menschen ist es – und das ist letztlich die Herausforderung des Gehorsamsglaubens durch den Erfahrungsglauben –, einen vor dem eigenen Gewissen und der eigenen Vernunft verantworteten Glauben zu finden und zu leben. Als treibende Kraft erscheint die Verheißung der „Einheit", die Sehnsucht nach Ungebrochenheit[48], Harmonie und Optimismus, nach der „Balance" des eigenen Lebens[49], nach einer tieferen Einheit von Körper und Geist.

Schlagwortartig wird eine Verbindung des „modernen, wissenschaftlichen Weltbilds" und der „spirituellen Weisheit" gesucht.[50] Auf diese Sehnsucht scheint kirchliche Verkündigung keine Antwort zu haben.[51] Kirche bedeutet in konsequenter Folge nicht länger Existenz, wie Alfred Delp es beschrieb. Der Mensch, der aus ihr „herausfällt", ist danach augenscheinlich nicht mehr „zerbrochen" als er es vorher bereits war.

---

48 Alois M. Haas weist in diesem Zusammenhang auf Friedrich Nietzsche hin, der als Grundlage aller Philosophie die Erfahrung bestimmt, die im Satz gipfelt „Alles ist Eins!".
Vgl. Haas, Alois M.: Gott leiden – Gott lieben. 39.

49 Hier tauchen vor allem eckhartsche Begriffe auf: Gelassenheit, Abgeschiedenheit, der „Seelenfunke", das „göttliche Selbst des Menschen".

50 Vgl. hierzu ein grundlegender Überblick: Widl, Maria: Christentum und Esoterik – Darstellung, Auseinandersetzung, Abgrenzung.
Diese Studie Maria Widls basiert auf ihrer Dissertation, in der sie Phänomene „Neuer Religiöser Kulturformen" analysiert und zusammenfassend beschreibt als „Sehnsuchtsreligion".

51 Vgl. Widl, Maria: Christentum und Esoterik. 9:
„Der Wohlstand als Lebensziel hat seine visionäre Kraft verloren. Wir arbeiten immer mehr und wissen immer weniger, wofür. Unseren Kindern können wir alles bieten. Und sie danken es uns durch lustlosen Egoismus und durch No-future-Stimmung, durch Mangel an Idealen [...]. Wir haben als westliche Gesellschaften viel erreicht – und haben dabei den Sinn verloren. [...] Es gibt einen neuen gesellschaftlichen Trend zum Religiösen, Mystischen und Geheimnisvollen. [...] Die wiedererwachten religiösen Wünsche und Bedürfnisse werden offenbar in den Kirchen nicht gut bedient".

Zwischen Individualisierung und „Dressur für das religiös Institutionelle"

Innerhalb der Kirche erscheint als Reaktion auf das beschriebene Unvermögen und die damit verbundene Hilflosigkeit oft die Flucht in eine Sicherheit, die von der trotzigen Verteidigung der „Tradition" erhofft wird: zu bewerkstelligen sei neben zur Schau gestellter „Freude am Glauben" die konsequente Einschärfung des verloren gegangenen Glaubenswissens, die „Katechismus-Predigt".

Beides wird jedoch für sich genommen wenig zur Lösung der Krise beitragen: Ersteres erinnert an das bei Alfred Delp skizzierte „Zerrbild des Frommen": „Was braucht es viel Sorge und Überlegung um die Kirche! Sie steht doch auf Gott und an ihrem Weg blühen tausend Wunder der Eingriffe Gottes, der alle Not wandelt."[52]

Hinter der „Freude am Glauben", die über die Widrigkeiten der Zeit hinweg tragen soll, steht oft letztlich die Angst, mit der, wie J. B. Metz es beschreibt, Kirche instinktiv auf Krisensituationen zu reagieren in Gefahr ist[53]. Doch „Stabilisierung durch Angst ist perspektivelos und zudem äußerst krisenanfällig: Angst sucht, anders als Hoffnung, die Herausforderungen mit geschlossenen Augen zu bestehen, will sie überwinden, ohne durch sie hindurchzugehen, und sie übersieht zwangsläufig die echten Alternativen."[54]

„Unlebendig, untätig, stark verfangen in das, was ist, starr sich hüllend in das was war und was geschrieben und verordnet ist, das ist der Mensch, der die Kirche krank machen kann"[55], konstatiert Alfred Delp. „Mit dem Verhüten und Verordnen erhält man kein Leben und zeugt man kein Leben"[56]!

Der Versuch der Auseinandersetzung mit der Moderne und Post-Moderne im oben beschriebenen Sinn ist letztlich das, was Karl Rahner als „sehr sekundäre Dressur für das religiöse Institutionelle"[57] entlarvt.[58]

---

52 Delp, Alfred: Predigten und Ansprachen. 235.
53 Vgl. Metz, Johann Baptist: Zeit der Orden. 31.
54 Metz, Johann Baptist: Zeit der Orden. 31.
55 Delp, Alfred: Predigten und Ansprachen. 239.
56 Delp, Alfred: Predigten und Ansprachen. 240.
57 Vgl. Rahner, Karl: Frömmigkeit früher und heute. 23.

Auf solche rückwärtsgewandten Forderungen nicht ernsthaft zu hören, ist wohl so etwas wie der neue „gesellschaftliche Konsens": „im Voraus zu einer personalen Erfahrung und Entscheidung einstimmige, selbstverständliche, öffentliche Überzeugung und religiöse Sitte aller", von der der Einzelne mitgetragen wird.

Jeder Versuch, diese Entwicklung einfach rückgängig zu machen oder zu ignorieren, muss ins Leere laufen; die Tradition würde so ihre „zukunftserobernde Kraft"[59] verlieren:

„Der Individualisierungsprozess, der sich sowohl in der Verschiebung des Werthorizonts als auch in den veränderten Voraussetzungen für solidarisches Handeln niederschlägt, ist eine Vorgegebenheit, die wir zur Kenntnis nehmen müssen. Als Christen müssen wir begreifen, dass dieser Prozess unserem Glauben nicht nur nicht fremd ist, sondern geradezu ein zentrales Anliegen fördert."[60]

In dieser oft unübersichtlichen Gemengelage ist jeder Versuch, eine im Metz'schen Sinn „unterbrechende", korrektivistische „spirituelle Theologie" zu formulieren, anzusiedeln.

58　In gleicher Richtung argumentiert etwa Sölle, Dorothee: Phantasie und Gehorsam. 7.:
　　„Wir leben in einer Zeit, da der Glaube an Christus [...] gefährdet wird durch die, die ihn besorgt bewahren wollen. Sie haben Angst vor Veränderungen eingerichteter Denk- und Lebensgewohnheiten, sie halten Reformen für Zerstörungen und würden Christus am liebsten in einem goldenen Schrein verbergen- unantastbar und darum auch niemanden berührend, unwandelbar und darum niemanden verändernd, ewig gültig und darum möglichst weit entfernt von unserer Wirklichkeit".

59　Leo Kardinal Scheffzcyk spricht von der Tradition als „erobernde Kraft der Zukunft", die das Dasein der Kirche bewege und weiterführe: „Sie ist gegenüber der Offenbarung ein geradezu erfinderischer Sinn, der an dem Gegenstand seiner Zuwendung immer Neues entdeckt und so das Leben des Glaubens in der Kirche immer in Bewegung hält."
　　Vgl. hierzu ausführlich Scheffczyk, Leo: Die Weitergabe der göttlichen Offenbarung. 51—56.

60　Spital, Herrmann Josef: Gott lässt sich erfahren. 12.

Spirituelle Theologie als „fundamentale Theologie"
zwischen Orthodoxie und Orthopraxie

Das entschiedene Plädoyer „für eine Kirche, die sich einmischt und Partei ergreift", wie es etwa Marianne Heimbach-Steins vorträgt, ist nicht zu verwechseln mit kurzatmigem Aktionismus:

> „Es kann nicht darum gehen, verlorenes Terrain durch hektische Aktivität zurückzugewinnen. Die Absicht einer solchen Positionsbestimmung ist eine ganz andere: Kirche muss sich aufs Neue ihrer eigenen Existenzgrundlage vergewissern, sich orientieren und bewegen lassen von Geist und Kraft der biblischen Gottesbotschaft [auch in ihrer Aneignung durch die kirchliche Tradition, etwa der „mystischen Theologie" des Spätmittelalters; Erg. E.F.].
> Die Hinwendung zu dieser Quelle bedeutet aber nicht Abwendung von den Provokationen der Gesellschaft, von Ungerechtigkeit, Unfrieden, Desolidarisierungstendenzen, Zerstörung der Lebensgrundlagen. Vielmehr werden erst durch die *Konversion* zur Mitte hin Kräfte frei, die es ermöglichen, im Blick auf den ganzen Menschen in seinen materiellen, geistigen und geistlichen Nöten das Evangelium in dieser Gegenwart vernehmlich zu verkünden und zum Leuchten zu bringen. [...]
> Es kommt also darauf an, die Chance in der Krise zu sehen und zu ergreifen: Nicht der traditionalistische oder fundamentalistische Rückzug in eine Nische, nicht der Weg der Selbstgettoisierung verheißt Zukunft, sondern die selbstbewusste *Einmischung* in die Suchbewegungen und Konflikte der Gegenwart und die entschlossene *Anwaltschaft* für diejenigen, die ökonomisch, sozial, kulturell oder religiös abgehängt und ausgegrenzt werden!"[61]

Im Anschluss an Kardinal Josef Ratzinger ist in sehr grundsätzlichem Sinn die Überwindung des im Streit um die Politische Theologie errichteten künstlichen Gegensatzes von Orthodoxie und Orthopraxie[62] als Aufgabe theologischer Arbeit zu benennen.

---

61 Heimbach-Steins, Marianne: Einmischung und Anwaltschaft. 9.
62 Ratzinger, Josef: Der Geist der Liturgie. 137:„In diesem Zusammenhang darf daran erinnert werden, dass das Wort ‚Orthodoxie' ursprünglich nicht, wie man heute fast allgemein denkt, ‚rechte Lehre' bedeutet: das Wort ‚doxa' heißt im Griechischen einerseits Meinung, Schein; es heißt dann aber in der christlichen Sprache soviel wie ‚wahrer Schein', das heißt:

So betont er nach seiner Wahl zum Papst in seiner ersten Enzyklika *„Deus caritas est"* mit Blick auf das Verhältnis zwischen Glauben und Politik:

„Die gerechte Ordnung der Gesellschaft und des Staates ist zentraler Auftrag der Politik. Ein Staat, der nicht durch Gerechtigkeit definiert wäre, wäre nur eine große Räuberbande, wie Augustinus einmal sagte: ‚Remota itaque iustitia quid sunt regna nisi magna latrocinia?'"[63].

Die zwei Sphären von staatlich zu verantwortender Politik und christlichem Glauben (der notwendig seinen „sozialen Ausdruck" im Bemühen um eine ihm entsprechende „Gemeinschaftsform" sucht und damit immer ekklesiale, Kirche-begründende Bedeutung hat), „sind unterschieden, aber doch aufeinander bezogen"[64].

„Gerechtigkeit ist Ziel und daher auch inneres Maß aller Politik. Die Politik ist mehr als Technik der Gestaltung öffentlicher Ordnungen: Ihr Ursprung und Ziel ist eben die Gerechtigkeit, und die ist ethischer Natur. So steht der Staat praktisch unabweisbar immer vor der Frage: Wie ist Gerechtigkeit hier und jetzt zu verwirklichen? Aber diese Frage setzt die andere, grundsätzlichere voraus: Was ist Gerechtigkeit?

Dies ist eine Frage der praktischen Vernunft; aber damit die Vernunft recht funktionieren kann, muss sie immer wieder gereinigt werden, denn ihre ethische Erblindung durch das Obsiegen des Interesses und der Macht, die die Vernunft blenden, ist eine nie ganz zu bannende Gefahr.

An dieser Stelle berühren sich Politik und Glaube. Der Glaube hat gewiss sein eigenes Wesen als Begegnung mit dem lebendigen Gott – eine Begegnung, die uns neue Horizonte weit über den eigenen Bereich der Vernunft hinaus öffnet. Aber er ist zugleich auch eine reinigende Kraft für die Vernunft selbst. Er befreit sie von der Perspektive Gottes her von ihren Verblendungen und hilft ihr deshalb,

---

Herrlichkeit Gottes. Orthodoxie bedeutet demgemäß die rechte Weise, Gott zu verherrlichen, und die rechte Form der Anbetung. In diesem Sinn ist Orthodoxie von innen her ‚Orthopraxis'; der moderne Gegensatz löst sich im Ursprung von selber auf".

63 Benedikt XVI.: Deus caritas est. 36.
64 Benedikt XVI.: Deus caritas est. 37.

besser sie selbst zu sein. Er ermöglicht der Vernunft, ihr eigenes Werk besser zu tun und das ihr Eigene besser zu sehen"[65].

Bei der Rede von der ‚Orthopraxie', ‚Politischer Theologie' oder – wie bei Benedikt XVI. – Kirchlicher ‚Soziallehre' kann es grundsätzlich nicht um das versteckte Bemühen gehen, „der Kirche Macht über den Staat zu verschaffen"[66].

So möchte ich den missverständlichen Begriff „Politischer Theologie" meinerseits in diesem Sinn verstanden wissen:

> „Sie will schlicht zur Reinigung der Vernunft beitragen und dazu helfen, dass das, was recht ist, jetzt und hier erkannt und dann auch durchgeführt werden kann. [...]
> Die Kirche kann nicht und darf nicht den politischen Kampf an sich reißen, um die möglichst gerechte Gesellschaft zu verwirklichen. Sie kann und darf sich nicht an die Stelle des Staates setzen.
> Aber sie kann und darf im Ringen um Gerechtigkeit auch nicht abseits bleiben. Sie muss [...] in das Ringen der Vernunft eintreten, und sie muss die seelischen Kräfte wecken, ohne die Gerechtigkeit, die immer auch Verzichte verlangt, sich nicht durchsetzen und nicht gedeihen kann." [67]

Marianne Heimbach-Steins hebt dementsprechend hervor: „Der tätige Einsatz für Gerechtigkeit, Befreiung, Überwindung von Armut und Ausgrenzung und für eine aktive Beteiligungsmöglichkeit ist in der modernen Gesellschaft zu einer unhintergehbaren Dimension der Nächstenliebe geworden; er steht neben dem alten Verständnis der Caritas als dem unmittelbaren Helfen in der Not, das dadurch weder überflüssig noch entwertet wird. In der *Option für die Armen*, deren ‚Entdeckung' die bürgerlichen Kirchen Europas als eine heilsame und notwendige Provokation dem Aufbruch der Kirche [...] und der Theologie [...] in Lateinamerika verdanken, kommt die politische Dimension der Diakonie zum Ausdruck: Recht verstanden ist *Option für die Armen* ‚ein neuer Name für die altbekannte Caritas, die tätige Nächstenliebe', und sie besteht ‚in der gesellschaftlichen

---

65 Benedikt XVI.: Deus caritas est. 37f.
66 Benedikt XVI.: Deus caritas est. 38.
67 Benedikt XVI.: Deus caritas est. 38f.

Dimension der Caritas oder im politischen Charakter der evangelischen Liebe'."[68]

Diese „Option für die Armen", unter der das Kernanliegen „politischer", an einer „orthopraktischen" Profilierung orientierten Theologie fassbar wird, ist dabei ausschließlich ernsthaft zu begründen als

> „eine theozentrische und prophetische Option, die ihre Wurzeln tief in der Unentgeltlichkeit Gottes schlägt und die von ihr bestimmt wird."
>
> Sie setzt „vor allem anderen eine entsprechende Spiritualität voraus, eine geistliche Gangart, einen Reiseführer in der Begegnung mit Gott und der Unentgeltlichkeit seiner Liebe. Wird diese Ebene der Spiritualität nicht erreicht, welche die Nachfolge Jesu bedeutet, das heißt, die bis ins Herzinnere des christlichen Lebens dringt, wird man die Tragweite und Fruchtbarkeit einer solchen Option nicht wahrnehmen können. […] Es handelt sich nicht um eine Flucht von der Option für die Armen zur Spiritualität hin, sondern es geht darum, ihren Sinngehalt zu vertiefen und ihr ihre ganze Bedeutung zu geben."[69]

Ziel theologischer Forschung wäre demgemäß die Gewinnung einer "Theologie konsequenter Christus-Nachfolge", eines Lebens gemäß dem Evangelium, das auf eine Umwandlung/Transformation der individuellen wie gemeinschaftlichen Existenz des Menschen zielt.

Dieses Ziel der „Umwandlung" möchte ich – anknüpfend an verschiedene, divergierende, manchmal auch in Widerstreit befindliche theologische Entwürfe – benennen

• als "Das Projekt des neuen Menschen in evangelischer Freiheit"(Gustavo Gutierrez)[70],

---

68 Heimbach-Steins, Marianne: Einmischung und Anwaltschaft. 156f.
69 Vgl. Rubim Achylle A.: Die Befreiung der Theologie der Befreiung. 143.
70 Gutierrez, Gustavo: Theologie der Befreiung. 47:
    „Befreiung bezieht sich zunächst einmal auf ökonomische und soziale Situationen von Unterdrückung und Randdasein. Viele (in gewisser Weise sogar alle) Menschen sind ja gezwungen, unter Bedingungen zu leben, die im Widerspruch stehen zu Gottes Lebenswillen. […] Doch mit der Befreiung von unterdrückerischen sozioökonomischen Strukturen allein ist es

- eingebunden in den Kontext einer Deutung „mystischer" Gelassenheit als "Voraussetzung einer weltweit ausgleichenden Gerechtigkeit" (Alois M. Haas)[71], eine Deutung, die durch die Verbindung der Themen "Mystik und Heiligkeit"[72] geprägt ist,
- als „Prozess der Verähnlichung, des Liebewerdens und so des Weges in die Freiheit" (Joseph Ratzinger)[73].

Es verwundert vielleicht, dass an dieser Stelle gerade die Theologie Joseph Ratzingers als ein Anknüpfungspunkt für eine „Spiritualität ‚politischer' Theologie" im Anschluss an Meister Eckhart benannt wird:
Zum einen, weil Joseph Ratzinger selbst an verschiedenen Stellen seine Vorbehalte gegenüber „politischer Theologie welcher Art auch immer"[74] geäußert hat, zum anderen weil er ausdrücklich grundsätzliche Einwände gegenüber der Eckharts theologischen Entwurf prägenden „ethisierenden Umdeutung der Lehre von der hypostatischen Union"[75] vorbringt, die „in radikaler Durchführung dogmatisch nicht mehr korrekt"[76] sei: Eckharts „Ethik des mystischen Christus-Leibes" drohe laut Ratzinger „in einen reinen Humanismus umzuschlagen"[77].

---

nicht getan. Eine zweite Dimension erheischt, dass wir uns auch persönlich verändern, um zu einer großen Freiheit gegenüber jeder Form von Sklaverei zu finden. Hier geht es um das Projekt des neuen Menschen [...] Betont werden soll, dass menschliches Zusammenleben nicht nur auf gerechten Gesellschaftsstrukturen beruht, sondern auch auf Haltungen und Einstellungen, die eben nicht das Produkt dieser Strukturen sind".

71 Haas, Alois M.: Mystik im Kontext. 499.
72 Haas, Alois M.: Mystik im Kontext. 495. Anm. 13.
73 Ratzinger, Josef: Der Geist der Liturgie. 28.
74 Vgl. Ratzinger, Joseph: Eschatologie – Tod und ewiges Leben. 12.
75 Vgl. Ratzinger, Joseph: Die christliche Brüderlichkeit. 94f.
76 Vgl. Ratzinger, Joseph: Die christliche Brüderlichkeit. 94.
77 Vgl. Ratzinger, Joseph: Die christliche Brüderlichkeit. 96.
    Ratzingers Kritik an Eckhart stützt sich inhaltlich vor allem auf Studien von H. Piesch (Dies.: Meister Eckharts Ethik. Luzern 1935) und O. Karrer (Ders.: Meister Eckehart. München 1926). Aufgrund der inzwischen durch die fortschreitende Veröffentlichung der kritischen Werkausgabe Eckharts deutlich veränderte Basis der Eckhart-Interpretation erscheint die dem Ur-

Und doch: Es ist Joseph Ratzinger, der (wenn auch in anderem Kontext, unabhängig von der Auseinandersetzung mit Eckhart) am klarsten formuliert hat, was – und das sei hier vorausdeutend vorweggenommen – den Grundgedankengang der Theologie Meister Eckharts in meinen Augen zusammenfasst:

„Der Mensch will Gott sein [...]. Er will es und hat darin letztlich nicht unrecht, aber er will es in der Weise des Prometheus: dadurch, dass er sich selbst die Gottgleichheit raubt, sie an sich reißt mit Gewalt. Aber er ist kein Gott; indem er sich zum Gott macht, stellt er sich gegen die Wahrheit, und so endet dieses Experiment notwendig im Nichts der Wahrheitslosigkeit. Der wirkliche Gott-Mensch verfährt genau umgekehrt. Er ist der Sohn und das heißt: er ist ganz die

---

teil Ratzingers zugrundeliegende Beschreibung der Lehre Eckharts als „überraschend klare und einfache Antwort" darauf, „wie dem Menschen solches Einwerden in Christus widerfahren kann" (Ratzinger; a. a. O. 95) zumindest der Modifizierung bedürftig. Ungeachtet dieser kritischen Rückfragen, die sich im Ganzen eher gegen Tendenzen der Eckhart-Rezeption des frühen 20.Jahrhunderts richten, ist meines Erachtens festzuhalten, was Ratzinger als den „richtigen Kerngedanken" der Lehre Eckharts benennt, den es „herauszuschälen" gelte (a. a. O.; 96). Vgl. hierzu Ratzinger, Joseph: Die christliche Brüderlichkeit. 95—97:
„Christus ist das Zielbild des Menschen, mehr: für den Menschen geht es darum, selbst ‚in Christus' zu sein, hineinzuwerden in Christus. [...] Es kommt hier allein darauf an, den richtigen Kerngedanken herauszuschälen: Einwerdung in Christus heißt Entwerdung gegenüber dem eigenen Selbst, bedeutet ein Zerbrechen der Absolutsetzung des eigenen Ich. Dass Eckharts Ethik stark sozialen Charakter trägt und den Dienst am Nächsten den Freuden der Beschauung vorzieht, hängt mit dem hier geschilderten Grundansatz zusammen. Tatsächlich wird aus dem Glauben, dass wir alle ein einziger, neuer Mensch in Christus Jesus geworden sind, immer neu die Forderung erwachsen, die trennende Besonderheit des vereinzelnden Ich, die Selbstbehauptung des naturhaften Egoismus hineinzerbrechen zu lassen in die Gemeinsamkeit des neuen Menschen Jesus Christus. Wer an Jesus Christus glaubt, hat damit in der Tat nicht bloß ein ethisches Vorbild zu privater Nachfolge gefunden, sondern ist zum Hineinzerbrechen des bloß privaten Ich in die Einheit des Christus-Leibes gefordert. Christus-Ethik ist wesentlich Leib-Christi-Ethik. So bedeutet sie notwendig Entwerdung gegenüber dem Ich [...]. Sie schließt als Ethik der Entwerdung, des wahren Sich-Verlierens, die Brüderlichkeit [...] notwendig mit ein".

Gebärde des Sich-Verdankens und des Sich-Freigebens. Das Kreuz ist in Wirklichkeit nur die letzte Radikalisierung der Sohnesgebärde. Nicht Prometheus, sondern der Kreuzesgehorsam des Sohnes ist die Stätte, in der die Gottwerdung des Menschen aufgeht. Der Mensch kann ‚Gott' werden, aber nicht dadurch, dass er sich dazu macht, sondern allein dadurch, dass er ‚Sohn' wird. Dort, in der Sohnesgebärde Jesu, nirgend anders, geht das ‚Reich Gottes' auf. Deshalb sind die Ersten die Letzten und die Letzten die Ersten; deshalb die Seligpreisungen über diejenigen, die die Kreuzesform des Lebens darstellen und darin die Sohnesform. [...] Wo die Form des Sohnes angenommen wird, da entsteht Gottgleichheit, weil Gott selbst Sohn und als Sohn Mensch ist.

Die Antwort auf die Frage des Reiches ist der Sohn. In ihm ist auch die unschließbare Diastase von Schon und Nochnicht geschlossen: In ihm sind Leben und Tod, Vernichtung und Sein zusammengehalten."[78]

Die so bis hierher skizzierten Themenkomplexe bilden die Grundlage, den Hintergrund, die Ausgangssituation, aus der heraus ich mit meiner Frage an Meister Eckhart als Stimme der christlichen Tradition herangetreten bin:

Finden sich bei Meister Eckhart Impulse, die Themengebiete „Spiritualität/Mystik" und „Heiligkeit/Gerechtigkeit" in der theologischen Reflexion zusammenzuführen?

Aber, so ist mit Recht zu fragen: Warum gerade Meister Eckhart und nicht eine weniger sperrige Gestalt, die hier leichter zu „gebrauchen" und zu „verwerten" wäre?

Es seien also abschließend noch einige kurze Hinweise angefügt, die mein persönliches Interesse am Werk Meister Eckharts betreffen, das mich zur Verfassung dieser Arbeit mit ihrer spezifischen Fragestellung motivierte:

Bereits oben wurde verwiesen auf Alfred Delp, der – neben anderen Denkern der Kriegs- und Nachkriegszeit – Werke Meister Eckharts intensiv gelesen und dessen Gedanken als für seine Situation, die eine lebensbedrohliche Situation der Verfolgung und gleichzeitig des entschiedenen, im Vertrauen auf die Wahrheit des Evangeliums begründeten Widerstands gegen ein erklärt atheistisches Unrechts-System war, not-wendig im wahrsten Sinn des Wortes empfunden

---

78 Ratzinger, Joseph: Eschatologie – Tod und ewiges Leben. 62.

hat. Delp schreibt in seinen Briefen aus der Gefangenschaft, bevor er vom Reichsgerichtshof wegen Hochverrats zum Tod verurteilt wurde, dass er nichts habe mitnehmen wollen auf seinen letzten Weg als seine Ausgabe der Predigten Eckharts.[79] Diese hervorgehobene Bedeutung, die Alfred Delp persönlich der Theologie Eckharts zumisst, wird auch an anderer Stelle im Werk des Jesuiten sichtbar: In einer Meditation zur Adventszeit (1944) schreibt er in der Haftanstalt Tegel, die Situation Deutschlands unter der NS-Herrschaft analysierend:

"Das ist der Weg eines Volkes, eines Geschlechtes, eines Menschen in die Öde und Leere, in das Leben ohne Freude. Und es wird, wenn Mensch und Ding in dieser Verfassung belassen werden, nur noch schlimmer. Eine Unlust zueinander ergreift die Schöpfung, der harmonische Sphärengesang zersplittert in eine Orgie der Grausamkeit und des Vernichtungswillens, den die Kreatur gegen die Kreatur zu hegen beginnt.

Es hilft da nur eines:

[...] dass die kühnsten Worte Augustins, Eckharts und der anderen Wissenden und Ahnenden ernst zu nehmen sind und echte Wirklichkeit meinen: im Menschen selbst, in seiner innersten Mitte geschieht das Leben Gottes. [...] Und soviel wird er [der Mensch] sich selbst und sein eigenes Gesicht wieder finden und den Glauben an die eigene Würde und Sendung und Lebensmöglichkeit, als er sein Leben begreift als hervorströmend aus dem Geheimnis Gottes. Da ist das Negative und Bedrohliche dann überboten und von innen her in seiner Nichtigkeit entlarvt und zugleich entmachtet."[80]

Die Frage, die aus dieser hohen Wertschätzung eines mittelalterlichen Theologen im Denken eines „Märtyrers des 20. Jahrhunderts"[81] erwuchs, ist die, warum es gerade Meister Eckhart war, der hier in

---

79 Vgl. Delp, Alfred: Schriften aus dem Gefängnis. 86: „Zwei Tage sind wir also noch hier, dann wird man uns zur Gestapo holen. [...] Die Tage lese ich noch etwas im Meister Eckhart, den ich von allen Büchern allein zurückbehalten habe".

80 Delp, Alfred: Meditation zum 3. Adventssonntag. in: Ders.: Schriften aus dem Gefängnis. 165ff.

81 Vgl. Bleistein, Roman: Art.: Pater Dr. Alfred Delp. in: Moll, Helmut (Hrsg.): Zeugen für Christus. II; 786—789.

besonderer Weise fruchtbar wurde für das „Überleben als Mensch" im Kontext der Ent-Menschlichung. Was kann es hier bedeuten, *dass die kühnsten Worte Eckharts ernst zu nehmen sind und echte Wirklichkeit meinen"*?

Was ließ Denker und Denkerinnen wie Alfred Delp und später etwa Dorothee Sölle in den Schriften Meister Eckharts eine Theologie und Spiritualität entdecken, die ein Gegengewicht bilden kann gegen die „Orgien der Grausamkeit" in unserer Welt, gegen „den Vernichtungswillen, den die Kreatur gegen die Kreatur hegt", gegen die Leben zerstörende Konkurrenz zwischen Menschen, die unter dem beschönigenden Namen der „Durchsetzungsfähigkeit" bis heute nicht nur unser ökonomisches Leben bestimmt.

Ist es – auch in gegenüber den 1930er und 1940er Jahren erneut verändertem Kontext – wirklich möglich, den „harmonischen Sphärengesang", die Utopie des Reiches Gottes mit ihrer Verheißung universaler Gerechtigkeit, gegenüber der allgegenwärtigen „Zersplitterung" in den Herausforderungen einer „globalisierten Welt" ein-zu-klagen?

Ist es der Theologie im Rückbezug auf Meister Eckhart, einen Bettelmönch des 13./14. Jahrhunderts, auch heute möglich, Menschen zu helfen, in allen und trotz aller Zersplitterungen „sich selbst und ihr eigenes Gesicht wieder zu finden, den Glauben an ihre eigene Würde, ihre Sendung und Lebensmöglichkeit" nicht zu verlieren?

Liegt in der Theologie Eckharts wirklich ein Schlüssel zur „Entmachtung der Negativität", die menschliches Leben bis heute bedroht? Eine Spiritualität, die diese Bedrohungen offenlegt und „von innen her in ihrer Nichtigkeit entlarvt"?

Diese Fragen, die hier in Anlehnung an Alfred Delp und seine Meditation zum Dritten Adventssonntag, „Von den Bedingungen der wahren Freude", formuliert sind, haben ihre Heimat im Kontext „'Politischer' Theologie", wie sie sich etwa in den theologischen Arbeiten Jon Sobrinos zeigt:

> „Wenn die Theologie den Menschen so auf glaubwürdige Weise zu sagen vermag, dass das wahre Menschsein des Menschen darin besteht, dass dieser Mensch im Bewusstsein lebt, ein Geschöpf Gottes zu sein, dann kann sie auch den Menschen den Weg Jesu als höchste Verwirklichung ihres Menschseins zeigen: als einen Weg, der den

Menschen auf keinerlei Weise von der Geschichte entfremdet, sondern der ihnen im Gegenteil zeigt, wie sie – gerade im Glauben – diese Geschichte besser und voller auf sich nehmen und in dieser Geschichte Mensch sein können."[82]

Ich bin mir bewusst, dass es zu den umstrittensten Deutungen Eckharts gehört, ihn in Verbindung zu bringen mit diesen Grundprinzipien „politischer Theologie" (die Kurt Flasch, wie bereits erwähnt, als Eckharts Denken grundsätzlich fremde „Modetheologie" des 20. Jahrhunderts abqualifizierte), wie dies exemplarisch von Dorothee Sölle im Zusammenhang ihrer Arbeit über „Mystik und Widerstand" gewagt wurde.

Die vorliegende Studie ist getragen vom Bemühen, die Schriften Eckharts systematisch dahingehend zu befragen, ob das von Sölle skizzenhaft dargestellte „politische Widerstandspotential" ein wirkliches Fundament im Text habe oder im Kontext der Eckhart-Forschung in die Reihe der – wenn auch ehrenhaft motivierten – ideologischen Fehlinterpretationen einzuordnen sei.

Von diesem Vorwurf wird in der aktuellen Forschung nicht nur Dorothee Sölle getroffen, sondern ebenso die Arbeiten des in der Forschung „anerkannteren" Dietmar Mieth, dem etwa Günter Stachel pauschal „anachronistisches Denken" vorwirft – „denn Eckhart war kein Befreiungstheologe".[83]

Natürlich war Eckhart kein _„Befreiungstheologe"_ im Sinn der 70er/80er Jahre des vergangenen Jahrhunderts.

Aber: wer war dieser Eckhart von Hochheim, wie sind seine Schriften zu verstehen? Was bedeutet es, wenn selbst ideologisch so unverdächtige Gelehrte wie der Züricher Literaturwissenschaftler Alois M. Haas Eckharts Konzept der „Gelassenheit" selbstverständlich als „Voraussetzung einer weltweit ausgleichenden Gerechtigkeit" versteht?

---

82 Sobrino, Jon: Geist, der befreit – Lateinamerikanische Spiritualität. 98.
83 Stachel, Günter: Meister Eckhart. Alles lassen – Einswerden. München 1992. 177.
    Hierzu vgl. die kritischen Rückfragen gegenüber Stachels Ablehnung bei Sudbrack, Josef: Fundamentalismus in der Eckhart-Deutung. Literaturbericht. in: GuL 66(1993), 291–303. hier: 299–300.

In diesem Sinn wünsche ich meiner Studie eine kritische Aufnahme durch die Leserin und den Leser – nur so, im kritischen Dialog, kann ihr Grundanliegen verwirklicht werden:

Sie will zur Auseinandersetzung mit dem Gerechtigkeitsverständnis Meister Eckharts einladen, und dadurch „schlicht zur Reinigung der Vernunft beitragen und dazu helfen, dass das, was recht ist, jetzt und hier erkannt und dann auch durchgeführt werden kann". Begründet ist dieser Wunsch in der Erkenntnis, dass eine Theologie, die ihren Namen verdient, „im Ringen um Gerechtigkeit [...] nicht abseits bleiben kann und darf". Sie muss – nicht ausschließlich, aber auch auf dem Weg der Argumentation – „in das Ringen der Vernunft eintreten, und sie muss die seelischen Kräfte wecken, ohne die Gerechtigkeit, die immer auch Verzichte verlangt, sich nicht durchsetzen und nicht gedeihen kann"[84].

---

84 Vgl. Benedikt XVI.: Deus caritas est. 38f.

I. Teil   Meister Eckhart lesen – Welten des Textes

I.1. Biographisches: „Bruder Eckhart Predigerordens, Doktor und Professor der Heiligen Schrift"

Um das Jahr 1260 wurde in Tambach, südlich von Gotha in Thüringen, als Sohn des Burgvogts der Burg Waldenfels, des Ritters von Hochheim, Eckhart von Hochheim geboren[1], der heute unter dem Namen „Meister Eckhart" bekannt ist als einer der herausragenden Theologen und Philosophen des Spätmittelalters, als „normative Gestalt geistlichen Lebens"[2], als „der bedeutendste Vertreter der deutschen Mystik und ihr tiefster und radikalster Denker"[3], als „kühner Erschütterer, der Hirne wie der Herzen"[4].

---

1   Vgl. Ruh, Kurt: Meister Eckhart – Theologe, Prediger, Mystiker. 21.
Zuletzt Trusen, Winfried: Eckhart vor seinen Richtern und Zensoren. 336f.
2   Haas, Alois M.: Meister Eckhart als normative Gestalt geistlichen Lebens.
3   Fromm, Erich: Haben oder Sein. 314.
Vgl. hierzu auch McGinn, Bernard: The mystical thought of Meister Eckhart. 1:
„Perhaps no mystic in the history of Christianity has been more influential and more controversial than the Dominican Meister Eckhart".
Umstritten bleibt in der Forschung, ob und unter welchen Bedingungen es berechtigt sei, von Eckhart als „Mystiker" zu sprechen. Angesichts des nicht eindeutig geklärten, „mehrdeutigen und ideologieanfälligen" (B. Acklin Zimmermann) Mystikbegriffs reichen die Positionen von radikaler Ablehnung einer Anwendung des Begriffs „Mystiker" auf Meister Eckhart (so pointiert bei Kurt Flasch), über differenziert-abwägende Haltungen (so etwa bei Dietmar Mieth, Theo Kobusch u. a.) bis hin zu einer eindeutigen Bejahung einer solchen Berechtigung (etwa bei Alois M. Haas, Bernard McGinn u. a.).
Im Rahmen dieser Arbeit strebe ich in dieser Frage keine Klärung an und verzichte somit auf eine ausführliche Darstellung der Kontroversen in der Eckhart- und Mystikforschung. Innerhalb meiner Arbeit werde ich den Begriff „Mystik" verwenden in Anlehnung an das im Kontext der „Mystischen Theologie" des Dionysius Areopagita zu entlehnende Verständnis apophatischer Theologie. Hierzu   verweise ich auf das entsprechende Kapitel II.1.1. dieser Arbeit.
4   Vgl. Landauer, Gustav: Meister Eckharts mystische Schriften. 9.

Wohl spätestens im Alter von 18 Jahren[5] trat Eckhart in den Orden der Predigerbrüder ein, nämlich in deren seit 1229 in Erfurt bestehenden Konvent.

Er schloss sich – auch wenn es sich bei der Erfurter Niederlassung um einen der angesehensten und ältesten Konvente[6] der Gemeinschaft der Dominikaner handelte – einem noch relativ jungen, kirchlich damals nicht unumstrittenen Orden an, der im Jahr 1215 als Bruderschaft gegründet worden war[7] mit dem Ziel, in der Nachfolge der Apostel das Evangelium zu predigen (in der Gründungszeit vor allem in der Auseinandersetzung mit der Bewegung der Katharer in Südfrankreich). Dieser Zweck, den Dominikus und seine Gefährten als zentralen Beweggrund der Gemeinschaftsgründung festschrieben, die Verkündigung des Wortes Gottes, barg einigen Sprengstoff: Zum ersten Mal nahm ein Orden als wesentlichen Teil seines Lebens mit der Predigt eine Aufgabe an, die nicht nur „die Hauptaufgabe eines Bischofs" ist, sondern traditionell diesem vorbehalten war.

Ein Punkt, der darüber hinaus das Leben in einer dominikanischen Gemeinschaft auch über den eigentlich kirchlichen Raum hinaus fragwürdig machte, war die Verbindung der Predigttätigkeit mit dem Lebensideal der „vita apostolica", der Nachahmung des apostolischen Lebens in freiwillig gewählter Armut, das Sich-Entziehen gegenüber der Lebenskultur der wirtschaftlich expandierenden Städte des 13. Jahrhunderts.

Wie stark dieser Lebensentwurf als Provokation angesehen wurde, zeigt etwa das Beispiel – eine Generation vor Eckhart – der Auseinandersetzungen des Thomas von Aquin mit seiner Familie, die einen Eintritt in den „Ordo Praedicatorum" nicht dulden wollte.[8]

---

5   Hierzu gibt es keine gesicherten Angaben. Vgl. etwa McGinn, Bernard: The mystical thought of Meister Eckhart. 2: „Eckhart probably entered the Dominican order about the age of eighteen, presumably in the mid to late 1270s".
    Andere Autoren sprechen von einem "wahrscheinlich sehr frühen" (Ruedi Imbach) Eintritt in den Dominikanerorden, von einem Eintritt „im Kindesalter".

6   Vgl. Ruh, Kurt: Meister Eckhart – Theologe, Prediger, Mystiker. 20.

7   Vgl. hierzu Hinnebusch, William A.: Kleine Geschichte des Dominikanerordens. 28f.

8   Vgl. etwa die Darstellung bei Pesch, Otto Hermann: Thomas von Aquin. 67–73.

Auch wenn hier keine generalisierenden Konflikt-Übertragungen zulässig sind, auch zu Lebzeiten Eckharts war die Gemeinschaft der Dominikaner, wie überhaupt die Bettelorden und andere Gruppen der Armutsbewegung, vehementen polemischen Angriffen ausgesetzt. Vor allem von Seiten des Diözesanklerus, der die neuen Gemeinschaften als – geistliche und wirtschaftliche – Konkurrenz erlebte, wurden diese wegen ihres „revolutionären" Lebensideals der radikalen, freiwillig gewählten Armut als „gefährlich" für den bestehenden Ordo, das Ordnungsgefüge der Kirche betrachtet. Immer neue Vorstöße zielten darauf ab, die Bettelorden in ihren Kompetenzen einzuschränken oder sie ganz zu verbieten.[9] Bezüglich der Herkunftsfamilie Eckharts verfügen wir jedoch, ebenso wie für die ersten Jahre seiner Ordenszugehörigkeit, über wenige nähere Quellen[10]. So darf über die allgemeine Einordnung in die Geschichte des Dominikanerordens in der zweiten Hälfte des 13. Jahrhunderts hinaus nicht weiter spekuliert werden. Jeder weitere Schritt hieße, eigene Phantasien in das Leben Eckharts hineinzulesen. Mit Winfried Trusen kann jedoch auch im Blick auf Eckhart von einem bewussten „Ausscheren aus der Tradition", die vom ritterlichen Status der Familie geprägt war, gesprochen werden.[11]

Die eindeutig datierbare Biographie Eckharts beginnt mit dem Osterfest des Jahres 1294. Eine Festpredigt für den 18. April bezeugt den Dominikaner „frater Ekhardus" als *lector sententiarum* an der Theologischen Fakultät in Paris[12]. Seine eigentliche Aufgabe war demnach, das damals gebräuchliche Lehrwerk der Theologie, die

---

„War schon seine [Thomas] Aristoteles-Begeisterung vergleichsweise etwa so, wie wenn heute der Sohn eines Großindustriellen sich für marxistische Wirtschaftsphilosophie interessiert, so ist sein Eintritt in den Orden der Predigerbrüder etwas Ähnliches, wie wenn derselbe Industriellensohn einer Kommune beiträte"; a. a. O., 71.

9   Vgl. hierzu die differenzierte Untersuchung von Ulrich Horst: Evangelische Armut und Kirche.

10 Hierzu der gesamte Abschnitt I bei Trusen, Winfried: Eckhart vor seinen Richtern und Zensoren. 336f.

11 Vgl. Trusen, Winfried: Eckhart vor seinen Richtern und Zensoren. 337.

12 Acta Echardiana 4: LW V, 157.

„Libri quatuor Sententiarum" des Petrus Lombardus zu „lesen", d. h. in Vorlesungen zu kommentieren. Von diesem bezeugten Datum aus lässt sich Eckharts Biographie rückblickend annähernd erschließen.

Der gesicherte Ausgangspunkt ist dabei, neben der erwähnten Osterpredigt, seine „Antrittsvorlesung" an der Pariser Universität, die erhaltene „Collatio in libros Sententiarum"[13], die datiert werden kann auf die Zeitspanne zwischen dem Fest Kreuzerhöhung (14. September) und dem Fest des Heiligen Dionysius (9. Oktober) des der Osterpredigt vorangehenden Jahres 1293.

Diesem Datum vorausliegen müssen die übliche klösterliche Schulung und Unterweisung, das Studium der *artes liberales* und das Studium der Theologie. Im Normalfall ist für diese Studien ein Zeitraum von neun Jahren anzusetzen[14]. Als Absolvent, als *baccalaureus* der Theologie war Eckhart erst berechtigt, als Sentenzenlektor zu lehren.

Setzt man also den Erwerb des Bakkalaureats auf das Ende des akademischen Jahres 1292/93 an, kann von einem Studienbeginn um das Jahr 1277 gerechnet werden. Umstritten bleibt dabei, ob Eckhart seine Studien in Paris, oder auch (zumindest teilweise) am Generalstudium der Dominikaner in Köln absolviert hat.[15]

---

13 Vgl. Acta Echardiana 3: LW V, 156.
14 So bei Imbach Ruedi: Meister Eckhart – Erste Zeugnisse. 8.
15 Für die These, Eckhart habe seine Ausbildungs- und Studienzeit in Köln verbracht, spricht sich etwa Andreas Speer aus; vgl. Speer, Andreas/Wegener, Lydia (Hrsg.): Meister Eckhart in Erfurt. 3.
Er bezieht sich dabei auf einen „Hinweis in Eckharts erster überlieferter Predigt auf Albertus Magnus", der in Köln lehrte und Eckharts Studium dort „nahe lege".
Dieser Deutung gegenüber äußert sich bereits Kurt Ruh skeptisch:
„Die fünfjährige theologische Grundausbildung am Generalstudium des Ordens in Köln wollte man aus einer Bemerkung der Osterpredigt, *Albertus saepe dicebat*, was einer Berufung auf mündliche Aussagen gleichkommt, ableiten. Albertus der Große starb 1280 in einem Alter von über 80 Jahren, kann also als Lehrer Eckharts nicht mehr in Frage kommen. Aber ,Goldene Worte' aus seinem Munde konnte man sicher in dominikanischen und in gelehrten Kreisen überhaupt nicht nur in Köln vernehmen. Ein Studium Eckharts in Köln ist so aus diesem Albertus-Dictum keineswegs stringent abzuleiten".
Vgl. Ruh, Kurt: Meister Eckhart – Theologe, Prediger, Mystiker. 20.

Auch das ungefähre Geburtsjahr Eckharts, 1260, wird so aus einer normalen, ungebrochenen Karriere eines jungen Ordensgelehrten in der dominikanischen Gemeinschaft erschlossen[16].

Nach Abschluss der theologischen Studien durchläuft Eckhart eine steile Gelehrten- und Ämterlaufbahn[17]: Er erweist sich nicht nur als „Intellektueller internationalen Rangs"[18], er gestaltete auch aktiv die Politik seines Ordens mit: „Eckhart gehörte zu einer relativ kleinen Gruppe von Intellektuellen, die mit der Lösung komplizierter theologischer und philosophischer Fragen beschäftigt waren. Ihnen oblag die Aufgabe, die kulturelle Identität des Ordens und der Kirche zu konsolidieren, zu bestimmen und weiterzuentwickeln"[19].

Dementsprechend füllt sich Eckharts Biographie mit zahlreichen herausgehobenen, sowohl akademischen als auch ordenspolitischen Positionen:

1293—1294	*lector sententiarum* an der Pariser Universität
1294—1302	Prior des Dominikanerkonvents in Erfurt, Vikar von Thüringen
1302—1303	*magister actu regens* an der Universität Paris

Ruh nimmt jedoch zumindest für die erste Zeit das Generalstudium in Köln als Studienort Eckharts an, da dies „dem Normalfall" für einen Mitbruder des Erfurter Konvents entspreche. (Ebd.)
Josef Koch hat mit Verweis auf Hinweise in Eckharts Rechtfertigungsschrift im Kölner Inquisitionsprozess, in denen er auf die Verurteilung von Lehren seiner Mitbrüder Thomas von Aquin und Albertus Magnus 1277 durch Bischof Tempier in Paris Bezug nimmt, vorgeschlagen, Eckhart für die Zeit des Studiums der *artes liberales* um 1277 in Paris anzusiedeln, bevor er zum Studium der Theologie ans Generalstudium in Köln gewechselt sei. Vgl. hierzu Koch, Josef: Einführung. in: Nix, Udo u. a. (Hrsg.): Meister Eckhart der Prediger. 1—24. hier 1f.
Eine letzte Klärung ist hier nicht möglich.

16 Vgl. hierzu etwa Imbach, Ruedi: Meister Eckhart – Erste Zeugnisse. 9.
Imbach geht davon aus, dass Eckhart mit Beginn seiner Lektorentätigkeit in Paris (1293) mindestens 33 Jahre alt gewesen sein wird.

17 Vgl. Ruh, Kurt: Meister Eckhart – Theologe, Prediger, Mystiker. 18.

18 So Andreas Speer; vgl. Ders./Wegener, Lydia (Hrsg.): Meister Eckhart in Erfurt. 4.

19 Sturlese, Loris: Hat es ein Corpus der deutschen Predigten Meister Eckharts gegeben. 395.

1303—1310	Provinzial der Dominikanerprovinz Saxonia mit Sitz in Erfurt
1307—1310	zusätzlich zur Leitung der Saxonia Vikar des Ordensgenerals für die böhmische Provinz
1311—1313	*magister actu regens* an der Universität Paris
1314—1326	Vikar des Ordensgenerals in Straßburg/Köln[20]

Einen Bruch dieser „steilen Laufbahn" erlebte Eckhart erst in Köln. Im Rahmen einer *inquisitio super statu* des Dominikanerkonvents durch Nikolaus von Straßburg, der eine Visitation der Provinz Teutonia gemeinsam mit Benedikt von Como im Auftrag Papst Johannes XXII. durchführte[21], wurden von Mitbrüdern aus dem Konvent

---

20 Durch Urkunden ist Eckhart für die Jahre 1314 und 1318 in Straßburg bezeugt. Entsprechend wird für den Zeitraum zwischen 1313/1314 und 1323 in der Forschung von Eckharts „Straßburger Jahrzehnt" gesprochen, das geprägt sei von seiner Stellung als Vikar des Ordensgenerals mit der besonderen Aufgabe der „cura monialium", der Sorge um die den Dominikanern zugeordneten Frauengemeinschaften unter politisch-ökonomischer wie auch seelsorglicher Hinsicht.
Zuletzt wurde jedoch (im Rahmen der Jahres-Fachtagung der Meister-Eckhart-Gesellschaft 2006 in Straßburg) in Frage gestellt, ob die Beurkundungen von 1314/1318, die mit Eckharts Namen verbunden sind, wirklich seine feste Ansiedlung in Straßburg erweisen können. Eventuell hatte Eckhart seinen „Amtssitz" bereits damals in Köln.
Welche Position er – spätestens ab 1323 – in Köln innehatte, die Leitung des dortigen Generalstudiums, wovon bisher als *sententia communis* (so Walter Senner) ausgegangen wurde, oder andere gemeinschaftsinterne Aufgaben, ist ebenfalls nicht eindeutig geklärt. Hier argumentierte Walter Senner zuletzt für die Annahme, Eckhart sei, wie in Straßburg, auch in Köln als Sonderbeauftragter des Ordensgenerals mit der *cura monialium* und der Auseinandersetzung um „freigeistige Laienbewegungen" im dominikanischen Umfeld betraut gewe-sen. Hierzu vgl. die ausführliche Darstellung der aktuellen Diskussion zu diesem letzten Punkt bei Senner, Walter: Meister Eckhart in Köln.
21 Vgl Acta Echardiana 44: LW V, 190—192.
Walter Senner bezeichnet diese Beauftragung nicht nur zu Visitatoren, sondern zu bevollmächtigten Vikaren durch den Papst als „unerhörten Eingriff in die inneren Verhältnisse des Ordens", der dadurch begründet wurde, dass schwere Missstände die Observanz der Ordensregeln betreffend offenkundig waren.
Hierzu Senner, Walter: Meister Eckhart in Köln. 215.

Beschuldigungen gegen Eckhart laut, die in erster Linie seine Predigtweise vor dem Volk betrafen.

Kurt Ruh deutet diese Denunziation als „Gegenschlag einer Gruppe reformunwilliger Brüder", die sich den Forderungen nach strikter Beachtung der dominikanischen Regelobservanz widersetzten, die durch die „strenge Richtung" innerhalb des Ordens (zu der neben Nikolaus von Straßburg wohl auch Meister Eckhart gehörte) angemahnt wurde.[22] „Der eigentliche Grund jener Wirren lag [...] daran, dass der Orden in Deutschland in eine strengere und laxere Richtung gespalten war; wenn nicht alles trügt, [...] so hat es sich bei dem Prozess gegen Eckhart um einen Zusammenstoß beider Richtungen gehandelt."[23] Nikolaus von Straßburg war nach der Denunziation gezwungen, gegen Eckhart ein gemeinschaftsinternes Untersuchungsverfahren einzuleiten. Aufgrund der Untersuchung der deutschen Schriften

---

22 Vgl. hierzu Ruh, Kurt: Meister Eckhart – Theologe, Prediger, Mystiker. 169.
Diese Sicht findet eine Bestätigung darin, dass es gerade die Denunzianten Eckharts waren, die bei der Visitation des Konvents in Konflikt mit dem Visitator kamen: Es ging dabei um Vorwürfe des „unerlaubten Tragen eines Siegelrings" (d. h. der Tätigung unerlaubter Geschäfte), der intimen Beziehung zu „übel beleumundeten Frauen", der üblen Nachrede gegen Mitbrüder, des Amtsmissbrauchs, der unerlaubten Wahlbeeinflussung und andere Verfehlungen.
Vgl. hierzu Senner, Walter: Meister Eckhart in Köln. 216 (mit Anm. 60).
Allgemein zur Situation zu Beginn des 14. Jahrhunderts vgl. etwa Haas, Alois M.: Einleitung Seuse. 14:
„Der Dominikanerorden [...] steht in der ersten Hälfte des 14. Jahrhunderts keinesfalls in Hochblüte: Weithin wurden Abstriche am ursprünglichen Ordensideal gemacht. Im Argen liegen die Einhaltung der Armutsverpflichtung und die Durchführung der Studien. Kirchliche Ehrenpositionen und Privilegien haben die ursprüngliche Strenge schwinden lassen und einer Nonchalence der Lebensführung Platz gemacht, die mit dem ursprünglich intendierten Rätestand der Mendikanten nicht mehr viel gemein hat".
Vgl. hierzu ausführlicher Hinnebusch, William A.: Kleine Geschichte des Dominikanerordens. 102–109: „Der Verfall von Geist und Ordensdisziplin" und „Die ersten Ansätze zur Reform".
23 So stellte bereits 1907 K. Bihlmeyer fest. Das Zitat folgt Trusen, Winfried: Zum Prozess gegen Meister Eckhart. 13.

Eckharts, etwa des „*Liber benedictus"*, endete dieses Verfahren mit einem Freispruch für Eckhart.[24]

Die Auseinandersetzung um Meister Eckhart, um Form und Inhalt seiner Predigten war nach Abschluss dieses gemeinschaftsinternen Verfahrens jedoch nicht beendet.

Die Denunzianten klagten ihn erneut an, diesmal gegenüber dem Erzbischof von Köln, Heinrich II. von Virneburg, der im April 1326 die Obrigkeit der Stadt Köln aufgefordert hatte, alle häresieverdächtigen Personen anzuzeigen. Auf der Grundlage mehrerer Listen häresieverdächtiger Sätze aus den Werken Eckharts, die von den Denunzianten zusammengestellt wurden, wurde so von Seiten des Erzbischofs ein Inquisitionsverfahren „per promoventem" gegen den angesehenen Gelehrten eingeleitet.

Es würde an dieser Stelle zu weit führen, den Verlauf des gesamten Verfahrens gegen Eckhart nachzuzeichnen, eine ausführliche Darstellung, Analyse und Bewertung verdankt die Forschung dem Rechtshistoriker Winfried Trusen, auf dessen Studien[25] ich hier verweisen möchte.

Auf einzelne Beobachtungen möchte ich allerdings hinweisen, da sie die von Kurt Ruh vorgetragene These, Eckharts Denunziation verdanke sich zumindest zu einem beträchtlichen Teil[26] innergemein-

---

24 Das anschließende Vorgehen gegen den Denunzianten, Frater Wilhelm von Nidecke, brachte Nikolaus von Straßburg selbst eine Anklage ein, „Begünstiger der Häresie" zu sein, wogegen Nikolaus wiederum an den Papst appellierte.
   Dieses Kapitel der Verleumdungskampagne gegen Eckhart endete letztlich mit einer Verurteilung der Denunzianten, die darauf „auf eigene Art reagierten": Wilhelm von Nidecke drohte damit, er werde mit den Reisigen (bewaffnete Burgmannen) des Grafen zu Jülich „Rache nehmen für die im Orden erlittene Unbill".
   Vgl. Senner, Walter: Meister Eckhart in Köln. 226f.

25 Trusen, Winfried: Der Prozess gegen Meister Eckhart – Vorgeschichte, Verlauf und Folgen.
   Zusammenfassend Trusen, Winfried: Zum Prozess gegen Meister Eckhart.
   Trusen, Winfried: Meister Eckhart vor seinen Richtern und Zensoren.

26 Vgl. hierzu auch Trusen, Winfried: Zum Prozess gegen Meister Eckhart. 13f:
   Man hat die Einleitung des Prozesses gegen Meister Eckhart mit dem Gegensatz zwischen Thomismus und jener durch den Neuplatonismus geformten Lehrrichtung zu erklären versucht. Aus den Quellen gibt es dafür keinen Beleg.

schaftlichen und innerkirchlichen Auseinandersetzungen um die Praxis der *vita apostolica*[27], stützen und ihr Verständnis vertiefen.

Neben den bereits oben angesprochenen Missständen in den Konventen der Dominikanerprovinz Teutonia – „Unfriede und Missgust, Nichtbeachtung der Ordensobservanz, Willkür der Oberen gegen sittenstrenge Untergebene"[28] –, die den Anlass gaben, dass Papst Johannes XXII. sich persönlich einschaltete und Visitatoren zur Reform der Konvente beauftragte, und die für den Konflikt zwischen Nikolaus von Straßburg und Meister Eckhart auf der einen Seite und den Denunzianten Hermann de Summo und Wilhelm von Nidecke auf der anderen Seite verantwortlich zu machen sind, verweist Trusen ausführlich auf die Auseinandersetzungen um die Lebensform der Beginen, die Eckharts Tätigkeit innerhalb der *cura monialium* sowohl in Straßburg als auch in Köln prägten.

Die Entsendung Eckharts als Sonderbeauftragter des Ordensgenerals nach Straßburg und Köln wurde begründet durch außergewöhnliche und drängende Probleme in der Frauenseelsorge der

---

Sicher können auch hier nicht Lehrdifferenzen ausgeschlossen werden. Wissenschaftliche Auseinandersetzungen hat es in der Scholastik immer gegeben. Auch Vorwürfe, dem Glauben nicht voll entsprechende Äußerungen gemacht zu haben, waren in jener Zeit nicht selten. […]
Hier ging es jedoch um mehr, nämlich um die Anklage Häretiker zu sein. […]
Wir dürfen nicht übersehen, dass in der Teutonia nun die drei höchsten Vertreter des Ordens, der Provinzial, der Visitator und der Leiter des Generalstudiums der Reformrichtung anhingen und wahrscheinlich miteinander befreundet waren. Alle drei werden schließlich angegriffen und mit unfairen Mitteln ausgeschaltet.
Eckhart weist eindeutig auf diese Intriganten hin. […] In der Tat sind zwei von ihnen bei der Klostervisitation scharf gemaßregelt worden. Sie schlugen zurück. Keinesfalls spielten dabei […] Lehrdifferenzen eine Rolle".
Eine Verurteilung als Häretiker hätte für Eckhart bedeutet, dem weltlichen Arm zur Hinrichtung ausgeliefert zu werden. Die Denunziation zielte also weniger auf die Klärung von Differenzen in theologischen Lehrmeinungen, sondern offensichtlich auf die persönliche Vernichtung der Person Eckharts.

27 Vgl. hierzu ausführlicher den Abschnitt I.4.2. dieser Arbeit.
28 Dies waren die offiziellen Gründe, die Johannes XXII. für die Veranlassung der Visitation der Teutonia angab. Vgl. Trusen, Winfried: Zum Prozess gegen Meister Eckhart. 12.

Dominikaner, die besonders in den städtischen Zentren entlang des Rheins – exponiert in Straßburg und Köln – heftigen Angriffen von Seiten des diözesanen Klerus ausgesetzt war. Äußerer Anlass dieser Angriffe auf die Mendikantenseelsorger war das „Beginenproblem".

Es sei hier nur kurz hingewiesen auf einige wenige Merkmale der Lebenspraxis dieser Frauen, die einzeln oder in kleinen selbständigen Kommunitäten in den Städten lebten, um – ähnlich den Bettelorden – dem Ideal der *„vita apostolica"* zu entsprechen.

Die Beginen waren Teil des sogenannten Semireligiosentums, ihr Ideal war, wie Irene Leicht[29] es ausdrückt, ein Leben *„in saeculo non saeculariter"* – mitten in dieser Welt, aber nicht „weltlich" – eine Lebensform, die bemüht war, eigene Erwerbstätigkeit und intensives religiöses Leben zu verbinden. Aufgrund ihrer „Zwischenstellung" innerhalb des traditionellen kirchlich-gesellschaftlichen Ständesystems und der damit verbundenen Unsicherheiten des *status beginarum* – des „Beginenstandes" – waren sie seit dem Aufkommen dieser Bewegung mehr oder weniger heftigen Angriffen ausgesetzt. Die kirchlichen und gesellschaftlichen Stellungnahmen gegenüber den so lebenden Frauen schwankten zwischen Akzeptanz, Duldung und Verfolgung.

Die Bezeichnung „Begine", die sich spätestens seit den 40er Jahren des 13. Jahrhunderts allgemein durchsetzte, hatte dabei von Anfang an „einen häretischen Beigeschmack"[30]:

Man warf diesen Frauen vor, sich unerlaubt der kirchenamtlichen Kontrolle zu entziehen, die geistliche und weltliche Autorität zu missachten, sich durch besondere Kleidung (angelehnt an die der Bettelorden) eine herausgehobene Stellung im Gefüge der Kirche anzumaßen, den Pfarrklerus zugunsten der Bettelmönche zu meiden und ersteren das Recht auf geistliche Leitung abzusprechen und in der Folge dem Diözesanklerus als auch der Pfarrei die geforderte finanzielle Unterstützung zu entziehen.

Darüber hinaus läsen sie privat und in Gemeinschaft die Bibel in volkssprachigen Übersetzungen und diskutierten untereinander und

---

29   Vgl. Leicht, Irene: Marguerite Porete – eine fromme Intellektuelle und die Inquisition. 92–116: „Lebensform *Una quaedam beguina*". hier S. 93.
30   So Irene Leicht: Marguerite Poerete. 97.

öffentlich theologische Fragen: „[…] einige von diesen Frauen hätten in ihrer geistigen Verblendung [selbst] über die Trinität und das Wesen Gottes disputiert"[31], wie im Kontext des Konzils von Vienne schockiert festgehalten wurde.

Die Vorwürfe gegen die Beginen eröffnen so ein weites Feld der Auseinandersetzung um die kirchliche und gesellschaftliche Rolle dieser Frauen, ihren besonderen Stand und damit ihre Freiheit im traditionellen Ordnungsgefüge, um die wirtschaftliche und geistige Selbständigkeit von Frauen, die „nicht so leben wie die anderen Christen", die es trotz ihres „ungelehrten Mundes" wagten, sich in theologischen Auseinandersetzungen eigenständig zu positionieren[32].

Es ging jedoch dabei auch um die wirtschaftliche Konkurrenz, die die Beginen aufgrund ihrer Erwerbstätigkeit den städtischen Zünften machten, um die finanzielle Sicherung der diözesanen Strukturen, die sie durch Unterstützung der Mendikanten untergruben, keineswegs also ausschließlich um explizit religiöse Beweggründe, die zur Kritik an den Beginen führten.

Entsprechend kursieren bis heute verschiedene, oft ideologisch überfrachtete Theorien über die Lebensweise dieser Frauen:

Die einen betonen den religiösen Charakter der Bewegung; sie unterstreichen die Kontinuität der Beginenbewegung mit anderen zeitgenössischen kirchlichen bzw. religiösen Aufbruchsbewegungen.

Die anderen erklärten soziale Motive zur Antriebsfeder des Beginentums:

das reichte von der „Versorgungsthese", die das Beginentum mit einem Frauenüberschuss begründete (der Zusammenschluss von Frauen zu Kommunitäten als „wirtschaftliche Notlösung"),

und der marxistischen Perspektive, die die Bewegung aus dem feudalen Auflösungsprozess während des Spätmittelalters hervorgegangen betrachtet,

über die Einschätzung der Beginen als erste Frauenemanzipation der Geschichte, als „Aufbruchs- und Verweigerungsbewegung",

---

31   Vgl. Müller, Ewald: Das Konzil von Vienne. 577—587: „Verurteilung der Begharden und Beginen und ihrer Irrtümer". hier vgl. 582.
32   Vgl. hierzu das Beispiel der Mechthild von Magdeburg: Heimbach, Marianne: Der ungelehrte Mund als Autorität.

bis zu dezidiert feministischen Ansätzen, die den Beginen ein „subversives Vorgehen gegen auferlegte Rollenzwänge bescheinigten".

Mit Irene Leicht kann man wohl sagen: „Vermutlich enthalten alle diese Ansätze ein Quentchen Wahrheit"[33], sind jedoch nicht einseitig zu verabsolutieren.

Martina Wehrli-Johns schließlich deutet die Lebensform der Beginen schlicht als „Sozialidee der Scholastik"[34] – ein Ansatz, der in besonderer Weise für diese Arbeit interessant ist, da er in gewisser Weise diese Lebensform als Folge konsequenten vernünftigen Denkens auf der Grundlage des Evangeliums betrachtet. Dies wird in der Auseinandersetzung mit Meister Eckhart eine wichtige Rolle spielen.

Wie auch immer man letztendlich das Phänomen der Beginenbewegung beurteilt, im Jahr 1314 wurde, nach seiner Rückkehr aus Paris, Meister Eckhart durch den Ordensgeneral für den Straßburger Raum mit der geistlichen Betreuung dieser Frauen, insofern sie sich mit ihren Konventen den Dominikanern angegliedert hatten – beauftragt[35]: „Man braucht sich nicht zu wundern, dass jener hochgestellte Vikar des Generalmagisters bei den damals tobenden Auseinandersetzungen in die Schusslinie der Gegner geriet" – so resümiert Winfried Trusen.[36]

Die „Schusslinie", in die Meister Eckhart so geriet, war zumindest eine doppelte:

---

33   Zum gesamten letzten Abschnitt vgl. Leicht, Irene: Marguerite Porete. 94.
     Dort finden sich auch die entsprechenden Verweisangaben.
34   Wehrli-Johns, Martina: Das mittelalterliche Beginentum – Religiöse Frauenbewegung oder Sozialidee der Scholastik.
     Vgl. hierzu ausführlich Langer, Otto: Mystische Erfahrung und spirituelle Theologie. besonders 41–46: „Meister Eckharts Funktion in der cura monialium".
     Bezüglich der Aufgaben und Vollmachten des Generalvikars verweist Langer auf zwei Dokumente der dominikanischen Generalkapitel 1307/1312. Eckharts habe als Visitator die Vollmacht gehabt:
     „tam in capite quam in membris, in omnibus et singulis, eciamsi de hiis oporteret fieri mencionem spezialem, ut ipse ordinet et disponat, secundum quod sibi videbitur expedire". Es handle sich dabei um eine „auctoritas inquirendi, puniendi, absolvendi, confirmandi, reformandi, de conventu ad conventum, de provincia ad provinciam transmutandi, tam in capitibus quam in membris". Vgl. Langer, a. a. O., 44.
36   Trusen, Winfried: Zum Prozess gegen Meister Eckhart. 11.

Zum einen wurden erbitterte Auseinandersetzungen geführt um die finanzielle und wirtschaftliche Sicherung der den Dominikanern angegliederten Frauenkonvente (Dominikanerinnen und Beginenhäuser), um die durch die Verfügungen der Frauen und ihrer Gemeinschaften dem Pfarrklerus entgehenden Einkünfte – den Dominikanern wurde von Seiten des Diözesanklerus „Erbschleicherei" vorgeworfen – und um die pfarrliche Kontrolle, der sich die Frauen entzogen, indem sie geistliche Begleitung und Sakramentenspendung von Seiten der Dominikaner in Anspruch nahmen.[37]

Zum anderen wurde der Beginenstatus sehr grundsätzlichen Angriffen ausgesetzt, indem ihre Gemeinschaften als Sammelbecken für Anhängerinnen der sogenannten „Sekte vom freien Geist", der „Kinder, Schwestern und Brüder der freiwilligen Armut" klassifiziert wurden. Nach der Verurteilung einiger häretischer Lehren, die die Christologie, die Ekklesiologie und Sakramentenlehre betreffen, auf dem Konzil von Vienne 1311, die diesen „Freigeistern" zugeschrieben wurden, begann unter Bischof Johann von Straßburg 1317 die Verfolgung der Beginen in der Stadt.[38]

Nachdem sich für den Bischof eine anfänglich angestrebte differenzierte Beurteilung der verschiedenen Formen des *status beginarum* als nicht durchführbar erwiesen hatte[39], verbot er im Januar 1319 die Lebensform der Beginen grundsätzlich, verlangte vom Klerus, alle Beginen ohne Unterschied anzuweisen, ihren Stand aufzugeben, indem sie auf ihre besondere Kleidung verzichteten, regelmäßig ihre Pfarrkirche besuchten und sich „wieder so wie andere Frauen verhielten"[40].

---

37 Vgl. hierzu Hillenbrand, Eugen: Der Straßburger Konvent der Predigerbrüder. besonders 163—165.

38 Vgl. hierzu ausführlich Patschovsky, A.: Straßburger Beginenverfolgungen im 14. Jahrhundert.
    Wehrli-Johns,Martina: Mystik und Inquisition – Die Dominikaner und die sogenannte Häresie des Freien Geistes.

39 Bischof Johann beklagte sich bei Papst Johannes XXII. in diesem Zusammenhang über „einige Prälaten und Pfarrherrn, die nicht in der Lage sind, zwischen guter und schlechter Lebensführung zu unterscheiden".
    Zit. aus einem Brief Johannes XXII. bei Patschovsky, A.: Straßburger Beginenverfolgungen. 150f.

40 Vgl. Patschovsky, A.: Straßburger Beginenverfolgungen. 153f.

Gleichzeitig bezog Bischof Johann erstmals ausdrücklich die großen Bettelorden, so auch die Dominikaner der Stadt, in diesen Konflikt mit ein: Ihnen wurde vorgeworfen, die Beginen zu begünstigen und in Schutz zu nehmen – nicht nur, ihnen Verständnis und Wohlwollen entgegenzubringen, nein, die Bettelmönche selbst seien den Irrtümern der Beginen verfallen. Auch den Bettelorden wurde im Zuge der Beginenverfolgung die sofortige Exkommunikation angedroht, sollten sie sich nicht in Zukunft ausdrücklich von diesen Frauen distanzieren. Spätestens seit diesem Zeitpunkt war auch Meister Eckhart dem Vorwurf der Begünstigung häretischer Lehren ausgesetzt.[41] Die Dominikaner zogen sich nicht von den ihrer Aufsicht und Begleitung anvertrauten Frauenkonventen zurück, eine „Flucht kam nicht in Frage"[42].

Auch wenn in der Folgezeit der Straßburger Konflikt um die Beginen beigelegt werden konnte, indem ihre Konvente als Drittordensgemeinschaften mit approbierten Regeln den Mendikanten zugerechnet wurden, der Vorwurf, „Begünstiger der Häresie" zu sein, folgte Eckhart nach Köln, wo er von der Ordensleitung mit ähnlichen Aufgaben betraut wurde wie in Straßburg.

Eckhart, der in eine Position der administrativen und theologischen Kontrolle über die Schwesterngemeinschaften gesetzt wurde, hatte sich ihnen in gewisser Weise „angeschlossen", indem er die berechtigten Anliegen ihrer Lebensform und auch ihrer theologischen Überlegungen aufgriff und sich bemühte, sie in den Rahmen einer orthodoxen Theologie einzubinden, um sie so gegen innere Fehlentwicklungen und äußere Angriffe zu sichern.[43]

---

41 Vgl. Hillenbrand, Eugen: Der Straßburger Konvent der Predigerbrüder. 160.
42 Vgl. Hillenbrand, Eugen: Der Straßburger Konvent der Predigerbrüder. 166.
43 Vgl. hierzu etwa Sells, Michael: The Pseudo-Woman and the Meister. 143: The „life as a Beguine (neither clergy nor lay, neither married nor in a convent) threatened established social, intellectual, and theological boundaries and acquired [...] the inquisitorial epithet of ‚pseudo-woman'. Eckhart, as a Dominican 'Meister', was placed in a position of administrative and theological control over nuns and other women, but rather than controlling the powerful currents of late-thirteenth-century women's spirituality, he joined them".

Die Konflikte, zu deren Regelung Meister Eckhart in Straßburg entscheidend beigetragen hat, „kochen", so Walter Senner, „nun in
Köln hoch"[44].

Die Denunzianten machten sich die „scharfen Statuten" des Erzbischofs Heinrich von Virneburg zu Nutzen, die dieser bereits 1307
gegen „jene ungebildeten Männer und Frauen" erlassen hatte, die
„in einer neuen Lebensform und Kleidung unter dem Vorwand der
Armut (*sub paupertatis umbram*) vom Bettel lebten, sich gemeinhin
Begarden, Begardinnen und Apostelbrüder nannten und im Ver-
dacht der Ketzerei ständen"[45].

Diese Statuten hatten nach ihrer ersten Veröffentlichung keine bekannten Konsequenzen nach sich gezogen, was sich erst änderte, als
Heinrich von Virneburg 1326 ganz gezielt und energisch die Kölner
Stadtobrigkeit aufforderte, die in ihren Mauern agierenden Ketzer
dingfest zu machen.[46]

Im Kontext dieses Aufrufs zur Denunziation ist für das Jahr 1326
neben der Eröffnung des Prozesses gegen Meister Eckhart die
Durchführung eines Ketzerprozesses gegen einen „Priester namens
Walther (der Holländer)" und einige seiner Gefolgsleute durch
Quellen belegt. Sie wurden in Zusammenhang gebracht mit der bereits seit 1307 in Köln und ab 1319 in Straßburg verfolgten freigeistigen Häresie, in deren Nähe auch Eckhart durch die Denunzianten
gerückt wurde. Walther wurde letztendlich als starrsinniger Ketzer
auf dem Scheiterhaufen verbrannt, die anderen Angeklagten, ein
weiterer Priester, ein Laie und sechs Frauen – die sich schuldig und
reuig bekannt haben müssen – wurden zu lebenslanger Kerkerhaft
verurteilt.[47]

---

44 Vgl. Senner, Walter: Meister Eckhart in Köln. 226.
45 Vgl. Janssen, Wilhelm: Das Erzbistum Köln im späten Mittelalter. 573f.
46 Vgl. Janssen, Wilhelm: Das Erzbistum Köln im späten Mittelalter. 577.
    Vgl. auch Degenhardt, Ingeborg: Studien zum Wandel des Eckhartbildes.
    8: "In einem Schreiben vom 5. April 1326 an die Richter und die Verwal-
    tung der Stadt Köln befahl Erzbischof Heinrich, alle der Häresie verdächti-
    gen Personen, Geistliche und Laien, auch solche innerhalb der Immunität,
    zu ergreifen und seiner Gerichtsbarkeit zu übermitteln".
47 Vgl. Lerner, Robert: The Heresy of the Free Spirit in the later Middle Ages.
    29f.
    Lerner verweist an dieser Stelle darauf, dass die in der Literatur in diesem
    Zusammenhang überlieferten Berichte darüber, dass eine beträchtliche

Der Prozess gegen Meister Eckhart verlief für diesen jedoch „günstiger". Eckhart forderte am 24. Januar 1327 gegenüber seinen Richtern die sogenannten „*apostoli*", die Erlaubnis, an den Heiligen Stuhl appellieren zu dürfen, da er das Kölner Gericht nicht als zuständig anerkannte, sondern sich als Pariser Magister der Theologie nur dem Urteil des Papstes oder der Universität von Paris zu unterwerfen bereit war.[48]

Das Kölner Gericht wies diese Appellation mit ablehnendem Bescheid zurück , gewährte jedoch die sogenannte *apostoli refutatorii*, aufgrund derer es Eckhart erlaubt wurde, nach Avignon zu reisen – allerdings belastet mit der negativen Entscheidung des erzbischöflichen Gerichts.[49]

Eckhart selbst legte am 13. Februar in der Kölner Dominikanerkirche eine öffentliche, vor dem Volk und einer Reihe hochrangiger Vertreter der Gemeinschaft als Zeugen verlesene und notariell beglaubigte *protestatio* ab, ein Zeugnis für seine Rechtgläubigkeit und seine Bereitschaft zum bedingten Widerruf von Sätzen , die als irrig und dem Glauben widersprechend gefunden werden könnten[50].

So hoffte er, den Vorwurf der willentlichen Verbreitung häretischer Lehren zu entkräften.

Dass die Kurie in Avignon schließlich die Berufungsappellation Eckharts akzeptierte und den Prozess an sich zog, sieht Trusen begründet einerseits in der päpstlichen Rücksicht auf den Dominikanerorden, andererseits in der Tendenz seit dem Pontifikat Johannes XXII, das Urteil über angeblich häretische Lehren von Magistern der Theologie nicht mehr den Bischöfen oder den Universitäten zu überlassen, sondern diese Prozesse an der Kurie durch eigens eingesetzte Theologenkommissionen begleiten und untersuchen zu lassen. Auf der Basis verschiedener Gutachten – im Fall Eckharts nicht nur der

---

Anzahl weiterer Begarden und Beginen im Zuge dieses Prozesses verurteilt und im Rhein ertränkt worden seien, eine dramatisierende Ausschmückung darstelle, deren Überlieferung „almost certainly false" sei. (a. a. O., 30).

48   Acta Echardiana 53: LW V, 544—547.
49   Acta Echardiana 55: LW V, 550—551.
     Vgl. Ruh, Kurt: Geschichte der abendländischen Mystik III. 250f.
50   Acta Echardiana 54: LW V, 547—549.

Theologenkommission sondern eines zweiten Gutachtens des Kardinals Jaques Fournier, wurde dann im Konsistorium der Kardinäle mit dem Papst das abschließende Urteil gefällt.

Eckhart kamen in diesem Sinn die „Zentralisationsbestrebungen des Juristenpapstes und die versuchte Durchsetzung seines Jurisdiktions- und Lehrprimats" zu Hilfe.[51] Er konnte also von Köln – wenn auch mit negativem Bescheid des Erzbischöflichen Gerichts belastet – nach Avignon aufbrechen. Er wurde begleitet von seinem Provinzial und drei Lektoren der dominikanischen Gemeinschaft.

Aufgrund seiner Kölner *protestatio* und der zu vermutenden Zusage eines speziellen Widerrufs für häretisch befundener Sätze entfiel in Avignon ein Vorgehen gegen Eckhart als vermeintlichen Häretiker. Der Charakter des Prozesses änderte sich grundlegend von einem Ketzer- zu einem Lehrbeanstandungsverfahren.

Zu beurteilen galt nun nicht mehr die grundsätzliche Rechtgläubigkeit Eckharts (die in Köln zentraler Gegenstand der Untersuchung war), sondern allein der objektive Wortlaut der aus seinen Werken entnommenen strittigen Lehrsätze.

Darüber hinaus strich die Theologenkommission die Liste der irrtumsverdächtigen Sätze auf die Zahl von 28 Artikeln zusammen, „unsinnige Beweisartikel" wurden von vornherein ausgeschaltet.[52]

Im Lauf dieses Untersuchungsverfahrens verstarb Meister Eckhart, der Prozess wurde jedoch – auf Drängen der ersten Instanz, des Gerichts des Erzbischofs von Köln – weitergeführt.

Das abschließende Urteil wurde in der Bulle „In agro dominico" durch Johannes XXII. am 27. März 1329 festgehalten und zur begrenzten Veröffentlichung in der Kirchenprovinz Köln bestimmt.[53]

Ausdrücklich wird darauf hingewiesen, dass Meister Eckhart „am Ende seines Lebens, den katholischen Glauben bekennend, die angeführten [...] Artikel, die gepredigt zu haben er bekannte, ferner auch alles andere von ihm Geschriebene und in Schulen wie in Pre-

51 Vgl. zum gesamten Prozessverlauf Trusen, Winfried: Zum Prozess gegen Meister Eckhart. 19ff.
52 Acta Echardiana 57: LW V 557—560.
   Vgl. Trusen: Zum Prozess gegen Meister Eckhart. 20.
53 Acta Echardiana 65-66: LW V 596—605.

digten Gelehrte, das in den Gemütern der Gläubigen einen häretischen und dem wahren Glauben feindlichen Sinn erzeugen könnte, soweit es diesen Sinn betrifft, widerrufen wie auch verworfen hat […], indem er sich und alle seine Schriften und Aussprüche der Entscheidung des apostolischen Stuhles und der Unseren unterworfen hat."[54]

Die Bulle enthält ein gegenüber dem Votum der Theologenkommission[55] abgemildertes und differenziertes Urteil:

Eckharts persönliche Rechtgläubigkeit wird nicht in Frage gestellt[56], von den ihm zur Last gelegten 28 Lehrsätzen werden 26 zensuriert: 17 Artikel sollen einen Irrtum oder das „Mal der Häresie" enthalten und werden – *prout sonant* – ihrem Wortlaut nach „verdammt und verworfen", damit sie „die Herzen der Einfältigen, denen sie gepredigt worden sind, nicht weiter anstecken".

Für die Verurteilung wird also ein pastoraler Grund angegeben.

Die übrigen 11 Artikel werden als „übelklingend, sehr gewagt und der Häresie verdächtig" bezeichnet, es wird aber darauf hingewiesen, dass sie „mit vielen Erläuterungen und Ergänzungen" einen „katholischen Sinn erhalten und besitzen".

Für die zwei weiteren Artikel galt die Autorschaft Meister Eckharts nicht als erwiesen.[57]

Winfried Trusen weist mehrfach darauf hin, dass mit dem in der Bulle erwähnten Widerruf Eckharts – bei dem es sich um eine „spezielle *reprobatio*" handeln müsse und nicht um die Kölner *protestatio* – dieser „keineswegs die eigene Lehre widerrief, so wie er sie intendierte", sondern nur ihre missverständliche Deutung. Er distanzierte sich von jenen Äußerungen, „*que possent* [man beachte die Möglichkeitsform] *generare in mentibus fidelium sensum hereticum vel erroneum ac vere fidei inimicum, quantum ad illum sensum*"[58].

---

54 Johannes XXII.: In agro dominico. Text bei Quint, Josef (Hrsg.): Meister Eckhart – Predigten und Traktate. München 1963. 449–455; hier 455.

55 Acta Echardiana 59: LW V 568–590.

56 Vgl. "In agro dominico": Acta Echardiana 65: LW V 600, 118f.: „[…] Ekardus in fine vite sue fidem catholicam profitens […]".

57 Hierzu und zur Beurteilung der Bulle vgl. ausführlich Trusen, Winfried: Zum Prozess gegen Meister Eckhart. 21f.

58 Acta Echardiana 65: LW V 600, 121f.

Trotz dieser „besonderen Form" gab sich das päpstliche Gericht damit zufrieden.[59] Die Biographie Meister Eckharts verliert sich im Rahmen des Prozesses in Avignon im Dunkeln. Am 30. April 1328 teilt Papst Johannes XXII. in einem Brief an Heinrich von Virneburg auf dessen Anfrage hin mit, dass das Beanstandungsverfahren gegen Eckhart zügig zu Ende geführt werde – er spricht in diesem Schreiben davon, dass Eckhart selbst inzwischen verstorben sei.[60] Aufgrund der ordensinternen Überlieferung datiert Walter Senner den Todestag Eckharts auf den 28. Januar 1328.[61]

---

59 Trusen, Winfried: Eckhart vor seinen Richtern und Zensoren. 345.
60 Acta Echardiana 62: LW V 593—594.
61 Vgl. Acta Echardiana, Appendix VI,7: Friedrich Steill zum Gedächtnistag Eckharts: LW V 616—617.
    Hierzu ausführlich Senner, Walter: Meister Eckhart in Köln. 232—234.

I.2. Eine Relektüre der Werke Meister Eckharts

Im Sinne einer Grundlegung werde ich in diesem Kapitel die hermeneutischen Grundsätze offen legen, mit denen ich an die Texte Meister Eckharts herangehe, um sie zu interpretieren, sie zu „verstehen".

Dabei orientiere ich mich methodisch an den Grundsätzen der Textauslegung, wie sie im Anschluss an die philosophische Hermeneutik Ricoeurs Eingang gefunden haben in die theologischen Disziplinen der Textauslegung und -aneignung, sowohl in die Schriftexegese als auch in die systematische Theologie.[1] Ergänzend greife ich zurück auf die literaturwissenschaftlichen Arbeiten Hilde Domins.[2]

I.2.1. Tradition und Normativität

„In Wirklichkeit besagt Tradition nicht die Wendung zur Vergangenheit als solcher, sondern den Zug zum Grunde, zum Wesentlichen und Bleibenden im Leben wie in der Geschichte. [...] So ist Tradition nicht ein Festhalten am alten, sondern das Bejahen des tieferen Wesens und des eigenen Grundes, der gerade dann bewahrt werden muss, wenn sich ein Lebendiges sinnvoll entwickeln und organisch reifen soll. [...] In dieser Sicht verliert die Tradition den Charakter einer konservierenden und restaurierenden Macht und wird zur Kraft der schöpferischen Erneuerung des Lebens in der Gegenwart."[3]

Diese Ausführungen Leo Scheffczyks, die in ihrem ursprünglichen Kontext auf die Weitergabe der „göttlichen Offenbarung", des Wortes Gottes in der Heiligen Schrift und der Tradition der Kirche bezogen sind, können im übertragenen Sinn auch für die Beschäftigung

---

1   Grundlegend sei hier auf für mich zentrale Bezugstexte verwiesen:
     Prammer, Franz: Die philosophische Hermeneutik Paul Ricoeurs. / Schneiders, Sandra M.: The Revelatory Text. / Gruber, M.: Wandern und Wohnen in den Welten des Textes. / Eckholt, Margit: Hermeneutik und Theologie bei Paul Ricoeur. / Eckholt, Margit: Poetik der Kultur.

2   Vor allem Domin, Hilde: Das Gedicht als Augenblick der Freiheit. / Domin, Hilde: Wozu Lyrik heute.

3   Scheffczyk, Leo: Die Weitergabe der göttlichen Offenbarung. 52f.

mit anderen „geistlichen" Texten aus eben dieser Tradition richtungweisend sein.

Wenn es in dieser Arbeit um die Werke Meister Eckharts, ihre Tradierung in die Gegenwart, geht, dann bedeutet das im Anschluss an Scheffczyk, die Werke Eckharts als „traditionsbegründend" zu lesen, sie zu verstehen als Grund und wesentlichen Ausgangspunkt einer Aneignungstradition: Es geht darum, Meister Eckhart mit einer Formulierung Alois M. Haas' zu lesen als „normative Gestalt geistlichen Lebens"[4]. Dieser normative Charakter Eckharts kann tatsächlich als Traditionsstrom seit dem beginnenden 14. Jahrhundert bis in die Gegenwart aufgezeigt werden.[5] Die je neue Aneignung ist dabei zurückzubinden sowohl an das Gesamt der Texte, die uns von Eckhart überliefert sind, als auch an die Tradition des Lebens, die offensichtlich ihrerseits Grund und wesentlicher Ausgangspunkt eben dieser Texte Eckharts ist. Auch als für uns „normative Gestalt" (im theologischen Sprachgebrauch als *norma normans*) ist Meister Eckhart in diesem Sinn gleichzeitig zu lesen als *„norma normata"*, als Teil einer auf den normativen Grund jüdisch-christlicher Offenbarung bezogenen Tradition der *cognitio dei experimentalis*, die heute allgemein als „christliche Mystik" bezeichnet wird. Zu erinnern ist hier an die grundlegenden Ausführungen des jüdischen Religionswissenschaftlers Gershom Scholems:

„Ich möchte […] hier Nachdruck darauf legen, dass es […] Mystik als solche, als ein Phänomen oder eine Anschauung, die unabhängig von anderem in sich selber besteht, in der Religionsgeschichte im Grunde gar nicht gibt. Es gibt nicht Mystik an sich, sondern Mystik *von* etwas, Mystik einer bestimmten religiösen Form: Mystik des Christentums, Mystik des Islams, Mystik des Judentums und dergleichen. Gewiss, es steckt etwas Einheitliches in diesen mannigfachen historischen Phänomenen. […] Aber es ist der modernen Zeit vorbehalten geblieben,

---

4   So bereits der Titel der Monographie: Haas, Alois M.: Meister Eckhart als normative Gestalt.

5   Hierzu bietet einen ausführlichen Überblick: Degenhardt, Ingeborg: Studien zum Wandel des Eckhartbildes.

so etwas wie eine abstrakte Religion der Mystik überhaupt zu erfinden."[6]

An dieser Stelle kann der Themenkomplex um die Frage nach der Existenz einer „chemisch reinen Mystik", als einer von den störenden Schlacken „bestimmter, fixierter Formen der positiven Religion" gereinigten „Universalreligion"[7] nicht ausführlich diskutiert werden.

Ich lege hier ausschließlich meinen Grundentscheid offen, der Einschätzung Gershom Scholems zu folgen – weiterführend verweise ich auf die Diskussion in der einschlägigen Literatur.[8]
Aus dieser Grundannahme ergeben sich für die Lektüre der Texte, die Gegenstand dieser Arbeit sind, weitreichende Konsequenzen. Es gilt, bei der Interpretation unterschiedliche „Welten" zu berücksichtigen, die mit den schriftlichen Texten „verbunden" sind. Diese „Text-Welten" sollen im Folgenden in den Blick genommen werden.

---

6   Scholem, Gershom: Die jüdische Mystik in ihren Hauptströmungen. 6f.
Vgl. hierzu McGinn, Bernard: Die Ursprünge [Die Mystik im Abendland. Bd. 1]. 15: „Kein Mystiker (wenigstens bis zu unserem Jahrhundert) glaubte an ‚Mystik' oder praktizierte ‚Mystik'. Er glaubte an das Christentum und praktizierte es (oder eben an das Judentum, den Islam, den Hinduismus)".

7   Vgl. Scholem, Gershom: Die jüdische Mystik in ihren Hauptströmungen. 7.

8   Vgl. etwa Katz, Steven T.: Mysticism and Sacred Scripture.
McGinn, Bernard: Die Ursprünge [Die Mystik im Abendland, Bd. 1]. besonders 9—28. 383—481.

1.2.2.　Meister Eckhart *lesen* –
　　　　Herausforderungen des Textes

1.2.2.1.　Der Text als Werk des Autors

Die erste und „grundlegende" Einsicht, die Einfluss auf die Interpretation der Texte hat, ist die, dass der Interpretationsgegenstand, „Werk" eines bestimmten Autors ist. Diese auf den ersten Blick banale Feststellung hat jedoch Konsequenzen in zwei Richtungen. Zum einen – da hinter dem Text der gestaltende Wille, eine „Aussage-Absicht" eines konkreten Menschen steht – bringt das Verständnis des Textes als „Werk" die Notwendigkeit und gleichzeitig die Schwierigkeit mit sich, die Person des Autors nicht aus den Augen zu verlieren. „Die Entstehung eines Textes – insofern der Text auch ein ‚Werk' ist – hat [...] etwas zu tun mit menschlicher Praxis, spezifischer mit dem Hervorbringen von etwas, mit Arbeit und deren Bedingungen. Arbeit ist [...] ‚praktische Aktivität, objektiviert in ihren Werken', und das Hervorbringen (*productio*) von etwas ist gekennzeichnet, dass eine Form einer vorgegebenen Materie aufgeprägt wird."⁹ Vor diesem Hintergrund ist zu berücksichtigen, was auch Eckhart selbst in seinen philosophischen Schriften zum Verhältnis zwischen dem „Hervorbringenden" (dem *producens* – in unserem Fall dem Autor eines Textes) und dem durch sein Wirken „Hervorgebrachten" (dem *productum* – dem Text des Autors) ausführt:

[...] omne agens,	Jedes Wirkende,
sive in natura	sei es in der Natur
sive in arte,	oder in der Kunst,
agit sibi simile,	wirkt [etwas] ihm Ähnliches,
et propter hoc	und deswegen
semper habet in se ipso	hat es in sich selbst
id	immer dasjenige,

9　Vgl. Prammer, Franz: Die philosophische Hermeneutik Paul Ricoeurs. 76.
10　Eckhart:: InIoh 30: LW III; 23,5—23,8.

cui assimilat	dem es das von ihm Bewirkte
suum effectum.	angleicht.
Et illud est principium	Und jenes ist
quo agit agens;	der [bestimmende] Ursprung,
	durch den das Wirkende
	wirkt;
aliter enim ageret sorte,	andernfalls würde es nämlich
non arte. [10]	[mit Hilfe des] Zufälligen
	wirken,
	nicht aber [durch Anwendung]
	der Kunst.

Der Text als „Werk" hat keinen zufälligen Charakter. Als Produkt des „kunstvollen Wirkens"[11] ist er Ausdruck des Autors selbst, „ihm ähnlich":

[...] principium semper	Der Ursprung
afficit	beeinflusst/prägt immer
principiatum.[12]	das [von ihm] Begründete.

[...] unumquodque agit	Ein jedes Ding wirkt
sibi simile[13]	etwas ihm selbst Ähnliches.

Eckhart selbst wendet dieses Prinzip in seinem Kommentar zum Johannes-Evangelium an, um in allgemeiner Form das Verhältnis zwischen Redner und Rede-Inhalt zu beschreiben:

Qualis enim quisque est,	Jeder redet das,
talia et de talibus loquitur,	was seiner Art entspricht:

---

11 Vgl. Schneiders, Sandra M.: The Revelatory Text. 148:
„The text as text is not merely a transcription of oral discourse but an artistic creation".

12 Eckhart: InIoh 73b: LW III; 61,8.
Vgl. auch Eckhart:: Sermo XL,3: LW IV; 344,4: „Omne agens agit sibi simile quantum potest".

13 Eckhart: InIoh 52: LW III; 43,10.

Matth. 12:	,Aus der Fülle des Herzens
'ex abundatia cordis	redet der Mund'
os loquitur'.	(Mt 12,34).
[...]	[...]
si vis scire	Willst du wissen,
qualis quis sit,	wie jemand ist,
vide	so sieh zu,
quales commendat	wen er empfiehlt
et de quibus et qualibus	und wovon und worüber
frequenter loquitur. [...]	er häufig redet. [...]
Omnis enim homo	Jedermann redet nämlich
de his loquitur communiter	gewöhnlich von den Dingen,
circa [...] in quibus	welchen er seine Mühe
laborat	und Arbeit
et operatur.[14]	zuwendet.

Diese grundsätzliche „Ähnlichkeit" zwischen Autor und Text, die hieraus gefolgert werden kann (und muss), kann für das Textverständnis fruchtbar gemacht werden, insoweit die Person des Autors (seine Biographie, weltanschauliche und religiöse Grundorientierung, Prägung durch Traditionen des Denkens und der Lebensform ...) bekannt und „greifbar" ist.

Hier ist allerdings Vorsicht geboten! Der Autor eines Textes ist letztlich nie wirklich „greifbar", seine Person bleibt hinter seinem Werk und auch hinter einzelnen äußerlichen Daten eines Lebens verborgen.

Auf diesen Umstand wird später, wenn es um die Betrachtung des „Textes" als „singuläre Wirklichkeit" geht, zurückzukommen sein.

Für diesen ersten hier auf den Text gerichteten Blick muss jedoch, trotz aller notwendigen Einschränkungen, die bleibende Verbindung, das Abhängigkeitsverhältnis zwischen Text und Autor betont werden.

Gerade in der Interpretation so genannter „mystischer" Literatur ist demgegenüber oftmals eine starke Tendenz zu beobachten, dieses Verhältnis zu ignorieren.

---

14   Eckhart: InIoh 357: LW III; 302,9—303,2.

So verweist etwa Gerhard Wehr bereits im Vorwort seiner Text-
sammlung „Der Stimme der Mystik lauschen" auf Thomas von
Kempen und stellt dem Leser als „Leseanleitung" voraus:

> „ [...] Liebe zur reinen Wahrheit ziehe dich zum Lesen!
> Frag nicht, wer da spricht oder schrieb,
> sondern was er schrieb oder sprach, das lies!"[15]

So wie oben mit Gershom Scholem betont wurde, es gebe keine
„Mystik" im Sinne einer „chemisch reinen Universalreligion" so ist
hier darauf zu bestehen, dass ein Text, der dem Leser vorliegt, keine
von jedem Kontext losgelöste „reine Wahrheit" vermittelt!
Bereits Eckhart selbst setzt sich in seinem Kommentar zum Johannes-Evangelium mit dem von Gerhard Wehr zitierten, auf Seneca
zurückgehenden Weisheitssatz auseinander, man solle nicht darauf
achten, wer etwas sagt, sondern was gesagt wird:

[...] in proverbio vulgari	Es heißt unter dem Volk
dicitur	in einem Sprichwort,
quod de vino bono	man solle
non est curandum	bei einem guten Wein
aut quaerendum,	nicht sorgen oder suchen,
ubi creverit,	wo er gewachsen ist,
de viro bono,	bei einem guten Mann,
ubi natus est,	wo er geboren ist,
de verbo bono,	und bei einem guten Wort,
quis dixerit.	wer es gesagt hat.
Augustinus tamen [...] dicit:	Augustinus jedoch sagt,
advertendum	man *solle* darauf achten,
quis dicat.[16]	*wer* es sagt!

Eckhart macht sich an dieser Stelle nicht nur die Position des Augustinus zu eigen, er führt sie ergänzend fort:

---

15   Wehr, Gerhard: Der Stimme der Mystik lauschen. 8.
16   Eckhart: InIoh 498: LW III; 428,12 —429,1.

Adhuc autem [...]	Darüber hinaus
advertendum,	ist zu beachten,
quo tempore,	zu welcher Zeit,
pro quo tempore,	für welche Zeit,
quo loco	an welcher Stelle
et quo negotio	und in welcher Angelegenheit
aut statu	oder in welcher Lage
quid dicatur.[17]	etwas gesagt wird!

Der Grund dafür liegt darin, dass all diese Kontexte für den Autor selbst von Bedeutung für die Wahl seiner Worte sind:

Non enim	Denn
eadem praecepta,	nicht die gleichen Gebote,
eadem consilia,	die gleichen Ratschläge,
eadem medicamenta	die gleichen Hilfsmittel
danda sunt et exhibenda	sind immer und allen zu geben
semper et omnibus;	und zu verabreichen;
quod enim valet calcaneo,	denn was der Ferse nützt,
non valet oculo;	das nützt nicht dem Auge,
et sic	und ebenso ist es
de aliis.[18]	in anderen Fällen.

Von Seiten des Autors fordert die Dichterin Gertrud Kolmar dieses Bewusstsein der Verbundenheit des Textes mit der Person des Autors für ihre „Werke" eindringlich ein in ihrem Gedicht „Die Dichterin"[19]: Du hältst *mich* in den Händen ganz und gar!

Mein Herz wie eines kleinen Vogels schlägt
In deiner Faust. Der du dies liest, gib acht;
Denn sieh, du blätterst einen Menschen um.

---

17   Eckhart: InIoh 498: LW III; 429,4—5.
18   Eckhart: InIoh 498: LW III; 429,5—7.
19   Kolmar, Gertrud: Gedichte. 9.

Doch ist es dir aus Pappe nur gemacht,
Aus Druckpapier und Leim, so bleibt es stumm
Und trifft dich nicht mit seinem großen Blick,
Der aus den schwarzen Zeichen suchend schaut,
Und ist ein Ding und hat ein Dinggeschick.

Ein zweiter Aspekt, der mit dem Verständnis des Textes als „Werk"
im Sinne Paul Ricoeurs verbunden ist, ist der, dass es sich beim
Werk eines Autors um eine „Totalität", um „ein strukturiertes Ganzes" handelt, dass also der Text nicht reduzierbar ist auf „eine bloße
Aneinanderreihung von Sätzen".[20]
„Weil der Text als Werk eine Ganzheit ist, muss sein Sinn mit Hilfe
einer Hierarchie von Themen konstruiert und kann nicht durch Addition der Sinngehalte der einzelnen Sätze gewonnen werden."[21]
Die Folge einer solchen Sicht ist zuerst Vorsicht gegenüber der Selektion von Einzelsätzen und Einzelaussagen, deren Sinngehalt eben
nicht losgelöst von der „Totalität des Gesamttextes" zugänglich ist.
Darüber hinaus hat der Text eine bestimmte „kodifizierte Form",
gehört einer bestimmten literarischen Gattung an. Diese Form des
Textes ist insofern zu berücksichtigen, als sie nicht nur „Hilfsmittel
der literaturwissenschaftlichen Klassifizierung" ist, sondern eine
„generative Funktion" hat: sie erscheint als „Mittel der Hervorbringung" für den Autor.[22]
Der Autor entwirft seinen Text in bewusster Wahl als Einheit in bestimmter Form (als Predigt, als Schriftkommentar, als Traktat, als
Gebet, als Gedicht).
Ohne Berücksichtigung dieser formalen Einheit des Textes, die dem
Text sowohl seine Geschlossenheit als auch seine Prägung gibt, ist
ein Textverständnis nicht zu leisten.
Beide bereits in den Blick genommenen Aspekte, die Person des Autors in ihrer Individualität einerseits, die „Komposition" der Inhalte
innerhalb einer kodifizierten Form andererseits, begründen den besonderen „Stil" des Textes, „jenen Aspekt des Werkes [...], der aus

20   Vgl. Prammer, Franz: Die philosophische Hermeneutik Paul Ricoeurs. 76.
21   Prammer, Franz: Die philosophische Hermeneutik Paul Ricoeurs. 76.
22   Vgl. Prammer, Franz: Die philosophische Hermeneutik Paul Ricoeurs. 77.

ihm eine einzigartige Konfiguration, eine unvertauschbare, individuelle Wirklichkeit macht"[23]

I.2.2.2. Der Text als „singuläre Wirklichkeit"

Gegenüber dem Autor und seiner geistigen Absicht, die einen Text hervorbringt, entwickelt dieser eine eigene, eigengesetzliche Wirklichkeit.

Der Verbalsinn des Textes und die Absicht des Autors treten faktisch auseinander, sobald der Text losgelöst vom Autor in die Hand eines Lesers gelangt. Paul Ricoeur spricht von einer „semantischen Autonomie des Textes"[24], der Text wird gegenüber Autor und Leser zu einem „Quasi-Individuum"[25].

Diese Autonomie liegt begründet im Umstand, dass der geschriebene Text sich an dem Autor unbekannte, durch Zeit, Lebenswelt und damit Wirklichkeitsbezug getrennte Leser[26] richtet, nämlich „zumindest potentiell an jeden, der des Lesens mächtig ist"[27].

Im Akt des Lesens tritt der Leser in einen Dialog mit der Wirklichkeit des Textes, erst einmal unabhängig von Person und Intention des Autors.

Hilde Domin spricht in diesem Zusammenhang aus der Perspektive der Autorin grundlegend vom „Mut des Dichters, zu rufen", von sich weg zu gehen, indem er seinen Text aus den Händen entlässt und ihn der Aufnahme durch den Leser überlässt. Die Autonomie des Textes gründet so letztlich im Wirken des Autors, der immer auch „vox clamans" ist, „Stimme, die die anderen anruft".[28]

Der Sinn des Textes erschöpft sich nun nicht mehr in dem, „was der Autor sagen wollte", in seiner subjektiven Intention. Die Intention

---

23 Vgl. Prammer, Franz: Die philosophische Hermeneutik Paul Ricoeurs. 77.
24 Vgl. Prammer, Franz: Die philosophische Hermeneutik Paul Ricoeurs. 74.
25 Vgl. Prammer, Franz: Die philosophische Hermeneutik Paul Ricoeurs. 78.
26 Franz Prammer nennt hier eine dreifache Autonomie: Die Unabhängigkeit von der Intention des Autors, die Unabhängigkeit von der ursprünglichen Sprechsituation und die Unabhängigkeit vom ursprünglichen Adressatenkreis.
    Vgl. Prammer, Franz: Die philosophische Hermeneutik Paul Ricoeurs. 78.
27 Vgl. Prammer, Franz: Die philosophische Hermeneutik Paul Ricoerrs. 75.
28 Vgl. Domin, Hilde: Wozu Lyrik heute. 32.

des Autors und der objektive Sinn des Textes fallen nicht einfach zusammen. Obwohl „das Band, das den Text mit seinem Urheber verbindet", „nicht einfach vernichtet" wird, so wird es doch „gedehnt"[29]: „Wichtiger als das, was der Autor sagen wollte, ist jetzt das, was der Text wirklich sagt."[30] Das, was Ricoeur die „semantische Autonomie des Textes" nennt, stellt für die Interpretation des Textes eine Schlüsselkategorie dar, die sich kritisch verwahrt gegen das verbreitete Missverständnis einer hermeneutischen Tradition, für die es charakteristisch ist, das „Interpretieren" eines Textes zu verstehen als „Sich-Hineinversetzen" in den Autor und seine Intention und damit in „fremdes Seelenleben".

Ricoeur lehnt dieses „romantische" Interpretationsverständnis strikt ab, da es die semantische Unabhängigkeit des Textes übersieht oder ignoriert.[31]

Wie im Abschnitt über den „Text als Werk" eine Einschränkung und ein Verweis an diese Stelle nötig war, so ist hier allerdings der entsprechende Rückverweis zu leisten. Das „Band, das den Text mit seinem Urheber verbindet" ist für die Interpretation auch weiterhin zu berücksichtigen als unauflösliche Spannungseinheit zwischen Abhängigkeit und Autonomie des Textes gegenüber der Person des Autors und der ursprünglichen Wirklichkeit, die den Text prägt.

Zu warnen ist hier vor einer Autonomie-Vorstellung, die Ricoeur in seiner Hermeneutik als „Ideologie oder Täuschung des absoluten

---

29   Vgl. Prammer, Franz: Die philosophische Hermeneutik Paul Ricoeurs. 74.

30   Prammer, Franz: Die philosophische Hermeneutik Paul Ricoeurs. 74.

31   Vgl. hierzu Gisel, Pierre: Paul Ricoeur – Eine Einführung in sein Denken. 10: „Die Distanz, die jeder Leser eines [...] Textes [...] wahrnimmt, ist zunächst räumlich, zeitlich und kulturell. Aber nur das? [...] Ist die Distanz nur kulturell bedingt, so ist die Aufgabe des Auslegers klar: Er hat zu über-setzen. Er hat mittels einer korrekten Methode die zerstörenden Wirkungen der Zeit und der Geschichte zu heilen. Ist die Distanz bedingt durch die verfließende Zeit, so ist sie etwas nur zufälliges, das man aufheben zu können hofft: Es müsste dann möglich sein, die ursprüngliche Wahrheit des Textes aufzuspüren, die nur zufällig und äußerlich verhangen und verdunkelt sein kann. Ist aber die Distanz, die mich vom Text trennt, nur räumlicher, zeitlicher, kultureller Art? [...] Die Antwort ist deutlich: Das mitunter schmerzliche Gefühl der Distanz, die der Leser wahrnimmt, ist zuallererst der Reflex eines dem Text selbst innerlichen Abstands".

Textes" bezeichnet und die den Text als „autorlose Entität hypostasiert".[32]

I.2.2.3. Interpretation als Aneignung

Aus dem bis hierher Gesagten wird deutlich, dass und in welchem Sinn „der Text", im Fall dieser Studie die Schriften Meister Eckharts, der Interpretation bedürfen. Es sind dies zusammenfassend:

1. die mit der Schriftlichkeit des Textes gegebene „*semantische Autonomie des Textes*":
   a) der Wegfall jeglicher nonverbaler Hilfsmittel (Intonation, Gestik, Mimik ...), die das Verständnis gesprochener Rede unterstützen, d. h. „der Ausfall der physischen und psychologischen Präsenz des Autors"[33],
   b) der Auseinanderfall von Intention des Autors und Textaussage,
   c) das Fehlen einer dem Autor und dem Leser gemeinsamen Situation als „Wirklichkeitsbezug".

2. der „*Werkcharakter*" des Textes:
   a) die bleibende Prägung des Textes durch seinen Autor, seine „Subjektivität" in Abgrenzung zur Vorstellung einer der Text immanenten „reinen Wahrheit",
   b) die dem Text spezifische Mehrdeutigkeit, die darin begründet ist, dass der Text „als Ganzer" erscheint, geprägt durch eine Hierarchie von Haupt- und Nebenthemen. „Was aber als zentral und was als nebensächlich anzusehen ist, liegt nicht auf der Hand, sondern ist vom Leser zu konstruieren; und dies kann auf verschiedene Weise geschehen, woraus sich die spezifische Mehrdeutigkeit des Textes ergibt."[34]
   c) das Verständnis des Textes als ein „Quasi-Individuum", seine einmalige, nicht austauschbare Wirklichkeit, zu der es

---

32 Vgl. Prammer, Franz: Die philosophische Hermeneutik Paul Ricoeurs. 74.
33 Vgl. Prammer, Franz: Die philosophische Hermeneutik Paul Ricoeurs. 78.
34 Prammer, Franz: Die philosophische Hermeneutik Paul Ricoeurs. 79.

keinen unmittelbaren Zugang gibt.

Die Interpretation ist hier zu verstehen als Annäherungsbewegung vermittels eines „Prozesses der Einengung der
Reichweite generischer Begriffe (wie literarische Gattung,
Art des Textes, Typen der Kodes und Strukturen, die sich
im Text überschneiden)"[35].

Eine Interpretation hat dabei *nicht* den Sinn, die „Aussageabsicht des
Autors" historisch zu rekonstruieren, sondern sich als Leser die
durch den Text entworfene „Textwelt" verstehend anzueignen.

Dieses Verständnis von Interpretation als Aneignung[36] liegt im Anschluss an Ricoeur in der Besonderheit vor allem biblischer und religiöser, poetischer Texte begründet, deren Sprache „die Kraft [habe],
eine Welt nicht nur zu beschreiben, sondern zu erschließen". Die
„Textwelt" ist in dieser Hinsicht ein Entwurf von Wirklichkeit, eine
Welt, „die der Text gewissermaßen *nach vorne* eröffnet", die er als
„für uns bewohnbar" enthüllt[37]:
„Die Welt des Textes regt den Leser [...] an, sich selbst angesichts
des Textes zu verstehen und, in Imagination und Sympathie, das
Selbst, das fähig ist, diese Welt zu bewohnen, indem es darin seine
eigensten Möglichkeiten entfaltet, zu entwickeln"[38].
„In die Welt einzutreten, die der Text eröffnet und in die er einlädt,
bedeutet für den Leser und die Leserin Wandlung."[39]
Auf dieses Verständnis wird im weiteren Verlauf noch einmal ausführlicher zurückzukommen sein. Ein vertiefender Blick soll nun
zuerst dem Begriff der „Textwelt" gelten.
Im Anschluss an Paul Ricoeur entwickelte die Exegetin Sandra M.
Schneiders ein Konzept von „drei Textwelten", die im Umgang mit
einem (biblischen) Text unterschieden werden können und die bei
der Auslegung und Interpretation dieser Texte eine Rolle spielen.

---

35   Vgl. Prammer, Franz: Die philosophische Hermeneutik Paul Ricoeurs. 80.
36   Hierzu Prammer, Franz: Die philosophische Hermeneutik Paul Ricoeurs. 80—88.
37   Vgl. Gruber, Margareta: Wandern und Wohnen in den Welten des Textes. 43.
38   Ricoeur, Paul: Gott nennen. 73.
39   Gruber, Margareta: Wandern und Wohnen in den Welten des Textes. 44.
     Zum Konzept der „verwandelnden Interpretation" vgl. ausführlich Schneiders: The
     Revelatory Text. 169—179.

Ihre Überlegungen sind – auch wenn sie ausdrücklich mit Bezug auf biblische, speziell neutestamentliche Texte entwickelt wurden[40] und auch bei Paul Ricoeur an dessen Ausführungen über die Besonderheit biblischer Sprache anknüpfen – auch für unseren Zusammenhang erhellend.

Zu unterscheiden sind nach diesem hermeneutischen Konzept folgende „Textwelten":

1. *„Die Welt hinter dem Text"* als die „Welt", die den ursprünglichen Wirklichkeitsbezug des Textes beschreibt, das „Ereignis, auf das sich der Text als Zeugnis bezieht"[41].
2. *„Die Welt des Textes"* als die im Text vermittelte „Sinntotalität"[42], verstanden als sich im und durch den Text eröffnenden Lebens- und Deutungshorizont, als „Angebot an Welt".
3. *„Die Welt vor dem Text"* als die „Welt", die sich durch die Aneignung der Textwelt und ihres Sinn-Angebots im Leben des Lesers entfaltet.

Der Text steht damit als in sich geschlossene, einheitliche Wirklichkeit zwischen dem „Ereignis", auf den der Text sich als Zeugnis bezieht, und dem gegenwärtigen Leser, an den er sich richtet, um ihn und sein Leben vermittels der Aneignung, der „verwandelnden Interpretation", neu zu orientieren.

---

40 Schneiders, Sandra M.: The Revelatory Text. 97—179.
41 Vgl. Gruber, Margareta: Wandern und Wohnen in den Welten des Textes. 45.
 Sie zitiert verdeutlichend Paul Ricoeur: „[...] die Texte, die wir lesen, [... sind] Texte über Zeugnisse, die ihrerseits Ereignisse meinen".
42 Vgl. Gruber, Margareta: Wandern und Wohnen in den Welten des Textes. 44.

I.2.3. Den Text „verstehen" –
„Erneuerung des Lebens in der Gegenwart"

Das Ziel der Textinterpretation nach dem so skizzierten Verständnis wäre mit Hilde Domin etwa folgendermaßen zu beschreiben: Der Text lädt ein „zu der einfachsten und schwierigsten aller Begegnungen, der Begegnung mit uns selbst"[43]. Diese Einladung des Textes an den Leser verdankt sich dem „Mut des Autors", von sich weg zu gehen, seinen „Entwurf von Welt", der aus seiner eigenen lebendigen Erfahrung stammt, vermittels des Textes aus den Händen zu entlassen und ihn der Aufnahme durch den Leser zu überlassen.[44]

Der Autor wirkt in seinem Text nach als *„vox clamans"*, als „Stimme, die die anderen anruft, am Leben zu bleiben, Stimme, die sie verletzt und verletzbar erhält"[45].

Vermittels des Textes wird die Wirklichkeit für den Leser zum „Gegenstand der Kommunikation, des unerlässlichen Gesprächs"[46].

Dieser Prozess der Kommunikation zwischen Text und Leser erweist sich bei näherem Hinsehen als äußerst konfliktträchtig: Der Text als „Wirk-lichkeit" steht dem Leser nicht „zur Verfügung", dieses „Quasi-Individuum" stellt einen Anspruch. Der Text „will" seine „Textwelt" entfalten – er „bedient sich" dazu seines Lesers, in dessen „Welt" er verwandelnd hineinwirkt.[47]

---

43   Vgl. Domin, Hilde: Wozu Lyrik heute. 26.
44   Vgl. Domin, Hilde: Wozu Lyrik heute. 32.
45   Vgl. Domin, Hilde: Wozu Lyrik heute. 32.
46   Vgl. Domin, Hilde: Wozu Lyrik heute. 44.
47   Vgl. zu diesem Prozess zwischen Autor, Text und Leser: Celan, Paul: Der Sand in den Urnen. 198:
     „Das Gedicht ist einsam. Es ist einsam und unterwegs. Wer es schreibt, bleibt ihm mitgegeben. [...] Das Gedicht will zu einem Andern, es braucht dieses Andere, es braucht ein Gegenüber. Es sucht es auf, es spricht zu ihm. Jedes Ding, jeder Mensch ist dem Gedicht, das auf das Andere zuhält, eine Gestalt dieses Anderen. [...] Das Gedicht wird [...] zum Gedicht eines – immer noch – Wahrnehmenden, dem Erscheinenden Zugewandten, dieses Erscheinende Befragenden und Ansprechenden; es wird Gespräch – oft ist es verzweifeltes Gespräch. Erst im Raum dieses Gesprächs konstituiert sich das Angesprochene, versammelt es sich um das ansprechende und nennende Ich. Aber in diese Gegenwart bringt das Angesprochene und durch die Nennung gleichsam zum Du Gewordene auch sein Anderssein mit. Noch im Hier und Jetzt des Gedichts – das Gedicht hat ja immer nur diese eine, einmalige,

Janet K. Ruffing spricht in diesem Zusammenhang von der Notwendigkeit einer dem Anspruch des Textes entsprechenden Lebenspraxis als Bedingung jeglichen Verstehens:

In gewisser Weise könne der Leser sich der Wahrheit, die ein Text erschließt, nur annähern, wenn er bereit ist, sich vom Text zu einer Antwort herausfordern zu lassen: Zu einer Antwort, die eine Veränderung der Wirklichkeits-Wahrnehmung beinhaltet. Gefordert sei die Bereitschaft, im Experiment der verwirklichenden Anteilnahme das eigene Textverständnis zum Orientierungspunkt der eigenen Lebensgestaltung zu machen.[48]

Der Text fasst dementsprechend sprachlich nicht nur das Feststellbare, sondern ebenso das Noch-Ausstehende der Wirklichkeit, die in ihr verborgenen Möglichkeiten, seine Sprache „nennt und setzt, sie versucht den Bereich des Gegebenen und des Möglichen auszumessen"[49]. In diesem Sinn ist er dem Leser zugemutete Irritation und Ruf zur Neuorientierung:

Der sich vor dem Anspruch des Textes „immer mehr erweiternde Riss zwischen der Realität und ihrer Möglichkeit erzeugt den Sprung und den Vorstoß, das Sich-nicht-Abfinden, Sich-nicht-Einpassen. Das immer neue Aufreißen des Gegensatzes zwischen dem, was ist, und dem, was sein sollte, zwischen Wirklichkeit und Gegenwirklichkeit (dem ou-topos, dem, was nicht ‚statt' hat, dem

---

punktuelle Gegenwart –, noch in dieser Unmittelbarkeit und Nähe lässt es das ihm, dem Anderen, Eigenste mitsprechen: dessen Zeit".

48 Vgl. Ruffing, Janet K.: Introduction. 15.:
"These kinds of texts cannot be adequately understood without some affinity for the practices and ways of living that an enacted reading of such texts require. Gadamer is fond of using law and medicine as examples of understanding and of how the work of interpretation is related to practice. A doctor has correctly interpreted and so understood a medical text when he or she can treat a patient appropriately. It seems that a certain way of life is probably required of the student of mysticism if he or she is to understand mysticism with any adequacy.
In some sense, the truth disclosed in a mystical text can be appropriated only if the reader is willing to allow the text to evoke a response – a response that entails a change view of reality, a willingness to try out through participation his or her own understanding of the text as a guide for his or her own living".

49 Vgl. Celan, Paul: Der Sand in den Urnen. 167.

Traum)." Immer neu macht der Text gegenüber dem Leser „diesen Riss schmerzhaft virulent".[50]

Ricoeur spricht in diesem Zusammenhang von der – besonders für religiöse Texte[51] – charakteristischen Sprachform der „metaphorischen Wirklichkeitsbenennung"[52], einer nicht nur wirklichkeitsgetreuen, sondern wirklichkeits-schaffenden, wirklichkeitsermöglichenden Form sprachlicher Äußerung, die Hilde Domin charakterisiert als „Augenblick der Freiheit", der Spannung zwischen *topos* und *ou-topos*, Wirklichkeit und Gegenwirklichkeit.

In dieser Spannung entfaltet der Text die „Welt vor dem Text" als Zielpunkt des Verstehensprozesses auf Seiten des Lesers: „'Das Symbol [der Text] gibt zu denken' [...] Verstehen heißt weder wiederholen noch übersetzen, sondern hervorbringen. Im Gegenüber zum Text [...] vollzieht der [...] Leser einen Bruch und eine neue Setzung".[53] Verstehen heißt, einen Sinn im Gegenüber zum geschriebenen Text (als wahrhaftige Benennung des *topos* und verletzende Setzung des *ou-topos*) und im Gegenüber zum ungeschriebenen Text meiner kulturellen und politischen Welt (als Ort der Gefährdung menschlicher Freiheit[54]) hervorzubringen.

Für Ricoeur besteht so das eigentliche Verstehen eines Textes im „Sich-Verstehen vor dem Text" in einem Prozess der „Aneignung der Sache des Texts"[55]:

„Was ich mir schließlich aneigne, ist ein Entwurf von Welt; dieser findet sich nicht hinter dem Text
als dessen verborgene Intention,
sondern vor dem Text
als das, was das Werk entfaltet, aufdeckt und enthüllt.
[...]

---

50   Vgl. Domin, Hilde: Wozu Lyrik heute. 41.
51   Für die Werke Meister Eckharts sei hier verwiesen auf die grundlegende Studie: Köbele, Susanne: Bilder der unbegriffenen Wahrheit – Zur Struktur mystischer Rede im Spannungsfeld von Latein und Volkssprache.
52   Vgl. hierzu ausführlich Ricoeur, Paul: Stellung und Funktion der Metapher. 45—54.
53   Gisel, Pierre: Paul Ricoeur – Eine Einführung in sein Denken. 13.
54   Vgl. Domin, Hilde: Wozu Lyrik heute. 32—36.
55   Vgl. Ricoeur, Paul: Philosophische und theologische Hermeneutik. 33.

[Verstehen ...] heißt nicht,
dem Text die eigene
begrenzte Fähigkeit des Verstehens aufzuzwingen,
sondern sich dem Text auszusetzen
und von ihm ein erweitertes Selbst zu gewinnen,
einen Existenzentwurf
als wirklich angeeignete Entsprechung des Weltentwurfs.
Nicht das Subjekt konstituiert also das Verstehen,
sondern
– so wäre wohl richtiger zu sagen –
das Selbst wird durch die ‚Sache' des Textes konstituiert."[56]

Dieses Sich-Verstehen vor dem Text hat zwei Komponenten: Bruch
und neue Setzung des Selbst. Ersteres folgt aus der verletzenden
Kraft der Benennung von Wirklichkeit, die immer eine „Kritik des
Selbst", eine „Kritik der Illusionen des Subjekts" anzielt, indem sie
Lebenswirklichkeit als den Menschen entfremdend entlarvt. In die-
sem Sinn ist die erste Folge des Umgangs mit einem Text, der Be-
gegnung mit der „metaphorischen Wirklichkeitsbenennung", eine
Entfremdung des Lesers von seiner Umwelt. Der Text will den Leser
in den Konflikt zwingen.[57]
Der zweite Aspekt ist demgegenüber die „Einbildung"[58] einer neuen
Sicht der Wirklichkeit in das Bewusstsein dessen, der sich der Sache
des Texts aussetzt:
Der „Verbergung der objektiv manipulierbaren Welt" durch die me-
taphorische Sprache steht die „Entbergung der Lebenswelt, des nicht
manipulierbaren In-der-Welt-Seins" gegenüber.[59]
Ziel ist eine „Art innerer Umsturz" in der Weltwahrnehmung des
Lesers. Ricoeur spricht in diesem Zusammenhang von „einer merk-
würdigen Strategie, die darauf abzielt, das Leben neu zu orientieren,
indem es sie desorientiert"[60].

---

56 Ricoeur, Paul: Philosophische und theologische Hermeneutik. 33.
57 Vgl. Ricoeur, Paul: Philosophische und theologische Hermeneutik. 44.
58 Parallel hierzu steht aus der Perspektive des Lesers der Begriff der „Aneignung".
59 Vgl. Ricoeur, Paul: Stellung und Funktion der Metapher. 53.
60 Vgl. Ricoeur, Paul: Stellung und Funktion der Metapher. 67.

Hier sei zusammenfassend nochmals an die Ausführungen Leo Scheffczyks erinnert, die den Ausgangspunkt der Überlegungen zur Hermeneutik bildeten:

„In Wirklichkeit besagt Tradition nicht die Wendung zur Vergangenheit als solcher, sondern den Zug zum Grunde, zum Wesentlichen und Bleibenden im Leben wie in der Geschichte. [...] So ist Tradition nicht ein Festhalten am alten, sondern das Bejahen des tieferen Wesens und des eigenen Grundes, der gerade dann bewahrt werden muss, wenn sich ein Lebendiges sinnvoll entwickeln und organisch reifen soll. [...] In dieser Sicht verliert die Tradition den Charakter einer konservierenden und restaurierenden Macht und wird zur Kraft der schöpferischen Erneuerung des Lebens in der Gegenwart".[61]

---

61 Scheffczyk, Leo: Die Weitergabe der göttlichen Offenbarung. 52f.

I.3. Die „Hermeneutik der Textwelten"
als wissenschaftliche Herausforderung

„Viele haben von alters her mit diesem Wort gerungen und ringen heute noch damit"[1]!
Diese Feststellung Meister Eckharts, mit der er eine Auslegung des Schrifttexts 1 Kor 12,3 beginnt, kann gleichsam die Ausgangsposition jeder Arbeit beschreiben, die sich mit Eckharts Werken beschäftigt, die um eine angemessene Interpretation dieser Schriften bemüht ist.
Es stellt eine nicht unbeträchtliche Herausforderung, ein wirkliches Wagnis dar, mit Meister Eckhart einen Denker des ausgehenden 13. und beginnenden 14. Jahrhunderts dahingehend zu befragen, ob er für die Wirklichkeit des 21. Jahrhunderts „taugt", ob seine Gedanken aus ihrer Darstellung für uns Heutige in dem Sinn bereichernd und hilfreich sein können, um – unter veränderten Bedingungen – Orientierung in *unserem* „Augenblick der Gefahr" (Walter Benjamin) geben zu können.
Es ist nicht unumstritten, ob eine solche Fragestellung, eine solche Hoffnung innerhalb einer wissenschaftlichen Arbeit überhaupt zulässig sei. Es ist letztlich die Frage, ob Walter Benjamin in seinen Abhandlungen „Über den Begriff der Geschichte" einen vertretbaren Ansatz für eine *wissenschaftliche* Arbeit bietet:

> „Vergangenes historisch artikulieren heißt nicht, es erkennen ‚wie es denn eigentlich gewesen ist'. Es heißt, sich einer Erinnerung bemächtigen, wie sie im Augenblick einer Gefahr aufblitzt. […] Die Gefahr droht sowohl dem Bestand der Tradition wie ihren Empfängern. Für beide ist sie ein und dieselbe: sich zum Werkzeug der herrschenden Klasse herzugeben. In jeder Epoche muss versucht werden, die Überlieferung von neuem dem Konformismus abzugewinnen, der im Begriff steht, sie zu überwältigen."[2]

Nun ist Walter Benjamins Ansatz sicherlich in dem Sinn zu ergänzen, dass es in einem ersten Blick durchaus darauf ankommt, sich –

---

1 Meister Eckhart: Sermo XXIII. LW IV 204,5: „Multi luctati sunt ab olim et luctantur usque hodie cum hoc verbo".

2 Benjamin, Walter: Über den Begriff der Geschichte. 695.

soweit eben möglich – um ein Verständnis des Vergangenen zu bemühen, welches das, „was es denn eigentlich gewesen ist", nicht grob vernachlässigt, sondern ihm auch in diesem Sinn gerecht wird. Es geht durchaus darum, was es mit dem Gegenstand der Auseinandersetzung „eigentlich auf sich hatte", wenn wir ihn in seiner Bedeutung für uns würdigen wollen.

Im Anschluss an die vorangehenden Überlegungen zur Hermeneutik ist hier, wo es um die „Welt hinter dem Text" geht, nämlich um den Autor, Meister Eckhart, seinen Wirklichkeitsbezug, seinen Lebenskontext und seine Aussageabsicht, Vorsicht geboten: Die Person und Intention des Autors sind dem Text zwar „mitgegeben", jedoch „außerhalb der Reichweite des Lesenden".[3] Geleistet werden kann hier nur eine Annäherungsbewegung.

Trotz aller nötigen Einschränkungen gilt jedoch, dass ein von allem Kontext befreiter „Forschungsgegenstand" schnell zum Rohmaterial ideologischer Vereinnahmung würde.

Über diesen Einwand hinaus – und kein wissenschaftlicher Ansatz ist davor wirklich gefeit, auch unbewusst ideologischen Vorentscheidungen zu folgen – ist Benjamin meiner Meinung nach Recht zu geben.

Wissenschaftstheoretische Ideologie ist wohl auch das Ideal kühldistanzierter „Objektivität", die „Fata Morgana einer objektiven, unverstellten und parteilosen Wissenschaft"[4], die in Wahrheit wenig mehr als das ist, was Walter Benjamin mit dem Namen „Gefahr des Konformismus" benennt. Es gibt „keine reinen Fakten der Erinnerung", sondern nur das wird von der Vergangenheit bewahrt, „was die Gesellschaft in jeder Epoche mit ihrem jeweiligen Bezugsrahmen rekonstruieren kann"[5].

Der Gefahr der „schlauen Anpassung" unter dem Deckmantel der „wissenschaftlichen Neutralität" ist ein theologisches Grundprinzip entgegenzustellen, das für die Neue Politische Theologie zentral ist:

---

3 Vgl. Prammer, Franz: Die philosophische Hermeneutik Paul Ricoeurs. 79.

4 Vgl. für die Geschichtswissenschaft im Anschluss an Theodor Lessing: Lenzen, Verena: Jüdisches Leben und Sterben im Namen Gottes. 184.

5 Hans Blumenberg; zit. nach Lenzen, Verena: Jüdisches Leben und Sterben im Namen Gottes. 185.

Geisteswissenschaftliche Forschung und Theologie nicht zu verstehen als abstraktes Produkt des Müßiggangs oder der Langeweile, sondern als Artikulation einer Passion[6]: Alles wird „auf die Frage verpflichtet [...] Wem gehört dein Interesse, wem deine ‚Leidenschaft'?"[7].

Die „Artikulation einer Passion" ist nicht in dem Sinn zu verstehen, dass sie Ausdruck einfach einer persönlichen Vorliebe wäre, sie ist vielmehr Ergebnis einer Leiden-schaft, die sich am unabweisbaren Anspruch des konkreten Leidens, im Blick in das Angesicht der Leidenden entzündet, am ungeschönten Blick auf die Lebenswirklichkeit, auf die Benjaminsche „Gefahr des Augenblicks".[8]
Dieser wissenschaftstheoretische Grundsatz ist kein revolutionär neuer: Die „Sänfte der Gelehrsamkeit" wird durch eine bestimmte Not „in Bewegung gesetzt", in eine Bewegung, die Antwort auf die Herausforderung durch diese Notlage sucht. Dieser Grundgedanke findet sich zurückverweisend auf Hugo von St. Viktor auch in den akademischen Werken Meister Eckharts:

So ersinnen auch die Dichter das sprachliche Bild
einer „Sänfte der Gelehrsamkeit".
Diese [Sänfte] tragen in der Gestalt zweier Jünglinge vorn
„labor" – die Mühsal / die Not –
und „amor" – die Liebe / die Strebsamkeit –,
und hinten in der Gestalt zweier Mädchen
„cura" – die Sorgfalt –
und „vigilia – die Wachsamkeit.
Im Hinblick auf die Mühsal / die Not geht es darum,
dass du handelst (d. h. aktiv wirst),
im Hinblick auf die Strebsamkeit / die Liebe,
dass du Fortschritte machst,
im Hinblick auf die Sorgfalt,

---

6   Vgl. Peters, Tiemo Rainer: Spirituelle Dialektik. 39.
7   Vgl. Peters, Tiemo, Rainer: Johann Baptist Metz – Theologie des vermissten Gottes. 67.
8   Eine ausführliche Grundlegung zu einem solchen Verständnis der Theologie als kritischer Geisteswissenschaft bietet Metz, Johann Baptist: Memoria Passionis – Ein provozierendes Gedächtnis in pluralistischer Gesellschaft.

dass du vorsichtig handelst / dass du dich vorsiehst,
im Hinblick auf die Wachsamkeit,
dass du dich mit Aufmerksamkeit (auf das gesetzte Ziel hin)
ausrichtest.[9]

Dieser Grundsatz wissenschaftlichen Arbeitens soll die vorliegende Arbeit prägen. Ihm entsprechend gilt es, sowohl den „Gegenstand" des Interesses – Meister Eckhart, „wie er denn eigentlich gewesen ist" – als auch den heutigen „Augenblick der Gefahr", die „Not" kirchlich-gesellschaftlicher Gegenwart unter dem Blickwinkel der Auseinandersetzung mit dem Themenfeld der „Spiritualität" im Blick zu behalten, Rechenschaft darüber abzulegen, was dazu bewegen kann, auch und gerade *heute* zu den Werken Meister Eckharts zu greifen, in der Hoffnung, mit seiner Hilfe der Gefahr des Konformismus zu entgehen, die auch unsere Lebenswelt bedroht.

---

9   Eckhart: InIoh 478: LW III; 410,10–411,3:
   "Unde et poetae fingunt quod lecticam philologiae portent labor et amor, iuvenes duo a parte anteriori, cura et vigilia, puellae duae a parte posteriori.
   In labore est, ut agas; in amore, ut proficias; in cura, ut providas; in vigilia, ut attendas".

86   [Hermeneutik der Textwelten]

I.4. Die „Welt hinter dem Text" –
Meister Eckhart in seiner Zeit

Berühmt geworden ist das Diktum Johannes Taulers über seinen Ordensbruder, Meister Eckhart, der „aus der Perspektive der Ewigkeit" gedacht und gelehrt habe, von seinen Zuhörern jedoch „nach der Zeit" gedeutet und damit missverstanden wurde.[1] Im Anschluss an Tauler wird nun meines Erachtens den Schriften Eckharts auf andere Weise Gewalt angetan, wenn – anstatt mit Tauler diese „Ewigkeits-Zentriertheit" Eckharts als Perspektive des Denkens, die Eckharts Begrifflichkeit und Argumentationsstruktur prägt, zu verstehen – Eckharts Lehre als Inbegriff „ewiger" und damit zeit-loser Wahrheiten verstanden wird.

Natürlich geht es Meister Eckhart um Wahrheit – um eine vernünftige Durchdringung und damit um ein angemessenes Verständnis der Wirklichkeit der Welt und des menschlichen Lebens darin. Er bleibt darin aber ein zeit-gebundener Denker, der sich mit bestimmten Fragen, die ihn und seine Zeitgenossen plagten, beschäftigt, andere Fragen jedoch nicht stellt. Er bleibt zeit-gebundener Denker auch in dem Sinn, dass er – und dies mit Bewusstheit – in bestimmten Traditionen des Denkens beheimatet ist, aus benennbaren Quellen schöpft.[2]

Vor allem den Arbeiten der „Bochumer Schule" philosophischer Eckhart-Deutung und den Arbeiten der literaturwissenschaftlichen Eckhart-Forschung ist es zu verdanken, das Bewusstsein dafür geschärft zu bekommen, dass Eckhart uns als geschichtliche Gestalt und nicht einfach als monolithische „Einbruchstelle ewiger Wahrheit" entgegentritt.

Mein Interesse, mit dem ich an diese ferne Gestalt herantrete, geht nun dahin, es nicht als ausreichend für ein Verständnis der Werke Eckharts anzusehen, ihn zu lesen in einer bestimmten „Tradition des Denkens" (wie dies vorbildlich Kurt Flasch einfordert), ihn dabei

---

1   Tauler, Johannes: Predigt 15a; PT I, 103: „So lehrt es und sagt euch hiervon ein liebenswerter Meister, aber das versteht ihr nicht. Er sprach aus dem Blickwinkel der Ewigkeit, ihr aber fasst es der Zeitlichkeit nach auf".

2   Vgl. hierzu zuletzt Flasch, Kurt: Meister Eckhart – Die Geburt der ‚Deutschen Mystik' aus dem Geist der arabischen Philosophie.

aber von der „Tradition des Lebens", in der er steht, zu trennen, als
sei diese Art von Kontext nicht Wahrheits-relevant.[3]

Ich richte mich damit gegen eine meiner Auffassung nach verkür-
zende Deutung der Theologie Eckharts, die zuletzt in scharfer Form
etwa Kurt Flasch vertreten hat: „Die wirkende Vernunft kennt kein
Davor und kein Danach; ihr Inhalt ist das zeitlose Wesen. Dieser
Entzeitlichung des Denkens im Umfeld [...] Eckharts stellt sich
heute das Interesse von Modetheologien des 20. Jahrhunderts an
Zeit und Geschichtlichkeit entgegen, sie fordern Apokalyptik und
Endzeithoffnung"[4].

Im Anschluss etwa an Johann Baptist Metz, dessen „Gesicht" im
Hintergrund des von Flasch polemisch benannten Konzepts steht,
wird meine Arbeit in gewisser Weise den Anspruch dieser „Modetheologie" teilen.

Die Forschung sieht Meister Eckhart sehr deutlich im kontextuellen
Gespräch etwa mit der Frauenmystik, besonders mit der Beginen-
Spiritualität seiner Zeit.[5]

---

3   Auf diese Notwendigkeit hat bereits Dietmar Mieth an verschiedenen Stel-
    len deutlich hingewiesen. So etwa bei Mieth, Dietmar: Gotteserfahrung –
    Weltverantwortung. 75f.:
    „Über die geistige Situation Meister Eckharts sagen auch seine Rezeptoren
    etwas aus, die offensichtlich [...] sehr gut in der Lage waren, den Kern ei-
    ner langen Predigt nachschriftlich ohne allzu große Sinnentstellungen zu
    bewahren. Diese Fähigkeit kann nicht auf kongenialer philosophisch- theo-
    logischer Bildung beruht haben, sie kann nur dadurch entstanden sein,
    dass Eckharts deutsche Predigten Fragen mit einem ‚Sitz im Leben' trafen
    [...].
    Man muss daher nicht nur zu den philosophisch-theologischen Hinter-
    gründen vorstoßen, sondern auch diesen ‚Sitz im Leben' erhellen [...].
    Die Zuhörer haben den ‚schwierigen' Eckhart zumindest verstehen wollen,
    und dazu brauchten sie eine Motivation aus ihrer eigenen Lebenspraxis".
4   Flasch, Kurt: Meister Eckhart – Die Geburt der Deutschen Mystik aus dem
    Geist der arabischen Philosophie. 157.
5   Vgl. hierzu die einschlägigen Veröffentlichungen:
    Langer, Otto: Mystische Erfahrung und spirituelle Theologie. / Wehrli-
    Johns, Martina: Das mittelalterliche Beginentum – Religiöse Frauenbewe-
    gung oder Sozialidee der Scholastik. / Heimbach, Marianne: Der ungelehr-
    te Mund als Autorität. / Hollywood, Amy: The Soul as Virgin Wife –

Die Kenntnis dieses Zusammenhangs wird jedoch in weiten Teilen der Eckhart-Forschung und -Deutung letztlich nicht in ausreichendem Maß gewürdigt. Halt gemacht wird dabei vor dem Punkt, der meiner Meinung nach die Grundlage für das auffallende Interesse zwischen ihm und diesen Frauen bildet: Sie teilten einen gemeinsamen Lebensentwurf, dessen Ideale den „Mittelpunkt der Spiritualität des Spätmittelalters"[6] bildete: In einem Leben solidarischer Armut Christus nachzufolgen und sich dabei am Leben der Apostel zu orientieren.[7] Sie lebten diesen Versuch der *vita apostolica* in einer Zeit geschichtlichen Umbruchs, unter gewaltigen Spannungen, die für sie umso bestimmender wurden, als sie sich mit ihrem Lebensentwurf sowohl gesellschaftlich als auch kirchlich an die Grenzen des „Erlaubten" und darüber hinaus wagten. Ich werde mich dementsprechend darum bemühen, Meister Eckharts Werke zu lesen im Kontext dieses apostolischen Lebensentwurfs, der üblicherweise unter dem Titel der „Armutsbewegung"[8] gefasst wird.

Mechthild of Magdeburg, Marguerite Porete and Meister Eckhart. / Acklin Zimmermann, Beatrice (Hrsg.): Denkmodelle von Frauen im Mittelalter. / Leicht, Irene: Marguerite Porete – eine fromme Intellektuelle und die Inquisition. / Murk-Jansen, Saskia: Brides in the desert – The spirituality of the Beguines. / McGinn, Bernard (Hrsg.): Meister Eckhart and the Beguine Mystics.

6   McGinn, Bernard: Männer und Frauen der neuen Mystik [Die Mystik im Abendland, Bd. 3]. 25.

7   Vgl. hierzu ausführlich McGinn, Bernard: Männer und Frauen der neuen Mystik [Die Mystik im Abendland, Bd. 3]. 19—67.

8   Es muss hier bereits darauf hingewiesen werden, dass es sich bei diesem Phänomen, das unter dem Titel der „Armutsbewegung" summiert wird, um eine Fülle in sich sehr differenzierter Gruppen, Gemeinschaften, Einzelpersonen handelt, die nur schwer in einheitliche Kategorien eingeordnet werden können. Trotzdem muss es in diesem Abschnitt gewagt werden, einzelne – die Vielfalt verschiedener Lebensentwürfe generell prägende – „Grundanliegen" dieser Bewegung in den Blick zu nehmen. In dieser generellen Form wird man jedoch dem differenzierten Bild, das das Spätmittelalter zeigt, letztlich nicht gerecht. Ich arbeite in diesem Sinne mit einem – in meiner Wahrnehmung jedoch nicht willkürlich und unzulässig – vereinfachten und vereinheitlichtem Begriff der „Armutsbewegung".

„Die reale, die freiwillig gewählte Armut war die Lebenswelt Eckharts" – so resümiert knapp auch Kurt Flasch[9], ohne jedoch die Notwendigkeit eines vertieften Blicks auf diese Lebenswelt zu verspüren.

Die theologische Forschung beschäftigt sich mit Blick auf diese spätmittelalterlichen Lebensentwürfe – und dies ist nicht weniger problematisch – in erster Linie mit ordens- und gemeinschaftsgeschichtlichen Fragen und – meist davon getrennt – mit der persönlichen „Spiritualität" oder dem philosophischen Denken einzelner Gestalten aus dem Kreis dieser neu entstehenden Gemeinschaften.[10] Wir sehen uns dadurch von dieser Seite konfrontiert mit einer Aufspaltung des Phänomens der „Armutsbewegung" in

- ihre sozialen, politischen Aspekte,
- ihre institutionellen Ausprägungen und
- ein dem Kontext enthobenes philosophisches Denken,
- eine individualisierte Spiritualität/„Mystik" der zentralen Gestalten dieser Bewegung.

Das Bewusstsein dieses Mangels hat begonnen, die neuere Forschung[11] zu prägen, nachdem vor allem Vertreter der Literaturwissenschaft auf die mit der Person der AutorInnen „mystischer" (und

---

9   Flasch, Kurt: Auslegung der Predigt 52 „Über die Armut an Geist". 36.
10 Vgl. hierzu erneut Grundmann, Herbert: Religiöse Bewegungen im Mittelalter. 10f: Das Interesse , das vorwiegend dem dogmatischen Lehrgehalt galt, „hat […] fast ganz übersehen, dass die religiöse Bewegung schon seit dem Beginn des 12. Jahrhunderts von der Idee der evangelischen Armut und der apostolischen Predigt erfüllt und bestimmt ist. Infolgedessen hat auch die Ordensgeschichte nicht nur den Zusammenhang zwischen den Ordensbildungen des 12. Jahrhunderts und der allgemeinen religiösen Bewegung verkannt, sondern sie hat auch die Bedeutung der Bettelorden im geschichtlichen Zusammenhang nicht unter den richtigen Voraussetzungen würdigen können […] Ebenso ist der Forschung die Bedeutung, ja fast das Vorhandensein der religiösen Frauenbewegung im 13. Jahrhundert verborgen geblieben".
11 Vgl. etwa Haas, Alois M.: Mystik im Kontext. / Haug, Walter (Hrsg.): Deutsche Mystik im abendländischen Zusammenhang. / Langer, Otto: Christliche Mystik im Mittelalter. / Langer, Otto: Mystische Erfahrung und spirituelle Theologie.

wir müssen ergänzen: philosophischer) Literatur gegebene Einheit der oben genannten Aspekte insistierten.

So spricht etwa Alois M. Haas mit Blick auf die „Deutsche Mystik" ausdrücklich von der Herausforderung, ihre „kirchlichen Züge und ekklesiologischen Aussagen [...], vor allem aber ihre unübersehbare Einbettung in kirchliche System- und Lebenszusammenhänge" nicht unterzubewerten.[12]

Gleichzeitig bewegt man sich hier auf oft ungesichertem Boden, immer auch in der Gefahr, dem Fehler zu verfallen, einen Autor – wie im Fall dieser Studie Meister Eckhart –, „bei dem die Zeitläufe so gut wie gar nicht zur Sprache kommen, quasi soziohistorisch interpretieren zu wollen"[13].

---

12 Vgl. Haas, Alois M.: Civitatis Ruinae. 159.
Haas wendet sich damit ausdrücklich gegen ein "perrenialistisches" Verständnis von Mystik:
„In aller Verkürzung gesagt, vertreten diese [die ‚Perrenialisten'; E.F.] die Meinung, dass die mystische Erfahrung durch alle Kulturen und Religionen hin identisch eine sei – Divergenzen in der dogmatischen und inhaltlichen Benennung der Phänomene also bloß den Charakter von Superstrukturen trügen [...]. Für unser Anliegen ist von Belang, dass die Perrenialisten die Neigung haben, die mystische Erfahrung ihrer historisch-sprachlichen Einkleidung (was eine problematische Umschreibung ist) zu entkleiden, sie zu entgeschichtlichen und zu verallgemeinern oder zu psychologisieren" (a. a. O.; 160f.).
Haas selbst bezeichnet sich dagegen als Vertreter der „konstruktivistischen" Mystikforschung, die die Ansicht vertrete, „dass kultureller und religiöser Hintergrund von Sprache und Glauben von höchster Bedeutung für die Ausformung von Erfahrung sei" (a. a. O.; 160), dass „die mystische Erfahrung nicht ablösbar ist von deren initiativen glaubensmäßigen Voraussetzungen und dass die Erfahrung nicht schlechthin reine Erfahrung ist, sondern immer Erfahrung von und zu" (a. a. O.; 161).
13 Vgl. hierzu die Stellungnahme bei Dietmar Mieth: Gotteserfahrung – Weltverantwortung, 74f., die ich an dieser Stelle ausführlich zitieren möchte:
„Man darf gewiss nicht in den Fehler verfallen, einen Autor wie Meister Eckhart, bei dem die Zeitläufe so gut wie gar nicht zur Sprache kommen, quasi soziohistorisch interpretieren zu wollen. Was wir hier ansprechen, ist ein Rezeptionsproblem. Wie man sieht, gibt es durchaus Züge dieses Spätmittelalters, in denen die Sensoren für eine Rezeption der Predigten Eckharts mit den heutigen vergleichbar waren. Man darf natürlich die Differenzen zwischen Handarbeits- und Handelsgesellschaft mit bleibenden

Die „Rückholung der Mystik in ihren Kontext" (so pointiert Alois M. Haas) löst deutliche – meiner Ansicht nach aber durchaus produktive – Spannungen zwischen den verschiedenen Forschungsdisziplinen aus, welche auch die Auseinandersetzung um die Deutung der Werke Meister Eckharts prägen.

So soll ein erster Blick der „Lebenswelt" Eckharts gelten, „der realen, der freiwillig gewählten Armut" (Kurt Flasch), der theologischen und geistigen Tradition des darauf gründenden apostolischen und gemeinschaftlichen Lebens.[14]

Agrarstrukturen zu unserer heutigen Industriegesellschaft nicht übersehen. Ebenso wenig darf man Institutionsmüdigkeit und Charismatik von heute und damals so ohne weiteres gleichsetzen".

Mit Blick etwa auf die Frömmigkeitsfundamente der Befreiungstheologie fährt Mieth fort:

„Aus der religiösen ‚Frische' des Spätmittelalters sind jedenfalls Kräfte freizusetzen, die heute – in gesteigerter Kontrasterfahrung [...] – zu neuer Sinngebung, besserer Motivation und besonnener Praxis aufrufen".

14 Vgl. Radcliffe, Timothy. in: Eck, Suzanne: Werft euch in Gott. S. 9:
„Der Schlüssel zum mystischen Abenteuer Eckharts liegt in seiner Berufung zum Predigerbruder".

I.4.1. Der verachtete Arme –
Die Zuspitzung der Sozialen Situation

„Gott wollte, dass unter den Menschen die einen Herren, die anderen Knechte seien" – so heißt es in einem Kartular des Klosters Saint-Laud in Anger.
Mit solchen Sätzen wurde seit dem 12. Jahrhundert die Gewissensruhe derer gesichert, die aus der Perspektive der „wohlhabenden Gerechten" einen sich zunehmend verstärkenden gesellschaftlichen Graben zwischen Besitzenden und Armen, zwischen Einflussreichen und Abhängigen beobachteten:
An den Armen erging der Rat, sein Los geduldig zu ertragen, da dies Gottes Wille sei – „Ohne jeden Besitz, so hat ihn die Natur geschaffen"[15].
Für die Wohlhabenden war es auf der anderen Seite Pflicht, die Armen „nicht zu bedrücken", ihnen den gerechten Lohn nicht vorzuenthalten, ihnen beizustehen, wo es nötig war.
Der Reiche, der Mächtige, der Gesunde, der Arme, der Schwache, der Kranke, jeder hat seinen Platz, an dem er verbleiben soll, eine Forderung, die mit theologischen Argumenten untermauert wird.
Armut war ein „ewiges Problem", da „Gott es so eingerichtet habe", wie aus der Bibel zu lernen war: „Arme werdet ihr immer bei euch haben!" (vgl. Mt. 26,11).[16]
Armut wird so letztlich nicht als soziales Problem reflektiert, sie stellt sich, „sofern es um materielle Armut oder soziale Machtlosigkeit geht, in der Hauptsache als ein natürliches Phänomen dar", als Teil einer stabilen sozialen Ordnung.[17]
Wer gegen diese gottgewollte Ordnung opponierte, war nicht nur ein Rebell gegen die weltliche, sondern auch gegen die göttliche

---

15 So Nigel von Longchamp in seinem *Speculum Stultorum*. Zit. nach Mollat, Michel: Die Armen im Mittelalter. 68.
16 Graus, František: Das 14. Jahrhundert. 100. verweist in diesem Zusammenhang auf eine Reihe ähnlich pointierter und oft zitierter biblischer Verweisstellen.
17 Vgl. Emmerich, Bettina: Geiz und Gerechtigkeit. 270.

Ordnung, deren Idealbild der Dreiständelehre[18] als Basis der Gesellschaft sich auch durch schwerwiegende Änderungen in der Gesellschaftsstruktur wie das Aufkommen des städtischen Bürgertums nicht grundsätzlich veränderte.[19] Zu immer deutlicheren Verwerfungen und Auseinandersetzungen kam es jedoch genau an diesem Punkt des „Einbaus" der städtischen Bevölkerung in das traditionelle Gesellschaftsbild: im „dritten Stand" (traditionell die abhängigen Bauern) wurden nebeneinander mehr oder weniger reiche Bürger der Stadt genauso wie Handwerker und Bauern gefasst.

Es gab im 13. Jahrhundert nur „äußerst seltene und unkonsequente Versuche", das allgemeine Ständeschema durch eine Sonderstellung der städtischen Bürgerschaft zu ergänzen und so der Realität anzupassen.

Bekannt sind solche Versuche vor allem aus dem Kreis der Mendikantengelehrten, etwa bei prominenten Vertretern wie Berthold von Regensburg und Albertus Magnus.[20]

In gewisser Weise stellte sich die Stadt als Raum der Rechtsunsicherheit dar: Im 13. Jahrhundert hatten immer mehr Städte sich gegenüber den „Stadtherren", weltlichen oder geistlichen Fürsten, emanzipiert und deren Herrschaftsanspruch in verschiedenen Formen, teils im offenen Kampf zurückgedrängt.

Zu denken ist hier etwa für Köln an die Schlacht bei Worringen 1288, in der der Erzbischof nach der Niederlage seiner Truppen die Herrschaftsgewalt über die Stadt an den Rat abtreten musste. Bereits 1262 hatte die Straßburger Stadtbevölkerung in der Schlacht bei Hausbergen den gleichen Erfolg.

Die neu errungene Autorität des Rates war jedoch nicht gefestigt, der Herrschaftsanspruch blieb heftig umstritten, da sich innerhalb der Stadt verschiedene Patrizierfamilien, die Zünfte und Gilden um

---

18   „Got hat driu leben geschaffen, gebûre, ritter unde pfaffen"; aus „Freidanks Bescheidenheit" (27,1) zitiert bei Graus František: Das 14. Jahrhundert. 99.

19   Vgl. hierzu Graus, František: Das 14. Jahrhundert. 99.

20   Hierzu vgl. mit entsprechenden Nachweisen Graus, František: Das 14. Jahrhundert. 410f. / Graus, František: Randgruppen der städtischen Gesellschaft im Spätmittelalter.

die Vorherrschaft oder zumindest eine angemessene Vertretung im Rat stritten.

Zunehmend erwies sich darüber hinaus die Stadt als Lebensumfeld, in dem die sozialen Unterschiede auf engem Raum seit der Mitte des 13. Jahrhunderts immer häufiger zu „sozialer Unrast", zu Protest, Aufruhr und gewaltsamen Aufständen führte.[21] Es ist hier allerdings Zurückhaltung geboten, was die Motivation solcher Unruhen betrifft, es waren nicht immer die „Armen", die sich mit der Forderung nach Gerechtigkeit erhoben, Auslöser waren oft auch Streitigkeiten innerhalb der herrschenden Schicht, so ging etwa in Erfurt der Aufstand des Jahres 1322 nachweislich von denen aus, *„die da riche lute heizen"*[22].

Trotz dieser notwendigen Vorsicht und Einschränkung waren auch in den zeitgenössischen Berichten „Erklärungsmuster sozialer Art" vorherrschend, verwiesen wurde auf die Bedeutung sozialer Gegensätze, gebündelt im „natürlichen" Gegensatz zwischen Reichen und Armen in den Städten.[23]

Die Bewertung der Motivation und damit der Rechtmäßigkeit der Unruhe, die daraus folgte, war jedoch sehr unterschiedlich. Sie reichte von einer Charakterisierung als „Kämpfe um die Freiheit der Stadt" gegenüber ungerechten Herrschaftsansprüchen, bis hin zur Verdammung jeden Veränderungsstrebens als *„spiritu dyabolico in-flammatus"*[24], vom Teufel selbst angezettelt.

Als Triebfedern galten dann verdammenswerte allgemein-menschliche Eigenschaften wie Neid, Habsucht und vor allem die *superbia*, der ungerechtfertigte Hochmut. Hierauf wurde mit Ermahnungen reagiert, sich in die gottgewollte Standesordnung einzufügen und sich mit dem persönlichen Los zu bescheiden – die bereits vertraute „traditionelle Art der Konfliktlösung".

„Die Erkenntnis eines tiefen Gegensatzes zwischen den Reichen und den Armen war nicht erst im 14. Jahrhundert gemacht worden",

---

21 Zur differenzierten Einordnung sehr unterschiedlicher Protest-Phänomene vgl. Graus, František: Das 14. Jahrhundert. 391–400.
22 Vgl. Graus, František: Das 14. Jahrhundert. 504.
23 Vgl. Graus, František: Das 14. Jahrhundert. 416f.
24 So in einer Chronik über den Erfurter Aufstand von 1283. Vgl. Graus, František: Das 14. Jahrhundert. 414.

fasst František Graus zusammen, bis zur Mitte des Jahrhunderts scheint sie sich jedoch verstärkt zu haben: „die Armut und die nun immer zahlreicher auftauchenden Armen wurden zu einem städtischen Problem. [...] Es ist immerhin beachtenswert, mit welcher Selbstverständlichkeit der Gegensatz, sogar ein ausgeprägter Hass zwischen Reichen und Armen in den Städten, als Allgemeinerscheinung vorausgesetzt, [...] zur Erklärung von Revolten herangezogen wurde".[25]

Bestimmender Gegenstand der Auseinandersetzung war in den Konflikten die Einforderung der Beachtung der „Maximen der Gerechtigkeit, des Friedens und der rechten Ordnung"[26]: konkrete Gründe waren immer wieder die umstrittene Zusammenstellung der Räte, die Bestechlichkeit der Beamten[27], die Rechtlosigkeit der armen Handwerker, Einschränkungen der Marktfreiheit, Betrugsvergehen der Händler (die Nutzung falscher Gewichte), städtische Schulden und die sich dadurch erhöhende, oft als ungerecht verteilt empfundene Steuerlast, Willkürherrschaft des Rates und parteiische Rechtssprechung.[28]

„Die Gerechtigkeit zu lieben"[29] – dieser Grundsatz bestimmte das Ringen innerhalb der Stadt um eine stabile Ordnung.

„Regelmäßig haben Räte gelobt, ‚arm und reich' nach gleichem Recht zu beurteilen, niemanden zu bevorteilen, niemanden zu benachteiligen.

Dass dies nur zu oft reine Theorie blieb, dass auch für die Städte die allgemein verbreitete Ansicht zutraf, dass der Arme nirgends sein Recht finden könne, ist wohl unnötig besonders zu betonen" – so resümiert F. Graus[30]

Räumliche Schwerpunkte von Unruhen und Aufständen, die sich vor diesem Hintergrund entzündeten, waren im 13./14. Jahrhundert

---

25 Vgl. Graus, František: Das 14. Jahrhundert. 418. Er zitiert hier beispielhaft die Magdeburger Schöppenchronik: „twischen den riken un den armen is ein olt hat" (ebd., Anm. 74).

26 So bei Graus, František: Das 14. Jahrhundert. 421.

27 Vgl. Graus, František: Das 14. Jahrhundert. 422.

28 Vgl. Graus, František: Das 14. Jahrhundert. 426.

29 Graus, František: Das 14. Jahrhundert. 427.

30 Graus, František: Das 14. Jahrhundert. 427f.

vor allem der Mittelrhein und das Elsaß[31]: Städte „mit einer außerordentlichen Frequenz von Aufständen"[32], über die die Quellen ausführlich informieren, sind Colmar (1261, 1273, 1285, 1291, 1293, 1331), Köln (1262–71, 1264, 1288) und Straßburg[33] (1294, 1308). Ähnliche Verhältnisse werden berichtet etwa aus Braunschweig (1292[34], 1293/94) und Erfurt (1283[35], 1322[36]).

Es kann kaum als Zufall betrachtet werden, dass gerade diese Unruhezentren von besonderer Bedeutung waren für die Geschichte der Armutsbewegung, zentral auch der Dominikaner im ausgehenden 13. und beginnenden 14. Jahrhundert.

Mit Erfurt, Straßburg/Colmar und Köln sind die Hauptwirkungsstätten auch Meister Eckharts verbunden.

Dies zu betonen, soll ausdrücklich nicht dazu dienen, Eckhart in irgendeiner Form zu einem Mitglied „aufständischer Bewegungen" zu erklären oder ihm entsprechende Motive anzudichten. Ich halte es jedoch durchaus für notwendig davon auszugehen, dass auch für Eckhart das Thema der „*Gerechtigkeit*", wie es im Kontext seiner Vorlesungen und Predigten bestimmend wird, nicht wirklich losgelöst von den durchaus praktischen Herausforderungen des kirchlichen wie des städtischen Lebens gehört und verstanden werden kann und darf.

Trotz all dieser Auseinandersetzungen und Unruhen blieb, um diesen kurzen und allgemeinen (in manchen Punkten auch notgedrungen verallgemeinernden) Blick auf die soziale Situation abzuschließen, das Ständemodell letztlich unverändert, wie es seit dem 11. Jahrhundert theoretisch begründet war.

Erst im Lauf des 14. Jahrhunderts wurde ein den Realitäten des Stadtlebens angepasstes Modell entwickelt, indem der städtische Rat als Vertreter der „Edlen, Reichen, Weisen und Mächtigen" zur legitimen „Obrigkeit" stilisiert und seine Autorität sakralisiert wurde.[37]

---

31 Graus, František: Das 14. Jahrhundert. 405.

32 Mit Nachweisen zum Folgenden vgl. Graus, František: Das 14. Jahrhundert. 403f.

33 Graus, František: Das 14. Jahrhundert. 175.

34 Vgl. Graus, František: Das 14. Jahrhundert. 410.

35 Graus, František: Das 14. Jahrhundert. 392. 414.

36 Graus, František: Das 14. Jahrhundert. 504.

37 Hierzu Graus, František: Das 14. Jahrhundert. 411f.

Damit endete eine Zeit der Unsicherheit, in der die innerstädtischen Herrschaftsverhältnisse kompliziert und nicht eindeutig geklärt waren.

Die „Klärung" der Verhältnisse wies auch im Rahmen der Stadt die aufbegehrenden Randgruppen – so auch die Armen – in feste Schranken, ihre Marginalisierung wurde neu festgeschrieben. Innerhalb des Drei-Stände-Modells als Garantie „sozialer Stabilität" wurde die Armut, wie oben angedeutet, jedoch teilweise gemildert durch die Ausübung der Caritas, die als Tugend und Christenpflicht galt.

Von den Spenden der Wohlhabenden profitierten zwar die Armen, die Mildtätigkeit war dabei aber Teil eines „Handels", von dem letztlich der Wohltäter selbst, wenn auch unter futurisch-eschatologischer Perspektive, profitierte: „Ewiges Leben wird dem versprochen, der die Hungernden speist, die Durstigen tränkt, die Fremden beherbergt, die Nackten kleidet und die Kranken besucht"[38].

Die Spende oder eine andere Form der Zuwendung zu den Armen ist so letztlich zu betrachten im Kontext eines „Mechanismus der Güterzirkulation"[39]: Zweck des Almosens war letztlich das Wohl des Spenders, denn es tilgte seine Sünden, diente der Wiedergutmachung begangenen Unrechts und verhalf ihm zu ewigem Heil – der Arme war ihm in diesem Sinn selbst hier zu Diensten. Die Almosengabe wurde als eine „sichere Geldanlage zu guten Zinsen bei Gott im Himmel angesehen"[40], der Arme als Mittel zur Seligkeit.

Wohltätigkeit übte man gerne in aller Öffentlichkeit aus, die Geste des Gebens war jedoch oft mit Eitelkeit und Herablassung verbunden. Michel Mollat spricht in diesem Zusammenhang vom Phänomen „egozentrischer Freigiebigkeit"[41].

Die „Früchte des Almosens" wurden in Predigten als Anreize, als Motive für den Almosengeber angeführt: Nachlass der Sündestrafen, Gnadenvermehrung, eine gute Todesstunde, der Erwerb vieler

---

38 Emmerich, Bettina: Geiz und Gerechtigkeit. 266.
39 Emmerich, Bettina: Geiz und Gerechtigkeit. 268.
40 Emmerich, Bettina: Geiz und Gerechtigkeit. 266.
41 Mollat, Michel: Die Armen im Mittelalter. 69.

Fürsprecher (traten doch die Armen beim Jüngsten Gericht als Zeugen auf) und schließlich der „ewige Lohn" im Jenseits:
„Gib dem Armen die Erde, damit du den Himmel empfängst; gib eine kleine Münze, damit du ein Königreich erhältst; gib dem Armen, auf dass er dir (wieder-) gebe" (nämlich seine Fürbitte)![42] – ein durchgängiger Appell an den menschlichen, genauer gesagt christlichen Egoismus.

Die Erwartungen, die sich von Seiten des Spenders mit der Fürsorge für die Armen verknüpften, waren allerdings nicht ausschließlich auf das eschatologisch erhoffte ewige Heil geknüpft. Überlegungen praktischer, politischer Art spielten eine zusätzliche Rolle: „Natürlich geht es auch darum, die Armen davon abzuhalten, sich vom Bettel auf den Raub zu verlegen"[43].

Prägend blieb letztendlich oft die Grundhaltung der Verachtung gegenüber den Armen und der Armut, die mit Schande und abstoßender Hässlichkeit, mit dem Fehlen von Bildung, physischer und materieller Kraft verbunden ist.

Die Armut stand im Gegensatz zu allen gesellschaftlichen Werten: „In den Augen dessen, der eine gesellschaftliche Funktion (*officium*) ausübt, ist Armut würdelos und verächtlich.

Es gehört sich nicht, dass jemand, der Befehlsgewalt ausübt oder in irgendeiner Form das christliche Volk lenkt, arm ist."[44]

Die grundsätzliche Unvereinbarkeit auch des geistlichen Standes mit der Armut und erst recht mit Bettelei betont Papst Innozenz III. ausdrücklich noch zur Zeit des Franz von Assisi.

In diesem Zusammenhang wird deutlich ersichtlich, welche Herausforderung die „neue Sichtweise der Armut"[45] für die spätmittelalterliche Gesellschaftsstruktur bedeutete, die durch die religiöse Armutsbewegung dem Bewusstsein der Menschen zur Auseinandersetzung „aufgenötigt" wurde.

---

42 „*Da pauperi terram ut accipias celum, da nummum ut accipias regnum, da pauperi ut det tibi.*"
    So bei Johannes Herolt, Sermo 103: De elemosina danda. zit. bei Janssen, Wilhelm: Das Erzbistum Köln im späten Mittelalter. 399f.
43 Emmerich, Bettina: Geiz und Gerechtigkeit. 269.
44 Mollat, Michel: Die Armen im Mittelalter. 68f.
45 Mollat, Michel: Die Armen im Mittelalter. 107.

I.4.2 Die Apostolische Armutsbewegung

I.4.2.1 Das Evangelium:
Nachfolge und apostolisches Leben in freiwilliger Armut

Die religiösen Bewegungen des Mittelalters, die wir als „Armutsbewegung" bezeichnen, waren in einem derartigen Maß von den politischen Auseinandersetzungen der Zeit geprägt, dass innerhalb der Geschichtsforschung „das Interesse für die sozial- und wirtschaftsgeschichtliche Bedeutung jener Bewegungen so stark im Vordergrund [stand], dass man ihren religiösen Sinn und Gehalt geradezu verkannte und umdeutete in eine zeitbedingte Verschleierung der eigentlichen, sozialen Motive und Ziele"[46].
Es soll demgegenüber die Blickrichtung hier zurückgelenkt werden auf den Anspruch des Evangeliums, unter dem sich die Mitglieder dieser Bewegungen verstanden.

In dem oben beschriebenen sozialen Kontext entstanden zahlreiche religiös motivierte neue kirchlich-gesellschaftliche „Suchbewegungen", für deren Anhängerinnen und Anhänger das Evangelium den Stellenwert eines „unerbittlichen Anspruchs" für die Gestaltung des eigenen Lebens – und der Bewertung kirchlicher Realität – einnahm.
Zu warnen ist in diesem Zusammenhang auch vor der vereinfachenden Einordnung (und Verurteilung) dieser uneinheitlichen Neuaufbrüche – Waldenser, Humiliaten, Katharer u. a. – als „ketzerische Sekten"[47]. Es ging in erster Linie nicht um die Gründung von

---

46 Grundmann, Herbert: Religiöse Bewegungen im Mittelalter. 8.
   Grundmann (ebd.) spricht in diesem Zusammenhang von der zu berichtigenden „Meinung, die religiösen Bewegungen des Mittelalters seien im Grunde soziale oder gar ‚proletarische' Bewegungen".
47 Hans Wolter etwa spricht mit Blick auf die Waldenser und Katharer von einem „organisierten Irrtum (in Lehre und Sektenbildung) und einer damit verbundenen kritischen Opposition gegen die hierarchische Kirche", die dann durch den „zusammengefassten Verteidigungswillen der Kirche: Kreuzzug, Predigt (der Bettelorden), Inqisition" diese „lebensgefährdende Krise überwunden" habe.
   Vgl. Wolter, Hans: Die Krise des Papsttums und der Kirche. 307.
   Von Erscheinungsformen einer parallel zur römischen Kirche organisierten eigenen Kirchenstruktur kann nur im Blick auf die Katharerbewegung im

„Sondergruppen", sondern um ein radikales Ernstnehmen des E-vangeliums als lebensgestaltende Kraft.

Erst in einem weiteren Schritt kommt es dabei zu Konflikten mit den bestehenden kirchlichen Strukturen, deren führende Amtsvertreter dieses radikale Verständnis des Evangeliums im Allgemeinen nicht teilten.

Letztlich erwuchs daraus die Auseinandersetzung, wer zur „wahren Kirche Christi" gehört[48].

Bei der Auseinandersetzung mit den Gruppen der Armutsbewegung handelt es sich – ausgenommen die Katharerbewegung, und diese vor allem in Südfrankreich – ausdrücklich um Auseinandersetzungen innerhalb der römisch-katholischen Kirche.

Languedoc und in Norditalien gesprochen werden, die als eigenständige Kirche mit ausgeprägter Diözesanstruktur auftrat, bis hin zum sogenannten „Katharerkonzil" von Saint-Félix de Caraman (um 1174/1176), an dem Vertreter der verschiedenen südfranzösischen Katharergemeinschaften und die katharischen Bischöfe von Nordfrankreich und der Lombardei unter dem Vorsitz eines gewissen *papas* Niketas, einem Würdenträger der katharischen Kirche von Konstantinopel, teilnahmen.

Trotz dieser vergleichsweise ausgeprägten Organisationsstruktur kann man sich jedoch selbst das Katharertum nicht als monolithisches Gebäude mit einer einheitlichen Lehre vorstellen. Jede Ortskirche behielt weitgehende Selbständigkeit, und es gab keine zentrale oder kollegiale Institution, die über die Einhaltung der „reinen Lehre" wachte. Vgl. hierzu (mit weiterführenden Literaturangaben) Vauchez, André: Von radikaler Kritik zur Häresie. besonders 495ff.

48 Diese Auseinandersetzung prägt auch und vor allem das Verhältnis zwischen Katharern und römischer Kirche:
„Von der traditionellen Kirche […] sei [so die Lehre der Katharer, E.F.] das Evangelium verraten, seine wahre Botschaft überdeckt worden. Sie erschien als verdorbener Abkömmling einer einstmals reinen Gemeinschaft, hatte sich jedoch ins Lager des Teufels begeben, indem sie nach weltlicher Macht und Reichtümern strebte. Die wahre Kirche Gottes, die der *boni homines* oder *boni christiani* hätte ausschließlich spirituellen Charakter und stelle keine wirtschaftlichen oder politischen Forderungen".
Der Katharismus „verstand sich als das einzig wahre Christentum, und seine Anhänger glaubten keineswegs, mit ihrer alten Religion gebrochen zu haben, sondern im Gegenteil zu den apostolischen Anfängen der Urkirche zurückzukehren".
Vgl. Vauchez, André: Von radikaler Kritik zur Häresie. 498.

So verstanden sich auch die verschiedenen Gruppen der Armutsbewegung selbst: Sie schafften ‚nur im Notfall'[49] neue kirchliche Realitäten.

Von besonderer Bedeutung waren für das Selbstverständnis der Gruppen und Gemeinschaften, die dem Ideal apostolischer Armut[50] verpflichtet waren, in grundlegendem Sinn zwei Perikopen aus dem Neuen Testament, die in den Auseinandersetzungen des 12. bis zum beginnenden 14. Jahrhundert eine herausgehobene Stellung einnahmen und sich als lebensprägend erwiesen.

Es handelt sich zum einen um die Begegnung zwischen Jesus und einem reichen jungen Mann, den er zur Neu-Orientierung des Lebens ruft[51], zum anderen um die Aussendung der Jünger zum Wirken in der Welt[52].

Als er [Jesus] sich auf den Weg hinaus begab, lief einer herbei, fiel vor ihm auf die Knie und fragte ihn: Guter Lehrer! Was soll ich tun, um unendliches Leben zu erben? Jesus sprach zu ihm: Was heißt du mich gut? Keiner ist gut, nur einer: Gott. Du kennst die Weisungen: Morde nicht; brich die Ehe nicht; stiehl nicht; gib kein Trugzeugnis; raube nicht; ehre deinen Vater und die Mutter! Er sagte ihm: Lehrer, auf all das habe ich seit meiner Jugend geachtet. Jesus blickte ihn an, gewann ihn lieb und sprach zu ihm: Eines mangelt dir: Geh, verkaufe was du hast, und gib den Armen! So wirst du einen Schatz im Himmel haben. Dann auf, folge mir! Dem aber wurde es düster bei diesem Wort, und betrübt ging er weg; denn er hatte viele Güter.

---

49   Vgl. hierzu etwa – mit Blick auf die Auseinandersetzung um die Waldenser – Grundmann, Herbert: Religiöse Bewegungen im Mittelalter. 95:
      Die Männer und Frauen der Armutsbewegung „haben […] keineswegs die Berechtigung der katholischen Priester zur Spendung der Sakramente überhaupt bestritten; aber sie haben einerseits verlangt, dass es ein ‚guter Priester' sein müsse, wenn die Sakramente wirksam sein sollten, und dass andererseits ‚im Notfall' auch ein ‚guter Laie' die Beichte hören und das Abendmahl reichen dürfe".

50   Eine grundlegende Darstellung über den zentralen Begriff der *vita apostolica* bietet Chenu, M.-D.: Nature, Man and Society.
      Dort besonders die Kapitel „Monks, Canons and Laymen in Search of the Apostolic Life" und „The Evangelical Awakening".

51   Mk 10,17−31 und parr: Mt 19,16−30 und Lk 18,18−30.

52   Mk 6,6b−13 und parr: Mt 9,35; 10,1.5−14 und Lk 9,1−6.

Und ringsum blickend, sagt Jesus zu seinen Jüngern: Wie schwer doch die Reichbegüterten in das Königtum Gottes hineinkommen! Die Jünger schauderten ob seiner Worte. Und abermals hebt Jesus an und sagt zu ihnen: Kinder, wie schwer ist es, in das Königtum Gottes hineinzukommen! Leichter ist es für ein Kamel durch das Nadelöhr durchzukommen, als für einen Reichen in das Königtum Gottes hineinzukommen. Sie aber waren über die Maßen bestürzt und sagten zueinander: Wer kann da noch gerettet werden? Jesus blickt sie an und sagt: Bei Menschen – unmöglich! Aber nicht bei Gott. Denn alles ist möglich bei Gott. Petrus fing an, zu ihm zu sagen: Wir da! Wir haben alles fahren lassen und sind dir gefolgt."[53]

Im Zentrum des Verständnisses der Perikope von der Begegnung Jesu mit dem reichen Jüngling stand die Frage nach dem „vollkommenen Leben", nach dem Sinn und Ziel der menschlichen Existenz – nicht so sehr als eschatologisches Fern-Ziel der persönlichen Erlösungshoffnung, sondern als Zielvorgabe, das eigene Leben im Heute „vollkommen" zu gestalten: „Wie muss ich in dieser Welt leben, um den Sinn des Lebens nicht zu verfehlen?"

Der so in den Blick genommene „Stand der Vollkommenheit" war dabei innerhalb der kirchlichen und gesellschaftlichen Ständeordnung traditionell den Mönchen zugewiesen, die „stellvertretend" für alle Christen auf radikale Weise den Anspruch der Evangelischen Räte lebten.

Seit dem 12. Jahrhundert wurde dieser Anspruch des Evangeliums jedoch von immer weiteren Kreisen als nicht delegierbar verstanden: Er erhielt die Qualität einer persönlichen Berufung, unabhängig vom Stand in dem der oder die Einzelne lebte. Bernard McGinn spricht in diesem Zusammenhang von einem „Imperativ der Apostolizität"[54], von einem „Sammlungsschrei nach der *vita vere apostolica*", der zunehmend – über das monastische Mönchtum und die Priester hinaus – Kreise von Laien erfasste[55].

---

53 Mk 10,17—28 (Übersetzung Stier, 103).
54 McGinn, Bernard: Männer und Frauen der neuen Mystik [Die Mystik im Abendland, Bd. 3]. 25.
55 Vgl. McGinn, Bernard: Männer und Frauen der neuen Mystik [Die Mystik im Abendland, Bd. 3]. 26.

Den hiermit verbundenen Anspruch wird etwa Marsilius von Padua (1275/80 – 1342), ein Zeitgenosse Meister Eckharts, ausdrücklich als Lehre vortragen: Die Kirche als Repräsentant apostolischer Autorität ist „die Gesamtheit der Gläubigen, die an den Namen Christi glauben und ihn anrufen"[56]. „Deswegen sind alle Christgläubigen Männer der Kirche (viri ecclesiastici) in dieser wahrsten und eigentlichsten Bedeutung und müssen so genannt werden: die Priester wie die Nichtpriester, denn alle hat Christus erworben und erlöst durch sein Blut [...]; also sind Bischöfe oder Priester und Diakone nicht allein die Kirche, die die Braut Christi ist"[57]. Marsilius v. Padua wurde für seine Lehren, die in ihren Konsequenzen die universale Gewalt des Papstes über Kirche und Staat in Frage stellten, in der Bulle „Licet iuxta" Johannes XXII. vom 3.4.1327 als Ketzer verurteilt.

Seine Verurteilung zeigt jedoch nur eine Verwerfungslinie innerhalb der Kirche, die die Auseinandersetzungen um die Armutsbewegung von ihren Anfängen an prägte:

„Die offizielle Kirche stand diesen Bewegungen nicht ermutigend gegenüber, sondern betätigte sich als Überprüfungsinstanz, die entweder ihre Approbation oder Missbilligung aussprach"[58].

---

56 Marsilius von Padua: Defensor pacis. II 2,3. zit. nach Beck, Hans-Georg u. a. (Hrsg.): Die mittelalterliche Kirche. 445.

57 Marsilius von Padua: Defensor pacis. II 2,3. zit. nach Beck, Hans-Georg u. a. (Hrsg.): Die mittelalterliche Kirche. 445.

58 McGinn, Bernard: Männer und Frauen der neuen Mystik [Die Mystik im Abendland, Bd. 3]. 26.
Vgl. hierzu auch Vauchez, André: Von radikaler Kritik zur Häresie. 502 und 500:
„Gegenüber den evangelischen Bewegungen wie Waldensern und Humiliaten gingen Amtskirche und Klerus [...] mit übertriebener Härte vor – diese vertraten ja keine grundsätzlich abweichende Glaubensmeinungen, sondern bestritten lediglich die alleinige Zuständigkeit der Priester für das religiöse Leben und stellten damit die Dreiteilung der Gesellschaft in Frage, die dem Lehnssystem zugrunde lag".
„Sie rüttelten nicht am Bestand der Kirche und ihrer Amtshierarchie, forderten jedoch freien Zugang zum Wort Gottes und das Recht, es in ihrer Umgebung zu verkünden. Der Klerus lehnte dies strikt ab, indem er daran

Das mit Gedanken, wie sie Marsilius von Padua lehrte, verbundene Bewusstsein der persönlichen Berufung zum evangeliumsgemäßen Leben motivierte die Anhänger der „(damals) Neuen geistlichen Bewegungen" nicht zum „Verlassen der Welt" und den Eintritt in einen monastischen Orden – und damit zur Einordnung in die bestehende kirchliche Struktur und Hierarchie.

Das Originelle an den Anhängern der Armutsbewegung, etwa an Franziskus von Assisi und Dominikus von Guzmán „liegt zweifellos darin, dass sie das beachteten, was man im 20. Jahrhundert die *Zeichen der Zeit* nennt:

Für sie waren das der Wille Gottes und die Bedürfnisse ihrer Zeitgenossen. Sie kannten keine Flucht und keine Verachtung der Welt im engsten Sinne des Wortes, also keine Flucht vor der Sünde. Sie flohen weder das Land, wo die Freilassung der Hörigen in neuen Abhängigkeiten endete, noch die Stadt, wo die Ausdehnung von Wirtschaft und Handel die Anziehungskraft des Geldes verstärkte."[59]

Statt dessen suchten sie bewusst die materielle Armut dort, wo sie sich immer stärker ausbreitete – in den Städten, an eben dem Ort, wo Not und Segen, Reichtum und bittere Armut dicht beieinander

---

erinnerte, dass das Recht zu predigen allein den dazu berufenen Dienern der Kirche vorbehalten sei".

Erhellend ist in diesem Zusammenhang das Gutachten des Vorsitzenden der kurialen Kommission, die die Rechtgläubigkeit der Waldenser zu prüfen hatte, des englischen Klerikers Walter Map (zit. nach Vauchez, a. a. O., 500):

„Wir haben die Waldenser gesehen, einfache, ungebildete Leute [...] Sie baten inständig darum, ihnen die Predigterlaubnis zu geben, denn sie hielten sich für gebildet genug, obwohl sie doch vieles nur halb verstanden [...] Sollen nun Perlen vor die Säue geworfen, soll Gottes Wort nun den Einfältigen anvertraut werden, von denen wir wissen, dass sie es nicht recht aufnehmen, geschweige denn weitergeben können? Das darf nicht geschehen [...] Diese Leute haben nirgends eine feste Wohnung; sie ziehen zu zweit umher, barfuß und nur in Wolle gekleidet, sie besitzen nichts, sondern haben alles gemeinsam wie die Apostel. Sie folgen dem nackten Christus. Jetzt, am Anfang, geben sie sich demütig und bescheiden. Wenn wir sie aber gewähren lassen und sie erst einmal Fuß gefasst haben, werden wir es sein, die das Nachsehen haben".

59   Mollat, Michel: Die Armen im Mittelalter. 108.

lagen. Sie konzentrierten sich auf die Städte als „Orte des Schei-
terns", wo die Hoffnungen, die Menschen in die Stadt trieben (ein
freieres Leben, größere Sicherheit, mehr Chancen, „zu etwas zu
kommen", mehr Bildungsperspektiven, mehr Geselligkeit), „schnell
wie eine Seifenblase zerplatzen".[60]
„Viele Menschen zerbrechen an der Gnadenlosigkeit eines Ortes, der
sich allein am wirtschaftlichen Erfolg orientiert."[61]
Diese Präferenz in der Frage der Verortung des evangeliumsgemäßen Lebens hing zusammen mit einer zweiten zentralen Perikope
des Evangeliums: der Aussendung der Jünger durch Jesus in die
Welt, in der sich das Ideal der Nachfolge zu bewähren hat:

> Dann zog er [Jesus] lehrend umher durch die Dörfer ringsum. Und
> er ruft die Zwölf herbei. Und er begann, sie zu zweien auszusenden
> und gab ihnen Vollmacht über die unreinen Geister. Auch wies er sie
> an, nichts auf den Weg mitzunehmen, außer einem Stock: kein Brot,
> keinen Ranzen, kein Kupfergeld im Gurt, nur Sandalen untergebun-
> den. Zieht auch nicht zwei Leibröcke an! Und er sagte zu ihnen: Wo
> ihr in ein Haus einzieht, dort bleibt, bis ihr fortzieht von dort. Und
> wo ein Ort euch nicht aufnimmt und sie auf euch nicht hören, von
> dort wandert weiter und schüttelt den Schmutz von euren Füßen –
> zum Zeugnis gegen sie. Und so zogen sie hinaus und verkündeten:
> es heiße umkehren. Auch viele Abergeister trieben sie aus, salbten
> viele Kranke mit Öl und machten sie heil.[62]

Diese Referenzstelle für die *vita vere apostolica* löste in gewisser Weise diejenige ab, die die „traditionelle" kirchliche Form des mo-
nastisch verstandenen apostolischen Lebens über Jahrhunderte
prägte. In dieser traditionell anerkannten Form berief man sich auf
das Bild, das die Apostelgeschichte von der urchristlichen Gemeinde
in Jerusalem zeichnet:

> Dann [nach der ‚Himmelfahrt Jesu'; E.F.] kehrten sie vom Berg, dem
> sogenannten Ölberg, der nahe bei Jerusalem liegt – einen Sabbatweg
> entfernt – nach Jerusalem zurück. Und als sie hineingekommen, stie-
> gen sie zum Obergemach hinauf, wo sie eine Bleibe hatten. […]

---

60   Vgl. Keul, Hildegund: Verschwiegene Gottesrede. 137.
61   Keul, Hildegund: Verschwiegene Gottesrede. 137.
62   Mk 6,6b-13 (Übersetzung Stier, 91).

Sie alle verharrten einmütig im Gebet. […]
Die Menge der Glaubendgewordenen aber war in Herz und Leben
eins. Und nicht einer nannte irgend etwas von seinem Hab und Gut
sein eigen, sondern sie hatten alles gemeinsam.[63]

Damit, so die Überzeugung, der „common sense" innerhalb der
kirchlichen Ständeordnung, „habe die apostolische Kirche allen
nachfolgenden Jahrhunderten das Modell einer stabilen Gemeinschaft vorgelebt, die sich regelmäßig zum Gebet trifft und alles, was
sie hat, als Gemeinschaftsbesitz teilt"[64]: Das Kloster erschien als par-
tielle Verwirklichung des „himmlischen Jerusalem", abgesondert
von der Welt, der es als Zeichen des künftigen Heils vor Augen gestellt wird.

Dass dieses Modell jedoch seine eigenen Kehrseiten und Gefahren
der Verflachung des Evangeliums mit sich brachte, wurde nicht erst
in der Auseinandersetzung um die Armutsbewegung, sondern bereits im Kontext der Bemühungen um monastische Reformen des 11.
und 12. Jahrhunderts deutlich, die im Namen strengerer Auffassun-
gen von klösterlicher Armut eine Erneuerung und Revitalisierung
des Ideals apostolischen Lebens anzielten.[65]
Man kann zusammenfassend mit Bernard McGinn mit Blick auf das
12. und 13. Jahrhundert von einer zunehmenden Ablösung des
„kommunitären Modells apostolischen Lebens" durch das „evange-
likale Modell" sprechen.[66]

---

63 Apg 1,12−14 und 4,32 (Übersetzung Stier, 256 und 264).
64 Vgl. McGinn, Bernard: Männer und Frauen der neuen Mystik [Die Mystik
    im Abendland, Bd. 3]. 26.
65 Vgl. hierzu beispielhaft McGinn, Bernard: Männer und Frauen der neuen
    Mystik [Die Mystik im Abendland, Bd. 3]. 30:
    „Die Benediktinermönche legten ein Armutsgelübde ab, das zum Inhalt
    hatte, dass sie beim Eintritt ins Kloster ihren gesamten persönlichen Besitz
    abgaben. Das Kloster jedoch brauchte für seinen Unterhalt Land und Ein-
    nahmequellen und verfügte folglich darüber. Der Reichtum, den etliche
    Benediktinerklöster das Mittelalter hindurch ansammelten, führte zu ei-
    nem Lebensstil, der gelegentlich weit üppiger war als derjenige, in dessen
    Genuss die Angehörigen der aristokratischen Oberschicht zu gelangen ver-
    mochten".
66 Vgl. McGinn, Bernard: Männer und Frauen der neuen Mystik [Die Mystik
    im Abendland, Bd. 3]. 27.

Bereits hier, im Blick auf diese wenigen biblische Referenzstellen und ihre Rezeption innerhalb der Traditionen „apostolischen Lebens", werden zentrale Themen der Auseinandersetzung um die Bewertung der Armutsbewegung, die uns z. T. auch in den Werken Eckharts begegnen werden, deutlich:

- Die völlige Abkehr von Besitz und Reichtum als Kriterium der Nachfolge, der gegenüber auch der gemeinschaftliche Besitz der Kirche als Verrat am Ideal der *vita vere apostolica* erschien.
- Die Armut als umfassendes Lebensideal („Alles lassen, um *dem Einen* zu folgen"), das zu *der* „angemessenen institutionellen Verfassung des Reiches Gottes in dieser Welt"[67] wurde.
- Das Bewusstsein des In-die-Welt-Gesandt-Seins aller Christgläubigen: ein Bewusstsein, das (über Zugeständnisse akademischer Lehrer wie Marsilius v. Padua hinausgehend) auch die Frauen der Armutsbewegung prägte[68].

---

67 Vgl. Chenu, M.-D.: Nature, Man and Society. 242:
"The point of impact was obviously poverty, considered now not merely as moral asceticism among members of a fraternity that held their goods in common, but as the proper institutional condition of the kingdom of God in this world".

68 Vor allem dieser und der nächste Punkt erweisen ihre Bedeutung und Brisanz im Zusammenhang der Auseinandersetzungen um die semi-religiose Beginenbewegung, in die Eckhart als mit der *cura monialium* verwickelt war.
Vgl. hierzu das Dekret „Cum de quibusdam mulieribus" des Konzils von Vienne (1311):
„Das Konzil hat von der Lebensweise gewisser Frauen, Beginen genannt, Kenntnis erhalten, die ohne Gelübde und Profess auf eine anerkannte Regel zusammenleben, den Ordenshabit tragen und gewissen Religiosen in auffälliger Neigung anhangen. Diese Lebensweise wird für immer verboten, da nach vorliegenden Berichten solche Leute für verdächtig gelten müssen. Den Anhängern dieser Sekte wird unter Strafe der sofort eintretenden Exkommunikation befohlen, ihre bisherige Lebensweise ganz aufzugeben und wieder wie die anderen Christen zu leben".

- Der mit dieser Sendung verbundene Auftrag zu Predigt und Lehre[69], ein Auftrag, der aus der Perspektive der Armutsbewegung ein Recht (!) und eine Pflicht begründete:

---

69   Auch dieser Punkt wurde zum Kristallisationspunkt der Auseinandersetzung vor allem in Hinblick auf die Rolle der Frauen innerhalb der Armutsbewegung. So gehörte zu den Berichten, die Beginen „verdächtig" erscheinen ließen, Punkte wie das Lesen der Bibel in der Volkssprache, die öffentliche Diskussion über Glaubensfragen „in ihren Konventen und auf den Marktplätzen".
Zu verweisen wäre etwa auf den Prozess gegen Marguerite Porete, die nach Abfassung ihres Lehrbuches „Mirouer des simples ames anienties et qui seulement demourent en vouloir et desir d'amour" als „une beguine clergesse", als Intellektuelle und Gottgelehrte angeklagt wurde.
Vgl. hierzu grundsätzlich Leicht, Irene: Marguerite Porete – eine fromme Intellektuelle und die Inquisition. Etwa a. a. O., 14:
„Auch außerhalb der offiziellen Bildungseinrichtungen wurde im Hochmittelalter professionell gedacht, gelehrt und insbesondere Theologie getrieben, nicht zuletzt von Frauen. Allein vor diesem Hintergrund ist wohl zu verstehen, dass im Jahr 1290 der scholastische Theologe Heinrich von Gent die Frage disputiert, ‚ob eine Frau Doktor bzw. Doktorin der Wissenschaft der Theologie sein könne'. Dass eine Frau aus Gnade und Leiden schaft zur Liebe lehre, sei erlaubt, wenn sie die gesunde Lehre vertrete. Aber sie dürfe das nur privat und in Stille, nicht jedoch in der Öffentlichkeit und im Angesicht der Kirche. Denn dies sei nur den von Amts wegen Lehrenden gestattet. Heinrich spricht den Frauen die vier Voraussetzungen ab, die seines Erachtens für eine öffentliche Lehre der Theologie unabdingbar sind: Der Zuverlässigkeit (constantia) widerspreche die leichte Verführbarkeit, wie sie seit Eva den Frauen nachgesagt wird; die Wirksamkeit (efficacia) werde durch die fragilitas des weiblichen Geschlechts verhindert; der Autorität (auctoritas) stehe die notwendige Unterwerfung der Frau unter den Mann gemäß Gen 3,16 und 1 Kor 14,34f entgegen; die mangelnde Lebenskraft der Rede (sermonis vivacitas) manifestiere sich in der Provokation zur Sünde anstatt zu einem tugendhaften Leben, wie sie von Frauen bekanntlich ausgehe".

„Das Predigen und Evangelisieren der Welt sei nicht nur erlaubt, sondern gehöre zum Wesen einer *wirklich* apostolischen Lebensweise"[70].

---

70 Vgl. McGinn, Bernard: Männer und Frauen der neuen Mystik [Die Mystik im Abendland, Bd. 3]. 26. Dazu auch a. a. O., S. 29: Die „Inanspruchnahme des apostolischen Predigtamtes verweist auf den Kern des Problems. In der mittelalterlichen Kirche war Predigen das Vorrecht der geweihten Nachfolger der Apostel, d.h. der Bischöfe, die dazu auch ihre Priester delegieren konnten. Kein Laie verfügte über die förmliche Qualifikation, das Wort Gottes predigen zu können, zumindest, wenn man unter Predigen im formalen Sinn die Verkündigung der wahren Lehre (der *articuli fidei*) verstand".

Dagegen steht die Überzeugung innerhalb der Armutsbewegung, dass „nach dem Willen des Evangeliums jeder predigen dürfe, auch die Laien und sogar die Frauen, und dass es keiner kirchlichen Ordination dazu bedürfe". Vgl. Grundmann, Herbert: Religiöse Bewegungen im Mittelalter. 94.

Als Musterbeispiel für die Verwirklichung dieses apostolischen Auftrags galt im Spätmittelalter das Leben der *"Apostola Apostolorum"*, Maria Magdalena, die auch für die Beginenbewegung als wichtigste Identifikationsfigur erschien. Weiteste Verbreitung fand ihre Lebensbeschreibung durch die etwa 1263—1273 von Jacobus de Voraigne OP verfasste *"Legenda aurea"*, eine Sammlung von 150 Heiligenviten:

"Weil sie [Maria Magdalena] das beste Teil innerer Betrachtung erwählte, ist sie genannt Erleuchterin: denn hieraus schöpfte sie mit Begier, was sie darnach überflüssig wieder von sich gab; hieraus empfing sie das Licht, welches darnach die anderen erleuchtete. [...]

Magdalena war [...] [die Frau,] die sich nicht von dem Grabe kehrte, da die Jünger davon gingen; der Christus bei seiner Auferstehung zuerst er schien; und die er machte zur Apostelin der Apostel.

Als unser Herr gen Himmel war gefahren [...] zogen die Jünger in mancherlei Länder, das Wort Gottes auszusäen. [...] Da nun die Jünger zerstreut wurden, geschah es, dass [...] Maria Magdalena, Lazarus, ihr Bruder, Martha, ihre Schwester, [...] von den Ungläubigen auf ein Schiff gesetzt und ohne Steuer ins Meer wurden hinausgestoßen, auf dass sie allesamt untergingen. Aber durch Gottes Fügung geschah es, dass sie gen Massilien kamen [...]. Da nun Maria Magdalena sah, wie [dort] das Volk sich zu dem [heidnischen] Tempel sammelte, den Abgöttern zu opfern, stund sie auf mit heiterem Angesicht und riet ihnen mit weislichen Worten von dem Dienst der Abgötter und predigte ihnen Christum mit großer Zuversicht. Da verwunderte sich alles Volk der Schönheit ihres Angesichts und der Süßigkeit ihrer Rede. Das war kein Wunder, dass der Mund, der

- Das Ideal der „evangelischen Wanderexistenz", das z. T. Gemeinschaften wie den Dominikaner – wenn auch eingeschränkt – zugestanden wurde, das jedoch die Beginenbewegung und andere „Vagabunden des Evangeliums" in Verruf brachte.
- Die Sorge um die Armen und Kranken, denen zuallererst die Zusage des Evangeliums gilt.[71]
- Der Streit um „Geist" und „Aber-Geist", um die Kennzeichen der „wahren Kirche",
- um die *veritas* des apostolischen, evangeliumsgemäßen Lebens.

---

den Füßen unsres Herrn so süße und innige Küsse hat gegeben, besser denn die andern das Wort Gottes mochte predigen":
Jacobus de Voraigne: Legenda aurea. Bd. I, Sp. 614—617.
Diese Legende begegnet uns auch in den Werken Meister Eckharts, der etwa in seiner berühmten Predigt über Maria und Martha (Predigt 86) ausdrücklich darauf Bezug nimmt, dass Maria Magdalena als Frau nicht nur "Dienerin der Jünger war", sondern – nachdem sie von Christus *leben gelernt* hatte und den Heiligen Geist empfangen hatte – selbst das Evangelium predigte und „lehrte"! Vgl. Eckhart: EW II; 229.

71   Vgl. hierzu Chenu, M.-D.: Nature, Man and Society. 242:
"All of the new apostles, from Robert of Arbrisselles to Francis of Assisi, addressed their [...] message to the little people of the shops and the cellars – 'in the winecellars, in weaver's shops, and in other such subterranean hovels' (*in cellariis et textrinis et huiusmodi subterraneis domibus*) – to the unfortunate ones with neither fire nor shelter, to the serfs bound to the soil." They "preached the gospel to the poor, [...] called the poor, [...] gathered the poor together".

[Meister Eckhart in seiner Zeit] 111

I.4.2.2. Die Armutsbewegung als Umkehr- und Protest-Bewegung: Die Barmherzigkeit und der Ruf nach Gerechtigkeit

Die Armutsbewegung, deren Anhänger sich dem Lebensideal der Abkehr von Reichtum und Besitz und der Hinwendung zum Lebensprogramm der Nachfolge verschrieben, kann dabei nicht als eine in erster Linie revolutionäre „Bewegung der Armen" verstanden werden, die aus wirtschaftlicher Not geboren und gegen die höheren Stände gerichtet wäre.[72]
Herbert Grundmann stellt in seinen Forschungen über die soziale Herkunft der Humiliaten, Waldenser und Franziskaner, die er für repräsentativ auch für die anderen Gruppen der Armutsbewegung hält[73], fest, dass an dieser Bewegung in erster Linie „das reiche Bürgertum, der Adel und die Geistlichkeit" beteiligt gewesen seien.[74]
Für die Gemeinschaft des „Ordo praedicatorum", für die Dominikaner, auf die später hier das Hauptaugenmerk gerichtet werden muss, galt dies gegenüber den anderen Gemeinschaften aufgrund ihres besonderen Schwerpunkts und Ordensziels in noch verstärktem Maß. Die Gemeinschaft gewann neue Mitglieder vornehmlich in den Universitätsstädten, aus dem Kreis des Stadtbürgertums, unter Studenten und Professoren.[75]

---

72 Vgl. Grundmann, Herbert: Religiöse Bewegungen im Mittelalter. 157:
  Es gelte, „das Missverständnis zu beseitigen, die religiöse Armutsbewegung sei aus den untersten sozialen Schichten, aus dürftigen Handwerkerkreisen oder aus dem ‚städtischen Proletariat' hervorgegangen, sei also eine ‚soziale Bewegung', aus wirtschaftlicher Not geboren und gegen die höheren Stände gerichtet".

73 Vgl. Grundmann, Herbert: Religiöse Bewegungen im Mittelalter. 167.

74 Vgl. Grundmann, Herbert: Religiöse Bewegungen im Mittelalter. 167.

75 Vgl. Lohrum, Meinolf: Zur dominikanischen Spiritualität. 24.
  Dazu auch Wolter, Hans: Die Bettelorden. besonders 219—223.
  „Die erklärte Absicht, eine Erneuerung der Verkündigung der Glaubenslehre vom Theologischen her zu betreiben, gewann dem hl. Dominikus gleich von den Anfängen her viele Gefährten aus dem Bannkreis der Universitäten […]. Häuser gründete man vorab in den Universitätsstädten sowie in den Bischofs- und Handelsstädten. Hier fand man die erhofften Felder für den Nachwuchs, für die Seelsorge, für das Studium und auch für den Unterhalt. […] Die strenge Lebensführung (Armut, Fasten, Abstinenz, persönliche Bußwerke) gewann den Predigern die Aufmerksamkeit

Dies bedeutet nicht, dass wirtschaftliche und soziale Erscheinungen gleichgültig wären für Entstehung und Verlauf der Armutsbewegung, aber „sie sind dafür in einem ganz anderen Sinne bedeutsam als man es meist geglaubt hat"[76].

Es „erhebt sich [...] hier eine Reaktion gegen den Reichtum und gegen die wirtschaftlich-kulturelle Entwicklung nicht von außen her, von den dadurch Geschädigten, sondern aus den eigenen Kreisen derer, die an dieser Entwicklung zum Reichtum und irdischen Wohlergehen beteiligt sind"[77].

Herbert Grundmann fasst das grundlegende Anliegen der Armutsbewegung wie folgt zusammen:

„Man will keinen Anteil haben an dem ‚unrecht erworbenen Gut'; man empfindet die neuen Möglichkeiten der Bereicherung und des sozialen Aufstiegs als unvereinbar mit dem Geist des Evangeliums und dem Willen Gottes. [...] Nichts kennzeichnet wohl das innere Verhältnis der religiösen Bewegung zu der wirtschaftlich-sozialen Entwicklung klarer als die Flucht vor dem Reichtum und vor der gesellschaftlichen Stellung in die Armut und in eine von der Gesellschaft verachtete Lebensweise".[78]

Für die mittelalterliche Armutsbewegung gilt als Beweggrund so letztlich das, was Hans-Joachim Sander als charakteristisches Merkmal der gläubigen Existenz überhaupt bestimmt:

---

des Kirchenvolkes und eine stetig zunehmende Zahl von Berufen, vor allem aus den Kreisen der Universitäten wie aus den führenden Schichten des Bürgertums", so Wolter, a. a. O., 221f.

76 Grundmann, Herbert: Religiöse Bewegungen im Mittelalter. 168.
77 Grundmann, Herbert: Religiöse Bewegungen im Mittelalter. 194.
Vgl. auch ebd., 168: „Das Bekenntnis zur freiwilligen Armut wäre verlogen gewesen, wenn die Armut aus Not ihm vorausgegangen wäre; das Bekenntnis zur *humilitas* wäre eine leere Geste gewesen im Munde deren, die sich nicht tiefer erniedrigen konnten, als die Not sie gestellt hatte. In der religiösen Armutsbewegung aber wurden Armut und Erniedrigung als religiöser Wert erwählt und erlebt, weil sie die Überwindung und den Entschluss zum Verzicht auf die Güter und Ehren der Welt bedeuteten, eine Bekehrung forderten, eine Umkehr von dem einen Weg weltlichen Wohlstands und gesellschaftlichen Ansehens zu dem anderen Weg, den das Evangelium wies".
78 Grundmann, Herbert: Religiöse Bewegungen im Mittelalter. 195f.

Der Glaube „bringt zur Sprache, dass und wie Menschen ihre Wolfsexistenz bekämpfen können: durch die Umkehr von der *eigenen* Gewaltbereitschaft und die Überwindung der Sünde *in jedem und jeder von uns.*

Der Pfad dieser Umkehr ist die Liebe, und sie ist alles andere als der schöne Schein netter Freundlichkeit; sie hat eschatologische Qualität und stellt Menschen vor die Entscheidung über das Kommen des Lebens wider den Tod.

Der Glaube thematisiert mit seiner Botschaft Wege zur Erlösung aus der Selbst- und Fremdknechtung der Gewalt, die unter uns herrscht."[79]

Er setzt mit seinem Anspruch „an der Würde des Menschen an, ‚Nein!' sagen zu können, zum Wolf der anderen zu werden"[80] und „zielt dabei auf den Widerstand gegen die *eigene* Gewalt, die zum Opfer der anderen führt.

Er hofft auf Gott als jene Macht, welche Menschen diesen Widerstand bei sich selbst ermöglicht und auch gegen den Unglauben der anderen durchhalten lässt"[81].

Gegen den Unglauben also, der im expandierenden Wirtschaftsgefüge des „Lebensraums Stadt" wie im „beträchtlichen Reichtum" der Bischöfe und des höheren Klerus[82] zum Ausdruck kam, vollzogen die Frauen und Männer, die dem „Sammelruf des Evangeliums" folgten, die Hinwendung zur *vita apostolica*, zum Evangelium des „armen, nackten Christus" – und vermittels dessen die Hinwendung zu den Armen, den Opfern „der Welt", in Barmherzigkeit und Solidarität.

Obwohl also die Armutsbewegung keine „Armenbewegung" im eigentlichen Sinn war und auch keine sozialrevolutionären Ziele verfolgte, muss sie doch in mehrfacher Hinsicht als „Protestbewegung" bewertet werden:

Zum einen stellt die Entscheidung für die Lebensform freiwillig gewählter Armut eine Provokation, eine Herausforderung gegenüber

---

79   Sander, Hans-Joachim: Macht in Ohnmacht. 10.
80   Sander, Hans-Joachim: Macht in Ohnmacht. 10.
81   Sander, Hans-Joachim: Macht in Ohnmacht. 10.
82   Vgl. McGinn, Bernard: Männer und Frauen der neuen Mystik [Die Mystik im Abendland, Bd. 3]. 30.

dem Lebensstils wohlhabender Bürger, dem Lebensstil des eigenen Standes, dar.

Die Abkehr dieser „Aussteiger-Bewegung"[83] von den die Ständegesellschaft bestimmenden Werten musste als Angriff verstanden werden.

Am deutlichsten wird dies wohl etwa im Blick auf Franziskus von Assisi, mit dem Bruch der Tabuisierung der Armen und Leprosen (bis hin zur Umarmung und zum Kuss)[84] und der gleichzeitigen Tabuisierung des Geldes, das jeder Minderbruder sofort von sich werfen sollte, wenn es ihm in die Hände kam.

> „Darum soll kein Bruder, wo er auch sein mag und wohin immer er geht, Geld oder Münzen auch nur irgendwie aufheben oder annehmen oder annehmen lassen, [...] nein, unter keinem Vorwand [...] denn Geld oder Münzen dürfen für uns keinen größeren Nutzen haben, und wir dürfen sie nicht höher schätzen als Steine.
>
> Und jene will der Teufel verblenden, die nach Geld verlangen oder es für wertvoller als Steine halten. [...] Wenn wir irgendwo Münzen finden sollten, wollen wir uns um sie nicht anders kümmern als um

---

83 Vgl. Kreiml, Josef: Thomas von Aquin, der allgemeine Lehrer der Christen heit – Seine Synthese von evangelischer Radikalität und aristotelischer Weltbejahung. in: KlBl 87 (2007), 66f.:
„Die Armutsbewegung kann als eine Art von städtischer Jugendbewegung bezeichnet werden, als eine Anti-Bewegung, kritisch gerichtet gegen die kompakte Weltlichkeit eines sich politisch und wirtschaftlich in der Welt einrichtenden Christentums".

84 Vgl. hierzu Berg, Dieter: Armut und Geschichte. 27:
Franziskus demonstriere durch den Friedenskuss mit dem Aussätzigen „sowohl seine Solidarität mit einer depravierten Gesellschaftsgruppe als auch sein Bestreben, für seine Person auf die Nichtexistenz von restriktiven Grenzlinien zwischen verschiedenen gesellschaftlichen Gruppen hinzu weisen. Dieses Bemühen, soziale Trennwände zu ignorieren und in Gemeinschaft mit jedem Mitmenschen ohne Rücksicht auf seine soziale Herkunft in der Nachfolge Christi zu leben, blieb [...] ein zentrales Anliegen". Besonders deutlich werde die Neudefinition des Verhältnisses zu gesellschaftlichen Randgruppen in der Forderung, „mit Armen, Kranken und Aussätzigen zu verkehren und jedermann, ob Freund oder Feind, Dieb oder Räuber, gütig aufzunehmen" (a. a. O., 30).

den Staub, den wir mit Füßen treten, denn ‚sie sind die Eitelkeit der Eitelkeiten, und alles ist Eitelkeit'."[85]

Der Protest der Solidarisierung mit den Armen, die gesellschaftlich und kirchlich marginalisiert sind, und die „Flucht vor dem Reichtum und vor der gesellschaftlichen Stellung in die Armut und in eine von der Gesellschaft verachtete Lebensweise"[86] zog Spott und Verachtung der reich gewordenen städtischen Bevölkerung, der saturierten adligen Gesellschaft und des höheren Klerus auf sich. Ein Protest war das „apostolische Leben" auch und vor allem gegen die Verflachung des Anspruchs des Evangeliums innerhalb der Kirche.

Die Armutsbewegung „hat ihre Polemik zuerst nicht gegen wirtschaftliche, sondern gegen kirchliche Erscheinungen gerichtet, der innere Widerspruch zwischen der Lebensweise des Klerus und den Forderungen der Evangelien ist der erste Anstoß ihrer Entfaltung"[87]. Allerdings muss auch hier betont werden, dass es nicht in erster Linie um einen Protest gegen den Reichtum der anderen ging, sondern dass die „apostolischen Männer und Frauen" sich ihrem eigenen Reichtum entzogen um des religiösen Ideals willen, das freiwillige Armut – als radikale Distanzierung von „unrecht erworbenem Gut" – verlangt.[88]

Kennzeichnend für diese Art des Protests war also nicht zuerst die Erarbeitung alternativer Gesellschaftskonzepte[89], wenn auch das entschiedene Leben in einer durch den Anspruch des Evangeliums gestalteten „alternativen Welt"[90] sein Ziel war, ein Perspektiven-

85 Franziskus: NbR 8,3—4.
86 Grundmann, Herbert: Religiöse Bewegungen im Mittelalter. 195f.
87 Grundmann, Herbert: Religiöse Bewegungen im Mittelalter. 197.
88 Vgl. Grundmann, Herbert: Religiöse Bewegungen im Mittelalter. 196.
89 Vgl. Mollat, Michel: Die Armen im Mittelalter. 108:
    „Franziskus und Dominikus betrachteten den Armen als lebendiges Wesen, die Armut als konkretes Faktum; sie schlossen sich keiner theoretischen Konzeption an, vielmehr wollten sie die Lebensweise der Armen wirklich teilen".
90 In diesem Sinn ging es in der kirchlichen Auseinandersetzung dann weniger um die Möglichkeit einer je persönlichen Entscheidung zum Leben in evangeliumsgemäßer Armut – diese war im Sinn eines „Bußlebens" des

wechsel also, angeregt durch den Blick auf die Armen und ihre „erbärmliche", ihre nach Erbarmen rufende Marginalisierung. Es war die Glaubwürdigkeit des Evangeliums, die auf dem Spiel stand. Der ungerechte Reichtum der Kirche verschloss den Armen den Zugang zur an sie gerichteten Heilsbotschaft.

Dieser Zusammenhang ist besonders deutlich sichtbar mit Blick auf die Gründung der Gemeinschaft des „Ordo praedicatorum" und seiner Konzentration auf die Glaubwürdigkeit der Predigt in der Auseinandersetzung mit der Katharerbewegung in Südfrankreich. Das Bemühen um Übereinstimmung von Verkündigung und eigener Lebenspraxis, das Ideal der „Predigt der Frohen Botschaft des Herrn, ,verbo et exemplo'"[91] erforderte ein Leben auf Augenhöhe mit den Armen[92]:

„Die Bereitschaft, die Not, das Elend, die Enttäuschungen der Armen zu teilen, verlieh der von Dominikus verkündeten […] frohen Botschaft Glaubwürdigkeit" – das „Idealziel der Katharerbewegung, dem Armen als dem Abbild des erniedrigten Christus gleich zu werden", besaß für ihn „eine unwiderstehliche Anziehungskraft"[93].

In einer Gesellschaft, in der das Geld die Macht derjenigen, die es besaßen, immer mehr anwachsen ließ, während jene, die es nicht besaßen, immer weniger geachtet wurden, übernahmen die Männer und Frauen der Armutsbewegung die Aufgabe, den Menschen den persönlichen Wert und die Heiligung der Armen durch das Vorbild Christi zu verkünden.

Einzelnen immer geachtet. Mit Blick auf den Armutsstreit des Spätmittelalters stellt Dietmar Mieth zusammenfassend fest: „Dort ging es ja um die Frage nicht persönlicher Armut, sondern struktureller Armut. Inwieweit eine Bewegung strukturell arm sein darf, d. h. auch als Kollektiv nichts besitzen darf. Diese radikale strukturelle Armut konnte sich in der Kirche nicht durchsetzen." Dies liege laut Mieth an einer dagegen stehenden und nicht zu ignorierenden „Tradition institutioneller Radikalität, d. h. Radikalität der Selbstbehauptung der Institution Kirche".
Vgl. hierzu Mieth, Dietmar: Gotteserfahrung – Weltverantwortung. 22f.

91   Vgl. Wolter, Hans: Die Bettelorden. 220.
92   Vgl. hierzu etwa Engel, Ulrich: Predigt „von unten" – Zum Charisma dominikanischer Spiritualität.
93   Zum letzten Abschnitt vgl. Mollat, Michel: Die Armen im Mittelalter. 109.

Die Armutsbewegung erweist sich so als kirchliche Reformbewegung mit zwei Stoßrichtungen, als radikaler Versuch der Verwirklichung eines evangeliumsgemäßen Lebens in Heilszusage für die Armen und erst im zweiten Schritt als Ruf zur Umkehr und Buße für die Reichen und Wohlhabenden.

Wenn betont wurde, die Armutsbewegung sei keine Sozialbewegung im eigentlichen Sinne, heißt das demnach nicht, dass sie nicht entsprechende Implikationen mit sich brachte, die allerdings aus dem Evangelium selbst erwachsen.

Der Protest etwa der Bettelorden richtete sich sehr konkret „gegen die Willkür der Grundherren, die Ungerechtigkeit der Richter, die unnachsichtige Härte der Kaufleute und Spekulanten, gegen Hass und Neid in den Familien, in den Städten und zwischen den Völkern. Das Übel, das sie bekämpften, hieß Geiz, Hochmut und Gewalt"[94].

An die Seite der „Werke der Barmherzigkeit" gegenüber den Armen tritt als Kehrseite die Einforderung der Gerechtigkeit zwischen den Menschen, „die von Natur aus gleich und alle von Christus erlöst sind", und daher alle denselben Anspruch auf das „ursprünglich gemeinsame Erbe" haben.[95]

Das Lebensideal der realen, freiwillig gewählten Armut verwirklicht sich in vielfältigen Facetten:

• In der Freiheit von der Macht des Überflusses, in der Freiheit von der Bindung an Vergängliches.
• In der weitmöglichsten Verweigerung gegenüber einem Gesellschaftsgefüge, in dem Menschen vom Elend und der Armut anderer profitieren, in der Abscheu vor dem „unrecht erworbenen Gut".
• Im persönlichen und gemeinschaftlichen Leben gegen die zerstörerische Versuchung von Geiz, Hochmut und Gewaltanwendung.
• Darin, nicht nur materiell arm zu sein. „Arm sein" bedeutet immer auch machtlos zu sein, der Willkür, Gnade oder Unbill aller anderen ausgesetzt zu sein.

---

94   Mollat, Michel: Die Armen im Mittelalter. 109.
95   Vgl. Mollat, Michel: Die Armen im Mittelalter. 109.

- So konzentriert sich das Lebensideal der Armut letztlich um den möglichst weitgehenden Verzicht auf aggressive Selbstbehauptung, um ein „Frei-Sein" in der Nachfolge des „armen, verschmähten, verlassenen, gekreuzigten Jesus".

In diesem Sinn wurde das „Arm-Sein" zum zwingenden Kennzeichen des „vollkommenen", d. h. evangeliumsgemäßen Lebens.

I.4.2.3. „Hochmütige Armut": Die Pervertierung des Armutsgedankens

Ein kurzer Blick soll gerichtet werden auf die Auseinandersetzungen, die im ausgehenden 13. und beginnenden 14. Jahrhundert um das richtige Verständnis des oben beschriebenen Armutsideals geführt wurden.

Gerade der Wunsch, nach Vollkommenheit zu streben, Ernst zu machen mit der Nachfolge Jesu, wurde der Armutsbewegung zur „Falle" – das Streben nach Vollkommenheit, manchmal auch das nach außen getragene (Selbst-) Bewusstsein eigener Vollkommenheit und der Unvollkommenheit, die im institutionellen Gefüge der Kirche wie in der festen Ständeordnung der städtischen Gesellschaft nicht zu übersehen war, verführte leicht zu einem unbarmherzigen Hochmut. Auf Seiten der Armutsbewegung verband sich hier eine ernstzunehmende und berechtigte Kirchenkritik mit einem problematischen elitären Sendungsbewusstsein.

Wir können in diesem Zusammenhang von einer wirklichen Perversion des Armutsideals sprechen: Die Armut selbst erschien oftmals als einzig wahrer, Vollkommenheit erwirkender und garantierender „Besitz".

Vor diesem Hintergrund ist die Infragestellung der Existenzberechtigung der Bettelorden zu verstehen, die etwa die Auseinandersetzungen an der Pariser Universität seit dem letzten Viertel des 13. Jahrhunderts prägte.[96]

---

96 Im Rahmen dieses kursorischen Kapitels kann und soll hier nicht ausführlich auf die Hintergründe und Inhalte des Armutsstreits eingegangen werden. Ich begnüge mich hier mit einzelnen Hinweisen.

Der Vorwurf, der den Bettelorden gemacht wurde, war nicht neu: Aufgrund ihres bestimmenden Lebensideals und ihres Verständnisses evangeliumsgemäßer Vollkommenheit sei die Armutsbewegung dahin abgeglitten, sich selbst über die Neudefinition der Vollkommenheit eine herausgehobene Stellung im Ordo der Kirche anzumaßen, die die Würde und Autorität des „ordentlichen Amtes" in Frage stelle und untergrabe.

Dieser Vorwurf kann nicht einfach als unberechtigt abgetan werden. Wir haben bereits gesehen, dass die innere Grundbewegung des Armutsideals durchaus „systemkritischen Sprengstoff" bot und bis heute bietet.

In den Armutskontroversen stand nun das Bemühen – vor allem des Diözesanklerus –, die Armutsbewegung, genauer die Bettelorden „wieder in den bestehenden kirchlichen Ordo einzufügen" (das hieß konkret, ihre Existenzberechtigung zu verneinen und sie zu verbieten), dem der Vertreter der Bettelorden gegenüber, die darum rangen, – ohne grundsätzliche Infragestellung des hierarchischen Systems der Kirche – innerhalb ihres Ordo den eigenen Sonderweg verständlich zu machen, ihn zu begründen und somit seine Berechtigung und Existenz zu sichern.

Dass diese Auseinandersetzung nicht nur die Bettelorden betraf, sondern mit ihnen auch andere Gruppen und Gemeinschaften der Armutsbewegung zeigt etwa die Verurteilung der Lebensform der Beginen in den Dokumenten des Konzils von Vienne (1311)[97]:

Zum näheren Verständnis vgl. Horst, Ulrich: Evangelische Armut und Kirche.

97 Mit Martina Wehrli-Johns ist hier zu berücksichtigen, dass es sich bei dem folgenden Dokument um ein nach-konziliares Dokument handelt, das den Konzilsakten erst später, unter Johannes XXII. hinzugefügt wurde. Das Konzil selbst beschäftigte sich mit Irrtümern, die den (männlichen) Begharden zur Last gelegt wurden. Erst die Überarbeitung der Konzilsdokumente, ihre Ergänzung des Dekrets „Ad nostrum" durch das zweite, „Cum de quibusdam mulieribus", und ihre Veröffentlichung in den Clementinen durch Papst Johannes XXII. (1317) lenkte den Blick ausdrücklich auf die (weiblichen) Beginen. Beginen und Begharden wurden ab diesem Zeitpunkt gemeinsam als Anhänger der „Häresie des freien Geistes" verdächtigt.

„Das Konzil hat von der Lebensweise gewisser Frauen, Beginen genannt, Kenntnis erhalten,

die

ohne Gelübde und Profess auf eine approbierte Regel zusammenleben,

*[die als wirtschaftlich und religiös selbständige (!) Frauen und Frau-
enkommunitäten „nicht so wie die anderen Christen" leben, die sich
– ohne approbierte Regel – der kirchenamtlichen Kontrolle entziehen,]*
den Ordenshabit tragen

*[,sich also eine herausgehobene Stellung im Gefüge der Kirche an-
maßen,]*

und gewissen Religiosen in auffälliger Neigung anhangen

*[d. h. die Pfarrei und den dortigen Klerus meiden, ihm das Recht zur
geistlichen Leitung absprechen, ihm die finanzielle Unterstützung
entziehen, und statt dessen die Nähe der Bettelorden-Konvente su-
chen].*

Diese Lebensweise wird für immer verboten, da nach vorliegenden
Berichten solche Leute für verdächtig gelten müssen.

Den Anhängern dieser Sekte wird unter Strafe der sofort eintretenden Exkommunikation befohlen,

ihre bisherige Lebensweise ganz aufzugeben

und wieder wie die anderen Christen zu leben!"[98]

Die Auseinandersetzung um das Armutsideal, seine institutionellen
Verwirklichungen und die Schwierigkeiten der Verhältnisbestim-
mung zwischen dem traditionellen Ordo der Kirche und den An-
hängerinnen und Anhängern des „neuen Weges" der freiwillig ge-
wählten Armut soll hier nicht weiter verfolgt werden.
Wir wollen es in unserem Zusammenhang mit diesem verkürzenden
Blick auf die komplexen Realitäten genügen lassen.
Von Interesse ist jedoch abschließend die deutliche Verknüpfung der
Auseinandersetzungen um evangeliumsgemäße Vollkommenheit
und die persönliche wie institutionelle freiwillige Armut mit der
Machtfrage innerhalb der Kirche, der Vorwurf gegenüber den Ver-

---

Vgl. hierzu Wehrli-Johns, Martina: Mystik und Inquisition. S. 224f.
98 Aus dem Dekret „Cum de quibusdam mulieribus". Vgl. Müller Ewald: Das
Konzil von Vienne. 582. [Kursive Ergänzungen in Klammern: E.F.].

tretern und Vertreterinnen der Armutsbewegung, dass ihr Lebensideal „in letzter Konsequenz dazu führe, dass die vollkommenen Armen die Stelle der rechtmäßigen Amtsinhaber der Kirche einnehmen würden und so die kirchliche Verfassung zerstört würde"[99].

Die Armutsbewegung wurde nicht aufgrund ihres Armutsverständnisses, sondern aufgrund der institutionellen Infragestellungen, die konsequent aus der Grundbewegung dieses Lebensideals folgten, innerhalb der Kirche zur „Gefahr"[100]:

Akzeptiert man die Behauptungen, Christus und die Apostel hätten nichts persönlich und gemeinsam besessen, oder sie hätten lediglich den *usus facti* gehabt, dann „gerieten Vollmacht und Autorität des Papstes und der Bischöfe ins Wanken, denn dann wären sie keine wirklichen Apostelnachfolger. Sie hätten in einem wesentlichen Punkt das Vorbild des Lebens Christi preisgegeben"[101].

I.4.2.4. Der dominikanische Weg: Die vernünftige Ordnung

Unter der so beschriebenen Perspektive ist auch der profilierte Weg zu verstehen, den Dominikus und seine Gemeinschaft innerhalb der Armutsbewegung beschritten, und der sie in Konflikt mit den Vertretern der franziskanischen Gemeinschaften in den universitären Auseinandersetzungen brachte:

Schon Dominikus schloss sich letztlich nicht in solcher Radikalität den drei „kapitalen Forderungen" der flexiblen Gruppen evangelischer Prediger (etwa Waldes, Durandus von Osca, Bernard Prim,

---

99 Vgl. Wehrli-Johns, Martina: Mystik und Inquisition. 245.

100 Die Armutsbewegung in diesem Sinn als „Gefahr" für die Kirche zu bezeichnen, soll hier nicht negativ wertend verstanden werden. Sie brachte in ihrer Radikalität neue Fragen mit sich, sie stellte das herrschende Gefüge von einem sehr grundsätzlichen Blickwinkel und Anspruch in Frage.
Vgl. hierzu ergänzend die Ausführungen über „Radikalität – Bruch oder Revitalisierung der Tradition" bei Mieth, Dietmar: Gotteserfahrung – Weltverantwortung. 11–26. besonders 22f.

101 Vgl. Horst, Ulrich: Evangelische Armut und Kirche. 209.
Weiterführend zu diesem Punkt vgl. die Ausführungen zum Gutachten des Durandus de S. Porciano im Armutsstreit unter Johannes XXII: Horst, Ulrich, a. a. O., 207–213.

Franziskus) an, die diesen direkt aus dem Text des Evangeliums zu erwachsen schienen und ihren Willen, das Evangelium zu leben und auszustrahlen begleiteten – Marie-Humbert Vicaire fasst sie knapp unter den Stichworten: „Keinerlei Vorgesetzte, kein eigenes Haus, keine gesicherten Einkünfte".[102]

Dagegen erscheine die Gründung des Dominikus von Anfang an „klar befehligt, mit eigener Unterkunft und Einkünften ausgestattet".[103]

Auch wenn Vicaire in dieser Beurteilung nicht in allen Punkten vorbehaltlos zu folgen ist, etwa bei der Frage nach der „klaren Befehligung" innerhalb der dominikanischen Gemeinschaft[104] zumindest Ergänzungen und Modifikationen notwendig sind, so wird doch etwas Entscheidendes sichtbar:

Die idealisierte Armut, die wie oben angedeutet ein Doppelgesicht trägt, die ihre eigenen Versuchungen und Gefährdungen mit sich bringt, sie erscheint bei Dominikus und seiner Gemeinschaft nie als absoluter Wert in sich. Das Ideal „evangeliumsgemäßer Armut" wird stattdessen innerhalb einer Gesamtordnung christlichen Lebens eingeordnet und so relativiert.

---

102 Vgl. Vicaire, Marie-Humbert: Dominikus. 270.

103 Vicaire, Marie-Humbert: Dominikus. 270.

104 Otto Hermann Pesch etwa verweist darauf, in welchem Maß „der allgemeine städtisch-emanzipatorische Trend" sich in der Struktur des Dominikanerordens widerspiegelt:
„Die Dominikanerkonvente sind demokratisch organisiert. Sie wählen ihre Hausoberen auf Zeit, sind flexibel und mobil, die Konvente sind daher in einer übergeordneten Einheit der ‚Provinzen' unter der Leitung eines wiederum auf Zeit gewählten Provinzialoberen zusammengeschlossen, der von Konvent zu Konvent innerhalb der Provinz je nach den sich stellenden Aufgaben die Ordensmitglieder versetzen kann [...]. Die Repräsentanten der Provinzen wiederum treten alle zwei Jahre zum ‚Generalkapitel' zusammen und planen unter Leitung des gewählten ‚Magister Generalis' die zukünftigen Aufgaben"; vgl. Pesch, Otto Hermann: Thomas von Aquin. 71. Für ein differenziertes Bild vgl. die Beiträge in den Sammelbänden Eggensperger, Thomas/Engel, Ulrich (Hrsg.): Wahrheit – Recherchen zwischen Hochscholastik und Postmoderne. / Engel, Ulrich (Hrsg.): Dominikanische Spiritualität. / Peters, Tiemo Rainer: Spirituelle Dialektik.

Allein die Nachfolgepraxis, der Wunsch „das Wort Gottes zu verkünden, [...] das Evangelium den fernsten Völkern zu bringen"[105], begründet den Wert der Armut, weist ihr ihren Rang zu. Es ging Dominikus zentral darum, alles, was er um dieses Ziels willen tat, „mit mehr Glut denn je" zu tun, „[...] nach dem Beispiel des liebenden Meisters, sich in aller Demut zu zeigen, ohne Gold und Silber zu Fuß zu gehen, kurz, in allen Stücken das Vorbild (forma) der Apostel nachzuahmen"[106].

Im Mittelpunkt stand letztlich das „Sehnen nach der vollkommenen Gleichgestaltung mit Christus"[107] – die evangelische Armut ist dabei zu deuten als Weg, als dienliches Mittel zu dieser Vollkommenheit hin, nicht als Vollkommenheit selbst.[108]

In diesem Sinn zogen die Dominikaner innerhalb der Armutsbewegung eine sich gegenüber anderen Gruppen unterscheidende Konsequenz aus dem Anspruch des Evangeliums „Verkauf alles, was du hast [...] und dann folge mir nach!" – ein eindeutiger Akzent wurde auf den zweiten Teil, den Weg der Nachfolge gesetzt.

Dass die Armut in diesem Sinn *relativiert* – in Relation zu einem höhergeordneten Ziel betrachtet wird, darf jedoch wiederum nicht dahingehend überspitzt werden, als wäre sie einfach ein Hilfsmittel unter mehreren, gleichwertigen anderen. So betont etwa Thomas von Aquin sehr eindringlich, wie sehr die Kenntnis der Heiligen Schrift gerade Sache der „Armen Christi" ist: „Solche Kenntnis kann man nicht mit den ‚Reichtümern dieser Welt' haben".[109]

---

105 Vgl. Vicaire, Marie-Humbert: Dominikus. 268.
106 Zit. bei Vicaire, Marie-Humbert: Dominikus. 270.
107 Vgl. Vicaire, Marie-Humbert: Dominikus. 269.
108 Vgl. Horst, Ulrich: Evangelische Armut und Kirche. 35f:
„Wer kraft der Gelübde der Sünde und der Welt stirbt, macht sich frei für den Dienst gegenüber Gott und bringt ihm ein Ganzopfer dar." [...] Die Zurückführung des Ordensstandes auf dieses Zentrum „schließt eine wichtige Konsequenz ein: Alle sonstigen Verpflichtungen und Übungen sind nur ‚Hilfen' (adminicula), die negativ oder positiv, abwehrend oder unterstützend, zur Erreichung des Ziels beitragen".
109 Vgl. Horst, Ulrich: Evangelische Armut und Kirche. 36f.
So hebt U. Horst an dieser Stelle hervor, dass es laut Thomas namentlich den Religiosen, die sich der Armut verschrieben haben, zukommt, innerhalb der Kirche ein Lehramt auszuüben. Er zitiert in diesem Zusammenhang (a. a. O.; Anm. 5) Thomas von Aquin, Contra impugnantes, c2 §3 A58:

Das Bemühen der dominikanischen Tradition, sich in den Auseinandersetzungen um Wert und Rang der evangelischen Armut zu positionieren, betont ein nicht auflösbares Spannungsverhältnis zwischen der „vollkommenen Beobachtung" der Forderungen des Evangeliums unter gleichzeitiger Abweisung eines „irrealen Radikalismus"[110].

Die gelebte Armut (nicht nur eine „Gesinnung der Armut", zu der alle Christen verpflichtet sind, sondern die tatsächlich geübte Form, die durch Preisgabe des Besitzes gekennzeichnet ist) ist und bleibt damit eine wesentliche Voraussetzung sowohl des persönlichen geistig-intellektuellen Lebens als auch der Seelsorge und Verkündigung. Gleichzeitig darf sie als Mittel nicht an die Stelle des Ziels gesetzt werden:

Die Vollkommenheit des Lebens kommt „‚mehr' in der ‚inneren Gerechtigkeit' zum Ausdruck als in der ‚äußeren Enthaltsamkeit'" – so fasst Ulrich Horst mit Blick auf Thomas von Aquin das entscheidende theologische Grundprinzip zusammen.[111]

Besondere Aufmerksamkeit verdient hierbei, auch um den Blick auf die Konzeption Meister Eckharts vorzubereiten, die Frage nach der Bedeutung der „inneren Gerechtigkeit" als „Disposition für die höchste Vollkommenheit"[112].

Mit Blick auf die Armutskontroversen des 13. und beginnenden 14. Jahrhunderts ist hierbei eindeutig, dass es bei der Frage nach der „Gerechtigkeit" nicht in erster Linie um das geht, was wir heute als Forderung nach „sozialer Gerechtigkeit" bezeichnen, wenn auch die sozialen Herausforderungen eine durchaus bedeutende Rolle spielen, wie etwa in der Auseinandersetzung mit Fragen nach dem „gerechten Lohn", dem Wucher, der Habgier, der Schuldabhängigkeit,

---

„Item, pauperibus Christi maxime competit notitiam Scripturam habere. […] Eis autem competit docere qui notitiam habent Scripturam; ergo religiosis qui paupertatem profitentur maxime competit docere".
110 Vgl. Horst, Ulrich: Evangelische Armut und Kirche. 40.
111 Vgl. Horst, Ulrich: Evangelische Armut und Kirche. 36.
112 Vgl. Horst, Ulrich: Evangelische Armut und Kirche. 47.

der Korrespondenz zwischen Not der Armen und Überfluss der Reichen.[113]

Die „Antwort" auf solche Einzelfragen wird jedoch zurückgebunden an ein umfassendes Konzept von „Gerechtigkeit", dass aus zwei Quellen gespeist wird: Neben dem Evangelium und seiner Forderung nach einer konsequenten solidarischen Lebensweise mit dem Blick auf die Gottebenbildlichkeit des Menschen, seine daraus resultierende Würde, sein Recht auf Gleichheit, rückt die Frage nach dem „vernunftgemäßen Gebrauch des Irdischen und Körperlichen, nach dem richtigen Verhältnis des Menschen zur Realität der Welt"[114] in den Vordergrund.

Die Forderung nach „evangelischer Armut" lässt sich nur verwirklichen unter Rückbindung an die so gefasste Definition von „Gerechtigkeit" in ihrem weiten Sinn, nämlich eines Lebens, das den vernunftgemäßen, dem Wesen des Menschen und seiner Verwiesenheit und Hinordnung auf Gott zugeordneten Gebrauch der Dinge zum Ziel hat.

Die Herausforderung, wie sie mit Blick auf die Armutskontroversen sichtbar wird, liegt also in der Frage nach einer „Gesamt-Lebens-Form" der Nachfolge, die unter dem Begriff der „Gerechtigkeit" gefasst wird, eines Begriffes, dessen „Inhalt den gesamten Ordo des Seins und Wirkens umschließt"[115].

---

113 Welch großen Stellenwert trotz aller hier im Gesamtzusammenhang gemachter Einschränkungen diese „praktischen Fragen" hatten, wird ersichtlich mit Blick auf den 18. Band der Deutschen Thomas-Ausgabe. Thomas von Aquin widmet den Fragen nach „Recht und Gerechtigkeit" die ausführlichen Quaestiones 57–79 der STh II-II.
Vgl. Thomas de Aquino: Recht und Gerechtigkeit.
114 Vgl. Horst, Ulrich: Evangelische Armut und Kirche. 47.
115 Vgl. Fischer, Heribert: Grundgedanken. 43f.

I.4.3. Der „Augenblick der Gefahr"

Nach diesem ersten Blick auf die Person und Biographie Meister Eckharts und den sein Leben prägenden Kontext der spätmittelalterlichen Armutsbewegung soll an dieser Stelle eine erste „Ertragsammlung" für die Fragestellung der vorliegenden Arbeit versucht werden.

Es geht hierbei darum, den Blick zu lenken auf den „Augenblick der Gefahr", in dem Eckhart lebte und lehrte, um dann einzelne Fragestellungen zu sichern, die die perspektivische Lektüre seiner Werke begleiten werden.

I.4.3.1. „Politische Eckhart Rezeption"
nach der kirchlichen Verurteilung

Innerhalb der Kirche und innerhalb der Gemeinschaft der Dominikaner wurde Eckhart nicht ausschließlich wegen seiner kühnen Gedanken als „Gefahr" betrachtet, sondern zumindest auch wegen der praktischen Konsequenzen seiner „neuen und selten gehörten Lehren", wegen der Gefahr, dass aus den „über den Samen der Wahrheit gesäten Unkräutern Schösslinge verderblichen Keimes aufwachsen"[116] würden, wie es die päpstliche Verurteilungsbulle benennt, dass aus seiner Theologie „lebenspraktische" Konsequenzen erwachsen, die in Konflikt geraten mit dem Ordnungsgefüge von Kirche und Gesellschaft, wie es als sogenannte „göttliche Ordnung" die politische Lebenswirklichkeit prägte.

An dieser Stelle ist es im Rahmen der vorliegenden Arbeit nur möglich, kurze Hinweise zu geben, die – trotz der Kürze und Unvollständigkeit – deutlich machen können, dass Eckharts Schriften bereits im 14. Jahrhundert in diesem Sinn als „politisch" bedenklich betrachtet wurden.

Bereits im Umfeld des Eckhart-Prozesses beschäftigen sich die dominikanischen Generalkapitel von 1325 (Venedig) und 1328 (Tou-

---

116 Bulle „In agro dominico". Acta Echardiana 65: LW V 596—600. hier 597.
   Vgl. die deutsche Übersetzung bei Quint, Josef: Meister Eckhart – Predigten und Traktate. 449.

louse) mit der „Gefahr der Irreführung ungebildeter Gläubiger durch volkssprachige Predigten in der Provinz Teutonia". Dabei wird die Person Eckharts und der gegen ihn angestrengte Inquisitionsprozess nicht ausdrücklich thematisiert – es ging den Generalkapiteln offensichtlich um die Klärung einer einheitlichen Linie, auf deren Basis die Gemeinschaft mit dem für sie nicht ungefährlichen Themenkomplex der öffentlichen Positionierung in den Auseinandersetzungen um „freigeistige" Bewegungen, um die theologische Schulung von Laien durch die Predigt umgehen konnte.

Die Angriffe gegen Eckhart (und gleichzeitig gegen Nikolaus von Straßburg und eine Reihe anderer Mitbrüder, die Eckharts Grundanliegen teilten bzw. in die Auseinandersetzung um seine Positionen hineingezogen wurden) mögen dabei als warnendes Beispiel im Hintergrund gestanden haben.

Während das Generalkapitel von 1325 lediglich vor den möglichen Gefahren volkssprachiger Predigten warnt, wird 1328 mit einem Erlass, der sich in erster Linie an die Lektoren richtet, in aller Schärfe und unter Androhung schwerer Strafen das Verbot ausgesprochen, schwierige theologische Themen in volkssprachigen Predigten zu behandeln. Dabei wird auf das schlechte Vorbild von Mitbrüdern verwiesen, die „das Wagnis unternehmen, in Predigten vor dem Volk gewisse (theologische) Scharfsinnigkeiten zu behandeln"[117]. Die zeitgeschichtliche Verbindung dieses Verbotes mit dem Eckhart-Prozess scheint unverkennbar, auch wenn in den Beschlüssen auch hier nirgends ausdrücklich auf Eckhart Bezug genommen wird.[118] Von Interesse ist hierbei die für das strikte Verbot genannte Begründung.

Neben und vor der Warnung, dass das Volk „leicht zum Irrtum verführt" werden könne, dass sich also in Fragen der Glaubenslehre fal-

---

117 Die Akten des Generalkapitels sprechen von Mitbrüdern, die „[…] in predicacionibus ad populum conantur tractare quedam subtilia, que non solum ad mores non proficiunt, quinimo facilius ducunt populum in errorem […]". Acta Echardiana 63. LW V 594.

118 Ingeborg Degenhard weist darauf hin, dass „in seltener Einmütigkeit" Denifles Ansicht geteilt würde, dass der Orden mit seinen Bestimmungen von 1328 „vorzüglich die von dem meister inaugurierte predigtweise im auge" gehabt habe.
Vgl. Degenhardt, Ingeborg: Studien zum Wandel des Eckhartbildes. 31.

sche Meinungen verbreiten könnten, sieht das Generalkapitel die Gefahr auf der Seite der Konsequenzen der „theologischen Scharfsinnigkeiten" für die Lebensführung der Predigthörer und Predigthörerinnen.

Dieses „moralische Gefahr", die von Predigten, wie sie von Eckhart überliefert sind, ausgeht, ist zu suchen in den Vorwürfen, die etwa den Beginen gemacht wurden, die als „Anhängerinnen des Freien Geistes" verdächtigt wurden. Die Gefahr, vor der die dominikanischen Generalkapitel um eine angemessene Positionierung ringen, ist der „Gärungsprozess im Ordnungsgefüge der spätmittelalterlichen Kirche", die Frage nach der Stellung der Laien, besonders auch der Frauen in diesem Gefüge, nach der Bedeutung der Armut und dem Ideal der *vita apostolica*, dem evangeliumsgemäßen Weg der Nachfolge Christi.

Dass diese Sorge, die die Gemeinschaft der Dominikaner umtrieb, nicht unbegründet war, zeigt sich in der Rezeption Eckhartscher Gedanken in der „freigeistigen" Volksfrömmigkeit. Ingeborg Degenhardt spricht mit Blick auf die „Bewegung eines erstarkenden Laientums innerhalb der katholischen Kirche" von einer „gefährlichen Umdeutung und einem Missbrauch der Eckhartischen Gedanken durch die Anhänger der ‚falschen Mystik'" (sie subsummiert unter dieser Bezeichnung die Begarden, Beginen und Freigeister).[119] Sie verweist beispielhaft auf den um 1333 in Südholland entstandenen Traktat *Meester Eggaert en de onbekende leek*[120], einem fingierten Lehrgespräch zwischen Meister Eckhart und einem Laien, in dem es jedoch weniger um eine religiöse Diskussion oder religiöse Belehrung und Unterweisung des theologisch Ungebildeten geht – Thema und Stoßrichtung des Traktats ist die Frage nach dem „geistigen Mitspracherecht des Laien"[121], nach dem Anspruch des aufstreben-

---

119 Vgl. Degenhardt, Ingeborg: Studien zum Wandel des Eckhartbildes. 28f.
120 Hierzu ausführlich die Edition des Textes mit einleitenden Untersuchungen zu Inhalt und Überlieferung: Schweitzer, Franz Josef: Meister Eckhart und der Laie – Ein antihierarchischer Dialog des 14. Jahrhunderts aus den Niederlanden. [Quellen und Forschungen zur Geschichte des Dominikanerordens; NF]. Berlin 1997.
121 Vgl. Degenhardt, Ingeborg: Studien zum Wandel des Eckhartbildes. 29.

den Laientums gegenüber dem unglaubwürdig gewordenen, verweltlichten Klerus.

Stellvertretend übt der „ungebildete Laie" heftige Kritik an den Theologen, am Reichtum des Klerus, an der Ketzerverfolgung durch die Inquisition: Angesichts der Missstände in der Kirche „erscheint der Superioritätsanspruch des geistlichen Standes nicht mehr gerechtfertigt"[122] Meister Eckhart selbst wird in diesem kirchenkritischen Dialog nicht als Vertreter des heftig kritisierten Klerus angesehen. Der Laie „fühlt sich durchaus im Einverständnis mit dem berühmten Meister"[123], Eckhart erscheint vielmehr als Gewährsmann für die Richtigkeit der kritischen Anfragen gegenüber dem Erscheinungsbild der Kirche in ihren Amtsträgern.[124]

Dieser Ruf Eckharts, den der Traktat *Meester Eggaert en de onbekende leek* als positive Sichtweise verbreitete, brachte ihm von anderer Seite polemische Angriffe und Verunglimpfungen ein.

Jan van Ruusbroec etwa warnte – wenn auch ohne Namensnennung – vor einem *„valschen propheten"* und dem *„vermalendiden menschen"*,

---

122 Vgl. Degenhardt, Ingeborg: Studien zum Wandel des Eckhartbildes. 30.
123 Vgl. Degenhardt, Ingeborg: Studien zum Wandel des Eckhartbildes. 30.
124 Vgl. Schweitzer, Franz Josef: Meister Eckhart und der Laie. Einleitung, LXXVII—LXXVIII:
„[...] auch die innerdominikanischen Kontroversen, die [...] in Köln zur Denunziation Meister Eckharts führen, finden im Dialog einen Widerhall. Von zwei Geistlichen, die beide ausdrücklich als Ordensbrüder des ‚Meisters' vorgestellt werden, erweist sich der eine als erbitterter Feind der Beginen und Begarden, während der andere einem bestimmten ‚gutwilligen Laien' jedes Mitspracherecht und jedes tiefere Verständnis in geistlichen Dingen abspricht [...] Während des ganzen Gespräches ist nun andererseits ‚Eckhart' bemüht, im Gegensatz zu diesen Ordensbrüdern, dem ‚Laien' sehr wohl ein Mitspracherecht und eine tiefe mystische Erkenntnis einzuräumen. Vermeintliche Randgruppen wie Beginen und Begarden, Bauern und Handwerker, und überhaupt allen – offen und brutal, oder versteckt und subtil – unterdrückten ‚gutwilligen Laien' wird vom ‚Meister' dasselbe Mitspracherecht und dieselbe Erkenntnis zugestanden. Der ‚Meister' steht also, im Gegensatz zu den laienfeindlichen Ordensbrüdern, für eine laienfreundliche Richtung innerhalb des Ordens".

hinter dem mit hoher Wahrscheinlichkeit die Person Eckharts steht.[125]

Weiter ging Jan van Leeuwen, der „gute Koch von Groenendal", der „mit einigem Anspruch als Anwalt der heiligen Mutter Kirche" zu einem der heftigsten Gegner Meister Eckharts wurde: „Seine leidenschaftlichen Ausfälle und seine von Hass verzerrten Beschimpfungen sind nicht mehr zu überbieten"[126]. Ingeborg Degenhardt bezeichnet van Leeuwen als „das derbere Sprachrohr Ruusbroecs"[127].

In drei Schriften[128] beschäftigt er sich mit dem Fall Eckhart und kommt zu der Schlussfolgerung, Meister Eckhart sei ein „duvelijc mensche", ein teuflischer Mensch, ein ungläubiger Ketzer, der „im unbeugsamen Stolz gegenüber allen damals lebenden Gelehrten an seinen falschen Lehrmeinungen ebenso wie an seinen schlechten, teuflischen und häretischen Werken festgehalten" habe[129]. Leeuwen sieht darin den eindeutigen Beweis „für den Stolz, die Herrschsucht, Hoffart und maßlose Selbstüberschätzung dieses vom Teufel besessenen Mannes"[130].

Jan van Leeuwen ging es ausdrücklich um den Schutz des Laienpublikums vor den Lehren des Antichristen Eckhart, der sie letztlich der Kirche entfremde, sie zu Hochmut und Selbstüberschätzung anleite und so zum Ungehorsam gegenüber der rechtmäßigen kirchlichen Autorität verführe.

„Gott bewahre uns vor Eckharts falscher Lehre!
Lasst uns der heiligen Kirche unterworfen bleiben,
sonst ist die Hölle unser Lohn!"[131]

---

125 Vgl. Degenhardt, Ingeborg: Studien zum Wandel des Eckhartbildes. 35.
126 Vgl. Degenhardt, Ingeborg: Studien zum Wandel des Eckhartbildes. 36.
127 Vgl. Degenhardt, Ingeborg: Studien zum Wandel des Eckhartbildes. 44.
128 Boeken van Meester Eckaerts leere daer hi en doelde (vor 1355); Van vijfterhande bruederscap / Boek van vijf maniere broederliker minnen (1355) und Van den tien gheboden (1358).
129 Vgl. Degenhardt, Ingeborg: Studien zum Wandel des Eckhartbildes. 38.
130 Vgl. Degenhardt, Ingeborg: Studien zum Wandel des Eckhartbildes. 38.
131 Zit. nach Degenhardt, Ingeborg: Studien zum Wandel des Eckhartbildes. 40.

Ein „geistiger Exorzismus", der die Kehrseite der Eckhartrezeption bildet, neben der Bewunderung für seine Ermutigung der Laien im Gefüge der Kirche.

Innerhalb dieser Spannung, die der Prozess und die Rezeption der Werke Eckharts in „freigeistigen" und „kirchentreuen" Kreisen auslöste, war es für die dominikanische Gemeinschaft nicht leicht, eine ausgeglichene Position zu beziehen. So zeigt sich in der Zeit nach dem Prozess und der Verurteilung ausgewählter Lehrsätze das Bestreben, Person und Werk Eckharts von den missliebigen Folgen seiner Lehren zu trennen.

Ein für unseren Kontext interessantes Beispiel ist die Rezeption der Verurteilungsbulle „In agro dominico" durch den dominikanischen Geschichtsschreiber Heinrich von Herford. Dieser trat noch vor 1328 in den Konvent der Dominikaner in Soest ein.[132]

Er hat also mit hoher Wahrscheinlichkeit den Prozess gegen Meister Eckhart und die sich anschließenden Auseinandersetzungen innerhalb der dominikanischen Gemeinschaft mitverfolgt.

Für unseren Zusammenhang ist er von Interesse als Verfasser des „Liber de rebus et temporibus memoriabilioribus", einer Weltchronik, die die Geschichte bis zum Jahr 1355 beschreibt.[133]

Heinrich erwähnt in seinem Geschichtswerk die Person Eckharts und den Prozess gegen ihn nicht.

Er verweist jedoch auf eine päpstliche Verordnung gegen häretische Begarden und Beginen („Begardos hereticos et Beghinas predicantes") aus dem Jahr 1327[134], hinter der sich eindeutig und unzweifelhaft die Verurteilungsbulle gegen die irrigen Sätze aus den Werken Eckharts „verbirgt".

Auch hier wird also eine Verbindung zwischen Eckharts verurteilten Lehren und der Lebensform der Beginen, im Text Heinrichs exem-

---

132 Vgl. Berg, D.: Art. Heinrich von Herford.
133 Acta Echardiana, Appendix VII,1: LW V 608—609.
134 Acta Echardiana, Appendix VII,1: LW 608—609. hier: 608,1—3: „Item hoc anno Johannes papa constitutionem dedit, que incipit In agro dominico, contra singularia dubia, suspecta et temeraria propter Begardos hereticos et Beghinas predicantes".

plarisch ihre Praxis der Laienpredigt, hergestellt, und implizit letzte-re als Grund der Verurteilung der eckhartschen Lehrsätze benannt. Wie bereits im Dekret *Cum de quibusdam mulieribus* Johannes XXII., das vorbrachte, die Beginen lebten nicht „wie die anderen Christen", müssten daher grundsätzlich als verdächtig gelten und sollten daher ihre Lebensweise – unter Androhung sofortiger Exkommunikation – aufgeben, ist bei Heinrich von Herford die Rede von ihrem „abson-derlichen Leben" (sie seien *singularem vitam ducentes*)[135].

Es war also – in der Perspektive Heinrichs – wohl vor allem dieses „absonderliche Leben", zu dem Eckhart (der selbst ungenannt bleibt) bewusst oder unbewusst angeregt haben muss, das ihn und seine Theologie innerkirchlich in Verruf brachte.

Die dominikanische Überlieferungstradition unterschied nach der Verurteilung offensichtlich streng zwischen diesen „lebensprakti-schen Folgen" eckhartscher Gedanken im „Gärungsprozess im Ord-nungsgefüge der spätmittelalterlichen Kirche" und der Person Eck-harts selbst. Heinrich von Herford zumindest vermied jede genauere Zuordnung der durch *„In agro dominico"* verurteilten Lehren an ih-ren Autor und betrachtet sie als distanziert wahrzunehmen sowohl gegenüber der Person Eckharts als auch gegenüber der theologi-schen Lehre seiner Gemeinschaft.

Parallel zur Distanzierung der Dominkaner gegenüber den kirchen-kritischen Herausforderungen, die die „freigeistigen", predigenden Beginen mit sich brachten, wurde die Person Eckharts, wie andere Quellen erweisen, in hohem Ansehen gehalten.[136]

---

135 Acta Echardiana, Appendix VII,1: LW 608–609. hier: 609,48–50:
„Et innumera talia temeraria et enigmatica, propter ypocritas urtriusque sexus hereticaliter ob questum viventes et singularem vitam ducentes et consimilem vite, i. e. fucata, doctrinam querentes, quidam periculose pre-dicant.".

136 Umstritten blieb hierbei jedoch, wie weit man nach der Verurteilungsbulle *In agro dominico* mit der Hochschätzung und Diskussion der eckhartschen Thesen gehen durfte. Die offizielle „Linie" der dominkanischen Gemein-schaft war durch Vermeidung der „gefährlichen" Themenkomplexe ge-prägt, ausdrückliche Verteidiger der Person und Lehren Eckharts wurden (wie etwa am Beispiel Heinrich Seuses sichtbar) ihrer Ämter enthoben und so „ruhiggestellt".

So erscheint Meister Eckhart noch im 1466 verfassten *„Liber de viris illustribus ordinis praedicatorum"*, einem Verzeichnis von 229 herausragenden Mitgliedern des Dominikanerordens, die sich durch Heiligkeit, Gelehrsamkeit, kirchliche Würden, besonderen Reformeifer oder frommen Lebenswandel auszeichneten.

Wider Erwarten taucht Eckhart jedoch nicht im Kapitel der Ordensgelehrten auf, sondern im ersten Kapitel unter den Personen, die durch Heiligkeit und Wunder glänzten: Die Rede ist dort von „Eckhardus Theutonicus, magister in theologia, homo doctus et sanctus"[137].

Diese Einordnung Eckharts unter die „großen Ahnherren und Leitbilder aus der Glanzzeit des Ordo Praedicatorum"[138] ist noch deutlicher formuliert in der Chronik des Georg Epp[139], er rühmt Eckharts Gelehrsamkeit, die Reinheit seines Lebenswandels, seine schlagferti-

Demgegenüber steht ein „Kreis von deutschen Dominikanern [...], der sich um das Vermächtnis des verstorbenen Meisters [Eckhart] jahrzehntelang intensiv bemühte".
Vgl. hierzu Sturlese, Loris: Homo divinus. 131f.
Die Eckhartisten "verzichteten [...] darauf, autonome philosophische Texte hervorzubringen, und sie stellten ihre ganzen Energien in den Dienst der Verteidigung des Andenkens ihres Meisters und der Verbreitung seiner Werke und seiner Lehre. Sie wurden [...] toleriert und durften ihre Tätigkeit in Köln ausüben, im Schatten des Studium generale [...] Sie stellten wahrscheinlich auch den Kern einer breiteren Meinungsbewegung dar, die die Reformbestrebungen Eckharts mit Sympathie gesehen hatte": Sturlese, Loris: Homo divinus. 133.
Zu diesem gesamten Komplex vgl. ausführlich neben Trusen, Winfried: Der Prozeß gegen Meister Eckhart. die bei Sturlese, Loris: Homo divinus. gesammelten Aufsätze:
„Meister Eckharts Weiterwirken. Versuch einer Bilanz" (a. a. O., 107—118);
„Die Kölner Eckhartisten – Das Studium generale der deutschen Dominikaner und die Verurteilung der Thesen Meister Eckharts" (a. a. O., 119—135) und „Der Prokloskommentar Bertholds von Moosburg und die philosophischen Probleme der nacheckhartschen Zeit" (a. a. O., 137—154).

137 Vgl. Acta Echardiana 61: LW V 592—593. hier 593,11.
138 Vgl. Degenhardt, Ingeborg: Studien zum Wandel des Eckhartbildes. 74.
139 G. Eppe: De illustribus viris ac sanctimonialibus sacri Ordinis Praedicatorum. Basel 1506.

ge Rednergabe, „so dass dieser zu seinen Lebzeiten nicht seinesgleichen unter den Lehrern der Kirche gehabt habe".[140]
Das Bild Eckharts, das uns in der Zeit nach seiner Verurteilung vor Augen gestellt wird, ist also in auffälliger Weise schillernd, widersprüchlich. Es bewegt sich zwischen unvereinbaren Extrempositionen: Meister Eckhart, der „liebreiche Meister" und vom Teufel besessene Antichrist, teuflischer Ketzer, Freigeist und „heiliger Lehrer der Kirche", stolz, herrschsüchtig und in maßloser Selbstüberschätzung gefangen, von unzweifelhafter Reinheit des Lebenswandels. Die jeweilige Positionierung hängt dabei auch ab von der Stellung, die der Einzelne innerhalb des Fragenkomplexes um die Bewertung des Lebensentwurfs der *vita apostolica* bezog, der vor allem mit Blick auf die Laien – und nochmals akzentuiert in Hinsicht auf die *beghinas praedicantes*, die unerlaubt predigenden Frauen – der Kirche zur Herausforderung und „Gefahr" wurde.

I.4.3.2. Die perspektivische Lektüre der Werke Meister Eckharts als „Frucht der spätmittelalterlichen Armutsbewegung"

Abschließend sollen hier noch einmal die Einzelfragestellungen zusammengetragen werden, die sich aus dem Blick auf die Person Eckharts, auf die Armutsbewegung des Spätmittelalters und die frühe Eckhart-Rezeption ergeben, und die so eine thematische Orientierung bieten für die angestrebte Relektüre der Werke Eckharts im folgenden zweiten Hauptteil der Arbeit.

---

140 Vgl. Degenhardt, Ingeborg: Studien zum Wandel des Eckhartbildes. 74f.:
„Eckhardus teutonicus: magister in sacra theologia divinis eruditionibus eruditus: vita purissimus atque ad christianam doctrinam et philosophiam clarus et peritus: expeditus doctor ecclesiae incomparabilis suo tempore fuit: qui etiam eruditione fidei, conversatione et moribus insignis erat. Hic felix doctor post transitum suum apparuit beato fratri Henrico compilatori divini horologii aeternae sapientiae, dicens se esse in conspectu sanctae trinitatis aeternaliter victurum".
Dieser Text aus Epps Chronik wird auch zitiert bei Friedrich Steill. Vgl. Acta Echardiana, Appendix VII,7: LW V; 616–617.

Es sind dies im Rückblick auf die „Welt hinter dem Text", den Lebenskontext der Armutsbewegung:

- Die Frage nach den Möglichkeiten der Gotteserkenntnis,
- die Frage nach dem Zusammenhang von Nachfolge als Lebenspraxis und „Wissen" um Gott,
- die Frage nach der Lehrautorität in Bezug auf theologische Erkenntnis,
- die Frage nach der Autorität von Laien, besonders von Frauen, in theologischen Fragen.

- Die Frage nach der Möglichkeit des Menschen, in der Nachfolge Jesus ähnlich oder gleich zu werden, mit Gott „eins" zu werden:
- die Frage nach dem „homo divinus" und dem „status perfectionis", der Vollkommenheit des Menschen,
- die Frage nach einer Anthropologie, die die Ebenbildlichkeit des Menschen zu Gott ernst nimmt, als Grundlage einer Klärung dieser Fragen.

- Die lebenspraktische Herausforderung durch die Forderung des Evangeliums: „Alles lassen, um *dem Einen* zu folgen": die evangeliumsgemäße Armut.
- Die Forderung nach der persönlichen Umkehr, verstanden als
- Abkehr von Besitz und Reichtum,
- als Verzicht auf Macht,
- als Überwindung der eigenen „Wolfsexistenz", des Lebens der aggressiven Selbstbehauptung und des Anteilhabens an „unrecht erworbenem Gut".
- Die Frage nach der Gerechtigkeit als Lebensprinzip.

- Die Frage nach dem rechten Verständnis evangeliumsgemäßer Freiheit:
- die Freiheit von Egozentrismus, Habgier, Hochmut und Gewalt,
- die Freiheit zum Leben „des Gerechten".

- Das Suchen einer Lösung dieser Fragen durch ein vernünftiges Durchdringen der Wirklichkeit.

- Das Ziel, dem *Sein* zu entsprechen, die Herausforderungen der Zeit zu bestehen auf der Grundlage einer „Metaphysik des moralischen Seins" (Kobusch).

All diese Themenkomplexe und Fragestellungen sind „im Hinterkopf zu behalten", wenn es nun um eine konzentrierte Vertiefung in die „Welt der Texte" gehen wird, in der uns Eckhart als akademischer Lehrer wie als Prediger herausfordernd entgegentritt.

II. Teil   *Meister Eckhart* lesen – Die Welt der Texte

Im Folgenden soll der Versuch unternommen werden, Grundzüge der Theologie Meister Eckharts darzustellen und sie auf ihre Implikationen im Hinblick auf die im ersten Hauptteil der Arbeit ermittelten kontextuellen Fragestellungen zu untersuchen.[1]

Für diesen zweiten Hauptteil sei ein methodischer Hinweis vorweg gegeben:

Im Anschluss an das vorgestellte hermeneutische Modell, dem ich mit dieser Arbeit folge, ist dieser Teil überschrieben mit „Die Welt der Texte" – ich habe mich dementsprechend bemüht, auch wenn das die Lesbarkeit und die Zügigkeit des Fortschritts im Gedankengang an einzelnen Stellen erschwert, möglichst jeweils wirklich die Texte Eckharts als Sinn-Einheiten „sprechen zu lassen", d. h. sie in größerem als für den unmittelbaren Fortschritt des Gedankengangs unbedingt notwendigen Maß im Haupttext zu belassen.

Hier hoffe ich auf die Bereitschaft und auch die Freude daran, *Eckhart* zu lesen und *nicht nur* die jeweilige Deutung seiner Gedanken.

Daneben ist in besonderer Weise jene Herausforderung zu berücksichtigen, die, wie oben dargestellt, aus dem „Werk-Charakter" der untersuchten Texte folgt: Es geht um die spezifische Mehrdeutigkeit,

---

1   Ich bin dabei ausgegangen vom Studium der lateinischen Werke Eckharts, die dadurch auch in den folgenden Teilen meiner Arbeit erster und hauptsächlicher (wenn auch natürlich nicht ausschließlicher) Bezugspunkt geworden sind. Die deutschen Predigten und Traktate sollen dadurch nicht in ihrer Bedeutung in Frage gestellt werden – eine Trennung zwischen Eckhart als *magister sacrae scipturae* (in LW) und dem „predigenden Lebemeister" (in DW) liegt mir fern. Dies sollte in Erinnerung an die Ausführungen zur Bedeutung des Autors (und der Einheit seiner Person) für sein Werk im Kapitel I.2.2.1. dieser Arbeit als ausreichend gesichert gelten.
Ich habe mich jedoch entschlossen, den „Vorrang", den im Arbeitsprozess LW faktisch bei der Beschäftigung mit Eckharts Werken für mich hatten, nicht zu „verschleiern". Grund hierfür war vor allem das leitende Interesse, die „Lebemeister-Qualität" der akademischen Schriften Eckharts so deutlicher zu erweisen – in diesem Sinne kann, wie ich hoffe, gerade die Konzentration auf den „lateinischen Eckhart" als Beitrag zu einer Überwindung der Spaltung seines Werks in „Lesemeister- und Lebemeister-Werke" anregend sein.

die darin begründet ist, mit dem Werk Meister Eckharts als „Text"
(bestehend aus sehr unterschiedlich geprägten Einzel-Texten) ein
„Ganzes" zum Gegenstand der Untersuchung zu nehmen, das geprägt ist durch eine Hierarchie von Haupt- und Nebenthemen.

„Was aber als zentral und was als nebensächlich anzusehen ist, liegt
nicht auf der Hand, sondern ist vom Leser zu konstruieren; und dies
kann auf verschiedene Weise geschehen, woraus sich die spezifische
Mehrdeutigkeit des Textes ergibt"[2], eine Mehrdeutigkeit, die für
Eckhart aus der Eigentümlichkeit der Offenbarung Gottes selbst
folgt:

Omnibus omnia loquitur deus,	Zu allen spricht Gott alles,
sed non omnes omnia audiunt.	aber nicht alle hören alles.
[...]	
Loquitur ergo deus semel	Gott spricht also einmal
perfecte	vollkommen,
simul	zugleich
et omnia,	und alles [d. h. vollständig],
sed non omnes nec omnia	aber nicht alles und nicht alle
audiunt omnia,	hören alles,
sed aliqua ipsum audiunt	sondern [nur] einiges hört ihn,
aliud aliter,	[und zwar] das eine so
	und das andere anders,
ut vita	als Leben
et intellectus	und als Verstand
vel ut iustitia.	oder als Gerechtigkeit.

---

2   Prammer, Franz: Die philosophische Hermeneutik Paul Ricoeurs. 79.

Unde Chrysostomus dicit	Daher sagt Chrysostomus,
quod deum laudant	dass auch die Engel
etiam angeli,	Gott loben,
alii ut sic,	die einen so,
alii vero ut aliter	die anderen aber anders,
secundum diversitatem	nach der Verschiedenheit
attributorum	der Eigenschaften
et virtutem	und nach der Kraft derer,
laudantium ipsum.[3]	die ihn loben.

In Erinnerung zu rufen ist an dieser Stelle die grundlegende Einsicht, dass die Hermeneutik – das Bemühen um ein dem Text gerecht werdendes Verstehen – „als formal unendlicher Prozess" „ein Moment unabgeltbarer Negativität in sich austrägt"[4]: „Verstehen kommt an kein Ende. Die Orte eines Textes verändern sich, seine Zeiten greifen auf die Bedeutungen zu, die sein Sinn annimmt."[5]

Von vornherein stellen die folgenden Ausführungen damit *einen* Versuch dar, das Werk Meister Eckharts in einer „Hierarchie von Themenkomplexen" zu gliedern und damit darstellbar zu machen. Dieser Versuch beansprucht dabei nicht, ein allein gültiges, unhinterfragbares „System" eckhartscher Theologie zu bieten – wohl aber, als Blick auf das Gesamt des vorliegenden Textcorpus sowohl begründet als auch in sich schlüssig zu sein.

Mit Blick auf die überlieferten Werke Meister Eckharts ist die geforderte Hierarchisierung der bestimmenden Themenkomplexe eckhartscher Theologie dabei nicht der Willkür des Lesers überlassen. *Mehrdeutigkeit*, die Möglichkeit verschiedener Interpretationsansätze und –durchführungen, kann nicht *Beliebigkeit* bedeuten!

Um dieser jeder Interpretation innewohnenden Gefahr zu begegnen, ist es im Fall der Werke Meister Eckharts möglich, auf eine von ihm selbst vorgenommene Hierarchisierung von Themenkomplexen zurückzugreifen, die uns im Rahmen seiner deutschen Predigt zum Schrifttext Jer 1,9 „Misit dominus manum suam"[6] überliefert ist:

---

3 Eckhart: InIoh 486: LW III; 418,9—419,4.
4 Vgl. Hoff, Gregor Maria: Hermeneutischer Gottesentzug. 268.
5 Hoff, Gregor Maria: Hermeneutischer Gottesentzug. 268f.
6 Eckhart: Predigt 53: DW II; 528—541.

Swenne ich predige,	Wenn ich predige,
sô pflige ich	so pflege ich
ze sprechenne	von *Abgeschiedenheit*
von abegescheidenheit	zu sprechen,
und daz der mensche	und dass der Mensch
ledic werde	*ledig werden* soll
sîn selbes und aller dinge.	seiner selbst und aller Dinge.
Ze dem andern mâle,	Zweitens,
daz man	dass man wieder *einge-bildet*
wider îngebildet werde	*werden* soll
in daz einfaltige guot,	in das *ein-faltige Gut*,
daz got ist.	das Gott ist.

Ze dem dritten mâle,	Drittens,
daz man gedenke	dass man die große *Edelkeit*
der grôzen edelkeit,	bedenken soll,
die got an die sêle geleget,	die Gott an (in) die Seele gelegt
	hat,
daz der mensche dâ mite kome	dass der Mensch dadurch
in ein wunder	auf wunderbare Weise
ze gote.	zu Gott komme.

Ze dem vierden mâle	Viertens
von götlîcher natûre	von der *Lauterkeit*
lûterkeit –	der göttlichen Natur –
waz klârheit	welche *Klarheit*
an götlîcher natûre sî,	der göttlichen Natur
	zu eigen ist,
daz ist unsprechelich.	das ist unaussprechlich.
Got ist ein wort,	Gott ist ein Wort,
ein ungesprochen wort.[7]	ein ungesprochenes/
	unaussprechliches Wort.

---

7   Eckhart: Predigt 53: DW II; 528,5–529,2.

Die in diesem „Predigtprogramm" zum Ausdruck gebrachte Konzentration auf für Eckhart zentrale Fragestellungen sehe ich als prägend nicht nur für seine deutschen Predigten (gemäß der Einleitung: „Swenne ich *predige* [...]") an, die genannten vier Themenkomplexe sind inhaltlich zentral zu bewerten auch in Hinblick auf die lateinischen, akademischen Werke Eckharts.

Sie sollen demzufolge der sachgerechten Gliederung des folgenden Hauptteils der Arbeit als Gerüst dienen.

Gegenüber der Reihenfolge der Themen, wie sie Eckhart in der zitierten Predigt benennt (Abgeschiedenheit – Die „Wieder-Ein-Bildung" – Der Weg des „Bedenkens der Edelkeit der Seele" – Gott als „ungesprochenes Wort"), werde ich im Folgenden eine Umstrukturierung vornehmen und mit der „Gottes-Frage" – mit der Frage nach der „lûterkeit" und „klârheit götlîcher natûre" – beginnen und der eckhartschen Gliederung in umgekehrter Reihenfolge nachgehen:

1. Gott, das „ungesprochene Wort": Die Tradition der „Mystischen Theologie".
2. Der „Weg der Vernunft" (des „Bedenkens") in das Geheimnis der Beziehung Gottes zum Menschen hinein.
3. Die Transformation, die „Wieder-Ein-Bildung" des Menschen in seinen göttlichen Ursprung, das Ideal des „göttlichen Menschen, des „Gerechten".
4. Die Lehre von der „Abgeschiedenheit" als Theologie der Ganz-Hingabe und des Bestehens im Leid.

Abschließend sollen diese Themenstränge zusammengeführt und gebündelt werden:
Im Zentrum der „Gerechtigkeits-Lehre" Meister Eckharts steht eine profilierte Nachfolge-Christologie, eine „Theologie der Kenosis", der Selbst-Entäußerung und liebenden Selbst-Verschwendung in der Nachfolge des Jesus von Nazareth, *des* Gerechten" – eine Theologie, die in provokativer Weise ein am Evangelium geschärftes Verständnis der „Gerechtigkeit" als Lebens-Ideal in den Mittelpunkt stellt.

II.1. Gott, das „ungesprochene Wort": Die Tradition „mystischer Theologie"

„Waz klârheit an götlîcher natûre sî,
daz ist unsprechelich.
Got ist ein wort,
ein ungesprochen wort."

Es wurde bereits betont, in Meister Eckhart als Prediger/Autor nicht ein von jedem Kontext losgelöstes „Einfallstor ewiger Wahrheit" sehen zu können. Als Philosoph und Theologe ist Eckhart nicht nur als „traditionsbegründend", mit Alois M. Haas' Worten als „normative Gestalt", zu betrachten, Eckhart erscheint (mit einem Begriff der Offenbarungstheologie gesprochen) als „norma normata", als Denker, der in einen für ihn normativen Überlieferungsstrom, in eine bestimmte Denk- und Lebenstradition, eingebunden ist. Diese Prägung eckhartscher Gedanken ist dabei ausdrücklich nicht zu suchen in unhinterfragt übernommenen Traditionen philosophischer und theologischer Art. Im Sinne „prägender Dialogpartner" können jedoch bei Eckhart, in seinen Werken, unterschiedliche „normative Gestalten und Denktraditionen" nachgewiesen werden. Es sind dies vor allem

* die Tradition der Aneignung der „Heiligen Schriften" des Alten und Neuen Testaments, der Lebenskontext christlichen Glaubens,
* die (selektive) Fortschreibung der Theologie der Kirchenväter (Eckhart orientiert sich, wie seine Zitationspraxis belegt, mit Vorliebe etwa an Augustinus, Origines und Chrysostomos),
* die Prägung durch den in den Werken des Dionysius Areopagita gebündelten Traditionsstrom „Mystischer Theologie"[1],
* die philosophische Tradition „heidnischer Meister" (Platon – in der neuplatonischen Aneignungstradition des Plotin und Proklos – und Aristoteles),

---

1 Vgl. zu Dionysius Areopagita: McGinn, Bernard: Ursprünge [Die Mystik im Abendland; Bd.1]. 233–269. Ausführlich hierzu Lossky, Vladimir: Théologie négative et connaissance de Dieu chez Maître Eckhart.

- Traditionen jüdischer und arabischer Philosophie, die die aristo-
telische Philosophie aneignend weiterdachten und –schrieben
(Rabbi Moses Maimonides, Averroes und Avicenna)[2],
- letztere wiederum eingebunden in einen „intertextuellen Diskurs" philosophisch-theologischer Auseinandersetzungen im
Anschluss an / in Abgrenzung zu Albertus Magnus und Dietrich
von Freiberg[3]. Diese „spezifische philosophische Tradition" gab
im 13./14 Jahrhundert die „Leitthemen" vor, die die „intellektuelle Kultur zwischen Köln und dem Bodensee" prägten[4].

Eckhart selbst benennt dementsprechend den Strom seines Denkens
in seinem Kommentar zum Johannes-Evangelium als gespeist aus
verschiedenen „Zuflüssen": Die „Lehren des heiligen christlichen
Glaubens", die „Schrift beider Testamente" und die „natürlichen
Gründe der Philosophen".[5] Letzteren kommt dabei im Konzept Eckharts erklärender Charakter zu, die Schriften der „Philosophen" (die

---

2   Vgl. hierzu mit fundierter Kenntnis: Flasch, Kurt: Meister Eckhart – Die
    Geburt der ‚Deutschen Mystik' aus dem Geist der arabischen Philosophie.
3   Loris Sturlese etwa spricht in diesem Zusammenhang von der Zuordnung
    Eckharts zu einer philosophisch eigenständigen „Deutschen Dominikaner-
    schule" (Albertus Magnus, Dietrich v. Freiberg, Meister Eckhart, Berthold
    v. Moosburg), die er am Kölner Generalstudium des Ordens ansiedelt. Vgl.
    dazu die gesammelten Aufsätze zur Thematik bei Loris Sturlese: Homo di-
    vinus.
    Zur Problematik dieser Konzeption vgl. zusammenfassend Largier, Nik-
    laus: Die ‚deutsche Dominikanerschule' – Zur Problematik eines historio-
    graphischen Konzepts.
    In ähnlicher Weise kritisch gegenüber einem vereinfachenden „Schul-Den-
    ken" urteilt etwa Ruedi Imbach, der hervorhebt: „Es wäre allerdings ver-
    fehlt, wollte man diese deutsche Dominikanerschule als geschlossene und
    einheitliche Lehrrichtung verstehen. [...] diese Schule ist vielgestaltiger als
    vermutet." Vgl. Imbach, Ruedi: Die deutsche Dominikanerschule. 156f.
    und 171.
    Imbach spricht mit Verweis auf die bei Heinrich Seuse geschilderte Situati-
    on philosophischer Auseinandersetzungen von einem „Streit um die
    Wahrheit" (a. a. O.; 158), der die Theologen und Philosophen der domini-
    kanischen Gemeinschaft des 13./14. Jahrhunderts in Anknüpfung und Wi-
    derspruch aufeinander bezogen erscheinen lässt.
4   Vgl. Largier, Niklaus: Intellectus in deum ascensus. 424.
5   Vgl. Eckhart: InIoh 2: LW III; 4,4–4,6.

„rationes naturales") erweisen die Vernünftigkeit und Zuverlässigkeit der „Logik der Heiligen Schrift" und der Glaubenstradition.[6] Wenn ich hier vom „erklärenden Charakter" der „Philosophie" spreche, muss jedoch betont werden, dass es in den Schriften Eckharts nicht (!) um eine Frage der Unterordnung der Wissenschaft der Philosophie unter eine von ihr getrennte Wissenschaft der Theologie geht. Eckhart ist diese Art des Denkens fremd: Die rationale Beschäftigung mit dem Geheimnis Gottes (die im heutigen Sprachgebrauch als „Theologie" benannt wird) und die Auseinandersetzung mit den „rationes naturales" (die wir heute der Philosophie zuschreiben) bilden im Verständnis Eckharts zwei Seiten ein und derselben „Wissenschaft der intellektuellen Auseinandersetzung mit der Wirklichkeit".[7]

Eine Trennung zwischen abstrakter Philosophie, abstrakter Theologie und praktischer Ethik als voneinander losgelöste Disziplinen sind in diesem Kontext nicht sinnvoll denkbar. Die rationale Durchdringung der Strukturen des Seins, begründet eine umfassende „Lebensform"[8], Metaphysik (auf der Basis der rationes naturales und der Lehren der Heiligen Schrift) hat zum Ziel, eine „vernunftgemäße

---

6 Eckhart: InIoh 2: LW III; 4,4—4,6:
   In cuius verbi expositione et aliorum quae sequuntur, intentio est auctoris, sicut et in omnibus suis editionibus, ea quae sacra assertit fides christiana et utriusque testamenti scriptura, exponere per rationes naturales philosophorum.
   [Wie in allen seinen Werken hat der Verfasser bei der Auslegung dieses Wortes und der folgenden die Absicht, die Lehren des heiligen christlichen Glaubens und der Schrift beider Testamente mit Hilfe der natürlichen Gründe der Philosophen auszulegen].

7 Im Kommentar zum Johannes-Evangelium betont Eckhart ausdrücklich die „Konkordanz", die Übereinstimmung zwischen theologia und philosophia moralis et naturalis (vgl. InIoh: LW III; 441,10f. und LW III; 378,8—10). Die Wahrheit der Theologie im engeren Sinn (die ‚veritas et doctrina theologiae') wie der „philosophischen" Disziplinen (die ‚veritas et doctrina philosophiae naturalis, moralis, artis factibilium et speculabilium et etiam iuris positivi') entspringt „der selben Ader" (ex eadem vena descendit): Vgl. InIoh: LW III; 381,4—7. Die eine Lehre wird zusammengehalten durch den einen Ursprung, aus dem sie hervorgeht: Gott.

8 Vgl. hierzu ausführlich Kobusch, Theo: Christliche Philosophie – Die Entdeckung der Subjektivität.

Art, in der Wirklichkeit zu sein"[9], zu finden. Zielpunkt ist also für Eckhart kein Denk-System, sondern die „Neuheit des Lebens":

Nos igitur	Wir sollen
praedictis modis	auf die vorherbeschriebene Weise
in novitate ambulemus[10]	[d. h. Gott / dem Sein zugekehrt] in der Neuheit wandeln,
et in novitate	und zwar nicht
non solum quaecumque,	in einer beliebigen Neuheit,
sed *vitae*;	sondern in der „Neuheit des Lebens",
nec vitae,	und auch nicht in der Neuheit *des* Lebens,
quae vapori	das mit dem Dunst
et umbrae comparatur,	und dem Schatten verglichen wird,
non tam	- nicht so sehr
pro brevitate durationis	wegen seiner Kürze,
quam	sondern wegen seiner
pro nulleitate	Nichtigkeit/Nutzlosigkeit -,
[...]	[...]
sed in novitate vitae	sondern in der Neuheit *des* Lebens
et virtutis,	und der Tugend,
quae per gratiam datur.[11]	die durch die Gnade [durch das Wirken Gottes] geschenkt wird.

Innerhalb der Vielgestaltigkeit der Traditionsströme, auf die Eckhart sich in der Auseinandersetzung mit den Strukturen der Wirklichkeit beruft, soll hier nun Dionysius Areopagita und mit ihm der Traditi-

---

9   Theo Kobusch spricht dementsprechend mit Blick auf Eckharts Theologie/Philosophie von einer „Metaphysik des moralischen Seins". Vgl. hierzu Ruh, Kurt (Hrsg.): Abendländische Mystik im Mittelalter. 49—62.

10 Röm 6,4.

11 Eckhart: Sermo XV2: LW IV 158; 150,3—7.

onsstrom der „Mystischen Theologie", der „Theologie des Geheimnisses", als Ausgangspunkt gewählt werden.

II.1.1. Dionysius Areopagita: Gotteserkenntnis
zwischen *Ja* und *Nein* zur geschaffenen Welt

Die Werke des Dionysius gehen zurück auf einen unbekannten Mönch, der seine Schriften am Übergang des 5. zum 6. Jahrhundert geschaffen hat – sie jedoch mit der Autorität des Apostelschülers Dionysios belegte, der nach der Überlieferung der Apostelgeschichte aufgrund der Predigt des Paulus auf dem Areopag[12] zum christlichen Glauben bekehrt worden und daraufhin Paulus als Schüler gefolgt sei. Mit Kurt Flasch können wir mit Blick auf diese Pseudepigraphie, auf die fiktive „Person" des „Dionysius Areopagita" zwar objektiv betrachtet von einem „Fälscher"[13] als Autor der entsprechenden Werke sprechen. Sein Denken wurde jedoch – besonders durch die lateinische Übersetzung des Johannes Scotus Eriugena (ca. 810 bis ca. 880)[14] – prägend für die gesamte Theologie des Mittelalters[15]. Kurt Ruh etwa bezeichnet die „Theologia mystica" des Diony-

---

12 Apg 17,32.
13 Flasch, Kurt: Die Entlarvung des Pseudo-Dionysius Areopagita. FAZ 33/1962 (Sonntagsbeilage). Zit. nach Sudbrack, Josef: Trunken vom helllichten Dunkel des Absoluten. 15 (Anm. 2).
    Sudbrack (a. a. O., 41, Anm. 52) zitiert Flasch ausführlicher: „Polizeilich und meldetechnisch war der größte der Theologen (so Nikolaus von Kues) eine Vierpersonenperson, wenn nicht ein Hochstapler und Betrüger".
14 Zur Verbreitung der Werke des Dionysius im lateinischen Westen vgl. zusammenfassend Suchla, Beate Regina: Dionysius Areopagita. 74–86.
15 Vgl. hierzu etwa Lossky, Vladimir: Die mystische Theologie. 33: „Welches Resultat diese Forschungen [bezüglich der Verfasserschaft des Corpus Dionysiacum; E.F.] aber auch zeitigen mögen, sie können doch den theologischen Wert dieser Schriften keineswegs beeinträchtigen. Auf die Person des Verfassers kommt es hier im Grunde nicht an: die Hauptsache [bei der Frage nach der theologischen Bedeutung seiner Schriften in den folgenden Jahrhunderten; E.F.] ist, wie die Kirche den Inhalt dieser Schriften beurteilt, und in welchem Maße sie sie verwendet".

sius schlicht als *das* „Grundbuch der Schultheologie, zumal der Dominikaner"[16] des späteren Mittelalters.

In den Schriften des „Dionysius Areopagita" sammeln sich Einflüsse
besonders der neuplatonischen Tradition[17], die der uns unbekannte
Autor „in neuer Gestalt an die Geschichte weitergibt"[18]: Josef Sudbrack spricht in diesem Zusammenhang von zwei Grundannahmen,
die so überliefert werden:

- Das „intellektuell-theologische Flussbett" der „Negativen", apophatischen Theologie: „Vom Letzten, Umfassenden, Absoluten,
  von Gott ist besser zu sagen, was er nicht ist, als was er ist". Der
  erste „Denk-Weg" also ist der Weg der Verneinung, verstanden
  als Aufstiegs- und Annäherungsbewegung hin auf das Geheimnis Gottes.

- „Das andere Flussbett heißt modern ‚Mystik': [die Annahme,]
  dass im Tiefengrund der Welt das Absolute erfahren und
  zugleich jedes Erkennen und Erfahren überstiegen wird."[19]

Hierbei ist die unauflösbare Spannung von Kataphatik (von welt-
bejahendem „Abstieg" Gottes, den der Mensch nach-vollziehen
muss) und Apophatik (die Bindung an das Geschöpfliche vernei-
nendem „Aufstieg" des Menschen zum göttlichen Geheimnis) zu berücksichtigen, die das Corpus dionysischer Schriften prägt[20]: Die

---

16 Ruh, Kurt: Die Mystik des deutschen Predigerordens. [Geschichte der a-
   bendländischen Mystik; III]. 57.

17 Zu verweisen sind hier vor allem auf Plotin und seinen Schüler Proklos,
   auf die Dionysius sich in erster Linie stützt, um das in der Tradition der
   kappadozischen Kirchenväter des 4. Jahrhunderts in den Mittelpunkt gestellte Verständnis des „unfassbaren Geheimnis der Jenseitigkeit Gottes" (J.
   Sudbrack) zu vertiefen und zu radikalisieren.

18 Vgl. Sudbrack, Josef: Trunken vom hell-lichten Dunkel des Absoluten. 15.

19 Vgl. Sudbrack, Josef: Trunken vom hell-lichten Dunkel des Absoluten. 15f.

20 Vgl. hierzu Balthasar, Hans Urs von: Herrlichkeit. II, 182. Von Baltasar
   spricht hier von der „ganzen Spannung von Kataphatik und Apophatik",
   die sich in der Theologie des Dionysius durchgängig zeige in der Hervorhebung der Bewertung des „sinnenhaften Symbols, an seiner Notwendigkeit und seiner Unmöglichkeit"; es sei „Größe und Tragik des Menschen,
   beides zu umfassen, ohne es in eine letzte Synthese zu bringen [...]. Vielleicht ist die Einheit von beidem in der Geschichte der Theologie nie er-

„Erfahrung in Nicht-Erfahrung", die auf keinen der Pole hin aufgelöst werden kann und darf.[21]

Die Theologie des Dionysius, überliefert in vier Traktaten und zehn Briefen, kreist entsprechend dieser zwei Grundströmungen um die Frage: „Wie manifestiert sich der vollkommen unerkennbare Gott in der Schöpfung, damit alle Dinge die Einigung mit der nicht manifesten Quelle erlangen können?"[22] Diese „nicht manifeste Quelle des Kosmos", Gott, entzieht sich vollkommen dem Zugriff des Menschen, die Grenze zwischen Kosmos und diesen begründendem Ursprung ist weder denkerisch noch durch „Erfahrungen" überbrückbar.

Unter strikter Einhaltung dieser grundsätzlichen Trennung entwirft Dionysius ein dialogisches Weltbild, um die gleichzeitige Bezogenheit des Kosmos und Gottes aufeinander zu verdeutlichen. Er stützt sich dabei grundlegend auf neuplatonische Einsichten, die er vor allem in Auseinandersetzung mit der Philosophie Plotins und Proklos' weiterdenkt, die er „im Dienst des christlichen Schöpfungsverständnisses innerlich verwandelt"[23]:

---

schütternder sichtbar geworden als hier. Dionysius ist keineswegs nur der Künder und Vollzieher der negativen Theologie, der mystische Ikonoklast, als der er im durchschnittlichen Bewusstsein lebt".

21 Hierzu ausführlich Zechmeister, Martha: Gott erfahren?

22 McGinn, Bernard: Ursprünge [Die Mystik im Abendland; I]. 238.

23 Vgl. McGinn, Bernard: Ursprünge [Die Mystik im Abendland; I]. 245.
    Ausführlich zum Verhältnis zwischen Dionysius Areopagita und dem Neuplatonismus vorchristlicher Prägung vgl. Lossky, Vladimir: Die mystische Theologie.
    Dort ist neben den Vergleichen zwischen der „Mystischen Theologie" des Dionysius und der 6. Enneade des Plotin (a. a. O.; 38—42) besonders das gesamte Kapitel III: „Gott – Der Dreifaltige" (58—86) von Bedeutung für unseren Gedankengang, in dem Lossky das Verständnis der „einen Gottheit" im Kontext der apophatischen Theologie deutlich abgrenzt vom neuplato-nischen „Einen" und diese Abgrenzung ausführlich begründet und belegt.
    Lossky spricht mit Blick auf Meister Eckhart in diesem Zusammenhang jedoch von seinem Eindruck, dass gerade diese Unterscheidung im Denken Eckharts in gewisser Weise zurückgenommen sei: Unter den Bedingungen, „die das abendländische Denken bestimmten, lief jede spezifisch theozen-

Gott als Fülle der Gutheit und Schönheit, als „unsichtbarer Inbegriff der Harmonie" erscheint (= tritt in Erscheinung) bei Dionysius charakterisiert als „Eros", als zur Selbst-Transzendierung treibende Kraft in vollkommener Fülle. Es ist diese Kraft des Eros, die sich in Gottes schöpferischer Ekstase manifestiert, die sich „in den vielfachen Theophanien des Universums bricht"[24]. Der Kosmos, die sichtbare Welt der Schöpfung wird verstanden als „bildliche Repräsentation Gottes"[25]. Die „sichtbaren Schönheiten" werden als in einem Abbild-Urbild-Verhältnis zur unsichtbaren, göttlichen Harmonie und Schönheit stehend erkannt, sie verweisen gerade in ihrer Kontingenz zurück auf die Fülle, die ihnen begründend vorausliegt. Diese Rückverwiesenheit des geschaffenen Kosmos auf seinen Ursprung manifestiert sich auch hier als Kraft des Eros, als Fähigkeit und Drang zur Selbst-Transzendenz: Alle Kreaturen werden angetrieben, „über ihre Vielheit hinaus und zurück zur einfachen Einheit zu streben"[26].

Innerhalb dieses Weltbildes beschreibt Dionysius den Weg (durch die irdischen und himmlischen „Hierarchien"), den der Mensch erkennend durchschreitet, um in das ursprüngliche Geheimnis Gottes einzutreten, das er in Unbegreifbarkeit und Entzogenheit als seinen eigenen Ursprung erfährt. Verantwortlich als „treibende Kraft" ist dabei „die Macht der Liebe", der „durch die Ekstase Gottes in die Welt eingestiftete göttliche Eros".[27] Der Weg des Denkens führt also auf der einen Seite zurück-suchend durch die Ordnung des Kosmos.

---

trische Spekulation Gefahr, die Wesenheit vor den Personen zu betrachten und so eine Mystik des ‚göttlichen Urgrundes' (vgl. die ‚Gottheit' des Meister Eckhart) zu werden, ein unpersönlicher Apophatismus über eine ‚Gottheit als Nichts', die der Dreifaltigkeit vorausgegangen wäre. Man käme so, durch einen paradoxalen Umweg, quer durch das Christentum zur neuplatonischen Mystik zurück." (Lossky, a. a. O.; 84). Diese von Lossky in Bezug auf Eckhart geäußerten Bedenken werden mit Blick auf Eckharts Verständnis des „Durchbruchs" in die Einheit des Menschen mit Gott zu überprüfen sein.

24 Vgl. McGinn, Bernard: Ursprünge [Die Mystik im Abendland; I]. 238.
25 Vgl. McGinn, Bernard: Ursprünge [Die Mystik im Abendland; I]. 257.
26 McGinn, Bernard: Ursprünge [Die Mystik im Abendland; I]. 238f.
27 Vgl. McGinn, Bernard: Ursprünge [Die Mystik im Abendland; I]. 265f.

Dieser kataphatische Weg der Bejahung (zuallererst der Schöpfung und ihrer eingestifteten harmonischen Ordnung), das „Eintauchen in die Schönheit des Kosmos"[28] lässt die dahinter verborgene Ordnung, Harmonie und Einheit wenn auch nicht begreifen, so doch als Gewissheit erahnen.[29]

Sowohl bei Dionysius selbst, als auch bei Eckhart[30], der ihm hier folgt, verliert der auf diese Weise beschriebene Weg jedoch seine auf den ersten Blick so harmonische Prägung:

---

28 McGinn, Bernard: Ursprünge [Die Mystik im Abendland; I]. 257.

29 Eckhart verweist in seinem exegetischen Werk in diesem Zusammenhang auf Aristoteles, den er ausführlich zitiert, um aufzuzeigen, dass „aus der Größe der Geschöpfe und ihrer Schönheit der Schöpfer selbst erkannt und erschaut werden kann". Vgl. Eckhart: InSap 250: LW II; 583,4—10:

„si essent, [inquit,] qui sub terra semper habitavissent, accepissent autem fama et auditione esse quoddam numen deorum, deinde ex illis abditis sedibus evadere in haec loca, quae nos incolimus, contingerent, cum repente terram et maria caelumque vidissent, nubium magnitudinem, aspexissentque solem eisque magnitudinem pulchritudinemque, cum autem terras nox opacasset, tum caelum totum cernerent astris distinctum et ordatum: quae cum viderent, profecto et esse deos et haec tanta opera deorum esse arbitrarentur."

[Wenn es Menschen gäbe, die ständig unter der Erde gewohnt hätten, die aber gerüchteweise und vom Hörensagen vernommen hätten, dass es eine Art höherer Wesen von Göttern gäbe, und jene dann aus ihren abgelegenen Behausungen in diese Gegenden heraufgestiegen seien, wo wir wohnen, dann würde es geschehen, wenn sie plötzlich die Erde, die Meere und den Himmel und die großen Wolken erblickten und den Blick zur Sonne, ihrer Größe und Schönheit richteten, und wenn dann Nacht die Erde in Dunkelheit hüllte, wenn sie da den ganzen Himmel mit Sternen geschmückt und geziert schauten: wenn sie dies alles sähen, dann würden sie fürwahr glauben, dass es Götter gebe, und dass dies alles die gewaltigen Werke der Götter seien].

30 Zu verweisen sind hier auf die bei Eckhart ausdrücklich von Dionysius übernommenen zuerst schwer verständlichen Grundannahmen, dass das göttliche Licht des Guten sich „auf alles Seiende und Nicht-Seiende (also auch auf „die Übel", die gerade als Nicht-Seiendes, als nicht am wahren Sein Teilhabendes verstanden werden) erstreckt". (Vgl. etwa Eckhart: LW I; 538,1. LW III; 199,11): das Wirken Gottes dringt bis zum Innersten und Letzten vor (vgl. LW II; 465,1).

Von besonderem Interesse wird hier im späteren Verlauf der Arbeit die Frage nach dem spezifischen Blick Eckharts gerade auf das „Unreine" (Dionysius), das „Übel" (Eckhart) sein, mit dem Gott „im eigentlichen Sinn

Zu einer Ahnung der „Ordnung göttlichen Friedens" gelangt man nicht (!) in der Verengung des Blicks auf die *Schönheiten* der Schöpfung", was einer sehr naiven Naturmystik gleichkäme. Es geht statt dessen fundamental um ein bejahendes (d. h. sich nicht durch Ver-Neinung von Teilen der Realität beschränkendes) „Eintauchen" in die Wirklichkeit der Schöpfung, ein „Hindurchschreiten durch das Reine und Unreine" (!)[31], wie es Dionysius benennt, das gerade in der Annahme der radikalen Gebrochenheit der Welt-Wirklichkeit zur „unverhüllten Erkenntnis Gottes" erst befähigt.

Dionysius beschreibt auf diesem Weg der kataphatischen Theologie (als in paradoxer Weise in die Realität der Welt herabsteigende und durch diese hindurchschreitende Aufstiegsbewegung) die Heilige

---

mehr entbehrend als nehmend zu empfangen sei" (vgl. Eckhart: BgT: DW V; 23,8: „eigenlîcher nimet man got enbernde dan nemende"). Gerade der Blick auf das Übel und das Leid erscheint als unabweisbare Grenz- Erfahrung bei Eckhart als ein privilegierter Ort des „Durchbruchs" in das Geheimnis Gottes hinein, da gerade hier der Ort zu finden ist, an dem unsere vereinfachenden Vorstellungen, unsere Bilder und Namen Gottes vor der Realität des Gott-Widrigen in der Realität der Welt zerbrechen und den Eintritt in das „Dunkel der Gottheit" herausfordern und erzwingen. Vgl. hierzu etwa Eckhart: VAbg: DW V; 433, 1—3:

„Daz snelleste tier, daz iuch treget ze dirre volkomenheit, daz ist lîden, wan ez niuzet nieman mê êwiger süezicheit, dan die mit Kristô stânt in der grœsten bitterkeit."

[*Das schnellste Tier, das euch zu dieser Vollkommenheit trägt, das ist das Leiden, denn es erlebt niemand mehr ewige Süßigkeit, als die, die mit Christus in der größten Bitterkeit stehen*].

Dieser spezifische Blick Eckharts auf das Leiden als privilegierter Ort des Durchbruchs (der „immer wieder missverstanden wurde"; so Haas, Alois M.: Gott leiden – Gott lieben. 133.) ist für seine Theologie in dem Maß prägend, dass etwa Alois M. Haas mit Blick auf Eckhart von einer ausgeprägten „Theologie des Leidens" spricht. Vgl. Haas, Alois M.: Theologie des Leidens – Meister Eckhart. in: Ders.: Gott leiden – Gott lieben. 132—138.

31 Dionysius Areopagita: Mystische Theologie; I,3 (zit. nach Sudbrack, Josef: Trunken vom hell-lichten Dunkel des Absoluten. 22): „Denn überwesentlich steht *Er* über allem, und nur denen zeigt *Er* sich unverhüllt und in Wahrheit, die hindurchschreiten durch das Reine und Unreine, [...] die hinter sich lassen alle göttlichen Lichter und Klänge und himmlischen Worte, und die ins Dunkel eindringen, wo – wie die Schriften sagen – *Der* in Wahrheit ist, *Der* jenseits von allem ist".

Schrift, die Liturgie und das kirchliche Amt als von Gott zur Hilfe gestellte „Ordnungsprinzipien" – sie dienen dem Fortschritt des Menschen (und aller Geschöpfe) im Verlauf der Annäherungsbewegung an das göttliche Geheimnis.

Dieser Weg geht für den Menschen über die *theoria*, die Kontemplation: „*Theoria* meint die Fähigkeit, die Thearchie [das innerste Geheimnis Gottes; E. F.] in und durch die Hierarchien der Schöpfung zu erschauen", sie wurzelt in Gott selbst und erweist sich auf Seiten des Menschen als „fortschreitende Erleuchtung".[32] Dieser Weg des schöpfungs-bejahenden, sich der Reinheit und Unreinheit der Welt aussetzenden Zurück-Suchens nach der „ursprünglichen Einheit Gottes" führt den Menschen jedoch nicht an das gewünschte Ziel der Gottes-Erkenntnis: „Das Universum ist [...] als bildliche Repräsentation Gottes notwendig und kann zugleich diese Aufgabe unmöglich leisten, da es für Gott keine adäquate Darstellung gibt"[33].

Der Mensch gelangt stattdessen an eine unüberschreitbare Grenze des Denkens. An dieser Grenze rührt er in Bildern und Namen an das Geheimnis Gottes, das sich hier in „unzugängliches Licht", in das „dunkle Urlicht des Schöpferischen"[34] hinein entzieht.

Der kataphatische Weg offenbart „Namen Gottes", an dieser Grenze sind auch die durch die Heilige Schrift offenbarten Bilder angesiedelt[35]: Offenbart wird hier jedoch nicht die göttliche Natur als solche

---

32 Vgl. McGinn, Bernard: Ursprünge [Die Mystik im Abendland; I]. 264.

33 McGinn, Bernard: Ursprünge [Die Mystik im Abendland; I]. 257.

34 Dionysius Areopagita: Mystische Theologie II (zit. nach McGinn, Bernard: Ursprünge [Die Mystik im Abendland; I]. 258).

35 Vgl. Lossky, Vladimir: Die mystische Theologie. 94: „Die Heilige Schrift offenbart uns Gott, indem sie für Gott Namen prägt gemäß den Energien, in denen sich Gott offenbart, obgleich er seiner Wesenheit her unerreichbar bleibt: ‚Er unterscheidet sich, geeint bleibend, und vervielfältigt sich, eins bleibend, und vermannigfaltigt sich, ohne aus dem Einen herauszutreten'. [...] Die δυνάμεις oder Energien, in denen Gott nach außen schreitet, sind Gott selbst, aber nicht seinem Wesen nach. [...] ‚Man kann Gottes teilhaftig werden in dem, was er uns mitteilt, aber Er bleibt der Unmitteilbare, weil nichts an seiner Wesenheit teilhaben kann'". Ebd., 95: „Die Gegenwart Gottes in seinen Energien muss ganz realistisch verstanden werden. Es ist nicht nur die wirksame Gegenwart der Ursache in dem von ihr Bewirkten: die Energien sind nicht, wie die Geschöpfe,

(nichts kann dies leisten), wohl aber gewisse „aus der Gottheit zu uns herantretenden Kräfte: nämlich jene, die etwas in uns dem göttlichen Vorbild ähnlicher machen oder uns Dasein schenken, oder Leben erzeugen oder Weisheit spenden"[36]. Es ist die Grenze, an der Gottes Ekstase für uns wirk-lich und damit erfahrbar wird (als „Erzeugtes, Geschenktes, als Spende/Gabe" – mit einem theologischen Begriff: als Gnade).

Dionysius führt dementsprechend eine notwendige Unterscheidung in den Begriff der „Geheimnisse Gottes" ein: Es gibt, so schreibt er, einerseits „Geheimnisse, die wir, wie ich glaube, nach ihrem Sinn erschließen und aufklären konnten, indem wir den geheiligt ungetrübten Sinn zu den strahlenden Schaubildern [...] hinleiteten. Andere Wahrheiten sind mystisches Gut der göttlichen Überlieferung: Wir haben uns darum nur dunkel und über alle Denktätigkeit hinaus zu ihnen erheben können"[37].

Der kataphatische Weg der Gottes-Annäherung durch das „Sich-Aussetzen" gegenüber dem Reinen wie dem Unreinen der Wirklichkeit der Welt ohne Verneinung (ohne Ausblendung auch ihrer Gebrochenheit), der Weg der „Bejahung der Schöpfung" wird an der Grenze der Namen Gottes fortgesetzt (nicht ersetzt!) durch den apophatischen, den verneinenden Weg des Gott-Denkens. Intendiert ist hier im theologischen Denken des Dionysius Areopagita in radikaler Schärfe eine Enteignung des Menschen von „jeder Form eines über Gott verfügenden Begriffs", einem Begriff, der im letzten nicht mehr und nichts anderes wäre als „eine Art geschöpflicher Selbstbe-

---

Wirkungen der Göttlichen Erstursache: sie sind nicht geschaffen, aus dem Nichts hervorgebracht, sondern strömen ewig aus der *einen* Wesenheit der Dreifaltigkeit hervor. Sie sind der Erguss der göttlichen Natur, die sich nicht begrenzen lassen kann, - die mehr ist als das Wesen. Man könnte sagen, dass die Energien eine Existenzweise der Dreifaltigkeit außerhalb ihrer unnahbaren Wesenheit bezeichnen".

36 Dionysius Areopagita: DN II,7 (zit. nach McGinn, Bernard: Ursprünge [Die Mystik im Abendland; I]. 240).

37 Dionysius Areopagita: DN II,7 (zit nach McGinn, Bernard: Ursprünge [Die Mystik im Abendland; I]. 240).

zogenheit".[38] Es ist dies der zweite Aspekt theologischen Denkens, der den syrischen Mönch des 6. Jahrhunderts zu einer prägenden Gewährsperson für den Traditionsstrom „mystischer", in diesem Sinn „Negativer", apophatischer Theologie in den folgenden Jahrhunderten machte.

Dionysius verbindet die Einführung des apophatischen Denkens jedoch wegen dessen Missverständlichkeit mit einer deutlich warnenden Ergänzung: „Das Verneinen von Einsicht und Wahrnehmung müssen wir bei Gott nach der Seite des Überragens – des Transzendierens – und nicht nach der Seite des Absprechens ausdeuten"[39]! Die *Theoria* gelangt im Transzendieren der auf dem kataphatischen Weg gewonnenen Erkenntnis, in einer Ekstase zu ihrer Erfüllung. Diese Ekstase als Ziel des im Menschen wirkenden göttlichen Eros überschreitet seine positiv aussagbare Erkenntnis, löscht sie aber nicht aus. Der Überstieg auf die Ebene der apophatischen Theologie, der *„Theologia mystica"* im eigentlichen Sinn, stellt sich dar als „radikale Kehre, [bewirkt] durch die Macht der Liebe, den durch die Ekstase Gottes in die Welt eingestifteten göttlichen Eros"[40]. Erst im Vollzug dieser radikalen Kehre gelangt der Mensch zur Erkenntnis der „verborgenen, einfachen, unverhüllten und unwandelbaren Geheimnisse der Gotteswissenschaft". Er erkennt dieses Geheimnis

„gemäß dem überlichten Dunkel des Schweigens,
das in seiner äußersten Finsternis
das Überhellste überstrahlt
und im ganz und gar Unfassbaren
und Unüberschaubaren
die augenlosen Geister übererfüllt,
mehr als der überschönste Glanz"[41].

---

38 Vgl. Haas, Alois M.: Granum sinapis – An den Grenzen der Sprache. in: Ders.: Sermo mysticus. 301–329. hier 312.
39 Dionysius Areopagita: DN VII,2 (zit nach McGinn, Bernard: Ursprünge [Die Mystik im Abendland; I]. 257f; Anm. 215).
40 Vgl. McGinn, Bernard: Ursprünge [Die Mystik im Abendland; I]. 265f.
41 Dionysius Areopagita: Theologia Mystika; I :„Was das göttliche Dunkel ist". in: Sudbrack, Josef: Trunken vom hell-lichten Dunkel . 19.

Die Kehre der Verneinung ist dabei „mehr [...] als ein begriffliches Spiel"[42]: Es geht letztlich um einen „Übergang" des Menschen „vom Geschaffenen zum Ungeschaffenen"[43], um einen Weg der Vereinigung, der Vergöttlichung des Menschen. Wahre Gotteserkenntnis geht so laut Dionysius und den ihm folgenden Theologen immer auf einem Weg vor sich, dessen eigentliches Ziel nicht die Erkenntnis, sondern die Vereinigung, die Vergöttlichung ist. Apophatische, „mystische" Theologie wird in diesem Sinn „niemals abstrakte Theologie sein, die mit Begriffen operiert, sondern kontemplative Theologie"[44].

Apophatische Theologie ist, folgt man Dionysius Areopagita, damit abzugrenzen nach zwei Seiten: Einerseits bedeutet Apophatismus nicht Agnostizismus, den Verzicht auf Gotteserkenntnis überhaupt, andererseits gilt, dass, „so eng der Mensch hier auch mit Gott vereint ist", er ihn doch „nicht anders [erkennt] als den Unerkennbaren, kraft seiner Natur unendlich Fernen, der selbst in der Vereinigung an sich, seiner Wesenheit nach, unnahbar bleibt"[45].

Abschließend sei hier ein längeres Zitat von Vladimir Lossky angeführt, der das Grundprinzip der apophatischen Theologie wie folgt zusammenfasst:

„Der Apophatismus ist [...] in erster Linie eine Geisteshaltung, die darauf verzichtet, sich Begriffe von Gott zu bilden; jede abstrakte, rein verstandesmäßige Theologie, die die Mysterien der Weisheit Gottes dem menschlichen Denken anpassen will, wird radikal abgelehnt. Er ist eine existentielle Haltung, die den ganzen Menschen in Anspruch nimmt; sie lehrt, dass es keine Theologie außerhalb der Erfahrung gibt und dass man, will man zu dieser Erfahrung gelangen, ein neuer, gewandelter Mensch werden muss. Um Gott zu erkennen, muss man Ihm nahen: man ist kein Theologe, wenn man nicht den Weg beschreitet, der zur Vereinigung mit Gott führt. Ein und derselbe Weg führt zur Gotteserkenntnis und zur Gottesvereinigung.

Wenn jemand an irgendeinem Punkt dieses Weges sich einbilden würde, erkannt zu haben, was Gott ist, dann wäre ‚sein Sinn verkehrt' [...]

---

42   Vgl. Lossky, Vladimir: Die mystische Theologie. 49.
43   Vgl. Lossky, Vladimir:Die mystische Theologie. 50.
44   Vgl. Lossky, Vladimir: Die mystische Theologie. 56.
45   Lossky, Vladimir: Die mystische Theologie. 50.

Der Apophatismus ist also ein sicheres Anzeichen für eine Geisteshaltung, die der Wahrheit entspricht. In diesem Sinn ist jede wahre Theologie grundsätzlich apophatisch."[46]

II.1.2. Meister Eckhart: „Das letzte Ende des Seins ist Finsternis"

<Das leste ende> des wesens	Das letzte Ende des Seins
ist das vinsterniss	ist die Finsternis
oder das vnbekantnis	oder die Unerkanntheit
der verborgenen gothait,	der verborgenen Gottheit,
dem dis lieht schinet,	der das Licht scheint;
vnd dis vinsterniss	„Die Finsternis aber
enbegraiff das nit.	hat es nicht begriffen"[47].
Darumb sprach Moyses:	Darum sprach Moses[49]:
,der da ist,	„Der da ist,
der hat mich gesant',	hat mich gesandt",
der da sunder namen ist,	der da ohne Namen ist,
der ein lógenunge	der eine Leugnung
aller namen ist	aller Namen ist
vnd	und
der nie namen gewan.	der nie einen Namen gewann.
vnd darumb	Und darum
sprach der prophet:	sprach der Prophet[50]:
,wærlich,	„Wahrlich,
du bist der verborgen got	du bist der verborgene Gott
[...]'[48]	[...]."

Das theologische Denken Meister Eckharts ist in seinen Grundzügen fundamental geprägt von der durch die Schriften des Dionysius Areopagita vermittelten Tradition der „theologia mystica": Eckhart zi-

---

46   Lossky, Vladimir: Die mystische Theologie. 50f.
47   Joh 1,5.
48   Eckhart: Predigt 15: DW I; 252,7—253,5.
49   Ex 3,14.
50   Jes 45,15.

tiert Dionysius zustimmend an verschiedenen Punkten seiner eigenen Denkbewegung. Er markiert damit jedoch nicht nur die Stellen, wo Dionysius für ihn prägend wirkte, es handelt sich oftmals um Gedanken, die bei Dionysius als „Grenzaussagen" stehen, die in gewisser Weise den Abschluss einer Denkbewegung markieren, die Eckhart jedoch in seinen Werken zum Ausgangspunkt einer neuen Suchbewegung macht, indem er teils auf andere philosophische Traditionen Bezug nimmt, um zu einem vertieften Verständnis zu gelangen, teils jedoch pointiert eine eigene Position entwickelt.

Während Eckhart also einerseits zentrale Elemente des dionysischen „dialogischen Weltbildes" zustimmend übernimmt[51], nämlich

- den Gedanken eines sich aus unendlicher Fülle heraus in Liebe verschwendenden Gottes,
- das „Leuchten des göttlichen Strahls" innerhalb der sinnlicherfahrbaren Welt in der Verborgenheit unter vielerlei Hüllen[52],
- die Seins-Mitteilung[53] innerhalb einer harmonischen Ordnung „göttlichen Friedens"[54], die Eckhart bildhaft beschreibt als „Magnetfeld göttlicher Kraft"[55],

---

51 Die im Folgenden angegebenen Verweisstellen aus den Werken Meister Eckharts sind ausschließlich als beispielhaft ausgewählt zu verstehen, es kann im Rahmen dieser Arbeit nicht beabsichtigt sein, im Detail die Prägung Eckharts durch die Werke des Dionysius Areopagita nachzuweisen.

52 Vgl. etwa Eckhart: InIoh 74: LW III; 62,8—9 (parr. LW III; 275,3 und LW III; 650,1):
"impossibile est nobis aliter lucere divinum radium nisi varietate velaminum circumvelatum."
[Das Strahlen des göttlichen Lichts kann uns unmöglich in anderer Weise leuchten als verhüllt unter einer Vielfalt von verbergenden Hüllen].

53 Vgl. z.B. LW III; 218 (Anm. 4) und LW III; 337 (Anm. 5).

54 So etwa DW II; 119,4ff.:
„Dionysius sprichet von dem gewîheten vürstentuome der engel, dar inne ist götlich ordenunge und götlich werk und götlich wîsheit und götlich glîchnisse oder götlich wârheit, als ez mügelich ist".
Vgl. Eckhart: DW II; 595—596: Der „göttliche Friede", der alle Dinge ordnet, dass sie nicht „in Unordnung zerfließen", der Beweggrund dafür ist, dass die Kreaturen sich ‚in Liebe ergießen' (d. h., dass sie Gott ähnlich werden im Sich-Verströmen, im Sich-Verschwenden), der die Kreaturen unter-

- das „vernunftgemäße Leben" als „Aufstieg in das Geheimnis Gottes hinein"[56],
- die Bedeutung der „feurigen Minne"[57] als Movens für die Aufstiegsbewegung durch die Ordnung des Kosmos,
- die Annahme einer unüberschreitbaren Grenze des kataphatischen Weges für die Gottes-Erkenntnis, und damit
- die Ausarbeitung eines radikal apophatischen Modells theologischen Denkens[58]: die Vollendung der „Erkenntnis dessen, der über allem Erkennbaren ist, in vollkommenem Nicht-Wissen"[59],

---

einander „dienstbar macht", der sie letztlich zurück leitet „in ihren ersten Ursprung".

55 Eckhart: ParGen: LW I; 611,6—10:
"Secundum exemplum est in acubus et magnete. Magnes enim attactus ab acu transfundit virtutem ipsi acui, adeo ut et ipsa infimo sui aliam tangens ipsam adducat et dicat: veni, ut et illa sui supremo adhaereat primae, et sic de aliis, tertia et quarta, quantum sufficit virtus transfusa et imbibita a magnete."
[*Das zweite Beispiel ist [zu sehen in der Beziehung zwischen] Nadeln und einem Magneten. Wird nämlich ein Magnet von einer Nadel berührt, so verströmt er seine Kraft in diese Nadel, so dass auch sie eine zweite [Nadel], die sie mit ihrer Spitze berührt, anzieht und sagt: Komm! Dann hängt die zweite mit ihrem Kopf an der ersten, und in gleicher Weise weitere [Nadeln], eine dritte, eine vierte, soweit die Kraft reicht, die vom Magneten hinüberströmt und [von den Nadeln] aufgesogen wird*].

56 Vgl. z.B. Eckhart: DW I; 318,12f. / LW III; 42,7 / LW III; 255,10 / LW III; 484,6 / LW III; 453,7.

57 Vgl. Eckhart: DW II; 617,1—4.: „An den engeln und durch die engel und an dem liehte sol diu sêle widerkriegen ze gote, biz daz si wider kumet in den êrsten ursprunc. – Daz ander: durch daz viuric swert, daz ist, daz diu sêle <wider> komen sol durch guotiu und götlîchiu werk, diu in viuriger minne getân werdent durch got und den ebenkristen".

58 Eckhart: InEx 78: LW II; 81,3ff. (vgl. parr.. auch Eckhart: LW II; 196,8—12): „negationes de deo sunt verae, affirmationes vero incompactae."
[*Verneinungen [die] von Gott [ausgesagt werden], sind wahr, positive Annäherungen im Begriff [sind] mit der Wahrheit unvereinbar*].

59 Vgl. Eckhart: InEx 237: LW II; 196,12:
"perfecta ignorantia cognitio est eius, qui est super omnia quae cognoscuntur."
[*Vollkommenes Nicht-Wissen ist Erkenntnis dessen, der über allem ist, was erkannt wird (=erkennbar ist)*].

[Mystische Theologie] 159

wird das Überschreiten des dionysischen Modells vor allem dort greifbar, wo der Areopagit die Grenze zwischen ewigem und endlichem Sein, damit auch die „Grenze menschlicher Vernunft" ansiedelt, an der Grenze, an der, wie oben beschrieben, „Gottes Ekstase für uns wirklich (= wirksam) und erfahrbar wird":

- bei der Frage nach der Art des „Hervorbruchs" der zeitlichen Wirklichkeit aus der Fülle des göttlichen Seins;
- bei der Frage nach der Bedeutung des *intellectus* für die Bewegung der Kreatur zurück auf ihren Ursprung in der Einheit Gottes hin;
- bei der Frage nach der nötigen Disposition des Menschen auf diesem Weg, der Frage nach Bedingungen, die die „Aufnahmefähigkeit für das göttliche Licht" bestimmen[60],
- bei der deutlicheren Ausprägung eines Verständnisses der für den Menschen notwendigen „radikalen Kehre der Selbst-Transzendierung" bei der Annäherung an das Geheimnis Gottes: Das „letzte, bleibende Werk" der Selbst-Vernichtung und des Eintritts ins Schweigen.[61]

Diese Fragestellungen, bei denen Eckhart über Dionysius und die ihm folgende Tradition theologischen Denkens hinausgeht, die

---

60 Vgl. Eckhart: DW II; 603,1ff.
61 Vgl. Eckhart: RdU 23: DW V; 292,2ff.:
„Nû vrâge: wie sol man daz mitewürken gehaben, dâ der mensche im selben und allen werken entvallen ist und – als Sant Dionysius sprach: der sprichet aller schœnsten von gote, der von der vülle des inwendigen rîchtuomes allermeist kan von im geswîgen – dâ sô entsinket bilde und werk, der lop und der dank, oder swaz er gewürken möhte? Ein antwurt: éin werk blîbet im billîchen und eigenlîchen doch, daz ist: ein vernihten sîn selbes."
[Nun frage: Wie soll da eine Form des Mit-Wirkens haben, wo der Mensch seiner selbst und aller Werke „entfallen" ist und – wie der Heilige Dionysius sagt: „derjenige am allerschönsten von Gott spricht, der aus der Fülle inwendigen Reichtums am allerbesten von ihm schweigen kann – wo auf diese Weise Bild und Werk, Lob und Dank oder was auch immer er wirken könnte, „entsinken"? Eine Antwort: Ein „Werk" bleibt ihm billig und eigentlich doch: Ein Sich- Selbst- Vernichten].

Grenzen erweitert, werden im Fortgang der Arbeit ausführlicher zu betrachten sein.

Zu Beginn muss aber der Blick zurückgewandt werden auf die besondere Prägung „mystischer Theologie" im Denkweg, zu dem Eckhart seine Hörer/Leser herausfordert, eine Tradition, die, wie bereits bei Dionysius ersichtlich, nicht eine Theologie simplifizierender Verneinung und der Zuflucht ins Schweigen sein kann, sondern sich als unaufhebbare Spannung kataphatischer und apophatischer Annäherung an das „Geheimnis göttlicher Finsternis" erweist.[62]
Mit Blick auf dieses bleibende Fundament der Theologie erscheint Meister Eckhart als radikal sprach- und damit auch Theologie[63]-kritischer Denker. Er konfrontiert jeden Versuch, „Gott zu denken"[64], mit der radikalen Bestreitung eines unhinterfragt gegebenen Sinnbezugs „zwischen *significans* und *significatum*, zwischen dem Bezeichnenden und dem Bezeichneten"[65], zwischen ‚Gott' und dem dieser Wirklichkeit zugeschriebenen Begriff. Es ist die dionysische Grundannahme der notwendigen Verneinung, die auch Eckhart in das Zentrum theologischen Denkens rückt:

Nomen	Der Name [Gottes]
est innominabile,	ist ein unnennbarer,

---

62 Eckhart hebt die kritische Stoßrichtung apophatischer Theologie hervor, die die Entzogenheit Gottes gegenüber dem Zugriff des Menschen betont und so die Göttlichkeit Gottes, seine Transzendenz, im Sinn einer Fundamentalaussage jedem verantworteten Versuch theologischer Rede einschreibt. Vgl. etwa Eckhart: InEx 179: LW II; 154,11−13:
„Negationes ergo dictae de deo hoc solum ostendunt quod nihil istorum quae in rebus extra sunt et quae sensibus apprehenduntur, in deo est."
[Verneinende Aussagen über Gott besagen […] lediglich, dass nichts von dem, was in den Dingen der Außenwelt ist und was die Sinne wahrnehmen, in Gott ist].

63 „Theologie" hier verstanden als systematischer Versuch der dogmatisierenden „Gottes-Wissenschaft", also eine „Lehre von Gott" als reines Denk-System zu entwickeln.
Mit dieser Formulierung benennt Dorothee Sölle den Kern dessen, was „Theologie" sei. Vgl. hierzu Sölle, Dorothee: Gott denken − Einführung in die Theologie. 9ff.

65 Haas, Alois M.: Granum sinapis − An den Grenzen der Sprache. in: Ders.: Sermo mysticus. 301f.

| nomen indicibile | ein unaussprechbarer, |
| et nomen ineffabile.[66] | ein unsagbarer Name. |

Diese apodiktische Bestreitung jeder Zugriffsmöglichkeit des um einen „Gottes-Begriff" bemühten Menschen auf das Geheimnis Gottes betrifft auch den Glaubensakt selbst, das „ausdrücklich bemühte Hören des glaubenden Menschen auf die eigentliche, geschichtlich ergangene Wortoffenbarung Gottes" (K. Rahner).

An dieser Stelle muss deutlich Kurt Flasch Recht gegeben werden, der in seinem „Versuch, Eckhart aus dem mystischen Strom zu retten", unter dem Begriff der „Mystik" eben jene vermeintlich durch private „Gottes-Erfahrungen" zu gewinnende Sicherheit in einer nicht mehr kommunizierbaren „Glaubens-Gewissheit" abzuweisen bemüht ist.[67] Eine solche Flucht in „eine unkritische Erfahrungsseligkeit und einen verschwommenen Mystizismus"[68] ist mit Berufung auf Eckhart nicht zu machen[69]:

---

66 Eckhart: InGen 299: LW I; 435,1—2.

67 Die Kritik Flaschs geht jedoch aus Perspektive der Theologie von einem fragwürdigen Mystik-Begriff aus, er benennt mit diesem Begriff letztlich das, was etwa Vladimir Lossky als „'Mystizimus' im abschätzigen Sinn des Wortes" bezeichnet, als „Mischung von wahr und falsch, Wirklichkeit und Illusion", die jeder Objektivität beraubt sei. Vgl. Lossky, Vladimir: Die mystische Theologie. 13.
So benannt erschiene „Mystik" letztlich als Gegensatz in gleicher Weise zur Philosophie und Theologie, „als wäre sie ein der Erkenntnis unzugängliches Gebiet, ein unaussprechliches Geheimnis, etwas Verborgenes, das eher erlebt als erkannt werden kann und das sich weder der Tätigkeit unserer Sinne noch der unserer Intelligenz, sondern nur einer spezifischen Erfahrung erschließt, die unsere Erkenntniskraft übersteigt". Vgl. Lossky, Vladimir: a. a. O.; 11.

68 Vgl. Zechmeister, Martha: Gott erfahren? 322.

69 Vgl. hierzu Zechmeister, Martha: Gott erfahren? 321f.:
„So verständlich der Ruf nach Erfahrung ist, und so ernst die Not ist, die hinter ihm steht, so sehr verbietet sich jedoch ein allzu naives Sprechen von ‚Gotteserfahrung' – oder gar von ‚unmittelbarer Gotteserfahrung'. Es steht in der Gefahr, mit Gott umzugehen wie mit einem endlichen Objekt. Als mysteriöser jenseitiger Gegenstand kommt dann Gott noch zu aller weltlichen Erfahrungswirklichkeit hinzu. Ein solches Reden verhindert, dass das zur Sprache kommen kann, was es selbst anzuzielen versucht.

Die „Unerkanntheit der verborgenen Gottheit" ist und bleibt der,
„der da ohne Namen ist, der eine Leugnung aller Namen ist und der
nie einen Namen gewann", die Grenze der geschöpflichen Erkenntnis ist auch im Glauben nicht überspringbar:

Cum intellectus noster	Wenn unser Verstand
nititur	sich bemüht,
apprehendere creatorem,	den Schöpfer zu erfassen,
invenit parietem magnum	stößt er auf eine hohe Wand,
dividentem inter ipsum.[70]	die uns von ihm scheidet.

Eckhart weist jeden Versuch ab, Gottes habhaft werden zu können,
dispensiert damit jedoch ausdrücklich nicht von der Gott-Suche!
Dementsprechend setzt er die eingangs zitierte Predigt 15 fort: „Das
letzte Ende des Seins ist die Finsternis oder die Unerkanntheit der
verborgenen Gottheit [...] Und darum sprach der Prophet: ,Wahr-
lich, du bist der verborgene Gott' in dem Grund der Seele [...]:

[...] du solt in sûchen,	[...] du sollst ihn suchen
also das du in	so, dass du ihn
niena vindest.	nirgends findest.
sûchest du in nit,	Suchst du ihn *nicht*,
so vindest du in.	so findest du ihn.
Das wir also sûchent,	Dass wir ihn so suchen,

Unreflektiertes Pochen auf die ,Unmittelbarkeit' der Erfahrung Gottes, die
als die Gewissheit eines subjektiven inneren Erlebens verstanden wird,
verkennt die durch Sprache und Geschichte vermittelte Struktur jeder
menschlichen Erfahrung. Eine Rede von der Gotteserfahrung, die ausschließlich gefühlsbetontes Erlebnis meint, verschließt sich selbst in der
Sphäre privatistischer Innerlichkeit. Da solche Gotteserfahrung nichts mit
der Weltwirklichkeit zu tun hat und sich rein im Inneren des Menschen ab-
spielt, entzieht sie sich auch jeder Verifikation und Falsifikation. In die Beliebigkeit des einzelnen entglitten, ist sie nicht mehr mitteilbar, damit aber
auch nichtssagend".

70 Eckhart zitiert so zustimmend Maimonides. Eckhart: InEx 237: LW II;
    195,9—10.
71 Eckhart: Predigt 15: DW I; 253,10—12.

das wir ewenklich	dass wir ewiglich
bi im blibent,	bei ihm bleiben,
des helf vns got	dazu helfe uns Gott!
amen. [71]	Amen.

Dorothee Sölle greift das Problem der radikalen Entzogenheit Gottes gegenüber einer unmittelbaren Erfahrung und der folgenden begrifflichen Fassung in ihrer „Einführung in die Theologie" ausdrücklich auf:

„Ich lade ein zu dem Versuch, Gott zu denken. Damit komme ich schon in die erste Schwierigkeit. Es gibt Mineral-logie, weil Mineralien vorhanden sind und Forscher sich über sie kundig und wissend machen. So leitet sich auch Theologie von den Wörtern *theos* (Gott) und *logos* (Lehre) her. Aber kann es überhaupt einen Logos, eine systematische und rationale Erhellung von Gott geben? Wenn Theologie einfach ‚Lehre über Gott' wäre, analog zu Ossologie (Knochenkunde), dann wäre sie eine Lästerung Gottes, eine Blasphemie."[72]

Die Theologie beschäftigt sich, wenn sie von „Gott" spricht, mit „Namen Gottes" (Dionysius): Offenbart wird nicht die göttliche Natur als solche, wohl aber „gewisse aus der Gottheit zu uns herantretenden Kräfte: nämlich jene, die etwas in uns dem göttlichen Vorbild ähnlicher machen oder uns Dasein schenken, oder Leben erzeugen oder Weisheit spenden"[73].

Alois M. Haas spricht folgerichtig mit Blick auf das Phänomen „mystischen Sprechens" von der radikalen „Insistenz, mit der [...] Bilder und Zeichen, ja das Geschaffene als *vuozspur* (*vestigium Dei*) schlechthin [...] eskamotiert werden"[74], wenn es um ihre theologische Bedeutung geht, insofern diese sich als Wesens-Aussage versteht.

Selbst der „von der Bibel her gewohnte Sprachoptimismus hinsichtlich Gottes und seiner Schöpfung" werde im Kontext eckhartschen Denkens apophatisch in Frage gestellt, indem er „in die theoretisch

---

72   Sölle, Dorothee: Gott denken. 9.
73   Vgl. Dionysius Areopagita: DN II,7 (zit. nach McGinn, Bernard: Ursprünge [Die Mystik im Abendland; I]. 240).
74   Vgl. Haas, Alois M.: Granum sinapis. 301.

unterbaute Sprachfeindlichkeit" auslaufe, „die genau weiß, dass Gott *sunder wîse und sunder eigenschaft* ist"[75]:

„Der *vox* kann keine *res* mehr entsprechen, wo ‚Gott' als das *niht* und bare Verweigerung jeder *proprietas* auftritt." – Dem Wort entspricht keine handhabbare Bedeutung, den „Namen Gottes" entspricht nicht die „göttliche Natur als solche".

Eckhart zitiert in diesem Zusammenhang ein provokantes und gerade daher einprägsames Bild aus den Schriften des Maimonides[76]:

Qui attribuit creatori
agnominationem,
putat
quod illud nomen cadat
in ipsum.

Wer den Schöpfer
mit einem Attribut benennt,
meint [gewöhnlich],
dass es ihm wirklich
zukomme.

Hoc non est
in rerum natura,
sed
est cognitio vana [...]

Aber das entspricht nicht
der Wirklichkeit,
sondern
das ist ein nichtiger Gedanke.

Cuius rei similitudo est,
ut ait,
quod
quidam homo
audivit
nomen elephantis
et scit
quod est res viva

Damit verhält es sich,
sagt er [Maimonides],
„ähnlich,
wie wenn jemand
den Namen ‚Elefant'
gehört hat
und (nur) weiß,
dass er ein Lebewesen ist.

et quaerit,
ut sciat figuram eius
et veritatem,

Nun stellt er Fragen,
um über die Gestalt
und das wahre Wesen
[des Elefanten]
etwas zu erfahren.

et respondet
qui facit ipsum errare:
"scias

Ihm antwortet [einer],
der ihn in die Irre führt:
‚Du musst wissen,

---

75 Vgl. Haas, Alois M.: Granum sinapis. 302.
76 Eckhart: InEx 172—174: LW II 149,11—150,9.

quod est res
habens unum pedem
et tres alas
et habitat in profundis maris,
et corpus eius nitet
sicut lux clara
et facies eius
sicut facies hominis,

et quandoque volat
in aere,
quandoque natat
in aqua
sicut piscis. [...]
cogitatio eius,

qua cogitavit elephantem
esse talem,
vana est,
quia nihil tale
est in entibus,
sed
est privatio tantum,
cui attribuitur nomen entis.

Hinc est quod [...]
grave fuit,
molestum et indignum
sapientibus
audire multiplicantem verba
de deo
[...],
propter
imperfectionem,
quam implicant nomina vel

dass er ein Wesen ist,
das einen Fuß
und drei Flügel hat;
er wohnt in der Meerestiefe;
sein Körper schimmert
in hellem Glanz,
und er hat ein Gesicht
wie das Gesicht eines
Menschen;
und manchmal fliegt er
in der Luft,
manchmal schwimmt er
im Wasser
wie ein Fisch.' [...]
Seine [des Fragenden]
Vorstellung,
die er sich vom Elefanten
so, wie beschrieben, macht,
ist nichtig.
Denn ein derartiges Wesen
existiert in Wirklichkeit nicht,
vielmehr ist das,
dem er den Namen
dieses Wesens
[des wirklichen Elefanten]
beilegt,
jeglichen Seins bar."

Daher war es [...]
für die Gelehrten
untragbar,
lästig und unwürdig,
als sie jemanden viele Worte
über Gott machen hörten;
[...]
[und zwar] wegen
der Unvollkommenheit,
die Namen oder Worte

verba,	beinhalten,
et elongationem	und [ihrer] Entfernung
a simplicitate dei [...].	von der Einfachheit Gottes.

Der für Eckharts Theologie prägende Gottesbegriff, ist in diesem Sinn „schlechterdings nichts anderes als dessen grundsätzliche und schärfste Abweisung"[77]. Dies gilt auch für „mystische Einsichten" jedweder Art![78]

Alle sprachlichen Bilder, alle „Namen Gottes" beruhen auf einer „Erkenntnis in gespenstischen Trugbildern"[79] (*in phantasmate*), sie sind zu werten als „Licht inmitten von Finsternissen".

Deus solus lux est,	Gott allein ist Licht,
et	und [zwar so, dass]
tenebrae in eo	nicht irgendwelche
non sunt ullae.	Verfinsterungen
	in ihm sind.
Ideo	Aus diesem Grund ist [jede
lux in tenebris est	menschliche] Erkenntnis,
cognitio	ausgehend vom „Späteren"

---

77 Vgl. Haas, Alois M.: Granum sinapis. 315.
78 Dazu Haas, Alois M.: Unio mystica. in: Ders.: Mystik im Kontext. 56:
„Die Erfahrung der Einheit mit Gott ist eine immer tiefere Hineinführung in das ‚Mysterium' Gottes. Der Geheimnischarakter des Erfahrenen ist also nicht etwas, das in der Ekstase schwinden würde, sondern etwas, das sich darin steigert".
Unter den *phantasmata* sind im philosophischen, aristotelisch geprägten Diskurs die „sinnlich wahrnehmbaren Erscheinungen" zu verstehen. Die Aussage Eckharts kann in diesem Sinn einfach als Betonung verstanden sein, dass jede menschliche Erkenntnis auf einer sinnlichen Wahrnehmung eines einzelnen Erkenntnisgegenstands beruht und ausgehend von diesen Einzelnen zurückfragt nach dem „Sein der Dinge". Bei Eckhart verbindet sich dieses erkenntnistheoretische Modell jedoch mit einem ausgeprägten kritischen Bewusstsein gegenüber diesem (nicht zu umgehenden) Weg der Erkenntnis, der eben kein „reines Licht" offenbart, sondern „Licht inmitten von Finsternissen". Auf dieser Akzentsetzung beruht meine Übersetzung von *phantasmata* als „Vorstellung/gespenstisches Trugbild" gegenüber „sinnlich erfahrbarem Bild".

a posteriori,	[d. h.
	von den geschaffenen Dingen],
	„Licht
	inmitten von Finsternissen",
cognitio	Erkenntnis in gespenstischen
in phantasmate	Trugbildern/Vorstellungen
et	und [vermittelt]
per phantasma.[80]	durch [eben solche]
	Vorstellungen.

Theologische Begriffe sind damit in einem sehr grundsätzlichen Sinn als „*non proprie*, als uneigentlich, behelfsmäßig"[81] zu betrachten: Die Rede von der Unerkennbarkeit und Namenlosigkeit Gottes stellt eine „Fundamentalaussage"[82] mit apodiktischem Charakter dar.

Sie stiftet der Theologie Eckharts ihre spezifische Unruhe ein, das ausdrücklich von Eckhart so benannte Ideal, den „bloß gedachten Gott"[83] hinter sich zu lassen, gesteigert bis zur Bitte, „um Gottes willen Gottes entledigt zu werden"[84].

---

80 Eckhart: InIoh 20: LW III; 17,11−18,2.
81 Vgl. Haas, Alois M.: Granum sinapis. 319.
82 Haas, Alois M.: Granum sinapis. 319.
    In gleicher Weise betont etwa Josef Hochstaffl, dass es sich bei der apophatischen Theologie im Konzept dionysischer „Theologia Mystica" um einen „Terminus von prinzipien-theoretischer Bedeutung" handle, ihre Bedeutung liege darin, dass es sich bei ihr um den „grundlagentheoretischen Inbegriff einer Grundforderung an allen Gottesbezug und an jede Theologie" handle. Vgl. Hochstaffl, Josef: Negative Theologie. 145.
83 Vgl. Eckhart: RdU 6: DW V; 205, 5−9:
    „Der mensche ensol niht haben noch im lâzen genüegen mit einem gedâchten gote, wan, swenne der gedank vergât, sô vergât ouch der got. Mêr: man sol haben einen gewesenden got, der verre ist obe den gedenken des menschen und aller crêatûre. Dér got envergât niht [...]."
    [Der Mensch soll nicht (einen bloß gedachten Gott) haben und soll sich nicht genügen lassen an einem gedachten Gott; denn wenn der Gedanke vergeht, so vergeht auch der Gott. Man soll vielmehr einen wesenhaften Gott haben, der weit erhaben ist über die Gedanken des Menschen und aller Kreatur. Der Gott vergeht nicht].
84 Eckhart: Predigt 52: EW I; 554,23f.: „Her umbe sô biten wir got, daz wir gotes ledic werden [...]".

Mit Johann Baptist Metz wäre hier von einer Art „gefährlicher Erinnerung" im Sinn einer system-gefährdenden Grundstruktur zu sprechen, die der Theologie Eckharts eingeschrieben ist: Die Tatsache, dass von Gott nur im übertragenen Sinn geredet werden kann, dass jedes Erkenntnis-Bild, welches sich auf Gott bezieht, bestenfalls „asymptotischen Charakter"[85] hat, sei für jede Form Geschlossenheit eines Systems anstrebender Theologie „an sich ‚gefährlich'", so betont etwa Alois M. Haas[86]. Sie impliziert ein Bewusstsein der grundsätzlichen Verdemütigung und notwendigen Selbstbeschränkung der Theologie, will sie nicht zur Chimäre eines schwimmendfliegenden Elefanten mit Menschenangesicht verkommen, die zwar in sich „schön glänzt", aber „nichtig" und wirklichkeitsfern ist.

Eckhart ist sich dieser „Gefährlichkeit" theologischer Rede deutlich bewusst: Der Gefahr nämlich, mit theologischem „Geschwätz"[87] (mit dem *klafen*, dem „Kläffen") Gott zu entehren, indem man den Namenlosen auf einen Begriff festlegt – sei dies begründet in Leichtfertigkeit, Nachlässigkeit, Gewöhnung oder traditioneller Verfestigung. Eckhart bezeichnet die Verwendung solch verfestigter Begriffe schlicht als „Lüge", selbst den Wunsch danach, Gott im Begriff „fassen" zu können, ausdrücklich als „Sünde"[88]:

Got ist namloz,	Gott ist namenlos,
wan von ime kan niemant nit	von ihm kann niemand
gesprechen	etwas aussprechen

---

85 Vgl. Haas, Alois M.: Granum sinapis. 316.

86 Haas, Alois M.: Granum sinapis. 320 (Anm. 76): „Zudem ist die Tatsache an sich ‚gefährlich', dass wir von Gott nur im übertragenen Sinn reden können. Man kann diesen Sachverhalt nicht anders realisieren als im paulinischen [...] Sinn einer ‚Torheit des Wortes Gottes'. Gewöhnung, traditionelle Verfestigung und Abnutzung selbst der scharfsinnigsten Theologumena haben die ‚Ungefährlichkeit' der religiösen Metaphorik allerdings bis zu einem bedenklichen Grade gefördert".

87 Auch hier bezieht sich Eckhart in seinem Exodus-Kommentar auf Maimonides als Gewährsmann, der betont, dass, wenn es darum gehe, „das Wesen des Schöpfers zu erfassen", „Gelehrtheit für Unwissenheit und beredte Worte für Geschwätz" zu erachten seien. Vgl. Eckhart: In Ex 174: LW II; 151,4−6.

88 Eckhart: Predigt 83: EW II; 190,28−192,9.

noch verstan.	oder erkennen.
Har vmb spricht	Darum sagt
ein heidens meister:	ein heidnischer Meister:
Swas wir verstant	Was wir von der ersten Ursache
oder sprechent	erkennen
von der ersten sachen,	oder aussagen,
das sin wir me selber,	das sind wir mehr selber,
dan es die erste sache si,	als dass es die erste Ursache
	wäre,
wan si ist vber allis sprechen	denn sie ist über alles Aussagen
vnd verstan. [...]	und Verstehen [erhaben].
Sprich ich och:	Sage ich selbst:
>Got ist ein wesen< -	„Gott ist *ein Sein*" –
es ist nit war:	es ist nicht wahr:
Er ist ein vber swebend wesen	Er ist ein überschwebendes Sein
und ein vberwesende nitheit.	und eine überseiende Nichtheit.
[...]	[...]
do von swig	Daher schweig
und klafe nit	und schwätze nicht
von gotte;	von Gott!
wande mit dem,	Denn damit,
so dv von ime claffest,	dass du über ihn schwatzt,
so lvgest dv,	[damit] lügst du,
so tůstu sunde.	[damit] sündigst du.
wiltu nv ane sunde sin	Willst du also ohne Sünde sein
und vollekomen,	und vollkommen,
so claffe nit von gotte.	so schwatze nicht von Gott.
Dv solt och nit verstan	Du sollst auch nichts verstehen
von gotte,	von Gott,
wan got	denn Gott
ist uber allis verstan.[89]	ist über allem Verstehen.

Die Illusion, Gottes habhaft werden zu können, so fährt Eckhart in der oben zitierten Predigt 83 in aller Schärfe fort, lässt den Menschen zurückfallen auf eine „tierische Stufe der Erkenntnislosigkeit" („so

---

89 Eckhart: Predigt 83. EW II; 190,11–192,2.

kvmest dv in ein vnverstandenheit, vnd von der vnverstandenheit
kvmest dv in ein vihelicheit [...]"[90]): „Willst du nicht tierisch werden, so erkenne nichts von dem im Wort unaussprechlichen Gott"[91]!
Der Theologie droht laut Eckhart in grundsätzlicher Weise die „vie-
hische Versuchung", „Gott zu nehmen, ihm einen Mantel um das
Haupt zu wickeln und ihn unter eine Bank zu stoßen"[92], ihn aus dem
Modus des Empfangens in den des Besitzens überführen zu wollen.
Dieses Bemühen, Gott „Namen anzukleben", wird entlarvt als Lüge,
als Sünde, als „Entehrung" des je unbegreiflicheren Gottes.

Ich spriche:	Ich spreche:
swer iht bekennet in gote	Wer etwas an Gott erkennt
und im deheinen namen	und ihm irgendeinen Namen
anekleibet,	anklebt,
daz enist got niht.	dies ist nicht Gott.
Got ist über namen	Gott ist über Namen
und über natûre.	und über Natur.
Wir lesen	Wir lesen
von einem guoten man,	von einem guten Mann,
der got bat in sînem gebete	der bat Gott in seinem Gebet
und wolte im	und wollte ihm
namen geben.	einen Namen geben.
Dô sprach ein bruoder:	Da sprach ein Bruder:
‚swîc, dû entêrest got!'	„Schweig, du entehrst Gott!"
Wir enmügen	Wir vermögen
keinen namen vinden,	keinen Namen zu finden,

---

90 Eckhart: Predigt 83. EW II; 192,5—7.
91 Ebd.; Nhd. Text: EW II; 193,8—9.
92 Vgl. Eckhart: Predigt 5b: DW I; 91,5—9:
    „[...] sô tuost dû niht anders dan ob dû got næmest und wündest im einen
    mantel umbe daz houbet und stiezest in under einen bank. Wan swer got
    suochet in wîse, der nimet die wîse und lât got, der in der wîse verborgen
    ist. Aber swer got suochet âne wîse, der nimet in, als er in im selber ist."
    [So tust du nichts anderes als dass du Gott nämest und wickeltest ihm einen Man-
    tel um den Kopf und stießest ihn unter eine Bank. Denn wer Gott in [einer be-
    stimmten] Weise sucht, der nimmt die Weise und verliert (dabei) Gott, der in der
    Weise verborgen ist. Aber wer Gott sucht ohne Weise, der nimmt (=empfängt) ihn
    so, wie er in sich selbst ist].

den wir gote mügen geben.	den wir Gott geben dürften.
[...]	[...]
[Ze dem andern mâle]	
suln wir lernen,	Wir sollen lernen,
daz wir gote	dass wir Gott
keinen namen geben,	keinen Namen geben
alsô	derart,
daz wir wænen wölten,	dass wir annehmen möchten,
daz wir in genuog dâ mite	dass wir ihn damit ausreichend
gelobet und erhaben hæten;	gelobt und geehrt hätten.
wan got ist ,über namen'	Denn Gott ist „über Namen"
und unsprechelich.[93]	und unaussprechlich.

„Schweig! – Du entehrst [sonst] Gott!" In fundamentaler Weise hat jede Rede über Gott bei Eckhart ihren Ursprung in einer Haltung des „Schweigens" – die Aufforderung dazu durchzieht sein Werk als grundlegendes und bestimmendes Prinzip: „Das Schönste, was der Mensch über Gott auszusagen vermag, das besteht darin, dass er aus der Weisheit des inneren Reichtums schweigen könne.[94] Schweig daher!"[95]

Eckhart ist sich dabei durchaus bewusst, welche Herausforderung dies im konkreten Fall bedeuten kann, *nicht* zu reden, sondern zu *schweigen*, zu *hören*, nicht in die „Weise des Besitzens" zu verfallen, sondern empfänglich zu bleiben gegenüber den *„nova et rara"*[96], die

---

93 Eckhart: Predigt 53: DW II; 533,4—534,9.
94 Eckhart kennzeichnet diesen Satz als Zitat, das er verschiedentlich Augustinus (etwa Predigt 53: EW II; 190,25—27) oder Dionysius Areopagita (etwa DW V; 292,2—4) zuschreibt.
95 Eckhart: Predigt 83: EW II; 191,31—34.
96 Eckhart betont entsprechend seine Vorliebe für „neue und selten gehörte Auslegungen der Tradition", die den Verstand irritieren und anregen, die den Horizont des Denkens weiten.
   Vgl. ProlGen II: LW I; 148,11—149,2: „[...] adhuc autem tertio quantum ad auctoritatem plurimarum sacri canonis utriusque testamenti raras expositiones, in his potissime quae se legisse alias non recolunt vel audisse, praesertim quia dulcis irritant animum nova et rara quam usitata, quamvis meliora fuerint et maiora".

dem Menschen von Seiten des je unbekannten Gottes in den Zumutungen des Unerwarteten entgegenkommen:

alsô ist dir entwenne	So wird es dir manchmal
swærer	schwerer sein,
	[im richtigen Moment]
ein wort	*ein* Wort zu verschweigen,
ze verswîgenne,	als dass man sich
dan ob man	überhaupt allen Redens
zemâle swîge von aller rede.[97]	enthalte
	[d. h.: als dass man sich
	ins Verstummen flüchtet].

Hans Blumenberg führt in seinen „Paradigmen zu einer Metaphorologie" die für diesen Kontext hilfreiche Unterscheidung zwischen „Verstummen [= Schweigen]" und „Stummheit" ein, zwischen denen eine wesentliche Differenz gesehen werden müsse.[98] Es geht auch bei Eckhart nicht um eine grundsätzliche, hilflose Stummheit, ein Sich-Einkapseln und Resignieren gegenüber der je neuen Fremdheit, die dem Menschen im Leben entgegenkommt, gegenüber dem Verletzenden, als das „Der Andere" in die alltägliche Schein-Sicherheit einbricht. Es geht nicht um einen Rückzug in die totale Sprachlosigkeit, um das „Sich-aller-Rede-Enthalten" angesichts „konkreter Lebensfragen, die vom Zerbrechen der Sprache gezeichnet sind"[99]. Es geht vielmehr um die Haltung einer radikalen Offenheit für das, was – so formuliert Eckhart – Gott, „mein Herr", durch das Verletzend-Fremde „in mich hinein-spricht"[100].

Auf die sehr konkrete Bedeutung dieser Spannung, die das Verständnis der *mystika theologia* im Kontext der Armutsbewegung des Spätmittelalters prägt, weist pointiert Hildegund Keul hin:

„Die Polarität von [...] Sprechen und Verschweigen; Verstummen und Zu-Wort-Kommen markiert den Spannungsbogen, den die Mys-

---

97 Eckhart: RdU 1:. DW V; 254,7–8.
98 Blumenberg, Hans: Paradigmen zu einer Metaphorologie. 179.
99 Vgl. Keul, Hildegund: Gravuren der Mystik in christlicher Gottesrede. 226.
100 Vgl. Eckhart: DW V; 409,4–5.

tik wie keine andere theologische Tradition in die Mitte ihrer Gottesrede stellt. Die Sprachlosigkeit in Gottesfragen begreift sie in Verbindung mit der Zerbrechlichkeit, die Menschen in Brüchen ihres
Lebens erfahren. [...] Die Mystik richtet die Aufmerksamkeit auf Orte, wo es Menschen die Sprache verschlägt, weil ihnen das Leben zu
zerbrechen droht. [...] An den Orten, denen sich die Mystik stellt,
und in den Fragen, mit denen sie es hier zu tun bekommt, kulminiert
die Zerbrechlichkeit des Lebens. Es ist gerade nicht die heile Welt eines siebten Himmels [...]. Mystik steht vor der Aufgabe, die Präsenz
Gottes in der Not des Lebens zu benennen."[101]

Die „Verortung in der Sprachlosigkeit", so zusammenfassend Hildegund Keul, „konstituiert die Mystik als Negative Theologie". Es
gelte, „Gott ins Wort zu bringen", wo sich angesichts himmelschrei-
ender Not unausweichliche Gottesfragen stellen, wo jedoch gleichzeitig die zur Verfügung stehende Sprache versagt.[102]
„Schweigen" bedeutet demnach nicht einfach Sprach-losigkeit, es
bedeutet, mit Formulierungen Paul Celans gesprochen, nicht nur
„Bruch" mit der gewohnten Sprache, sondern gleichzeitig „Setzung
des Neuen, Unbekannten"[103]. Das Schweigen ist nicht nur sprach-
feindlich, es ist zutiefst sprachproduktiv. Alois M. Haas verweist in
Hinblick auf den „Kampf gegen die Sprache", der in der spekulati-
ven Mystik Meister Eckharts so auffällig sei, auf Josef Quint, der
darzulegen vermochte, „dass einerseits ,[...] die kennzeichnenden
Merkmale dieses Sprachstils [= des radikal apophatischen Sprachstils Eckharts; E. F.] durch den bezeichneten Kampf hervorgetrieben'
werden, dass andererseits aber die Mystiker ,bei dem Versuch [...],
die Sprache umzugestalten, [...] paradoxerweise gerade in ihrer
Gegnerschaft gegen die Sprache zu Sprachschöpfern, und nicht zu
den unbedeutensten' werden."[104] Dieser Blick auf die Spannung
zwischen Sprach-Feindlichkeit und Sprach-Schöpfung führt zurück
zur Unterscheidung Blumenbergs zwischen „Stummheit"/ Sprachlosigkeit und „Verstummen"/Schweigen:

---

101 Keul, Hildegund: Gravuren der Mystik in christlicher Gottesrede. 228f.
102 Vgl. Keul, Hildegund: Gravuren der Mystik in christlicher Gottesrede. 229.
103 Vgl. Celan, Paul: Der Sand in den Urnen. 167.
104 Haas, Alois M.: Granum sinapis. 302.

„Die negative Theologie der Spätantike und des Christentums, wo es neuplatonische Prägung hat, macht eine neue Sprache notwendig. Freilich kann man sagen, dass eine Theologie, die über Gott überhaupt nichts ausmachen zu können glaubt, im Grunde gar keine Sprache brauche. Aber zwischen Stummheit und Verstummen soll hier gerade eine wesentliche Differenz gesehen werden; es ist das, was die *docta ignorantia* meint.

Die negative Theologie stellt nicht einen Wissensstatus dar, sondern sie ist ein Weg, eine Praxis, eine Methode zu einem Modus des Sich-Verhaltens."[105]

Dieser „Modus des Sichverhaltens" (Blumenberg), den Eckhart „Schweigen"/„Hören" nennt, hat Wegcharakter, soll „praktisch", d. h. lebensprägend sein. Der „Modus des Sichverhaltens" zielt auf Offenheit gegenüber dem freien Wirken Gottes („Ich will hören, was mein Herr in mich hineinspreche"), er hat bei Eckhart seinen ausdrücklichen Zielpunkt in der Transformation dessen, der den „Weg des Schweigens/ Sprechenlassens[106]/Hörens" lebt: Eckhart siedelt das „Schweigen" so gerade an der Stelle des geistlichen Wegs an, an der bei der Auseinandersetzung mit Dionysius Areopagita die Rede war von der notwendigen „radikalen Kehre"[107] des Menschen beim „Eintritt in das Geheimnis Gottes".

Eckhart verbindet an dieser „Lebens-Wende" des „Durchbruchs" die Notwendigkeit des Schweigens mit der Vorstellung der „Gottes-Geburt" im Menschen, mit der Transformation des Menschen in das Sein Gottes hinein. Greifbar wird dies in dem bei Eckhart beliebten Bildvergleich des Feuers, das ein Stück Holz ergreift und es letztlich in sein eigenes Wesen, in das des Feuers hinein verwandelt/transformiert. Dieser Vergleich, mit dem Eckhart erneut an ein bei Dionysius Areopagita zentrales Bild anknüpft[108], soll hier ausführlich zitiert werden:

---

105 Blumenberg, Hans: Paradigmen zu einer Metaphorologie. 179.
106 Vgl. Haas, Alois M.: Das Nichts Gottes und seine Sprengmetapher. in: Ders.: Mystik im Kontext. 100: „Schweigen ist eine Form des Sprechenlassens und damit des Lassens".
107 Vgl. McGinn, Bernard: Ursprünge [Die Mystik im Abendland; I]. 265f.
108 Bei Dionysius Areopagita dient das Feuer als „bevorzugtes Bild" sowohl für Gott selbst als auch für die Gottähnlichkeit. Vgl. Stein, Edith: Wege der Gotteserkenntnis. 31f.:

[...] unser herre	Unser Herr
bat sînen vater,	bat seinen Vater,
daz wir mit im	dass wir mit ihm
und in im ein würden,	und in ihm Eins würden,
niht aleine vereinet.	nicht nur vereint.
Dirre rede	Für diese Rede
und dér wârheit	und diese Wahrheit
	[, das Innere betreffend,]
hân wir ein offenlich bilde	haben wir auch äußerlich
und bewîsunge in der natûre,	ein sichtbares Bild
ouch ûzerlîche:	und einen Beweis in der Natur:
swenne daz viur würket	Wenn das Feuer wirkt
und enzündet	und das Holz entzündet
und enbrennet daz holz,	und es in Brand setzt,
sô machet das viur	so macht das Feuer
alsô kleine daz holz	das Holz ganz klein
und im selben	und ihm [dem Holz] selbst
unglîch	ungleich

Dass das Bild des Feuers „[...] so gern für Gott selbst verwendet wird, muss darin begründet sein, dass das Feuer vieles an sich hat, was es zur Veranschaulichung des göttlichen Wesens geeignet macht: Das ‚sinnenfällige Feuer ist, wenn man es so sagen darf, in allen Dingen, geht durch alle rein hindurch und wird von allem aufgenommen; und obwohl es ganz leuchtend ist, ist es doch zugleich verborgen und bleibt unbekannt, wenn es nicht auf einen Stoff trifft, in dem es seine Kraft offenbaren kann; es ist unmessbar und unsichtbar, beherrscht alles und führt alles, worin es ist, dazu, seine eigene Leistung zu vollbringen; es hat die Kraft zu verändern und gibt allem, was ihm nahekommt, an sich selbst Anteil; es erneuert alles durch die Lebenswärme und erleuchtet durch offen hervorzuckende Blitze [...]; es hat die Kraft zu scheiden, ist unwandelbar, steigt nach oben, durchdringend [...], stets beweglich, bewegt es sich selbst und anderes; hat die Kraft, anderes in sich zu fassen, ohne selbst umfasst werden zu können; bedarf keines andern [...]; in jedem aufnahmefähigen Stoff offenbart es sein erhabenes Wesen [...], soviel es sich leuchtend mitteilt, wird es doch nicht vermindert'".
Das lange Zitat, das E. Stein hier anführt, entspricht Dionysius Areopagita: Himmlische Hierarchie XV,3 [ESGA 186f.].

und benimet im gropheit,	und nimmt ihm die Grobheit,
kelte,	die Kälte,
swærheit	Schwere
und wezzericheit	und Feuchtigkeit,
und	und
machet daz holz im selben,	macht das Holz sich selbst,
dem viure,	dem Feuer,
glîch mê und mê;	mehr und mehr gleich;
doch gestillet	doch beruhigen sich
noch geswîget	weder Feuer noch Holz,
noch genüeget niemer	noch schweigen sie,
weder viure noch holze	noch begnügen sie sich
an keiner wermde	an keiner Wärme,
noch hitze	Hitze
noch glîchnisse,	oder Ähnlichkeit,
biz daz viur gebirt sich selben	bis das Feuer sich selbst
in daz holz	in das Holz gebiert,
und gibet im	und ihm
sîne eigen natûre	seine eigene Natur gibt
und ouch ein wesen	und auch
sîn selbes,	sein eigenes einiges Sein,
alsô daz allez ein viur	so nämlich, dass alles *ein* Feuer
glîche eigen ist,	ist, [beiden] gleich zueigen,
ungescheiden,	ungeschieden,
weder minner noch mê.	weder weniger noch mehr
	[in einem von beiden].
Und dar umbe,	Und darum ist da,
ê diz her zuo kome,	bis es dazu kommt,
sô ist dâ iemer ein rouch,	immer stärker ein Rauch,
ein widerkriec,	ein Sich-Wehren
	[ein „Wider-einander-Krieg-
	Führen],
ein prastln,	ein Prasseln,
ein arbeit	eine Mühe/Anstrengung
und ein strît	und ein Streit
zwischen viure und holze.	zwischen Feuer und Holz.
Sô aber alliu unglîcheit	Wenn aber alle Ungleichheit

wirt benomen	weggenommen
und abgeworfen,	und abgeworfen wird,
sô gestillet das viur	so beruhigt sich das Feuer
und geswîget daz holz.	und schweigt das Holz.
[...]	[...]
alle die wîle	Solange noch Ähnlichkeit
daz noch glîchnisse	[= (Noch-)Nicht-Identität]
wird vunden	zwischen dem Feuer
und erschînet	und dem
zwischen viure	[im Feuer brennenden] Holz
und holze,	gefunden werden kann
	und [wahrnehmbar] erscheint,
sô enist niemer	solange ist dort niemals
wârer lust	wahre Lust
noch swîgen	noch Schweigen,
noch rast	noch Ruhe,
noch genüegede.	noch Genügen.
Und dar umbe	Und darum
sprechent die meister:	sprechen die Meister:
gewerden des viures	Das Werden des Feuers
	[d. h. das Feuer-Werden des
	Holzes]
ist mit widerkriege,	geschieht mit Widerstreit,
mit andunge	mit Erregung
und unrouwe	und Unruhe
und in der zît;	und in der Zeit;
aber geburt des viures	die Geburt des Feuers aber
und lust	und die Lust
ist sunder zît	ist ohne Zeit
und sunder verre.	und ohne Ferne.
[...]	[...]
Allez,	Alles das,
daz ich nû gesprochen hân,	worüber ich jetzt gesprochen
	habe,
daz meinet,	das meinte unser Herr,

---

109 Eckhart: BgT (Liber Benedictus): DW V; 33,8−34,4 und 34,13−35,2.

daz unser herre sprichet:	als er sprach:
,sô diu vrouwe gebirt	„Solange die Frau
daz kint,	das Kind gebiert
	[d. h. in Geburtswehen liegt],
sô hât si leit	so lange hat sie Leid
und pîn	und Pein
und trûricheit;	und Traurigkeit.
sô aber	Sobald aber
daz kint geborn ist,	das Kind geboren ist,
sô vergizzet si leides	vergisst sie Leid
und pîn'.[109]	und Pein".

Das „Schweigen" als Modus des Sichverhaltens auf Seiten des Menschen mündet also zusammenfassend

* in eine Form der „Gottes-Erkenntnis" in vollkommenem Nicht-Wissen,
* das sich jedoch verbindet mit einer radikalen Kehre, die im Bild der Gottes-Geburt als „Durchbruch", als Lebenswende des Menschen beschrieben wird, die der Mensch (ähnlich dem Stück Holz im Feuer) von Seiten Gottes er-leidet.

Das radikale Sich-Ausetzen gegenüber dem „Fremden Gottes" disponiert den Menschen über die daraufhin an ihm geschehende Transformation „in das Feuer hinein" zu einer er-leidenden Form der Gottes-Erkenntnis.
In seinem Kommentar zum Johannes-Evangelium[110] verweist Eckhart in diesem Zusammenhang auf Hierotheus zurück, den (fiktiven) Lehrer, den Dionysius Areopagita in seinen Werken nennt, der „die Göttlichen Geheimnisse" nicht lernte „durch Belehrung von außen" (*discendo ab extra*), sondern „durch Erleiden" (*patiendo*).

Um diesen ersten Blick auf Eckharts theologische Akzentuierung im Anschluss an Dionysius Areopagita und die Tradition der so genannten „mystica theologia" abzuschließen, ist zurückzukehren zu der für diesen Gedankengang zu Beginn zitierten Predigt Eckharts:

---

110 Vgl. Eckhart: InIoh 191: LW III; 160,1—2.

„Das letzte Ende des Seins ist die Finsternis oder die Unerkanntheit der verborgenen Gottheit".

Diese Redeweise gewinnt – darauf weist etwa Reiner Manstetten pointiert hin – bei Eckhart „eine neue Bedeutung", da sie „im Horizont des Weges des [...] Menschen"[111] verwendet wird, sie überschreitet die *theologia negativa*, auf die sie direkt anspielt[112]: „Die ‚Finsternis und Unerkanntheit der verborgenen Gottheit' ist keine Eigenschaft einer göttlichen Substanz, sondern wird vom Weg des Menschen zu seinem wahren Sein her gedacht. Gott ist letztes Ende als Vollendung und Transzendierung höchster, jegliche Bestimmtheit überschreitender Erkenntnis des edlen Menschen."[113] Eckhart eröffnet damit einen neuen „Horizont radikaler Verwandlung des Mensch-Seins"[114], der seine gedankliche Fortführung im zweiten Predigt-Schwerpunkt Eckharts findet, der „grôzen edelkeit, die got an die sêle geleget, daz der mensche dâ mite kome in ein wunder ze gote".

---

111 Vgl. Manstetten, Reiner: Esse est Deus. 483.
112 Vgl. Manstetten, Reiner: Esse est Deus. 484.
113 Manstetten, Reiner: Esse est Deus. 484.
114 Vgl. Manstetten, Reiner: Esse est Deus. 487.

II.2. Die „grôze edelkeit, die got an die sêle geleget hat"

„Ich spriche:
menscheit ist an dem ermsten oder versmæhesten menschen
als volkomen als an dem bâbeste oder an dem keiser."[1]

„O mira humilitas,
despectum et debilem
totisque membrorum compagibus dissolutum
filium vocat,
quem sacerdotes non dignabantur contingere."[2]

Während im Rahmen der im vorhergehenden Kapitel skizzierten
Ausprägung „negativer Theologie" im Werk Eckharts der Weg des
Menschen zu Gott, die Fähigkeit seiner intellektuellen Annäherung
an das Geheimnis Gottes, vor der unüberwindbare Grenze der zwischen Gott und Mensch sich erhebenden „hohen Wand"[3] endet, dem
Menschen also in absoluter Weise der Zugang zum Wesen Gottes
verwehrt ist, so kennt Eckhart doch – und hier wird seine eigene
theologische Profilierung deutlich – das „wunder", mit dem eine
Möglichkeit des Zu-Gott-Kommens des Menschen eröffnet wird.

Ze dem dritten mâle	Drittens
[pflige ich ze sprechenne],	[pflege ich davon zu sprechen],
daz man gedenke	dass man die große *Edelkeit*
der grôzen edelkeit,	bedenken soll,
die got	die Gott
an die sêle geleget,	an (in) die Seele gelegt hat,
daz der mensche dâ mite	dass der Mensch dadurch
kome	auf wunderbare Weise zu Gott

---

1   Eckhart: Predigt 25: DW II; 18,2—4.:
    „Ich sage: ‚Menschheit' ist im ärmsten und verachtetsten Menschen ebenso
    vollkommen wie im Papst oder im Kaiser".
2   Eckhart: Sermo XLII2: LW IV; 357,1—3 (Kommentar zu Mt 9,2):
    „O wunderbare Demut! Den Verachteten und Schwachen und an allen
    Gliedern gelähmten, den die Priester keiner Berührung würdigten, nennt
    er [= Gott] Sohn".
3   Vgl. Eckhart: InEx 237: LW II; 195,9—10.

	komme.
in ein wunder ze gote.	
Ze dem vierden mâle	Viertens
von götlîcher natûre lûterkeit	von der *Lauterkeit* der göttlichen
–	Natur –
waz klârheit	welche *Klarheit* der göttlichen
an götlîcher natûre sî,	Natur zu eigen ist,
daz ist unsprechelich.	das ist unaussprechlich.
Got ist ein wort,	Gott ist ein Wort,
ein ungesprochen wort.[4]	ein ungesprochenes/
	unaussprechliches Wort.

Dieses „*wunder*" wird jedoch nicht einfach als Außerkraftsetzung der unter dem Begriff der „lûterkeit götlîcher natûre" gefassten Tatsache der Unzugänglichkeit und Unaussprechlichkeit Gottes beschrieben – diese bildet die „Hintergrundfolie", auf die jeder weitere Denkschritt verwiesen ist und an die er gebunden bleibt. Es stellt sich vielmehr dar als trotz und mit dieser Tatsache gewagter „Weg des *Gedenkens*", und damit des Denkens (!) und Erkennens, der intellektuellen Durchdringung der Beziehung, die von Ewigkeit her besteht zwischen dem unbegreiflichen Gott und dem Menschen als seinem Geschöpf.

Diese grundlegende Beziehung ist es, die die „*grôze edelkeit*" der menschlichen Seele, den „Adel" des Menschen begründet.

[...] animam esse domum dei	Darin, dass die Seele
	das Haus Gottes ist,
apparet	erscheint
dignissima condicio	ihr würdigster Zustand
et singularis dignitas.	und ihre besondere Würde.
Eo enim domus dei	Denn dadurch ist sie
	Gottes Haus,
quo capit deum,	wodurch sie Gott aufnimmt,
,eo autem capax dei est	dadurch aber ist sie Gottes
	empfänglich,
quo imago dei est'.[5]	wodurch sie Gottes Bild ist.

---

4   DW II; 528,7–529,2.

Den Ausgangspunkt des Denkweges, der im Folgenden dargestellt werden soll, bildet die Auseinandersetzung Eckharts mit der Verheißung, sich als Mensch gemäß Gen 1,26 als „Ab- und Ebenbild Gottes" und damit als „Herrscher über die Schöpfung" erkennen zu dürfen[6]:

> „'Lasst uns den Menschen machen
> nach unserem Ebenbild und Gleichnis' [...];
> es folgt:
> ,Er herrsche über die Fische des Meeres
> und über die Vögel des Himmels
> und die Tiere der ganzen Erde'
> und ,Gott schuf den Menschen nach seinem Ebenbild, [...]
> nach dem Ebenbild Gottes'."[7]

II.2.1. Die *imago dei* als „ewige Idee des Menschen" im Grund der Seele

Wenn Eckhart an die biblische Überlieferung anknüpft und den „Sinn des Wortes: ,lasst uns den Menschen machen nach unserem Ebenbild und Gleichnis' [...]"[8] erklärt, erweist er die *grôze edelkeit* der menschlichen Seele anhand der herausgehobenen Stellung des Menschen im Gefüge der Ordnung des Kosmos. Er hebt in seiner schöpfungstheologischen Reflexion den „Adel", den Vorrang des Menschen gegenüber „allen anderen Kreaturen" hervor, der darin bestehe, dass der Mensch „so von Gott ausgeht, dass er zum Abbild

---

5   Eckhart: Sermo XXIV,1: LW IV; 217,15−218,1.

6   Weitere zentrale biblische Verweisstellen bei Eckhart sind etwa Kol 1,15 oder auch 1 Kor 11,3.7. Vgl. Eckhart: ParGen 153: LW I; 623, 9−12.

7   Gen 1,26f. Zit. bei Eckhart: InGen 115: LW I; 271,6−9.: „'Faciamus hominem ad imaginem et similitudinem nostram', [...] et sequitur: ,praesit piscibus maris et volatilibus caeli et bestiis universae terrae'; et sequitur: ,creavit deus hominem ad imaginem suam, [...] ad imaginem dei' [...]."

8   Vgl. Eckhart: InGen 115; LW I; 271,5−6.

des göttlichen *Wesens* wird", aufnahmefähig für alle „Vollkommenheiten, die zum Wesen Gottes gehören"[9]:

Got ist in allen dingen	Gott ist in allen Dingen
wesenlîche,	wesenhaft,
würklîche	wirkend
und gewalticlîche	und gewaltig.
[...];	[...]
Wan	Während [nämlich]
alle crêatûren	alle Kreaturen
sind ein vuozstaphe gotes,	ein Fußstapfe Gottes sind,
mêr: diu sêle	ist die Seele mehr:
ist natiurlîche	[sie] ist naturhaft [wesen-haft]
nâch gote gebildet.[10]	nach Gott gebildet.

Das Sein Gottes in der menschlichen Seele unterscheidet sich hinsichtlich seiner abbildhaften Fülle vom Sein Gottes in den übrigen Kreaturen. Während diese als „vuozstaphe gotes" auf Gott verweisen, als Bild einer *„idea alicuius in deo"*[11] „etwas von Gott" erkennen lassen, erscheint der Mensch als „natiurlîche nâch gote gebildet", als *imago dei*.[12] Das unterscheidende Merkmal des Menschen ist hierbei

---

9   Vgl. Eckhart: InGen 115; LW I; 271,1—6.

10   Eckhart: Predigt 102; DW IV1; 409,12—14.

11   Vgl. Eckhart: InIoh 549: LW III; 479, 1—4:
"[...] omnis creatura citra hominem facta est ad similitudinem dei et idea alicuius in deo. Homo autem creatus est ad imaginem totius substantiae dei, et sic non ad simile, sed ad unum."
[Jede Kreatur, die [in der Ordnung der Schöpfung] unterhalb des Menschen [steht], ist hin auf eine Ähnlichkeit mit Gott geschaffen und [ist] Idee von etwas in Gott. Der Mensch aber ist erschaffen hin auf das Bild des ganzen Wesens Gottes, und zwar nicht zu etwas Ähnlichem, sondern zum Einen hin.]

12   Was Eckhart in der zitierten Predigt DW 102 ausschließlich dem Menschen gegenüber allen Kreaturen zuschreibt, nämlich *imago dei* zu sein, ist an anderer Stelle seines Werkes unterscheidendes Merkmal zwischen den „vernünftigen und geistigen Geschöpfen" in Abgrenzung zu „allen unter ihnen stehenden" Geschöpfen (vgl. etwa InGen 115: LW I; 270,5—10). Diese Ausweitung gegenüber der ausschließlichen Konzentration auf das Wesen der menschlichen Seele in Pr. 102 entspricht der auch von Eckhart geteilten Tradition, dass auch in den Engeln das „Bild Gottes" zu finden sei.

seine „Vernünftigkeit und Geistigkeit", die ihn vor den anderen Geschöpfen auszeichnet, da das Wesen Gottes selbst *intellectus purus* ist, *totale intelligere*[13].

Quantum ad nunc autem	Für jetzt
sciendum	muss man aber wissen,
quod creatura rationalis	worin die vernünftigen
sive intellectualis	oder geistigen Geschöpfe
in hoc differt	sich von allen
ab omni creatura	unter ihnen stehenden
quae citra est,	unterscheiden,
quod ea	dass die [Geschöpfe],
quae citra sunt	die unterhalb [des Menschen] sind,
producta sunt	hervorgebracht worden sind
ad similitudinem	nach dem *Gleichnis*
eius quod in deo est	*von etwas, was in Gott ist,*
et habent ideas sibi proprias	und ihre eigenen Ideen
in deo,	in Gott haben,
ad quas facta dicuntur,	nach denen sie, wie man sagt, geschaffen sind,

---

Vgl. hierzu Eckhart: Predigt 77 (DW III; 334,5—335,6):
„Ein meister sprichet, der engel sî ein bilde gotes. Der ander saget, er sî nâch gote gebildet. [...] Disen engeln suln wir glîch werden". In gleicher Weise Predigt 78 (DW III; 353,4—354,1) mit Verweis auf Johannes Damascenus: „Der engel ist ein bilde gotes". Ebenso Sermo XXVII (LW IV; 250,3—4): „[...] angelus, ut ait Dionysius, est imago dei".
Auf diesen Aspekt ist hier nicht näher einzugehen. Bedeutsam ist er jedoch in dem Sinn, dass es bei der Unterscheidung zwischen dem Menschen als *imago dei* und den übrigen Kreaturen als *vestigium dei* bei Eckhart akzentuiert letztlich um den „Ort" geht, an dem das „bilde gotes" zu suchen ist, nämlich in *„ratio sive intellectus"* (vgl. InGen 115: LW I; 270,5), auch beim Menschen also in seiner geistigen Natur, nicht in seiner äußeren Erscheinung. Dieser Gedanke wird weiter zu verfolgen sein.
Vgl. hierzu die Pariser Quaestio „Utrum in deo sit idem esse et intelligere" (Eckhart: QP I: LW V; 37—48) und die ausführliche Untersuchung: Imbach, Ruedi: Deus est intelligere. Dort besonders das Kapitel 3.3 (a. a. O.; 167—200).

sed rationes determinatas ad species distinctas ab invicem in natura,	aber Ideen, die auf die in der Natur voneinander unterschiedenen Arten eingeschränkt sind.
natura vero intellectualis	Der Vorzug der geistigen Natur besteht darin,
ut sic potius habet ipsum deum similitudinem	dass sie *Gott selbst* *zum Gleichnis* hat,
quam aliquid quod in deo sit ideale.[14]	nicht etwas, was in ihm in der Art einer Idee ist.
principium omnium productorum naturalium est intellectus altior natura et omni creato, et hic deus [...] deus sit intellectus purus, cuius esse totale est ipsum intelligere.[15]	Der Ursprung alles in der Natur Hervorgebrachten ist der Intellekt, der höher ist als die Natur und alles Geschaffene. Das ist Gott. [...] Gott ist reiner Intellekt, dessen ganzes Sein das Denken schlechthin ist.
Als wir got nemen in dem wesene, sô nemen wir in in sînem vorbürge, wan wesen ist sîn vorbürge, dâ er inne wonet. Wâ ist er denne in sînem tempel,	Wenn wir Gott im Sein nehmen, so nehmen wir ihn in seinem ,Vorhof', denn das Sein ist sein ,Vorhof' in dem er wohnt. Wo [aber] ist er denn in seinem Tempel,

---

14   Eckhart: InGen 115: LW I; 270,5—10.
15   Eckhart: InGen 168: LW I; 313,12—314,5.

dâ er heilic inne schinet?	in dem er als heilig erglänzt?
Vernünticheit	Vernunft
ist der tempel gotes.	ist der ‚Tempel Gottes'.
Niergen	Nirgends
wonet got eigenlîcher	wohnt Gott eigentlicher
dan in sînem tempel,	als in seinem Tempel,
in vernünfticheit.[16]	in der Vernunft.

Entsprechend wird die „Arteigentümlichkeit" (*specie*) des Menschen von Eckhart in dadurch definiert, dass der Mensch „hingeordnet ist auf Erkenntnis, die in der Vernunft (*ratio*) oder im Verstand (*intellectus*) erst eigentlich ans Ziel und zur Vollendung gelangt".[17] Der Mensch als Ebenbild Gottes ist in seinem Menschsein fundamental durch den *intellectus* definiert, auf ihn hin geschaffen.

Für den weiterführenden Gedankengang soll der Blick gelenkt werden auf zwei Fragestellungen, nämlich

1. die Positionierung Eckharts bei der Frage der „Verortung" des *bildes gotes* in der Seele, womit das Umfeld der Seelenlehre, der Intellekttheorie und der Glückseligkeitskonzeption Eckharts in den Mittelpunkt des Interesses rückt, und
2. Kennzeichen dieses *bildes*, die Eckhart ausgehend von seiner Gottes- und Schöpfungslehre entwickelt, und mit deren Hilfe er das Sein des Menschen „als Bild" charakterisiert, des Menschen nämlich, insofern er „im Licht der ewigen Idee des Menschen (und damit aller Vollkommenheiten Gottes; E. F.) leuchtet"[18], insofern er „dem alleinigen Gott durch eine Form gleichgestaltet"[19] erscheint. In diesem Sinne ist der Begriff der *imago dei* zu beschreiben als Ideal des Mensch-Seins.

---

16 Eckhart: Predigt 9: DW I; 150,1—4.
17 Vgl. Eckhart: InGen 188: LW I: 332, 5—7:
   „[…] homo secundum speciem, qua homo est, ordinatur proprie ad cognitionem, quae ordinatur et perficitur proprie in ratione sive intellectu".
18 Vgl. Eckhart: InSap 220: LW II; 556,1—7.
19 Vgl. Eckhart: InSap 64: LW II; 392,6—8.

Die hier zentrale Frage, ob und in welcher Weise es dem Menschen möglich ist, *in ein wunder ze gote* zu kommen, erhält bei Eckhart eine charakteristische Zuspitzung, die im Rückgriff auf Fragen der Glückseligkeitslehre, die aus seiner Lehre von der *imago dei* resultiert, deutlich hervortritt, und die den weiteren Gedankengang der Arbeit bestimmen wird:

Sciendum ergo	Man muss wissen,
quod omnis creatura	dass jedes Geschöpf,
citra hominem	das unter dem Menschen steht,
facta est ad similitudinem dei	zum Gleichnis Gottes gemacht
et idea alicuius in deo.	und Idee von etwas in Gott ist.
Homo autem creatus est	Der Mensch aber ist geschaffen
ad imaginem	zum Bild
totius substantiae dei,	des ganzen Wesens Gottes
et sic	und somit
non ad simile,	nicht zu etwas Ähnlichem,
sed ad unum.	sondern zu dem Einen.
[...]	[...]
Omnis creatura	Jedes Geschöpf,
citra hominem	das unter dem Menschen steht,
exit producta in esse	geht ins Sein hervor
sub ratione similitudinis	auf Grund von Ähnlichkeit,
et propter hoc repetit deum	und deshalb
	strebt es wieder zu Gott,
et sufficit	und es genügt ihm,
ipsi esse similem deo.	Gott *ähnlich* zu sein.
Homini autem,	Der Mensch aber,
cum sit factus	da er geschaffen ist
ad imaginem	zum Bild
totius	des ganzen,
unius substantiae dei	einen Wesens Gottes
et sit in esse	und
productus	auf Grund des einen Ganzen
sub ratione unius totius,	ins Sein hervorgebracht ist,

---

20   Eckhart: InIoh 549: LW III; 479,1—480,1.

non sufficit	genügt nicht
recursus ad simile,	die Rückkehr zum *Ähnlichen,*
sed recurrit ad unum	sondern er kehrt zum *Einen*
	zurück,
unde exivit,	wovon er ausgegangen ist,
et sic solum sibi sufficit.[20]	und nur so genügt es ihm.

Dieser Akzentuierung Eckharts entsprechend besteht das Ziel des Weges des „Gedenkens des großen Adels in der menschlichen Seele" (der intellektuellen Durchdringung der Lehre von der *imago dei*) darin, dass der Mensch „zu Gott kommt", indem er (nicht nur) „den Menschen", „sondern auch die ganze Schöpfung übersteigt" und „göttlich" zu sein vermag, indem er

„dem alleinigen Gott durch eine Form gleichgestaltet
und in ihn,
nach ihm
und von ihm verwandelt" wird.[21]

Wenden wir uns also dem ersten Fragenkomplex zu, der Frage nach der „Verortung" des „Bildes Gottes" in der Seele des Menschen. Die Zuordnung von *imago dei* und *intellectus* des Menschen erweist sich dabei als unzureichend und fordert eine Präzisierung: Der *intellectus* des Menschen ist nicht einfach gleichzusetzen mit dem *intellectus* Gottes, die Zuordnung von „Bild Gottes" und *intelligere* darf zu keiner einfachen „Apotheose des menschlichen Geistes"[22] führen. Der Grund für diese notwendige Abweisung ist ein erkenntnistheoretischer:

---

21 Vgl. Eckhart: InSap 64: LW II; 392,6-8:
   „Est enim super hominem, et etiam super omnem creaturam, divinum 'soli deo' (1 Tim 1,17) forma conformari et transformari in ipsum, secundum ipsum et ab ipso [...]".
22 Vgl. Kern, Udo: Gottes Sein ist mein Leben. 56.

Gotes schouwen	Gottes Schauen
und unser schouwen	und unser Schauen
ist zemâle verre	sind einander völlig fern
und unglîch einander.[23]	und ungleich.

Der fundamentale Unterschied, der zwischen Gottes „Schauen" auf die Dinge und dem „Schauen" des Menschen, und damit zwischen Erkennen (*intelligere*) und begründetem Wissen Gottes bzw. des Menschen besteht darin, dass „*unser* Wissen von den Dingen [nämlich vermittels der Sinnesvermögen; E.F.] verursacht wird, während *Gottes* Wissen selbst Ursache des Seins der Dinge ist"[24].

Während dem göttlichen *intellectus* als Ursache des Seins die Dinge und ihre begründenden „Prinzipien", die zu erfassen für eine wirkliche Erkenntnis notwendig ist, unvermittelt gegenwärtig sind, bleibt der Zugang zu den in Gott verborgenen, begründenden Prinzipien des Seienden dem menschlichen, geschaffenen *intellectus* verwehrt. Diese Grenze des menschlichen *intellectus* ist eine – im zeitlichen Leben – unüberwinbare[25]: „Gott kann in diesem Leben nicht durch sich selbst erkannt werden"[26]. In der Auseinandersetzung mit der eckhartschen Dionysius-Rezeption wurde bereits auf den grundlegenden Umstand hingewiesen, dass „alle Erkenntnis des Menschen, ausgehend vom ‚Späteren' [basierend auf der sinnlich vermittelten Anschauung der Dinge] ‚Licht inmitten von Finsternis'" und unvollkommen sei.

---

23 Eckhart: VeM: DW V; 118,18—19.

24 Eckhart: ParGen 61: LW I; 528,10—11:
„Ratio est, qui nostra scientia causatur a rebus, scientia vero ipsa dei causa est rerum ut sint".

25 Vgl. hierzu Kern, Udo: Gottes Sein ist mein Leben. 56: „Unser Wissen [...] ist nicht adäquate Korrespondenz zum Seienden. Es fällt ab (*„cadat sub ente"*) von dem es verursachenden Seienden. Es rezipiert und repetiert in anderer Modalität die Relation des Seienden zur *scientia dei*. Als kreatürliches Seiendes fällt es ab von dieser. Der Grund eröffnet sich adäquat nur dem *totum intelligere dei*. Erkennen in universaler grenzloser Offenheit propriiert dem *intelligere dei*. Erkennen als *intelligere dei* durchstößt den äußeren Hof des Seins des Seienden und dringt ein in die gründenden *principia*".

26 „Deus in hac vita non potest per se ipsum cognosci". Vgl. Eckhart: InIoh 696: LW III; 611,14f.

190 [Die Edelkeit der Seele]

Die fundamentale Verwiesenheit des menschlichen *intellectus* auf das geschaffene Sein[27] macht es für Eckhart unmöglich, ihn uneingeschränkt als Entsprechung zum *intellectus dei* zu sehen, die *imago dei* dementsprechend in den intellektiven Kräften der Seele anzusiedeln. Eckharts grundlegende Annahme bei der Verortung der *imago dei* besteht nun darin, auf die Spannung zwischen notwendiger Absicherung der Transzendenz Gottes gegenüber dem Menschen (wie sie in der Theorie des menschlichen *intellectus* und seiner Erkenntnis betont wird) und der gleichzeitigen Zusammengehörigkeit von göttlicher und menschlicher Natur (wie sie die Lehre von der *imago dei* impliziert) mit einem profilierten Konzept der *„Innerlichkeit"* zu antworten, in dessen Bezugsrahmen Transzendenz und Vereinigung Gottes mit der Natur des Menschen nicht als „entgegengesetzte Vollzüge"[28] verstanden werden müssen. Die Notwendigkeit der Entwicklung einer in diesem Sinne nicht von Konkurrenz geprägter Konzeption folgt, wie bereits angedeutet, aus der Bestimmung, die Eckhart im oben zitierten Abschnitt aus seinem Kommentar zum Johannes-Evangelium dem Menschen zuschreibt:

„Der Mensch ist geschaffen zum Bild des ganzen Wesens Gottes
und somit nicht zu etwas Ähnlichem, sondern zu dem Einen. [...]
Da der Mensch aber geschaffen ist
zum Bild des ganzen, einen Wesens Gottes
und auf Grund des einen Ganzen ins Sein hervorgebracht ist,

---

27 Vgl. etwa Eckhart: InGen 237: LW I; 381,13—382,2:
   "homo in specie ponitur per rationale et intellectivum, quod, inquam, intellectivum propter longe distare a primo intellectu, qui deus, est sicut
   tabula
   nuda et rasa. Providit dues nostro intellectivo, ut ministerio sensuum in
   cognitionem veniat."
   [Das unterscheidende Merkmal der Art ,Mensch' ist Vernünftigkeit und Verstan-
   desvermögen. Dieses Verstandesvermögen ist wegen seines weiten Abstandes vom
   höchsten Geist, das heißt von Gott, wie eine leere, unbeschriebene Tafel. [Aber]
   Gott hat dafür gesorgt, dass unser Verstandesvermögen durch den Dienst der Sin-
   ne zur Erkenntnis gelangt.]
28 Vgl. Guerizoli, Rodrigo: Die Verinnerlichung des Göttlichen. 2.

genügt nicht die Rückkehr zum Ähnlichen,
sondern er kehrt zum Einen zurück, wovon er ausgegangen ist,
und nur so genügt es ihm."[29]

Im Anschluss an diese grundsätzliche Annahme, dass für die Identifizierung der *imago dei* das Kriterium der „Ähnlichkeit" (wie es zwischen göttlichem und menschlichem *intellectus* gegeben ist) unzureichend ist, da diese „Einheit" und damit Wesens-Gleichheit erfordert, ist ein Zweifaches zu bedenken:

- Der Mensch ist nicht einfach in seiner realen Erscheinung „*imago dei*", äußerlich immer und offensichtlich erkenn- und erfahrbares Abbild Gottes. Gegenüber der Gebrochenheit der „lauteren menschlichen Natur"[30] (der *pura natura*), die im zeitlichen Leben des Menschen nur als „Licht inmitten von Finsternis", als verborgen und defizitär verwirklicht erscheint[31], behält „das Göttliche seine paradigmatische Funktion, durch die es dem Menschen die Richtung auf seine Vollkommenheit weist"[32]. Der Mensch als Verstandeswesen „ist Licht, aber nicht das *wahre Licht*; er nimmt an ihm nur teil, bleibt aber stets hinter ihm zurück. Ist er doch ein *Zeuge Gottes*, der da ‚Licht ist, und keine Finsternis ist in ihm'."[33]

---

29 Eckhart: InIoh 549: LW III; 479,1—480,1.
30 Vgl. Eckhart: InIoh 101: LW III; 87,7f.
31 Vgl. hierzu Eckhart: InIoh 101: LW III; 87,6—13, wo die „Verfinsterung der menschlichen Natur" als „Sünde" und „Laster" gefasst wird. In die gleiche Richtung argumentiert Eckhart, sich auf Seneca berufend: Eckhart: InGen 291: LW I; 427,13—428,2:
"Non naturae vitium est quod male vivimus. Illa de nobis conqueri debet et dicere: Quid est hoc? Sine cupiditatibus vos genui, sine timoribus, sine superstitione, sine perfidia ceterisque pestibus. [...] Eccl. 7: ‚inveni quod fecerit deus hominem rectum'."
[An der Natur liegt es nicht, wenn wir schlecht leben. Sie müsste sich über uns beklagen und sagen: Was ist hier los? Ohne Begierden habe ich euch erzeugt, ohne Ängste, ohne Aberglauben, ohne Wortbrüchigkeiten und ohne all die andern Scheußlichkeiten. [...] [Dies entspricht der Lehre der Schriftstelle Koh 7,30:] ‚Ich fand, dass Gott den Menschen recht gemacht hat'.]
32 Vgl. Guerizoli, Rodrigo: Die Verinnerlichung des Göttlichen. 2.
33 Vgl. Eckhart: InIoh 141: LW III; 118,12—119,5 (kursive Hervorhebung im Haupttext: E. F.):

Der Mensch bedarf, um die *imago dei* zu verwirklichen der „Rückkehr", der Umkehr zum „Einen, wovon er ausgegangen ist". Indem er „stets hinter ihm zurückbleibt" erscheint er als eingebunden in einen Lebensprozess „*ad imaginem dei*", hin auf die Ausprägung der *imago dei*, auf die „notwendige Neu-Gestaltung und Wieder-Herstellung des Ebenbildes durch die Gnade"[34]. Dieser Prozess der Bild-Werdung des Menschen wird im weiteren Verlauf der Arbeit in den Vordergrund treten, soll hier jedoch vorerst zurückgestellt werden.

• Gleichzeitig muss gegenüber der so erfolgten Betonung der Transzendenz Gottes ein „Raum für die Herausstellung einer göttlichen Instanz des Menschen"[35] gesichert bleiben. Besteht die Vollkommenheit des Menschen *in Gott*, darin also, sich der göttlichen Vollkommenheit anzugleichen – und das nicht als „Rückkehr zum Ähnlichen" im Sinne einer größtmöglichen Anähnlichung an ein unerreichbar Fremdes, sondern als „Rückkehr zum Einen" – , dann würde die absolute Transzendenz Gottes die Unmöglichkeit eben dieser Vervollkommnung bedeuten: „Ist das Göttliche völlig transzendent für den Menschen, dann wäre ihm ohne Veränderung seiner Natur eine Vereinigung mit Gott un-

---

"Est quidem intellectus hominum lux, non tamen 'lux vera', sed illam participans, remanens et stans post [...]. Testis quidem est dei qui 'lux est, et tenebrae in eo non sunt ullae', Ioh 1, testis lucis, utpote illuminatus ab illa, testis missus a luce, per quem credatur et cui credatur de lumine, utpote lucenti."

[So ist zwar der Verstand des Menschen Licht, aber nicht das ‚Wahre Licht' (Joh 1,9); er nimmt vielmehr nur an ihm teil, bleibt aber stets hinter ihm zurück [...]. Ist er doch ein Zeuge Gottes, der da ‚Licht ist, und keine Finsternis ist in ihm', ein Zeuge des Lichts, da er ja von jenem erleuchtet ist, ein Zeuge, gesandt vom Licht, dem man glauben soll und durch den man an das Licht glauben soll, da er ja leuchtet.]

34 Vgl. Eckhart: InIoh 575: LW III 504,8—505,2:
"‚Similes ei erimus', reformata imagine per gratiam. [...] gratiam per quam reformatur imago, ut appareat."
[Wir werden ihm ähnlich sein (1 Joh 3,2), wenn das Ebenbild durch die Gnade neu gestaltet ist, [...] die Gnade, durch die das Ebenbild wieder hergestellt wird, auf dass es offenbar werde.]
35 Vgl. Guerizoli, Rodrigo: Die Verinnerlichung des Göttlichen. 3.

[Die Edelkeit der Seele] 193

möglich. Fände aber eine solche Veränderung statt, würde sie für den Menschen den Verlust seiner eigentümlichen ‚Menschlichkeit' mit sich bringen."[36] Diesen Verlust der „eigentümlichen Menschlichkeit" schließt Eckhart kategorisch aus: „Die Gnade verändert die Natur nicht, sondern vervollkommnet sie"[37]!

Die oben beschriebene „Neu-Gestaltung des Ebenbildes durch die Gnade" ist „Wieder-Herstellung", „Offenbar-Werden" dessen, „was wir von Natur aus sind".[38] Mit Loris Sturlese ist hier abschließend hervorzuheben: „Der Mensch ist ‚ad imaginem' Gottes, weil er das Bild Gottes [...] in seiner Seele *besitzt.*"[39]

---

36 Guerizoli, Rodrigo: Die Verinnerlichung des Göttlichen. 2.

37 Eckhart: InIoh 544: LW III; 474,10−11:
    „Gratia naturam non mutat, sed perficit".

38 Vgl. Eckhart: InIoh 575: LW III; 504,3−5:
    „Rogamus ergo deum, [...] quod sumus per naturam appareat [...] per gratiam".
    In diesem Sinn hinterfragt Loris Sturlese (Sturlese, Loris: Homo divinus. 44f.) die Position Niklaus Largiers, der seinerseits betont, dass die Geburt Gottes als Verwirklichung der *imago dei* „bei Eckhart nie die Verwirklichung eines naturhaften Vermögens, sondern immer die gnadenhafte, vom Menschen passiv erfahrene Überformung durch Gott" meine (Vgl. Largier, Niklaus: Intellectus in deum ascensus. 442.). Die „gnadenhafte Überformung durch Gott" ist es jedoch gerade, die die „naturhaften Vermögen des Menschen" erst ver-wirk-licht, die „lautere Natur" des Menschen nämlich, die Gott „als sein eigenes Werk, gerecht, ohne Laster, ohne Sünde erschaffen hat" (vgl. Eckhart: InIoh 101: LW III; 87,7−13).
    „Insofern er [der Mensch; E. F.] gottlos ist, hat er kein Sein und ist nichts, wie auch ‚die Sünde ein Nichts ist'." (Eckhart: InSap 220: LW II; 556, 1ff.). Die Transformation des „gottlosen" in den „göttlichen" Menschen verleiht diesem erst Sein, Wirklichkeit im eigentlichen Sinn, verwirklicht die „ewige Idee des Menschen" als *imago dei.*

39 Vgl. Sturlese, Loris: Homo divinus. 40: „Seine Interpretation lautet vielmehr: Der Mensch ist ‚ad imaginem' Gottes, weil er das Bild Gottes (die verborgene Vernunft) in seiner Seele *besitzt.* Als Mensch (Körper und Seele) ist er keine *imago*, sondern *ad imaginem*, als verborgene Vernunft ist der Mensch jedoch nicht mehr *ad imaginem*, sondern *imago*". Sturlese spricht hier von der Akzentsetzung Dietrichs von Freiberg, die dann weiterführend mit derjenigen Eckharts verglichen wird. Seine Feststellung über die Lehre Dietrichs lässt sich meines Erachtens in dieser Form auf Eckhart

Als notwendige Klärung muss unter Berücksichtigung des Gesagten der „Ort" der *imago dei*, der grob als „Innerlichkeit" des
Menschen bestimmt wurde, präzisiert werden.

Das *intellectuale*, das Verstandesvermögen des Menschen, muss nach
der Vorstellung Eckharts „in eine Zweierdimension differenziert
werden"[40]. Diese Differenzierung bringt „mit der Unterscheidung
von innerer und äußerer Erkenntnis" „seine [Eckharts] epistemolo-
gische Intention des Erkennens zum Ausdruck"[41]:

sicut in corporalibus	Wie [...] in der Körperwelt
in generatione	die zwei beim Entstehen
sub eadem specie	[wirksamen Prinzipien],
est invenire duo,	nämlich Materie und Form,
scilicet formam et materiam,	Wirkendes und Erleidendes,
activum et passivum,	zu derselben Art gehören,
sic intellectuale	so ist mit Blick auf
in nobis distinguitur	das Verstandesvermögen in uns
	zu unterscheiden
in superibus	zwischen einem oberen
et inferius,	und einem niederen Teil.
quae Avicenna vocat	Avicenna nennt sie
duas facies animae.	‚die beiden Antlitze der Seele',
Augustinus vero vocat ista	Augustinus aber nennt sie
rationem superiorem	‚die obere Vernunft
et rationem inferiorem.[42]	und die niedere Vernunft'.
Diu sêle hât zwei ougen,	Die Seele hat zwei Augen,
einz inwendic	ein inneres
und einz ûzwendig.	und ein äußeres.
Daz inner ouge der sêle	Das innere Auge der Seele

übertragen, auch wenn dieser bei der Zuordnung von „*imago dei*" und „*verborgener Vernunft*" von Dietrichs Position abweicht.
40 Vgl. Kern, Udo: Gottes Sein ist mein Leben. 62.
41 Vgl. Kern, Udo: Gottes Sein ist mein Leben. 63.
42 Eckhart: ParGen 138: LW I; 605,6—10.

ist,	ist jenes,
daz in daz wesen sihet	das in das Sein schaut
und sîn wesen von gote	und sein Sein ganz unmittelbar
âne allez mitel nimet:	von Gott empfängt:
daz ist sîn eigen werk.	dies ist sein ihm eigenes Werk.
Daz ûzer ouge der sêle ist,	Das äußere Auge der Seele ist jenes,
daz dâ gekêret ist	das allen Kreaturen
gegen alle crêatûren	zugewendet ist
und die	und sie
merket	in bildhafter Weise
nâch bildelîcher wîse	und
und nâch kreftlîcher wîse.[43]	in der Wirkweise einer Kraft
	[mit Hilfe seines eigenen
	sinnlichen
	Verstandes-Vermögens]
	wahrnimmt.

Eckhart unterscheidet dementsprechend im Hinblick auf den Menschen zwei Begriffe von *„intellectus"*, von „Vernunft"[44]:

1. die Vernunft, insofern sie „sich, wie der Wille auf das Gutsein, auf die Wahrheit bezieht, ist [...] *Vermögen der Seele* und in ihrer Verwirklichung Einheit von *intellectus agens* und *intellectus possibilis* im Vollzug ihres Erkennens, das die Dinge auf ihre wahren Ursachen zurückführt. Die Vernunft erkennt so *naturhaft*. [...] In dieser Form geht die Vernunft als der *Aspekt des Erkennens auf im*

---

43 Eckhart: Predigt 10: DW I; 165;4—8.
44 Hierzu vgl. Largier, Niklaus: Kommentar: EW I; 849f.:
   „Das heißt, dass zwei Begriffe der Vernunft bei Eckhart zu unterscheiden
   sind: die Vernunft als Seelenvermögen und die Vernunft als Höchstes der
   Seele, das – als *intellectus possibilis* – mit dem Seelengrund koinzidiert. Dies
   drückt sich an einer Stelle darin aus, dass Eckhart – obwohl er die Begriffe
   verstandnisse, bekanntnisse, vernünfticheit, die den Intellekt und das intellektuelle Erkennen bezeichnen, weitgehend synonym verwendet – die
   verstandnisse von der *vernünfticheit* unterscheidet und den Willen und die
   Vernunft jener entspringen lässt".

Seelenternar memoria – intellectus – voluntas, der sich bildhaft verhält zum trinitarischen Leben der Gottheit"[45];
2. die Vernunft, insofern sie „die *Leere*, die *reine Möglichkeit* zum
Ausdruck bringt, die der Mensch wird, der alle Seelenvermögen
in sich hinein ausrichtet [...], sie von den äußeren Dingen abzieht, [...] und den äußeren Menschen an den inneren bindet.
In dieser Form erkennt sie Vernunft *gnadenhaft* (*im lieht der gnâde*).
Ist sie reine Möglichkeit,
spricht sich Gott gnadenhaft in sie [...]"[46].

Und ist diz lieht	Das Licht aber,
bekanntnisse	der (diskusive) Verstand,
daz dâ vliuzet	das ausfließt,
von der vernünfticheit,	aus der Vernunft
	[dem gott-ebenbildlichen
	intellectus],
und ist rehte	und das wirklich
als ein ûzvluz	wie ein Ausfluss ist
und ein ûzbruch	und ein Ausbruch
oder ein strâm	oder ein Strom
gegen dem,	gegenüber dem,
daz vernünfticheit	was die Vernunft
in ir selber ist	in sich selbst,
in irm wesene.	in ihrem Wesen ist.
Und dirre ûzbruch	Und dieser Ausbruch
	(des Verstandes
	[des *intellectus* als
	Vermögen der Seele; E. F.])
	aus der Vernunft
	[dem *intellectus* als „reine
	Möglichkeit" der Erkenntnis
	im lieht der gnade; E. F.])
ist sô verre dâ von	ist soweit davon
	(d. h. von der Vernunft

---

45   Vgl. Largier, Niklaus: Kommentar: EW I; 850 (Hervorhebungen: E. F.).
46   Vgl. Largier, Niklaus: Kommentar: EW I; 850 (Hervorhebungen: E. F.).

[Die Edelkeit der Seele]   197

geverret,
als der himel ist
über die erde.

Ich spriche daz dicke
und gedenke ez noch dicker:
ez ist ein wunder,
daz got in die sêle
gegozzen hât
vernünfticheit.

[...]

gegen dem [lieht der gnâde]

ist daz natiurlich lieht
als kleine
als einer nâdel spitze
mac begrîfen des ertrîches
gegen dem ganzem ertrîche,
oder
daz einer nâdel spitze
möchte begrîfen
des himels,
der unglouplich grœzer ist
dan allez ertrîche.

Daz got mit gnâden
in der sêle ist,
daz treget mê liehtes in im,
dann alliu vernünfticheit
geleisten müge;

und allez daz lieht,
daz vernünfticheit
geleisten mac,
ist gegen disem liehte

[vom *intellectus purus*; E. F])
entfernt
wie der Himmel
über der Erde.

Ich sage es oft
und denke es noch öfter:
Es ist ein Wunder,
dass Gott Vernunft
in die Seele
eingegossen hat.

[...]

Dem [Licht der Gnade]
gegenüber
ist das natürliche Licht so klein
wie das,
was eine Nadelspitze
von der Erde zu fassen vermag,
gegenüber der ganzen Erde,
oder wie das,
was eine Nadelspitze
vom Himmel
zu fassen vermöchte,
der unglaublich größer ist
als die ganze Erde.

Dass Gott mit der Gnade
in der Seele ist,
das trägt mehr Licht in sich,
als alle Vernunft
aufzubringen vermöchte;

ja, alles Licht,
das die Vernunft
aufzubringen vermag,
ist gegenüber diesem Licht

---

47   Eckhart: Predigt 73: DW III; 461,8—462,7.

als ein einiger tropfe ist	wie ein einziger Tropfen
gegen dem mer	gegenüber dem Meer
und noch tûsentmâl kleiner.[47]	und noch tausendmal kleiner.

Eckhart übernimmt schließlich, nachdem er die Unterschiedenheit und „himmelweite Entfernung" zwischen dem „eigentlichen", göttlichen *intellectus* und dem „aus ihm fließenden Licht menschlicher Vernunft" betont hat, zur genaueren Bestimmung des „inneren Auges der Seele", der „oberen Vernunft", den Gedanken des *abditum mentis*", des „Verborgenen, Innersten und Höchsten der Seele" als „Ort" der Gottebenbildlichkeit von Augustinus[48], der damit „auf den Ursprung der trinitarischen Struktur der Seele" und „den göttlichen Aspekt der Seele in ihrem Innersten" hinweist[49]. Eckhart jedoch versteht, abweichend von Augustinus, dieses „Innerste der Seele" nicht einfach als „Ursprung des Wissens der Seele von sich selbst", der in „zeitlicher Gleichursprünglichkeit"[50] die triadische Struktur der Seele in ihren voneinander unterscheidbaren Prozessen der innerseelischen Selbstreflexion (*memoria, intelligentia* und *voluntas: Erinnerung, Einsicht und Wille*) begründet. Er radikalisiert das Verständnis vom *abditum mentis* dahingehend, dass er es versteht als von den Vermögen der Seele vollkommen abgetrennten, verborgenen Ursprung ihrer Tätigkeit, und in einem zweiten Schritt die *imago dei* nicht mehr mit Augustinus in der trinitarischen Struktur von Erinnerung, Einsicht und Wille lokalisiert, sondern sie „mit dem ‚Innersten der Seele' gleichsetzend" als „Ort der Verbindung zwischen der menschlichen Seele und dem Göttlichen auf eine Ebene verlagert, die der Domäne der Verstandestätigkeit vorausgeht"[51]: „Auf diese Weise tritt bei Eckhart die Suche nach einer *imago trinitatis*, die sich Augustinus zufolge ja auf der Ebene der Vermögen [der Seele;

---

48 Vgl. Augustinus: De trinitate XIV, 7.9.
49 Vgl. das Kapitel 2.1.: „Historische Perspektiven – Der ‚Ort' des Bildes Gottes in der Seele: Eckhart liest Augustinus" der Studie Guerizoli, Rodrigo: Die Verinnerlichung des Göttlichen. 11-18., auf das ich mich im Folgenden stütze. Hier besonders a. a. O., 14.
50 Vgl. Guerizoli, Rodrigo: Die Verinnerlichung des Göttlichen. 14.
51 Vgl. Guerizoli, Rodrigo: Die Verinnerlichung des Göttlichen. 16.

E. F.] findet, zugunsten der ursprünglichen *imago dei* in den Hintergrund"[52].

Die ursprüngliche *imago dei*, das „Wirken der Gnade"[53], hat als eigentlichen Ort das „Innerste", „Höchste" der Seele, ihren „verborgenen Grund", das „Wesen der Seele", welches sein Sein unmittelbar von Gott empfängt, und welches – wie Gott selbst – *unsprechelich*[54] ist.

Sant Augustînus sprichet:	Sankt Augustinus sagt:
als daz unsprechelich ist,	Wie das unaussprechlich ist,
dâ der sun	wo der Sohn
ûzbrichet von dem vater	aus dem Vater ausbricht
in dem êrsten ûzbruche,	im ersten Ausbruch,
alsô ist	so gibt es auch
neizwaz gar heimlîches	etwas gar Heimliches
dar enboben	oberhalb
dem êrsten ûzbruche,	des ersten Ausbruchs,
dâ ûzbrechent	in dem Vernunft und Wille
vernünfticheit und wille.[55]	ausbrechen.

---

52 Guerizoli, Rodrigo: Die Verinnerlichung des Göttlichen. 16.
53 Vgl. Eckhart: InIoh 521: LW III; 449,12ff.
54 Vgl. Eckhart: Predigt 17: DW I; 284,4—6:
   „Got, der âne namen ist – er enhât enkeinen namen – ist unsprechelich, und die sêle in irm grunde ist sie ouch unsprechelich, als er unsprechelich ist".
   Ebenso, in allgemeinerer Form, in der Auslegung von Joh 1,18 im Kommentar zum Johannes-Evangelium: Eckhart: InIoh 195: LW III; 163,7—11:
   „[...] in his verbis docemur, praeter sensum litteralem et historicum, quod omnis causa essentialis, omne superius et omne divinum, in quantum huiusmodi, est incognitum, latens et absconditum, praecipue deus, supremum et prima causa essentialis omnium – Isaias: 'vere tu es deus absconditus'."
   [,Gott hat niemand je gesehen' (Joh 1,18):] *Abgesehen von dem buchstäblichen und geschichtlichen Sinn dieser Worte werden wir in ihnen darüber belehrt, dass jede Wesensursache, alles Obere und alles Göttliche als solches unbekannt, versteckt und verborgen ist, vorzüglich Gott, das oberste Wesen und die erste Wesensursache von allem: ,Du bist wahrhaft ein verborgener Gott' (Jes 45,15).]*
55 Eckhart: Predigt 7: DW I; 123,8—11.

200 [Die Edelkeit der Seele]

[...] deus ipse illabitur essentiae animae.	Gott selbst versenkt sich in das Wesen der Seele.
Ipse manet in abditis, intimis et supremis ipsius animae.	[...] Er selbst bleibt im Verborgenen, im Innersten und Höchsten der Seele.
Augustinus	Augustinus sagt [dementsprechend] im Buch
De vera religione:	,Von der wahren Religion':
"Noli foras ire, in te ipsum redi, in interiori homine habitat veritas", „ad quam nullo modo perveniunt qui eam foris quaerunt".[56]	,Geh nicht nach draußen, kehr in dich selbst zurück, im inneren Menschen wohnt die Wahrheit', ,zu der auf keine Weise die gelangen, die sie draußen suchen'."

[...] in homine interiori, secundum Augustinum, habitat veritas, deus, cuius natura est semper et solum esse intus et in intimis.[57]	Im inneren Menschen wohnt, nach Augustinus, die Wahrheit, Gott, dessen Natur es ist, immer und allein innen und im Innersten zu sein.

Ir sult wizzen, daz daz einvaltic götlîche bilde, daz in die sêle gedrücket ist in dem innigesten der natûre, âne mittel sich nemende ist;	Ihr sollt wissen, dass das einfaltige göttliche Bild, das der Seele eingedrückt ist im Innersten ihrer Natur, ohne Vermittelndes empfangen wird;
und das innigeste	und das Innerlichste

---

56 Eckhart: InIoh 581: LW III; 508,11—509,2.
57 Eckhart: Sermo XXII: LW IV; 193,5—8.
58 Eckhart: Predigt 16b: DW I; 268,3—6.

und daz edelste,	und Edelste,
das in der natûre ist,	das in der [göttlichen] Natur ist,
daz erbildet sich	das erbildet sich
aller eigenlîchest	ganz eigentlich
in daz bilde der sêle,	in das Bild der Seele,
und hie enist	und hier
niht ein mittel,	ist kein Vermittelndes,
weder wille noch wîsheit [...].58	weder Wille noch Weisheit.
Alsô spriche ich,	So sage ich:
daz der edel mensche	Der edle Mensch
nimet und schepfet	nimmt und schöpft
allez sîn wesen,	sein ganzes Sein,
leben	Leben
und saelicheit	und Seligkeit
von gote, an gote	von Gott, bei Gott
und in gote blôz alleine,	und in Gott allein,
niht von got bekennene,	nicht vom Gott-Erkennen,
schouwenne	(Gott-) Schauen
oder minnenne	oder (Gott-) Lieben
oder swaz dem glîch ist.59	oder was dem gleich ist.

Der „edle", der „innere", der ver-wirk-lichte Mensch, so sei es noch einmal zusammengefasst, nimmt und schöpft sein ganzes Sein ganz und ausschließlich aus dem Sein Gottes, das er empfängt „ohne Vermittlung" im „Grund", im „Wesen der Seele", einem verborgenen, „gar heimlichen Ort oberhalb des ersten Ausbruchs" der Vermögen der Seele, wo er als *imago dei* „leuchtet in der ewigen Idee des Menschen", dem Ort, wo Gott seine Gnade schenkt60.

---

59 Eckhart: VeM: DW V; 117,19—21.

60 Vgl. Eckhart: InSap 273: LW II; 603,7—9:
   "[...] gratia gratum faciens, quae et supernaturalis dicitur, est in solo intellectivo, sed nec in illo, ut res est et natura, sed est in ipso ut intellectus et ut naturam sapit divinam, et ut sic est superior natura, et per consequens supernaturale."
   [Die [den Menschen Gott] angenehm machende Gnade, die auch übernatürliche Gnade genannt wird, ist nur im intellektiven [Teil der Seele], aber auch darin

Dieser „Ort" wird im Folgenden eindeutiger bestimmt als *intellecti-vo*, als „intellektiver Teil der Seele"[61], genauer und einschränkend als *intellectus* unter einem für Eckhart entscheidenden Vorbehalt des „*in quantum*"[62]:

- *insofern* er reiner *intellectus* ist und
- *insofern* er „die göttliche Natur verspüren lässt"[63],
- *insofern* er „etwas über die Natur (des geschaffenen Menschen) ist"[64],
- *insofern* er „teilhat am göttlichen *intellectus*"[65],
- *insofern* er „*imago* ist oder *ad imaginem dei* geschaffen ist"[66].

Im radikalen Verständnis Eckharts ist hier, darauf sei an dieser Stelle vorerst nur hingewiesen, mit Blick auf den „inneren Menschen" und seinen „Ort" im eigentlichen Sinn von einem Nicht-Ort zu sprechen:

[...] homo interior	Der innere Mensch
nullo modo est	ist auf keinerlei Weise
in tempore	in der Zeit
aut loco,	oder an einem Ort,
sed prorsus in aeternitate.	sondern ganz in der Ewigkeit.
Ibi deus est	Dort ist Gott
et solus deus.[67]	und Gott allein.

---

nicht, insofern dieser etwas Naturhaftes ist, sondern sie ist darin, insofern er Intel-lekt ist und insofern er die göttliche Natur verspüren lässt, und insofern etwas [Höheres] ist über der Natur und infolgedessen etwas Übernatürliches.]

61 Eckhart: InSap 273: LW II; 603,8.
62 Vgl. Eckhart: InSap 274: LW II; 604,10f.:
„Gratia igitur gratum faciens et supernaturalis est in intellectivo, in quan-tum intellectus particeps est et sapit naturam divinam et ut est imago sive ad imaginem dei".
63 Eckhart: InSap 273: LW II; 603,8−9.
64 Eckhart: InSap 273: LW II; 604,1.
65 Eckhart: InSap 274: LW II.; 604,4.
66 Eckhart: InSap 274: LW II; 604,10−11.
67 Eckhart: Sermo VII: LW IV; 79,10−11.; parr. auch Sermo XXII: LW IV; 193,8−9.

„In der Zeit" und gebunden an einen räumlich definierbaren Ort, also in den Kategorien der Geschöpflichkeit, *ist* der „innere Mensch"
nicht. Gerade dadurch jedoch ist der „innere Mensch" nicht als
Infragestellung und „Gefährdung", als Konkurrenz zum geschöpflichen Sein des Menschen zu denken, er stellt vielmehr die ewige
Gründung des Menschen *in Gott* dar. Der „innere Mensch" ist vom
„äußeren Menschen" „weiter entfernt als der oberste Himmel vom
Mittelpunkt der Erde" – und trotzdem „erscheinen beide an demselben Ort":

[…] homo interior	Der innere Mensch
ab homine exteriori,	erscheint zwar
quamvis simul	mit dem äußeren
videantur loco,	zugleich an demselben Ort,
plus tamen distant	trotzdem sind sie
	weiter voneinander geschieden
quam caelum ultimum	als der oberste Himmel
a centro terrae.	vom Mittelpunkt der Erde.
Sicut etiam est	So ist es auch
de calore	bei [dem Verhältnis von] Hitze
et forma substantiali ignis.[68]	und Wesensform des Feuers
	der Fall.

Entsprechend – und dies soll zur weiteren Betrachtung hier zurückgestellt werden – ist hervorzuheben, dass „ der *homo interior* […]
nicht der den Ort der Welt verlassen habende Mensch"[69] ist. Es wird
im weiteren Verlauf der Arbeit zu bedenken sein, wie eine „Überformung" des *homo exterior* durch den *homo interior* „am Ort der
Welt" denk- und lebbar ist.
So ist hier vorerst zurückzukehren an den Beginn des zurückliegenden Abschnitts, wo mit Eckhart der Vorrang des Menschen gegenüber „allen anderen Kreaturen" dahingehend hervorgehoben wurde, dass der Mensch so von Gott ausgehe, „dass er zum Abbild des

---

68 Eckhart: Sermo XXII: LW IV; 193,3−5.
69 Vgl. Kern, Udo: Gottes Sein ist mein Leben. 244.

göttlichen *Wesens* wird", dass er dementsprechend aufnahmefähig sei für alle „Vollkommenheiten, die zum Wesen Gottes gehören"[70].

Eckhart betrachtet nun im Zusammenhang mit der Rede vom Menschen als *imago dei* diese „Vollkommenheiten des Wesens Gottes" unter verschiedenen Aspekten, anhand derer es möglich ist, über die Bestimmung der *imago* als „intellektiver Grund der Seele" hinaus und ohne ihre letzte *unsprechelicheit* zu übergehen, wesentliche Merkmale der *imago dei* und damit des „edlen, göttlichen Menschen" zu bestimmen, nämlich:

- die Aufnahmefähigkeit (das *capax esse*) der geistigen Natur für Wissen und Weisheit,
- der freie Wille,
- die Selbstmächtigkeit, in Freiheit „Ursprung des eigenen Wirkens" zu sein, und
- die Fähigkeit zur „Selbst-Beherrschung", nicht zuerst in asketischem Sinn, sondern vielmehr in dem Sinn, „Gewalt zu haben" über das eigene Wirken und die rechte Ordnung der den Menschen bestimmenden Kräfte.[71]

---

70 Vgl. Eckhart: InGen 115; LW I; 271,1—6.
71 Vgl Eckhart: InGen 115; LW I; 271, 2—4:
„[...] homo procedit a deo 'in similitudinem' divinae 'substantiae', propter quod capax est sola intellectualis natura perfectionum substantialium divinae essentiae, puta scientiae, sapientiae, praesidentiae, dispositionis entium [...]."
[Der Mensch geht so von Gott aus, dass er zum Abbild des göttlichen Wesens wird. Aus diesem Grund ist nur die geistige Natur aufnahmefähig für die Vollkommenheiten, die zum Wesen Gottes gehören, nämlich Wissen und Weisheit, Oberhoheit über die Ordnung des Seienden.]
und Eckhart: InGen 120; LW I; 275,9—276,8:
"In rebus [...] non agunt libere nec a se ipsis, sed ab altero diriguntur in finem. [...] Homo autem per liberum arbitrium, quo consiliatur et eligit, ex se ipso forma sibi inhaerente in finem dirigitur. [...] homo *ad imaginem factus* dicitur, secundum quod *per imaginem* significatur intellectuale, arbitrio liberum et per se potestativum et suorum operum principium et habens suorum operum potestatem."
[Im Bereich der Dinge wirken [diese] nicht frei und werden nicht aus sich selbst, sondern durch einen anderen zum Ziel gelenkt. Der Mensch dagegen wird durch

In enger Verbindung mit der Bestimmung des göttlichen Wesens als *intellectus* steht bei Eckhart die Reflexion über das „Schöpfer-Sein" Gottes, in dem seine Natur als „sich selbst mitteilender Reichtum"[72] offenbar wird:

[...] deus,	Gott,
utpote anima mundi,	die Seele der Welt,
se toto	ist ganz und gar
anima et intellectus,	Geist und Vernunft,
propriissime	darum ist es
habet	seine besondere
	Eigentümlichkeit
creare,	zu erschaffen,
de nihilo	Seiendes und Sein
facere ens et esse.[73]	aus dem Nichts zu machen.

Dieses wesentliche Schöpfer-Sein Gottes findet seine Entsprechung in Eckharts Bestimmung des Menschen als *imago dei* im Sinne seines Abbild-Seins in Hinblick auf die „Fürsorge" (*cura*) Gottes, die sich nach Wsh 6,8 „gleichmäßig auf alle Geschöpfe erstreckt".[74]

---

seine freie Entscheidung, die Ratschluss und Wahl einschließt, aus sich selbst durch eine ihm innewohnende Form zum Ziel gelenkt. [...] Der Mensch heißt „nach dem Ebenbild [Gottes] erschaffen, sofern mit ‚Ebenbild' eine geistige Natur bezeichnet wird, die dem Willen nach frei, ihrer selbst mächtig, Ursprung ihres Wirkens ist und Gewalt über es hat.]

72 Vgl. Eckhart: Sermo VI1: LW IV, 54,4—55,4:
"[...] omnia sua et se ipsum etiam dat. [...] dei natura, esse et vita subsistit in se communicando et se ipsum se totum dando. Primum enim est dives per se. [...] Unde secundum Dionysium non ratiocinando se amare ipsum dat, sicut sol irradiat."
[Er [Gott] gibt sein Alles und auch sich selbst. Gottes Natur, Sein und Leben besteht darin, dass er sich selbst mitteilt und dass er sich selbst, sich ganz gibt. ‚Das Erste' ist nämlich von Natur aus reich. Daher gibt er [Gott] sich selbst nach Dionysius ohne [sein] Lieben zu berechnen, so wie die Sonne strahlt.]

73 Eckhart: InSap 299: LW II; 632,12—14.

74 Vgl. Eckharts Behandlung dieses Verses aus dem Buch der Weisheit: InSap 71—73: LW II; 400,3—404,3.

[...] finis creationis
sit rerum ipsum esse [...].
finis creationis
est totum universum,
omne scilicet,
quod est omnia.
[...] sicut ome agens
per se semper
intendit ipsum totum,
puta artifex
domum,
partes autem
non nisi propter totum
et in toto,
sic agens primum,
deus,
per se
et primo
produxit et creavit
universi
et partes omnium,

non nisi propter universum
et in universo.[...]
prima intentio
et finis creationis
est
unum universum perfectum,
cuius tamen perfectio
et unitas
consistit in multitudine
et diversitate
partium [...].[75]

Das Ziel der Schöpfung
ist das Sein der Dinge, [...]
das Ziel der Schöpfung
ist das ganze Weltall,
das heißt das Gesamt
oder alle Dinge.
[...] Wie jedes Wirkende
seine Absicht an sich
immer auf das Ganze richtet,
der Baumeister etwa
auf das Haus,
auf dessen Teile aber nur
um des Ganzen willen
und im Ganzen,
so erschuf Gott,
das erste Wirkenden
im eigentlichen Sinn
und an erster Stelle
das alles umfassende Weltall
und brachte es hervor,
die [einzelnen] Teile
des Ganzen
aber,
nur um des Weltalls willen
und in ihm. [...]
Die erste Absicht
und das erste Ziel
der Schöpfung
ist das vollkommene Weltall,
dessen Vollkommenheit
und Einheit
jedoch in der Vielfalt
und Verschiedenheit
seiner Teile besteht.

---

75   Eckhart: InSap 36—37: LW II; 355,15—357,8.

[...] sicut totum universum	Wie das ganze Weltall
est primo intentum	zuerst beabsichtigt ist
a causa prima,	von der ersten Ursache,
et esse ipsius universi	ist auch das Sein des Weltalls
unum,	als eines beabsichtigt,
partes autem quaelibet	wie demgegenüber jeder Teil
et ipsarum esse	und jedes Sein
secundario,	an zweiter Stelle
	beabsichtigt ist,
accipiunt esse	empfängt er Sein
a causa universi	von der Ursache des Weltalls
mediante ipso uno esse	nur vermittels
universi,	dieses einen Seins
in ipso,	des Weltalls,
per ipsum	in ihm,
et propter ipsum,	durch es
	und seinetwegen,
et	und [zwar]
aequaliter	notwendigerweise
necessario,	gleichmäßig,
eo quod in uno	weil im Einen
non sit inaequalitas.	keine Ungleichmäßigkeit ist.
[...]	[...]
sequitur quod et	So folgt, dass sie
	[die geschaffenen Dinge]
aequaliter sunt	gleichmäßig
sub cura	unter der Fürsorge
eiusdem causae primae:	dieser ersten Ursache sind:
aequaliter,	gleichmäßig,
quia sub ratione	weil innerhalb des Horizontes
unius	eines
et eiusdem esse	und desselben Seins,
quod est	das dem gesamten Weltalls
totius universi	[gegeben] ist.
[...].	[...]
sicut deficiente	Fehlte [im Weltall]
creato quolibet	irgendein Geschöpf

perfectissimo	von höchster Vollkommenheit,
non esset perfectum	so wäre das Weltall
universum,	nicht vollkommen,
sed nec universum esset,	ja es wäre nicht das Weltall.
sic pari ratione	Aus dem gleichen Grund
deficiente	wäre das Weltall
quovis minimo gradu universi	nicht vollkommen,
nec perfectum esset universum,	ja es wäre nicht das Weltall,
sed nec universum esset.	fehlte ihm
	eine Stufe von geringster
	Vollkommenheit.
Et sic aequaliter	Und so verhalten sich
se habent	[alle Teile] gleichmäßig
quantum ad integritatem	zur Vollständigkeit
universi	und Vollkommenheit
et eius perfectionem,	des Weltalls,
et per consequens	und folglich
aequaliter cura est	erstreckt sich die Fürsorge
	[Gottes]
de ipsis.[76]	gleichmäßig auf sie.

Die so beschriebene Fürsorge, die von Seiten Gottes dem Gesamt des Weltalls und jedem seiner Teile unabhängig von deren „Vollkommenheit" gilt, überträgt Eckhart in seiner Auslegung des Verses Gen 1,26 als Aussage über die Gott-Ebenbildlichkeit auf den Menschen. Zu den „Vollkommenheiten, die zum Wesen Gottes gehören", zählen nicht nur „Wissen, Weisheit und Hoheit über das Seiende und dessen Ordnung", Vollkommenheiten, die im Allgemeinen als solche mit dem *intellectus* verbunden werden. „*Imago dei* - Sein" bedeutet darüber hinaus wesentlich, „Vorsorge zu tragen für die anderen Geschöpfe", im Anschluss an die zuletzt zitierten Stellen aus Eckharts Kommentar zum Buch der Weisheit[77]: Fürsorge für das Gesamt der Schöpfung, das „Weltall als Ganzes", und jedes ihrer Teile.

---

76 Eckhart: InSap 72—73: LW II; 401,9—403,9.
77 InSap 72—73.

Der Mensch ist *imago dei* als „Lenker der Geschöpfe", der Sorge trägt für „das Seiende und seine Ordnung". Entsprechend deutet Eckhart in der Fortsetzung des bereits oben angeführten Abschnitts aus seinem Genesis-Kommentar[78] des „Sinn der Rede von der Gott-Ebenbildlichkeit des Menschen":

[...] homo	Der Mensch
procedit a deo	geht so von Gott aus,
in similitudinem	dass er zum Abbild
divinae substantiae,	des göttlichen Wesens wird.
[...] capax est [...]	[...] die geistige Natur
intellectualis natura	ist aufnahmefähig
perfectionum	für die Vollkommenheiten,
substantialium	die zum Wesen Gottes
divinae essentiae,	gehören,
puta [...]	nämlich: [...]
praesidentiae,	Oberhoheit
dispositionis entium	über die Ordnung
	des Seienden,
et providentiae	sowie die Vorsorge
et gubernationis	für die anderen Geschöpfe
aliarum creaturarum.	und deren Lenkung.
Et hoc est quod hic dicitur:	Das ist der Sinn des Wortes
'Faciamus hominem	‚Lasst uns den Menschen
ad imaginem	machen nach unserem Ebenbild
et similitudinem nostram' [...]	und Gleichnis' [...]
et sequitur:	und des Folgenden:
'praesit	„Er herrsche
piscipus maris	über die Fische des Meeres
et	und
volatilibus caeli	über die Vögel des Himmels
et bestiis universae terrae'.[79]	und die Tiere der ganzen Erde'.

---

78 InGen 115.
79 Eckhart: InGen 115: LW I; 271,1—8.

Eckhart deutet dieses „Fürsorge-Tragen" des Menschen für die Schöpfung dabei ausdrücklich nicht als „Schöpfungs-Auftrag" im Sinne eines nachträglich, von außen an den Menschen ergehenden Gebotes. Ein derartiges Verständnis, das Eckhart ausdrücklich abweist, würde das Sein des Menschen verzwecken, indem es die „Herrschaft", das *prae-esse* des Menschen und damit seine Gott-Ebenbildlichkeit auf der Ebene seines Wirkens ansiedelte, es damit in zeitlich-kreatürliche Abhängigkeit brächte. Es ist nicht „Zweck" des Menschen und damit „Warum" seiner Erschaffung, Hüter und Lenker der Geschöpfe zu sein! Mit Berufung auf Moses Maimonides weist Eckhart seine Auslegung des zweiten Versteils von Gen 1,26 betont als Aussage über das Wesen des Menschen, als Aussage über die grundlegende Fähigkeit der „*natura intellectualis*" aus:

De hoc non sic intelligendum est,	Das ist aber nicht so zu verstehen,
quasi deus	als ob dies der Zweck wäre,
creavit homines	zu dem Gott die Menschen
propter hoc,	geschaffen hat,
sed	sondern er
	[der Satz Gen 1,26b: ,
	Der Mensch
	herrsche über alle Geschöpfe']
narravit	beschreibt
naturam hominis,	die Natur des Menschen,
quae habet potentiam,	die ihn befähigt,
ut possit prodesse	allen unter ihm stehenden
et praeesse omnibus	Geschöpfen zu nützen
quae citra se sunt,	und über sie zu herrschen,
ut ait Rabbi Moyses [...].[80]	wie Maimonides [...] sagt.

Dieser erste Gedankengang zur Frage nach dem „Adel des Menschen" soll hier abgebrochen und noch einmal zusammengefasst werden.

---

80   Eckhart: InGen 120: LW I; 276,9—12.

Der „Vorrang des Menschen vor allen anderen Kreaturen" liegt darin begründet, anders als alle anderen Geschöpfe nicht „Bild von ‚etwas in Gott'" zu sein, sondern „Abbild des ganzen Wesens Gottes", der selbst „ganz und gar wesenhaft *intellectus*, ganz und gar reines *intelligere* ist"[81]. „Ort" der *imago dei* im Menschen ist das „Wesen", der „Grund der Seele". Die Gott-Ebenbildlichkeit ist also weder im äußeren Tun des Menschen, noch in den „Vermögen seiner Seele" grundgelegt, sondern – wie Eckhart formuliert – in einer „heimlichen Kraft"[82], die begründend jedem Vermögen des Menschen vorausliegt. Dieser Vorrang der *imago dei* gilt auch gegenüber dem menschlichen, geschöpflichen *intellectus*, der so lange nur in analogem Sinn *intellectus* genannt werden kann, wie er nicht vollständig vom göttlichen *intellectus* überformt ist[83]: Der *intellectus* des Men-

---

81 Vgl. etwa Eckhart: InIoh 34: LW III; 27,12–14.

82 Vgl. hierzu Kern, Udo: Gottes Sein ist mein Leben. 27f:: „Viele Namen gebraucht Eckhart für den Grund der Seele: bürgelîn, castellum custodia, vünkelîn, scintilla animae, vunke, huote, houbet, abgrund, daz etwaz der Seele, [das] innerste und innigste der Seele, vernunftikeit, intellectus, der ‚man' der Seele, oberster und edeler Teil der Seele, oberste und edele Kraft der Seele, das hoehste der Seele, mens, gemvote, zwîc und andere. Das ‚etwas' der Seele, dieser Grund der Seele, ist wie Gott *innominabilis* und *unsprechelich*".

83 Eckhart: InIoh 34: LW III; 27,12–14:
"Ubi signanter notandum est quod intellectus in deo maxime, et fortassis in ipso solo, utpote primo omnium principio, se toto intellectus est per essentiam, se toto purum intelligere."
[*Hier ist nun besonders hervorzuheben, dass der Verstand in Gott vor allem, und vielleicht in ihm allein, als dem ersten Ursprung von allem, ganz und gar wesenhaft Verstand ist, ganz und gar reines Denken.*]
Niklaus Largier betont dementsprechend die Notwendigkeit der Überformung des menschlichen *intellectus* (im Sinn eines Seelenvermögens) durch das „Licht der Gnade" hin auf die Verwirklichung des *intellectus* (als Aufnahmefähigkeit für das göttliche Wesen).
Vgl. Largier, Niklaus: Kommentar: EW I; 850f.: Den „Begriff der Vernunft als Vermögen überbietet Eckhart in einem zweiten Begriff der Vernunft, der mit der *essentia animae*, dem Grund der Seele verschmilzt [...], insofern er die Leere, die reine Möglichkeit zum Ausdruck bringt, die der Mensch wird, der alle Seelenvermögen in sich hinein ausrichtet [...], sie von den äußeren Dingen abzieht, also *abegescheiden* wird und den äußeren Menschen an den inneren bindet.

---

schen als *intellectus creatus* ist „Licht", „Zeuge des Lichts", aber nicht das „wahre Licht" des göttlichen Bildes, das der „ewigen Idee des Menschen" entspricht.

Die *imago dei* ist dementsprechend einerseits Ausdruck der „wahren Natur" des Menschen, er „besitzt" dieses Sein „von Natur aus"; andererseits kann diese Natur sich nur verwirklichen in einem Prozess der „Vervollkommnung" durch die Gnade[84].

Die Natur des Menschen als Ab- und Ebenbild Gottes zeigt sich folgerichtig vorrangig als *capax dei*, als „Aufnahmefähigkeit" des *intellectus (in quantum intellectus)*, der intellektiven *essentia animae* des Menschen, für das eigentliche „Bild Gottes", dessen Wesen und die damit verbundenen Vollkommenheiten:

In dieser Form erkennt die Vernunft gnaden haft (*im lieht der gnâde*). Ist sie reine Möglichkeit, spricht sich Gott gnadenhaft in sie und gebiert seinen Sohn in ihr. Der Mensch wird im Seelengrund insofern, und nur insofern [...] zum Sohn, als Gott seine ganze Gottheit in ihm ausspricht. Vernunft als mögliche Vernunft bezieht sich somit als Möglichkeit des Geboren-Werdens aufs Geboren-Sein des Menschen. Sobald sich aber der Mensch von Gott abkehrt und der Welt zuwendet, ist er allein auf die Verwirklichung der naturhaften Vermögen angewiesen, und so bleibt ihm die Unmittelbarkeit des Grundes und der Gottesgeburt verborgen".

84 Vgl. etwa Eckhart: InEx 52: LW II, 55,4—6:
"[...] dicunt doctores lumen gloriae esse quid additum intellectui creato, disponens ipsum ad videndum deum per essentiam, quia ad hoc natura creata sibimet non sufficit."
[*Die Gelehrten sagen, das Licht der Herrlichkeit sei etwas dem geschaffenen Intellekt hinzu Verliehenes, das ihn befähigt, Gott vermittels seines Wesens zu schauen; denn dazu reicht die geschaffene Natur nicht aus.*]
Diese Angewiesenheit der geschaffenen Natur auf die sie vervollkommnende Gnade ist für Eckhart eine unhintergehbare Gegebenheit des Geschöpf-Seins. Vgl. Eckhart: InIoh 538: LW III; 469,5—6:
„[...] in omni creatura, quantumvis sublimi et perfecta, invenitur mutabilitas et malum privationis aut saltem negationis [...]."
[*In jedem Geschöpf, mag es noch so erhaben und vollkommen sein, findet sich Veränderlichkeit und das Übel der Beraubung oder wenigstens der Verneinung.*]

- Wissen und Weisheit (und alle anderen bei Eckhart mit dem Gottesbegriff verbundenen *perfectiones*),
- der freie Wille,
- die Selbstmächtigkeit, in Freiheit „Ursprung des eigenen Wirkens" zu sein,
- die Fähigkeit zur „Selbst-Beherrschung", „Gewalt zu haben" über das eigene Wirken und die rechte Ordnung der den Menschen bestimmenden Kräfte.

Dazu kommt die in der *imago dei* gegebene wesenhafte Fähigkeit der „geistigen Natur des Menschen",

- Vorsorge zu tragen für die anderen Geschöpfe und das Gesamt der Schöpfung,
- über die Geschöpfe zu „herrschen", d. h. diese zu lenken und ihre Ordnung zu bewahren,
- allen unter ihm stehenden Geschöpfen zu nützen.

Unter dieser in den letzten Punkten benannten Hinsicht ist die Vollkommenheit der menschlichen Natur von vornherein nicht als individualistisches Zerrbild privater Selbst-Verwirklichung eines auf sich zurückgeworfenen und in sich verschlossenen menschlichen Einzelwesens zu definieren. Sie verwirklicht sich vielmehr in der nicht akzidentellen, sondern wesenhaften Bezogenheit auf das „Gesamt der Schöpfung", in der und zu deren „Nutzen" der Mensch fähig ist zur Selbst-Hingabe als *imago* Gottes, dessen „Natur, Sein und Leben darin besteht, dass er sich selbst mitteilt, und dass er sich selbst, sich ganz gibt, [...] ohne zu berechnen, so wie die Sonne strahlt"[85]. Die in diesem Sinn gedeutete *grôze edelkeit* des Menschen besteht laut Eckhart letztlich darin, „dei coadiutor", „Mitarbeiter Gottes" sein zu können.[86]
Die bis hierher festgehaltenen, aus der Reflexion über das Wesen Gottes gewonnenen Merkmale der *imago dei* werden im weiteren Gang der Arbeit zu ergänzen sein durch wesentliche Merkmale des Mensch-Seins, die aus seiner Geschöpflichkeit folgen, die Eckhart in

---

85   Vgl. Eckhart: Sermo VI1: LW IV, 54,4—55,4.
86   Eckhart: Sermo LII: LW IV; 437,5: „Et dei coadiutores sumus".

Abgrenzung zur „ewigen Idee des *Menschen*" bezeichnet als „ewige Idee der Frömmigkeit oder des *frommen Menschen*, dem ewiger Lohn [nämlich das wirkliche Ebenbild-Gottes-Sein] zukommt"[87], und die von hervorgehobener Bedeutung sind für die Verwirklichung der *imago dei* im zeitlichen Lebensvollzug.

Das Streben nach „vollkommener Ver-Wirklichung" erfordert nicht nur die Verwirklichung des „göttlichen Seins" als *imago dei*: Wie der „vernünftige Mensch" ohne (das an sich unvernünftige) Sinnesvermögen ein „unvollständiges Wesen" bliebe[88], so ist er „vollkommen", ein *„homo in sua integritate"* im Sinn des „homo *divinus"* nur als *„homo* divinus" – als *„göttlicher* Mensch", aber nur und gerade eben als *Mensch*.

II.2.2. „Duplex esse" – Das „zweifache Sein des Menschen"

Wenn wir also mit Eckhart vom „Menschen" sprechen wollen, so wird hier deutlich, dass es notwendig ist, verschiedene, nicht jedoch voneinander getrennte „Seins-Weisen" des Menschen zu bedenken. Im zurückliegenden Abschnitt wurde diese notwendige Unterscheidung deutlich

- sowohl in der Rede vom Sein des Menschen als *„imago dei"*, (verstanden als Inbegriff des „wahren", göttlichen, vollkommenen Seins der menschlichen Natur), und als „geschaffen *ad imaginem"*, als durch die Geschöpflichkeit, die Einbindung in die Kategorien von Raum und Zeit, gegenüber der *imago* „gemindertes" Sein,

---

87 Vgl. Eckhart: InSap 220: LW II; 556,2—4:
„ Homo impius, in quantum homo, est; in quantum impius, non est et nihil est, sicut et ‚peccatum nihil est'. Lucet ergo homo impius in luce aeterna hominis, non lucet autem nec invenitur in luce aeterna pietatis sive pii hominis, cui debetur praemium aeternum".
88 Vgl. Eckhart: ParGen 138: LW I; 604,10: "[...] ipse homo in sua integritate habeat sensitivum".

das auf seine Vollendung durch die göttliche Gnade angewiesen und hingeordnet ist,
- als auch im Kontext des „in quantum"-Vorbehalts gegenüber dem Intellekt als „Ort" der *imago dei*.

Die grundlegende doppelte Hinsicht, unter der der Mensch zu betrachten ist, fasst Eckhart unter dem Begriff des „zweifachen Seins" (nicht nur des Menschen, sondern aller geschaffenen Dinge), des *duplex esse*:

[...] omnis creatura duplex habet esse.	Jedes Geschöpf hat ein zweifaches Sein.
Unum in causis suis originalibus, saltem in verbo dei; et hoc est esse firmum et stabile.	Das eine in seinen ursprünglichen Ursachen, nämlich im Wort Gottes, und das ist ein festes und beständiges Sein.
[...]	[...]
Aliud est esse rerum extra in rerum natura, quod habent res in forma propria.	Das andere ist das Sein, dass die Dinge in der äußeren Wirklichkeit, in der ihnen eigentümlichen Form haben.
Primum est esse virtuale, secundum est esse formale, quod plerumque infirmum et variabile.[89]	Das erste ist das *virtuelle Sein*[90], das zweite ist das *formelle Sein*[91], und das ist meist unstet und veränderlich.

---

89 Eckhart: InGen 77: DW I; 238,2—7.
90 DW I gibt als Übersetzung „esse virtuale" verdeutlichend als *„das Sein der Dinge in der Kraft ihrer Ursache"* wieder.
91 DW I gibt als Übersetzung „esse formale" verdeutlichend als *„das durch die eigene Form bestimmte Sein der Dinge"* wieder.

Für die folgenden Ausführungen, die – als Vertiefung und weitere Ausfaltung – beide Formen des menschlichen Seins getrennt von einander zu beschreiben versuchen, ist nochmals zu betonen, dass es bei der Rede vom *duplex esse* nicht um einen Gedanken an ein „Nebeneinander von zweierlei getrennten Seinsweisen" geht, sondern um „zwei Hinsichten des Seins der Schöpfung"[92] – zwei Hinsichten, die näher zu bestimmen sind als „eine eigentliche und eine uneigentliche"[93], „abgeleitete"[94].

II.2.2.1. Das Sein des Menschen „nach seiner Ungeborenheit"

Ein erster Blick gilt der Betrachtung des „eigentlichen Seins"[95] des Menschen, seines *esse virtuale*.

[...] nâch mîner	Nach der Weise
ungebornen wîse	meiner Ungeborenheit
sô enmac ich niemer ersterben.	kann ich niemals sterben.
Nâch mîner	Nach der Weise
ungebornen wîse	meiner Ungeborenheit
sô bin ich êwiglîche gewesen	bin ich ewig gewesen
und bin nû	und bin ich jetzt
und sol êwiglîche blîben.[96]	und werde ich ewig bleiben.

---

92 Büchner, Christine: Gottes Kreatur – ein reines Nichts. 133: „Um zu verhindern, dass das *duplex esse* als das Nebeneinander von zweierlei getrenntem Sein missverstanden wird, ist es hilfreich, von zwei Hinsichten des Seins der Schöpfung zu sprechen".
93 Vgl. Schirpenbach, Meik Peter: Wirklichkeit als Beziehung. 27.
94 Vgl. Schirpenbach, Meik Peter: Wirklichkeit als Beziehung. 28.
95 Hierzu vgl. Schirpenbach: Meik Peter: Wirklichkeit als Beziehung. 27f.: „Im Sinne von ‚eigentlich' gebraucht Eckhart die Bezeichnungen *absolute* und *simpliciter nullo addito, firmum, stabile* und *virtuale*. Letzteres im Sinne von ‚aus sich heraus wirkmächtig' zu verstehen, gerade nicht im Sinne ‚virtueller Welten', und auch anhand der übrigen Klassifizierungen wird das In-sich-Gründen als Hauptcharakteristikum der Eigentlichkeit deutlich. Genau genommen gilt nur das als wirklich, was eigentlich ist, alles andere hat den Charakter einer unwirklichen Wirklichkeit.".
96 Eckhart: Predigt 52: DW II; 503,2–4.

Eckhart verdeutlicht mit Hilfe verschiedener Bilder, wie er das eigentliche Sein, das *esse virtuale* des Menschen versteht, von dem hier die Rede ist: Das „Sein nach der Weise der Ungeborenheit" entspricht dem Vorstellungsbild, das ein Baumeister von einem von ihm zu bauenden Haus hat[97] – dem „Sein des Hauses im *intellectus* des Baumeisters – , oder dem „lebendigen Entwurf" einer Truhe, den ein Künstler in sich trägt, nach dem er seine Truhe baut und gestaltet:

[...] verbum,	Das Wort,
conceptuu mentis	der (schöpferische) Gedanke
sive ars ipsa	oder die Kunst selbst
in mente artificis	im Geiste des Künstlers,
est id	ist das,
per quod artifex	wodurch der Künstler
facit omnia,	alles macht
et sine quo ut sic	und ohne das er als Künstler
nihil facit.	nichts macht.
[...]	[...]
Arca in mente	Die Truhe im Geist
et	oder
in arte ipsa	im künstlerischen Vermögen selbst,
nec arca est	ist weder eine Truhe
nec facta est,	noch ist sie gemacht,
sed est	sie ist vielmehr
ars ipsa,	die Kunst selbst,
vita est,	sie ist Leben,
conceptus vitalis	sie ist der lebendige Entwurf
artificis est.[98]	des Künstlers.

---

97 Vgl. etwa Eckhart: InGen 138—139: LW I; 291,6—292,9: Der Vergleich mit dem „Baumeister, der ein rundes Haus baut".
98 Eckhart: InIoh 9—10: LW III; 10,5—9.

Das Sein des Mensch wird auf dieser Ebene, „in Gott", so gedacht, wie er „eigentlich von Gott intendiert ist"[99], als „sein lebendiger Entwurf", als der *conceptus*, nach dem Gott den Menschen als individuelles Geschöpf schafft. Es ist die Ebene, auf der der Mensch *imago dei* ist.

Die Gott-Ebenbildlichkeit wird so erwiesen als „unsterbliches Wesen des Menschen", als das, was er „ewig gewesen ist, jetzt ist und ewig bleiben wird", was „niemals sterben kann"[100]. Es ist ein Sein, das der konkreten Existenz „vorausgeht". Der Mensch *ist* Ebenbild Gottes (nämlich *in* Ewigkeit, *in* Gott), bevor er als Geschöpf Mensch *wird*.

Gerade bei der Rede von einem dem geschaffenen Sein des Geschöpfs „vorausliegenden" virtuellen Sein drängt sich die bereits angedeutete Gefahr auf, das *duplex esse* als „Nebeneinander von zweierlei getrenntem Sein" misszuverstehen.

Die Kategorie der Zeitlichkeit, die sich hierbei als problematisch erweist, ist jedoch – und dies ist unbedingt zu berücksichtigen – erst mit dem Akt der Schöpfung gegeben, es ist gegenüber diesem „Setzen der Zeit in der Schöpfung" kein zeitliches „Vorausgehendes" sinnvoll denkbar.

Hierauf weist Eckhart ausdrücklich hin:

Unde cum quaereretur a me aliquando,	Als ich daher einstmals gefragt wurde,
quare deus mundum non creasset prius,	warum Gott die Welt nicht früher geschaffen habe,
respondi [...]:	antwortete ich: [...]

---

99 Vgl. Büchner, Christine: Gottes Kreatur – ein reines Nichts. 116.
100 Vgl. hierzu etwa Eckhart: InIoh 12: LW III; 11,14—12,3:
„[...] verbum, logos sive ratio rerum sic est in ipsis et se tota in singulis, quod nihilominus est se tota extra singulum quodlibet ipsorum, tota intus, tota deforis. [...] Et propter hoc motis rebus aut corruptis, tota rerum ratio manet immobilis nec corrumpitur."
[Das Wort, der logos, oder die Idee der Dinge ist so in ihnen, und zwar ganz in den einzelnen,dass sie trotzdem ganz außerhalb jedes einzelnen ist, ganz drinnen, ganz draußen. [...]
Deswegen: mögen auch die Dinge selbst bewegt/verändert oder zerstört werden, bleibt doch die ganze Idee der Dinge unbeweglich und unzerstört.]

Non enim imaginandum est falso, quasi deus steterit	Man darf sich [...] nicht die falsche Vorstellung machen, als stünde Gott [in der Ewigkeit]
expectans nunc aliquod temporis futurum in quo crearet mundum. [101]	in Erwartung irgendeines künftigen zeitlichen Jetzt, um in ihm die Welt zu schaffen.

ante mundum et tempus non fuit prius. [...] ante mundum non fuit ante sicut nec prius nisi falso imaginatum.[102]	Vor der Welt und vor der Zeit gab es kein ‚Früher‘. [...] Vor der Welt gab es kein ‚Vorher‘ wie auch kein ‚Früher‘ außer in der falschen Vorstellung .

„Vorausgehend" ist das *esse virtuale* dem *esse formale* vielmehr im Sinn eines von Ewigkeit her bestehenden Begründungsverhältnisses, einem grund-legenden Verhältnis zwischen Ewigkeit und Zeitlichkeit, das Eckhart beschreibt als gegeben im „*primum nunc simplex aeternitatis*"[103], im „selben Jetzt, in dem Gott von Ewigkeit her ist und in dem auch das Ausfließen der göttlichen Personen ewig ist, war und sein wird", und „in dem Gott Himmel und Erde schuf"[104].

Imaginantur autem isti et falso quasi aliqua morula	Jene aber stellen es sich so vor, und zwar fälschlich, als fiele eine kleine Weile

---

101 Eckhart: InGen 7: LW I; 190,5—10.
102 Eckhart: InIoh 214: LW III; 180,6—9.
103 Eckhart: InGen 7: LW I; 190,1f.
104 Vgl. Eckhart: InGen 7: LW I; 190,1—5:
„[...] principium, in quo deus creavit caelum et terram, est primum nunc simplex aeternitatis, ipsum, inquam, idem nunc penitus, in quo deus est ab aeterno, in quo etiam est, fuit et erit aeternaliter personarum divinarum emanatio. Ait ergo Moyses deum caelum et terram creasse in principio absolute primo, in quo deus ipse est, sine quolibet medio aut intervallo".

vel distantia	oder ein Abstand
temporis et loci	von Zeit und Raum
intercidat	
inter nunc primum	zwischen das erste und einzige
et unicum aeternitatis	Jetzt der Ewigkeit
et mundi creationem.	und die Erschaffung der Welt.
Quod falsum est.	Das ist falsch!
[...]	[...]
deus iubet tempus	Gott lässt die Zeit
descendere	aus der ewigen Dauer,
immediate ab ipso aevo,	das heißt aus der Ewigkeit
quod est aeternitas ipsa	selbst
vel nunc aeternitatis,	oder dem Jetzt der Ewigkeit,
	unmittelbar herabsteigen,
ut tempus et aeternitas	so dass Zeit und Ewigkeit
sint quasi	dem gleichen,
quaedam continua	was sich gegenseitig berührt
et contigua sibimet mutuo,	und ineinander übergeht.
ut scilicet semper	So fließt denn die Zeit immer
ab aeterno tempus	aus der Ewigkeit,
ab aevo fluxerit	aus der ewigen Dauer.
[...].	[...]
sicut	So wirkt [Gott[105]] [...]
sine interpolatione qualibet	ohne jede Unterbrechung
et quiete media	und Ruhepause, [...]
[secundum illud Ioh 5:	
'pater meus	
usque modo operatur']	
unica scilicet	nämlich in einem einzigen
et eadem simplici operatione,	und im selben einfachen Akt,
et in aeternitate	sowohl in der Ewigkeit
et in tempore operatur,	als auch in der Zeit,

---

105 Dieser ist – Eckhart bezieht sich im Schriftverweis (Joh 5,17) auf „meinen
(d. i. Jesu) Vater" – hier als Subjekt einzusetzen.

sic temporalia	so wirkt er zeitlos
ipse intemporaliter	sowohl das Zeitliche
sicut aeterna.[106]	wie das Ewige.

Wie Gott selbst, so geht auch die in ihm verborgene „ewige Idee des Menschen" „nicht der Zeit nach den Zeiten voraus, sondern geht aller Zeit in der Erhabenheit der immer gegenwärtigen Ewigkeit voraus"[107].
Die erste Hinsicht, unter der also das Sein des Menschen bei Eckhart betrachtet wird, die Hinsicht „nach der Ungeborenheit", stellt diesem Verhältnis von ewigem und zeitlichem Sein entsprechend den unzerstörbaren Grund dar, auf dem der Mensch „nach seiner Geborenheit", mit seiner zeitlichen Existenz, aufruht. Sie ist im strengen Sinn „begründendes Prinzip" des Mensch-Seins. Die „Weise der Ungeborenheit" verweist den Menschen auf „die Ewigkeit, die steht und weder Zukunft noch Vergangenheit kennt, [und die] die zukünftigen und vergangenen Zeiten bestimmt"[108].
Der ewige Bestand, den Eckhart mit Blick auf den Menschen dessen Sein als *imago dei*, als „*conceptus vitalis artificis*" [109] – und die Ewigkeit dieses „Entwurfs" ist im Vergleich mit dem Baumeister oder Künstler und ihren Werken nicht selbstverständlich gegeben – zuschreibt, ist begründet im Wesen des „*artifex*", nämlich Gottes selbst. Nur weil Gott selbst als „den Menschen schaffender Künstler" ewig, unwandelbar ist, darum ist der „lebendige Entwurf in seinem Denken" ebenso ewig und unwandelbar. Auf diesen Zusammenhang weist Eckhart innerhalb seiner Ausführungen zu seinem Gleichnis vom Baumeister, der ein rundes Haus baut, ausdrücklich hin:

---

106 Eckhart: InIoh 216: LW III; 181,9—182,5.
107 Vgl. Eckhart: InIoh 218: LW III; 183,17—184,1, wo er Augustinus zitiert, der sich an Gott wendet: „Nec tu tempore tempora praecedis, sed praecedis omnia tempora celsitudine semper praesentis aeternitatis".
108 Vgl. Eckhart: InIoh 217: LW III; 183,4—6:
„nihil praeterire in aeterno, sed totum esse praesens. [...] stans nec futura nec praeterita aeternitas dictet et futura et praeterita tempora".
109 Vgl. nochmals das Gleichnis von der „Truhe im Geist des Künstlers"; vgl. Eckhart: InIoh 10: LW III; 10,8—9.

Artifex	Ein Baumeister [...]
facit domum rotundam	baut ein rundes Haus,
ex intentione,	weil seine Absicht,
quam tunc habet	die er zu diesem Zeitpunkt hat,
ad talem figuram,	auf eine solche
rotundam scilicet.	runde Hausform gerichtet ist.
Et cum facta est,	Und wenn es fertiggestellt ist,
domum huiusmodi	so gefällt ihm dieses Haus,
complacet ipsi,	
tum quia domus est,	erstens weil es ein Haus ist ,
tum quia rotunda est,	und zweitens weil es rund ist,
ut ipse voluit [...].	sowie er selbst es wollte. [...]
Puta si [...]	Wenn aber
mutetur	Absicht und Wille
intentio et voluntas	des Baumeisters
artificis,	sich wandeln,
puta si modo	wenn dieser etwa nunmehr
vult	will,
ipsam esse quadratam,	dass es viereckig sein soll,
et ideo ipsi displicet	dann missfällt ihm,
quod est rotunda	dass es rund ist,
nec sibi	und er sieht es nicht mehr
iam videtur bona.	als gut an.
Et quandoque ipsam destruit,	Zuweilen reißt er es dann ab,
ut aliam faciat	um ein anderes,
quadratam,	viereckiges zu bauen,
quae modo	das nunmehr
placet oculis eius	seinem Blick gefällt.
[...].	[...]
Et hoc quidem	So jedenfalls verhält es sich
apud nos.	bei uns [Menschen].
[...]	[...]
Secus autem	Anders ist es
de operibus dei.	bei den Werken Gottes.
Deo enim nihil praeterit,	Für Gott geht nichts vorüber,
nihil moritur	stirbt nichts
nec quidquam	und wird nichts

[Die Edelkeit der Seele] 223

in nihilum redigitur.	zunichte.
Quod semel est aliquid,	Was einmal etwas ist,
hoc nunquam est nihil.	das ist niemals nichts!
[...]	[...]
Iterum etiam	Zum anderen
affectus dei	wandelt sich
circa opus eius	Gottes Zuwendung
non mutatur.[110]	zu seinem Werk nicht!

Das „ungeborene Sein", das *esse virtuale* ist für Eckhart somit gleichzeitig das Sein des Menschen, das ihm ein unzerstörbares „Ansehen" vor Gott „sichert", selbst wenn er sich als „geschaffener Mensch" von Gott als seinem Ursprung abwendet, sein Wesen im zeitlichen Leben „gottlos" (*impius*: „nicht-fromm") zu verwirklichen sucht:

homo impius,	Insofern ein gottloser Mensch
in quantum homo,	Mensch ist,
est;	hat er Sein;
[...]	[...]
Lucet [...] homo impius	Ein gottloser Mensch
in luce aeterna	leuchtet [...] im ewigen Licht
hominis	[der ewigen Idee]
[...].	des Menschen.
	[...]
Sic ergo scitur	So wird er also von Gott
et amatur a deo,	gekannt und geliebt,
ut homo est,	insofern er ein Mensch ist
secundum illud:	nach dem Wort:
'vult	„[Gott] will,
omnes homines	dass alle Menschen
salvos fieri'	selig werden"
(Tim 2).[111]	(1 Tim 2,4).

---

110 Vgl. Eckhart: InGen 138—139: LW I; 291,6—292,9.
111 Eckhart: InSap 220: LW II; 556,2-6.

Ist so vom „Ansehen des Menschen vor Gott" die Rede, so ist dies im wörtlichen Sinn zu verstehen. Die Rede von der „unsterblichen, ungeborenen Natur des Menschen" mündet neben aller damit verbundener Beschreibung eines „Ideals von Mensch-Sein" in die Zusicherung der unwiderruflichen Zuwendung Gottes zu jedem Menschen (und darüber hinaus jeder Kreatur innerhalb der Schöpfung), die jeder konkreten Ver-Wirklichung des Idealbildes der *imago dei* durch den Menschen in seinem Lebensvollzug und damit jedem Verdienst vorausgeht.

Creator, deus,	Gott, der Schöpfer,
eodem lumine	blickt in ebendemselben Licht
	[nämlich in dem dem „obersten
	Teil der Seele" aufgeprägten
	„Licht des göttlichen Antlitzes"]
respicit nos	auf uns
et est semper nobiscum.[112]	und ist immer bei uns.
Essentia autem et natura	Mögen nun
quorumlibet et quantumlibet	irgendwelche Dinge
immundorum	mit noch so großer Unreinheit
munda est.[113]	behaftet sein,
	so ist ihre Wesensnatur
	doch rein.

---

112 Eckhart: ParGen 139: LW I; 606,1-8.
113 Eckhart: InSap 140: LW II; 478,11—479,1.

[Die Edelkeit der Seele] 225

In Eckharts Lehre vom *duplex esse* und zentral vom *esse virtuale* des Menschen treffen so die Reflexion über das letzte, ewige, unzerstörbare Wesen des Menschen und seine „Ehre"[114] als *imago dei* und die Herausarbeitung des uneingeschränkten Heilswillens Gottes gegenüber seiner Schöpfung, der sich in unverbrüchlicher Zu-Neigung zum Menschen[115], in Ansehen, Achtung und freisetzender Liebe, im geduldigen „Beim-Menschen-Bleiben" zeigt, aufeinander.

Sie bildet in diesem Sinn einen Kristallisationspunkt der im Wesen Gottes selbst begründeten Einheit von Schöpfungs- und Erlösungsgnade, die Eckharts Theologie fundamental prägt.

---

114 Die „Ehre" des Menschen, das was ihn wertvoll erscheinen lässt, besteht für Eckhart in der unverbrüchlichen „Freundschaft Gottes zum Menschen", die ihn „zum Streben nach einem besseren oder höheren Sein anspornt". Vgl. Eckhart: Sermo XXXVIII: LW IV; 325,5-13. Eckhart fasst seinen dortigen Gedankengang abschließend knapp zusammen (a. a. O.; 325,11−13):

„[...] quod uni dicit, omnibus dicit [...] promittit honorem dicens: amice."
[Gott] verheißt uns mit dem an einen gerichteten aber für allen bestimmten Wort Ehre, indem er sagt: Freund!]

115 Für Eckhart bedeutet diese Liebe zum Menschen nicht nur die Liebe Gottes zur „allgemeinen Menschennatur" und in diesem Sinn etwa zu einem Abstraktum der „Menschheit", losgelöst vom jeweiligen menschlichen Einzelwesen (von dem etwa zugunsten der ‚Idee des Menschen' zu abstrahieren wäre). Die Liebe zum Menschen ist zwar eine Liebe zur „ewigen Idee des Menschen", die sich aber zeigt als Liebe zum je Einzelnen in seiner individuellen Konkretion. Vgl. hierzu etwa Eckhart: Sermo VI1: LW IV; 53,9:

„[...] sic nos amat quasi oblitus omnium aliorum."
[Gott] liebt uns [jeden einzelnen] so, als hätte er alle anderen beinah vergessen.]
Diese Liebe „verlässt das Geliebte niemals"! Vgl. Eckhart: Sermo XLIV1: LW IV; 368,4−5:

"[...] deus est unum, quia unum cuiuslibet, indivisus a quolibet, indistinctus; amor enim nunquam deserit."
[Gott ist das Eine; denn er ist das Eine eines jeden Wesens, von jedem ungeschieden und ununterschieden. Denn die Liebe verlässt [das Geliebte]niemals.]

II.2.2.2 Der „doppelte Fall"

Arca in mente et in arte ipsa	Die Truhe im Geist oder im künstlerischen Vermögen selbst,
nec arca est nec facta est,	ist weder eine Truhe noch ist sie gemacht,
sed est ars ipsa, vita est,	sie ist vielmehr die Kunst selbst,
conceptus vitalis artificis est.[116]	sie ist Leben, sie ist der lebendige Entwurf des Künstlers.
[...] quamvis ab aeterno in ipso fuerint et aeternaliter secundum suas rationes, ut sunt intelligere et intellectualiter, et similiter in deo fuerint res omnes, ut sunt vivere aut vita [...].	Freilich waren alle Dinge von Ewigkeit her und in der Weise des Ewigen in ihm nach ihren Ideen, als [Gottes] Denken und in der Weise dieses Denkens; ebenso waren alle Dinge in Gott als sein Lebendigsein oder Leben. [...]
[...] ,facta', id est creata [...] ,per ipsum', deum scilicet, ,sunt', id est habent esse formale extra	Das Gewordene, das heißt das Geschaffene, [...] ist durch ihn, nämlich durch Gott, das heißt, es hat formales Sein außerhalb [des göttlichen Geistes]
in rerum natura sub formis propriis	in der Naturwirklichkeit unter den besonderen Formen,

---

116 Eckhart: InIoh 9—10: LW III; 10,8—9.

quibus sunt.	durch die es ist.
Sed in ipso	Aber in ihm
	[dem göttlichen Geist]
nondum sunt,	ist [das Geschaffene] noch nicht
ut sunt,	nach seiner konkreten Existenz,
puta leo,	zum Beispiel als Löwe,
homo,	Mensch,
sol et huiusmodi,	Sonne und dergleichen,
sunt autem in ipso	und sie sind in ihm
non sub ratione esse	nicht nach dem Sein
talium rerum,	solcher Dinge,
sed sub ratione	sondern
vivere et intelligere.[117]	als [Gottes] Leben und Denken.

Die Truhe im Geist des Künstlers, Löwe, Sonne oder Mensch im Geist und Vermögen Gottes, all das hat als solches kein „Sein in der Naturwirklichkeit". Das *esse virtuale* des Menschen, wie es oben beschrieben wurde, ist „weder ein Mensch noch ist es geschaffen". Der Mensch *wird* „nach seiner konkreten Existenz" erst durch den Akt der Schöpfung, den Eckhart bestimmt als *collatio esse*, als Mitteilung, Verleihung von Sein, Anteilgeben am Sein:

Creatio enim est	Schöpfung ist nämlich
collatio esse	Verleihung des Seins
post non esse.[118]	nach dem Nicht-Sein.

Dieser Akt der Seinsverleihung begründet das vom „Sein *in* Gott" unterschiedene „Sein *durch* Gott", das *esse formale* des Menschen gegenüber seinem *esse virtuale*.

---

117 Eckhart: InSap 32: LW II; 352,11–353,4.
118 Eckhart: InSap 19: LW II; 340,10–11.

a) Das Sein des Menschen „nach seiner Geborenheit": Schöpfung, Analogie und der „Durst nach Sein"

Daz ich bin	Was ich
nâch gebornheit,	meiner Geborenheit nach bin,
daz sol sterben	das wird sterben
und ze nihte werden,	und zunichte werden,
wan ez ist tœtlich;	denn es ist sterblich;
her umbe sô muoz ez	darum muss es
mit der zît verderben.[119]	mit der Zeit verderben.

Um die Prägung des „Seins des Menschen nach seiner Geborenheit", seines Seins als Geschöpf, in seiner konkreten Existenz, seines *esse formale* zu verdeutlichen, sind mit Eckhart zwei Gedankengänge zu verfolgen:

- die mit der *collatio esse* als begriffliche Charakterisierung der Schöpfung verbundene Bestimmung des Verhältnisses zwischen Schöpfer und Geschöpf als radikal analoges, und damit
- die völlige Abhängigkeit des Menschen (wie aller Geschöpfe) von Gott als Schöpfer und die Verwiesenheit auf ihn als Ursprung des „geliehenen Seins".

„Zwischen dem Schöpfer und dem Geschöpf kann man keine so große Ähnlichkeit feststellen, dass zwischen ihnen keine noch größere Unähnlichkeit festzustellen wäre."[120] Diese Überzeugung, die das IV. Laterankonzil als Grundlage jedes Nachdenkens über das Verhältnis zwischen Gott und Mensch und die Möglichkeit des Menschen zur Vollkommenheit in der Einheit mit Gott zu gelangen[121], bestimmt, prägt in radikaler Weise das Denken Meister Eckharts:

---

119 Eckhart: Predigt 52: DW II; 503,2—5.
120 IV. Laterankonzils (1215): DH38 Nr. 806:
„Inter creatorem et creaturam non potest tanta similitudo notari, quin inter eos maior sit dissimilitudo notanda".
121 Das Konzil setzt damit einen Grundsatz, auf dessen Basis die Frage nach der möglichen Einheit zwischen Gott und Mensch zu klären sei: „Wenn aber die Wahrheit [Christus] für ihre Gläubigen zum Vater betet und sagt:

Concluditur ergo vere	Es ergibt sich in Wahrheit,
quod nulla similitudo,	dass es keine Ähnlichkeit,
nulla comparatio est	keine Vergleichbarkeit[123] gibt
inter deum	zwischen Gott
et creata.[122]	und dem Geschaffenen.

Damit begründet Eckhart die notwendige Beachtung eines strengen Analogie-Prinzips[124] bei der Verhältnisbestimmung zwischen Gott und dem Menschen „nach der Weise seiner Geborenheit", dem Menschen als Geschöpf. Dieses Prinzip der Analogie, das einerseits

---

‚Ich will, dass sie eins seien in uns, so wie auch wir eins sind' [Joh 17,22], so wird zwar dieser Ausdruck ‚eins' für die Gläubigen gebraucht, damit die Einigung der Liebe in der Gnade verstanden werde, für die göttlichen Personen aber, damit die Einheit der Identität in der Natur erkannt werde. Ebenso sagt die Wahrheit [...]: ‚Ihr sollt vollkommen sein, wie auch euer himmlischer Vater vollkommen ist' [Mt 5,48], als ob sie noch deutlicher sagte: ‚Ihr sollt vollkommen sein' durch die Vollkommenheit der Gnade, ‚wie euer himmlischer Vater vollkommen ist' durch die Vollkommenheit der Natur, beides nämlich auf seine Weise".

122 Eckhart: InEx 39: LW II; 45,2—3.
123 Die Übersetzung in LW II sagt hier für „comparatio":
     „Es gibt keine *Beziehung* zwischen Gott und dem Geschaffenen". Dies halte ich für irreführend.
124 Vgl. zum Analogie-Verständnis die Darstellung bei Eckhart: InEccl 52—53: LW II; 280,5—282,12.
     Hierzu verdeutlichend Büchner, Christine: Gottes Kreatur – ein reines Nichts. 58: „Seiendes und Sein werden analog [...] ausgesagt von Gott und den Geschöpfen.
     Stünden das Sein in Gott und das Sein in der Kreatur in einem aequivoken Verhältnis, wäre beider Sein ohne jede Verbindung und würde nur zufällig mit einem gleichlautenden Wort bezeichnet. Das ist unmöglich, weil es kein zweites Sein außerhalb des Seins gibt; außerhalb des Seins kann nämlich nichts sein.
     Stünden sie in einem univoken Verhältnis, dann wäre das Sein eine Gattung, und zwischen Gott und Kreatur bestünde nur ein Artunterschied. Das ist unmöglich, da Gott nicht einer Gattung unterzuordnen ist, sondern gerade über alle Gattungen erhaben. Es bleibt also das analoge Verhältnis als das einzig adäquate".
     Eine detaillierte Darstellung der Analogielehre Eckharts bei Mojsisch, Burkhard: Meister Eckhart – Analogie, Univozität und Einheit. 42—56.

jede geschöpfliche Bestimmung von Gott fernhält (es gibt keine *comparatio* zwischen Geschöpf und Schöpfer, die notwendig wäre, um Aussagen über das Wesen Gottes machen zu können[125]), betont gleichzeitig die „Schwachheit" (*infirmitas*) und „Nichtigkeit" (*nulleitas*) des Geschaffenen[126], wenn es in sich selbst betrachtet wird.

Vor allem in diesem zweiten Sinn wird der Begriff *collatio esse* im Werk Eckharts für die Bestimmung der Arteigenschaften des Menschen als Geschöpf insofern entscheidend, dass er „besonders betont, dass alles Geschaffene sein Sein nicht von sich selbst hat, dass es ihm nicht eigentümlich zugehört, sondern dass es ihm von einem anderen verliehen wurde, so dass es eigentlich gar nicht ‚sein' Sein ist. Die Existenz eines Dinges weist somit auf eine Ursache außerhalb von diesem selbst, auf Gott, den Verleiher, der das Sein ‚hat'" [127].

Igitur omne ens creatum	Also hat
habet	alles geschaffene Seiende
a deo	Sein, Leben und Denken
et in deo,	seinsmäßig und wurzelhaft
non in se ipso	von Gott
ente creato,	und in Gott,
esse, vivere, sapere	nicht in sich selbst
positive et radicaliter.[128]	als geschaffenem Seienden.

---

125 Diese Überzeugung wurde im Rahmen der eckhartschen Dionysius-Rezeption ausführlicher behandelt. Vgl. das Kapitel II.1.2. dieser Arbeit..
126 Vgl. Eckhart: InEccl 61: LW II, 290,4—8:
"Nam illa expositiones fundantur omnes et singulae super aliqua excellentia divinorum, puta dei infinitate, simplicitate, puritate, prioritate et huiusmodi, et docent creaturarum infirmitatem respectu dei aut potius in se ipsis nulleitatem."
[*Alle diese Ausführungen und jede einzelne gründen in einer erhabenen Eigenschaft des Göttlichen, wie etwa in Gottes Unendlichkeit, Einfachheit, Lauterkeit, Überlegenheit und dergleichen, und erweisen die Schwachheit der Geschöpfe Gott gegenüber oder vielmehr ihre Nichtigkeit in sich selbst.*]
127 Vgl. hierzu Büchner, Christine: Gottes Kreatur – ein reines Nichts. 71.
128 Eckhart: InEccl 53: LW II, 282,3—5.

Das bei Eckhart zentrale Verständnis der *analogia entis* lässt sich in folgenden Grundgedanken bündeln:

- Es gibt nur ein einziges Sein, dieses Sein ist formaliter nur in Gott und ist Gott selbst.[129]
- Das bestimmte, geschaffene Sein ist „in sich selbst" und aus sich Nichts. Es empfängt das Sein von einem anderen, von Gott her. Es hat Sein nur als „geliehenes Sein", es *ist* im strengen Sinn nur durch seine Beziehung zu Gott.[130]
- Das im Akt der Schöpfung Hervorgebrachte ist grundsätzlich abhängiges Sein: dem In-Sich-Sein Gottes zu- und untergeordnet. Es ist *„cadens ab uno et procedens extra unum"*[131] – vom Einen abfal-

---

129 Vgl. Eckhart: Prologus in opus propositionum, 4—5: LW I; 167,9—169,2.
Für unseren Zusammenhang besonders a. a. O.; 167,9—168,5:
„[...] solus deus proprie est ens [...]. ab ipso omnia sunt [...]. ab ipso immediate omnia habent quod sunt [...]. cum dico: hoc ens [...], li hoc et istud nihil prorsus addunt seu adiciunt entitatis [...] super ens [...]."
[Gott allein ist im eigentlichen Sinne Seiendes. Von ihm hat alles [Seiende] Sein. Alles [Seiende] hat, dass es ist, unmittelbar von ihm. Wenn ich sage: dieses Seiende, so fügen oder legen ‚dies' oder ‚das' nichts weiter an Seinsgehalt zum Seienden hinzu.]
Die Fülle der Auslassungen im Zitat beruht hier darauf, dass Eckhart in jeweils ausführlicher Aufzählung nicht nur das „Sein", sondern auch „Einheit, Wahrheit und Gutheit" als „im eigentlichen Sinn Gott zuzuschreibende Eigenschaften" parallelisierend behandelt.
130 Vgl. Büchner, Christine: Gottes Kreatur – ein reines Nichts. 58f.: „Was der Begriff ‚Sein' beinhaltet, befindet sich [...] in analoger Weise in Gott und im Geschöpf: Daher können wir sowohl sagen, dass Gott ‚ist' als auch dass das Geschöpf ‚ist'. Weiterhin besagt die Analogie, dass die beiden Analogate – die Träger (hier: Gott und Geschöpf) des analogen Begriffsgehaltes (hier: das Sein) – in einem hierarchischen Verhältnis zueinander stehen, das zweite vom ersten abhängig ist; das zweite Analogat hat also den Begriffsinhalt alleine durch seine Beziehung zum ersten. In diesem Fall ist das zweite Analogat das Geschöpf, es hat daher , [...] nihil in se [...] positive radicatum formae secundum quam analogatur'. – ‚[...] *in sich seinsmäßig und wurzelhaft keinen Ansatz zu der Form, auf der dieses Verhältnis beruht'.* DasGeschöpf hat also sein Sein, welches dasselbe Sein ist wie das Gottes, nicht als etwas eigenes, das zu seinem Geschöpfsein gehörte und in ihm verwurzelt wäre, sondern nur durch seine Beziehung zu Gott".
131 Eckhart: ParGen 11: LW I; 482,10—11.

lend und aus dem Einen heraustretend, fundamental bestimmt durch einen „Abfall" gegenüber seinem göttlichen Ursprung, der sich in der mit der Schöpfung gegebenen Einordnung in die Vielfalt zeigt.

Während man in diesem Zusammenhang einerseits von einem „Seinsverlust" des geschaffenen Seins gegenüber seinem Grund und „virtuellen Sein" in Gott sprechen kann, so liegt darin doch überhaupt das Sein des Menschen als Geschöpf begründet.Die „ewige Idee des Menschen" *ist* ebensowenig wie die Truhe im Denken des Künstlers *ist*, solange ihr nicht Sein verliehen wird.

Die „Demütigung" des Menschen, die mit der Erkenntnis der „Nichtigkeit" und „Schwachheit" „in sich selbst" und damit von der vollständigen Abhängigkeit von Gottes Sein und seiner Teilgabe daran gegeben ist, stellt jedoch im Denken Eckharts, wie oben hervorgehoben wurde, gleichzeitig die entscheidene „Auszeichnung des Menschen vor Gott", seine eigentliche „Ehre" dar: Der Mensch als „Nicht-für-sich-Seiender" ist von Ewigkeit her (von Seiten Gottes) getragen von Gottes Willen zur Seins-Verleihung – einem Willen, der nicht in Willkür besteht, sondern Ausdruck des innersten Wesens Gottes ist.

Die Analogielehre sichert dabei – als „Kehrseite" der Betonung der völligen Abhängigkeit des Seienden von Sein Gottes – gleichzeitig die unmittelbare Gegenwart des Seins, d.h. Gottes, im Seienden: „Gott als das absolute Sein bildet zum *esse hoc et hoc* der Geschöpfe, als *esse* genommen, keinen Gegensatz, da außerhalb des *esse absolutum* einzig das Nichts zu denken ist"[132]. Das Sein des Seienden ist als nicht-eigenes, geliehenes Sein eine „Seinsweise"[133] des einen göttlichen Seins, neben dem nichts ist und sein und gedacht werden kann. Das Sein des Menschen als Geschöpf, ist dementsprechend zu beschreiben als „Sein ganz in Beziehung", als Beziehung, die nur als

---

132 Kampmann, Irmgard: Ihr sollt der Sohn selber sein. 85.
133 Vgl. Eckhart: InEccl 52: LW II; 280,7—9:
     „[...] analoga vero non distinguuntur per res, sed nec per rerum differentias, sed '*per modos*' unius eiusdemque rei simpliciter."
     [*Das Analoge lässt sich weder nach Dingen noch nach Unterschieden an Dingen gliedern, sondern nach ,Seinsweisen' eines und desselben Dinges schlechthin.*]

völlige Abhängigkeit des Geschöpfes vom Sein Gottes denkbar ist. Dieser Beziehung entspricht, wenn das Wesen des Menschen orientiert an ihrer Unhintergehbarkeit bestimmt wird, das wesentliche „Ganz-auf-Gott-ausgerichtet-Sein" des Menschen:

Cum enim homo,	Wenn der Mensch,
ut dictum est,	wie gesagt,
accipit	sein ganzes Sein
totum suum esse	gänzlich von Gott allein,
se toto a solo deo,	seinem Gegenüber,
obiecto,	empfängt,
sibi esse	so ist für ihn das Sein
non sibi esse,	nicht Für-sich-sein,
sed deo esse,	sondern Zu-Gott-sein,
deo, inquam,	zu Gott, sage ich,
ut principio dante esse,	als Ursprung, der das Sein gibt,
et deo ut fini,	und zu Gott als Ziel,
cui est et cui vivit [...].[134]	für das er ist und lebt.

Mit der Schöpfung ist dem Menschen „geboten", „der ersten Ursache seines ganzen Seins zu folgen, auf ihn sich hinzuordnen, zu ihm sich zurückzuwenden und zu ihm zu eilen"[135]: „Aller crêatûren wesen und leben liget dar ane, daz sie got suochent und im nâchjagent."[136]

Dieses „Gebot" Gottes ist dabei erneut nicht zu verstehen als nachträglich dem Menschen von außen abgeforderte Aufgabe, Eckhart

---

134 Eckhart: InIoh 107: LW III; 92,9—12.
135 Vgl. Eckhart: InIoh 226: LW III; 189,8—10:
"[...] deus omnem creaturam creando dicit et indicit, consulit et praecipit, hoc ipso quod creat, sequi et ordinari,reflecti et recurrere in deum tamquam in causam primam totius sui esse [...]."
[Durch die Schöpfung sagt und verkündet, rät und gebietet Gott allen Geschöpfen, und zwar eben dadurch, dass er sie schafft, ihm, als der ersten Ursache des ganzen Seins, zu folgen, auf ihn sich hinzuordnen, zu ihm sich zurückzuwenden und zu ihm zu eilen.]
136 Eckhart: Predigt 79: EW II; 156,13—15.

versteht auch hier das Schöpfungs-Gebot Gottes als Aussage über das Wesen des Menschen:

[...] hoc est	Das Sein,
omni creaturae	die Natur
esse	und das höchste Gut
et natura	für jedes Geschöpf
et summum bonum	besteht darin,
et sibi melius	das zu sein, was Gott will,
et dulcis	und so zu sein, wie Gott es will;
et quietius,	und das ist das Beste
	und Angenehmste
quod deus vult ipsam esse	für es [das „Ding"]
et quomodo vult ipsam esse.[137]	und versetzt es in völlige Ruhe.

Eckhart bestimmt das Wesen des Seienden, damit auch das Wesen des Menschen „nach seiner Geborenheit", im Kontext der Analogielehre „an sich" als „bloßes und ausschließliches *Vermögen* zum Sein" – ein Vermögen, das den Menschen wesenhaft definiert als „Verlangen und Durst nach dem Sein selbst".[138]
Verlangen und Durst, die alles Seiende fundamental bestimmen, erscheinen mit Blick auf den Menschen in gegenüber den anderen Kreaturen ins Grenzenlose gesteigerter Form. Der Grund dafür – und damit kehren wir zum Beginn der Überlegungen über die „grôze edelkeit" des Menschen zurück – liegt in der Besonderheit des „Seins des Menschen nach seiner Ungeborenheit".
Der Mensch als Kreatur ist „als von Gott wesenhaft verschiedenes Geschöpf" zwar nicht außerhalb Gottes, außerhalb des einen göttlichen Seins, doch kann er als solches „weder Gott erkennen noch Bild Gottes sein"[139], wozu er aber gemäß der „ewigen Idee des Men-

---

137 Eckhart: InGen 148: LW I; 300,3—6.
138 Eckhart: InEccl 45: LW II; 274,12—13:
„[...] in se nuda et potentia ad esse, quae potentia appetitus est et sitis ipsius esse."
[Das Seiende] an sich ist bloß und [nur] Vermögen zum Sein. Dieses Vermögen ist Verlangen und Durst nach dem Sein selbst.]
139 Vgl. Kampmann, Irmgard: Ihr sollt der Sohn selber sein. 86.

schen" bestimmt ist. Selbst die „Rückkehr zu etwas Ähnlichem" im Vergleich mit Gott – was einem Menschen „nach seiner Geborenheit" bestenfalls möglich zu sein scheint – „genügt ihm nicht":

Homo autem creatus est	Der Mensch aber ist geschaffen
ad imaginem	zum Bild
totius substantiae dei,	des ganzen Wesens Gottes
et sic	und somit
non ad simile,	nicht zu etwas Ähnlichem,
sed ad unum.	sondern zu dem Einen.
[...]	[...]
Homini [...],	Der Mensch,
cum sit factus	da er geschaffen ist
ad imaginem totius	zum Bild des ganzen,
unius substantiae dei	einen Wesens Gottes
et sit in esse productus	und auf Grund des einen
sub ratione unius totius,	Ganzen
	ins Sein hervorgebracht ist,
non sufficit	genügt nicht
recursus ad simile,	die Rückkehr zum Ähnlichen,
sed	sondern er
recurrit ad unum	kehrt zum Einen zurück,
unde exivit,	wovon er ausgegangen ist,
et sic solum sibi sufficit.[140]	und nur so genügt es ihm.

Entsprechend verdeutlicht Meister Eckhart seine Analogielehre, wie sie oben skizziert wurde, im Kontext der Auslegung zu Jes Sir 24,21: „Wer mich genießt, den hungert noch, wer mich trinkt, der dürstet noch"[141]. Der Mensch hat durch die *analogia entis* eine Ähnlichkeit mit Gott, die ihn nach ihm streben lässt, er hat aber eben nur Ähnlichkeit. Was der Mensch als geschaffen *ad imaginem dei* sucht, ist Einheit. Wesentliches „Von-Gott-Zehren" und wesentliches, unstill-

---

140 Eckhart: InIoh 549: LW III; 479,1—480,1.
141 Verszählung und Übersetzung: EÜ. Eckhart zitiert den lateinischen Vers als Eccl 24,29: „Qui edunt me, adhuc esuriunt".

bares „Nach-Gott-Hungern" sind damit die zwei bestimmenden Aspekte des geschöpflichen Seins des Menschen:

Edunt,
quia sunt,

esuriunt,
quia
ab alio sunt.[142]

[Alles Geschaffene]
zehrt [von Gott], weil es *ist*,
[weil es hervorgebracht
und geschaffen ist
und damit Anteil bekommt
am einen Sein Gottes],
es hungert,
weil es [nie von sich aus ist,
sondern] von einem anderen
her *ist*,
[weil es bleibend abhängig ist
von der fortgesetzten
collatio esse durch Gott,
den Ursprung des Seins].

Notandum
quod esuries et sitis
proprie
est desiderium, appetitus
et potentia naturalis
ad actum.

Es ist zu bemerken:
Hunger und Durst
im eigentlichen Sinn
ist Sehnen, Verlangen
und das naturhafte Vermögen
auf die [entsprechende]
Verwirklichung hin.

Unde omne desiderium,
appetitus et potentia,
quae sunt
ad aliquod finitum,
non semper esuriunt
nec semper sitiunt;
sed adepto termino

edunt et bibunt
et nequaquam amodo

Jedes Sehnen,
Verlangen und Vermögen,
das auf etwas Endliches
hingeordnet ist,
hungert daher nicht immer
und dürstet nicht immer;
hat es vielmehr das Ziel
erreicht,
so zehrt und trinkt es davon
und dürstet und hungert

---

142 Eckhart: InEccl 53: LW II; 282,11−12.

[Die Edelkeit der Seele] 237

sitiunt et esuriunt.	gar nicht mehr.
[...]	[...]
In his autem,	Bei dem aber,
quorum terminus est infinitus,	wo das Ziel unendlich ist,
e converso se habet.	verhält es sich umgekehrt.
Talia enim semper edunt	Denn dergleichen zehrt immer
et semper esuriunt,	und hungert immer,
et ardentius	und sein Hunger
esuriunt	ist umso heißer
et avidius	und gieriger,
quo plus edunt. [...]	je mehr er zehrt. [...]
Deus autem cum sit	Nun ist Gott aber
veritas	die [unendliche] Wahrheit
et bonitas infinita	und unendliche Gutheit
et esse infinitum,	und das unendliche Sein,
omnia, quae sunt,	und so zehrt von ihm
quae bona sunt,	und hungert nach ihm
ipsum edunt	alles, was ist,
et ipsum esuriunt:	was gut ist:
edunt, quia sunt,	Es zehrt von ihm, weil es ist,
quia vera sunt,	weil es wahr ist,
quia bona sunt;	weil es gut ist;
esuriunt,	es hungert nach ihm,
quia ipse infinitus est.[143]	weil er selbst unendlich ist.
Sic ergo	So führt das Zehren
in corporalibus	im sinnlichen Bereich
edere tandem facit fastidere;	schließlich zum Überdruss;
in divinis autem	im Bereich des Göttlichen aber
ut sic edere	verursacht es seiner Natur nach
facit esurire,	[neuen] Hunger,
et quanto plus et purius	und je kräftiger und lauterer
edunt,	die Zehrung ist,
tanto plus et purius	um so kräftiger und lauterer
esuriunt,	wird der Hunger,

---

143 Eckhart: InEccl 42—43: LW II; 270,8—272,11.

et currit pari passu	so dass Hungern und Zehren
edere esurire.	gleichen Schritt hält.
[...]	[...]
qui edunt deum,	Wer von Gott zehrt,
adhuc esuriunt.	hungert weiter [nach ihm].
[...] ideo	[...] Er empfindet [...] deshalb
non fastidiunt,	keinen Überdruss,
quia esuriunt	weil er [nach mehr] hungert
et quia esurire	und weil das Hungern
est ipsum edere.	das Zehren selbst ist.
Qui ergo edit,	Wer hier also zehrt,
edendo esurit,	hungert im Zehren,
quia esuriem edit,	weil er vom Hunger zehrt,
et quantum edit,	und wie groß seine Zehrung,
tantum esurit.	so groß ist sein Hunger.
[...]	[Beides ist unendlich.] [...]
Edendo enim esurit	Denn im Zehren hungert er,
et esuriendo edit	und im Hungern zehrt er,
et esurire	und nach dem Hungern
sive esuriem esurit.[144]	oder dem Hunger hungert er.

Um diesen Gedankengang vorerst abzuschließen, sei nochmals kurz zusammengefasst, was sich bis hierher für das Bild des Menschen festhalten ließ.

Der Mensch ist geprägt von einem „zweifachen Sein", dem *duplex esse*. Mit diesem Begriff fasst Eckhart die „Dialektik der Welt aufgrund der Doppeldeutigkeit des Seinsbegriffs bzw. der Existenz von ideellem und formalem Sein" zusammen und erklärt, „wie es möglich ist, dass das, was in seinem Sein ewig im Geist Gottes besteht, außerdem auch in der Vereinzelung und Veränderung, in Form und Materie, wie wir sie wahrnehmen, ist"[145]. Die Unterscheidung „zweierlei Hinsichten des Seins der Schöpfung"[146] bedeutet für das Bild vom Menschen:

---

144 Eckhart: InEccl 57—58: LW II; 286,1—287,4.
145 Vgl. Büchner, Christine: Gottes Kreatur – ein reines Nichts. 132.
146 Vgl. Büchner, Christine: Gottes Kreatur – ein reines Nichts. 133.

[Die Edelkeit der Seele] 239

- Einerseits hat er ein *virtuelles Sein*, das Eckhart bestimmt als die „ewige Idee des Menschen *in Gott*". Dieses *virtuelle Sein*, das begründendes *principium* des intellektiven Wesens des Menschen, des „Grundes der Seele", der *essentia animae* des Menschen ist, erweist ihn als *imago dei*. Dieses Ebenbild-Gottes-Sein wurde näher bestimmt als „unsterbliche, unzerstörbare wesenhafte *Fähigkeit* des Menschen, das Wesen Gottes und die damit verbundenen Vollkommenheiten *aufzunehmen*", als *capax dei*. Dieses Sein, das Eckhart als „Sein nach der Weise der Ungeborenheit" benennt, ist fundamental „Fähig-Sein" des Menschen, das als ewiges Sein „im Grund" auch das Sein des Menschen in der Zeit bestimmt.
- Dieses zweite, *formelle Sein* des Menschen benennt Eckhart als das *„Sein nach der Weise der Geborenheit"*. Es unterscheidet sich vom *virtuellen Sein* durch den vollzogenen Übergang vom „Sein *in* Gott" zum „Sein *durch* Gott" im durch Gott gesetzten Akt der Schöpfung. Das „Heraustreten aus dem Einen" gibt der „ewigen Idee des Menschen" erst die Verwirklichung im Sein, ist damit Bedingung der Möglichkeit des konkreten menschlichen Seins. Gleichzeitig ist das so frei-gegebene Sein kein im eigentlichen Sinn „eigenes Sein", es ist durch die *collatio esse* verliehenes, geschenktes, geliehenes Sein. Zur Verhältnisbestimmung zwischen dem geschöpflichen Sein und Gott als Ursprung des Seins dient bei Eckhart das radikale Prinzip der *analogia entis*. Das Sein des Menschen als Geschöpf (das in sich *Nichts* ist) ist dementsprechend ein „Sein ganz in Beziehung", einer Beziehung, die nur als völlige Abhängigkeit des Geschöpfes vom Sein Gottes denkbar ist. Der Mensch, der als „Nicht-für-sich-Seiender" von Ewigkeit her getragen ist von Gottes Willen zur Seins-Verleihung, ist notwendig Ausgerichtet-Sein und Hingeordnet-Sein auf Gott, wenn er seiner durch die *collatio esse* Existenz gewahr ist. Zusammenfassend wäre unter dieser Hinsicht das Wesen des Menschen „nach seiner Geborenheit" folgendermaßen zu beschreiben:

Der Mensch als Geschöpf *ist* wesentlich Verlangen[147], Durst[148], unendlicher Hunger[149], Unruhe[150], brennende Sehnsucht[151] nach Sein, nach Gott, und damit gleichzeitig nach der Verwirklichung seines eigenen *esse virtuale* in der Rückkehr zum „Einen", zur Einheit mit Gott, der Quelle und Ursprung des zeitlichen wie des ewigen Seins ist.

Eckhart betont dieses Hunger-Sein des Menschen in bis zur Befremden provozierenden Form sprachlicher Steigerung: Im Von-Gott-Zehren hungert der Mensch nach ihm, und im Nach-Gott-Hungern zehrt er von Gott. Und so hungert der Mensch unendlich: nach Gott, nach seinem Nach-Gott-Hungern, nach seinem Gottes-Hunger.[152]

Wie Gott in sich „Reichtum und Erbarmen" ist, so ist der Mensch „bittere Armut und Erbärmlichkeit"[153], eine Armut, die gleichzeitig sein herausragendes „Vermögen"[154] ist, insofern sie ihn als aufnahmefähig erweist.

---

147 Vgl. etwa Eckhart: InEccl 42: LW II; 270,8ff. oder Eckhart: InGen 144; LW I; 298,1f.

148 Vgl. Eckhart: ParGen 25: LW I; 494,13—14.

149 Vgl. Eckhart: InEccl 57—58: LW II; 286,1—287,4.

150 Vgl. etwa Eckhart: InGen 144:LW I; 298,1—5.

151 Vgl. Eckhart: Sermo XXXVI: LW IV; 314,9—10.

152 Vgl. Eckhart: InEccl 58: LW II; 287,3—4.

153 Vgl. Eckhart: ParGen 25: LW I; 495,6—10.

154 Vgl. Eckhart: InEccl 42: LW II; 270,8—9:
"Notandum quod esuries et sitis proprie est desiderium, appetitus et potentia naturalis ad actum."
[Man muss bemerken: Hunger und Durst im eigentlichen Sinn ist Sehnen, Verlangen und das natürliche Vermögen auf die [entsprechende] Verwirklichung hin.]

b) Das „überschriebene Bild": Entfremdung und Sünde

Das Sein des Menschen, wie es eingebunden ist in die mit der Schöpfung gegebenen Kategorien von Raum und Zeit, ist nicht ausschließlich geprägt durch das beschriebene *duplex esse*. Es zeigt sich aufgrund seiner Verwirklichung in der Zeitlichkeit des Geschaffenen als veränderliches, „nicht gefestigtes", unstetes Sein:

[...] esse	Das Sein,
rerum	dass die Dinge
extra in rerum natura,	in der äußeren Wirklichkeit,
quod habent	in der ihnen eigentümlichen
res	Form
in forma propria	haben
[...]	[...]
est esse formale,	ist das *formelle Sein*,
quod plerumque infirmum	und das ist meist unstet
et variabile.[155]	und veränderlich.

Eckhart vergleicht daher die dem Menschen als Geschöpf eigene *natura intellectualis* mit dem Wasser, das er als Bild der Wandelbarkeit versteht.[156] Das konkrete Sein des Menschen unter den Bedingungen von Raum und Zeit erweist sich als geprägt durch den Konflikt zwischen dem „inneren" und dem „äußeren Menschen", die „zugleich an demselben Ort erscheinen"[157], nämlich im Leben des Menschen in der Welt.

Dabei hat der „innere Mensch", da er der „ewigen Idee des Menschen in Gott" entspricht, einen deutlichen Vorrang: Der Konflikt, der das menschliche Leben prägt, besteht zwischen Verwirklichung oder Nicht-Verwirklichung der „ewigen Idee des Menschen", seines Seins als *imago dei*:

---

155 Eckhart: InGen 77: DW I; 238,2—7.
156 Vgl. Eckhart: InGen 80: LW I; 241,2—4.
157 Vgl. Eckhart: Sermo XXII: LW IV; 193,3—4.

Ibi [in aeternitate[158]]	Dort [in der Ewigkeit]
homo interior	ist der innere Mensch
spatiosissimus est,	in seiner ganzen Weite,
quia magnus sine magnitudine.	weil er groß ist ohne Größe.
Hunc hominem	Diesen Menschen
persuadet apostolus Col. 3:	empfiehlt uns der Apostel,
	[wenn er sagt]:
'induentes novum hominem	‚Zieht den neuen Menschen an,
qui renovatur	der erneuert wird
in agnitione dei	in der Erkenntnis Gottes
secundum imaginem eius,	nach dem Bild dessen,
qui creavit eum. [...]'	der ihn schuf. [...]' (Kol 3,10)
[...]	[...]
Det vobis	Er [= Gott]
secundum	gebe euch nach dem Reichtum
divitias gloriae suae	seiner Herrlichkeit,
corroborari	dass ihr stark werdet
in interiori homine,	im inneren Menschen,
habitare Christum	dass Christus
in cordibus vestris.	in euren Herzen wohne.
Hoc est	Das ist es,
quod hominem	was den Menschen
divitem facit.[159]	reich macht.

Bereits mehrfach wurde im bis hierher zurückgelegten Gedankengang betont, dass der *intellectus* des Menschen, insofern er geschöpflich ist, abhängig ist von den nach außen gerichteten Sinnen, die Bedingung der Möglichkeit jeder Erkenntnis innerhalb der zeitlichen Wirklichkeit sind. Diese Abhängigkeit des *intellectus* stellt für den Menschen im Hinblick auf die „Wandelbarkeit" seines Seins eine ständige Gefährdung dar:
Die *natura intellectualis* „als Geschöpf kann [...] zunichte werden", so warnt Eckhart, wenn sie sich „vom Guten zum Bösen abkehrt".

---

158 Vgl. Eckhart: Sermo XXII: LW IV; 193,9.
159 Eckhart: Sermo XXII: LW IV; 193,10−194,3.

Dicitur autem	Die Geistnatur
natura intellectualis aqua,	wird aber als Wasser
	bezeichnet,
tum quia vertibilis est	weil sie wandelbar ist:
in nihil,	als Geschöpf
in quantum creatura,	kann sie zunichte werden,
tum quia vertibilis a bono	und als Wesen
in malum,	freien Willens
in qunantum est	vermag sie sich vom Guten
arbitrio libera.[160]	zum Bösen abzukehren.

Wie zentral dieses Wissen um das zerstörerische „Vermögen" des Menschen, sich dem „Bösen" zuzuwenden und damit innerlich „zunichte zu werden" für das Denken Eckharts ist, zeigt sich darin, dass er die „Wirkung" dieses gefährlichen Vermögens als in ausnahmslos jedem Menschen prägend gegenwärtig beschriebt:

[...] in omni creatura,	In jedem Geschöpf,
quantumvis sublimi	mag es noch so erhaben
et perfecta,	und vollkommen sein,
invenitur mutabilitas	findet sich Veränderung
et malum privationis	und das Übel der Beraubung
aut saltem	oder wenigstens
negationis [...].[161]	der Verneinung.

---

160 Eckhart: InGen 80: LW I; 241,2—4.
161 Eckhart: InIoh 538: LW III; 469,5—6.

Die „Abkehr zum Bösen" beschreibt Eckhart dabei einerseits als „Fall des Menschen", der gründet in der „fehlenden Einsicht", in einer „Verdunkelung und Verschattung" des *intellectus* durch die „Bilder der geschaffenen Dinge"[162].

Andererseits zeichnet er den Menschen – „als Wesen freien Willens"[163] – verantwortlich dafür, den drohenden Fall zu vermeiden, sich stattdessen entschieden dem Guten zuzukehren.[164]

Auf den letztgenannten Aspekt der Verantwortlichkeit des Menschen für die Verwirklichung seiner *natura intellectualis* in der „richtigen", ihrer eigentlichen Bestimmung entsprechenden Ordnung, in der Hinordnung auf Gott, wie sie im vorangehenden Abschnitt beschrieben wurde, wird später ausführlich zurückzukommen sein. Es ist diese Verantwortung des Menschen, auf die eine „Theologie der Gerechtigkeit", wie sie im weiteren Gang der vorliegenden Arbeit aufgezeigt und entwickelt werden soll, ausgerichtet ist.

An dieser Stelle soll die Aufmerksamkeit jedoch vorerst auf Eckharts Deutung des drohenden Zunichte-Werdens des Menschen gerichtet werden.

---

162 Eckhart: InGen 301: LW I; 437,6–438,2:
"[...] labitur homo in peccatum et defectum, nesciens quo vadat, in tenebris ambulans, secundum illud Sap. 5: 'erravimus a via veritatis, et iustitia lumen non luxit nobis, et sol intelligentiae non est ortus nobis'. [...] Obducitur autem, obumbratur et occultatur, [...] per imagines rerum creatarum superinductas [...]"
[Der Mensch fällt in Sünde und Mängel. Er weiß nicht, wohin er geht; denn er wandelt im Finstern, nach dem Wort: ‚wir irrten vom Weg der Wahrheit ab, der Gerechtigkeit Licht leuchtete uns nicht, und die Sonne der Einsicht ging uns nicht auf' (Wsh 5,6). [...] [Dieses Licht] wird [...] durch die Bilder der geschaffenen Dinge, die sich darüber gelegt haben, verdeckt oder verschattet und verdunkelt.]

163 Vgl. Eckhart: InGen 80: LW I; 241,2–4. Hierzu auch Eckhart: InIoh 484: LW III; 416,8: „[...] est propria voluntas qua peccatur." *[Es ist der eigene Wille, mit dem man sündigt.]*

165 Das „Bild des Irdischen", das das „Bild des Himmlischen" „übermalt", wird dem entsprechend als „eigenes Machwerk" des Menschen beschrieben, das er selbst „durch jegliche Art von Bosheit malt". Vgl. hierzu etwa Eckhart: ParGen 193: LW I; 666,2–6.

Der Mensch, so hebt Eckhart hervor, „hört auf ‚gut' zu sein", wenn er mit der Art seines Da-Seins dem Willen und Entwurf Gottes als seines Schöpfers und damit seinem eigenen Wesen nicht gerecht wird: Das „Übel", die Hinkehr zum „Bösen", ist im Kern Hinkehr zum „Nichts"[165], ist Mangel, Nicht-Verwirklichung – es bedeutet, nicht das zu sein, was der Mensch wesentlich ist. Zur Verdeutlichung verweist Eckhart neben der Betonung des „Gebotes", schöpfungsgemäß und damit dem Wesen des Menschen entsprechend zu leben, das er etwa am Beispiel des Feuers und seiner Natur, zu erhitzen und „nach oben zu steigen", erklärt,

[...] deus producendo rem in esse,	Indem Gott etwas, zum Beispiel Feuer,
puta ignem,	zum Sein bringt,
hoc ipso,	gebietet er ihm eben dadurch,
quod ipsam facit ignem,	dass er es als Feuer macht,
praecipit ei calefacere	zu erhitzen,
et dicit ipsi quod calefaciat	sagt ihm, dass es erhitzen soll,
et docet ipsum calefacere,	und lehrt es zu erhitzen,
sursum moveri	nach oben zu steigen,
et sursum quiescere	in der Höhe zu ruhen
et omnia	und alles [zu wirken],
consona et convenientia	was zur Form des Feuers
ad formam ignis,	stimmt und passt;
et nihil aliud prorsus ipsi praecipit	irgendetwas anderes hingegen gebietet
neque consulit	und rät er ihm nicht
neque operatur	noch wirkt er es
per ipsum	durch das Feuer
aut in ipso.	oder in ihm.
Rursus etiam nihil prohibet,	Wiederum verbietet
nihil dissuadet	und widerrät er dem Feuer

---

165 Vgl. Eckhart: InGen 136: LW I; 289,13–290,1:
„Quaerere autem causam mali est quaerere causam nihil; malum enim nihil est."
[Nach der Ursache des Übels fragen heißt aber nach der Ursache des Nichts zu fragen. Denn das Übel ist ein Nichts (Ein Nicht-Sein).]

ipsi igni	auch nur das,
nisi dissona	was zur Form des Feuers
et aliena	nicht stimmt
forma ignis [...].[166]	und ihr fremd ist.

auf das bereits angeführte Gleichnis vom Baumeister, der ein rundes
Haus baut:

[...] artifex facit	Ein Baumeister [...]
domum rotundam	baut ein rundes Haus,
ex intentione,	weil seine Absicht [...]
quam [...] habet	auf eine solche
ad talem figuram,	runde Hausform
rotundam scilicet.	gerichtet ist.
Et cum facta est,	Ist es fertig,
domus huiusmodi	so gefällt ihm
complacet ipsi,	dieses Haus,
tum quia domus est,	erstens, weil es einHaus ist,
tum quia rotunda est,	und zweitens weil es
ut ipse voluit,	seinem Willen entsprechend
	rund ist.
et videt eam	Er sieht es
et videtur ipsi quod bona sit.	und sieht es als gut an.
Quod si domus cadat ab esse	Zerfällt das Haus aber
vel tendat	oder beginnt es
in non esse tale,	die Beschaffenheit,
quale ipse voluit,	die der Baumeister wollte,
	zu verlieren,
mox desinit placere	so hört es sogleich auf,
et per consequens	ihm zu gefallen
desinit esse bona.[167]	und damit gut zu sein.

Es seien hier vier exemplarische Texte aus den Schriftkommentaren
Eckharts angeführt, um das Verständnis der Gefahr der Verfehlung

---

166 Eckhart: ParGen 160: LW I; 630,8—14.
167 Eckhart: InGen 138: LW I; 291,6—11.

des eigenen Wesens, die das Leben des Menschen prägt, zu vertiefen:

Notandum	Es ist zu bemerken,
quod deus,	dass Gott,
imago dei nobis impressa,	sein uns eingeprägtes Bild,
lumen vultus dei	das uns aufgeprägte
super nos signatum,	Licht von Gottes Antlitz,
nobis ostendens bona	das uns das Gute zeigt
et dirigens in agendis, [...]	und [uns] in [unserem] Tun leitet,
semper in nobis est,	immer in uns ist,
sed	aber
non apparet.	nicht [immer] in Erscheinung tritt.
[...] labitur homo	[...] Der Mensch
in peccatum et defectum,	fällt in Sünde und Mängel.
nesciens quo vadat,	Er weiß nicht, wohin er geht;
in tenebris ambulans,	denn er wandelt im Finstern,
secundum illud Sap. 5:	nach dem Wort (Wsh 5,6):
'erravimus	,wir irrten
a via veritatis,	vom Weg der Wahrheit ab,
et iustitiae lumen	der Gerechtigkeit Licht
non luxit nobis,	leuchtete uns nicht,
et sol intelligentiae	und die Sonne der Einsicht
non est ortus nobis'.	ging uns nicht auf'
[...]	[...]
Obducitur	[Dieses Bild oder Licht] wird
autem,	aber
obumbratur et occultatur,	[...] durch die Bilder
[...] per imagines	der geschaffenen Dinge,
rerum creatarum	die sich darüber gelegt haben,
superinductas [...]	verdeckt oder verschattet und verdunkelt. [...]
Verumtamen	Und doch

---

168 Eckhart: InGen 301: LW I; 437,4—438,5.

in imagine
pertransit homo,
quamvis
aversus
non percipiat
nec appareat,
sed lateat.[168]

verharrt der Mensch
im Bild,
obwohl er,
[von Gott] abgewandt,
es nicht wahrnimmt
und [das Bild] nicht sichtbar,
sondern verborgen ist.

'Imago caelestis'
intra te est
et non extrinsecus venit.

Das ‚Bild des Himmlischen'
ist in dir
und kommt nicht von außen
her.

Intra te namque collocata est
imago regis caelestis,

Denn in dir hat
das Bild
des himmlischen Königs
seine Stätte,

secundum illud:
'faciamus hominem
ad imaginem
et similitudinem nostram'.

nach dem Wort:
‚Lasst uns den Menschen
machen
nach unserem Ebenbild
und Gleichnis'.

Haec in te videri non potest,

Es kommt [aber] in dir
nicht zum Vorschein,

donec domus tua sordida
est immunditiis
et terrenis affectionibus,

solange dein Haus
von Unreinigkeiten
und irdischem Verlangen
beschmutzt ist,

nec potest fluere
seu lucere [...].

noch kann es ausströmen
oder leuchten [...].

Filius dei pictor est
huius imaginis.
Et quia talis
ac tantus est pictor,
imago eius obscurari
per incuriam potest,

Der Sohn Gottes ist der Maler
dieses Bildes.
Und weil er ein so gewaltiger
und so großer Maler ist,
kann sein Bild
durch Sorglosigkeit
wohl verdunkelt,

deleri per malitiam

aber niemals

non potest.	durch Bosheit zerstört werden.
Manet semper in te imago dei,	Immer bleibt in dir
licet tu tibi ipse	das Bild Gottes,
superducas	magst du selbst es auch
'imaginem terrenis'.	für dich
	mit dem ‚Bild des Irdischen‘
	übermalen.
Istam picturam	Dieses Bild
tu tibi ipse depingis.	ist dein eigenes Machwerk.
[...]	[...]
per singulas	Durch jede einzelne
quasque malitiae species	und jegliche Art von Bosheit
velut diversis coloribus	malst du dir,
hanc 'imaginem terreni'	wie mit verschiedenen Farben,
tu tibi ipse depingis.[169]	dieses ‚Bild des Irdischen‘.
‚Filii dei sumus,	‚Wir sind Söhne Gottes,
sed nondum apparuit'.	aber es ist noch nicht offenbar‘
[...]	(1 Joh 3,2) [...]
sic [...] in nobis	So lässt bei uns das,
ea quae superinducta	was darübergemalt
et superscripta sunt,	und –geschrieben ist,
non sinunt apparere	nicht zum Vorschein kommen
nec nos sentire,	und uns nicht merken,
quid sumus.	was wir sind.
'Filii', inquit,	‚Wir sind Söhne Gottes‘,
'dei sumus'	sagt er,
sed non apparet.	‚aber es ist noch nicht
	offenbar‘.
Matth. 22:	‚Wessen ist das Bild
'cuius est imago	und die Überschrift?‘
et superscriptio?'	(Mt 22,20)
Certe imago quidem dei,	Sicherlich ist es zwar
	das Bild Gottes,
superscriptio autem	die Über-Schrift aber

---

169 Eckhart: ParGen 193: LW I; 665,5—666,6.

carnis,	ist die des Fleisches,
mundi	der Welt
et diaboli.[170]	und des Teufels.

[,verbum caro factum'	[...]
assumpsit]	
puram naturam,	die lautere [menschliche] Natur
scilicet sine vitiis	[...] [besteht] ohne die Laster,
quae inimicus homo	die [...] der Feind
superseminavit,	hineingesät hat
Matth. 13.	(Mt 13,25).
Haec enim	Denn diese
non sunt semen dei,	sind nicht Gottes Samen,
nec ista deus plantavit,	noch hat Gott sie gepflanzt,
nec sunt eius opera	noch sind sie sein Werk,
nec ab eo facta	noch von ihm gemacht,
nec deo propria,	noch Gott eigen,
sed inimico.	sondern dem Feinde.
Deus enim fecit hominum	Denn Gott hat den Menschen
rectum, Eccl. 7.	gerecht erschaffen.
[...]	[...]
naturam a se factam,	Die von ihm geschaffene Natur
opus suum proprium,	[...] [ist] sein eigenes Werk,
[...] sine vitiis,	ohne Laster,
sine peccato.[171]	ohne Sünde.

Das sich selbst, das eigene Wesen des Menschen verfehlende Sein wird beschrieben

- als „Wandeln im Finstern", als „fehlende Einsicht",
- als „Abirren vom Weg der Wahrheit",
- als Mangel an „Licht der Gerechtigkeit",
- als „Verschattung und Verdunklung", „Übermalung" des Bildes Gottes im Menschen,

---

170 Eckhart: InIoh 575: LW III; 503,6—12.
171 Eckhart: InIoh 101: LW III; 87,7—12.

- als Sünde und Laster,
- als Mangel an Sein,
- als „Beschmutzung" des Bildes Gottes durch Sorglosigkeit und Bosheit, Unreinheit und Verlangen nach Irdischem,
- als „Über-Schrift", die als „Werk des Fleisches, der Welt und des Teufels", als „eigenes Machwerk des Menschen" die *imago dei* verdeckt.

Gleichzeitig betont Eckhart entschieden, dass die eigentliche Natur des Menschen, das Sein als Ebenbild Gottes, die *imago dei* im Menschen unzerstörbar erhalten bleibt.

Gibt es einerseits kein Geschöpf, das wirklich „vollkommen" und „ohne das Übel der Beraubung" wäre, so gibt es andererseits kein menschliches Wesen, in dem nicht „im Grund" die *pura natura* des Menschen, die *imago dei*, wenn auch verschattet, verdunkelt und verborgen, so doch unversehrt erhalten bliebe. Abirrung, mangelnde Einsicht, „Verdunkelung" und Selbst-Entfremdung erscheinen so als wesentliche Momente der „Sünde" des Menschen.

Diesem Spannungsverhältnis zwischen „eigentlichem" (hier allerdings im Sinn der konkreten geschöpflichen Existenz) und entfremdetem Sein des Menschen im Lebensvollzug entsprechend erscheint die Rede von der Sündhaftigkeit, von der Selbst-Verfehlung des Menschen, vom „Zu-Nichte-Werden" seiner *natura intellectualis*, seines Seins als *imago dei*, im Werk Eckharts nur in akzidenteller Form: Die Entfremdung reicht nicht bis zum Wesen des Menschen, sie ist eine Gefahr auf der Ebene der Wandelbarkeit, nicht des Wesentlichen.

So ist die Rede in den Werken Eckharts an verschiedenen Stellen bildlich die Rede

- vom „überschriebenen, übermalten Bild"[172],
- vom „im Stein oder im Holz verborgenen Bild"[173],
- vom „zerfallenden, maroden Haus"[174],

---

172 Vgl. etwa Eckhart: InGen 301: LW I; 438,1—3.
173 Vgl. etwa Eckhart:InGen 301: LW I; 439,6f.
174 Vgl. etwa Eckhart: InGen 138: LW I; 291,6—11.

- von einem „von Grünspan überzogenen Silbergefäß"[175],
- vom „mit Erde zugeschütteten lebendigen Brunnen"[176],
- von der „vom Dunst vernebelten Sonne"[177],
- vom „kranken, getrübten Auge"[178],
- vom „im Acker verborgenen Schatz"[179],
- vom „verschmutzte Spiegel"[180],
- vom „zwischen die Saat gestreute Unkrautsamen"[181].

Auf diesem Hintergrund ist entschieden die Fähigkeit jedes Menschen – wie entfremdet, verdunkelt, sündig, lasterhaft und ungerecht er auch immer in der gegenwärtigen Verwirklichung seiner Existenz sein mag – zur Umkehr, zur „Hinwendung zum Guten", zu Gott, zu seinem eigenen wahren Sein als *imago dei* zu betonen: ‚Wir sind Söhne Gottes, aber es ist noch nicht offenbar' (1 Joh 3,2).
Es gilt, den Grünspan vom Silber zu entfernen, den Brunnen von Erde freizulegen, den verschmutzen Spiegel zu polieren, das Unkraut auf dem Acker des Lebens auszureißen.

Gleichzeitig hebt Eckhart – gegen jede Verharmlosung der Gefahr der Selbst-Verfehlung und Selbst-Vernichtung in der Sünde, in der Abkehr vom „Licht der Gerechtigkeit" – hervor, wie radikal die mögliche und notwendige Um-Kehr des Menschen ist, will er seinem eigentlichen Wesen gerecht werden:

Omnis autem actio dei	Alles Wirken Gottes aber
nova est	ist neu
et ‚innovat omnia',	und ‚macht alles neu'
Sap 7g;	(Wsh 7,27):

---

175 Vgl. etwa Eckhart: InGen 301: LW I; 439,1f.
176 Vgl. Eckhart: VeM: DW V; 113,10—13.
177 Vgl. Eckhart: VeM: DW V; 113,14—16.
178 Vgl. Eckhart: VeM: DW V; 113,16f.
179 Vgl. Eckhart: VeM: DW V; 113,23f. (vgl. Mt 13,44ff.).
180 Vgl. als Kontrastbild der „*speculum sine macula*", der „*klâre spiegel*", der „*lûter spiegel [...] âne vlecken*": Eckhart: InIoh: LW III; 21,9. / Eckhart: Predigt 93: DW IV; 132,74f. / Eckhart: Predigt 87: DW IV; 25,41—44.
181 Vgl. etwa Eckhart: InIoh 575: LW III; 503, 11f.

Apoc. 21:	,Siehe, ich mache alles neu!'
,ecce nova facio omnia'. [182]	(Offb 21,5)

Accedens autem ad ipsum esse	Wer sich dem Sein zukehrt,
innovatur,	der wird neu
renovatur,	und erneuert,
et quo plus,	und je mehr er dies tut,
et plus.[183]	desto mehr.

Non enim est domus nova,	Ein Haus, an dem allein das
sed innovata	Dach neu ist,
et quasi petiata,	ist kein neues,
cuius solum	sondern nur ein erneuertes,
tectum est	gewissermaßen
novum.[184]	geflicktes Haus.

Die Umkehr, verstanden als Abkehr vom entfremdeten hin zum wesentlichen Leben, verdeutlicht Meister Eckhart mit dem paulinischen
Bild vom „Anziehen des neuen Menschen, der nach Gott geschaffen
ist"[185] und besteht dabei auf einem radikalen Verständnis von „Neuheit":
Für die Verwirklichung der *imago dei* bedarf es nicht nur oberflächli-
cher „Flickarbeit", es ist nicht ausreichend, am „Haus" „das Dach
ein wenig auszubessern". Die Radikalität des Umkehrprozesses ist
nur zu begreifen als „Neuschöpfung"[186] des Menschen, als neu-
gründender Schöpfungsakt Gottes. Wieder-Herstellung der *imago dei*
aus dem Zustand der Entfremdung bedeutete „Zeugung aufs Neue"
(*re-generatio*)[187].

---

182 Eckhart: Sermo XV2: LW IV; 147,12f.
183 Eckhart: Sermo XV2: LW IV; 149,6f.
184 Eckhart: Sermo XLI1: LW IV; 352,12f. Vgl. parr. Eckhart: Sermo XV2: LW
     IV; 148,7—9.
185 Vgl. Eckhart: Sermo XLI1: LW IV; 352.
186 Vgl. Eckhart: Sermo XV2: LW IV; 147f.
187 Vgl. Eckhart: InIoh 575: LW III; 503,12—504,1: „Rogamus ergo deum, ut qui
     pater est generando ostendat se ipsum patrem regenerando".

Diese Neu-Schöpfung des Menschen geschieht durch das Wirken der göttlichen Gnade.[188]

Exemplum	Beispiel [ist] das im Stein oder
de imagine	Holz verborgene Bild,
educta per artem	das der Künstler herausmeißelt
de lapide vel ligno,	und das so lange verborgen ist
quae latet	und nicht erscheint,
nec apparet	bevor nicht die Schichten,
nisi prius abiectis	unter denen es verborgen lag,
et eductis his	abgenommen
quae ipsam occultabant.	und entfernt sind.
Augustinus [...]:	Augustinus sagt:
sapientia dei venit,	,Gottes Weisheit kommt,
non mutans locum,	ohne dabei einen Ortswechsel
	vorzunehmen,
sed apparens,	sondern sie erscheint dort,
ubi erat invisibilis.[189]	wo sie unsichtbar schon war'.

---

188 Die Ausführungen Eckharts zum Prozess der Verwandlung des Menschen hin zum „Neuen Menschen" zeigen eine deutliche Spannung: Einerseits wird die Radikalität der „Neuheit" betont (indem Eckhart von einer Neu-Geburt, einer Neu-Schöpfung" in der Gnade spricht), andererseits betont Eckhart an anderer Stelle deutlich, dass es in dieser „Geburt" nicht um eine Zerstörung der menschlichen Natur zugunsten einer neuen, anderen, „göttlichen" Natur geht. So beschreibt er, wie im Folgenden zu sehen ist, den Verwandlungsprozess mit ausgeprägt „handwerklichen" Bildern. Diese nicht auflösbare Spannung gründet in der Erkenntnis vom *duplex esse* des Menschen: Indem der Mensch neu-geboren wird als *imago dei*, kommt sein bereits verborgen gegenwärtiges „eigentliches" Wesen zum Vorschen: Der Mensch wird Mensch (im Sinne der *imago dei*, im Sinne seines *esse virtuale*), indem er sein Mensch-Sein (im Sinne seines *esse formale*) vervoll kommnet – und dies wiederum geschieht in der „Übersteigung" seiner geschöpflichen Natur. Paradox wäre zu formulieren: Der Mensch wird Mensch, indem er den Menschen (das Sein des „alten Menschen") zugunsten des Menschen (des Seins des „Neuen Menschen") ablegt und verwandeln lässt.

189 Eckhart: InGen 301: LW I; 439,6−440,1.

Deprecandus est deus.
Qui cum deleverit
omnes istos
in te colores,
tunc resplendet in te
imago illa,
quae a deo creata est.
[...]
Imago enim proprie est

quod in anima a deo
est concreatum,
non superinductum ab extra
sive superscriptum
et quasi
affixum de foris
et ab alio.
[...]
Abducato enim et abiecto his,
quae mundus
suprascripsit,
resplendet
imago dei [...],
illustrando
totum
regnum animae.[190]

Rogamus ergo deum,
ut qui pater est generando
ostendat se ipsum patrem
regenerando,
auferendo
quod superscriptum est,
quod ,inimicus
superseminavit'.

Flehe inständig zu Gott.
Wenn er
alle diese Farben
an dir getilgt hat,
erstrahlt in dir wieder
das Bild,
das von Gott geschaffen ist.
[...]
Das Bild ist
im eigentlichen Sinne das,
was in der Seele von Gott
mitgeschaffen ist,
nicht von außen darübergemalt
oder – geschrieben
noch gleichsam von außen
von einem andern
darangeheftet worden ist,
[...]
Sobald entfernt und abgetan ist,
was die Welt
darübergeschrieben hat,
erstrahlt wieder [...]
das Bild Gottes
und macht
das ganze Reich der Seele
licht.

Wir bitten also Gott,
dass er, der zeugend Vater ist,
sich selbst als Vater zeigt,
indem er aufs neue zeugt,
indem er fortnimmt,
was darübergeschrieben ist,
was ,der Feind
darübergesät hat'.

---

190 Eckhart: ParGen 193—194: LW I; 666,6—667,2.

[...]	[...]
Rogamus ergo deum,	Wir bitten also Gott,
ut ostendat in opere eteffectu	er zeige in Werk und Wirkung,
quod sit	dass er ‚Vater der Erbarmung'
'pater misericordiarum'	ist,
miserendo nostri,	der sich unser erbarmt,
ut quod sumus	damit das,
per naturam	was wir von Natur aus sind,
appareat [...]	durch Gnade [...]
per gratiam.	zum Vorschein kommt.
[...]	[...]
'similes ei erimus'	Wir werden ihm ähnlich sein
	(1 Joh 3,2),
reformata imagine	wenn das Ebenbild
per gratiam	durch die Gnade
[...],	neu gestaltet ist [...],
[per] gratiam,	[durch] die Gnade,
per quam reformatur	durch die das Ebenbild
imago,	wieder hergestellt wird,
ut appareat.[191]	auf dass es offenbar werde.

Für den Menschen bedeutet das radikale Verständnis von Umkehr, dass eine Überwindung der Entfremdung vom eigenen Wesen nur möglich ist durch ein Sich-Umkehren-Lassen durch Gott, durch die Hingabe an einen Verwandlungsprozess, einen Prozess des „Entfernens und Abtragens", der „Reinigung", des „Herausholens" und „Heraushauens", des „Herausmeißelns" des im entfremdet lebenden Menschen verborgenen Bildes:

Revelatur autem haec imago,	Dieses Bild wird aber enthüllt
ut appareat,	und erscheint,
per eiectionem	wenn die darüber liegenden
imaginum	Bilder
superinductarum:	entfernt werden:
[...]	[...]

---

191 Eckhart: InIoh 575: LW III; 503,12—505,2.

'filii dei sumus,	,Wir sind Söhne Gottes,
sed	aber das
nondum apparuit'.	ist noch nicht erschienen'.
[...]	[...]
Christus in nobis	Christus in uns
est filius dei,	ist der Sohn Gottes,
,qui est imago	,der das Abbild
dei invisibilis' [...],	des unsichtbaren Gottes ist',
,in quo sunt omnes thesauri	,in dem alle Schätze
sapientiae et scientiae	der Weisheit und Erkenntnis
absconditi'.[192]	verborgen sind'.

In dem bis hierher beschriebenen Spannungsgefüge von Hinsichten, unter denen das Sein des Menschen betrachtet werden muss, „den Blick vom Uneigentlichen auf das Eigentliche zu lenken", kann mit Meik Peter Schirpenbach als „das Grundanliegen der eckhartschen Argumentation" bestimmt werden[193]:
„Durchgehend kann festgehalten werden, dass es Eckhart nicht allein um eine Beschreibung dessen, was ist, geht, sondern darum, den Lesenden zu einer Haltung hinzuführen. Eckharts Rede gewinnt durch seine Unterscheidung zwischen Eigentlichem und Uneigentlichem einen persuasiven Charakter, der die deskriptiven Elemente überlagert." Die gesamten theoretischen Überlegungen Eckharts „laufen darauf hinaus, zu dieser Eigentlichkeit der Welt, die seiner Auffassung nach unmittelbar in Gott gründet, vorzudringen bzw. das wegzuräumen, was im uneigentlichen, jedoch gewöhnlichen Erkennen den Blick darauf verstellt. Bei der eigentlichen Aussageweise handelt es sich um absolute Existenzaussagen".[194]
Entsprechend gilt es, im Folgenden das Ziel des gottgewirkten Verwandlungsprozesses des Menschen deutlicher in den Blick zu nehmen: Das „Sohn-Gottes-Sein", „Christus, den Sohn, das Abbild des unsichtbaren Gottes im Menschen", den Zielpunkt der gesamten menschlicher Existenz.

---

192 Eckhart: InGen 301: LW I; 438,7—439,6.
193 Vgl. Schirpenbach, Meik Peter: Wirklichkeit als Beziehung. 28.
194 Schirpenbach, Meik Peter: Wirklichkeit als Beziehung. 28.

II.2.3. Überwundensein der Entfremdung
in der Univozität: der „Sohn"

Das Ziel zu erreichen, auf das das menschliche Sein hin ausgerichtet ist, nämlich „zum Einen zurückzurückzukehren, wovon er [der Mensch; E. F.] ausgegangen ist", „da er geschaffen ist zum Bild des ganzen, einen Wesens Gottes und auf Grund des einen Ganzen ins Sein hervorgebracht ist" [195], ist dem Menschen als Geschöpf nicht von sich aus möglich, wie oben aufgezeigt wurde. Als „geschaffenes Sein", als menschliches Sein „in der Weise der Geborenheit", das unter dem Vorbehalt des Analogie-Verhältnisses zum göttlichen, es begründenden Sein steht, ist ihm nur eine „Rückkehr zum Ähnlichen" möglich. In diesem Sinne war vom bleibenden „Ungenügen" des Menschen die Rede, der bei Eckhart im Hinblick auf seine Geschöpflichkeit wesentlich bestimmt ist als unendlicher Hunger und brennende Sehnsucht nach Sein, nach Gott, und damit gleichzeitig nach der Verwirklichung seines eigenen *esse virtuale*:
„Der Mensch aber, da er geschaffen ist zum Bild des ganzen, einen Wesens Gottes und auf Grund des einen Ganzen ins Sein hervorgebracht ist, genügt nicht die Rückkehr zum Ähnlichen, sondern er kehrt zum Einen zurück, wovon er ausgegangen ist, und nur so genügt es ihm."[196]
Eckhart stellt nun als Antwort auf diese Herausforderung dem geschöpflichen Sein, das durch das analoge Relationsverhältnis geprägt ist, eine andere „Weise des Seins" gegenüber, die er benennt als „Sohn-Sein".
Das Sein des „Sohnes" unterscheidet sich dabei vom Sein des Geschöpfes im Hinblick auf die Art des Hervorgangs aus dem es begründenden Sein und damit im Relationsverhältnis, das zwischen dem „Sein des Begründeten" und dem „Begründenden Sein" besteht, nämlich ein Relationsverhältnis der „Univozität"[197].

---

195 Vgl. Eckhart: InIoh 549: LW III; 479,1—480,1.
196 Eckhart: InIoh 549: LW III; 479,8—480,1.
197 Eckhart stellt dieses univoke Relationsverhältnis an verschiedenen Stellen seines Werkes ausführlich dar: Eckhart: ParGen 116-127: LW I; 582,3—592,2. / InIoh 182—183: LW III; 150,5—152,5. und InIoh 4—13: LW III; 5,7—12,17.

II.2.3.1. Sohnes-Geburt

Der Hervorgang des begründeten Seins aus dem begründenden ist dabei nicht mehr beschreibbar im Bild des „handwerklichen Schaffens"[198], wie es beim analogen Relationsverhältnis gegeben ist, sondern seinen adäquaten Ausdruck findet er bei Eckhart im Bild der Geburt. Auch hier gilt der Grundsatz:

[...] hoc ipso,	Dadurch, dass etwas
quod quid procedit ab alio,	aus einem anderen hervorgeht,
distinguitur ab illo.[199]	unterscheidet es sich von ihm.

Das „geborene Sein des Sohnes"[200] unterscheidet sich dabei jedoch in anderer Weise vom Sein seines Ursprungs (des „Vaters") als dies beim geschaffenen Sein der Fall ist:

Filius est enim	Sohn ist,
qui fit alius in persona,	wer ein anderer der Person,
non aliud	nicht ein anderes
in natura.[201]	der Natur nach wird.

Eine ausführliche Darstellung des Relationsverhältnisses der Univozität bei Moisisch, Burkhard: Meister Eckhart – Analogie, Univozität und Einheit. 57–81.

198 Etwa der Baumeister und sein rundes Haus, der Künstler und seine Truhe, Schöpfer und Geschöpf.

199 Eckhart: InIoh 5: LW III; 7,1–2.

200 Hier muss darauf hingewiesen werden, dass im Folgenden in anderem Sinn die Rede von „geborenem Sein" ist, als das der Fall war bei der Rede vom „Sein in der Weise der Geborenheit" in den vorangehenden Ausführungen. Während in Hinblick auf den Menschen „Geborenheit" auf seine konkrete Verwirklichung als Geschöpf, sein *esse formale* in den Kategorien von Raum und Zeit hinweist und die Geburt des Menschen als Geschöpf aus einem anderen Menschen meint, so geht es in der Theorie der „Sohnes-Geburt" um eine Geburt aus Gott, eine Art des Hervorgangs, die bewusst in Abgrenzung zum Hervorgang des Geschöpfes entwickelt wird.

201 Eckhart: InIoh 5: LW III; 7,9–10.

Das *esse alius non aliud* ist das wesentliche Merkmal des Seins des „Sohnes" als univokes Sein. Wo das begründete Sein in einem analogen Verhältnis zum es begründenden Sein steht, stammt es als Hervorgebrachtes zwar vom Hervorbringenden ab, es ist aber – darauf weist Eckhart in seiner Auslegung zu Joh 1,1 („Das Wort war bei Gott") hin – „unter seinem Ursprung, nicht bei ihm"[202], es ist „immer niedriger, geringer, unvollkommener als das Hervorbringende und ihm ungleich"[203]. Der Grund liegt darin, dass es „ein anderes der Natur nach" ist und so nicht mehr „der Ursprung selbst"[204].[205] Das „Hervorgebrachte *in univocis*" aber, der „Sohn" [...]

[...] sit id ipsum [filius] [...],	[...] ist dasselbe,
quod est pater	was der Vater
sive principium.[206]	oder der Ursprung ist.

[...] eandem naturam	Er nimmt nicht etwa nur
non participans,	an derselben Natur teil,
sed totam	sondern empfängt
simpliciter,	sie von seinem Ursprung

---

202 Vgl. Eckhart: InIoh 6: LW III; 7,12–13:„In analogicis productum sit descendens a producente, est tamen sub principio, non apud ipsum".

203 Vgl. Eckhart: InIoh 5: LW III; 7,4–5: „In analogicis semper productum est inferius, minus, imperfectius et inaequale producenti".

204 Vgl. Eckhart: InIoh 6: LW III; 7,13–14:„Item [productum in analogicis] fit aliud in natura, et sic non ipsum principium".

205 Hier sei noch einmal darauf hingewiesen, dass das „Sein des Sohnes" hier dem „*geschöpflichen* Sein" entgegengesetzt ist und ausdrücklich nicht dem „Sein nach *der Weise der Ungeborenheit*", dem *esse virtuale*, wie es oben beschrieben wurde (die Truhe im *intellectus* des Künstlers; das Sein des Menschen als *imago dei* „im Grund", in Gott).
Für das geschöpfliche Sein, das in analogem Verhältnis zu seinem Ursprung steht, gilt: „Allein insofern es im Ursprung ist, ist es der Ursprung selbst (dort nämlich ist es auf die Weise der Univozität)".
Vgl. Mojsisch, Burkhard: Meister Eckhart – Analogie, Univozität und Einheit. 62.
Vgl. hierzu Eckhart: InIoh 6: LW III; 7,14–8,1: „Nihilominus tamen, *ut est in illo*, non est aliud in natura, sed nec aliud in supposito".

206 Eckhart: InIoh 6: LW III; 7,10–11.

integraliter	schlechthin ganz,
et ex aequo	ohne Abzug
a suo principio	und
accipiens.[207]	in derselben Vollkommenheit.

Dementsprechend formuliert Eckhart, so wurde es oben bereits angeführt:

[...] filius dei,	Der Sohn Gottes *ist*
[...] ,est imago	[...] ,*das* Abbild
dei invisibilis' [...],	des unsichtbaren Gottes [...]',
,in quo sunt omnes thesauri	,in dem alle Schätze
sapientiae et scientiae	der Weisheit und Erkenntnis
absconditi'.[208]	verborgen sind'.

Dieser „Sohn Gottes" ist im Werk Eckharts personalisiert greifbar, und dies in zweierlei Weise[209]:

- als *„Christus"*[210], in der Person des Jesus von Nazareth, und
- als *„Christus in nobis"*[211] – als „Christus in uns", in jedem Menschen, der *„als derselbe Sohn"*[212] „neu-geboren" wird.

---

207 Eckhart: InIoh 5: LW III; 7,6—7.
208 Eckhart: InGen 301: LW I; 438,7—439,6.
209 Vgl. Eckhart: InGen 301: LW I; 438,7—439,6.
210 Vgl. etwa Eckhart: InIoh 184: LW III; 154,2:
„Christus ergo perfectio, gratia, veritas est naturalis et per naturam."
[Christus ist also die Vollkommenheit, die Gnade und Wahrheit seiner Natur nach und durch seine Natur.]
211 Vgl. Eckhart: InGen 301: LW I; 438,7—439,6.
212 Vgl. etwa Eckhart: Predigt 16b: DW I; 273,6: „Ir sult der sun selber sîn".
Oder ausdrücklich, mit dem Verweis auf 2 Kor 3,18: Eckhart: In Ioh 119; LW III; 104,4—8:
„Qui filius hominis, fit filius dei. [...] Non enim est imaginandum falso quasi alio filio sive imagine Christus sit filius dei, et alio quodam homo iustus et deiformis sit filius dei. Ait enim: 'transformamur in eandem imaginem'."
[Wer eines Menschen Sohn ist, wird Sohn Gottes. [...] Man darf nämlich nicht die falsche Vorstellung haben, als wäre durch den einen Sohn oder das eine Bild

Ipse unigenitus,	Er ist der Eingeborene,
a solo patre scilicet,	nämlich von dem Vater allein,
nos geniti quidem,	wir sind zwar auch geboren,
sed non	aber nicht
ab uno patre.	von dem einen Vater.
Ipso ergo per generationem,	Er ist also [Sohn]
quae est	durch die Geburt,
ad esse,	die zum Sein führt,
ad speciem	zu einer [bestimmten]
et naturam,	Art und Natur,
et propter hoc	und deshalb ist er
est filius naturalis,	der natürliche Sohn,
nos vero	wir aber [sind Söhne]
per regenerationem,	durch die Wieder-Geburt,
quae est	die
ad	zur Gleichförmigkeit
conformitatem	mit der Natur
naturae.[213]	führt.

II.2.3.2. Der Sohn Gottes „von Natur": Jesus von Nazaret

Ein erster Blick soll hier dem „Sohn Gottes von Natur", dem *filius
unigenitus* gelten. Es ist „der Sohn durch Geburt", von dem im
christlichen Glaubensbekenntnis die Rede ist: Jesus Christus.
Eckhart vollzieht die Gleichsetzung dessen, was er dem aus Gott
nach dem Relationsverhältnis der Univozität Hervorgebrachten zuschreibt, mit der Person des Jesus von Nazaret aufgrund der entsprechenden „Autoritätsbelege" aus dem Neuen Testament: Chris-

---

*Christus Gottes Sohn, und durch ein anderes wäre der gerechte und gottförmige
Mensch Gottes Sohn. Denn er sagt: ‚Wir werden in dasselbe Bild verwandelt'.]*
213 Eckhart:InIoh 123: LW III; 107,9—12.

tus *ist* „der Sohn"[214], Christus *ist* die Wahrheit[215], er *ist* „das Abbild des unsichtbaren Gottes" [216],
und unter sprachlicher Anlehnung an den Text des Nicaeno-Constantinopolitanum, des „großen Glaubensbekenntnisses", wie es in der Liturgie der Kirche gebräuchlich ist, das die gleiche Göttlichkeit von Vater und Sohn, von Schöpfer und Erlöser, – in Anlehnung an die Begrifflichkeit, besonders die Licht-Metaphorik des Prologs des Johannes-Evangeliums – hervorhebt[217]:

Ioh 10:	'Ich und der Vater sind eins'
'ego et pater unum sumus'.	(Joh 10,30).
Filius enim	Denn der Sohn
et spiritus sanctus in divinis	und der Heilige Geist in Gott
non sunt ex nihilo,	sind nicht aus dem Nichts [geschaffen],
sed 'deus de deo'	sondern ,Gott von Gott'
et 'lumen de lumine',	und ,Licht vom Licht',
unum lumen,	ein Licht,
unus deus cum patre,	ein Gott mit dem Vater:
1 Ioh 5: 'hi tres unum sunt'.	,Diese drei sind Eins'
[...]	(1 Joh 5,7*). [...]
Creatio enim	Denn:
est	Die Schöpfung ist zwar
productio ex nihilo,	Hervorbringung aus Nichts,

---

214 So etwa bei Eckhart: InIoh 130: LW III; 112,6.
215 Vgl. Joh 14,6. So etwa bei Eckhart: InIoh 184: LW III; 154,3.
216 Vgl. Kol 1,15. So etwa bei Eckhart: InGen 301: LW I; 439,5.
217 Vgl. DH 150: Konstantinopolitanisches Glaubensbekenntnis (Recensio latina): „Credo in unum Deum, Patrem omnipotentem, factorem caeli et terrae, visibilium omnium et invisibilium. Et in unum Dominum Iesum Christum, Filium Dei unigenitum, et ex Patre natum ante omnia saecula, Deum de Deo, lumen de lumine, Deum verum de Deo vero, genitum, non factum, consubstantialem Patri: per quem omnia facta sunt [...]."
[Ich glaube an den einen Gott, den allmächtigen Vater, den Schöpfer des Himmels und der Erde, alles Sichtbaren und Unsichtbaren. Und [ich glaube] an den einen Herrn Jesus Christus, Gottes einziggeborenen Sohn, und aus dem Vater geboren vor allen Zeiten, Gott von Gott, Licht vom Lichte, wahrer Gott vom wahren Gott, gezeugt, nicht geschaffen, wesensgleich dem Vater; durch ihn ist alles geworden.]

caelum et terra	und Himmel und Erde
sunt ens hoc et hoc,	sind dieses und jenes Seiende,
filius autem	der Sohn aber
et spiritus sanctus,	und der Heilige Geist sind
ut dictum est,	– wie gesagt –
non sunt hoc et hoc,	nicht dieses oder jenes Seiende,
sed esse simpliciter,	sondern das Sein schlechthin,
totum et plenum esse,	das ganze und volle Sein,
nec sunt ex nihilo.[218]	und sind nicht aus Nichts.

„Christus, der Gott und Mensch ist"[219], der „filius in divinis", der „Sohn" (neben Vater und Heiligem Geist im sich als trinitarisches Beziehungsgeschehen offenbarenden Gott) zeichnet sich dadurch aus, dass er „nicht aus dem Nichts geschaffen" wird, sondern durch Geburt aus dem Vater hervorgeht: als „Licht vom Licht", „ein Gott mit dem Vater": *„wârer got und wârer mensche, éin Kristus"*[220].

In Erinnerung zu rufen sind hier die Kennzeichen des Relationsverhältnisses der Univozität:

[...] sit id ipsum [filius] [...],	[Der Sohn] ist dasselbe,
quod est pater	was der Vater
sive principium.[221]	oder der Ursprung ist.

[...] eandem naturam	Er nimmt nicht etwa nur
non participans,	an derselben Natur teil
	[wie es beim Menschen sonst
	unter der Hinsicht der *collatio*
	esse der Fall ist; E. F.],
sed	sondern empfängt sie
totam simpliciter,	von seinem Ursprung
integraliter	schlechthin ganz,

---

218 Eckhart: ParGen 9: LW I; 480,14—481,6.
219 Eckhart: Predigt 40: DW II; 277,13:
  „[...] Kristus, der got und mensche ist [...]".
220 Eckhart: Predigt 49: DW II; 429,1.
221 Eckhart: InIoh 6: LW III; 7,10—11.

et ex aequo	ohne Abzug
a suo principio	und in derselben
accipiens.[222]	Vollkommenheit.

Während dem Geschaffenen das Sein durch den Schöpfungsakt der Seinsmitteilung als zugeteiltes Sein nicht zu eigen ist – auch wenn es ihm ebenso von Ewigkeit her zukommt und im Sinn des *esse virtuale* ewig ist –, so ist den göttlichen Personen, und damit „dem Sohn", ihr Sein / sein Sein von Ewigkeit her zugehörig und zu eigen.[223] Folgerichtig ist der „Sohn Gottes von Natur" – trotz seines Hervorgangs aus dem Vater als *alius*, als „Anderer" – nicht wie ein Geschöpf geprägt von der Veränderlichkeit und Wandelbarkeit, und damit der Gefährdung des „nicht gefestigten, unsteten Seins"[224]. Seine Natur ist nicht in der Gefahr, „zunichte zu werden"[225]: Er besitzt das Sein „schlechthin ganz, ohne Abzug, in Vollkommenheit".

Dass jedoch dieses univoke Beziehungsverhältnis auch dann „erhalten bleibt", wenn der *filius in divinis* – wie es im Prolog des Johannes-Evangeliums heißt – „Fleisch wird"[226] und damit sichtbar wird in den Kategorien der geschaffenen Welt, ist letztlich nicht mehr dem rein philosophischen Denken zugänglich.

So sind es in der Argumentation Eckharts an dieser Stelle ausschließlich die Schriftverweise, die mit ihrer Autorität hinter den weiterführenden Gedankenschritten stehen. Hierfür sei ein Beispiel gegeben:

In einer Auslegung zu Joh 1,14: „Wir haben seine [des Wortes] Herrlichkeit gesehen, die Herrlichkeit des einzigen Sohnes vom Vater, voll Gnade und Wahrheit"[227] stellt Eckhart zusammenfassend folgende These auf:

---

222 Eckhart: InIoh 5: LW III; 7,6—7.
223 Vgl. Büchner, Christine: Gottes Kreatur – ein reines Nichts. 129.
224 Vgl. Eckhart: InGen 77: DW I; 238,2—7.
225 Vgl. Eckhart: InGen 80: LW I; 241,2—4.
226 Vgl. Joh 1,14.
227 Joh 1,14 [EÜ].

Solus enim qui filius est,	Nur wer Sohn ist,
plenus gratiae et veritatis est.[228]	ist voll der Gnade
	und Wahrheit.

Während es sich ohne autoritativen Schriftverweis hierbei um eine
Hervorhebung handeln könnte, dass es – gemäß den in den voran-
gegangenen Kapiteln entworfenen metaphysischen und erkenntnis-
theoretischen Grundsätzen – *ausschließlich*[229] darum ginge, im Sinne

---

228 Eckhart: InIoh 131: LW III; 113,8—9.

229 Es geht in keiner Weise darum, die im Folgenden dargestellte „philosophische" Deutung abzulehnen oder auch nur in ihrer Bedeutung einzuschränken. Die metaphysische Struktur der Gotteskindschaft – darauf wurde im
Zusammenhang mit der Darstellung des univoken Relationsverhältnisses
zwischen dem menschliches Sein begründenden Sein Gottes und dem „in
Gott" von Ewigkeit her gegebenen *esse virtuale* des Menschen, der *imago
dei*, ausdrücklich hingewiesen – ist dieselbe beim „Sohn Gottes von Natur"
wie bei jedem Menschen, insofern er unter der Hinsicht seines virtuellen
Seins betrachtet wird.
An dieser Stelle geht es ausschließlich darum hervorzuheben, dass Eckhart
nicht nur eine „Philosophie des Intellekts" entwirft und sich zu ihrer Darstellung hilfsweise biblischer (oder allgemeiner: religiöser) Bilder bedient.
Vielmehr setzt Eckhart ausdrücklich die „historische Wahrheit" der Überlieferung des Evangeliums (etwa die Identifizierung des „Sohnes", der
„Wahrheit" mit der Person Jesu, die Inkarnation des göttlichen „Wortes" in
diesem einen Menschen) voraus. Vgl. etwa Eckhart: InIoh 125: LW III;
108,9—10: „[...] supposita veritate semper historiae [...]".
Er erweitert jedoch das Verständnis des Evangeliums über ein die *veritas
historiae* nachvollziehendes, nach-erzählendes Verstehen hinaus (vgl. Eckhart: InIoh 198: LW III; 167,13—14) dahingehend, dass er etwa die An-
fangsverse des Johannes-Evangeliums so auslegt, „dass sie nicht nur über
den Hervorgang des göttlichen Wortes und die Schöpfungsmittlerschaft
des Logos Auskunft geben, sondern auch eine Theorie für die Kausalität
des Denkens und geistiger Prinzipien in der Welt enthalten" (vgl. Kampmann, Irmgard: Ihr sollt der Sohn selber sein. 76). Vgl. hierzu etwa Eckhart:
InIoh 137: LW III; 116,13—15 :
"Sic ergo sub veritate historica loquens evangelista de proprietate personarum divinarum docet simul naturam et proprietatem omnium producto-
rum, producentium et productionum.
*[So belehrt uns also der Evangelist unter der geschichtlichen Wahrheit, indem er
von der Eigentümlichkeit der göttlichen Personen redet, zugleich über die Natur*

der Gott-Ebenbildlichkeit (der *imago dei* im intellektiven Grund der Seele) das eigentliche Wesen (das *esse virtuale*) der menschlichen Vernunft als *intellectus inquantum intellectus* zu verwirklichen, um die „Wahrheit" erkennen zu können, sozusagen um ein Zu-Sich-Selbst-Kommen des menschlichen *intellectus*, führt Eckhart den Gedanken weiter, indem er – durch die Einbettung seiner Aussage in eine Reihe von Schriftverweisen – den „Sohn" mit Christus, mit der Person Jesu im Johannes-Evangelium (mit „dem Heiland, der der Sohn ist" und der zu uns „spricht"), identifiziert:

Cum ergo salvator,	Wenn also *der Heiland sagt*:
infra Ioh. 16, ait:	‚bittet, dass eure Freude
‚petite, ut gaudium vestrum	vollkommen sei'
sit plenum',	(Joh 16,24),
sensus est:	so ist der Sinn:
petite, ut filii sitis.	bittet, dass ihr Söhne seid.
Praemittit autem:	*Er* [der Heiland]
	schickt aber voraus:
‚usque modo non petistis	‚bis jetzt habt ihr um nichts
quidquam	gebeten
in nomine meo',	in *meinem* Namen',
qui sum filius.	*der ich der Sohn bin.*
Non enim petit	Denn der bittet nicht
in nomine filii,	im Namen des Sohnes,
qui nondum est filius.	der noch nicht Sohn ist.
Et hoc est quod hic dicitur:	Das besagt das Wort:
vidimus	‚wir haben seine Herrlichkeit
gloriam eius,	gesehen',
nos, inquam,	wir, sage ich,
quasi unigeniti	als *gleichsam* Eingeborene
a patre,	vom Vater,
id est filii.	das heißt als seine Söhne.
Et sequitur:	Es folgt:

---

und Eigentümlichkeit alles Hervorgebrachten, Hervorbringenden und Hervorbringens.]

plenum gratiae et veritatis.	‚voll der Gnade und Wahrheit'.
Solus enim qui filius est,	Denn nur wer Sohn ist,
plenus gratiae et veritatis est.	ist voll der Gnade
[...]	und Wahrheit.
	[...]
gratia et veritatis	Die Gnade und Wahrheit
per Iesum Christum facta est.[230]	wurde durch *Jesus Christus*
	(Joh 1,17).

In der Person Jesu Christi, in diesem *einen* Menschen[231], tritt den Geschöpfen – das ist der zentrale Inhalt des johanneischen Inkarnationsverständnisses – das sichtbare Bild des „Sohnes", des „göttlichen Wortes, des ‚Logos'", die *imago dei* entgegen, wie auch in gleicher Weise das Bild der vollkommenen Verwirklichung der menschlichen Natur.

Die *imago dei*, das *esse virtuale* des Menschen, der „neue", „innere Mensch" ist in der Person Jesu – unter den jedem Menschen eigentümlichen Bedingungen geschöpflicher Existenz[232] – vollkommen verwirklicht:

Das „Sein Gottes", das „Sein des Sohnes", die *imago dei*, das *esse virtuale* des Menschen und das vollkommen verwirklichte *esse formale* des Menschen, die „ewige Idee des Menschen" und die „ewige Idee des vollkommenen, frommen Menschen" fallen hier in Eins.

---

230 Eckhart: InIoh 130–131: LW III; 113,2–11.
231 Vgl. Eckhart: Predigt 41: DW II; 293,10–294,1:
     „Unser herre Jêsus Kristus der ist ein einic sun des vaters, und er aleine ist
     mensche und got."
     [Unser Herr Jesus Christus ist ein einziger Sohn des Vaters, und er allein ist
     Mensch und Gott.]
232 Vgl. hierzu Eckhart: InIoh 102: LW III; 88,7–9:
     "[...] ‚in propria venit', propria scilicet homini et naturae humanae. As-
     sumpsit enim mortalitatem et passibilitatem, quae non deo, sed homini
     sunt propria."
     ['Er kam in sein Eigen', nämlich in das, was dem Menschen und der menschlichen
     Natur eigen ist. Denn er nahm die Sterblichkeit und Leidensfähigkeit an, die nicht
     Gott, sondern dem Menschen zu eigen sind.]

Das Sein als *imago dei* ist beim „eingeborenen Sohn", der „nur einen Vater hat"[233] nicht entstellt und verunklart (im Gegensatz zu jedem anderen Menschen, der „nicht nur den einen Vater" hat, in dessen sich verwirklichendem Sein sich neben Gott auch „die Dinge der Welt erbilden" und somit die *imago dei* „überschreiben" und unkenntlich machen[234]):

[...] ‚verbum caro factum'	Das Fleisch gewordene Wort
assumpsit puram naturam,	hat eine lautere [menschliche] Natur angenommen,
scilicet sine vitiis,	nämlich ohne die Laster,
quae inimicus homo	die der Mensch [als sein] Feind
superseminavit, Matth. 13.	hineingesät hat (Mt 13,25).
[...]	[...]
'in propria venit',	‚Er kam in sein Eigen',
id est	das heißt er nahm
naturam	die von ihm
a se factam,	geschaffene Natur,
opus suum proprium,	sein eigenes Werk an,
assumpsit sine vitiis,	ohne Laster,

---

233 Eckhart:InIoh 123: LW III; 107,9—12:
„Ipse unigenitus, a solo patre scilicet, nos geniti quidem, sed non ab uno patre.
[Er ist der Eingeborene, nämlich von dem Vater allein, wir sind zwar auch geboren, aber nicht von dem einen Vater.]

234 Eckhart: InIoh 575: LW III; 503,6—12:
„‚Filii dei sumus, sed nondum apparuit'. [...] sic [...] in nobis ea quae superinducta et superscripta sunt, non sinunt apparere nec nos sentire, quid sumus. 'Filii', inquit, 'dei sumus' sed non apparet. Matth. 22: 'cuius es imago et superscriptio?' Certe imago quidem dei, superscriptio autem carnis, mundi et diaboli."
[‚Wir sind Söhne Gottes, aber es ist noch nicht offenbar' (1 Joh 3,2) [...] So lässt bei uns das, was darübergemalt und darübergeschrieben ist, nicht zum Vorschein kommen und uns nicht merken, was wir sind. ‚Wir sind Söhne Gottes', sagt er, ‚aber es ist noch nicht offenbar'. ‚Wessen ist das Bild und die Überschrift?' (Mt 22,20) Sicherlich ist es zwar das Bild Gottes, die Über-Schrift aber ist die des Fleisches, der Welt und des Teufels.]

sine peccato.[235]

ohne Sünden.

[...] illud quod hoc dicitur:
[...] ‚a me ipso facio nihil,
sed
sicut docuit me pater',
proprie
specialiter competit
ipsi Christo in sua persona.

Das Wort:
‚aus mir selbst tue ich nichts,
sondern
wie mich der Vater gelehrt hat',
trifft insbesondere
und in einzigartiger Weise
auf Christus als Person zu.

In ipso enim
non erat aliud esse
praeter esse suppositi divini.
Propter hoc non poterat
absolute
quoquo modo peccare.[236]

In ihm war nämlich
kein anderes Sein
als das Sein
der göttlichen Person.
Deswegen konnte er überhaupt
in keiner Weise sündigen.

Dadurch wird in der Person des Jesus von Nazaret, in seinem Leben, „in jedem seiner Worte und Werke"[237], sichtbar und verstehbar, dass und wie wir „unter den Bedingungen unserer menschlichen Existenz die Gotteskindschaft verwirklichen"[238] können:

Sic ergo
dei sapientia
carnem
assumendo
se nostrum redemptorem

Gottes Weisheit
hat sich also
durch die Annahme
des Fleisches
so als unser Erlöser

---

235 Eckhart: InIoh 101: LW III; 87,7—12.
236 Eckhart: InIoh 455: LW III; 389,6—9.
237 Vgl. Eckhart: InIoh 173: LW III; 142,12—16:
   „Omnis enim Christi actio et sermo, quae gessit et circa ipsum gesta sunt, nostra sunt instructio. [...] [Augustinus] dicit de Christo loquens: 'tota vita eius in terries per hominem, quem suscipere dignatus est, disciplina morum fuit'."
   [Jedes Werk und Wort Christi, was er tat und was um ihn geschah, ist Belehrung für uns. [...] [Augustinus sagt ...] von Christus: ‚Sein ganzes Leben auf Erden war dadurch,dass er sich herabließ, die menschliche Natur anzunehmen, die Lehre des sittlichen Lebens.']
238 Vgl. Kampmann, Irmgard: Ihr sollt der Sohn selber sein. 107.

exhibere voluit,	erweisen wollen,
ut se memineret	dass sie nicht vergaß,
nostrum instructorem	unser Lehrer
in rebus divinis,	in den göttlichen,
naturalibus	natürlichen
et moralibus.[239]	und sittlichen Dingen zu sein.

Das „sich im Fleisch erniedrigende Wort Gottes" gibt uns „ein kurzes Lehrbuch, eine Art Brevier, das alles enthält und umfasst"[240].
In diesem Sinn hebt Irmgard Kampmann zusammenfassend die Bedeutung der Person Jesu hervor: Wir brauchen „das ‚ausgesprochene Wort' expliziter Gotteskindschaft, das deutliche Vorbild eines Menschen, der die in aller menschlichen Freiheit und Vernunft implizierte Gotteskindschaft bewusst und willentlich, eindeutig und konsequent zu seinem formgebenden Prinzip macht. Dieses ausgesprochene Wort, in dem die gebärende Freiheit, die geborene Freiheit und beider Liebe und Einheit ein begrenztes, kämpfendes und leidendes Menschenleben lang offenbar werden und in dem gerade dadurch Begrenzung, Kampf und Leid menschlicher Existenz entgrenzt, befriedet und getröstet werden – dieses ausgesprochene Wort ist Jesus Christus. Er bringt unüberbietbar das Wesen Gottes, das Wesen des Menschen und beider Auseinander-Hervorgehen zum Ausdruck"[241].

---

239 Eckhart: InIoh 186: LW III; 156,4—6.
240 Vgl. Eckhart: Sermo XXIV1: LW IV; 212,4—6:
  „Venit igitur verbum dei, in se ipso breviato in carne, fecit unam summam brevem, quoddam breviarium, continens omnia et includens".
241 Kampmann, Irmgard: Ihr sollt der Sohn selber sein. 123.

II.2.3.3. Die Gnade der Inkarnation als „Wille zur Gleichheit"

Die Vewirklichung der Gotteskindschaft unter den Bedingungen menschlicher Existenz im Sohn, im Fleisch gewordenen Wort offenbart, so betont Eckhart, Gottes eigenes Wesen, das in seinem „Kommen in die Welt", in der Inkarnation sichtbar wird:

‚In propria venit'.	‚Er kam in sein Eigen':
[...] haec propria,	[...] das Eigen,
in quae venit deus verbum,	in welches Gott das Wort kam,
sunt	ist
misereri [...],	Sich-Erbarmen
salvare [...].	und Erlösen. [...]
Et haec quidem duo habet	Diese beiden besitzt Gott-Wort,
deus verbum:	und zwar zu eigen als Gott,
propria quidem ut deus,	doch in Gemeinschaft
communia tamen cum patre	mit dem Vater
et spiritu sancto.[242]	und dem Heiligen Geist.

Gott-Wort (*deus verbum*), Gott-Vater und Gott-Geist offenbaren sich als Gemeinschaft einer sich des Menschen erbarmenden und ihn erlösenden Liebe – als eine Liebe, die dem Menschen entgegenkommt, um ihm so gnadenhaft die Erkenntnis Gottes und seiner selbst zu ermöglichen, die ihm aufgrund der Begrenztheit seines geschaffenen Seins und der Abhängigkeit seiner Erkenntnis von den geschaffenen Dingen „auf natürliche Weise" (im Sinn der Weise der geschöpflichen ‚Geborenheit') nicht möglich ist. Zu erinnern sind hier die bereits behandelten Grundsätze Eckharts zur Erkenntnistheorie:

Omnis enim cognitio	Alle
rerum	Wahrnehmung/Erkenntnis
est	der Dinge nämlich
per sua	findet statt / ist wahr
principia	durch ihre / vermittels ihrer
	Ursprünge

---

242 Eckhart: InIoh 98: LW III; 84,6—11.

et in suis principiis;	und in ihren Ursprüngen.
et quousque	und solange
resolvatur	bis sie aufglöst/befreit wird
in sua principia,	in ihren Ursprüngen
	[in ihre Ursprünge hinein ?]
semper	ist sie [die Wahr-Nehmung
	der Dinge] immer
obscura,	versteckt/verborgen/
	unkenntlich,
tenenbrosa	trüb/ im Dunst/
	blind/unklar/finster,
et opaca est,	und im Schatten/dunkel,
quia cum formidine	wie mit Grausen/ Angst/
	peinigender Furcht
partis alterius.	„vor einem anderen Teil".
Demonstratio autem,	Eine Beweisführung aber,
id est syllogismus,	d. h. ein logischer Schluss,
faciens scire	der Wissen erzeugt
sine formidine	ohne [diese] Angst
et opinione,	und [die Gefahr]
	der Vermutung/
	Wahnvorstellung,
	des Vor-Urteils,
est	ist
ex propriis	aus den eigentümlichen
principiis. [...]	Ursprüngen. [...]
homo accipit	Der Mensch empfängt
cognitionem suam	seine Erkenntnis [aber]
a posterioribus,	ausgehende
	von „den Späteren",
procedens	sich auf vernünftig
	schlussfolgernde Weise
ad principia	zu den Ursprüngen
ratiocinando. [...]	vorantastend .
Et forte hoc est	Und daher gilt mit Nachdruck
quod sequitur:	was nun folgt:

lux in tenebris lucet.	Das Licht leuchtet in den Finsternissen.
Res enim omnis creata	Die Wirklichkeit aller geschaffenen Dinge nämlich
sapit	hat einen gewissen Geschmack an sich
umbram nihili.	vom Schatten / von der Finsternis des Nichts.
Deus solus lux est, et tenebrae in eo non sunt ullae.	Gott allein ist Licht, und [zwar so, dass] nicht irgendwelche Verfinsterungen in ihm sind.
Ideo *lux in tenebris* est cognitio a posteriori,	Aus diesem Grund ist [jede menschliche] Erkenntis, ausgehend vom „Späteren", „Licht inmitten von Finsternissen",
cognitio in phantasmate	Erkenntnis in gespenstischen Trugbildern/Vorstellungen
et per phantasma.[243]	und [vermittelt] durch [eben solche] Vorstellungen.

Die Erkenntnis des Menschen von sich selbst ist, basiert sie aus-schließlich auf der Einsicht in die geschöpfliche Wirklichkeit, „Licht inmitten von Finsterns", „hat einen Geschmack von Nichts an sich". Wahre Erkenntnis bedarf einer *demonstratio ex propriis principiis*, wel-che gegeben ist im Bild des Sohnes: Gott-Wort offenbart das eigentli-che *principium* des Menschen, sein ewiges Sein, das selbst „Wort", *imago dei* ist. In der Anschauung des Sohnes, Jesus, wird die Er-kenntnis des Menschen „befreit" „in ihre Ursprünge hinein".

„Erlösung", wie sie mit Gott-Wort offenbart wird, erscheint in die-sem Sinn zuerst und grundlegend unter dem Aspekt der Erkenntnis Gottes und damit der Selbst-Erkenntnis des Menschen, wobei der

---

243 Eckhart: In Ioh 20: LW III; 17,3—18,2.

Begriff „*resolvere*" eine breite Bedeutungsvielfalt mit sich bringt von „Gebundenes auflösen, losbinden", „Verdunkeltes aufhellen", „etwas (lösend) ungültig machen, aufheben, vernichten und zerstören", „befreien" – dieser umfassenden Vorstellung wird kein deutscher Begriff für sich genommen in der Übersetzung gerecht.

In freier Übertragung wäre der oben angeführte Text Eckharts, auf die Erkenntnis seines eigenen Wesens bezogen, folgendermaßen zu lesen:

Alle Erkenntnis des Menschen von sich selbst
findet im eigentlichen Sinn erst statt
und wird „wahr"
durch die Erkenntnis seines Ursprungs, nämlich Gottes,
und in seinem Ursprung – in Gott.

Und solange bis die Erkenntnis
in Gott, ihrem Ursprung, und in ihren Ursprung hinein
[d. h. durch den Sohn und im Sein des Sohnes, in Gott-Wort]
aus ihrer Fesselung an das Geschöpfliche befreit wird,
solange, bis ihre Fehlerhaftigkeit und Beschränktheit
überbietend vernichtet,
zerstört
und aufgehoben wird,
solange, bis ihre Verfinsterung aufgehellt wird,

so lange ist sie immer
verborgen,
trüb, im Dunst, wie blind,
unklar, finster, und im Schatten.
Es bleibt die Angst
und peinigende Furcht „vor einem anderen Teil",
vor dem, was wahre Erkenntnis unmöglich macht:
die unvollständige Wahrnehmung,
das Zerstörerische, Entstellende, „das Bild Überschreibende".

Gott-Wort, der „Sohn"
als vollkommene Verwirklichung der *imago dei*,

ist nun im eigentlichen Sinn eine *demonstratio*
aus dem eigentümlichen Ursprung,
ermöglicht eine Anschauung dieses Ursprungs,
eine Anschauung Gottes,
und damit des eigentlichen Wesens des Menschen,
der *virtualiter* Ebenbild dieses Gottes ist.
Er „erzeugt", schenkt Wissen ohne Angst
und ohne die Gefahr, einer „Wahnvorstellung" vom Menschen
und seinem Sein zu verfallen.

Die Inkarnation wird für Eckhart verstehbar als „Belehrung", als „kurzes, aber umfassendes Lehrbuch"[244] für den Menschen über sein eigenes, ewiges Wesen und die Möglichkeit seiner Verwirklichung[245],
In diesem Geschenk der Gnade, dem Kommen des Gott-Wort in das Eigen des Menschen, gründet im eigentlichen Sinn „Erlösung" als Befreiung von der Lebensangst, von der Verfallenheit an jedwelche kompensatorische „Wahnvorstellungen"[246].
Im Kern dieses befreienden, erlösenden, sich-erbarmenden Wirkens der Gnade steht für Eckhart der Wille Gottes zur Gleichheit mit dem

---

244 Vgl. Eckhart: Sermo XXIV1: LW IV; 212,4—6.
245 Vgl. hierzu etwa Eckhart: InIoh 288: LW III; 240,12—13:
      „deus verbum, filius, assumpsit naturam humanam, ut doceret nos posse
      fieri filios dei."
      [Gott-Wort, der Sohn, nahm die menschliche Natur an, um uns darüber zu beleh-
      ren, dass wir Söhne Gottes werden können.]
246 Solche „kompensatorische Wahnvorstellungen", die dem Wesen des Menschen im Licht der Inkarnation nicht gerecht werden, sind in zwei Richtungen zu beobachten: Eckhart versteht das Bedenken des Geheimnisses der Mensch-Werdung des göttlichen Wortes als „Heilmittel" sowohl gegen die Verachtung der Leiblichkeit als auch gegen Versuche sich der eigenen Armut und Bedürftigkeit entledigen zu wollen (durch Betonung „edler Verwandschaft", durch das Tragen „des Gewandes eines irdischen Königs"). Der „Wahn", der den Menschen bedroht, kann also sowohl in Selbstverachtung, in Selbstüberschätzung oder in diversen Formen „geliehener Identität" (Status- und Herrschaftssymbole, äußerer Besitz u. a.) bestehen: Vgl. etwa Eckhart: InIoh 116: LW III; 101,4—11. und InIoh 683: LW III; 599,5—8.

Menschen, der sichtbar wird darin, dass Gott selbst sich in die menschliche Existenz hinein entäußert.

Zur Verdeutlichung bedient sich Eckhart in seinem Werk der Parabel eines reichen Ritters, dessen Frau durch einen Unfall eines ihrer Augen verlor. Zum Beweis seiner Liebe macht der Mann sich seiner von Zweifeln und Minderwertigkeitsgefühlen geplagten Frau gleich, indem er sich selbst ein Auge aussticht.

Diese Erzählung[247] dient Eckhart sowohl der Verdeutlichung des Geschehens der Inkarnation[248] wie auch der Hingabe Jesu am Kreuz[249] – sie fasst so Eckharts soteriologisches Denken zusammen,

---

247 Einen interessanten ergänzenden Hinweis mit Blick auf diese *maere*, die wohl auf eine Erzählung Herrand von Wildonies zurückgeht, gibt Irmgard Kampmann: Ihr sollt der Sohn selber sein. 79: „In der ältesten uns bekannten Fassung der Parabel ist es die Frau, die sich ein Auge aussticht, um dem Mann gleich zu sein. Eckhart vertauschte die Rollen, vielleicht aus Befangenheit, weil er das Handeln des letztlich doch männlichen Gottes nicht mit dem Handeln einer Frau vergleichen wollte. Andererseits: Ist es, wie bei Eckhart, der Mann, der der Frau zuliebe sich verletzt, so wird dabei eine kaum zu überbietende Wertschätzung der verletzten und von Zweifeln gequälten Frau durch den Mann demonstriert, eine Wertschätzung, die damals wie heute wirkenden Beziehungsmustern zwischen Mann und Frau entgegen ist. So weist die Beispielerzählung in der Fassung Eckharts um so deutlicher darauf hin, dass die Liebe Gottes zu den Menschen alle Erwartungen und Denkgewohnheiten übertrifft".

248 In diesem Sinn verwendet Eckhart die Parabel in Predigt 22; DW I; 377,4–379,1.

249 Eckhart: InIoh 683: LW III; 598,3–599,10.
    In der einleitenden und der auf die Parabel folgenden Erklärung betont Eckhart, dass er mit dem erzählten Beispiel die Grundbewegung des Lebens Jesu verdeutlicht, die einerseits „das Leiden Christi" am Kreuz (vgl. InIoh 683: LW III; 598,3), andererseits die Menschwerdung des Wortes (vgl InIoh 683; LW III; 599,1–4) verstehbar macht.
    Diese Grunddynamik, das „Lebensprinzip" Jesu, – und darauf verweist Eckhart ausdrücklich – ist in der paulinischen Theologie in unüberbietbarer Konzentration gefasst im 2. Korinther- wie im Philipperbrief: „Unseretwegen ist er [Christus] arm geworden, da er reich war, damit wir durch seine Armut reich würden" (2 Kor 8,9); und „Obwohl er [Christus] in Gottes Gestalt war, hielt er es nicht für einen Raub, Gott gleich zu sein. Er hat sich selbst entäußert, nahm Knechtsgestalt an und wurde den Menschen gleich. Er hat sich selbst erniedrigt bis zum Tod, ja bis zum Tod am Kreuz" (Phil 2,6–8).

278 [Die Edelkeit der Seele]

und dies offensichtlich so hinreichend, dass mit diesem erzählten Bild der Themenbereich der Passion Jesu für Eckhart im Kommentar zum Johannes-Evangelium abschließend behandelt ist.[250] Sie sei hier in der lateinischen Fassung angeführt:

[...] de passione Christi.	Zum Leiden Christi
Notandum:	ist zu bemerken:
narratur de milite	Man erzählt von einem Ritter,
qui cum esset pulcher,	der schön,
potens et strenuus,	tüchtig und stark war
habens uxorem pulchram	und eine schöne Gattin hatte,
et dilectam,	die er liebte.
accidit	Da geschah es,
ipsam orbari oculo	dass diese ein Auge verlor
et sic deformari.	und so entstellt wurde
Quae cum sic deformata	Als sie, so entstellt,
frequenter gemitus et suspiria	häufig Seufzen und Klagen
geminaret,	vernehmen ließ,
quaerebat miles,	fragte der Ritter,
quae esset causa gemitus	was der Grund ihres Seufzens
ipsius;	sei.
qua respondente	Sie antwortete,
quod cruciaretur animo,	sie werde im Herzen gequält,
quia non posset concipere	weil sie es nicht begreifen könne,
quod se taliter deformatam	dass er sie noch lieben könnte,
ille posset amare,	wo sie so entstellt sei.
et dum ipse	Und während er selbst
saepius assereret	immer wieder versicherte,
se ipsam multum diligere,	dass er sie sehr liebe,
et illa nihilominus incredula	und sie trotzdem ungläubig

---

250 Vgl. hierzu Kampmann, Irmgard: Ihr sollt der Sohn selber sein. 174: „Die Inkarnation des göttlichen Wortes, die in der gelebten Gotteskindschaft Jesu offenbar wird, ist also in diesem soteriologischen Entwurf das entscheidende Ereignis. Leiden und Kreuzestod Jesu haben ihr gegenüber kein *selbständiges* Gewicht. Sie zeigen den letzten Ernst der Hingabe Jesu und darin der Selbsthingabe Gottes an den Menschen".

[Die Edelkeit der Seele] 279

a gemitibus non cessaret,
miles,
ut uxorem a gemitibus
et suspiriis
liberaret,
sibimet oculum eruit,
et sic illi deformitate
conformis redderetur.

Sic Christus,
dilectionem suam nobis
commendans,
cum essemus mortales
et egeni,
,propter nos
egenus factus est,
cum dives esset,
ut illius inopia
divites essemus',
Cor. 8.

'Cum in forma dei esset,
non rapinam arbitratus esse se
aequalo deo,

semet ipsum exinanivit
formam servi accipiens,
in similitudinem hominum
factus'
'humiliavit semet ipsum'
'usque ad mortem,
mortem autem crucis',
Phil. 2.[251]

nicht von ihrem Klagen abließ,
riss der Ritter
sich selbst ein Auge aus,
um seine Gattin
von ihrem Seufzen
und Klagen zu befreien
und sich ihr
durch die Entstellung
gleichzugestalten.

So empfahl uns
Christus
seine Liebe,
da wir sterblich
und arm waren:
Unseretwegen
ist er arm geworden,
da er reich war,
damit wir durch seine Armut
reich würden
(2 Kor 8,9).

Obwohl er
in Gottes Gestalt war,
hielt er es nicht für einen Raub,
Gott gleich zu sein.
Er hat sich selbst entäußert,
nahm Knechtsgestalt an
und wurde den Menschen
gleich.
Er hat sich selbst erniedrigt
bis zum Tod,
ja, bis zum Tod am Kreuz
(Phil 2,6-8).

---

251 Eckhart: InIoh 683: LW III; 598,3—599,5.
Vgl. den Paralleltext: Eckhart: Predigt 22: DW I; 377,4—379,1: „Daz allermeiste
guot, daz got dem menschen ie getete, daz war, daz er mensche wart. Hie sol
ich ein mære sagen, daz wol hier zuo gehœret. Ez was ein

„Diz ist der mensche, der kunde gar kûme glouben, daz in got sô liep hâte, biz als lanc daz got im selber ein ouge ûz stach und an sich nam menschlîche natûre"²⁵² – So ist der Mensch: Er konnte kaum glauben, dass Gott ihn so sehr lieb hatte, bis dass Gott sich selbst ‚ein Auge ausstach' und die menschliche Natur an sich nahm. Das Ziel der Selbst-Entäußerung Gottes, die in der Lebensbewegung des Sohnes von der Menschwerdung bis zur Hingabe des Lebens am Kreuz sichtbar wird als „überquellende Liebe"²⁵³, ist es, dem Menschen den Nachvollzug dieses *principium* der Selbsthingabe zu ermöglichen und damit eine freie Antwort der Liebe auf die Offenbarung Gottes, der den Menschen seinerseits in seine trinitarische Liebes-Gemeinschaft aufnimmt, indem er die Natur des Menschen in Gott-Wort, im Sohn „an sich nimmt". Der Zielpunkt der Inkarnation liegt so laut Eckhart in der Offenbarung Gottes als allumfassende Liebe²⁵⁴, die um der Liebesgemeinschaft willen um die Gegenliebe des Menschen wirbt, und diese ermöglicht dadurch, dass Gott selbst sich erniedrigt und dem Menschen gleichmacht: Denn „gegenseitige Liebe kann nicht wachsen unter Ungleichen, zwischen Unverletzlichem und Verletzlichem"²⁵⁵, wie bereits Aristoteles betonte, auf den Eckhart zur Verteidigung seiner grundlegenden These – neben dem

---

rîcher man und ein rîchiu vrouwe. Dô geschach der vrouwen ein unval, daz sie ein ouge verlôs; des wart si sêre betrüebet. Dô kom der herre zu ir und sprach: ‚vrouwe, wie sît ir alsô betrüebet? Ir sult iuch niht betrüeben dar umbe, daz ir iur ouge verlorn hât.' Dô sprach si: ‚herre, ich enbetrüebe mich niht dar umbe, daz ich mîn ouge verlorn hân; dar umbe betrüebe ich mich, daz mich des dünket, daz ir mich deste minner liep sült hân.' Dô sprach er: ‚vrouwe, ich hân iuch liep.' Dar nâch biht lanc dô stach er im selber ein ouge ûz und kom ze der vrouwen und sprach: ‚vrouwe, daz ir nû gloubet, daz ich iuch liep hân, sô hân ich mich in glîch gemachet; ich enhân ouch niht dan éin ouge.' Diz ist der mensche, der kunde gar kûme glouben, daz in got sô liep hâte, biz als lanc daz got im selber ein ouge ûz stach und an sich nam menschlîche natûre".

252 Eckhart: Predigt 22: DW I; 378,1—2.
253 Eckhart spricht von „Christi überquellender Liebe, durch die er sich Gott für uns hingab". Vgl. Eckhart: InEx 254: LW II; 205,3—4.
254 Vgl. hierzu den ausführlichen Sermo VI1: LW IV; 50—74: „Deus caritas est".
255 Vgl. Kampmann, Irmgard: Ihr sollt der Sohn selber sein. 78.

heiligen Bernhard – verweist: „Amor ordinem nescit, ut ait Bernardus, aut enim pares invenit aut pares facit. Et secundum Philosophum non est amor inter servum et dominum"[256].

Zwischen dem knehte	Zwischen dem Knecht
und dem herren	und dem Herrn
enwirt niemer minne glîch.	wird niemals gleiche Liebe.
Die wîle ich kneht bin,	Solange ich Knecht bin,
sô bin ich	bin ich
dem eingebornen sune	dem eingeborenen Sohn
gar verre	gar fern
und unglîch.[257]	und ungleich.

[...] Minne	Liebe
diu enwil nienâ sîn,	will nirgends sein als da,
wan dâ glîcheit ist und ein ist.	wo Gleichheit und Einheit ist.
Ein herre,	Zwischen einem Herrn
der einen kneht hât,	und einem Knecht, den er hat,
dâ enist niht vride,	gibt es keinen Frieden,
wan dâ enist niht glîcheit.	weil da keine Gleichheit besteht.
Ein vrouwe und ein man	Eine Frau und ein Mann
diu sint einander unglîch;	sind einander ungleich;
aber in der minne	in der Liebe aber
sint sie gar glîch.	sind sie gar gleich.
Dâ von sprichet diu schrift	Daher sagt die Schrift
gar wol,	ganz richtig,
daz got die vrouwen	dass Gott die Frau
næme	von der Rippe
von des mannes rippe	und Seite des Mannes
und sîten,	nimmt,
weder von dem houbete	weder von seinem Haupt
noch von den vüezen,	noch von den Füßen,
wan swâ zwei sint,	denn wo zwei sind,

---

256 Processeus Coloniensis II, Nr. 101 (Rechtfertigung zu Art. 40 der Anklageliste).
257 Eckhart: Predigt 10: DW I; 169,4—6.

dâ ist gebreste.	da ist Mangelhaftigkeit.
War umbe?	Warum?
Einez enist daz ander niht,	Das eine ist *nicht* das andere;
wan daz niht,	[und] weil da das ‚Nicht' ist,
daz dâ machet underscheit,	das den Unterschied schafft,
daz enist niht anders	das nichts anderes ist
als bitterkeit,	als Bitterkeit,
wan dâ	[und] weil es [deswegen] da
enist niht vride.[258]	keinen Frieden gibt.

Der „Wille zur Gleichheit", offenbart sich im Kontext der Inkarnation des göttlichen Wortes in zweifacher Weise:
An die Seite des Sich-Entäußerns Gottes in die Begrenztheit des kreatürlichen Seins hinein tritt im Denken Eckharts wesentlich die Erhöhung des Menschen durch die in der Person Jesu sichtbar gewordenen Mitteilung der Vollkommenheit des göttlichen Seins an die Natur des Menschen.

[...] und im [gote]ist als nôt,	Und Gott ist es so notwendig,
daz er dir gebe,	dass er dir gebe,
daz er niht erbeiten enmac,	dass er es nicht erwarten kann,
bis daz er gebe sich selber dir	bis er sich dir
von êrste.	als erstes gebe.
Alsô vertœret ist got	So vernarrt ist Gott
mit sîner minne ze uns,	in seiner Liebe zu uns,
rehte als ob er	gerade so als wenn er
vergezzen habe	das Himmelreich
himmelrîches	und das Erdreich
und ertrîches	und seine ganze Seligkeit
und aller sîner sælicheit	und seine ganze Gottheit
und aller sîner gotheit	vergessen hätte,
und niht ze tůnne habe	und mit nichts zu tun habe
wan aleine mit mir,	als einzig mit mir,
daz er mir gebe allez,	auf dass er mir alles gebe,
daz mich getrœsten müge.	was mich zu trösten vermöge.

---

258 Eckhart: Predigt 27: DW II; 47,6—48,6.

Und er gibet mirz zemâle	Und er gibt mir's ganz
und gibet mirz volkomenlîche	und gibt mir's vollkommen
und gibet ez in dem lûtersten	und gibt es in dem Lautersten
und gibet ez alle zît [...].[259]	und gibt es alle Zeit.

Die Selbstoffenbarung Gottes in der Inkarnation ist in diesem Sinn end-gültige Antwort Gottes auf den unendlichen Hunger des Menschen[260], die Antwort „göttlichen Reichtums und Erbarmens" auf die „bittere Armut und Erbärmlichkeit"[261] des Menschen.[262]

Eckhart verbindet seine Aussagen zur Inkarnation in diesem Sinn prinzipiell mit dem Gedanken des dem Menschen darin geschenkten Heils:

[...] wan er [Kristus]	Denn er [Christus]
ist gewesen ein bote	ist ein Bote
von gote ze uns	von Gott zu uns gewesen
und hât uns zuo getragen	und hat uns unsere Seligkeit
unser sælicheit.[263]	zugetragen.

Wenn es Jesus von Nazaret möglich ist, in der Begrenztheit der geschöpflichen, menschlichen Natur als „Sohn Gottes" zu leben und wirken, dann wird durch diese „Belehrung" und *demonstratio* jedem Menschen diese Möglichkeit als seine je eigene eröffnet:

---

259 Eckhart: Predigt 79: DW III; 367,1—7.
260 Vgl. Eckhart: InEccl 58: LW II; 287,3—4.
261 Vgl. Eckhart: ParGen 25: LW I; 495,6—10.
262 Vgl. hierzu Kampmann, Irmgard: Ihr sollt der Sohn selber sein. 80: „Die Inkarnation und Passion des liebenden Gottes in Jesus von Nazareth ist Gottes äußerste Möglichkeit, sich uns zu erkennen zu geben und uns von allem ‚Seufzen und Klagen', von allen Zweifeln, ob wir in unserer Gebrechlichkeit kostbar und geliebt sind, zu erlösen. Über seine Selbstoffenbarung als Liebe hinaus hat Gott keine Möglichkeit mehr, unsere Erlösung zu bewirken".
263 Eckhart: Predigt 5b: DW I; 87,4—5.

284 [Die Edelkeit der Seele]

Gratiam pro gratia.	,Gnade um Gnade' [die Gnade um der Gnade willen].
Gratia enim incarnationis, de qua dicitur: 'verbum caro factum est', est pro gratia inhabitationis, de qua dicitur: 'habitat in nobis', et e converso.[264]	Die Gnade der Menschwerdung, von der es heißt: ,Das Wort ist Fleisch geworden', geschieht um der Gnade der Einwohnung willen, von der es heißt: ,er hat in uns gewohnt', und umgekehrt.
Verbum enim caro factum in Christo, extra nos, hoc ipso quod extra nos non facit nos perfectos, sed postquam et per hoc quod 'habitavit in nobis',	Denn das Wort, das in Christus Fleisch geworden ist, außerhalb von uns, macht uns eben dadurch, dass es außer uns ist, nicht vollkommen; aber nachdem und dadurch, dass es in uns Wohnung genommen hat,
nos denominat et nos perficit, 'ut filii dei nominemur et simus', 1 Ioh 3. Tunc enim filius dei,	benennt und vervollkommnet es uns, ,dass wir Gottes Söhne genannt werden und sind' (1 Joh 3,1). Denn dann wohnt der Sohn Gottes,
verbum caro factum, in nobis habitat, id est in nobis ipsis.	das fleischgewordene Wort, in uns, wirklich in uns selbst.

---

264 Eckhart: InIoh 177: LW III; 145,16—146,2.

[...]   [...]
Verbum caro factum est   Das Wort ist Fleisch geworden
in Christo,   in Christus,
et habitat in nobis,   und hat in uns gewohnt,
quando in quolibet nostrum   wenn in einem jeden von uns
filius dei fit homo   Gottes Sohn Mensch wird,
et filius hominis   und eines Menschen
fit filius dei: Sohn Gottes Sohn wird:
'videte qualem caritatem   ‚Seht, welche Liebe
dedit nobis deus,   uns Gott geschenkt hat,
ut filii dei   dass wir Söhne Gottes
nominemur et simus',   genannt werden und sind'
1 Ioh 3.[265]   (1 Joh 3,1).

Die "Gnade der Fleisch-Werdung" zielt auf die "Gnade der Einwohnung" und umgekehrt: Die Inkarnation geschah, um den Menschen den Weg zum „Sohn-Sein" zu eröffnen, in der Einwohnung Gottes in jedem Menschen, in dessen Umgestaltung in sein eigentliches Wesen der *imago dei* wird die „Mensch-Werdung Gottes" vollendet. Die Inkarnation, und dies soll im Folgenden vertieft werden, zielt auf die Gotteskindschaft, das Sohn-Werden aller Menschen:

[...] 'virgo concipiet   'Die Jungfrau wird empfangen
et pariet filium'   und einen Sohn gebären' –
                                das sagt er [Jesaja]
quantum ad Christum,   im Hinblick auf Christus,
'et vocabitur nomen eius   ‚und sein Name
Emmanuel'   wird *Immanuel* sein',
id est 'nobiscum deus',   das heißt: ‚Gott ist mit uns' –
quantum   das sagt er im Hinblick
ad quemlibet nostrum: auf einen jeden von uns:
qui filius hominis,   Wer der Sohn eines Menschen
                                ist,
fit filius dei.   wird Sohn Gottes.

---

265 Eckhart: InIoh 118: LW III; 103,1 – 15.

Cor 3:	,Wir werden
'in eandem imaginem	in dasselbe Bild
transformamur	verwandelt
a claritate	von Herrlichkeit
in claritatem,	zu Herrlichkeit,
tamquam a domini spiritu'.[266]	wie vom Geist des Herrn'
	(2 Kor 3,18).

II.2.3.4. Die „Gnade der Kindschaft"

War umbe ist got	Warum ist Gott
mensche worden?	Mensch geworden?
Dar umbe, daz ich	Darum, dass ich
got geborn würde	als derselbe Gott
der selbe.[267]	geboren würde.

Die Antwort Eckharts auf die Frage nach dem „Warum" der Menschwerdung „stellt nichts anderes dar als eine Variante eines der berühmtesten Sätze der patristischen und mittelalterlichen Christologie, der in der augustinischen Fassung lautet: ,Factus Deus homo, ut homo fieret Deus'."[268]

Die enge Verbindung, die Eckhart in diesem Sinn in seiner Auslegung des Prologs zum Johannes-Evangelium zwischen der „Gnade der Inkarnation" und der „Gnade der Einwohnung" betont hervorhebt, erscheint für seine Theologie im Ganzen zentral:

primus fructus	Die erste Frucht
incarnationis	der Fleischwerdung
verbi,	des Wortes,
quod est filius dei	das der Sohn Gottes
naturaliter,	von Natur ist,
est	besteht darin,

---

266 Eckhart: InIoh 119: LW III; 104,2—6.
267 Eckhart: Predigt 29: DW II; 84,1—2.
268 Vgl. Haas, Alois M.: Jesus Christus – Inbegriff des Heils. 291.

ut nos	dass wir
simus filii dei	Söhne Gottes seien
per adoptionem.	durch die Annahme an Sohnes statt.
Parum enim mihi esset	Es bedeutet mir nämlich wenig,
,verbum caro factum'	dass das Wort
pro homine	für die Menschen
in Christo,	in Christus Fleisch wurde,
supposito illo a me distincto,	jener von mir unterschiedenen Person,
nisi et in me	wenn es nicht auch
personaliter,	in mir persönlich [Fleisch würde],
ut ego essem filius dei.[269]	damit auch ich Sohn Gottes wäre.

Wird diese Verbindung vernachlässigt, verliert sein theologischer Entwurf jeden Sinn – er wird, so sagt es Eckhart selbst, uninteressant, belanglos, er interessiert „nicht die Bohne":

waz Got ie geworchte	Was Gott je für den Menschen
oder geteit	wirkte und tat,
durch den menschin,	das hülfe ihm
daz enhulfin nicht	nicht die Bohne,
alse umme eine bonen,	
her inworde forenit	wenn er nicht mit Gott
mit Gode	in einer
an einer	geistlichen Vereinigung
geistlichin foreinunge,	vereint würde,
da Got geborin wirdit	durch die Gott geboren wird
in der sele	in der Seele
und die sele geborin wirdit in Gode,	und die Seele geboren wird in Gott.

---

269 Eckhart: InIoh 117: LW III; 101,12–102,2.

und hirumme	Und deswegen
hait Got	hat Gott
alle sine werc geworcht.[270]	alle seine Werke gewirkt.

„Was Gott für den Menschen sein will, kommt zwar in Jesus Christus unüberbietbar zum Ausdruck, aber der Heilswille Gottes ist bei ihm noch nicht am Ziel. Gott will im Innersten jedes Menschen ankommen."[271]
Das historische Ereignis der Inkarnation als Heilsgeschehen ist damit – und dies sei erneut betont – nicht in seiner Bedeutung herabgesetzt[272], seine Relevanz ist jedoch „mit dem Charakter seiner zeitlichen Einmaligkeit noch keineswegs erschöpft". Es sei vielmehr, so betont Alois M. Haas, „in seiner Besonderung zum Rang des schlechthin Universalen erhoben". Es erscheine als „Bedingung der Möglichkeit der Heimholung des Menschen zu Gott" – Eckhart binde damit „alle menschlichen Bestrebungen, sich mit Gott zu vereinen, apriori an das historische Heilsereignis in Christus zurück".[273]
Basis dieser Rückbindung ist dabei im Entwurf Eckharts die Reflexion über die Annahme der menschlichen Natur durch das göttliche Wort, die sich nicht auf die Verwirklichung in einer konkreten Person eingrenzen und darauf beschränken lässt:

deus verbum	Gott-Wort
assumpsit naturam,	nahm die [menschliche] Natur,
non personam hominis.	nicht die Person eines
	[einzelnen] Menschen an.

---

270 Paradisus anime intelligentis. 9,13—17.
271 Kampmann, Irmgard: Ihr sollt der Sohn selber sein. 80.
272 Vgl. Haas, Alois M.: Jesus Christus – Inbegriff des Heils. 293:
      „Es wäre gewiss falsch", in den Akzentuierungen eckhartscher Theologie
      „eine Missachtung der historischen Menschwerdung Christi sehen zu wollen".
273 Zum letzten Abschnitt vgl. Haas, Alois M.: Jesus Christus – Inbegriff des
      Heils. 292.

[...] natura est nobis omnibus	Wir alle haben [diese] Natur
aequaliter communis	in gleicher Weise
cum Christo	gemeinsam mit Christus,
univoce. [274]	[und zwar] *univok.*

Auf diesem Hintergrund ist der oben bereits zitierte Verweis auf die im Faktum der Inkarnation verborgenen "Lehre" für den Menschen zu verstehen:

deus verbum,	Gott-Wort,
filius,	der Sohn,
assumpsit	nahm
naturam humanam,	die menschliche Natur an,
ut doceret	um uns zu lehren,
nos	dass wir
posse fieri filios dei.[275]	Söhne Gottes werden können.

„Wenn Jesus Christus also in der menschlichen Natur als Gottes Sohn leben und wirken konnte", so Irmgard Kampmann, „dann ist jedem Menschen diese Möglichkeit eröffnet, der in seinem Selbstverständnis und Handeln die allgemeine Menschennatur ungehindert zum Ausdruck bringt".[276]

Auffällig ist dabei zusammenfassend, dass es im Denken Eckharts „die Menschwerdung Gottes an sich ist, die erlöst, d.h. dem Menschen die Chance der Gottwerdung aus Gnade vermittelt. Die Inkarnation selber ist es, die erlöst, vergöttlicht und den Menschen zu Gott heimholt"[277].

Irmgard Kampmann[278] hebt hervor, dass dies ein entscheidender Punkt sei, in dem Eckhart von gebräuchlichen und im theologischen Diskurs seiner Zeit anerkannten soteriologischen Entwürfen abweiche. Anhand der Textnachweise, die Hugo Rahner in seinem grund-

---

274 Eckhart: InIoh 289: LW III; 241,5—8.
275 Eckhart: InIoh 288: LW III; 240,12—13.
276 Vgl. Kampmann, Irmgard: Ihr sollt der Sohn selber sein. 81.
277 Vgl. Haas, Alois M.: Jesus Christus – Inbegriff des Heils. 292.
278 Zum Folgenden vgl. Kampmann, Irmgard: Ihr sollt der Sohn selber sein. 92f.; Anm 481.

legenden Artikel „*Die Gottesgeburt – Die Lehre der Kirchenväter von der Geburt Christi im Herzen der Gläubigen*" zusammengestellt hat, seien drei Modelle der Gottesgeburtslehre bei den Kichenvätern zu unterscheiden:

- das „Geschenk eines neuen, christusförmigen Seins an alle Christen in der Taufe" (etwa bei Hippolyt von Rom),
- die Betonung, „dass die Gläubigen Christus jeden Tag durch ihre guten Werke zur Welt bringen" (bei Origines), oder
- die Identifizierung der Gottesgeburt „mit einem mystischen Erlebnis, das nur wenigen Christen zuteil werde".

In der Frömmigkeit des Hochmittelalters sei fast ausschließlich die dritte, „elitäre Vorstellung von Gottesgeburt" im Bewusstsein der Menschen gewesen. Eckhart bringe demgegenüber den ethischen Ansatz des Origines wieder zur Geltung und verbinde ihn mit dem von Hippolyt konzipierten Gedanken des neuen, christusförmigen Seins, das allen Gläubigen geschenkt werde. Dieses Geschenk binde Eckhart nun allerdings nicht ausdrücklich, wie Hippolyt es tat, an die Taufe. Irmgard Kampmann betont, Eckhart „verankere es im Wesen des Menschen als Vernunft und Freiheit"[279].

Hier halte ich eine Ergänzung[280] für erforderlich: Eckhart beschreibt die „Gott-Förmigkeit" zwar als verankert im Wesen des Menschen als *imago dei* und damit „als Vernunft und Freiheit", und soweit ist Kampmann zu folgen, gleichzeitig bindet Eckhart die Möglichkeit der Verwirklichung dieses „wahren Wesens des Menschen" eben nicht nur an die eigen-gewirkte Erkenntnis dieses Wesens selbst, sondern bindet es an das „Wirken der Gnade", die wiederum, um wirksam sein zu können, gebunden erscheint an die bewusste Hinwendung des Menschen zur Person Jesu im oben beschrieben Sinn.

---

279 Vgl. Kampmann, Irmgard: Ihr sollt der Sohn selber sein. 93 (Forts. von Anm. 481).

280 Es geht hier lediglich um eine Frage der Akzentsetzung. Ausdrücklich handelt es sich nicht um eine grundlegende Infragestellung der Ergebnisse der gründlichen und überzeugenden Arbeit Irmgard Kampmanns, der ich – das ist unschwer zu erkennen – fundamentale Einsichten verdanke!

[...] dona gratuita
non dantur nisi filio
et per filium,
Rom. 8:
‚cum illo‘
filio scilicet,
'omnia nobis donavit'.[281]

Die Gnadengaben
werden nur dem Sohn
und durch den Sohn verliehen:
‚mit ihm‘,
dem Sohn nämlich,
‚hat er uns alles geschenkt‘
(Röm 8,32).

In dem ist uns erzeiget
und erschinen gotes minne
an uns,
wan got hât gesant
sînen einbornen sun
in die werlt,
daz wir leben mit dem sune
und in dem sune
und durch den sun;
wan alle,
die dâ niht lebent
durch den sun,
den ist wærlîche
unreht.[282]

Darin ist uns Gottes Liebe
aufgezeigt worden
und in uns sichtbar geworden,
dass Gott
seinen eingeborenen Sohn
in die Welt gesandt hat,
auf dass wir leben mit dem
Sohne und in dem Sohne
und durch den Sohn (1 Joh 4,9);
denn alle,
die da nicht
durch den Sohn leben,
die sind wahrlich
nicht recht daran.

Christus ergo
perfectio,
gratia, veritas est
naturalis
et per naturam.
[...]
Nobis autem
et cunctis,
qui christiana religione
censentur,

Christus ist also
die Vollkommenheit,
die Gnade und Wahrheit
seiner Natur nach
und durch seine Natur.
[...]
Wir aber
und *alle*,
die zur christlichen Religion
gehören,

---

281 Eckhart: InIoh 237,5—6.
282 Eckhart: Predigt 5b: DW I; 85,2—5.
283 Eckhart: InIoh 184: LW III; 154,2—5.

292 [Die Edelkeit der Seele]

ea	haben das,
quae perfectionis sunt,	was an der Vollkommenheit,
gratiae et veritatis,	an Gnade und Wahrheit teilhat,
per adoptionem sunt	durch *Annahme an Sohnes statt*
et per gratiam.[283]	und *durch Gnade.*

Die Fähigkeit, „gottförmig zu werden", das Sohn-Sein zu verwirklichen, ist „allen geschenkt, die der christlichen Religion angehören"!
Ein ausdrücklicher Verweis auf die Taufe erscheint meines Wissens
im Werk Eckharts wirklich nicht. Eckhart selbst scheint die „*Zugehörigkeit zur christlichen Religion*" ausschließlich in einer bewussten Bindung an die Person Jesu[284] im Glauben zu verankern:
Diese Zugehörigkeit hängt daran, „dass wir leben mit dem Sohne
und in dem Sohne und durch den Sohn"[285]. Zu warnen ist jedoch vor
einer zu akzentuierten Abgrenzung der „umstürzenden" Gedanken
Eckharts von der patristischen Überlieferung, die etwa mit dem
Namen Hippolyts von Rom verbunden ist.

---

284 Christus ist, wie Eckhart hervorhebt, „der eine Mittler zwischen Gott und
  den Menschen" (vgl. 1 Tim 2,5). Vgl. etwa Eckhart: InIoh 167: LW III;
  138,5.9 — 10:
  „Testatur [...] Iohannes de Christo [...], quod Iohannes et omnes iusti sive
  grati deo per illum et ab illo essent iusti."
  *[Johannes bezeugt von Christus [...], dass Johannes [selbst] und alle Gerechten
  oder Gott Wohlgefälligen durch ihn und von ihm gerecht seien.]*
  und Eckhart: InIoh 171: LW III; 140,11 — 141,3:
  „[...] filius in sinu patris manens quidem, sed ipsa sua generatione passiva
  procedens a patre enarrat sive manifestat patrem mundo. [...] Propter
  quod ipse filius nomen habet mediatoris inter deum et nos, Tim. 2: ‚unus
  dues et unus mediator dei et hominum, homo Christus Iesus'."
  *[Der Sohn, der im Schoß des Vaters bleibt (Joh 1,18) und doch durch sein Gebo-
  renwerden vom Vater ausgeht, macht der Welt den Vater kund und offenbar. [...]
  Deswegen heißt der Sohn der Mittler zwischen Gott und uns: ‚Ein Gott und ein
  Mittler zwischen Gott und den Menschen, der Mensch Christus Jesus' (1 Tim
  2,5).]*
285 Vgl. Eckhart: Predigt 5b: DW I; 85,3f.

Ipsa enim gratia	Die Gnade selbst
facit suscipientem	macht den, der sie aufnimmt,
filium dei,	zum *Sohn Gottes*,
facit esse christianum,	sie macht, dass er *Christ* ist,
fratrem Christi [...].[286]	*Bruder Christi* ist.

Wie auch immer die Bedeutung der „Zugehörigkeit zur christlichen Religion" und der Taufe für Eckhart zu beschreiben wäre – von einem völligen Absehen von jeglicher institutionell verfassten Religion, wie es für Eckhart gern behauptet wird[287], kann angesichts der

---

286 Eckhart: Sermo II2: LW IV; 19,11–12.

287 Anzuführen sind hier jedoch eine Reihe ideologisch geprägter Eckhart-Deutungen, die von Rosenbergs Eckhart-Bild des „anti-römischen Apostels der Germanen" bis zu Ernst Blochs „Vorkämpfer einer mystischen Volksbewegung gegen Adel und Kirche" (vgl. Haas, Alois M.: Meister Eckhart im Spiegel der marxistischen Ideologie. 245; Anm. 24) reichen. Letztlich ist hier grundlegend auch auf die Auseinandersetzung zwischen „kontextueller" und „perennialistischer" Mystik-Deutung zu verweisen. Diese Auseinandersetzung wird bedeutsam etwa bei der Einordnung Eckharts als Vertreter einer „Sophia perennis" im Sinn einer „integralen Spiritualität, die sich als „Essenz der Religionen" erweise. In diesem Verständnis wird Eckhart etwa bei Willigis Jäger gelesen: Vgl. dazu etwa Jäger, Willigis: Wiederkehr der Mystik. 155: „Spiritualität wird so zur personalen Aneignung einer Heilsbotschaft, die auf keine Konfession gegründet ist. Es ist die Lebenskraft, die sich im Kosmos vollzieht. Die ‚Ur-Energie', die allen Formen und Strukturen Gestalt gibt. Integrale Spiritualität bedeutet ein Einschwingen in das kosmische Gesetz. [...] Gott ist das Innerste des evolutionären Geschehens. Gott ist dem Geschehen immanent. Die Wahrheit und Wirklichkeit liegt jenseits aller Konzepte religiöser und philosophischer Art. Dieses Jenseits ist aber kein Platz, kein fester Standort. Der feste Standort ist nur das Jetzt, in dem diese Urwirklichkeit, die wir Gott, Leerheit, Brahman, Allah nennen, manifestiert. Nur wenige Menschen können in dieser freien Luft leben. Sie suchen Sicherheit in der Religion [...]. Aber Spiritualität übersteigt letztlich jede Konfession. Sie führt in einen Bewusstseinsraum jenseits des Glaubens. Sie übersteigt jedes Bekenntnis. Das macht sie gefährlich für jede Institution, die vom Bekenntnis lebt." An dieser St elle kann ein Dialog mit Vertretern dieses Deutungsmusters von Spiritualität, das sich auch auf Eckhart beruft (vgl. etwa Jäger, a. a. O.; 152–154), nicht ausführlich geführt werden. Es seien hier jedoch Zweifel angemeldet, ob mit Blick auf Eckhart und auf der Basis seiner Texte wirk-

Texte nicht die Rede sein: „Sohn Gottes" zu sein ist gleichbedeutend damit, „Bruder Christi" und damit Christ[288] zu sein.

Deutlich ist jedoch, dass es Eckhart, vor allem gegenüber seinen christlichen Zuhörern und Zuhörerinnen, darum geht, dass diese in ihrem Christusglauben nicht bei einem nur halb erfassten Heilsangebot Gottes stehen bleiben: „Im wirklichen Verstehen der Menschwerdung Gottes fallen [...] die Schranken zwischen dem einen Sohn und denen, die an ihn glauben"[289] – und das sind für Eckhart diejenigen, die sich „nicht mehr damit begnügen, Jesus Christus als den einen, einzigen Gottessohn anzubeten, ohne ihm nachzufolgen in seiner Gottessohnschaft"[290]. In diesem Sinn betont Alois M. Haas: „In der Annahme einer allgemeinen menschlichen Natur hat Christus uns die Chance gegeben, gnadenhaft Gott und Gottes Söhne zu werden. Voraussetzung ist, dass der Mensch sich dieser ihm innerlichen Natur asketisch angleicht, [...] so dass der göttlich geadelten, allgemeinen menschlichen Natur immer mehr Raum gelassen wird. Dann erst ist Christus in ihm gegenwärtig und lebendig."[291]

Die enge Verflechtung der Christologie mit der Soteriologie meine dabei keineswegs einen Mechanismus, so betont Haas, „als ob allein durch die Tatsache, dass Gottes Wort eine menschliche Natur angenommen hat, die Erlösung und Vergöttlichung dieser Natur schon vollzogen wäre"[292]. Es gehe vielmehr um „einen existentiellen Realismus, in dem ein menschliches Leben in seiner Gesamtheit, und das heißt besonders: mit seinem Leiden und Sterben anzunehmen ist. Nicht die Inkarnation *in abstracto* rettet uns, sondern die Aneig-

---

lich von einem „Bewusstseinsraum jenseits des Glaubens" gesprochen werden kann, der „jedes Bekenntnis übersteigt" und der auch Eckhart „gefährlich" mache für die Kirche, die als Institution vom (zu überwindenden konfessionellen) Bekenntnis lebt.

288 Hierbei ist dann jedoch zu ergänzen, dass es für Eckhart betont darum geht, „*wahrhaft und wirklich* Christ zu sein, nicht nur dem Namen nach, Sohn aus Gott geboren". Vgl. Eckhart: InIoh 669: LW III; 582,11–13.

289 Vgl. Kampmann, Irmgard: Ihr sollt der Sohn selber sein. 80.

290 Ebd.

291 Haas, Alois M.: Jesus Christus – Inbegriff des Heils. 305.

292 Vgl. Haas, Alois M.: Jesus Christus – Inbegriff des Heils. 293.

nung unseres ganzen Lebens durch den Sohn Gottes, der in aller Wahrheit unser Elend auf sich nimmt"[293].

II.2.3.4. Der Gerechte: der „göttliche, gottförmige Mensch"

Das Sohn-Sein, das durch die Annahme der menschlichen Natur durch Gott in der Inkarnation des Wortes und in der Nachfolge Jesu, des fleischgewordenen Wortes, jedem Gläubigen ermöglicht ist, beschreibt Eckhart vertiefend anhand seiner Lehre vom „Gerechten als Sohn der Gerechtigkeit".

Anhand dieses modellhaft hervorgehobenen Verhältnisses von Gerechtem (als „Sohn") und Gerechtigkeit (als „Vater") begreift er „genauso das Verhältnis des Sohnes zum Vater in der göttlichen Trinität, ebenso jedoch das Verhältnis des Menschen zu seinem göttlichen Ursprung, innerhalb dessen es dem Menschen ermöglicht wird, auf seine Weise Bild und Sohn Gottes zu werden"[294]. Es handelt sich also im Konzept Eckharts um einen zentralen Kristallisationspunkt, an dem

- das Sein des *filius unigenitus,* des Gott-Wort: der Person Jesu,
- das *esse virtuale* des Menschen als *imago dei,* als Bild und Wort Gottes und damit
- das Sein des „inneren Menschen", der durch die gnadenhafte Geburt Gottes im Grund der Seele zur Vervollkommnung, zur Verwirklichung im Leben des Menschen gelangt,

in dem Sinn verstehbar gemacht werden, dass sie in ihrem Verhältnis zum göttlichen Ursprung durch ein gemeinsames Strukturprinzip der Wirklichkeit, nämlich das univoken Relationsverhältnis geprägt sind.[295]

---

293 Vgl. Haas, Alois M.: Jesus Christus – Inbegriff des Heils. 293.
294 Vgl. Schirpenbach, Meik Peter: Wirklichkeit als Beziehung. 134.
295 Zur Gleichsetzung „gerechter Mensch" – „vollkommener Mensch" – „Sohn Gottes" unter dem Bezug auf Joh 1,12 („er gab ihnen Macht, Söhne Gottes zu werden") vgl. ausdrücklich Eckhart: InGen 22: LW I; 203,2—3.

Hier bündeln sich also die bisher getrennt voneinander betrachteten „Weisen des Seins", die den Menschen auf je ihre Weise prägen. Die Gleichsetzung des „Sohnes" mit dem „Gerechten" vollzieht Eckhart dabei aufgrund einer Identifizierung Gottes mit der Gerechtigkeit selbst:

got und gerechticheit al ein ist[296]	Gott und die Gerechtigkeit sind völlig eins.

Diese Identifizierung ist nicht exklusiv: Die Gerechtigkeit steht im Denken Eckharts in einer Reihe „göttlicher Vollkommenheiten", die in variierender Zusammenstellung in seinen Schriften aufgeführt werden: Einheit, Wahrheit, Weisheit, Gutes, Licht, Sein, Güte „und dergleichen"[297].

Trotz der Austauschbarkeit dieser *perfectiones*, die auf der Ebene des göttlichen Seins angesiedelt sind – Dietmar Mieth spricht in diesem Zusammenhang vom Phänomen der „Transzendentalienhypostasierung" im Denken Eckharts[298] – bevorzugt Eckhart doch in auffälliger Weise das Beispiel des Gerechten und seines Verhältnisses zur Gerechtigkeit, wenn er die Relation Vater – Sohn und damit das univoke Relationsverhältnis beschreibt. Dies mag zum einen daran liegen, dass der Begriff der „Gerechtigkeit" in grundsätzlicher Weise vorrangig geeignet erscheint, dieses Verhältnis umfassend darzustellen, da sein „Inhalt den gesamten Ordo des Seins und Wirkens umschließt"[299]. Andererseits wird hier ein zentraler Begriff der biblischen Überlieferung[300] aufgegriffen, der es Eckhart ermöglicht, die begründete Ausformulierung seiner Lehre vom Gerechten autoritativ in der Tradition der Heiligen Schrift zu verankern.

---

296 Eckhart: BgT: DW V; 12,13—14.
297 Vgl. etwa Eckhart: InEccl 52: LW II; 281,1—3: „Ens autem sive esse et omnis perfectio, maxime generalis, puta esse, unum, verum, bonum, lux, iustitia et huiusmodi [...]";
oder ProlGen 8: LW I; 152,9—10: „ [...] de terminis generalibus, puta esse, unitate, veritate, sapientia, bonitate et similibus".
298 Vgl.Mieth, Dietmar: Die Einheit von vita activa und vita contemplativa. 139.
299 Vgl. Fischer, Heribert: Grundgedanken. 43f.
300 Vgl. hierzu ausführlich Ruppert, Lothar: Jesus als der leidende Gerechte.

Zu beobachten ist jedoch, neben diesen „äußeren" Begründungsvarianten, eine offensichtliche „Vorliebe", eine persönliche Konzentration Eckharts auf die Bedeutung der Gerechtigkeit in seinem theologischen Denken:

Den gerehten menschen	Den gerechten Menschen
den ist alsô ernst	ist es so ernst
ze der gerehticheit,	mit der Gerechtigkeit,
wære,	dass,
daz got niht gereht wære,	wenn Gott nicht gerecht wäre,
sie enahteten	sie nicht die Bohne
eine bône niht ûf got	auf Gott achten würden;
und stânt alsô vaste	und sie stehen so fest
in der gerehticheit	in der Gerechtigkeit
und	und haben sich so gänzlich
sint ir selbes	ihrer selbst
alsô gar ûzgegangen,	entäußert,
daz sie niht enahtent	dass sie weder
pîne der helle	die Pein der Hölle
noch	noch
vröude des himelrîches	die Freude des Himmelreiches
noch keines dinges.	noch irgend etwas beachten.
Jâ,	Ja,
wære alliu diu pîne,	wäre alle Pein, die jene haben,
die die hânt,	die in der Hölle sind,
die in der helle sint,	Menschen
menschen oder vîende,	oder ‚Feinde' [= Teufel],
oder alliu diu pîne,	oder alle Pein,
die in ertrîche ie geliten wart	die je auf Erden erlitten ward
oder iemer sol werden geliten,	oder wird erlitten werden,
wære diu	wäre die
gesast bî der gerehticheit,	mit der Gerechtigkeit
	verknüpft,
sie enahteten sîn	sie würden es
niht einen bast;	nicht im mindesten beachten;

| sô vaste stânt sie an gote | so fest stehen sie zu Gott |
| und an der gerehticheit.[301] | und zur Gerechtigkeit. |

Eckhart verbindet nun den für sein Werk zentralen Gedanken der Gottesgeburt im Menschen, des „Sohn-Werdens", mit seiner Bestimmung „des Gerechten":

Der vater gebirt sînen sun	Der Vater gebiert seinen Sohn
den gerehten	als den Gerechten
und den gerehten	und den Gerechten
sînen sun[302]	als seinen Sohn.

Er tut dies dergestalt, dass im Wirken des Gerechten „der Sohn", letztlich Gott selbst sichtbar wird[303]:

[...] alliu diu tugent	Alle Tugend des Gerechten
des gerehten	und ein jegliches Werk,
und ein ieglich werk,	das von der Tugend
daz von der tugent	des Gerechten
des gerehten	gewirkt wird,
geworht wirt,	ist nichts anderes,
enist niht anders,	als dass der Sohn
dan daz der sun	von dem Vater geboren wird.
von dem vater geborn wirt.[304]	

---

301 Eckhart: Predigt 6: DW I; 103,1—8.
  Vgl. auch die in DW I angegebenen Verweisstellen: Sermo XXXIV 343. / InSap 62f. / InEccl 27 / InIoh 394 / ParGen 139.
302 Eckhart: Predigt 39: DW II; 258,2—3
303 Vgl. Eckhart: InIoh 15: LW III; 13,8—9:
  „iustus verbum est iustitia, quo iustitia se ipsam dicit et manifestat. Nisi enim iustitia iustificaret, nemo ipsam cognosceret."
  [Der Gerechte ist das Wort der Gerechtigkeit [und damit Gottes; E.F.], durch das die Gerechtigkeit sich selbst ausspricht und kundgibt Denn wenn die Gerechtigkeit nicht gerecht machte, würde niemand sie erkennen.]
304 Eckhart: Predigt 39: DW II; 258,2—5.

Das Geboren-Werden des „Sohnes vom Vater" ist gleichbedeutend mit der gottgewirkten, gnadenhaften Ausprägung der Tugend der Gerechtigkeit im Menschen: „Wirken der Gerechtigkeit" *ist* Geburt des „Sohnes", ist *re-generatio*, Wieder-Geburt und Offenbarung der *imago dei*.

Dieses Wirken – das wird im Folgenden zu vertiefen sein – ist nicht eigentlich ein Wirken des Menschen, es ist „Wirken der Tugend der Gerechtigkeit" selbst, Wirken Gottes im und durch den Menschen.

Den weiteren Gang der Arbeit bestimmt so die Frage nach „dem Gerechten", nach der Lebensform der Gerechtigkeit. Diese Frage verbindet sich gleichzeitig mit dem dritten Predigtschwerpunkt, den Eckhart als zentral für sein Werk benennt: Die „Wieder-Einbildung des Menschen in das einfaltige Gut, das Gott ist".

In diesem Sinn ist im Folgenden der Weg der „Ein-Bildung" (oder Wieder-Ein-Bildung) des Menschen in Gott, die *regeneratio*, die Wieder-Geburt des Menschen als „Sohn Gottes", die Verwirklichung der *imago dei* in der Transformation des Menschen in „den Gerechten" hinein darzustellen.

daz ist ein gereht mensche,	Das ist ein gerechter Mensch,
der in die gerehticheit	der in die Gerechtigkeit
îngebildet	eingebildet
und überbildet ist.	und überbildet ist.
Der gerehte lebet in gote	Der Gerechte lebt in Gott
und got in im,	und Gott in ihm,
wan got wirt geborn	denn Gott
in dem gerehten	wird im Gerechten geboren
und der gerehte in gote.[305]	und der Gerechte in Gott.

---

305 Eckhart: Predigt 39: DW II; 252,2 – 4.

II.3. Die „Wieder-Einbildung in das einfaltige Gut, das Gott ist"

Kristus, unser herre,
der ist aleine unser ende, dem wir nâchvolgen suln,
und unser zil, under dem wir blîben suln
und mit dem wir vereinet werden suln
glîch aller sîner êre, als uns die einunge zuogehœret.[1]

Zu Beginn des neuen Gedankengangs sollen hier noch einmal in Form eines Überblicks stichwortartig die Grundlinien des vorangehenden Kapitels gesammelt und schematisch gesichert werden. Die damit zum Ausdruck gebrachte Unterscheidung von Begriffs- und Seins-Ebenen wird im Folgenden immer wieder zu berücksichtigen sein.

Mit Blick auf den Menschen unterscheidet Eckhart:

Das Sein des Menschen ...		*Das Sein des Menschen ...*
... unter der Hinsicht seines *esse virtuale*	↔	... unter der Hinsicht seines *esse formale*
... nach der „*Weise seiner Ungeborenheit*"	↔	... nach der „*Weise seiner Geborenheit*"
... *in* Gott	↔	... *durch* Gott
		... als Geschöpf
		... als „geliehenes Sein"

---

1   Eckhart: Predigt 49: DW II; 449,3—5: „Christus, unser Herr, *der* ist allein unser Ziel, dem wir nachfolgen sollen, und unser Maß, unter dem wir bleiben und mit dem vereinigt werden sollen, ihm gleich in aller seiner Ehre, so wie uns solche Vereinigung zugehört".

		... als deswegen gänzlich von Gottes Seins-Mitteilung abhängiges Sein
... das „ohne Ort und Zeit" ist	↔	... das eingebunden ist in die Kategorien von Raum und Zeit
... das ewig ist	↔	... das, weil es zeitlich ist, ... wandelbar und unstet ist, ... das gefährdet ist
... das unzerstörbar ist	↔	... das verfehlt werden kann
... als *imago dei*	↔	... geschaffen *ad imaginem dei*

Eine besondere Herausforderung stellt dabei die Tatsache dar, dass

... die „ewige Idee des Menschen" ...

... intelligibel ist,
... verstehbar,
... denkbar, ...

... aber „verborgen" ist, ... und nur der Mensch, wie er unter den Bedingungen der Geschöpflichkeit real existiert, nämlich als wandelbares, unstetes und unvollkommenes Sein, ... „greifbar", sinnlich erfahrbar ist.

Das erkenntnistheoretische Problem, vor das der Mensch, der sein „eigentliches" Sein (die *imago dei*) verwirklichen soll und will, damit gestellt ist, die Verborgenheit und Entzogenheit dessen, was der Mensch „im Grund ist" gegenüber der Wahrnehmung und damit auch der „Erkenntnis ausgehend vom Späteren", findet seine „Lösung" in der Anschauung des Gott-Menschen Jesus Christus, in dem dieses „eigentliche Sein" des Menschen, die *imago dei*, in einzigartiger Weise exemplarisch unter den Bedingungen der Geschöpflichkeit verwirklicht wurde – und damit für jeden Menschen sichtbar und „sinnlich erfahrbar" geworden ist. Was in dieser Weise in der Person Jesu, dem „Sohn Gottes der Natur nach", verwirklicht ist, stellt allgemein *Möglichkeit* und *Ziel* der Seinsverwirklichung des Menschen, jedes Menschen, dar: Der Mensch als Geschöpf, als zeitliches Sein, ist „Sein im Werden" (*ad* imaginem), er steht angesichts der Wandelbarkeit und Gefährdetheit seines Seins vor der Herausforderung, in gerade diesem realen, wandelbaren und unsteten Sein die „ewige Idee des Menschen" zu verwirklichen – und ist dabei ständig in der Gefahr, diese Verwirklichung zu verfehlen.

Bestimmend für den weiteren Verlauf der Arbeit wird die Frage sein, wie es dem Menschen – jedem Menschen –, „belehrt" durch die Person Jesu Christi, der „ein Bote von Gott zu uns gewesen ist und uns unsere Seligkeit zugetragen hat"[2], möglich ist, unter den Bedingungen der Geschöpflichkeit sein Sein als *imago dei* zu verwirklichen. Dabei gilt es grundlegend zu betonen:

- dass es *nicht* um die Überwindung des geschöpflichen Seins zugunsten eines davon losgelösten „ewigen" Seins gehen kann (diesen Irrtum könnte die obige schematische Gegenüberstellung begünstigen): Das Thema der „Einbildung in Gott", der Verwirklichung der *imago dei* ist gestellt als Herausforderung „unter den Bedingungen der Geschöpflichkeit": d. h. es ist zu fragen, wie „*in der Weise der Geborenheit*", eingebunden in Raum und Zeit, das Sein „nach der Weise der Ungeborenheit" gelebt werden kann;
- dass dementsprechend sowohl dass *esse virtuale* als auch das *esse formale* als „Richtschnur" und Maß zur Beschreibung eines entsprechenden Lebensideals herangezogen und berücksichtigt

---

2 Vgl. Eckhart: Predigt 5b: DW I; 87,4–5.

werden müssen: Eckhart fasst diese Herausforderung zusammen unter dem Begriff der „Idee des frommen Menschen";
- dass die Gefahr der Verfehlung dieser „Idee des frommen Menschen" als Kontrastfolie zu beschreiben und zu berücksichtigen ist.

Eckhart verortet dieses „Spannungsfeld" demgemäß im Inneren des unter den Bedingungen der Geschöpflichkeit lebenden Menschen, er beschreibt es mit einem paulinischen Bild als grundlegenden Konflikt zwischen „äußerem Menschen" und „innerem Menschen":

Der „innere Mensch"		Der „äußere Mensch"
der „neue Mensch"	↔	der „alte Mensch"
der „himmlische Mensch"		der „irdische Mensch"
der *homo divinus,*		der „lasterhafte,
der „göttliche Mensch"		teuflische Mensch"[3]
„der SOHN Gottes"		
(*per gratiam*)		
„der Gerechte",		
Sohn der Gerechtigkeit		
Christus in nobis"		

Der „äußere Mensch" ist dabei die *Ver-Wirklichung des realen Mensch-Seins gerade als Nicht-Verwirklichung* des der *imago dei* entsprechenden Seins: Sinnbild des verfehlten Mensch-Seins.

Der „innere Mensch" dagegen ist Sinnbild der Realisierung des der *imago dei* entsprechenden Seins, Inbegriff „wahren Mensch-Seins".

Jeder Mensch verwirklicht seine reale Existenz innerhalb des Spannungsgefüges zwischen diesen beiden Polen – in einem Spannungsgefüge, das unter den Bedingungen der Geschöpflichkeit zu keiner Seite hin auflösbar erscheint. Es gibt unter den Geschöpfen, so betont Eckhart, weder das „rein Gute" (beim Menschen: die vollkommene Verwirklichung der *imago dei*) noch das „rein Böse" (das vollständig verfehlte Sein, die Auslöschung der *imago dei*). Eckhart hebt

---

3 Vgl. Eckhart: ParGen 27: LW I; 497,1—8.

diese Grundeinsicht in seinen Auslegungen zu Joh 1,5 ausdrücklich hervor: Das Licht leuchtet *in der Finsternis*:

‚lux in tenebris lucet'-

Res enim omnis creata sapit umbram nihili.

'Deus solus lux est, et tenebrae in eo non sunt ullae'.[4]

‚Das Licht leuchtet in der Finsternis'.

Denn an allem Geschaffenen spürt man den Schatten des Nichts.

‚Gott allein ist Licht, und keine Finsternis ist in ihm' (1 Joh 1,5).

[...] in omni creatura quantumvis sublimi et perfecta, invenitur mutabilitas et malum privationis aut saltem negationis.[5]

In jedem Geschöpf, mag es noch so erhaben und vollkommen sein, findet sich Veränderung und das Übel der Beraubung oder wenigstens der Verneinung.

Gleichzeitig aber gilt: *Das Licht* leuchtet in der Finsternis, und die Finsternis hat es *nicht* ergriffen:

‚lux in tenebris lucet',

quia malum semper est in bono
[...]
Sequitur autem:
‚et tenebrae eam non comprehenderunt'
Nihil enim est purum malum nec pure falsum.

‚Das Licht leuchtet in der Finsternis',

weil das Böse immer in Gutem ist.
[...]
Es folgt:
‚und die Finsternis hat es nicht ergriffen'.
Nichts nämlich ist etwas rein Böses, noch etwas rein Falsches.

---

4   Eckhart: InIoh 20: LW III; 17,10—18,1.
5   Eckhart: InIoh 538: LW III; 469,5—6.

[...] tenebrae	[...] Die Dunkelheit
eam non comprehenderunt,	hat es nicht erfasst,
quia malum	weil das Böse jenes Gute,
non contraritur,	in dem es ist,
non vitiat,	weder verdirbt,
non afficit,	noch beschädigt,
non denominat	noch schwächt,
illud bonum in quo est.[6]	noch bestimmt/benennt.

Entsprechend bestimmt Eckhart den Menschen als geprägt von einem inneren Konflikt zwischen „Licht" und „Finsternis", die er verbindet mit der Unterscheidung des „inneren" vom „äußeren Menschen":

[...] interior homo	Der 'innere Mensch' erscheint
ab homine exteriori,	zwar
quamvis simul videantur loco,	mit dem 'äußeren Menschen'
	zugleich an demselben Ort,
plus tamen distant	trotzdem sind sie
	weiter voneinander geschieden
quam caelum ultimum	als der oberste Himmel
a centro terrae.[7]	vom Mittelpunkt der Erde.

Der „eine Ort", an dem ‚innerer' und ‚äußerer Mensch' in Konflikt stehen, ist das in die Strukturen der Welt eingebundene geschöpfliche Sein des Menschen.

Wird mit Eckhart nun das „Sein des Sohnes Gottes" und damit die Verwirklichung des „inneren Mensch" als „Christus in nobis" als Ziel der Lebensdynamik des Menschen bestimmt, so ist grundlegend zu betonen – und dies soll den Ausgangspunkt des folgenden Gedankengangs bilden –, dass die Verwirklichung dieses Seins nur ermöglicht werden kann durch das Wirken der „Gnade der Einwohnung", als Wirken Gottes im Menschen:

---

6   Eckhart: InIoh 75: LW III; 63,6—15.
7   Eckhart: Sermo XXII: LW IV; 193,3—4.

Est enim super hominem,	Dem ‚alleinigen Gott'
sed etiam	(1 Tim 1,17)
super omnes creaturam,	durch eine Form gleichgestaltet
divinum	und in ihn,
'soli deo'	nach ihm
forma conformari	und von ihm
et transformari in ipsum,	verwandelt zu werden,
secundum ipsum	das übersteigt
et ab ipso	[nicht nur] den Menschen,
[...]	sondern auch
	die ganze Schöpfung
	und ist göttlich.
	[...]
Rursus notandum	Ferner ist zu bemerken,
quod iustus,	dass der Gerechte als solcher
in quantum huiusmodi,	sein ganzes Sein
totum esse suum	von der Gerechtigkeit allein hat
habet	und empfängt
et accipit a sola iustitia	und [darum]
et est proles et filius	im eigentlichen Sinn
proprie	der von der Gerechtigkeit
genitus a iustitia,	gezeugte
	Spross und Sohn ist
et ipsa iustitia	und dass
et sola	die Gerechtigkeit selbst,
est parens	und sie allein,
sive pater	der Erzeuger
generans iustum.[8]	oder der den Gerechten
	zeugende Vater ist.

Dem alleinigen Gott gleichgestaltet zu werden, in ihn und nach ihm verwandelt zu werden, ist kein Werk des Menschen – es kann nicht sein eigenes Werk sein, da das Ziel, das „göttliche Sein", den Menschen und alle Geschöpflichkeit übersteigt. Gott, die Gerechtigkeit, allein „zeugt und erzeugt" den Sohn der Gerechtigkeit.

---

8   Eckhart: InSap 64: LW II; 392,6−12.

Im Prozess der Ausprägung der *imago dei*, des Sohn-Seins, kann sich der Mensch dementsprechend nur dem Wirken Gottes überlassen: Der Gerechte, der Sohn Gottes, empfängt und „hat" sein ganzes Sein als Gerechter, als Sohn, ganz von der Gerechtigkeit und von ihr allein. Die Gleichgestaltung durch die Form der Gerechtigkeit, durch die Form Gottes, ist ein „Von-Ihm-verwandelt-werden": Die „Wieder-Einbildung in das einfaltige Gut, das Gott ist", geschieht ganz und ausschließlich durch Gottes Wirken.

Nulla creatura sufficit exprimere,	Kein Geschöpf vermag sie [die Frucht des Geistes] hervorzubringen,
sed deus solus tota sua virtute.	sondern Gott allein mit seiner ganzen Kraft.
Est enim fructus iste partus dei in anima, qui partus perficitur spiritu sancto irrigante animam.[9]	Denn diese Frucht ist die Geburt Gottes in der Seele. Eine Geburt, die vollendet wird durch den die Seele überflutenden Heiligen Geist.

---

9   Eckhart: Sermo LV2: LW IV; 455,13—456,1.

II.3.1. Das Wirken Gottes:
Licht und Feuer – Erleuchtung und Verwandlung

[...] deus semel loquitur,	Gott spricht einmal,
sed duo audiuntur.[10]	aber man hört zweierlei.

Mit diesem biblischen Vers (Ps 61,12) bündelt Eckhart seine Ausführungen zum Wirken Gottes, das – auch wenn es als „Wirken des Einen" *ein* Wirken ist – unter zweierlei Hinsicht zu betrachten ist. Diese zwei Hinsichten beschreibt Eckhart anhand der Phänomene des „Erleuchtens" und „Erhitzens", des „Lichtes" und der „Wärme im Mittel", die verbunden sind mit der „Erzeugung der Form des Feuers" in der Natur.

Calor enim	Wegen der Übereinstimmung
et forma ignis	und Gleichartigkeit
quam consequitur	der Materie
habet radicem in medio,	hier und dort
quod est aer,	[bei der Hitze im Mittel]
propter convenientiam	schlägt die Hitze
et identitatem materiae	und die Form des Feuers,
hinc inde.	der sie folgt,
	im Mittel, nämlich in der Luft,
	Wurzel.
Propter quod aere calefacto	Sobald deshalb
iam habet radicem	die Luft erhitzt ist,
	schlägt die Form des Feuers
	schon Wurzel
et figitur ipsa forma ignis	und haftet [in ihr]
et inchoatur quasi ignis.	und ist sozusagen
	ein Anfang des Feuers.
Secus de lumine,	Anders ist es beim Licht,
cum sit qualitas activa	da es eine aktive Qualität ist
consequens formam solis	und der Form der Sonne
aut orbis	oder der Sphäre

---

10 Eckhart: InIoh 73: LW III; 61,1–2.

aut caeli,
quod cum elementis
nullam habet materiae
convenientiam.
Propter quod forma solis
et sua
qualitas formam consequens,
lumen scilicet,
non mittit radicem
nec aliquo modo
inchoatur in ipso medio.

Hinc est
quod abscendente sole
manet calor
iam radicatus et utcumque
inchoatus in aere;
secus de lumine
quod subito abscedit
et deserit aerem,
utpote non habens radicem
nec in minimo formae,
quam consequitur,

nisi in sola siti,
appetitu scilicet.[11]

[...] lux medium
quidem illuminat,
sed radices non mittit.
Propter quod

oder des Himmels folgt,
der mit den Elementen
keine Übereinstimmung
in der Materie hat.
Deshalb
schlägt die Form der Sonne
und ihre
der Form folgende Qualität,
nämlich das Licht,
im Mittel nicht Wurzel
noch hat sie hier
irgendwie einen Seinsanfang.

Daher kommt es,
dass
nach dem Untergang der Sonne
die in der Luft
schon verwurzelte
und irgendwie begonnene Hitze
bleibt;
anders das Licht,
das augenblicklich
verschwindet
und die Luft verlässt,
da es ja
auch nicht nach dem kleinsten
Teil der Form, der es folgt,
[in ihr] wurzelt,
sondern nur im Durst,
das heißt im Verlangen
[der Luft nach dem Licht].

Das Licht
erleuchtet zwar das Mittel,
aber es verwächst nicht
mit ihm.

---

11   Eckhart: InEccl 46: LW II; 274,14—275,10.

totum medium lumen recipit
immediate
a corpore luminoso [...].

Propter quod
non haeret lux in medio
nec fit
heres luminis,
nec corpus luminosum
facit medium heredem
suae actionis,
quae est illuminare.

Communicat quidem
ipsi medio
quasi mutuo
et in transitu
per modum passionis
et transeuntis
et fieri,

ut sit et dicatur illuminatum,
non autem communicat
ipsi medio
lumen suum
per modum radicati
et haerentis
passibilis qualitatis,
ut scilicet lux
maneat
et haereat
et illuminet active,
absente corpore luminoso.

Secus omnino
de calore

Deswegen empfängt
das ganze Mittel das Leuchten
unmittelbar
von dem leuchtenden Körper
[...]

Deswegen
haftet das Licht nicht im Mittel,
noch wird dieses
ein Erbe des Leuchtens,
noch macht
der leuchtende Körper
das Mittel zum Erben
seines Wirkens,
das heißt des Erleuchtens.

Er borgt zwar gleichsam
dem Mittel
sein Leuchten
und gibt es ihm
im Vorübergehen mit
nach der Art eines Erleidens,
eines Vorübergehenden
und eines Geschehens,

so dass es erleuchtet ist und
heißt,
aber er teilt sein Leuchten
dem Mittel nicht derart mit,
dass es mit ihm verwüchse
und zur haftenden
dauernden
Beschaffenheit würde,
so dass das Licht
auch in Abwesenheit
des leuchtenden Körpers bliebe
und haftete
und selbständig erleuchtete.

Ganz anders aber verhält es
sich

simul generato	mit der Hitze,
cum lumine in medio.	die zugleich mit dem Leuchten
Hinc enim radicem mittit	im Mittel erzeugt wird.
in medio.	Denn diese verwächst
Item haeret et manet	mit dem Mittel.
absente	Ferner haftet und bleibt sie
corpore luminoso.	auch in Abwesenheit
	des leuchtenden Körpers.
Adhuc tertio:	Zudem drittens:
posterius fit	sie entsteht später
in occidente quam in oriente,	im Niedergang als im Aufgang,
successive et in tempore,	allmählich und in der Zeit,
non subito	nicht plötzlich
nec in instanti.	noch in einem Augenblick.
Rursus quarto:	Wiederum viertens:
calefit non solum	ein Teil wird nicht nur
pars post partem,	nach dem anderen heiß,
sed etiam per partem	sondern auch durch den andern
et a parte.	und von dem andern.
Et propter hoc quinto	Deswegen wird fünftens
non quaelibet pars calefit	nicht jeder Teil
immediate	unmittelbar
a corpore luminoso.	von dem leuchtenden Körper
Et hinc est sexto	erhitzt.
quod medium recipit calorem	Daher kommt es sechstens,
non solum per modum fieri	dass das Mittel die Hitze
et transeuntis	nicht nur wie ein Geschehen,
et passionis	ein Vorübergehendes,
et mutui	ein Erleiden,
et hospitis,	ein geborgtes Gut
	und einen Gast aufnimmt,
ut dicatur et sit calefactum,	so dass es erhitzt hieße
sed per modum haerentis	und wäre,
et heredis filii,	sondern wie etwas Haftendes
cuius est hereditas,	und einen leiblichen Erben,

---

12   Eckhart: InIoh 70-71: LW III; 58,12—60,7.

ut dicatur et sit calefaciens,	dem die Erbschaft zugehört,
heres actionis calefacientis,	so dass es erhitzend heißt
quae est	und ist,
calefacere active.[12]	Erbe des Wirkens des
	Erhitzenden,
	das heißt
	des selbsttätigen Erhitzens.

Diese zwei grundsätzlich verschiedenen Formen des verändernden Wirkens der Form im Mittel überträgt Eckhart als sinnenfälliges, „handgreifliches"[13] Beispiel auf das Wirken Gottes (vergleichbar der „Form des Feuers" und ihren Wirkungen: Licht und Hitze) im Menschen (als „Mittel", vergleichbar etwa mit der Luft oder dem Holz):

Ex praemissis	Aus dem Vorhergehenden
manifeste patet,	erhellt offenbar,
qualiter deus semel loquitur,	wie Gott einmal spricht,
sed duo audiuntur, in Psalmo	aber man zweierlei hört
[...].	(Ps 61,12).
	[...]
quia una actione	Denn durch *ein* Wirken
generat filium,	zeugt er den Sohn,
qui est heres,	der der Erbe ist,
lux de luce,	Licht vom Licht,
et creat creaturam,	und schafft er das Geschöpf,
quae est tenebra,	das Finsternis,
creata,	geschaffen,
facta,	geworden ist,
non filius	nicht Sohn
nec heres luminis,	noch Erbe des Leuchtens,
illuminationis	der Erleuchtung
et creationis.[14]	und Schöpfung.

---

13 Vgl Eckhart: InEccl 46: LW II; 274,14: „Exemplum [...] manifestum [...] est in luce et calore in medio".
14 Eckhart: InIoh 73: LW III; 61,1—5.

Relevant für die Fragestellung nach der „Ein-Bildung des Menschen in Gott", für die „Zeugung des Sohnes", ist nun, wie in dieser zusammenfassenden Konkretisierung Eckharts ersichtlich wird, das Wirken Gottes unter *der* Hinsicht, die mit dem verändernden Wirken der Hitze im Zusammenhang mit der Erzeugung des Feuers vergleichbar ist.

Christum induere debemus,	Wir sollen Christus anziehen,
sicut ferrum induit ignem.	wie das Eisen
[...]	das Feuer anzieht [...].
Ferrum sic induit ignem	Das Eisen zieht das Feuer
quod totum est ignis. [...]	so an,
	dass es ganz Feuer wird. [...]
Hoc modo	Auf diese Weise
quisque fidelis	wird jeder Gläubige
amore Christi	durch die Liebe zu Christus
fit rubricatus, igneus	gerötet, entflammt
et totus Christus imbutus.[15]	und ganz
	von Christus durchtränkt.

An dieser Stelle wird meines Erachtens nach auch ersichtlich, warum in der Theologie Eckharts „das Erleben von Ekstasen, Sondererfahrungen, Visionen, Erscheinungen usw. keine Rolle spielt"[16], wenn es um das Ziel der menschlichen Lebensdynamik, um die Einheit des Menschen mit Gott, geht. Solche „mystischen Sondererfahrungen"[17], besondere „Erleuchtungen" gehören im hier dargestellten

---

15 Eckhart: Sermo LII: LW IV; 436,5—8.

16 Vgl. Mieth, Dietmar: Meister Eckhart – Einheit mit Gott. 65

17 Es ist hier hervorzuheben, dass Eckhart die Bedeutung solcher Erfahrungen zwar ausdrücklich relativiert, was jedoch nicht dahingehend missverstanden werden darf, dass Eckhart in grundsätzlicher Weise in „Gegnerschaft" zu ihnen stünde. Zu beachten ist ihre durchaus positive Bewertung als besonderes Geschenk der Gnade, einer Bewertung, der jedoch das ausdrückliche Bewusstsein der Vergänglichkeit dieser „ungewohnten, unbekannten Situationen" eingeschrieben ist, so etwa bei Eckhart: Sermo XV2: LW IV; 152,8—11:
„In hac novitate ambulantibus et exercitatis datur quandoque illud Augustini [...]: 'intromittis me in affectum multum inusitatum introrsus, ad

Kontext in den Bereich des Wirkens Gottes, das „im Mittel [d. h. im Menschen] nicht Wurzeln schlägt", das „keinen Seinsanfang bedeutet", um den es Eckhart aber zentral geht.
Ziel des göttlichen Wirkens ist im Kontext der „Erzeugung des Sohnes" die Transformation des Seins: Die *generatio* zielt auf das Substanz-Sein des Erzeugten[18].

Generatio	Die Erzeugung
vero afficit passum	bestimmt das ihr Unterworfene
forma substantiali.[19]	*durch die Wesensform.*

Die Sondererfahrung spezieller Erleuchtungen ist dagegen „ein plötzliches Geschehen in einem Augenblick"[20], etwas „Vorübergehendes", das der Mensch „wie ein geborgtes Gut und einen Gast aufnimmt". Solche Erfahrungen, so hebt Eckhart im oben angeführten Abschnitt InEccl 46 deutlich hervor, „verschwinden augenblicklich und verlassen das Mittel" ebenso plötzlich, wie sie auftreten, da sie, wie das Licht „ja auch nicht nach dem kleinsten Teil der Form, der es [das Licht] folgt, [nämlich dem Leuchten des erleuchtenden

---

nescio quam dulcedinem, quae si perficiatur in me, nescio quid erit quod vita ista non erit. Sed recidor et resorbeor solitis'. 'Hic esse valeo nec volo, illic volo nec valeo, miser utrobique'."
[Denen, die in der Neuheit [des geistlichen Lebens] wandeln und darin geübt sind, wird manchmal das geschenkt, was Augustinus [...] so beschreibt: ,Du lässt mich eintreten in meinem Innern in ein ganz ungewohntes Ergriffe sein, in eine unbekannte Wonne - wenn aber diese [unbekannte Wonne] in mir [wieder] zu Ende geht, weiß ich nicht, ob es außer diesem Leben überhaupt noch etwas gibt. Mich behindert und verzehrt stattdessen der Alltag.'

,Hier [im geschöpflichen Leben] kann ich sein, will es aber nicht, dort [in dem, was sich in der besonderen Gnadenerfahrung zeigt] will ich sein, kann es aber nicht, und so bin ich elend hier und dort'.]

18 Vgl. Manstetten, Reiner: Esse est Deus. 510.
19 Eckhart: InIoh: LW III; 122,2.
20 Vgl. auch Eckhart: ParGen 122: LW I; 588,1—2:
"[Illuminatio ...] fit subito et sine tempore."
[Erleuchtung geschieht plötzlich und ohne Zeitverlauf.]

Körpers], Wurzeln hat, sondern nur im Durst und im Verlangen". Diese Verwurzelung in „Durst und Verlangen" bedeutet aber die Bindung an das kreatürliche, durch die *collatio esse* geprägte Sein.

Das Auftreten oder Nicht-Auftreten von ekstatischen Erfahrungen ist entsprechend für die *generatio* des Sohn-Seins, ein Wirken, das „göttlich ist und alles Geschöpfliche übersteigt"[21], letztlich nicht wirklich relevant. Ihre Bedeutung haben solche Erfahrungen bei Eckhart in fast paradoxer Weise in einer durch die Gnade bewirkten Verstärkung des Gottes-Hungers, des Gefühls der Fremdheit im alltäglichen Leben, des Hungers nach „Neuheit von Leben" als Kontrast zur entfremdeten Alltagserfahrung:

> „Hier [im geschöpflichen Leben] kann ich sein,
> will es aber nicht,
> dort [in dem, was sich in der besonderen Gnadenerfahrung zeigt] will ich sein,
> kann es aber nicht,
> und so bin ich elend hier und dort".[22]

So ist im Folgenden die Aufmerksamkeit auf das Wirken Gottes unter der Hinsicht der *generatio* zu konzentrieren.

---

21 Vgl. Eckhart: InSap 64: LW II; 392,6—8.
22 Vgl. den Verweis Eckharts auf die in den Confessiones des Augustinus geschilderten Erfahrung: Eckhart: Sermo XV2: LW IV; 152,8—11.

II.3.2. Gottes Werk im Menschen:
Erzeugung (generatio) als Veränderung (alteratio)

[...] sciendum	Man muss wissen,
quod agens naturale	dass das naturhaft
univocum	innerhalb seiner Art Wirkende,
qualitatem suam activam,	seine aktive Beschaffenheit,
qua agit,	durch die es wirkt,
puta	wie zum Beispiel
ignis calorem,	das Feuer die Hitze,
communicat suo passivo	seinem Erleidenden
non solum in transitu	nicht nur
et in fieri, ut est passio,	als ein vorübergehendes
sed communicat ipsam,	und unstetes Erleiden mitteilt,
ut haereat	sondern so, dass es haftet
et sit passibilis qualitas.	und
	eine dauernde Beschaffenheit
	ist.
Unde non solum	Daher macht es das Erleidende
facit passivum	nicht nur
esse tale,	zu etwas so Beschaffenem,
ut scilicet sit calidum,	also zu etwas Heißem,
sed facit ipsum esse calefaciens	sondern zu etwas,
	das selbst erhitzt
et heredem	und das Wirken des Feuers
actionis suae.	als Erbe empfängt.
Iuxta quod	Dabei ist es
signanter advertendum	als bedeutsam anzusehen,
quod in calefactione medii,	dass bei der Erhitzung
puta aeris,	des Mittels,
pars ultima calefit	zum Beispiel der Luft,
a parte media	[dessen] letzter Teil
et illa	vom mittleren
a parte prima.	und dieser wiederum
Et propter hoc	vom ersten erhitzt wird.

---

23   Eckhart: ParGen 122: LW I; 587,6—12.

calefactio totius medii
non fit subito
nec in instanti,
sed in tempore
et successive.[23]

Daher erfolgt
die Erhitzung
des ganzen Mittels
auch nicht plötzlich,
und nicht in einem Augenblick,
sondern im Verlauf der Zeit
und allmählich.

[...] activum tale
passivo tali
communicat

Ein so beschaffenes Wirkendes
teilt
[wo zwischen Wirkendem
und Erleidendem
das univoke Relationsverhältnis
besteht[24]]
dem so beschaffenen
[ihm entsprechenden]
Erleidenden
mit,

quidquid sui est
et quale ipsum est,
actionem scilicet,
rem passam a passivo suo,

was immer ihm eigen ist
und wie es selbst beschaffen ist,
nämlich sein Wirken
als etwas,
was von dem Erleidenden
aufgenommen wird,

et per consequens
nomen suum
expressivum et denominans
ipsam naturam,
quod quid est speciei.
[...]
Eo enim
ligno converso in ignem

und folglich
seinen Namen,
der seine Natur,
seine Wesensart ausdrückt
und benennt.
[...]
Denn
dem in Feuer verwandelten
Holz

---

24 Vgl. den Kontext dieser Stelle: Eckhart: ParGen 118: LW I; 584,1: „[...] acti-
    vum naturale et univocum communicat suo passivo in specie et nomine".
25 Eckhart: ParGen 118: LW I; 584,6—11.

nomen	kommt deshalb Name
et natura ignis competit,	und Natur des Feuers zu,
quia de virtute ignis	weil es aus der Kraft des Feuers
procedit	hervorgeht,
et formatur	von ihr geformt
et sumitur.[25]	und genommen wird.

Aus den angeführten Verweisstellen sind die Grundprinzipien zu gewinnen, die Eckharts Verständnis der *generatio* und damit der „Zeugung des *Sohnes* im Menschen" als Beginn der „Geburt" des *filius dei per gratiam*, des *Christus in nobis*, bestimmen.

* Zielpunkt der *generatio* ist die Transformation der *forma substantialis*, der Wesensform des Menschen: die „Erzeugung des Sohnes" zielt auf das *esse filius dei*, den „göttlichen Menschen". Diesem *filius dei per regenerationem* können in univokem Sinn das göttliche Sein und die damit verbundenen Vollkommenheiten zugeschrieben werden. Die *generatio* begründet das Sein des ‚Sohnes' gegenüber dem göttlichen Ursprung als *alius non aliud*.

Das Wirkende	→	Gott teilt
		im Prozess der *generatio*
teilt dem Erleidenden		dem Menschen
seinen Namen mit,		seinen ‚Namen' mit,
der seine Natur,		der seine [= Gottes] Natur,
seine Wesensart ausdrückt		seine Wesensart ausdrückt
und benennt.		und benennt.

Denn dem	Denn dem
in Feuer verwandelten	in Gott verwandelten
Holz	Menschen
kommt deshalb Name	kommt deshalb Name
und Natur des Feuers zu,	und Natur Gottes zu,
weil es	weil er
aus der Kraft des Feuers	[ganz] aus der Kraft Gottes
hervorgeht,	hervorgeht,

von ihr geformt	von ihr geformt
und genommen wird.	und genommen wird.

- Der Prozess der *generatio* erfordert eine „Übereinstimmung und Gleichartigkeit" (*convenientia et identitas*)[26] zwischen dem Wirkenden und Erleidenden, er ist nur möglich, wo zwischen diesen beiden ein univokes Relationsverhältnis besteht.
- Die *generatio* ist also ein Prozess, der beim Menschen an dem „Ort" wirksam werden kann, wo er *imago dei* ist: im „inneren Menschen", im intellektiven Grund der Seele.
- Die Wirkung der göttlichen *forma substantialis* ist in diesem Fall dadurch gekennzeichnet, dass sie sich im ‚inneren Menschen' „verwurzelt", dass sie „bleibend haftet".

Man muss wissen,	→	Der Prozess der *generatio*
dass das naturhaft innerhalb		ist ein Prozess,
seiner Art Wirkende,		bei dem das Wirkende
zum Beispiel		„naturhaft innerhalb seiner Art" wirkt,
		wo Wirkendes
		und Erleidendes
		in univokem
		Relationsverhältnis
		zueinander stehen.
		Es handelt sich also
		bei der *generatio* des *filius dei*
		im Menschen
		um ein Wirken Gottes
		in dem,
		worin der Mensch *imago dei*
		ist,
		im ‚Inneren Menschen'
		im intellektiven
		Grund der Seele.
das Feuer,		Gott teilt dabei
seine aktive Beschaffenheit,		seine ‚aktive Beschaffenheit',

---

26 Vgl. Eckhart: InEccl 46: LW II; 275,1.

durch die es wirkt,	durch die er wirkt,
seinem Erleidenden	dem [‚inneren'] Menschen
nicht nur	nicht nur
als ein vorübergehendes	als ein vorübergendes
und unstetes Erleiden	und unstetes Erleiden mit,
mitteilt,	sondern so, dass sie
sondern so, dass es	[die ‚aktive Beschaffenheit', die
	göttliche *forma substantialis*]
haftet	haftet
und eine dauernde	und eine dauerhafte
Beschaffenheit ist.	Beschaffenheit ist.

- Im Prozess der *generatio* wird der innere Mensch nicht nur „Erbe des göttlichen Seins", sondern gleichzeitig „Erbe des göttlichen Wirkens", das göttliche Sein wirkt im inneren Menschen und durch den inneren Menschen seine Werke.

Ein so und so beschaffenes Wirkendes	→	Im Prozess der *generatio*
teilt		teilt
		Gott
dem ihm entsprechenden Erleidenden mit,		dem Menschen mit,
was immer ihm eigen		was immer ihm eigen
und		und
wie es selbst beschaffen ist,		wie er selbst beschaffen ist,
nämlich sein Wirken.		nämlich sein Wirken.
Daher macht es		Gott macht also
das Erleidende		den Menschen
nicht nur		nicht nur
zu etwas so Beschaffenem,		zu etwas Gottförmigem,
also zu etwas Heißem,		er verleiht ihm nicht nur das Sein des *homo divinus*,
sondern zu etwas,		sondern er macht ihn
		zu einem Menschen,
das selbst erhitzt		der selbst Göttliches wirkt

| und das Wirken des Feuers | und das Wirken Gottes als |
| als Erbe empfängt. | Erbe empfängt. |

Die Tatsache, dass bei der *generatio* das Erleidende „Erbe des Wirkens des Wirkenden" wird, hat weit reichende Konsequenzen:

- Im ‚Mittel', d. h. hier im Menschen, bleibt der Prozess der *generatio* nicht auf den „höchsten Teil der Vernunft", die *imago dei* im Grund der Seele beschränkt. Die göttliche Form wirkt weiter: Verändernd beeinflusst wird „ein ‚Teil' [des Menschen] nach dem anderen" und „ein Teil durch den anderen".
- Deswegen gilt: Die Entstehung der göttlichen Form, des *filius dei*, erfolgt „nicht plötzlich in einem Augenblick", sondern „allmählich und in der Zeit".
- Zweitens gilt: Der *filius dei* im Grund der Seele wird „nach außen" wirksam, indem ausgehend vom „Höchsten im *intellectus*", ausgehend vom Seelengrund, die mit der göttlichen Wesensform verbundene Kraft auf das „Mittlere", auf den geschöpflichen *intellectus*, und dadurch auf die („unteren") Kräfte der Seele und auf die Sinnesvermögen des Menschen prägend, verändernd einwirkt.

Dabei ist es als bedeutsam anzusehen, dass		
bei der Erhitzung des Mittels,	→	Bei der Transformation des Menschen in den ‚*Sohn*'
zum Beispiel der Luft, [dessen] letzter Teil		wird sein ‚letzter Teil'
vom mittleren		vom ‚mittleren'
und dieser wiederum		und dieser wiederum
vom ersten erhitzt wird.		vom ‚ersten' prägend, verwandelnd beeinflusst.
Daher erfolgt seine Erhitzung auch nicht plötzlich, noch in einem		Daher erfolgt die ‚Geburt des *filius dei*' auch nicht plötzlich, und nicht in einem einzigen

Augenblick,
sondern im Verlauf der Zeit
und allmählich.

Augenblick,
sondern im Verlauf der Zeit
und allmählich.

Die Transformation des „ganzen Menschen" in den *filius dei* und das
Wirksamwerden der mit der Wesensform Gottes verbundenen Kraft
„nach außen" wird im weiteren Verlauf der Arbeit ausführlich zu
bedenken sein.

An dieser Stelle ist jedoch zuvor noch einmal ein Wechsel der Perspektive erforderlich, wie ihn Eckhart mit der konsequenten Unterscheidung der „Weisen", unter denen das Sein des Menschen zu betrachten ist, auch hier einfordert.
Diese Herausforderung stellt sich mit dem beschriebenen Umstand,
dass die Geburt des *filius dei* im Menschen „nicht plötzlich und in
einem Augenblick" einfach ein für alle Mal erfolgt, sondern dass es
sich bei der *generatio*, verstanden als *conversio totius medii*, als Umwandlung des *ganzen* Menschen, um einen Prozess handelt, der „im
Verlauf der Zeit und allmählich" vor sich geht.

*Mit dieser Unterscheidung von Seins-Ebenen ist im Werk Eckharts eine Es-
chatologisierung dessen verbunden, was in seiner Vollendungsgestalt unter
dem Begriff der generatio beschrieben wird. Diese Annahme wird in der
Forschung kontrovers diskutiert. Übersichtlich und konzentriert dargestellt
werden die sich widerstreitenden Positionen, ob man im Blick auf Eckhart
von einer „Abgrenzung der innerweltlichen Gotteserkenntnis von der Got-
tesschau in patria" (Wouter Goris) und damit verbunden von einer „innerweltlich noch ausstehenden Seligkeit" (Bardo Weiss) sprechen könne, bei
Kern, Udo: Gottes Sein ist mein Leben. 242–251.*
*Udo Kern selbst hebt dabei hervor, dass Eckhart die endeschatologischen
Aussagen ins Präsentisch-Eschatologische dechiffriere (vgl. Kern, Udo:
a. a. O., 244): „Ist der Mensch tatsächlich von der Gottesgeburt gestaltet,
dann stellen sich beatitudo und Freude ein. Die hier sich einstellende beatitudo ist beatitudo im vollen, nicht mehr zu steigernden oder noch ausste-
hendem Sinn. [...] Eine [...] noch ausstehende qualitätsmäßig noch zu
steigernde beatitudo kennt er [Eckhart] nicht". Kern wendet sich damit
ausdrücklich gegen die bei Weiss vertretene Vorstellung einer „innerweltlich noch ausstehenden beatitudo" (Kern, Udo: a. a. O. 243f.).*
*Hilfreich in dieser Auseinandersetzung erscheint mir demgegenüber eine
deutliche Unterscheidung der Hinsichten, unter denen das Sein des Men-*

schen bei Eckhart betrachtet wird: die Vollendung der generatio (die Geburt des Sohnes verstanden als Geboren-Sein) erscheint so wirklich als end-eschatologische Perspektive, während gleichzeitig – unter der Hinsicht der Geburt des Sohnes, die als Geboren-Werden in der Zeit zu verstehen ist – ebenso entschieden von einer „Dechiffrierung ins Präsentisch-Eschatologische zu sprechen ist. Diese präsentisch-eschatologische Sicht ist jedoch mit Eckhart zu beschreiben unter dem Begriff der alteratio, als die sich die generatio unter den Bedingungen der Geschöpflichkeit, im Leben des Menschen „nach der Weise seiner Geborenheit" zeigt.

Für die generatio im Sinn der zur Vollendung gebrachten Geburt Gottes im Menschen, des Sohn-Seins des Menschen als terminus, als „Ziel und Ende" des Prozesses der alteratio, des Sohn-Werdens, betont Eckhart ausdrücklich einen „eschatologischen Vorbehalt": Vgl. etwa Eckhart: Sermo XI2: LW IV; 110,7—111,2:

Nam beatitudo	Denn die Seligkeit ist
non tam est similitudo,	nicht so sehr Ähnlichkeit,
sed unio,	sondern Einheit,
quae est terminus	die Ziel
similitudinis.	und Ende der Ähnlichkeit ist.
Unde hic assimilamur,	Daher erlangen wir hier
	[auf der Erde,
	unter den Bedingungen der
in patria vero unimur potius.	Geschöpflichkeit] Ähnlichkeit,
	im [himmlischen] Vaterland aber
	vielmehr Einheit.

oder Eckhart: Sermo XLIV2: LW IV; 371,4—6:

Ibi	Dort [im Himmel]
erit quodlibet	wird alles
omniplenum et verum,	in seiner Fülle
	und Wahrheit sein,
ut nihil sibi suorum	so dass ihm nichts mangelt,
deficiat	was ihm zugehört,
et nihil alienum sit permixtum,	und nichts Fremdes
	beigemischt ist.
quod in hoc mundo est impossibile.	Das ist in dieser Welt unmöglich.

Als Geschehen in der Zeit, die zu berücksichtigen ist, sobald sich das Wirken Gottes im Grund der Seele auswirkt auf den Menschen als „nach der Weise der Geborenheit" in Raum und Zeit existierendes Geschöpf, wie es die prägende Beeinflussung des „mittleren Teils" des Mittels durch den „höchsten" und den „niedrigsten Teil" durch den „mittleren" im oben angeführten Text impliziert, unterliegt die Bestimmung des Wirkens der Transformation nicht mehr dem univoken Relationsverhältnis (wie es zwischen Gott und dem „Höchsten des menschlichen Intellekt" im Grund der Seele besteht), sondern dem Relationsverhältnis der Analogie.

Was im Hinblick auf die *imago dei* im Seelengrund und damit auf das Verwirklichungsideal des „inneren Menschen" als *generatio* erfolgt, zeigt sich auf der Ebene des geschöpflichen Seins des Menschen, in ihrer Auswirkung, ihrer Wahrnehmung und im Handeln und Erleiden des Menschen, als je neu zu erleidende oder je neu im aktiven Handeln zu aktualisierende Veränderung, als *alteratio*.

In seinem Kommentar zum Johannes-Evangelium erläutert Eckhart die „Eigentümlichkeiten" dieser Veränderungsprozesse der *alteratio* in Abgrenzung und Gegenüberstellung zur *generatio*:

Dicamus ergo ad praesens	Für jetzt wollen wir also
quod alteratio	darlegen,
septem quasdam	dass die Veränderung
habet proprietates [...].	sieben
	Eigentümlichkeiten hat. [...]
Prima est	Die *erste* ist diese:
quod alteratio et generatio	Veränderung und Entstehen
se habent	verhalten sich zueinander
sicut moveri	wie Bewegt-werden
et motum esse	und Bewegt-worden-sein,
sive fieri	oder wie Werden
et factum esse,	und Geworden-Sein,
sicut informe	wie das Ungeformte
et imperfectum	und Unvollendete
ad formam et perfectum.	zur Form und zum Vollendeten.
'Motus enim	Denn die Bewegung ist
actus	die Wirklichkeit

imperfecti' est. [...]

Secundo consequenter:
haec duo,
alteratio, generatio, [...]
se habent
sicut via et terminus. [...]
Alteratio via est dirigens
in formam,
via
utpote participans
et sapiens ipsam formam;
motus enim
est ipsa forma fluens.

Tertio:
alteratio
secundum id quod est
a forma
et propter formam est
et propter generationem. [...]
non contingit moveri,
quod non contingit
motum esse.

Alteratio autem
servit generationi
et formae:
a forma est,
ab ipsa venit
et mittitur,
in quantum forma
et generatio
prior est intentione;

propter formam
et generationem est,
in quantum ista
ultima sunt

des Unvollendeten.

Daraus folgt *zweitens*:
diese beiden,
Veränderung und Entstehen [...]
verhalten sich zueinander
wie Weg und Ziel. [...]
Die Veränderung ist der Weg,
der zur Form hinführt,
ein Weg,
der an der Form selbst teilhat
und sie bereits spüren lässt;
denn die Bewegung
ist die Form selbst im Fluss.

Drittens:
die Veränderung
ist ihrem Wesen nach
von der Form
und wegen der Form
und wegen des Entstehens. [...]
Nichts befindet sich in
Bewegung,
was nicht schon bewegt worden
wäre.

Die Veränderung
dient aber dem Entstehen
und der Form:
sie ist von der Form,
kommt von ihr
und wird von ihr gesandt,
insofern die Form
und das Entstehen der Absicht
[des Schöpfers]
nach früher ist;
sie ist wegen der Form
und des Entstehend da,
insofern diese
das Letzte der Ausführung nach

in exsecutione. [...]

Quarto:
alteratio
afficit passum
tantum secundum accidentia
et accidentibus,
generatio vero afficit
passum
forma substantiali. [...]

Quinto:
alteratio ad hoc est
et propter hoc,
ut substantialis forma
latens in materia
innotescat
et cognoscatur
de potentia
in actum reducta.
Res enim cognoscitur,
in quantum actu est
[...].

Est ergo alteratio ad hoc,

ut manifestetur
forma substantialis [...]
in cognitione. [...]
forma substantialis quasi
latet incognita
in abditis,
in medio,
in corde materiae,
in ipsa scilicet
essentia materiae;
est enim
ipsa substantia materiae
sua potentia.

sind. [...]

Viertens:
Die Veränderung
bestimmt das ihr Unterliegende
nur hinsichtlich des Zufallenden
und durch Zufallendes,
das Entstehen bestimmt aber
das ihm Unterliegende
durch die Wesensform. [...]

Fünftens:
Die Veränderung ist dazu
und deswegen da,
damit die in der Materie
verborgene Wesensform
aus der Möglichkeit
zur Wirklichkeit
und so zur Kenntnis
und Erkenntnis gelange.
Denn ein Ding wird erkannt,
insofern es in Wirklichkeit ist.
[...]

Die Veränderung
ist also dazu da,
damit die Wesensform
offenbar werde
in der Erkenntnis.

Die Wesensform liegt gleichsam
unerkannt verborgen
in den Abgründen,
in der Mitte,
im Herzen der Materie,
nämlich in ihrem Wesen.

denn das Wesen der Materie
ist ihre Möglichkeit.

De accidente autem	Mit dem Zufallenden
non sic,	verhält es sich aber nicht so;
quia accidens potius est	denn da es vielmehr an einem
in subiecto,	äußerlich sichtbaren Träger ist,
quod foris videtur,	so liegt es zu Tage,
patet, non latet.	ist nicht verborgen.
Sic ergo alteratio missa est	So ist als die Veränderung
ab auctore naturae	von dem Schöpfer der Natur
propter	wegen
formam substantialem	der Wesensform
et eius generationem,	und ihres Entstehens gesandt,
[... propter]	[...] wegen ihrer
eius adventum in mundum.	,Ankunft in der Welt'.
Sexta est	*Sechste* [Eigentümlichkeit]:
quod alteratio et generatio	Veränderung und Entstehen
se habent	verhalten sich
ut prius et posterius	in verschiedener Hinsicht
diversis respectibus.	wie Früheres und Späteres.
Est enim generatio prior	Das Entstehen nämlich ist früher
et posterior quam alteratio	und später als die Veränderung:
intentione	[früher] der Absicht,
et natura[27],	[später] der Natur nach;
alteratio vero	die Veränderung aber ist
prior est generatione	nur zeitlich früher
solo tempore. [...]	als das Entstehen. [...]
Dupliciter enim forma	Denn zweifach ist die Form
prior est alteratione:	früher als die Veränderung:
primo quidem,	erstens,
ut ipsa est in apprehensione	insofern sie in der Erkenntnis
et intentione operantis,	und Absicht des Wirkenden ist,
secundo	zweitens,
quod ipsa est finis, terminus,	insofern sie das Ziel, das Ende,
quies	der Stillstand

---

27 Hierzu im kritischen Apparat zur Stelle (Eckhart: InIoh; S. 123, Anm.1): „Verba sic ordinanda sunt: generatio prior est quam alteratio intentione et posterior natura".

exsecutionis	der Ausführung
et alterationis.	und der Veränderung ist.
Septima proprietas	Die *siebente* Eigentümlichkeit
alterationis est	von Veränderung und Entstehen
et generationis,	ist folgende:
quod dispositio,	die Zurichtung,
quae est necessitas	die notwendig
ad formam,	zur Form führt,
non pertinet ad alterationem,	gehört nicht zur Veränderung,
sed potius ad generationem;	sondern vielmehr
sapit enim et concomitatur	zum Entstehen;
potius formam,	denn sie hat als deren Begleiterin
quae generatur,	mehr von der Form,
	die entsteht, an sich,
quam formam,	als von der Form,
quae corrumpitur alteratio-	die durch die Veränderung ver-
ne.[28]	geht.

Im Anschluss an diese Ausführungen zum Verhältnis von *generatio* und *alteratio* sind für die Frage nach der „Einbildung des Menschen in Gott" zu unterscheiden:

- Die *„Form, die durch die Veränderung vergeht"*:

Zur Bestimmung dessen, um welche „Form" es sich hier handelt, ist daran zu erinnern, dass es sich bei der „Einbildung des Menschen in das einfaltige Gut, das Gott ist", so wurde bereits mehrfach hervorgehoben, um ein Wirken der Gnade handelt, die – so betont Eckhart – „die Natur [hier: des Menschen] nicht zerstört, sondern vervollkommnet"[29]. Beim Menschen, das zeichnet ihn innerhalb der Schöpfung aus, besteht kein Widerspruch zwischen der in der *generatio* erzeugten *forma substantialis* (nämlich der göttlichen Wesensform) und seinem eigenen Wesen, seinem *esse*

---

28 Eckhart: InIoh 143-149: LW III; 120,5—123,14.
29 Vgl. Eckhart: InIoh 544: LW III; 474,10—11.

virtuale als *imago dei*[30]. Vergehen muss dagegen bei der *generatio* das, was im Menschen dieser – weniger neuen als erneuerten Form – entgegensteht: Folgerichtig spricht Eckhart in Bezug auf den Menschen von der *re-generatio*[31], der „Wieder-Einbildung", vom „Wieder-Erstrahlen des Bildes Gottes"[32]. Es geht darum, das „abzutragen", „*quod superscriptum est, quod inimicus supersemina-vit*". Die Form, die vergehen muss, ist das, wodurch das Wesen des Menschen verunklart und entstellt wird. Eckhart fasst diese Form, wie oben beschrieben wurde, im Begriff des „äußeren Menschen".

- *Die „Zurichtung, die zur Form führt": der Prozess der alteratio im eigentlichen Sinn:*

Hierbei ist beim Menschen – unter den Bedingungen der Geschöpflichkeit – das Bewegt-Werden durch die wirkende *forma substantialis* zu betrachten. Die *alteratio* zeigt sich als „Weg", der „an der wirkenden Form selbst teilhat und sie bereits spüren lässt", der ihrer Erzeugung in der *generatio* als „unvollendet" zeitlich vorausgeht. Was hier zu beschreiben ist, ist die „Wirklichkeit des Unvoll-endeten" (der *actus imperfecti*) als „Ankunft" der in *generatio* und *alteratio* wirkenden göttlichen Form „in der Welt" (als *adventus in mundum*).
Es ist dieser „Advent", der in Wirken und Erleiden des Menschen die *forma substantialis*, Gott [im Kontext der nun folgenden Fragestellung: die Gerechtigkeit], in der Welt erkennbar „offenbar werden" lässt.
Im Bereich des „Zufallenden" (im Wirken, nicht im „in den Abgründen verborgenen" Wesen des Menschen) gelangt durch die

---

30 Vgl. hierzu erneut etwa Eckhart: InIoh 549: LW III; 479,1—480,1: Der Mensch, der geschaffen ist „zum Bild des ganzen, einen Wesens Gottes, und auf Grund des einen Ganzen ins Sein hervorgebracht ist", der „zum Einen zurückkehrt, von dem er ausgegangen ist".

31 Vgl. Eckhart: InIoh 575: LW III; 503,12—504,2: "Rogamus ergo deum, ut qui pater est generando ostendat se ipsum patrem regenerando, auferendo quod superscriptum est, quod inimicus superseminavit".

32 Vgl. Eckhart: ParGen 194: LW I; 666,14—667,1: "Abducato enim et abiecto his, quae mundus suprascripsit, resplendet imago dei".

alteratio die „im Menschen verborgene Wesensform" der *imago dei* aus der Möglichkeit zur Wirklichkeit, d. h. sie wird erfahrbar und erkennbar, „insofern sie in Wirklichkeit (also: Erkenntnisgegenstand in Raum und Zeit) ist".

- *Die „Form, die entsteht":*

  Im Begriff dieser „Form" bündeln sich eine Reihe bis hierher bedachter Begriffe der Anthropologie und Theologie Eckharts: Die göttliche *forma substantialis*, der *filius dei (per gratiam)*, die zur Vollendung gebrachte, neu erstrahlende *imago dei*, der vollendete „innere Mensch", der *homo divinus*, der „Sohn der Gerechtigkeit", *Christus in nobis*.

Während von diesen konkurrierenden *formae* der „äußere Mensch", der im Prozess der *generatio* vergeht, der als Negativfolie hinter seinem Kontrastbild des „inneren Menschen" steht, hier nicht weiter in den Blick genommen werden soll, werden an dieser Stelle, den Gedankengang vorerst abschließend, die wichtigsten Aspekte des eigentlichen Verwandlungs- und Veränderungsprozesses gebündelt, bevor sie ausführlich am Beispiel „der Erzeugung des Gerechten als Sohn der Gerechtigkeit" behandelt werden.

II.3.3. „Synderesis": Der Funke im Grund als Ausgangspunkt der Verwandlung

Die Verwandlung des Menschen in der Zeit nimmt ihren Ausgang in dem „Teil" der Seele des Menschen, mit dem sie Gott gleich ist, den Eckhart versucht, annähernd zu beschreiben mit einer Reihe von bildhaften Begriffen: Neben dem „Grund der Seele" ist es die Rede von „einem [unbenennbaren] Etwas in der Seele", das Eckhart in Anschluss an seine eigene freie Übertragung[33] von Lk 10,38 („Unser

---

33 Vgl. hierzu Lagrier [Ders.: Kommentar: EW I; 760.], der im Zusammenhang der Übertragung von *mulier* (bei Lk 10,38) als *juncvrouwe, diu ein wîp was* von einer „eigenwillig paradoxen Übersetzung" Eckharts spricht.

Herr Jesus Christus ging hinauf in ein Burgstädtchen und ward empfangen von einer Jungfrau, die ein Weib war") benennt als ein „Bürglein in der Seele"[34], das als gott-gleich dem Zugriff und der Erkenntnis des Menschen, dem Bereich des Diskursiven entzogen ist:

ez enist weder diz noch daz;	Es ist weder dies noch das;
nochdenne ist ez ein waz,	trotzdem ist es ein Etwas,
daz ist hœher boben	das ist erhabener
diz und daz	über dies und das
dan der himel ob der erden.	als der Himmel über der Erde.
[...]	[...]
Ez ist von allen namen vrî	Es ist von allen Namen frei
und von allen formen blôz,	und aller Formen bloß,
ledic und vrî zemâle,	ganz ledig und frei,
als got ledic und vrî ist	wie Gott ledig und frei ist
in im selber.	in sich selbst.
Ez ist sô gar ein	Es ist so völlig eins
und einvaltic,	und einfaltig,
als got ein und einfaltic ist,	wie Gott eins und einfaltig ist,
daz man	so dass man
mit dekeiner wîse	mit keinerlei Weise
dar zuo geluogen mac.[35]	dahinein zu lugen vermag.

Dieses „bürgelîn" ist im Kontext der Predigt über Lk 10,38 der „Ort, an dem Jesus empfangen wird", ein „Ort", der im eigentlichen Sinn kein Ort ist, sondern „Seinsgrund und damit eine ontologische Grö-ße"[36]: „Im Eingebären Gottes in den Grund der Seele gebiert Gott

---

34   Vgl. etwa Eckhart: Predigt 2: DW I; 44,3—6:
  „[...] alsus als er ein ist und einvaltic, alsô kumet er in daz ein, daz ich dâ heize ein bürgelîn in der sêle. [...] Mit dem teile ist diu sêle gote glîch und anders niht."
  [*So wie er [Gott] eins und einfaltig ist, so kommt er in dieses Eine, dass ich ein Bürglein in der Seele nenne. [...] Mit dem Teil ist die Seele Gott gleich und sonst nicht*].
35   Eckhart: Predigt 2: DW I; 39,4—40,4.
36   Vgl. Wendel, Saskia: Affektiv und inkarniert. 190.

332   [Die Wieder-Einbildung]

den Grund und darin zugleich den Ursprung des menschlichen Selbst und setzt so den einzelnen Menschen in sein Sein."[37]

Der „Grund", das „Bürglein" ist in diesem Sinn Bild für die ontologische Gegebenheit der unzerstörbaren Beziehung zwischen dem Menschen und Gott, die sich für Eckhart unter dem Begriff der *generatio* erweist als „Zusammenfall von Identität und Differenz zu einer differenzierten Einheit bzw. Differenz in der Einheit"[38].[39]

Das „Bürglein" ist als der Teil der Seele, der „mit Gott gleich ist", „von allen Namen frei und aller Formen bloß, ganz ledig und frei, wie Gott ledig und frei ist in sich selbst. Es ist so völlig eins und einfaltig, wie Gott eins und einfaltig ist". Zugleich gibt es jedoch aufgrund der *collatio esse* eine unaufhebbare Differenz zwischen Gott als absolutem Sein und dem Menschen als endlichem, geliehenem, ver-

---

37   Ebd.

38   Vgl. Wendel, Saskia: Affektiv und inkarniert. 201.

39   Hierzu Haas, Alois M.: Meister Eckhart als normative Gestalt. 44: [... das *vünkelîn*] „[...] meint das tiefste und geistigste Verhältnis zwischen Gott und Mensch, die ‚participatio' des Menschen am göttlichen Bereich.
Alle [...] Metaphern für den Seelengrund sind ‚dynamische Verhältnisbegriffe', welche keinen Seelen*teil*, sondern deren innerste dynamische Beziehung zu Gott, d.h. den Seinszustrom Gottes selbst bezeichnen".
Vgl. hierzu Mieth, Dietmar: Die Einheit von vita activa und vita contemplativa. 143: „Es wird immer wieder versucht, die ‚scintilla animae' in der Abstraktion eines Menschenbildes organhaft festzulegen. ‚Scintilla animae' ist nicht die ‚Stelle' des Einwohnens Gottes im Menschen, sondern das Einwohnen in Gott selbst: sie bezeichnet mehr das ‚Dass' der Beziehung als das ‚Wie' dieser Beziehung. Jede anthropologische Festlegung zerstört den ontologischen Bezugsgedanken; Eckhart hat nicht anthropologisch, sondern ontologisch aus der Struktur Gottes gedacht. ‚Scintilla animae' ist ein ontologischer Bezug, nicht ein erkenntnistheoretisches Organ, nicht eine Naturanlage des Menschen oder gar eine psychologisch zu verstehende Tiefenschicht der menschlichen Seele. ‚Scintilla animae' ist ein Verhältnisbegriff, der ein Geschehen umschreibt, und dieses Geschehen ist die Gottesgeburt."
Ich halte es für notwendig, das, was Mieth für die *scintilla animae*, den „Seelenfunken", ausführt, differenzierend als Aussagen über den „*Grund* der Seele" zu lesen (Seelengrund und Seelenfunken also nicht vereinfachend zu identifizieren) – das „Fünklein der Seele" erscheint bei Eckhart als *im Grund* wirkende Kraft Gottes in die geschöpfliche Wirklichkeit hinein. Vgl. etwa Eckhart: Predigt 20a: DW I; 332,3–334,4.

danktem Seienden. Diese Differenz liegt nicht in einer Seinsdifferenz, sondern in einer Differenz von „Gebären und Geborenwerden", von Ursprung und Entsprungenem: Der aus Gott Geborene unterscheidet sich von Gott als Gebärendem durch sein Geboren-Werden, „ohne dass durch dieses Sich-Unterscheiden die Einheit des Seins destruiert würde: Gebären und Geboren-Werden sind *ein* Sein, *ein* Leben"[40].

Diese Einheit von Sein und Leben im Prozess der *generatio* erweist das Sein des Grundes als Ereignis und dynamischen Vollzug, als Beziehungsgeschehen. Es ist damit zu denken in Abgrenzung zu einer „gleichsam ‚gefrorenen Ontologie' [...], die sich den Grund nur im Sinne einer statischen Identität vorstellen kann"[41].

Die im Beziehungsgeschehen gegebene Dynamik wird dadurch betont, dass Eckhart die Rede vom „Bürglein" und „Grund" verbindet mit dem Bewusstsein einer mit diesem „ortlosen Ort" verbundenen Kraft, mit der Gott im Menschen wirkt. Dieser Wirksamkeit der beziehungsstiftenden Seinsmitteilung Gottes nähert sich Eckhart mit einer Fülle von Metaphern[42], von denen besonders die „Kraft in der Seele", das *vünkelîn*, der Seelenfunke, und die *synderesis* im Folgenden bedacht werden sollen:

Ich hân ouch mê gesprochen,	Ich habe auch öfter gesagt,
daz ein kraft in der sêle ist,	dass eine Kraft in der Seele ist,
diu berüeret niht zît	die weder Zeit
noch vleisch;	noch Fleisch berührt;

---

40 Vgl. Mojsisch, Burkhard: Meister Eckhart – Analogie, Univozität und Einheit. 71.

41 Wendel, Saskia: Affektiv und inkarniert. 190.

42 Vgl. Haas, Alois M.: Meister Eckhart als normative Gestalt. 43. nennt eine Reihe dieser Metaphern. Vgl. im hier besprochenen Zusammenhang auch Eckhart: Predigt 2: DW I; 39,1—4:
„Ich hân underwîlen gesprochen, ez sî ein kraft indem geiste, diu sî aleine vrî. Underwîlen hân ich gesprochen, ez sî ein huote des geistes; underwîlen hân ich gesprochen, ez sî ein lieht des geistes; underwîlen hân ich gesprochen, ez sî ein vünkelîn.
[Ich habe bisweilen gesagt, es sei eine Kraft im Geiste, die sei allein frei. Bisweilen habe ich gesagt, es sei eine Hut des Geistes; bisweilen habe ich gesagt, es sei ein Licht des Geistes; bisweilen habe ich gesagt, es sei ein Fünklein.]

si vliuzet ûz dem geiste	sie fließt aus dem Geiste
und blîbet in dem geiste	und bleibt im Geiste
und ist zemâle geistlich.	und ist ganz und gar geistig.
In dirre kraft ist got	In dieser Kraft ist Gott
alzemâle grüenende	ganz so grünend
und blüejende	und blühend
in aller der vröude	in aller der Freude
und in aller der êre,	und in aller der Ehre,
daz er in im selber ist.	wie er in sich selbst ist.
Dâ ist alsô herzenlîchiu vröude	Da ist so herzliche Freude
und alsô unbegrîfelîchiu	und so unbegreiflich
grôze vröude,	große Freude,
daz dâ nieman volle	dass niemand erschöpfend
abe gesprechen kan.	davon zu künden vermag.
Wan der êwige vater	Denn der ewige Vater
gebirt sînen êwigen sun	gebiert seinen ewigen Sohn
in dirre kraft	in dieser Kraft
âne unterlâz,	ohne Unterlass
alsô daz disiu kraft	so, dass diese Kraft
mitgebernde ist	den Sohn des Vaters
den sun des vaters	und sich selbst
und sich selber den selben sun	als denselben Sohn
in der einiger	in der einigenden Kraft
kraft des vaters.[43]	des Vaters
	mitgebiert.

Mit Largier[44] ist erneut zu betonen, dass Eckhart hier die „Kraft in der Seele" nicht im Sinn eines Seelenvermögens des Menschen versteht. Das, wovon Eckhart spricht, „ist nicht *aliquid animae*, sondern *aliquid in anima*"[45].

---

43   Eckhart: Predigt 2: DW I; 32,1—8.
44   Vgl. Largier: Kommentar: EW I; 763.
45   Largier: Kommentar: EW I; 764.

Es handelt sich um die im „Grund", am „Ort des Lebens Gottes",
„dâ got inne ist blüejende und grüenende mit aller sîner gotheit"[46],
wirkende Gnade:

In dirre kraft	In dieser Kraft
ist got	ist Gott
âne underlâz	ohne Unterlass
glimmende und brinnende	glimmend und brennend
mit aller sîner rîcheit,	mit all seinem Reichtum,
mit aller sîner süezicheit	mit all seiner Süßigkeit
und mit aller sîner wunne.[47]	und mit all seiner Wonne.

Eckhart vertieft den Gedanken des im Innersten des Menschen wirkenden, des „glimmend und brennend gegenwärtigen Gottes" in einer Predigt über die Eucharistie, anknüpfend an Lk 14,16 „Ein
Mensch hatte ein Abendmahl bereitet [...] Dieser Mensch sandte
aus seinen Knecht".

Das Abendmahl, die Eucharistie, in der Gott „sich bekleidet hât mit
dem rocke der glîchnisse des brôtes" wird hier zum Sinnbild der
Verwandlung des Menschen durch Gott in Gott:

Sant Augustînus sprichet:	Sankt Augustinus sagt:
herre, nimest dû dich uns,	Herr, nimmst du dich uns,
sô gip uns einen andern dich,	so gib uns einen andern Dich,

---

46 Vgl. Eckhart: Predigt 2: DW I; 40,4—41,5:
  „Diu selbe kraft, dar abe ich gesprochen hân, dâ got inne ist blüejende und
  grüenende mit aller sîner gotheit und der geist in gote, in dirre selber kraft
  ist der vater gebernde sînen eingebornen sun als gewærlîche als in im selber, wan er wærlîche lebet in dirre kraft, und der geist gebirt mit dem vater
  den selben eingebornen sun und sich selber den selben sun und ist der selbe sun in disem liehte und ist diu wârheit".
  *[Jene nämliche Kraft, von der ich gesprochen habe, darin Gott blühend und grü-
  nend ist mit seiner ganzen Gottheit und der Geist in Gott, in dieser selben Kraft
  gebiert der Vater seinen eingeborenen Sohn so wahrhaft wie in sich selbst, denn er
  lebt wirklich in dieser Kraft, und der Geist gebiert mit dem Vater denselben eingeborenen Sohn und sich selbst als denselben Sohn und ist derselbe Sohn in diesem
  Lichte und ist die Wahrheit.]*
47 Eckhart: Predigt 2: DW I; 35,5—36,1.

oder
wir engrouwen niemer;

wir enwellen anders niht
dan dich.
[...]
Er nam sich
ein wîs
und gap sich
ein ander wîs:
er nam sich
got und menschen
und gap sich
got und menschen
einen andern sich
in einem verborgenen
vezzelîne.
[...]
Dâ von hât er sich bekleidet
mit dem rocke
der glîchnisse des brôtes,
englîches als diu lîpliche spîse
gewandelt wirt mit mîner sêle,

daz enkein winkelîn
in mîner natûre niht enist,
ez enwerde dar în vereinet.[48]
[...]
Sant Augustînus
gedâhte von dirre spîse,
dô grûwelte im
und ensmeckete im niht.
Dô hôrte er eine stimme
bî im
von oben:

oder
wir werden nimmer Ruhe
finden;
wir wollen nichts anders
als dich.
[...]
Er [Gott] entzog sich
auf *eine* Weise
und gab sich
auf eine *andere* Weise;
er entzog sich
als Gott und Menschen
und gab sich
als Gott und Menschen
als ein anderes Sich
in einem geheimen
Gefäß.
[...]
Er hat sich
mit dem Gewande
der Brotsgestalt bekleidet:
ganz so wie die leibliche Speise
durch meine Seele gewandelt
wird,
so dass es kein Winkelchen
in meiner Natur gibt,
das nicht darein vereinigt wird.
[...]
Sankt Augustinus
dachte über diese Speise nach,
da graute ihm,
und sie schmeckte ihm nicht.
Da hörte er eine Stimme
von oben
dicht bei sich:

---

48   Eckhart: Predigt 20a: DW I; 327,5—328,8.

,ich bin	,Ich bin
ein spîse grôzer liute,	eine Speise großer Leute,
wahs	wachse
und wirt grôz	und werde groß
und iz mich.	und iss mich.
Dû ensolt aber niht wænen,	Du darfst aber nicht denken,
daz ich in dich gewandelt	dass ich in dich verwandelt
werde:	werde;
dû solt	du wirst [vielmehr]
in mich gewandelt werden.'[49]	in mich verwandelt werden.'

Der „Initiator des Abendmahls", der, der es „bereitet", und damit Subjekt des Verwandlungsprozesses ist, wird beschrieben als

- „ein mensche, der mensche enhâte niht namen, wan der mensche ist got"[50];
- „der got und mensche"[51];
- „der unsprechelîche mensche, der niht wort enhât"[52];
- „ein mensche: der mensche, der dâ got ist"[53];
- „ein mensche: Weist dû wie sîn name ist? Der mensche, der ungesprochen ist"[54].

In diesen Beschreibungen des „unaussprechlichen, nicht greifbaren Einladenden" scheint erneut einerseits die Person des Jesus von Nazareth auf, des *filius dei per naturam* (der „Mensch, der Gott ist"). Gleichzeitig damit jedoch auch das Sein des „Grundes", die differenzierte Einheit in der Beziehung von Gott und Mensch.
Als „Eingeladener" zum Prozess der Verwandlung erscheint in Eckharts Predigt die „gotminnende sêle"[55]. Sie ist zu finden in „*vielerlei*

49 Eckhart: Predigt 20a: DW I; 331,3—6.
50 Eckhart: Predigt 20a: DW I; 328,14.
51 Eckhart: Predigt 20a: DW I; 330,4.
52 Eckhart: Predigt 20a: DW I; 330,5.
53 Eckhart: Predigt 20a: DW I; 330,9—331,1.
54 Eckhart: Predigt 20a: DW I; 331, 12f.
55 Eckhart: Predigt 20a: DW I; 328,1.

luiten: blinden und lamen, siechen und kranken" – wie es im Anschluss an das der Predigt zugrunde liegende Evangelium heißt. Beide – zur Verwandlung Eingeladene und Einladender – sind verbunden durch ein drittes Element in Eckharts Predigtkonzept, das sich auch hierbei an der Perikope des Lukas-Evangeliums orientiert, nämlich durch die Vermittlung des „Knechtes"[56], der den an ihn ergehenden Auftrag: „ganc ûz und heiz sie komen, die dâ geladen sint; alliu dinc sint nû bereit!"[57] erfüllt.

Nû waz ist der kneht?	Was ist nun ‚der Knecht'?
[...] als mich bedünket,	So wie ich denke,
sô ist der kneht das vünkelîn.[58]	ist der ‚Knecht' das Fünklein.
Dirre mensche	Dieser Mensch
sante ûz sînen kneht.	sandte aus seinen Knecht.
[...]	[...]
sô ist,	Dieser Knecht
als mich bedünket,	ist,
dirre kneht	wie ich denke,
daz vünkelîn der sêle,	das Fünklein der Seele,
daz dâ ist geschaffen von gote	das da geschaffen ist von Gott
und ist ein lieht,	und ein Licht ist,
oben îngedrücket,	von oben her eingedrückt,
und ist ein bilde	und es ist ein Bild
götlîcher natûre,	göttlicher Natur,
daz dâ ist kriegende alwege	das allwegs
wider allem dem,	allem dem widerstreitet,

---

56 Vgl. Eckhart: Predigt 20a: DW I; 331,13 / 335,1f. / 337,1f. / 338,9f.
57 Eckhart: Predigt 20a: DW I; 335,1f. und 337,1f.
58 Eckhart: Predigt 20a: DW I; 338,9f.
    Interessant ist hier auch die "alternative Auslegungsvariante", die Eckhart in seiner Predigt anführt, dass nämlich im Bild des "Knechtes" die Aufgabe des "Predigers" (des Dominikaners) beschrieben sei: „Nû sprichet Sant Grêgôrius: dirre kneht daz sint prediger!" [Vgl. auch die Parallelpredigt 20b: „Sant Grêgôrius sprichet, dise knehte sîn der prediger orden".]
    Predigt und Verkündigung, wie die gesamte Lebensform des *prediger orden* dienen im Zusammenhang der Predigt Eckharts dazu, „zum Abendmahl", d. h. zum Prozess der Verwandlung des Menschen in das Geheimnis Gottes hinein, „zu rufen und einzuladen".

daz götlich niht enist,	das nicht göttlich ist,
und enist niht	und es ist nicht
ein kraft der sêle,	eine Kraft der Seele,
als etlîche meister wolten,	wie etliche Meister meinten,
und ist alwege geneiget	und ist allwegs geneigt zum
ze guote;	Guten;
nochdenne in der helle	selbst in der Hölle
dâ ist ez geneiget ze guote.	ist es noch geneigt zum Guten.
Die meister sprechent:	Die Meister sagen:
daz lieht	Dieses Licht
ist sô natiurlich,	ist von solcher Natur,
daz ez iemermê ein kriegen hât,	dass es ein beständiges Streben hat,
und heizet sinderesis	und es heißt Synderesis,
und lûtet als vil als	und das bedeutet soviel wie
ein zuobinden	ein Verbinden
und ein abekêren.	und ein Abkehren.
Ez hât zwei werk.	Es hat zwei Betätigungen.
Einez ist ein widerbiz	Die eine ist verbissene Abwehr
wider dem,	gegenüber allem,
daz niht lûter enist.	was nicht lauter ist.
Daz ander werk ist,	Die andere Betätigung ist die,
daz ez iemermê locket	dass es beständig zum Guten
dem guoten	lockt
- und daz ist âne mittel	- und das ist der Seele
îngedrücket	unmittelbar eingedrückt -
der sêle -	
nochdenne den,	selbst noch bei denen,
die in der helle sint.[59]	die in der Hölle sind.

Für unsere Fragestellung erweist sich dieser „zur Verwandlung einladende Knecht", der von Gott ausgeht und dem Menschen unwiderruflich „von oben eingedrückt ist", das „vünkelîn der sêle", als „Motor" des Prozesses der *generatio*. Dieses *vünkelîn* wird bei Eckhart identifiziert

---

59   Eckhart: Predigt 20a: DW I; 331,13–334,4.

- mit der „Synderesis",
- d. h. mit dem „Vernünftigen, das zum Guten geneigt macht",
- mit dem „inneren Menschen" (nach 2 Kor 4,16),
- mit dem „himmlischen Menschen" (nach 1 Kor 15,47),
- mit dem „neuen Menschen" (nach Eph 4,22.24).[60]

Es ist damit einerseits Garant des unzerstörbaren, nicht auslöschbaren und nicht zum Verstummen zu bringende Bezogen-Sein des Menschen auf seinen göttlichen Ursprung, die in der Natur Menschen „verwurzelte Hinneigung oder Bereitschaft, Beziehung und Hinordnung und das Streben zu dem, was gut ist"[61].

Gleichzeitig erweist es sich damit, aufgrund des „in der menschlichen Natur zu Tage tretenden Zwiespalts"[62] (zwischen innerem und äußerem Menschen), als ewiger innerer Widerspruch gegen das Böse im Menschen, als „Wurm, der nicht stirbt" (Jes 66,24), der selbst in den Verdammten, die in der Hölle sind, „ständig zum Guten ruft und dem Bösen widerspricht"[63]. Das *vünkelîn* wird so bei Eckhart zur Quelle eines beständigen Schmerzes, der Folge eines „unheiligen" Lebens ist.[64]

---

60 Zu dieser Identifikationsreihe vgl. Eckhart: ParGen 168: LW I; 638,7—9:
„[...] rationale ad bonum inclinans, puta synderesis. [...] homo interior [...], homo caelestis [...], homo novus [...]".

61 Vgl. Eckhart: ParGen 163: LW I; 633,1—6:
"[...] inclinationem vero sive habilitatem, respectum, ordinem et appetitum ad bonum, radicatum in natura subiecti".

62 Vgl. Eckhart: ParGen 168: LW I; 638,4—5:
"[...] hi duo filii, bonus et malus, significant in nobis et humana natura descendente a parentibus primis duplicem naturam".

63 Vgl. Eckhart: ParGen 164: LW I; 634,1—10.

64 Vgl. etwa Eckhart: ParGen 199: LW I; 672,3—5:
"Semper enim synderesis manet malo remurmurans, ad bonum inclinans etiam in damnatis. Haec est 'vermis', qui 'non morietur', Isaiae ultimo".
[Denn immer beharrt die Synderesis auf ihrem Widerspruch gegen das Schlechte und macht auch in den Verdammten noch zum Guten geneigt. Sie ist der „Wurm, der nicht stirbt" (Jes 66,24).]
und Eckhart: ParGen 71: LW I; 537,5—8:
"Sanctus cum fit non sanctus amissa sanctitate, tandem cognoscens se illam amisisse dolet de ipsa amissa. Igitur ipsa amissa non cedit in nihil. Nam si

Mit seinem „zweifachen Werk", in dem das Licht des *vünkelîn* beständig wirksam ist, mit seinem „Mit-Gott-Verbinden" und dem „Vom-Bösen-Abkehren", erscheint der Funke in der Seele als die Kraft, in der „das Gebieten Gottes" gegenüber dem Menschen konkret erfahrbar wird, das weiter oben im Zusammenhang mit der Schöpfung bedacht wurde:

praecipere superioris	Das Gebieten des Obern
non est aliud quam inclinare,	ist nichts anderes
ordinare,	als ein Hinlenken,
monere	Hinordnen,
et movere	Ermahnen
ipsum	und Bewegen
inferius	des Niedern
ad conformationem,	zur Gleichgestaltung,
oboedientiam	zum Gehorsam
et subiectionem	und zur Unterwerfung
sui superioris,	unter sein Oberes,
secundum quod et omne agens	wie auch alles Wirkende
movet	das Erleidende
passum	zur Angleichung an sich
ad assimilationem sui.	bewegt.
[...]	[...]
Exempli gratia ignis agens	Das Feuer zum Beispiel,
generando formam suam	das wirkt,
in ligno	indem es seine Form
hoc ipso, quod dat formam	im Holz erzeugt,
ignis,	lehrt,
docet,	gebietet

---

in nihil cederet, doleret de nihilo et per consequens nihil doleret et non doleret."
[Wenn ein Heiliger durch Verlust der Heiligkeit unheilig wird und er schließlich ihres Verlustes innewird, so schmerzt ihn der Verlust. Also löst sich die verlorene Heiligkeit nicht auf. Denn täte sie das, so würde ihn etwas schmerzen, was nicht ist, und folglich würde ihn nichts schmerzen, und er würde keinen Schmerz empfinden.]

imponit	und legt eben dadurch, dass es
et praecipit	die Form des Feuers verleiht,
illi, cui dat formam,	dem, dem es sie verleiht, auf,
calefacere,	zu erhitzen,
sursum ferri	nach oben zu streben
et huiusmodi,	und dergleichen,
prohibit autem	und verbietet ihm gleichzeitig
infrigidare,	abzukühlen,
deorsum inclinari	nach unten zu streben
et similia.	und ähnliches.
[...]	[...]
In affirmativis	In den bejahenden [Geboten]
praecipit,	gebietet,
suadet, consulit et operatur	überredet, rät und handelt
deus,	Gott,
in negativis vero	in den verneinenden hingegen
prohibet et dissuadet	verbietet und widerrät er,
vocans	indem er [zugleich]
et inclinans	zum Entgegengesetzten ruft
ad oppositum.	und geneigt macht.
[...]	[...]
Sic ergo omne superius	Indem also jedes Obere
imprimendo et conferendo	sein Abbild
similitudinem suam	einprägt und mitteilt,
praecipit et imponit	legt es alles das als Gebot auf,
omne sibi simile	was ihm ähnlich
et conforme,	und gleichförmig ist,
dissuadet autem	widerrät
et prohibet	und verbietet hingegen
omne aliud,	alles andere,
alienum et dissimile.[65]	was ihm fremd
	und unähnlich ist.

Entsprechend erweist sich die Einheit des Wirkens Gottes im *vünkelîn* gerade in seiner Doppelstruktur von „beständiger Orientierung

---

65 Eckhart: ParGen 85: LW I; 546,11—548,1.

auf das Gute hin" und gleichzeitiger „verbissener Abwehr gegenüber allem, was nicht lauter, nicht göttlich ist".

Mit diesem zweifachen gebietenden Wirken nimmt das dem Menschen aufgeprägte Abbild des göttlichen Wesens Einfluss auf das in die raum-zeitlichen Kategorien eingebundene geschöpfliche Leben des Menschen, indem es ausgehend vom *rationale superius subhaerens deo*[66], dem „Obersten der Vernunft, das unzerstörbar an Gott ‚hängt'", dem Ort, an dem die *synderesis* „angesiedelt" ist, über die geschöpfliche Vernunft (das *inferius rationale intendens exterioribus*[67]) bis auf die Sinnesvermögen und damit auf das Wirken (in aktivem Handeln und Erleiden) des Menschen einwirkt.

Das *vünkelîn* (die *synderesis*, das „Licht der Vernunft") „ruft ständig, widerspricht dem Bösen und stimmt dem Guten zu und macht zu ihm geneigt"[68] und wird gerade dadurch „Same und Wurzel der Tugenden"[69] im Menschen.

II.3.4. „... wenn sie auch nicht alle hören": Die notwendige Disposition des Menschen

Die so beschriebene Beziehung zwischen der Seele des Menschen und Gott als ihrem Ursprung beruht, so ist deutlich geworden, nicht auf einer „besonderen Begnadung" des einzelnen Menschen, sondern ist jedem Menschen aufgrund seiner Natur zu eigen.

Das „Licht der Vernunft" (das „Höchste" des *intellectus*), das *vünkelîn* oder die *synderesis* findet sich unzerstörbar in jedem Menschen – Eckhart betont bewusst herausfordernd: „selbst in denen, die in der Hölle sind".

Eckhart widmet nun diesem Gedanken eine ausführlichere Reflexion, indem er in seinem Kommentar zum Johannes-Evangelium Be-

---

66 Vgl. Eckhart: ParGen 135: LW I; 602,1.
67 Vgl. Eckhart: ParGen 135: LW I; 603,9.
68 Vgl. Eckhart: ParGen 164: LW I; 634,4–6: "[...] neque in Cain neque in aliquo peccatore synderesis tacet, sed semper clamat, remurmurans malo et ad bonum inclinans voce consona".
69 Vgl. Eckhart: ParGen 199: LW I; 671,14: "Semen autem et radix virtutum synderesis est".

zug nimmt auf Joh 1,9: „Das wahre Licht, das *jeden Menschen* erleuchtet, kam in die Welt":
„Das Wort, dass Gott jeden Menschen erleuchtet, der in die Welt
kommt, hat vielen Schwierigkeiten bereitet und bereitet sie noch."[70]
Eine Schwierigkeit nämlich, die sich aufdrängt, [...]

[...] eo praesertim	[...] besonders im Hinblick darauf,
quod multi in hoc mundo	dass viele in dieser Welt
videntur	nicht erleuchtet zu sein
non illuminati.[71]	scheinen.

Angesichts der Gebrochenheit der menschlichen Existenz, der inneren Zerrissenheit zwischen „altem und neuem Menschen", angesichts „aller Gebrechen, Übel, Verderbnisse und Mängel", angesichts
alles „Leben und wahres Sein Entbehrenden", aller „Laster und Verneinungen" in der Welt[72] ist überdeutlich, dass es sich beim Prozess
der *generatio*, der „Offenbarwerdung der *imago dei*" nicht um einen
Automatismus handeln kann, der unangefochten aus der Naturanlage des Menschen folgen würde, der ohne Brüche als reale Entwicklung jedes Menschen anzusehen wäre.

Et notandum	Es ist zu bemerken:
quod difficultatem	das Wort,
eius quod dicitur	dass Gott
deus	jeden Menschen erleuchtet,
illuminare	der in diese Welt kommt,
omnem hominem	hat vielen Schwierigkeiten
venientem in huc mundum,	bereitet
fecit et facit multis	und bereitet sie noch,

---

70 Vgl. Eckhart: InIoh 94: LW III; 81,5—6: "Et notandum quod difficultatem
    eius quod dicitur deus illuminare *omnem hominem venientem in huc mun-*
    dum, fecit et facit multis duplex falsa imaginatione".
71 Eckhart: InIoh 88: LW III; 76,3—4.
72 Vgl. zu dieser Auflistung von möglichen "Infragestellungen" des göttli-
    chen Wirkens im Menschen: Eckhart: InIoh 91: LW III; 78,9—79,8.

duplex	weil sie von einer zweifachen
falsa imaginatione.[73]	falschen Vorstellung ausgehen.

Eckhart sichert seinen Entwurf angesichts der Herausforderung durch das „Nicht-erleuchtet-Scheinen", angesichts von Leid, Mangel, Übel und Bosheit (als Verfehlung des wahren Seins) gegenüber einer „doppelten falschen Vorstellung" (*duplex falsa imaginatione*) ab:

- Er verwirft die „irrige Annahme", „die Dinge seien nicht insgesamt gleichmäßig und unmittelbar Gott gegenwärtig"[74], ebenso wie
- die irrige Annahme, „dass die Gnade allein Licht sei"[75], dass es also neben dem „erleuchtenden" Wirken Gottes in jedem Menschen (wie es oben beschrieben wurde) einer besonderen Gnade, einer zusätzlichen Erleuchtung als Sondererfahrung bedürfe, um fähig zum Leben als *filius dei* zu sein.

Es gibt von Seiten Gottes, daran ist festzuhalten, keine besondere „Begünstigung" einzelner „Auserwählter": Die Fähigkeit, *imago dei* zu sein, als solche im geschöpflichen Leben offenbar zu werden, ist unterschiedslos jedem Menschen gegeben, zu jedem „kommt er [Gott] mit der ganzen Fülle seines göttlichen Lichts"[76]:

deus,	Gott,
lux vera et mera,	das wahre und reine Licht,
vel omnes illuminat	erleuchtet entweder alle
vel nullum;	oder keinen;
non autem nullum,	Nicht: keinen,
ergo omnem.	also jeden!

---

73 Eckhart: InIoh 94: LW III; 81,5—6.
74 Vgl. Eckhart: InIoh 94: LW III; 81,7—8.
75 Vgl. Eckhart: InIoh 94: LW III; 81,10.
76 Vgl. Eckhart: Sermo XXXVI: LW IV; 314,10—12: „In nobis igitur sic sursum actis quiescit deus, ut similis manens, par scilicet, in abundantia divini luminis".

Consequentia patet:	Die Folgerung ist einwandfrei:
omnes enim aequaliter,	denn in gleicher Weise,
uniformiter	gleichförmig
et immediate	und unmittelbar
respicit	blickt er auf alle hin
et ipsis adest,	und ist ihnen gegenwärtig,
et primo omnium	und als Erstes von allem
adest.[77]	ist er gegenwärtig.

Damit ist gleichzeitig dem Menschen, der sich durch die Freiheit des Willens auszeichnet, die Verantwortung für die Ver-Wirklichung dieser von Seiten Gottes uneingeschränkt gegebenen Seins-Möglichkeit zugewiesen. Es liegt für Eckhart am einzelnen Menschen, ob er sich dem durch das Wirken Gottes im *vünkelîn der sêle* initiierten Verwandlungsprozess der *generatio* überlässt, oder sich in einer Haltung der Verweigerung dagegen sperrt:

Adhuc autem	Er [Gott]
omnem hominem illuminat,	erleuchtet jeden Menschen,
licet	wenn sich auch
non omnis illuminetur,	nicht jeder erleuchten lässt,
sicut omnibus loquitur,	wie er auch zu allen redet,
licet non omnes audiant.[78]	wenn sie auch nicht alle hören.

Damit die *generatio* geschehen kann, muss der Mensch sich „erleuchten lassen", er muss „hören", sich dem Prozess des göttlichen Wirkens überlassen. Dies ist die notwendige Disposition des Menschen, damit es Gott möglich ist, im Menschen und durch ihn zu wirken. Erneut scheint hier als Ideal die „Idee des frommen Menschen" (des Menschen, der unter den Bedingungen der Geschöpflichkeit sich in Wirken und Erleiden dem Sein des *filius dei annähert*) auf – erneut ist es auch an dieser Stelle mit einer Andeutung zu belassen:
Im hier besprochenen Kontext benennt Eckhart ausdrücklich die notwendige Bedingung, die im Leben des Menschen erfüllt sein

---

77 Eckhart: InIoh 93: LW III; 80,1—3.
78 Eckhart: InIoh 95: LW III; 82,9—10.

muss, damit die *generatio* geschehen kann: Um sich „erleuchten zu lassen", muss der Mensch wahrhaft Mensch sein[79] – er muss ein Leben führen, das mit seiner mit der Schöpfung (und im Sinn des *esse virtuale* bereits „vor aller Schöpfung") geschenkten und aufgegebenen Berufung übereinstimmt.

Wird diese Bedingung von Seiten des Menschen erfüllt, ist er in diesem Sinn ein „Hörender" und damit „Gehorsamer", dann „ist es ihm gegeben, im Licht der Gnade und geleitet vom Heiligen Geist in brennender Sehnsucht bis zur Gleichheit mit allen Engeln emporgetragen zu werden. Dann ruht Gott in ihm und bleibt dabei gleich; denn er kommt mit der ganzen Fülle seines göttlichen Lichts"[80].

---

79 Vgl. Eckhart: InIoh 95: LW III; 82,5—15: Der ist nicht wahrhaft Mensch (*homo homo non est*), der nicht demütig ist (vgl. 82,6—7), der nicht vernunftgemäß   lebt (vgl. 82,8) und der sich nicht alles Niedere unterworfen hat (vgl. 82,12).

80 Vgl. Eckhart: Sermo XXXVI1: LW IV; 314,9.12:
"Nobis autem datum est in lumine gratiae et duce spiritu sancto accensis desideriis sursum agi usque ad angelorum quorumlibet aequalitatem. In nobis igitur sic sursum actis quiescit deus, ut similis manens, par scilicet, in abundantia divini luminis".
[*Uns ist es gegeben, im Licht der Gnade und geleitet vom Heiligen Geist in brennender Sehnsucht bis zur Gleichheit mit allen Engeln emporgetragen zu werden. Dann also, wenn wir so emporgetragen sind, ruht Gott in uns und bleibt dabei gleich; denn er kommt mit der ganzen Fülle seines göttlichen Lichts.*]

II.3.5. Die „andauernde Geburt"
unter „Murren und Widerstreit des Erleidenden"

Der Prozess der Verwandlung, der ausgehend vom *vünkelîn der sêle*
als der Kraft, in der „got
ist âne underlâz glimmende und brinnende"[81], den gesamten Menschen ergreift, wird nun – entsprechend dem Bild des „Feuer-
Funkens in der Seele" – bildhaft als Umgestaltung in das „Feuer"
hinein beschrieben:

[...] rursus forma ipsa	Wie die Form des Feuers
finis est et intentio	das erstrebte Endziel
omnium	aller
alterationum praecedentium	vorausgehenden Veränderung
et ipsius generationis	und der vollen Verwandlung
ignis –	[des Holzes] in das Feuer ist,
sic per omnia	genau so
filiatio dei	ist die Gottessohnschaft
sive	oder die Tatsache,
quod quis sit dei filius	dass jemand Gottes Sohn
Iesus Christus	Jesus Christus ist,
est principium et radix,	Ursprung und Wurzel,
fundamentum et nexus	Grundlage, Anknüpfungspunkt
et finis	und Ziel
remissionis peccatorum	der Sündenvergebung,
et salutis,	des Heils,
omnis gratiae	aller Gnade
et 'fons vitae'.[82]	und ,Lebensquell'.

Die göttliche *forma substantialis*, die die „Gottessohnschaft", die „Tatsache, dass jemand Gottes Sohn Jesus Christus ist", begründet, ist

- unter der Hinsicht des Wirkens Gottes in der den Menschen verwandelnden Gnade „Ursprung und Wurzel" der *generatio*,

---

81 Vgl. Eckhart: Predigt 2: DW I; 35,5—36,1.
82 Eckhart: Sermo XLII2: LW IV; 356,8—12.

- unter der Hinsicht des Menschen und der Verwirklichung seines Seins als *imago dei* „Ziel" der *generatio*,
- mit Blick auf das *vünkelîn der sêle*, dem „Teil der Seele mit dem der Mensch Gott gleich ist", ist sie „Grundlage und Anknüpfungspunkt" der *generatio* im Menschen.

Sie ist damit bestimmendes und einheitstiftendes Element des gesamten Prozesses der Umgestaltung: „Sündenvergebung, Heil, Gnade und ‚Lebensquell'".
Eckhart bündelt und begründet im Rekurs auf Augustinus diesen Gedanken der überzeitlichen und deswegen alle Zeit übergreifenden und bestimmenden *generatio* des Feuers (oder auch der göttlichen *forma substantialis*):

generatio	Das Entstehen,
dans esse	wodurch das Sein verliehen wird,
est in non tempore,	erfolgt in Nicht-Zeit;
sed finis temporis,	es ist Ende der Zeit,
quia	denn es erfolgt
nec in motu,	nicht in der Bewegung,
quem tempus mensurat.[83]	deren Maß die Zeit ist.

Dieser Gedanke ist insofern von Bedeutung, als der Mensch unter den Bedingungen seiner Geschöpflichkeit gerade diesem „Maß der Zeit" unterliegt, und so die *in non tempore* geschehende *generatio* nicht seiner Erfahrungswirklichkeit zugehört.
Was „ihrem geistigen, wahrer Erkenntnis zugänglichen Sinn nach"[84] *generatio* ist, erleidet der Mensch unter dem Maß der Zeit als *alteratio*, als „gewaltsame Veränderung eines gegebenen Zustandes"[85]: „*Alteratio* und *generatio* können in gewisser Weise als die Beschreibung der Dynamik gesehen werden, die in den Konzepten der Analogie bzw. der Univozität verborgen bleibt."[86]

---

83 Eckhart: InEx 159: LW II; 141,3—4.
84 Vgl. Manstetten, Reiner: Esse est deus. 510.
85 Vgl. Manstetten, Reiner: Esse est deus. 509.
86 Manstetten, Reiner: Esse est deus. 510.

[...] alteratione,	Die Veränderung,
quae servit generationi.	die dem Entstehen dient:
Haec enim est in motu	sie geschieht in der Bewegung
et per consequens in tempore.	und folglich in der Zeit.
In ipsa est murmur	In ihr herrschen Murren
et pugna	und Widerstreit
inter agens	zwischen Wirkendem
et patiens	und Erleidendem;
nec silent,	und sie kommen sie nicht
	zum Schweigen
nec sufficit,	und es genügt ihnen nicht,
nec quiescunt,	und sie kommen nicht zur
	Ruhe,
quousque terminato	bis Bewegung und Werden
motu et fieri	enden
attingatur ipsum esse.[87]	und das Sein erreicht ist.

„Murren und Widerstreit", die verbunden sind mit der Herausforderung, „alle Momente des Verwandlungsprozesses freiwillig anzunehmen im Licht der Erzeugung eines höheren Lebens, das sein Ziel ist"[88], enden erst, wenn „Bewegung und Werden enden und das Sein erreicht ist", in *non tempore*, in Nicht-Zeit.

Damit ist hier in grundsätzlicher Weise erneut ein „eschatologischer Vorbehalt" in Eckharts Konzept der *generatio filii* hervorzuheben. Solange das Ziel der *generatio* nicht erreicht ist, besteht der Widerstreit zwischen „der Form, die vergehen muss" und „der Form, die entstehen will". Darin liegt begründet, dass es sich bei der Erlangung des Sohn-Seins keineswegs um einen harmlosen und in Harmonie vor sich gehenden Vorgang handelt.

Reiner Manstetten fasst die mit dem Prozess der *generatio* verbundene Zumutung wie folgt zusammen: Der Weg zur Erlangung des Sohn-Seins „führt notwendig durch die, möglicherweise gewaltsame, Vernichtung der gegenwärtigen Form hindurch. Holz wird zu Feuer nur im Akt des Verbrennens [...]. Verzicht auf die eigene Na-

---

87   Eckhart: InEx 159: LW II; 141,4—7.
88   Vgl. Manstetten, Reiner: Esse est deus. 509.

tur, Bereitschaft, sich alles Eigene rauben zu lassen, vollständiges Überlassen an einen Prozess der Umschmelzung ist die Voraussetzung für alle Verwandlung. [...] Der Mensch *ist* nicht Gott [...] Dennoch kann er Gott werden und sein, sofern er sich alles, was ihn zum Menschen als Nicht-Gott macht, mit freiem Willen nehmen lässt und zu dem Nichts wird, aus dem Gott alles schafft.

Die Mitte aller Verwandlungsvorgänge ist das Eingehen des zu Verwandelnden in das Nichts. [...] Das Nichts ist, wenn es im Untergang angenommen wird, Empfänglichkeit (Leere) für neues, höheres Sein. *‚Blôz, arm, niht-hân, îtel-sîn wandelt die natûre; îtel machet wazzer ze berge ûfklimmen und noch manch andere Wunder [...]'*[89] (Bloß sein, arm sein, nichts haben, leer sein verwandelt die Natur; Leere macht Wasser bergauf steigen und noch manch andere Wunder). Der Verwandlungsweg des Natürlichen ist der Weg durch den Untergang, das Nichts und die Leere."[90]

Diese Einsicht findet sich gespiegelt im Evangelium: „Wenn das Weizenkorn nicht in die Erde fällt und stirbt, bleibt es allein. Wenn es aber stirbt, bringt es reiche Frucht." (Lk 12,24; EÜ).

Entsprechend formuliert Eckhart im Kontext der Verwandlung im Durchgang durch das Nichts:

Diß weytzenn korn	Dieses Weizenkorn
hat es in der natur,	hat es in seiner Natur,
das es alle ding	dass es alle Dinge
mag werdenn;	werden kann;
darumb giltet es	darum zahlt es den Einsatz
vnd gibt sich in den tod,	und gibt sich in den Tod,
vff das es alle ding werde.[91]	auf dass es alles werde.

Die Herausforderung, vor die der Mensch hier gestellt ist, besteht darin, in den Leiden der *alteratio* das Geschehen der *generatio* zu erkennen und „dem Erzeugenden nach des freien Bürgers Art, wie der Sohn dem Vater zu gehorchen" und nicht „dem Verändernden nach

---

89   Eckhart: BgT: DW V; 29,11 — 12.
90   Manstetten, Reiner: Esse est deus. 506 — 507.
91   Eckhart: Predigt 51: DW II; 474,8 — 9.

Sklavenart, wie der Knecht seinem Herrn"[92]; das Sohn-Werden unter den Bedingungen der Geschöpflichkeit erfordert eine innere Zustimmung zur „Vollendung durch den Durchgang des Todes hindurch"[93] – es gilt, die „Haltung des Weizenkorns" nachzuahmen, das „den Einsatz zahlt und sich in den Tod gibt", es gilt, sich um des Sohn-Seins willen „auf's Spiel zu setzen" und sich „brechen zu lassen":

die schal	Die Schale [der Nuss]
mûz zerbrechen,	muss zerbrechen,
vnnd mûz das, daß darinn ist,	und das, was darinnen ist
herauß kommenn;	[der Kern],
	muss herauskommen.
Wann,	Denn,
wiltu den kernen haben,	willst du den Kern haben,
so mûstu die schalen	so musst du die Schale
brechen.[94]	zerbrechen.

Hier ist jedoch ausdrücklich zu betonen, dass es bei dem so beschriebenen Ideal nicht um eine lebensverachtende Grundhaltung im Sinn einer Art von selbstzerstörerischer Todessehnsucht geht. Eckhart war sich der Gefahr dieser Fehlinterpretation bewusst, wenn er im direkten Zusammenhang des zitierten Nuss-Schalen-Gleichnisses betont:

Der mich	Wollte mich jemand
in das oug woᵉlte schlahenn,	ins Auge schlagen,
so würffe ich dann die hand für	so würfe ich die Hand davor,

---

92 Vgl. Eckhart: InIoh 170: LW III; 140,5—9:
"[...] murmur sive repugnantiam passivi in alteratione. [...] passivum enim oboedit alteranti despotice, ut servus domino, generanti vero politice, ut filius patri".
[... das Murren oder den Widerstreit des Erleidenden in der Veränderung. [...] Denn das Erleidende gehorcht dem Verändernden nach Sklavenart wie der Knecht seinem Herrn, dem Erzeugenden aber nach des freien Bürgers Art wie der Sohn dem Vater.]
93 Vgl. Manstetten, Reiner: Esse est deus. 505.
94 Eckhart: Predigt 51: DW II; 473,5—7.

vnd empfienge die den schlag.	und *die* empfinge den Schlag.
Der mich aber	Wollte mich aber einer
in das hertz woͤlte schlahen,	ins Herz treffen (schlagen),
ich bütte allen den leib	so böte ich den ganzen Leib
darzů,	dazu auf,
das ich disen leib behuͤtte.	diesen Leib zu behüten.
Der mir	Wollte mir jemand
daz haupt woͤlt abschlahen,	das Haupt abschlagen,
ich würffe den arm	ich würfe ich den Arm
allzůmal für	ohne Zögern davor,
durch das,	dafür,
daß ich meyn lebenn	dass ich dadurch mein Leben
vnnd mein wesenn behielte.[95]	und mein Sein erhielte.

Es geht vielmehr darum, sich an eine zweifache „Gewissheit" hinzugeben, sich in eine Lebensbewegung hinein auszusetzen, die geprägt ist vom Vertrauen,

- dass das „wahre Sein", die *imago dei*, unzerstörbar ist durch äußere Gewalt[96], selbst im Tod als äußerstem denkbaren Punkt der Verneinung[97], und

---

95   Eckhart: Predigt 51: DW II; 472,6–473,4.

96   Vgl. Eckhart: Predigt 51: DW II; 472,4–6:
„Vnnd were, das ich weder ougen noch oren hette, noch dannocht hett ich wesen. Wer mir mein oug neme, der neme mir darumb meyn wesenn nicht noch mein lebenn".
[Und wäre es so, dass ich weder Augen noch Ohren hätte, dennoch hätte ich Sein. Wer mir mein Auge nähme, der nähme mir damit nicht mein Sein noch mein Leben.]

97   Vgl. Eckhart: InSap 42-43: LW II; 364,14–365,6:
„iustitia perpetua est et immortalis. [...] Propter quod signanter [...] dicitur: ‚iustorum animae in manu dei sunt, et non tanget illos tormentum mortis'; et sequitur: 'visi sunt oculis insipientium mori'."
[Die Gerechtigkeit ist immerwährend und unsterblich. [...] Deshalb heißt es bezeichnenderweise: ‚Die Selen der Gerechten sind in Gottes Hand; des Todes Pein wird sie nicht berühren'; es folgt: ‚in den Augen der Toren waren sie wie Sterbende'.]

- dass dieses Sein gehalten ist von Gott, der den Menschen nicht ins Nichts zurückfallen lässt, der uns den Durchgang durch das Nichts jedoch um der *generatio* willen zumutet und zumuten muss.

Dieses Vertrauen in die unverbrüchliche Beziehung zwischen Gott und dem Menschen als Geschöpf und in die Unzerstörbarkeit des Lebens in dieser Beziehung ist für Eckhart getragen von einer Gewissheit, die nur im Glauben anzueignen ist:

Got enist niht	Gott ist nicht
ein zerstœrer der natûre,	ein Zerstörer der Natur,
sunder er ist ein volbringer.	sondern ihr Vollender.
Ouch diu gnâde	Auch die Gnade
enzerstœret die natûre niht,	zerstört die Natur nicht,
si volbringet sie.[98]	sie vollendet sie.

Im Lebensvollzug bedeutet dies alles die Hingabe an einen Verwandlungsprozess, dessen Ziel dem Blick des Menschen entzogen bleibt:

Quamdiu enim ignis	Solange das Feuer
generatur ex ligno,	aus dem Holz erzeugt wird,
nunquam plene gaudet	freut sich dieses niemals
de calore.	vollkommen über die Hitze.
Sed	Erst dann,
postquam lignum	nachdem das Holz
adeptum est formam ignis,	die Form desFeuers erlangt hat,
tunc perfecte assequitur	erreicht
et accipit	und empfängt es
per formam et in forma	durch die Form
plenum calorem:	und in der Form
	die volle Hitze:
non iam praecedentem	nicht etwa diejenige,

---

98   Eckhart: RdU 22: DW V; 288,11–12.

et disponentem
ad formam ignis,

sed potius
consequentem
et procedentem
ab ipsa forma ignis.

Et sic iam cessat tristitia
parturientis
alterationis
et motus,

et plene gaudet
et delectatur
de pleno calore
formae ignis.

Cui, calore utpote pleno,
iam nihil
addi potest,
sed in ipso quiescit

cessante
omni tristitia
et repugnantia
alterationis
et motus.

Et hoc est quod [...]
'mulier cum parit,
tristitiam habet';
,cum autem peperit puerum,
iam non meminit pressurae

propter gaudium,
quia natus est homo'.
[...]
'nunc quidem tristitiam habetis;

die vorausgeht
und die Form des Feuers
vorbereitet,
sondern vielmehr die,
welche nachfolgt
und aus der Form des Feuers
selbst
hervorgeht.
So vergeht denn das Leid,
das mit den Wehen
der Veränderung
und Bewegung
verbunden ist,
und [das Holz] freut
und ergötzt sich vollkommen
an der vollen Hitze
der Form des Feuers.
Da die Hitze voll ist,
so kann ihr nichts
hinzugefügt werden,
vielmehr ruht [das Holz] in
ihr,
und Leid
und Widerstreit der
Veränderung
und Bewegung
verschwinden völlig.
Darum
,hat die Frau' [...] ,Leid,
wenn sie gebiert';
,hat sie aber das Kind geboren,
so gedenkt sie nicht mehr der
Pein
um der Freude willen,
dass ein Mensch geboren ist.'
[...]
,Jetzt habt ihr Leid;

iterum autem videbo vos,
et gaudebit cor vestrum.'

Quamdiu enim res
est
in fiendo aliud,
semper habet tristitiam
dissimilitudinis adiunctam
et inquietudinis.
Cum autemacceperit esse
per formam,
quiescet et gaudet.
Videt idem ignis ligna

calefaciendo
et alterando
disponens ad formam ignis,

sed cum tristitia
repugnantis
dissimilitudinis.
Iterum autem videt,
quando abiecta
dissimilitudine
accipiunt formam ignis
generatione,
quae est
in silentio omnis motus,
temporis
et dissimilitudinis. [...]

Sic ergo in proposito:
quamdiu dissimilis sumus deo

et adhuc parturimur,
ut formetur in nobis
Christus,

Ich werde euch aber
wiedersehen,
und euer Herz wird sich
freuen'.
Solange nämlich ein Wesen
auf dem Weg ist,
etwas anderes zu werden,
hat es immer das Leid
über die Unähnlichkeit
und Unruhe zum Begleiter.
Hat es aber das Sein
durch die Form erlangt,
so ruht es und freut sich.
Das Feuer sieht die
Holzstücke,
indem es sie durch Erhitzung
und Veränderung
auf seine eigene Form
vorbereitet,
aber mit Leid
über die widerstrebende
Unähnlichkeit.
Es sieht sie wieder,
wenn sie die Unähnlichkeit
abgeworfen haben
und die Form des Feuers
durch Erzeugung empfangen;
in der Erzeugung
schweigt alle Bewegung,
Zeit
und Unähnlichkeit. [...]
So ist es auch hier:
so lange wir Gott unähnlich
sind
und die Geburt währt,
auf dass Christus
in uns gestaltet werde

[Die Wieder-Einbildung]   357

Gal.4,	(Gal 4,19),
inquieti sumus	sind wir in Unruhe
et turbamur erga plurima	und bekümmern uns mit
cum Martha, Luc. 10.	Martha
	um vieles (Lk 10,41).
Cum vero iam Christus,	Sobald aber Christus,
filius dei,	Gottes Sohn,
in nobis formatus est,	in uns gestaltet ist,
ut 'simus in vero filio eius',	so dass wir
Ioh.5,	,in seinem wahren Sohn sind'
	(1 Joh 5,20),
et simus filii dei	und nach Beseitigung
abiecta	aller Unähnlichkeit
omnis dissimilitudine –	Gottes Söhne sind, –
1 Ioh. 3: ,similes ei erimus,	,wir werden ihm ähnlich sein
et videbimus eum sicuti est',	und ihn schauen, wie er ist'
	(1 Joh 3,2)
unum facti in ipso per ipsum,	einsgeworden in ihm und
Ioh 17 –	durch ihn (Joh 17,21) –,
tunc plenum et perfectum	dann ist in uns
gaudium est in nobis	eine ganz vollkommene
et quieti sumus,	Freude,
	und wir sind in Ruhe,
secundum illud Augustini	gemäß dem Wort Augustins:
Confessionum I.I.:	
'fecisti nos	,Du hast uns
ad te,	zu dir hin erschaffen,
et inquietum est cor nostrum,	und unruhig ist unser Herz,
donec requiescat in te'.[99]	bis es ruht in dir'.

Die Zeit des Lebens unter den Bedingungen der Geschöpflichkeit ist als Zeit des Wirkens der Kraft „der Form, die vorausgeht und die Form des Feuers [Gottes] vorbereitet", Zeit der Nachfolge, Zeit des Sich-Aneignens der Lebensbewegung des Sohnes. Als solche ist sie „Zeit der Unruhe", „Zeit der Unähnlichkeit", des Bewusstseins der

---

99 Eckhart: InIoh 129—130: LW III; 110,14—112,11.

Unvollkommenheit und des inneren Zwiespalts – eine Zeit des Leidens, der Mühe und der Auseinandersetzung, des dauernden „Widerstreits" (nach innen und außen).

Der Mensch, der sich gegen die *generatio* nicht sperrt, sondern sie *politice*, „nach Art eines freien Bürgers" in Freiheit zustimmend zu seinem eigenen Lebensentwurf macht, erfährt sich als ein „Wesen, das auf dem Weg ist, etwas anderes zu werden", auf einem Weg, der innerweltlich in die Fremdheit führt, weil er bricht mit den Gewohnheiten des „alten Menschen".

Die Zeit des Lebens der Nachfolge ist für Eckhart „Zeit der Wehen andauernder Geburt", angestoßen durch das Wirken der Gnade, durch „eine Hitze, die verändert und [die *generatio*] vorbereitet"[100], die wirksam ist im Innersten des Menschen als *vünkelîn in der sêle*. Es ist ein Leben in Bewegung, in oft schmerzhafter Veränderung:

In generatione enim ignis	Dem Entstehen des Feuers
praecedit	geht nämlich
alteratio primo	zuerst die Veränderung voraus,
in tempore	die sich in der Zeit
et motu	und unter Bewegung
et labore	und Unrast
et	und einer Art Trauer der Natur
quasi tristitia naturali.[101]	abspielt.

Trotz dieser „unbequemen Aussichten" ermutigt Eckhart immer wieder, sich auf den Verwandlungsprozess mit dem Ziel „dass Christus, Gottes Sohn, in uns gestaltet werde" (nach Gal 4,19) und dass wir „in ihm, Gottes wahrem Sohn, sind" (nach 1 Joh 5,20), einzulassen, indem er immer wieder betont, dass sich die Wahrheit dessen, was als „vollkommene Freude" *in non tempore* verheißen ist, gerade wegen der Überzeitlichkeit der *generatio* schon in diesem Leben, inmitten der Unruhe auf dem Weg der Nachfolge, erweist.

---

100 Vgl. Eckhart: InEx 140: LW II; 127,13: „calorem alterantem et disponentem".
101 Eckhart: InEx 140: LW II; 127,11–12.

„Der Vater, das erzeugende Feuer, ist schon in der *alteratio* und im Sich-Verändernden – wenn auch nicht bleibend, sondern im Vorübergehen, als Gast, nicht dauerhaft anhaftend"[102].

So soll dieser Abschnitt mit einem der „Ermutigungstexte" Eckharts abgeschlossen werden, mit dem er zum Wagnis der Gott-Suche in der Nachfolge Jesu einlädt:

omne quod quaeritur,	Alles, was gesucht wird,
quamdiu latet	bereitet dem Suchenden
nec apparet,	Mühsal,
quaeritur	solange es verborgen
cum labore,	und unsichtbar ist,
quia	weil
necdum	[der Suchende] noch keine
habetur	Hoffnung hat,
spes.	[dass sich das Gesuchte zeigt].
[...]	[...]
Cum enim incipit apparere	Wenn aber das Gesuchte
et innotescere quod quaeritur,	sichtbar
minuitur labor	und offenbar zu werden
et laetificatur quaerens.	beginnt,
	wird die Mühsal geringer,
	und der Suchende
	wird froh.
Verbi gratia, si quis ignem	Sucht jemand zum Beispiel
quaereret	Feuer
aut aliquid simile,	oder dergleichen,
quamdiu non sentit	so müht er sich mit Unlust,
praesentiam quaesiti,	so lange er nicht
laborat taedio,	die Nähe des Gesuchten spürt;

---

102 Vgl. Eckhart: InSap 100: LW II; 436,9—11: Pater enim, ignis generans, est quidem in alteratione et in alterato, sed non est ibi manens, sed in transitu et hospes nec haeret.
[Das Vater, das erzeugende Feuer, ist zwar schon in der Veränderung und im Veränderten, aber er ist dort nicht bleibend, sondern im Vorübergehen und wie ein Gast, nicht dauerhaft anhaftend.]

cum autem coepereit calefieri, iam novit esse et adesse ignem quem quaerit. [...] sicut rosa, antequam videatur, sentitur, et antequam inveniatur, tenetur in odoribus suis, sic deum transeuntem de longe caeci, antequam videant, divinitatis eius fragrantiam senserunt. [...] Sparsit enim divina sapientia quasi odorem suae bonitatis, pulchritudinis, formositatis et dulcedinis super omnem creaturam, quae est quasi in via quaerentium deum: Eccli. 1: 'effudit illam super omnia opera sua'. Et propter hoc	fängt er aber an, warm zu werden, dann merkt er, dass das gesuchte Feuer nahe ist. [...] Wie man eine Rose riecht, bevor man sie sieht, und ihren Duft besitzt, bevor man sie findet, so verspürten die Blinden, bevor sie Gott, der [in der Person Jesu] vorüberging, sehen konnten, schon von weitem den Wohlgeruch seiner Gottheit. [...] So hat die göttliche Weisheit gleichsam den Duft ihrer Güte, Schönheit, Wohlgestalt und Süßigkeit über alle Geschöpfe ausgebreitet, die sozusagen auf dem Weg der Gott-Suchenden sind: ,Er hat [seine Weisheit] über alle seine Werke ausgegossen' (Jes Sir 1,10). Deshalb freut sich

---

103 Eckhart: InSap 78: LW II; 409,9—410,12.

quaerens deum	der Gott-Suchende
etiam quaerendo	auch schon beim Suchen
adhuc in via laetatur,	auf seinem Weg,
diletatur cor et confirmatur.[103]	sein Herz wird weit und stark.

II.3.6. Christus-Förmigkeit: Der „Sohn der Gerechtigkeit" als Ziel der Verwandlung

Cum vero iam Christus,	Sobald aber Christus,
filius dei,	Gottes Sohn,
in nobis formatus est,	in uns gestaltet ist,
ut	so dass wir
'simus in vero filio eius',	,in seinem wahren Sohn sind'
Ioh.5,	(1 Joh 5,20),
et simus filii dei	und nach Beseitigung
abiecta	aller Unähnlichkeit
omnis dissimilitudine –	Gottes Söhne sind, –
1 Ioh. 3:	,wir werden ihm ähnlich sein
,similes ei erimus,	und ihn schauen, wie er ist'
et videbimus eum sicuti est',	(1 Joh 3,2)
unum facti in ipso per ipsum,	einsgeworden in ihm und
Ioh 17 –	durch ihn
tunc plenum et perfectum	(Joh 17,21) –,
gaudium	dann ist in uns
est in nobis	eine ganz vollkommene Freude,
et quieti sumus.[104]	und wir sind in Ruhe,

Um nun das Ziel des Verwandlungsprozesses erneut in den Blick zu nehmen, ist an dieser Stelle nochmals zu erinnern an einen Text Eckharts, der weiter oben im Kontext der Frage nach der Erschaffung des Menschen bereits bedacht wurde:

Indem Gott etwas,	↔	Indem Gott
zum Beispiel Feuer,		den Menschen,

---

104 Eckhart: InIoh 130: LW III; 112,6—10.

zum Sein bringt,
gebietet er ihm
eben dadurch,
dass er es
als Feuer macht,
zu erhitzen,
sagt ihm, dass es
erhitzen soll,
und lehrt es
zu erhitzen,
nach oben zu steigen,
in der Höhe zu ruhen,

und alles [zu wirken],
was
zur
Form des Feuers
stimmt und passt;
irgend etwas anderes
hingegen

[nach dem *conceptus* der]
imago dei
[im göttlichen *intellectus*],
durch die Schöpfung
zum Sein bringt,
gebietet er ihm
eben dadurch,
dass er ihn
gemäß der *imago dei* macht,
die Werke Gottes zu wirken,
sagt ihm, dass er
die Werke Gottes wirken
soll,
und lehrt ihn,
diese Werke
zu wirken.
Er tut dies
durch die „Stimme"
der *synderesis*,
des *vünkelîn der sêle*,
des
„Höchsten des *intellectus*",
und
durch die *demonstratio*,
das „kurze Lehrbuch",
das Beispiel
des *filius dei per naturam*,
das Leben
des Jesus von Nazaret.
So lehrt Gott den Menschen,
alles zu wirken,
was
zur
göttlichen *forma substantialis*
stimmt und passt;
irgend etwas anderes
hingegen

[Die Wieder-Einbildung]   363

gebietet	gebietet
und rät er ihm nicht	und rät er ihm nicht,
noch wirkt er es durch das	noch wirkt er es durch den
Feuer	Menschen
oder in ihm.	oder in ihm.
Wiederum verbietet	Wiederum verbietet
und widerrät er	und widerrät der
dem Feuer	dem Menschen
auch nur das,	auch nur das,
was	was
zur Form des Feuers	zur göttlichen
	forma substantialis
	(und damit zur *imago dei*
	und zum *esse filius dei*)
nicht stimmt	nicht stimmt
und ihr fremd ist.[105]	und ihr fremd ist.

Was im Hinblick auf die Schöpfung als „Gebot und Befehl" Gottes an den Menschen, dem von Gott intendierten Sein der *imago dei* zu entsprechen, bedacht wurde, erscheint im Hinblick auf die *generatio* des „Sohnes" im Menschen als Verheißung, dass Gott selbst im Menschen dieses Gebot erfüllt, durch sein Wirken die *imago dei*, die der Mensch aufgrund der Wandelbarkeit und Gefährdetheit seines geschöpflichen Seins in Gefahr ist zu verfehlen, verwirklicht.

So erscheint das Konzept der *generatio* und die damit aufgezeigte Möglichkeit der „Wieder-Einbildung in das einfaltige Gut, das Gott ist", als Erfüllung der Gebetsbitte Eckharts:

Rogamus ergo deum,	Wir bitten also Gott,
ut ostendat in opere	er zeige in Werk

---

105 Eckhart: ParGen 160: LW I; 630,8—14.: „[...] deus producendo rem in esse, puta ignem, hoc ipso, quod ipsam facit ignem, praecipit ei calefacere et dicit ipsi quod calefaciat et docet ipsum calefacere, sursum moveri et sursum quiescere et omnia consona et convenientia ad formam ignis, et nihil aliud prorsus ipsi praecipit neque consulit neque operatur per ipsum aut in ipso. Rursus etiam nihil prohibet, nihil dissuadet ipsi igni nisi dissona et aliena forma ignis [...]".

et effectu	und Wirkung,
quod sit	dass er ‚Vater der Erbarmung'
‚pater misericordiarum'	(2 Kor 1,3) ist,
miserendo nostri,	der sich unser erbarmt,
ut	damit das,
quod sumus per naturam	was wir von Natur aus sind,
appareat [...]	durch Gnade
per gratiam [...].	zum Vorschein kommt.
[...]	[...]
‚similes ei erimus',	Wir werden ihm ähnlich sein
	(1 Joh 3,2),
reformata imagine	wenn das Ebenbild
per gratiam,	durch die Gnade
	neu gestaltet ist,
[...] gratiam	[...] die Gnade,
per quam reformatur	durch die das Ebenbild
imago	wieder hergestellt wird,
ut appareat.[106]	auf dass es offenbar werde.

An dieser Stelle ist nun nochmals ein weiterer Schritt zu bedenken, dessen Grundlage die bereits angesproche Identifizierung der *forma substantialis* Gottes mit den „göttlichen Vollkommenheiten" (den *perfectiones spirituales*), der „Tugend als solcher" ist[107]:

[...] virtuoso	Für den Tugendhaften
virtus	nimmt die Tugend
est pro deo,	die Stelle Gottes ein,
quin immo	ja man kann sogar sagen,
virtus est sic[*][108] deus	die Tugend ist Gott
et deus virtus.[109]	und Gott ist die Tugend.

---

106 Eckhart: InIoh 575: LW III; 504,3—505,2.
107 Vgl. den Abschnitt II.2.3.4. dieser Arbeit.
108 Die Herausgeber des Textes ergänzen hier „sicut", das durch Klammern als „Ergänzung auf dem Wege der Konjektur" ausgewiesen ist. Damit wird die Gleichsetzung zwischen Tugend und Gott jedoch ganz gegen Eckharts Gewohnheit (vgl. etwa Eckhart: BgT: DW V; 12,13—14: „got und gerechticheit al ein ist") abgeschwächt zu einem Vergleich.

Entsprechend wendet Eckhart das dargestellte Prinzip der *generatio* auf die „Erzeugung des Tugendhabitus" im Menschen an und konkretisiert damit gleichzeitig den Begriff der wirkenden *forma substantialis*. Er nimmt dabei folgende Gleichsetzungen vor:

[...] in moralibus	Im sittlichen Bereich
est hoc videre	kann man das beispielhaft
exemplariter	sehen
in habitu virtutis	am Habitus der Tugend,
et dispositione	an der Disposition [zur Tugend]
et ipsa virtute,	und an der Tugend selbst.
qua tria se habent sicut	Diese drei verhalten sich
forma parturiens	wie die gebärende
sive generans	oder erzeugende Form,
et proles parta	der geborene Spross
et alteratio.[110]	und die Veränderung.

Es lässt sich unter Hinzuziehung weiterer Belegstellen, auch der Texte, die im letzten Abschnitt besprochen wurden, folgende Gegenüberstellung zeigen:

„die gebärende, erzeugende Form", die göttliche *forma substantialis*, die „Form des Feuers", die gebärende Frau	↔	„die Tugend selbst", Gott

---

109 Eckhart: Sermo XXX1: LW IV; 272,13.
110 Eckhart: InSap 102: LW II; 438,6—8.

„der geborene Spross",	↔	„der Habitus der Tugend"
das Ziel der *generatio*,		als
der *filius dei*,		„dauernde
die Christus-Förmigkeit,		Beschaffenheit"[111],
der geborene Sohn		als inneres, begründendes
		Prinzip realisierter Tugend,
		das zum „Vater
		des Tugendaktes"[112] wird
„die Veränderung",	↔	„die
die *alteratio* in der Zeit,		Disposition zur Tugend",
der Prozess,		die
die „Wehen der Geburt"		„Akte, die dem Habitus der
		Tugend vorausgehen"[113]

Ziel der *generatio* ist die Einheit, das „gegenseitige Innesein" von „Vater" und „Sohn" (nach Joh 14,10)[114], die „voll Kraft, freudig und ohne Schwierigkeit die Werke der Tugend wirken"[115] – ein Ziel, das *in non tempore* dem Menschen vorausliegt und gleichzeitig sein zeitliches Leben umfasst und trägt. Es ist an dieser Stelle noch einmal zusammenfassend dementsprechend ein Doppeltes festzuhalten:

- Die „letzte Zurichtung auf den Tugendhabitus", die Vollendung der *generatio*, liegt, so wurde deutlich, – als nicht- und überzeitliches Geschehen – außerhalb des Bereichs menschlicher Tätigkeit: „Dem alleinigen Gott durch eine Form gleichgestaltet zu werden und in ihn, nach ihm und von ihm verwandelt zu werden, das übersteigt den Menschen und die ganze Schöpfung und ist göttlich"[116]:

---

111 Vgl. Eckhart: InIoh 570: LW III; 498,1–2.
112 Vgl. Eckhart: InIoh 574: LW III; 502,13.
113 Vgl. Eckhart: InIoh 574: LW III; 502,12.
114 Vgl. Eckhart: InSap 101: LW II; 437,3–6.
115 Vgl. Eckhart: InSap 102: LW II; 438,8–9:
„ Habitus enim quasi <pater> intus manens et proles genita virtutis opera<n>tur virtuose et delectabiliter sine difficultate opera virtutis".
116 Vgl. Eckhart: InSap 64: LW II; 392,6–8:

Cooperando deus
in nobis perficit
quod operando incipit;

Indem *Gott* mitwirkt,
vollendet *er* in uns,
was *er* durch *sein* Wirken
beginnt.

ut velimus,
operatur incipiens,
volentibus
cooperatur perficiens.
[...]

Dass wir wollen,
bewirkt *er* zu Beginn;
wenn wir wollen,
wirkt *er* mit zur Vollendung.
[...]

Praevenit,
ut sanemur,
subsequitur,
ut glorificemur;
praevenit,
ut pie vivamus,
subsequitur,
ut cum illo
semper vivamus.
[...]

er kommt uns zuvor,
damit wir geheilt werden,
er begleitet uns,
damit wir verherrlicht werden,
er kommt uns zuvor,
damit wir fromm leben,
er begleitet uns,
damit wir immer
mit *ihm* leben.
[...]

Et hoc est quod in oratione
dicimus:
'Actiones nostras,
quaesumus domine,
aspirando praeveni
et adiuvando prosequere,
ut cuncta nostra operatio
et a te semper incipiat
et per te
incepta finiatur'.[117]

Das besagen die Gebetsworte:
‚Wir bitten dich, o Herr,
komm unseren Handlungen
mit deiner Gnade zuvor
und begleite sie
mit deiner Hilfe,
damit all unser Tun
immer bei dir beginne
und das begonnene
durch dich vollendet werde'.

- Gleichzeitig gilt, dass die *generatio* – als nicht- und überzeitliches
  Geschehen – im zeitlichen Leben des Menschen wirksam werden

---

„Est enim super hominem, sed etiam super omnem creaturam, divinum
‚soli deo' forma conformari et transformari in ipsum, secundum ipsum et
ab ipso".

117 Eckhart: InIoh 179: LW III; 148,1–10.

will. Die göttliche *forma substantialis* „bewirkt, dass der Mensch ihr entsprechend leben will", begleitet das entsprechende Handeln des Menschen mit ihrer Hilfe: „Der Vater, das erzeugende Feuer, ist schon in der Veränderung und im Sich-Verändernden, wenn auch nicht bleibend, sondern im Vorübergehen, als Gast, nicht dauernd"[118]. Der Mensch im Prozess der *alteratio*, in der Zeit der Nachfolge, in der Zeit der „Gottes-Geburts-Wehen" wirkt dabei zwar noch nicht „voll Kraft, freudig und ohne Schwierigkeiten die Werke der Tugend", er ist noch nicht im wirklichen Sinn „Erbe des göttlichen Wirkens" (Er „ist in der Veränderung weder Erbe noch Sohn des Feuers"[119]).

Dies bedeutet jedoch nicht, dass dieser Mensch *keine* Werke wirken würde, die im Zusammenhang mit dem Prozess der *generatio* stünden. Der Mensch, der „auf dem Weg ist, ein anderer zu werden" in dem Sinn, dass er auf dem Weg ist, ein „gezeugter Sohn Gottes", ein „Bruder Christi" zu werden, wirkt in der Kraft des Feuers „die Werke des vom Feuer Durchglühten"[120].

Die „Werke des Feuers" zu wirken, stellt für ihn in seiner gefährdeten, unsteten Existenz eine ständig neue Forderung und Herausforderung dar, das „Wirken des Feuers" ist von ihm in Freiheit zu realisieren in jedem je neuen Akt. Daher wirkt er diese Werke nicht „bleibend", sondern „punktuell", mit Unruhe, Leid, Widerstreit, Murren und der „Not der Unähnlichkeit und der Gegensätzlichkeit" als Begleiter.

Ihre Bedeutung im Prozess der *generatio* haben sie als „Werke des verändernden und vorbereitenden Vaters"[121]. Ohne diese „Disposition" gibt es keine *generatio*.

Es hieße, einer Illusion zu verfallen, würde der Mensch die „Gottesgeburt" erwarten, ohne die gleichzeitige Bereitschaft, mühsam

---

118 Vgl. Eckhart: InSap 100: LW II; 436,9—11: „Pater enim, ignis generans, est quidem in alteratione et in alterato, sed non est ibi manens, sed in transitu et hospes nec haeret".

119 Vgl. Eckhart: InSap 100: LW II; 436,11: „Propter quod nec est heres nec filius ignis".

120 Vgl. Eckhart: InSap 100: LW II; 437,1.

121 Vgl. Eckhart: InSap 102: LW II; 439,3—4: „Et propter hoc opera talia sunt cum quadam difficultate et resistentia, nec adhuc sunt opera filii geniti a patre nec opera patris parturientis sed potius alterantis et disponentis".

und unter Widerstand das Wirken der Werke Gottes „unter den Bedingungen der Geschöpflichkeit" einzuüben.

Wie es keine Geburt ohne Wehen gibt, so gibt es keine *generatio*, wenn die Zustimmung zum Prozess der *alteratio* verweigert wird – es gibt keine „Gottesgeburt" ohne den mühsamen Weg der Nachfolge, ohne den Nachvollzug der Lebensbewegung des *filius dei per naturam*, des „Gerechten" Jesus von Nazaret. Dieses notwendige Wagnis ist jedoch nicht mehr, aber auch nicht weniger als „die notwendige Zurichtung (die *dispositio quae est necessitas*), die zur Entstehung der Gott-Förmigkeit führt":

sciendum	Man muss wissen,
quod dispositio,	dass die Zurichtung,
	die [für die Form],
	die entstehen soll,
quae est necessitas,	*notwendig* ist,
ad idem genus pertinet	zur selben Gattung gehört
cum forma generanda.	wie diese selbst.
Verbi gratia: calor	Die Hitze zum Beispiel,
quo disponitur aqua	durch die das Wasser
ad ignem,	für das Feuer zugerichtet wird,
cum in sui supremo	gehört,
et complemento fuerit,	wenn sie
in termino scilicet	zu ihrer höchsten Vollendung,
ultimo alterationis,	das heißt an den Endpunkt
iam non pertinet	der Veränderung gelangt ist,
ad formam aquae,	bereits nicht mehr zur Wasser-,
sed ad formam ignis.	sondern zur Feuerform.
Sic	Ebenso gehört
dispositio ultima	die letzte Zurichtung
ad habitum virtutis	auf den Tugendhabitus
non pertinet ad genus actuum	nicht [mehr] zur Gattung der
praecedentium habitum,	Akte,
ut sunt dispositiones,	die dem Habitus
sed pertinet	als Vorbereitung vorangehen,
ad ipsum genus habitus	sondern zur Gattung
virtutis,	des Tugendhabitus selbst,

quo iam \<non\>
difficulter et ex tristitia,
sed delectabiliter et hilariter,
iam
non servitute timoris,
sed amore virtutis
ut filii operamur.
'Mulier' enim
'cum parit, tristitiam habet'.

,Cum autem pepererit',
,non meminit
pressurae', Ioh. 16. [...]
Sensitivum, enim cum in nobis
perfecte
subiectum fuerit rationi,
timor conversus in amorem,
alteratio
perduxerit ad generationem,

perfectus est homo,

quiescet tumultus omnis
et passio
in anima,
ut iam,
etiam si liceat peccare,

non libeat
et peccare nesciat.
Et hoc est [...]:

'ambula coram me
et esto perfectus'.[122]

der uns nicht mehr
beschwerlich und traurig,
sondern froh und heiter,
nicht mehr
aus knechtischer Furcht,
sondern aus Liebe zur Tugend
wie Söhne handeln lässt.
Denn
,wenn die Frau gebiert,
hat sie Leid.
Hat sie aber geboren,
so gedenkt sie nicht mehr
der Pein' (Joh 16,21). [...]
Erst, wenn das Sinnliche in uns
vollkommen
der Vernunft unterworfen,
die Furcht in Liebe
verwandelt ist
und die Veränderung
zum Entstehen geführt hat,
dann ist der Mensch
vollkommen,
dann kommt aller Aufruhr
und alle Leidenschaft
in der Seele zur Ruhe,
so dass sie,
auch wenn sie sündigen
dürfte,
nicht mehr sündigen möchte
und könnte.
Das ist der Sinn
des [...] Wortes:
,Wandle vor mir und
sei vollkommen!' (Gen 17,1)

---

122 Eckhart: InGen 233: LW I; 377,1—378,4.

II.3.7 „Wandle vor mir und sei vollkommen":
Das Leben des Gerechten *in tempore*

Im Hinblick auf die Fragestellung dieser Studie sind im Folgenden die bisherigen Ausführungen zu präzisieren, indem in einem weiteren Durchgang ausdrücklich die *generatio* des „Gerechten" in den Blick genommen wird. Sie ist unter dem Vorbehalt des Seins des Menschen *in tempore* als Prozess der *alteratio*, als Veränderungsprozess, als „Weg des Menschen, ein anderer zu werden" zu bedenken, also „unter dem Gesichtspunkt der Prozesse, die zum Gerecht-Sein führen"[1]. Die thematischen Schwerpunkte dieses ausführlichen Gedankengangs, die im Einzelnen weiter auszudifferenzieren sind:

- der Begriff der Gerechtigkeit und die Frage nach der Möglichkeit der Erkenntnis ihres Wesens (und damit des „Inhaltes" des formalen Begriffs),
- das Gegenwärtig-Sein der Gerechtigkeit im *intellectus* des Menschen,
- ihr gleichzeitiges „Fremd-Sein", Entzogen-Sein, ihre letzte Unerkennbarkeit,
- der Weg des Menschen von der „Unähnlichkeit" über die „Ähnlichkeit" hin zur „Einheit" mit der *forma* der Gerechtigkeit,
- das „Gerecht-Sein" in der Zeit als „Sich-formen-Lassen",
- das notwendige „Anschmiegen an die Form der Gerechtigkeit" durch die Liebe zur Gerechtigkeit in einer Haltung des Glaubens.

Diese Schwerpunktsetzungen sind vorgezeichnet in einem grundlegenden, zusammenfassenden Abschnitt aus Eckharts Kommentar zum Johannes-Evangelium:

iustitia [...] videtur	Die Gerechtigkeit [...]
in animo	wird im Geist
non tamquam fictum aliquid	nicht wie ein Gebilde
extra ipsum animum,	außerhalb des Geistes erschaut,
aut quasi	noch auch so,

---

1   Vgl. Flasch, Kurt: Predigt 6: LE II, 43.

aliquod absens,	als wäre sie etwas Fernes,
quomodo videtur	wie man etwa Karthago
Carthago	oder Alexandria
vel Alexandria.	[innerlich] schaut.
Videtur quidem	Sie wird zwar
in animo	im Geist erschaut
ut praesens	als etwas,
quoddam animo,	was dem Geist gegenwärtig ist,
sed tamen	aber der Geist steht doch
quasi foris stans	gleichsam
ab ipsa iustitia,	außerhalb der Gerechtigkeit,
apud ipsam,	bei ihr,
similis quidem utcumque,	ihr zwar irgendwie ähnlich,
nondum ipsam	doch ohne sie schon
attingens.	zu erreichen.
Sequitur autem	Er strebt aber danach,
si quomodo attingat,	ob er sie etwa erreiche
comprehendat,	und erfasse,
intret	in sie eingehe
et unum fiat in ipsa	und eins mit ihr werde
et ipsa in ipso.	und die Gerechtigkeit mit ihm.
Quod quidem fit	Das wird erreicht,
inhaerendo	wenn der Geist
eidem ipsi formae,	sich an eben diese Form
	anschmiegt,
ut inde formetur	damit er von da aus geformt
	werde
et sit iustus animus ipse.	und so selbst gerecht sei.
Et unde	Und wie anders könnte er sich
inhaereret illi formae,	an jene Form anschmiegen,
quae est iustitia,	die die Gerechtigkeit ist,
nisi	wenn nicht
	durch
amando iustitiam?[2]	die Liebe zur Gerechtigkeit?

---

2   Eckhart: InIoh 46: LW III; 38,5—12.

II.3.7.1. Der Gerechtigkeitsbegriff

Trotz der zentralen Bedeutung, die die Gerechtigkeit im Denken Eckharts einnimmt, hat er an keiner Stelle seines Werkes eine „Gerechtigkeitslehre" im eigentlichen Sinn entwickelt, er „nimmt den Begriff der Gerechtigkeit aus der philosophischen Ethik [...] auf, eliminiert aber alle praktischen Einzelheiten, etwa bezüglich Kauf oder Verkauf, Vertrag oder soziale Hierarchie. Während es Aristoteles in der Nikomachischem Ethik gerade um derartige Differenzierungen gegangen war, hält Eckhart [...] vor allem [...] das Motiv der Gleichheit abstrakt fest"[3].

Die einzige im strengen Sinn definierende Aussage, die Eckhart der Gerechtigkeit widmet, besteht so darin, festzuhalten, [...]

[...] quod iustitia	[...] dass die Gerechtigkeit
sit quaedam rectitudo	eine gewisse Geradheit ist,
qua redditur	kraft deren man einem jeden
unicuique	zuteilt,
quod suum est.[4]	was sein ist.

Entsprechend formuliert Eckhart in Predigt 6 weiterführend:

Welhez sint die gerehten?	Welches sind die Gerechten?
Ein geschrift sprichet:	Eine Schrift sagt:
‚der ist gereht,	‚Der ist gerecht,
der einem ieglîchen gibet,	der einem jeden gibt,
daz sîn ist".	was sein ist':
Die gote gebent,	die Gott geben,
daz sîn ist,	was das Seine ist,
und den heiligen	und den Heiligen
und den engeln,	und den Engeln,
daz ir ist,	was das Ihre ist,
und dem ebenmenschen,	und dem Mitmenschen,
daz sîn ist.[5]	was das Seine ist.

---

3   Vgl. Flasch, Kurt: Predigt 6: LE II; 50.
4   Eckhart: InIoh 48: LW III; 39,9f.
5   Eckhart: Predigt 6: DW I; 99,5—9.

Er verweist mit diesen definierenden Aussagen auf den im *Corpus Iuris Civilis* des oströmischen Kaisers Justinian (527 bis 565) festgeschriebenen Grundsatz:

Iuris praecepta	Die Vorschriften des Rechts
sunt haec:	sind diese:
honeste vivere,	ehrenhaft leben,
alterum non laedare,	den anderen nicht verletzen,
suum cuique tribuere.[6]	jedem das Seine gewähren.

Dieses Prinzip des *suum cuique tribuere* lässt sich über Platons *Politeia*[7] bis zum griechischen Dichter Simonides zurückverfolgen, es findet sich in den Schriften Ciceros[8] und wurde über die Vermittlung Alkuins[9], Ulpians[10] (dessen Definition auch die Grundlage der in den Institutionen Iustinians zu findenden bildet) und Augustinus[11] zur bestimmenden Definition der Gerechtigkeit im gesamten Mittelalter[12].

Bei Eckhart wird nun die Vorschrift des Rechts, „jedem das Seine zu geben" durch eine zweiten Definitionsrichtung, die sich in seinen deutschen Predigten findet und Gerechtigkeit bestimmt als *„diu ursache aller dinge in der wârheit"*, mit der Vorstellung einer „ontischen *rectitudo"*[13] verbunden. Die Gerechtigkeit erscheint damit als aus den

---

6   Zit. nach Höffe, Otfried: Gerechtigkeit – Eine philosophische Einführung. 49.

7   Politeia; I 331e ff.

8   De officiis 1 §15; De legibus 1 §19.

9   Dial. de rhet. et virtut. (zit. nach Hödl, Ludwig: Gerechtigkeit. 1305).

10   Frg. 10 (zit. nach Hauser, Richard: Gerechtigkeit. 331):
    „iustitia est constans et perpetua voluntas ius suum unicuique tribuendi."
    [Gerechtigkeit ist der beständige und bleibende Wille, jedem sein Recht zu geben.]

11   De trin. VIII c.6 n.9, PL 42,955 (vgl. der Stellenkommentar der Herausgeber bei Eckhart: InIoh: LW III; 39 Anm. 5).

12   Vgl. etwa Thomas v. Aquin: STh II-II; q. 58 art. 1.
    Dazu der Kommentar von Artur Utz in: Thomas von Aquin: Recht und Gerechtigkeit. 302: „Ulpian findet dabei den Beifall des hl. Thomas mit der einen Verbesserung, dass es bei der Definition von Tugenden, wie Thomas sagt, eigentlich nicht um den Willensakt, sondern um eine dauernde sittliche Haltung gehe".

13   Vgl. Hauser, Richard: Gerechtigkeit. 332.

Prinzipien und Strukturen des Seins folgende „Gesamttugend"[14], sie nimmt den Rang einer Zusammenfassung und Grundlage aller anderen Tugenden ein. Bereits Aristoteles hatte sie so gedeutet: „In der Gerechtigkeit ist jegliche Tugend umfasst"[15]. Ähnlich formuliert Eckhart:

Sic ergo quaerens [...]	Wer vor allem
praecipue iustitiam,	die Gerechtigkeit sucht,
invenit aeque	der findet gleicherweise
sive pariter	und zugleich
sapientiam	die Weisheit
et cetera dona,	und die übrigen Gaben,
quae non quaesivit	die er nicht suchte,
nec cogitavit	an die er nicht dachte
nec intendit,	und die er nicht meinte,
secundum illud	nach dem Wort:
Is. 64 et Rom. 10:	,mich fanden,
'invenerunt	die mich nicht suchten'
qui non quaesierunt me'.[16]	(Jes 65,1 / Röm 10,20).
Quaerens enim iustitiam	Wer die Gerechtigkeit sucht,
nihil intendit	der meint,

Hauser verwendet diesen Begriff zur Charakterisierung des „sehr selbständigen" Entwurfs des Anselm von Canterbury" (vgl. ebd.).
In die damit beschriebene Richtung, die Gerechtigkeit als „*rectitudo*", als „Richtigkeit", als Entsprechung zu einer ontologischen Struktur der Wirklichkeit zu verstehen, weist etwa Eckharts Bestimmung der Gerechtigkeit, die er in Predigt 10: DW I; 161,5—8 vornimmt:
„Mîn lîp ist mêr in mîner sêle, dan mîn sêle in mînem lîbe sî. Mîn lîp und mîn sêle ist mêr in gote, dan sie in in selben sîn; und daz ist gerehticheit: diu ursache aller dinge in der wârheit."
[*Mein Leib ist mehr in meiner Seele, als dass meine Seele in meinem Leib sei. Mein Leib und meine Seele sind mehr in Gott, als dass sie in sich selber seien; und das ist Gerechtigkeit: Die Ursache aller Dinge in der Wahrheit.*]

14 Vgl. Hauser, Richard: Gerechtigkeit. 331.
15 Zit. nach Hauser Richard: Gerechtigkeit. 330.
16 Eckhart: InSap 106: LW II; 442,8—10.
17 Eckhart: InSap 108: LW II; 444,4—5.

nec quaerit	sucht
nec appetit	und erstrebt nicht
de sapientia	etwas von der Weisheit
nec scit	und er weiß nicht,
quod iustitia	dass die Gerechtigkeit
in sui perfecto	in ihrem Vollkommenen
sit ipsa sapientia	die Weisheit selbst
aut	oder
sit mater sapientiae.[17]	die Mutter der Weisheit ist.

Der so beschriebene Zusammenhang der Gerechtigkeit „in ihrem Vollkommenen" (*iustitia in sui perfecto*) mit den anderen Tugenden ist auch bei Eckhart nicht beschränkt zu verstehen auf das Verhältnis von Gerechtigkeit und Weisheit. Aufgrund der Einheit Gottes, in der alle Tugenden eins sind, „hat und besitzt der gerechte Mensch innerlich" zugleich die anderen Tugenden[18]. Die Gerechtigkeit als „Mutter der Tugenden" ist dementsprechend zu verstehen als eine das ganze Leben umgreifende Verfasstheit des Menschen, als „Anspruch, der Wirklichkeit ‚gerecht zu werden'"[19], d. h. sowohl Gott als auch die „Dinge, Sachverhalte, Lebewesen und vor allem Menschen ‚sachgerecht' zu behandeln"[20]. Entscheidend ist in diesem Verständnis der Gerechtigkeit das Bewusstsein, dass ihr Kern weniger in einer Sammlung moralischer Einzelvorschriften besteht, sondern in der „Stiftung eines neuen, das Sein des Menschen verwandelnden Verhältnisses zwischen Gott und Mensch"[21], das „das sittliche Handeln in einer neuen Motivation verankert"[22].

---

18 Vgl. Eckhart: InSap 205: LW II; 538,11.
   InSap 204—205 nennt als weitere Tugenden, die der Gerechte „innerlich besitzt" neben der Gerechtigkeit (*iustitia*): Mäßigkeit (*sobrietas*), Nüchternheit (*temperantia*), Klugheit (*prudentia*), Starkmut (*virtus/fortitudo*). Dazu die drei „göttlichen Tugenden": Glaube, Hoffnung und Liebe.
19 Vgl. Spaemann, Robert: Gut und böse. 7.
20 Vgl. Spaemann, Robert: Gut und böse. 10.
21 Vgl. Spaemann, Robert: Gut und böse. 15.
22 Ebd.

II.3.7.2. Gerechtigkeit als Erkenntnisgegenstand:
Der Einspruch negativer Theologie

\<Das leste ende\> des wesens	Das letzte Ende des Seins
ist das vinsterniss	ist die Finsternis
oder das vnbekantnis	oder die Unerkanntheit
der verborgenen gothait [23]	der verborgenen Gottheit,

constat quod deus	Es steht fest, dass Gott
est simpliciter	schlechthin unfassbar
,incomprehensibilis	für das Denken ist,
cogitatu',	wie es
ut dicitur Ier. 31.[24]	bei Jeremia gesagt wird.

Eckhart profiliert seine Konzeption der Gerechtigkeit, das wurde bereits festgehalten, indem er betont, dass *„got und gerehticheit al ein ist"*[25], dass also das Sein der Gerechtigkeit anzusiedeln ist *in non tempore*, dass es sich „unter den Bedingungen der Geschöpflichkeit", im Menschen nur in analogem Sinn erkennen lässt.

Die Gerechtigkeit selbst in ihrem Wesen ist in diesem Sinn nicht Gegenstand der Erfahrungswirklichkeit des Menschen, jede begriffliche Vorstellung wird also auch im Blick auf die Gerechtigkeit – wie im Blick auf alle mit der göttlichen Natur verbundenen *perfectiones* – dem Vorbehalt apophatischer Theologie unterworfen. Wie Gott selbst (im Sinn Eckharts wäre zu sagen: „Als Gott selbst [...]") ist die Gerechtigkeit *„über namen und unsprechelich"*[26], sie ist nicht begrifflich zu „fassen". Sieht man hier von der strengen Einbindung der „Gerechtigkeitslehre" in den Kontext der Gottes-Lehre bei Eckhart ab, so ist – als erkenntnistheoretischer Grundsatz – eine Einsicht festzuhalten, die Eckhart sich einreihen lässt in einen erkenntniskritischen Strom, der die Rechtsphilosophie seit der Antike bis in die Kontroversen der Gegenwart hinein grundlegend prägt. Exemplarisch sei hier auf Hans Kelsen verwiesen, der in seinem Grundsatz-

---

23 Eckhart: Predigt 15: DW I; 252,7–253,1.
24 Eckhart: InIoh 84: LW III; 72,11–12.
25 Eckhart: BgT: DW V; 12,13–14.
26 Vgl. Eckhart: Predigt 53: DW II; 534,9.

werk „Was ist Gerechtigkeit" (1975) betont, dass die Gerechtigkeitsinhalte aufgrund ihrer Unzugänglichkeit für eine gesicherte, empirische Wahrnehmung nicht Gegenstand der Wissenschaft sein könnten, sondern ausschließlich „zur Politik [im Sinn einer im Grund willkürlichen Definitions-Macht; E. F.] gehörten". Die Frage nach dem „Wesen der Gerechtigkeit" sei damit obsolet:
„Was ist Gerechtigkeit? – wir wissen es nicht und werden es nie wissen"[27].

Die sich aufgrund dieser Einsicht bescheidende Selbst-Beschränkung auf ein Verständnis der Gerechtigkeit als „formales Prinzip der Gleichbehandlung"[28] (und damit auf den formalen Grundsatz des „suum cuique tribuere"), wie es etwa bei Kelsen greifbar wird, während die Gerechtigkeitsinhalte allein von der Definitionsmacht des politischen Willens (einzelner oder gemeinschaftlicher politischer Subjekte) abhängig seien, teilt Eckhart jedoch ausdrücklich nicht – innerhalb seines ‚philosophischen' (was gleichbedeutend ist mit ‚theologischen') Bezugsrahmens kann er sie nicht teilen.

Was oben in Hinblick auf die Möglichkeiten der Gotteserkenntnis festgehalten wurde, ist hier auf die Möglichkeit der Erkenntnis des Seins, des Wesens der Gerechtigkeit, zu übertragen.

„Gerechtigkeit", die Erkenntnis nicht nur ihres formalen Prinzips sondern ihres „Inhaltes" (des Wesens der Gerechtigkeit, ihrer forma substantialis), ist – so ist im Kontext der Lehre Eckhart von der „lûterkeit götlîcher natûre" zu betonen –, wenn auch nicht greifbar im Sinn eines „Besitzes an Erkenntnis", so doch je neu zu empfangen in einer Haltung des „Schweigens" im Sinn einer Offenheit gegenüber dem je Unbekannten, das dem Menschen in der Wirklichkeit der Welt entgegenkommt.

---

27 Hans Kelsen; zit. nach Kaufmann, Arthur: Rechtsphilosophie. 153.
28 Vgl. etwa Kaufmann, Arthur: Rechtsphilosophie. 153: „Indessen wurde in der Zeit nach Kant [...] die Gerechtigkeit ausschließlich auf das Gleichheitsprinzip verkürzt, nämlich auf den Satz, dass Gleiches gleich und Ungleiches entsprechend verschieden zu behandeln ist. Nur dieses ganz formale Prinzip hielt man für wissenschaftlich gesichert, die Gerechtigkeitsinhalte dagegen [...] gehörten [...] zur Politik. [...] Die Rechtsphilosophie, die Lehre von der Gerechtigkeit, beschränkte sich auf das Formale".

Erst in diesem „Entgegen-Kommen" wird der „leere Begriff"[29] der Gerechtigkeit gefüllt:

Ich will schweigen
und will hören,
was die Gerechtigkeit in mich hineinsprechen wird.[30]

Es ist hier zu erinnern an die von Eckhart geforderte Haltung radikaler Offenheit gegenüber der je neuen Fremdheit, die dem Menschen im Leben entgegenkommt, gegenüber dem Verletzenden, als das Gott / der Anruf der Gerechtigkeit als „der Andere" in die alltägliche Scheinsicherheit einbricht. Das radikale Sich-Aussetzen gegenüber dem „Fremden Gottes" disponiert den Menschen über die

---

29 Vgl. Kaufmann, Arthur: Rechtsphilosophie. 172: *„Nicolai Hartmann* nennt ‚das Gute' [...] unumwunden einen ‚leeren Begriff'. Konkretisiert man das Gute – und darum kommt man nicht herum –, so erweist es seine Kontingenzbedingtheit, und je konkreter man das Gute auffasst, um so relativer wird es. Auch die moderne Naturrechtslehre hat ja zu diesem als äußerst karg zu bezeichnenden Ergebnis geführt. So lässt *Heinrich Rommen* nur noch zwei Normen des Naturrechts zu, die dem Universalisierbarkeitsanspruch genügen: ‚Das Gerechte ist zu tun, das Ungerechte zu lassen, und die uralte, ehrwürdige Regel: Jedem das Seine'. Was ‚gerecht' und was das ‚Seinige' ist, beantwortet das Naturrecht nicht, vielmehr sind alle Konkretisierungen des Absoluten, wie *Johannes Messner* sagt, ‚dem Willen der Gesellschaftsmitglieder überlassen', also letztlich eine Frage der Macht".
Deutlich wird hier, dass das Problembewusstsein, wie überhaupt „Gerechtigkeit" als „leerer Begriff des Absoluten" konkretisiert werden könne, eine Herausforderung ist, die die Rechtsphilosophie seit der Antike bis in die Moderne beschäftigt.
In der Kontrastierung etwa zum Entwurf Johannes Messners wird Eckharts Antwort in ihrer Zugespitztheit greifbar: Während Messner in Hinblick auf die „Konkretisierung des Absoluten" die „Frage der Macht" dahingehend beantwortet, die Macht der Definition der ‚Gerechtigkeit' „dem Willen der Gesellschaftsmitglieder" zuzusprechen, sie also in die menschliche Verfügungsgewalt gibt, reagiert Eckhart auf die Herausforderung der Definitions-Not mit einem Konzept radikaler Ent-Mächtigung des Menschen gegenüber der Definitionsmacht „des Seins" und damit Gottes selbst.

30 Vgl. Eckhart: Von abegescheidenheit: DW V; 409,4—5: „Ich will swîgen und wil hœren, was mîn herre in mich rede".

daraufhin an ihm geschehende Transformation „in das Feuer" der Gerechtigkeit hinein zu einer erleidenden Form der Erkenntnis:

- zur Erkenntnis der Gerechtigkeit in vollkommenem Nicht-Wissen,
- das sich verbindet mit einer radikalen Kehre, die im Bild der „Geburt des Gerechten" als „Durchbruch", als Lebenswende des Menschen beschrieben wird, die der Mensch von Seiten der in ihm wirkenden *forma substantialis* der Gerechtigkeit erleidet.

II.3.7.3. Gerechtigkeit konkret: „Niemand kennt den Vater, außer der Sohn" (Mt 11,27)

Für die Frage nach der Erfahr- und Erkennbarkeit der Gerechtigkeit ist der Mensch, das bildet die unhintergehbare Grundeinsicht, die den Ausgangspunkt jeder weiteren Betrachtung darstellt, gebunden an ein allgemeines erkenntnistheoretisches Prinzip, das Eckhart in dreifacher Weise beschreibt:

- als verankert in der Relation von Vorbild (*exemplar*) und Abbild (*imago*), wie er selbst es in den Mittelpunkt seines philosophischen Denkens stellt,
- als offenbartes Prinzip in der Heiligen Schrift, das verankert ist in der Relation von Vater und Sohn, und
- in der Form des überlieferten Grundsatzes der aristotelischen Erkenntnislehre, der die Gleichheit der Prinzipien von Sein und Erkennen betont.[31]

---

31 Eckhart begründet und unterstreicht seine Lehre („Niemand kennt die Gerechtigkeit außer dem Gerechten") in InSap 209: LW II; 543—545 mit einer Fülle von Autoritätsverweisen:
- „Gleiches wird durch ihm Gleiches erkannt" (mit Verweis auf Aristoteles und Thomas v. Aquin),
- „Niemand kennt den Vater, nur der Sohn" (Mt 11,27),
- „Wie die Dinge sich im Sein verhalten, so verhalten sie sich in der Wahrheit und in der Erkenntnis" (Aristoteles),
- „Niemand kann die Gedanken Gottes erkennen außer durch den Geist und in dem Geist Gottes" (1 Kor 2,10.16 / Röm 11,34),

imaginem non novit	Das Abbild kennt niemand
nisi exemplar,	als das Vorbild,
nec exemplar	und das Vorbild
quis novit	kennt niemand
nisi imago,	als das Abbild:
Matth. 11:	‚Niemand kennt den Sohn
‚nemo novit filium	als der Vater,
nisi pater,	noch kennt den Vater jemand
nec patrem quis novit	als der Sohn'
nisi filiu'.	(Mt 11,27).
[...]	[...]
Eadem autem sunt	Die Prinzipien des Seins
principia essendi	und des Erkennens
et cognoscendi,	sind die gleichen,
nec quidquam	und nichts
per alienum	wird durch etwas Fremdes
cognoscitur.[32]	erkannt.

Was oben bereits in Hinblick auf die menschliche Gotteserkenntnis besprochen wurde, ist auch hier konsequent auf die Erkenntnis der Gerechtigkeit zu übertragen:

‚Nemo novit patrem	Niemand kennt den Vater
nisi filius'.	als der Sohn (Mt 11,27).
[...]	[...]
nosse, inquam, per esse,	Ich meine Kennen durch Sein,
nosse quod est esse.[33]	Kennen, das Sein ist.

Eckhart selbst nimmt diese Übertragung in seinem Kommentar zum Johannes-Evangelium vor:

- • „Niemand versteht Paulus, wenn er nicht den Geist Pauli hat",
- • „Die Propheten lassen sich nur in dem Geist auslegen, in dem sie gesprochen haben",
- • „In deinem Licht werden wir das Licht schauen" (Ps 35,10).

32 Eckhart: InIoh 26: LW III; 21,1—5.
33 Eckhart: Sermo XLIV1: LW IV; 370,1—2.

Id ergo	Das also,
quo primo videt	wodurch der Gerechte vor allem
et cognoscit iustus,	sieht und erkennt,
est esse iusti	ist das Sein des Gerechten
sive iustitia.	oder die Gerechtigkeit.
Prius ergo est iusto	Für den Gerechten
esse iustum	ist das Gerecht-Sein
quam videre;	also früher als das Sehen;
vel potius videt,	oder vielmehr *sieht* er,
quia est;	weil er *ist*;
vel, ut proprius dicamus,	oder, um es genauer zu sagen,
ipso suo esse,	durch sein Sein selbst,
quo iustus,	durch das er gerecht ist,
videt;	sieht er;
ipsum suum esse	sein Sein
est sibi videre.[34]	ist für ihn Sehen.
sciendum	Man muss wissen,
quod iustus	dass der Gerechte
per hoc	dadurch die Gerechtigkeit
scit	kennt
et cognoscit iustitiam	und erkennt,
quod ipse est iustus,	dass er selbst gerecht ist,
sicut	wie denn auch [allgemein],
habens habitum virtutis	wer im Besitz der Tugend ist,
scit ea quae virtutis sunt	dadurch, dass er tugendhaft
et quae	ist,
secundum virtutem	weiß, was zur Tugend gehört,
agenda	und wie er
per hoc quod est virtuosus.	der Tugend gemäß handeln
	muss.
Unde ipsi	Daher ist für ihn
idem est	tugendhaft sein
esse virtuosum	und die Tugend kennen
et scire virtutem.	dasselbe.

---

34   Eckhart: InIoh 225: LW III; 188,10—13.

Unde Hierotheus	Daher lernte Hierotheus,
didicit divina	wie Dionysius sagt,
patiendo,	das Göttliche
non discendo	durch Erleiden kennen,
ab extra,	nicht durch Belehrung
ut ait Dionysius.	von außen.
[...]	[...]
Secus	Anders verhält es sich
de aliis	mit den Anderen,
non habentibus	die nicht
habitum	im Besitz von Habitus
et esse virtutis,	und Sein der Tugend sind,
qui per studium ab extra	sondern sie nur
accipiunt	durch Belehrung von außen,
cognitionem virtutis	vom Hörensagen
audiendo.[35]	kennen lernen.
nemo	Niemand kann
potest scire	von der Tugend,
nec videre	der Wahrheit
nec testari	oder der Gerechtigkeit
super virtute	etwas wissen,
aut veritate	sehen
et iustitia,	oder bezeugen,
nisi in se ipso	wenn er nicht
iustus fuerit.	in sich selbst gerecht wäre.
[...]	[...]
Potest quidem	Natürlich kann [jemand]
verba dicere materialiter	diese Worte als solche
	aussprechen,
sicut pica	wie eine Elster [schwatzt]
et sicut caecus	und wie ein Blinder
de coloribus.	von den Farben
[...]	[zu reden vermag]. [...]

---

35 Eckhart: InIoh 191: LW III; 159,15—160,9.

Potest quidem vitiosus	Ein lasterhafter
et mendax	und lügenhafter Mensch
annuntiare	kann zwar
verbum,	ein *Wort* verkündigen,
sed non verbum vitae.	aber kein *Wort des Lebens*.
Quomodo enim	Denn wie sollte
verbum vitae	das Wort des Lebens
procederet a mortuo?	von einem Toten ausgehen?
Oportet ergo	Das Wort des Lebens muss also
quod verbum vitae procedat	von einem Lebenden,
a vivo,	nicht von einem Toten
non a mortuo.[36]	ausgehen!

Soll die Rede von der Gerechtigkeit sich nicht auf dem Niveau bewegen, „wie eine Elster einzelne Worte nach-schwatzt" oder „ein
Blinder von den Farben redet", so reicht kein erlerntes Wissen, kein
Studium, keine „Belehrung von außen" und kein „Lernen vom Hörensagen". In diesem Sinn nämlich, als etwas vom Menschen und
seinem eigenen Lebensvollzug Getrenntes, ist Gerechtigkeit (und jede andere Tugend) nicht erkenn- und verstehbar. Wenn von der Gerechtigkeit die Rede ist, „so hören das zwar manche, die draußen
stehen, ,fern im Land der Unähnlichkeit', und ,hören es doch nicht
und verstehen es auch nicht' (Mt 13,13)"[37].
Damit der Begriff der Gerechtigkeit ein „Wort des Lebens" werden
kann, muss sich sein Sinngehalt im Lebensvollzug dem Menschen

---

36 Eckhart: InIoh 346: LW III; 294,4—15.
37 Vgl. Eckhart: InIoh 48: LW III; 39,9—14:
"audito quod iustitia sit quaedam rectitude quae redditur unicuique quod
suum est, nonnulli foris stantes et longe in regione dissimilitudinis audi-
entes non audiunt neque intelligunt, Matth. 13. [...] ,aures habent, et non
audient'. Propter quod Matthaei, ubi supra, dicitur: 'qui habet aures audi-
endi, audiat'."
*[Wenn davon die Rede ist, dass die Gerechtigkeit eine gewisse Geradheit ist, kraft
deren man einem jeden zuteilt, was sein ist, so hören das zwar manche, die draußen stehen, ,fern im Land der Unähnlichkeit', und ,hören es doch nicht und verstehen es auch nicht' (Mt 13,13). [...] ,Sie haben Ohren, und werden doch nicht
hören' (Ps 113b,6). Deshalb heißt es bei Matthäus an der angeführten Stelle (Mt
13,9): ,Wer Ohren hat zu hören, der höre'.]*

„durch Erleben" (das näher als *patiendo*, „durch Erleiden" bestimmt ist) erweisen: Der Mensch „lernt" Gerechtigkeit durch Gerecht-Sein, im Tun[38] und Erleiden der Gerechtigkeit offenbart diese dem Menschen ihr Wesen.

Eckhart benennt dementsprechend das Ziel der Erkenntnis als *„Kennen durch Sein – Kennen, das Sein ist"*, durch ein „Sein, das Handeln ist": Gerechtigkeit als „Wort des Lebens" muss von einem „die Gerechtigkeit Lebenden" ausgehen. Eine Erkenntnis dessen, was das Wesen der Gerechtigkeit wirklich ist, ist nicht zu erlangen „draußen, im Land der Unähnlichkeit"!

Das Gegenbild Eckharts zum „Leben im Land der Unähnlichkeit" ist, wie er im Anschluss an Mt 11,27 betont, das Leben des „Sohnes", dessen, der von Gott, der Gerechtigkeit, „geboren ist", es ist das Leben des „göttlichen Menschen":

divinus quisque,	Jeder göttliche [Mensch],
exempli gratia iustus,	der Gerechte zum Beispiel,
perficitur	wird durch drei Stücke
tribus:	vollendet:
primum	*zum ersten,*
quod	dass er
sit genitus	von der Gerechtigkeit selbst
et proles nascens	geboren
ab ipsa iustitia;	und ihr eigenes Kind ist;
secundum	*zum zweiten,*
quod non sit genitus	dass er von niemand anderes
ab alio quolibet	als von der Gerechtigkeit
quam a iustitia	und von ihr einzig
et ab ipsa sola una [...];	und allein geboren sei [...];
tertio requiritur	*zum dritten* wird erfordert,
quod non tantum sit genitus	dass er nicht nur geboren
et unigenitus,	und ein-geboren sei,
sed quod sit	sondern

---

38 Vgl. hierzu ausdrücklich Eckhart: InSap 63: LW II; 391,1:
„Iusti esse et vivere iuste agere".
[Des Gerechten Sein und Leben ist gerecht handeln.]

stans	in der Gerechtigkeit selbst
in ipsa iustitia	stehe,
ad hoc quod possit enarrare	um die Gerechtigkeit kundtun,
et docere	lehren
seu manifestare iustitiam.[39]	oder offenbaren zu können.

Der Gerechte, der von der Gerechtigkeit geborene Sohn, „der sieht, hört und kennt sie, und folglich bezeugt er das, was er gesehen und gehört und von ihr empfangen hat: von ihr, die in dem Gerechten lehrt und leuchtet und bekundet oder einprägt, dass wahr ist, was sie redet, und dass Gott wahrhaftig ist, der die Gerechtigkeit aufprägt und eingießt"[40].

| volens deum in se invenire | Wer Gott in sich finden will, |
| oportet quod sit filius dei.[41] | muss Gottes Sohn sein. |

Wer die Gerechtigkeit in sich finden will, muss „Sohn der Gerechtigkeit" und damit *filius dei* sein. Er muss geprägt sein von der *generatio*, die durch die göttliche *forma substantialis*, durch die Gerechtigkeit als solche, gewirkt wird. Die Erkenntnis der Gerechtigkeit ist „Frucht der Gottesgeburt in der Seele", „die kein Geschöpf hervorzubringen vermag, sondern Gott allein mit seiner ganzen Kraft", und „die vollendet wird, wenn der Tau des Heiligen Geistes auf die Seele herabkommt"[42].

---

39 Eckhart: InIoh 187: LW III; 156,13—157,4.
40 Eckhart: InIoh 85: LW III; 73,17—74,4: „Iustus autem [...] videt, audit sive cognoscit et per consequens testatur quae vidit et audivit et accepit ab ipsa docente et lucente in ipso iusto et signante sive imprimente quia vera sunt quae loquitur et quod verax est deus, sigillans et infundens iustitiam".
41 Eckhart: InIoh 115: LW III; 100,10—11.
42 Vgl. Eckhart: Sermo LV2: LW IV; 455,13—456,1: „Nulla creatura sufficit ex primere [fructum], sed deus solus tota sua virtute. Est enim fructus iste partus dei in anima, qui partus perficitur spiritu sancto irrigante animam".

II.3.7.4. Das Sohn-Werden und die „Idee des frommen Menschen"

Das für die Erkenntnis der Gerechtigkeit notwendige Geschehen der *generatio* als Wirken Gottes *in non tempore* (im einen *nunc aeternitatis*, im „Jetzt der Ewigkeit"[43]) erweist sich, wie oben ausführlich dargelegt, *in tempore*, d. h. „unter den Bedingungen der Geschöpflichkeit", für den Menschen als Zumutung eines kontinuierlichen Prozesses der *alteratio*, der Veränderung, als mühsamer „Weg, ein anderer zu werden".
Die Forderung Eckharts:

Vis ergo	Willst du also,
omnia bona	dass alles Gute,
tibi venire	was der Vater ist,
quae patris sunt [...]?	zu dir komme?
[...]	[...]
Esto filius,	Dann sei Sohn,
esto proles dei.[44]	sei Kind Gottes!

bedeutet für den „Gerechten *in tempore*", dessen „Sein und Leben gerecht *handeln* ist"[45], dass das Sohn-Sein ein Prozess des Sohn-Werdens in je neu zu realisierendem Dem-Sohn-Sein-gemäß-Wirken ist. Das Sohn-Werden als Prozess einer Folge je neuer, einzelner in Freiheit gewirkter Akte des Sohn-Seins erfordert, wie Eckhart im Anschluss an Paulus darlegt, eine bewusste, die Gewohnheiten des „alten Menschen" hinter sich lassende Veränderung der Lebenspraxis:

Nos igitur	Wir sollen
praedictis modis	auf die vorherbeschriebene Weise
	[d. h. im Kontext: Gott zugekehrt; E. F.[46]]

---

43 Vgl. Eckhart: InIoh 412: LW III; 350,5—6.
44 Eckhart: InSap 103: LW II; 440,6—8.
45 Vgl. Eckhart: InSap 63: LW II; 391,1.
46 Vgl. hierzu ergänzend auch Eckhart: InSap 68: LW II; 395,12—13:

in novitate ambulemus	in der *Neuheit* wandeln,
et in novitate	und zwar nicht
non solum quacumque,	in einer *beliebigen* Neuheit,
sed *vitae;*	sondern in der
	,*Neuheit des Lebens',*
nec vitae,	und auch
quae vapori	nicht in der Neuheit *des* Lebens,
et umbrae comparatur,	das dem Dunst
	und dem Schatten verglichen
	wird
	(1 Chr 29,15 / Jak 4,15),
non tam	nicht so sehr
pro brevitate durationis	wegen seiner Kürze
quam pro nulleitate [...] –	als seiner Nichtigkeit [...] –
sed in novitate	sondern in der Neuheit
vitae	des Lebens
et virtutis,	und der Tugend,
quae per gratiam	die durch die Gnade
datur.[47]	geschenkt wird.

Die dem Sohn-Sein, der Gerechtigkeit gemäße Lebenspraxis ist dabei grundlegend geprägt vom Vertrauen, dass „die Gerechtigkeit in den Gerechten über sein Fassungsvermögen hinaus einströmt"[48], d. h. dass sie – trotz ihrer letzten Unerkennbarkeit und Entzogenheit gegenüber dem verstehenden Zugriff des Menschen – im Leben des um Gerechtigkeit bemühten Menschen anwesend und wirksam ist. Begründet liegt dieses Vertrauen für Eckhart im Wissen um das Wesen des Göttlichen. Dieses ist als in Relation zum geschöpflichen

---

„iustus se toto primo et per se directo aspectu iustitiam ipsam et in se ipsa immediate respicit".
[Der Gerechte richtet seinen Blick seinem Wesen nach zuerst und an sich unmittelbar auf die Gerechtigkeit selbst, wie sie in sich selbst ist.]
47   Sermo XV2: LW IV; 150,3—7.
48   Eckhart: InSap 77: LW II; 409,5.

Sein „Oberes" „von Natur begieriger, bereitwilliger und wirksamer im Schenken als das Niedere im Empfangen"[49]:

invenit,	Ich sage:
inquam,	Er [der Suchende]
	wird sie [die Tugend] finden,
tamquam priorem	weil sie schon immer da ist
et expectantem [50]	und auf ihn wartet.

Diesem „schon immer auf den Suchenden Warten" der Tugend entspricht der gerecht-werdende Mensch durch ein beständiges „Fortschreiten", durch ein „beständiges Sehnen, ‚vollkommen zu sein, ohne in etwas zu fehlen' (Jak 1,4)"[51].

Das Ideal, als in die Kategorien von Raum und Zeit eingebundenes Geschöpf „vollkommen zu sein", das damit zum Orientierungspunkt und Maßstab dessen wird, der „sich auf den Weg begibt, ‚Sohn' zu werden", darauf wurde bereits mehrfach hingewiesen, beschreibt Eckhart mit den Begriffen der „ewigen Idee der Frömmigkeit oder des frommen Menschen, dem ewiger Lohn[52] zukommt" (*luce aeterna pietatis sive pii hominis, cui debetur praemium aeternum*)[53]. Es ist nun an der Zeit, dieses Lebens-Ideal des *„homo pius"* näher zu betrachten und zu konkretisieren und so die „Neuheit des Lebens und der Tugend, die durch die Gnade geschenkt wird", zu beschreiben.

Eckhart gewinnt die dieses Ideal konstituierenden Elemente gemäß seiner Überzeugung von der Konkordanz philosophischer Erkennt-

---

49 Vgl. Eckhart: InSap 77: LW II; 409,3–4.
50 Eckhart: InSap 80: LW II; 412,5.
51 Eckhart: Sermo XV2: LW IV; 152,13–14.
52 Vgl. zum „Lohn der Gerechtigkeit": Eckhart: InSap 70: LW II; 398,1–9:
   • „Nichts außer Gott ist der Lohn des Gerechten";
   • „Der Lohn der Gerechten besteht darin, dass sie Söhne Gottes sind. Denn der Sohn, und er allein, ist, wie gesagt, bei dem Herrn: Niemand ist also Erbe, außer dem Sohn".
   • „Wenn Söhne, dann auch Erben: Erben Gottes, Miterben Christi (Röm 8,17 / Gal 4,7), der der ‚erstgeborene Sohn' (Röm 8,29), ‚das Wort bei Gott' (Joh 1,1) ist".
53 Eckhart: InSap 220: LW II; 556,3–4.

nis und der sich auf die Offenbarung stützende Einsichten in die
„Wahrheiten des Glaubens"[54]

- aus der Betrachtung der Merkmale „wahren Mensch-Seins", die
  sich aus dem Sein des Menschen als *imago dei* einerseits, dem Sein
  des Menschen als Geschöpf andererseits ableiten lassen, und
- aus der Betrachtung der Person des Jesus von Nazaret, der das *esse filius dei* unter den Bedingungen der Geschöpflichkeit exemplarisch verwirklicht hat. Das Ideal des „frommen Menschen" ist
  damit grundlegend christologisch verankert:

Facies domini	Das Angesicht des Herrn
veritatis notitia est.[55]	ist die Kenntnis der Wahrheit.
qui filius hominis,	Wer eines Menschen Sohn ist,
fit filius dei,	wird Sohn Gottes:
Cor. 3:	,wir werden
'in eandem imaginem	in dasselbe Bild verwandelt
transformamur	von Herrlichkeit
a claritate	zu Herrlichkeit,
in claritatem,	wie vom Geist des Herrn'
tamquam a domini spiritu'.	(2 Kor 3,18).
Non enim est	Man darf nämlich nicht
imaginandum falso	die falsche Vorstellung haben,
quasi alio filio	als wäre durch den einen Sohn
sive imagine	oder das eine Bild
Christus sit filius dei,	Christus Gottes Sohn,
et alio quodam	und durch ein anderes wäre

---

54 Vgl. erneut Eckhart: InIoh 444: LW III; 381,5—7:
    "ex eadem vena descendit veritas et doctrina theologiae, philosophiae naturalis, moralis, artis factibilium et speculabilium et etiam iuris positivi, secundum illud Psalmi: ,de vultu tuo'."
    [Aus derselben Ader kommt die Wahrheit und die Lehre der Theologie, die der Natur- und Moralphilosophie, die der praktischen und theoretischen Kunst und auch die des positiven Rechts her, nämlich von ,deinem Angesicht' [= vom ,Angesicht des Herrn', d. i. Gottes] (Ps 16,2).]
55 Eckhart: InIoh 443: LW III; 380,7.

homo iustus et deiformis	der gerechte und gottförmige
sit filius dei.	Mensch Gottes Sohn.
Ait enim:	Denn er sagt:
'transformamur	,wir werden in *dasselbe* Bild
in eandem imaginem'. [...]	verwandelt'. [...]
Praeterea, quotquot specula	Man mag noch so viele Spiegel
opponantur	vor eines Menschen Gesicht
vultui vel faciei hominis,	oder Antlitz halten,
formantur	sie spiegeln [alle]
ab eadem facie numerali:	ein und dasselbe Antlitz wider:
sic etiam omnes iusti	so sind auch alle Gerechten
et singuli	und jeder einzelne
ab eadem iustitia	durchaus und schlechthin
prorsus et simpliciter	durch dieselbe Gerechtigkeit
iusti sunt,	gerecht;
formantur,	sie werden von ihr gebildet,
informantur	überbildet
et transformantur in eandem.	und in dieselbe verwandelt.
[...]	[...]
Unde et supra	Daher fügte [Paulus]
ad Corinthios,	in dem oben erwähnten
cum dixisset:	Korintherbrief zu den Worten
'in eandem imaginem	,wir werden in dasselbe Bild
transformamur',	verwandelt'
adiecit:	hinzu:
,tamquam a domini spiritu',	,wie vom Geist des Herrn',
quasi diceret:	als wollte er sagen:
sicut eodem	wie wir alle durch denselben
spiritu sancto	über uns kommenden
superveniente in nos	Heiligen Geist
sanctificamur omnes,	geheiligt werden,
sic eodem	so werden [wir] Gerechten
filio dei	und Gottförmigen
omnes iusti et deiformes,	alle durch denselben
	Sohn Gottes,

---

56   Eckhart: InIoh 119—120: LW III; 104,4—105,8.

qui *verbum caro factum*	der das Fleisch gewordene Wort
in Christo	in Christus ist,
habitante in nobis	Gottes Söhne genannt
et nos sibi per gratiam	und sind es wirklich (1 Joh 3,1)
conformando	und zwar dadurch,
nominamur	dass *er* in uns wohnt
et sumus filii dei,	und uns durch seine Gnade
1 Ioh. 3.[56]	sich gleichförmig macht.

Im Werk Eckharts sieht man sich nun mit einer Fülle von Betrachtungen über die Konsequenzen konfrontiert, die sich *moraliter* – bezogen auf das praktische, sittliche Leben – aus seinen Ausführungen über das Mensch-Sein und der Beschreibung der Lebensbewegung des *filius dei per naturam* ergeben. Die folgende Auflistung soll einen Eindruck dieser Vielgestaltigkeit dessen bieten, was Eckhart in unserem Zusammenhang bedenkt, ohne den Anspruch auf Vollständigkeit zu erheben, was bei der Fülle des Materials hier nicht geleistet werden kann.

Er beschreibt ausführlich und differenziert:

- wie der Mensch sein muss, „der Segen und Weisheit empfangen will"[57],
- an welchen Zeichen erkennbar ist, „ob jemand Gottes oder des Teufels Sohn ist"[58],
- welche Kennzeichen „einen Menschen als gerecht erweisen"[59],
- was der Mensch „braucht, um zu Gott aufzusteigen"[60],
- wie der Mensch sein muss, „der zu Gott kommen will"[61],

---

57 Vgl. Eckhart: InSap 275: LW II; 605,9 – 13.
58 Vgl. Eckhart: InSap 57: LW 384,1 – 385,6.
59 Vgl. Eckhart: InSap 59/62: LW II; 386,5 – 388,2 und 390,10 – 12 / InSap 60 – 61: LW II; 388,10 – 390,9 und InSap 210: LW II; 546,6 – 9.
60 Vgl. Eckhart: Sermo XXXVIII: LW IV; 326,10 – 330,10.
61 Vgl. Eckhart: InIoh 318: LW III; 265,4 – 266,7 und InIoh 317: LW III; 264,4 – 265,3.

- wodurch „die Seele Gottes Haus ist, Gottes empfänglich ist und Bild Gottes ist"[62],
- was die „wahren Zeichen des Sohn-Seins sind" und wie „der wandeln muss, der sagt, er bleibe in Christus"[63],
- wodurch der Mensch „Christus gleichgeformt, dem Eingeborenen gleichgestaltet und so als Sohn angenommen wird"[64],
- was die „allereigentlichste Vorbereitung auf jede Gnade" erfordert, was „notwendig ist für das Kommen der Wahrheit" in das Leben des Menschen; was es bedeutet, „dem Herrn den Weg zu bereiten"[65],
- welches „Wesen der Mensch von Natur" ist[66],
- „wo", unter welchen Voraussetzungen „die Hochzeit zwischen Gott und der Seele gefeiert wird"[67],
- wie „der Mensch sein muss, um göttlich und gottförmig zu sein"[68],
- wie der Mensch „notwendig sein muss, um sich erleuchten zu lassen"[69],
- „wo Gott wohnt" und „wo Gott nicht wohnt"[70], „wo Gott gefunden wird"[71],
- negativ formuliert: vor welchen „Gattungen von Menschen das Heil verborgen ist"[72],
- wer wiederum „fähig ist, Gottes Wort zu hören", „wann und wo Gott spricht"[73],
- „welche Gruppen von Menschen Gott liebt"[74],

---

62 Vgl. Eckhart: Sermo XXIV: LW IV; 217,15—220,3 und InSap 51: LW II; 378,10—12.
63 Vgl. Eckhart: Sermo XXII: LW IV; 201,4—202,1.
64 Vgl. Eckhart: Sermo XXII: LW IV; 200,4—201,3.
65 Vgl. Eckhart: Sermo XXII: LW IV; 192,4—6.
66 Vgl. Eckhart: Sermo II2: LW IV; 19,2—3.
67 Vgl. Eckhart: InIoh 292: LW III; 244,5—245,1.
68 Vgl. Eckhart: InIoh 112; LW III; 97,3—4.
69 Vgl. Eckhart: InIoh 94—95: LW III; 81,5—82,12.
70 Vgl. Eckhart: InIoh 209—212/221: LW III; 176,10—179,5 und 185,10—13.
71 Vgl. Eckhart: Sermo L: LW IV; 430,12—431,1.
72 Vgl. Eckhart: InIoh 533: LW III; 463,10—465,3.
73 Vgl. Eckhart: InIoh 487—488: LW III; 419,9—421,4.
74 Vgl. Eckhart: InIoh 522: LW III; 451,3—5.

- was „das Eigene" ist, „in das Gott kommt, um Mensch zu werden"[75],
- wodurch „Gottessohnschaft bewirkt wird"[76],
- wie der Mensch „neu, gut, rein, lauter und heilig wird"[77],
- „wo die Wahrheit wohnt" und „wer sie finden kann"[78],
- was es für den Menschen bedeutet, „gut zu sein", und was es bedeutet, „böse zu sein"[79],
- was erforderlich ist, damit der Mensch „Gerechtigkeit oder andere Gnaden besitzt"[80].

Diese Reihe von Verweistexten, die in dieser Form fortgesetzt werden könnte, macht es aufgrund ihrer Fülle und Vielgestaltigkeit erforderlich, auf die vollständige Wiedergabe der Quellentexte hier zu verzichten. Aus dem angeführten Bestand sollen vielmehr die einzelnen dort benannten Elemente, die das Lebensideal des „frommen Menschen" konstituieren, in Form eines Überblicks gesammelt werden.

In grundsätzlicher Weise ist zu berücksichtigen, dass Eckharts Bild des „frommen Menschen" sich als spannungsvolle Einheit darstellt, die geprägt ist von zwei Polen:
Zum einen sichert Eckhart den Vorrang der Gnade und des Wirkens Gottes gegenüber dem menschlichen Wirken dadurch, dass er die Fähigkeit, „Gerechtigkeit und andere Gnaden zu besitzen" als radikal abhängig beschreibt vom „Heiligen Geist, der [die Gnade] zuteilt und [dem Menschen] innewohnt", der „von innen und vom Innersten her [das Wissen um die Gerechtigkeit] einhaucht und lehrt".[81]

---

75 Vgl. Eckhart: InIoh 97—98/105: LW III; 84,1—15 und 90,1—4.

76 Vgl. Eckhart: Sermo XLII: LW IV; 354,7—14.

77 Vgl. Eckhart: Sermo XV2: LW IV; 149,10—150,1 und Sermo XLI1: LW IV; 353,5—7.

78 Vgl. Eckhart: InSap 88: LW II; 421,1—2.

79 Vgl. Eckhart: ParGen 99: LW I; 565,1—2.

80 Vgl. Eckhart: InIoh 620: LW III; 541,10—542,2.

81 Vgl. Eckhart: InIoh 620: LW III; 541,10—13: „Constans autem quod nemo continens est iustitiae nec aliarum gratiarum sine spiritu sancto disponente et inhabitante, Rom. 5. [...] Et hoc est quod hic dicitur de spiritu sancto:

Gleichzeitig betont er, gerade indem er den Heiligen Geist als wirksam *„ab intus et ab intimis"* beschreibt, dass das Wirken der göttlichen Gnade verankert ist im Innersten des Menschen, in seinem Wesen als geistbegabtes Geschöpf, das als *imago dei* selbst Geist, *intellectus* ist. Entsprechend hebt Eckhart hervor, dass das Wirken der Gnade, die „Belehrung" durch den *spiritus sanctus docens* „nicht von außen durch Sehen und Hören" erfolgt, sondern dass es dem Menschen als Nicht-Fremdes entgegentritt – zwischen der Natur des Menschen und der in der Gnade wirksamen *forma* besteht eine Gleichheit *„per inesse et per esse"*.[82]

Die erste „Belehrung" darüber, was es bedeutet, *in tempore* gerecht zu leben, ist dementsprechend die Forderung gegenüber dem Menschen, die Eckhart von Augustinus übernimmt:

noli foras ire,	Geh nicht nach draußen,
in te ipsum redi,	kehre ein in dich selbst,
in interiori homine	im innern Menschen
habitat veritas,	wohnt die Wahrheit,
quam nemo invenit	die niemand findet,
qui eam foris quaerit[83]	der sie draußen sucht.

Was der Mensch in sich „hörend findet" ist, das wurde oben deutlich, die Stimme der *synderesis*, die in Zustimmung zu allem, was der *imago dei*, dem „inneren Menschen" entspricht, und Widerstand und Widerspruch gegen alles, was dem zu überwindenden Kontrastbild des „äußeren Menschen" entspricht, ein *vünkelîn* des göttlichen *intellectus* ist.

Eckhart betont folgerichtig im Anschluss an Dionysius Areopagita:

---

suggeret vobis omnia, ab intus et ab intimis inclinans et inspirans et docens".

82 Vgl. Eckhart: InIoh 620: LW III; 541,13—542,2: „Non sic quae ab extra discimus videndo vel audiendo; nisi tales simus per inesse et per esse, possumus quidem de talibus loqui sicut caecus de coloribus, nequaquam tamen scire possumus".

83 Eckhart: InSap 88: LW II; 421,1—2.

bonum hominis est	Gut für den Menschen ist es,
secundum rationem vivere,	nach der Vernunft,
malum vero	böse hingegen,
praeter rationem.[84]	wider die Vernunft zu leben.

Es ist jedoch zu beachten, dass es sich hier, bei der „Vernunft" (der *ratio*), die laut Eckhart das Handeln bestimmen soll, nicht einfach um das Verstandesvermögen des Menschen handelt, das seine Erkenntnis über die Sinne in Beziehung zur geschöpflichen Welt gewinnt, das abhängig ist von dem, „was wir von außen durch Sehen und Hören lernen"[85], sondern im strengen Sinn um den *intellectus inquantum intellectus*, die Vernunft, insofern sie der reinen, göttlichen Vernunft entspricht. Dieser „vollkommene *intellectus*" ist als „Ort der *imago dei*" der „Ort", „wo Gott gedacht und erkannt wird": „Dort wird er [Gott] auch gefunden und nirgendwo anders"[86]. In grundlegender Weise entscheidend für das „Wirken gemäß der Vernunft", das „*secundum rationem vivere*", ist dabei die Einsicht der Vernunft in die „Stufen in der Wesensordnung des Wirkenden und Erleidenden" (die „*ordines activorum et passivorum*")[87], aufgrund der der Mensch auch sein eigenes Wesen und Sein erkennen kann[88]:

* das „Sein nach der Weise der Ungeborenheit", die „ewige Idee des Menschen", sein Sein in Gott, im *nunc aeternitatis, in non tempore*: das Sein als *imago dei*;

---

84 Eckhart: ParGen 99: LW I; 565,1−2.

85 Vgl. Eckhart: InIoh 620: LW III; 541,13.

86 Vgl. Eckhart: Sermo L: LW IV; 430,5−431,1: „Hinc est quod nullo sensu corporali et exteriori deum cognosco nec invenio, sed solo interiori aliquo, secundum illud Augustini:'in interiori habitat'; et iterum: ‚intus eras, et ego foris'. Rursus: deus corpus non est, ut inveniatur in corporalibus. [...] Adhuc autem illud cogito, cognosco et amo, cuius imago sive proles in me formatur, et proles una est cogniti et cognoscentis.
Ex quo patet manifeste quod, ubicumque deus cogitatur, cognoscitur et amatur, ibi deus invenitur et nusquam alibi".

87 Vgl. Eckhart: ParGen 25: LW I; 495,4−5.

88 Vgl. hierzu den Abschnitt II.2.2.2.a. dieser Arbeit.

- das „Sein nach der Weise der Geborenheit", das Sein des Geschöpfes, das er im Kontext der *collatio esse* als radikal abhängiges Sein erkennt;
- das Sein, dass der Mensch deshalb nur verwirklichen kann als „Nicht-für-sich-Sein": das „Sein durch Gott" als ein „Sein in Beziehung", Ausgerichtet-Sein, Hingeordnet-Sein auf Gott;
- das Sein des Menschen *in tempore*, das wesenhaft zu bestimmen ist als Verlangen, Durst, unendlicher Hunger, als „bittere Armut und Erbärmlichkeit" gegenüber dem „Reichtum und Erbarmen Gottes";
- diesem Sein entsprechend, dessen „Armut" als Empfänglichkeit als das eigentliche Vermögen des Menschen erkannt wird, kann schließlich die Vernunft als „Leere und reine Möglichkeit" sichtbar werden, insofern sie wirklich *intellectus* ist, fähig, die *imago* des göttlichen Wesens aufzunehmen.

Mit der Erkenntnis seiner Aufnahmefähigkeit für das „Wesen Gottes und die damit verbundenen Vollkommenheiten", auch das ist hier zu erinnern[89], ist die Erkenntnis der Fähigkeit und Pflicht (insofern es um das Lebensideal des „frommen Menschen" geht) verbunden:

- Gerechtigkeit, Wissen, Weisheit und alle anderen göttlichen *perfectiones* aufzunehmen;
- sich „auf den Weg zu begeben, ein anderer zu werden": Die Gewohnheiten des „alten Menschen" abzulegen und dem *filius dei per naturam*, Jesus Christus, nachzufolgen;
- den Prozess der *alteratio*, die mit dem Lebensweg der Nachfolge verbundene Unruhe, den Widerstand und das Leid „um des Sohn-Seins willen", im Deutungshorizont der *generatio* in freier Zustimmung als das eigene Leben prägend anzunehmen;
- den freien Willen dahingehend zu nutzen, der Stimme der *synderesis* zu folgen, sich Gott zuzukehren und Widerstand zu leisten gegen alles Wider-Göttliche;
- so wirklich die Freiheit zu verwirklichen, „selbst-mächtig Ursprung des eigenen Wirkens zu sein", dem eigenen „Innersten", dem eigenen Wesen als *imago dei* entsprechend zu leben;

---

89 Vgl. hierzu Abschnitt II.2.1. dieser Arbeit.

- „Selbst-Bererrschung" zu üben: „Gewalt zu haben" über das eigene Wirken und die rechte Ordnung der den Menschen bestimmenden Kräfte;
- Vorsorge zu tragen für die anderen Geschöpfe und das Gesamt der Schöpfung;
- über die Geschöpfe zu „herrschen", d. h. diese zu lenken und ihre Ordnung zu bewahren;
- allen unter dem Menschen stehenden Geschöpfen selbstlos zu nützen.

All dies zusammenfassend ist das Ideal des „Gerechten" (*in tempore*), das Ideal des „frommen Menschen" dahingehend zu formulieren, dass es darum geht, unter den Bedingungen der Geschöpflichkeit und eingebunden in das Gesamt der Schöpfung, wie sie sich je neu in jedem Augenblick als Anruf an den Menschen zeigt, „in Freiheit zu wirken" (in aktivem Handeln und Erleiden), *„dei coadiutor"*[90], ein „Mitarbeiter Gottes" zu sein.

Diese Fähigkeit, „Mitarbeiter Gottes" in der Welt zu sein, bindet Eckhart nun an eine Reihe von Haltungen, die, wie oben beschrieben, als notwendige Dispositionen des Menschen für das Geschehen der *generatio* zu betrachten sind. Ihre Bestimmung folgt konsequent dem, was Eckhart als Einsicht in die „Stufen in die Wesensordnung des Wirkenden und Erleidenden" beschreibt, Eckhart orientiert sich an dem, was als Erkenntnis über das Sein und Wesen des Menschen bereits festgehalten werden konnte, was über das Wesen Gottes und die mit ihm verbundenen *perfectiones* sagbar ist. Eckhart spricht ...

- von der Notwendigkeit, zu denken – in erster Linie „Gott zu denken":
  „Nur, wo Gott *gedacht* wird [...], wird er auch gefunden und nirgendwo anders"[91].
- von der Notwendigkeit, Gott zu erkennen und Gott zu lieben[92];

---

90   Vgl. Eckhart: Sermo LII: LW IV; 437,5.
91   Vgl. Eckhart: Sermo L: LW IV; 430,12–431,1.
92   Vgl. ebd. / so auch Eckhart: Sermo XLII: LW IV; 354,11–12:
     Gottessohnschaft wird bewirkt durch „Liebe zu Gott als Akt und Habitus" (*„amare deum et amor dei"*).

- damit zusammenhängend von der Notwendigkeit, sich der letzten Unbegreiflichkeit Gottes und damit der Begrenztheit menschlicher, geschöpflicher Vernunft bewusst zu sein.
- von der Notwendigkeit der „Armut des Geistes", die als „Bloßsein" (als *„nudum esse"*) „alle Hindernisse und alle Widerstände beseitigt, welche die Wahrheit – die Gott ist – verfinstern"[93].
- von der Notwendigkeit, sich der eigenen geschöpflichen Nichtigkeit, „Armut und Erbärmlichkeit" bewusst zu sein;
- dementsprechend von der Notwendigkeit der Demut[94], der *„propriissima dispositio omnis gratiae"*[95]: „Die Demut ist ja die Himmelsleiter, auf der Gott zu den Menschen herabsteigt oder der Mensch zu ihm kommt, [...] die wahre Demut aber besteht darin, dass der Mensch sich ganz Gott allein unterwirft"[96].
- von der Notwendigkeit des Glaubens (der *„fidei nuda receptio"*[97]), der Hingabe an die Offenbarung Gottes (vor allem in der Person Jesu Christi, aber auch in den Heiligen Schriften, in der Überlieferung der heiligen Meister), von der die geschöpfliche Vernunft sich erleuchten lassen muss, um Gott „erkennen und lieben zu können": „Der Glaube ist das Fundament [...], ein anderes Fundament kann niemand legen"[98].
- von der Notwendigkeit, „sich ganz Gott zu weihen und sich ihm zu eigen zu geben", so dass der Mensch „nicht mehr sich selbst sondern Gott lebt"[99].
- von der Notwendigkeit einer „in allem beständigen Ausdauer im Gehorsam", einer *„constans in omnibus oboedientiae perduratio"*[100].
- von der Notwendigkeit für den Menschen, „mit seinem Geist und seiner Sehnsucht außerhalb dieser Welt zu leben": „Inmitten des

---

93 Vgl. Eckhart: Sermo XXII: LW IV; 190,2—3 und 191,1.
94 Vgl. Eckhart: InIoh 95: LW III; 82,6—7. / Sermo XXIV: LW IV; 218,10 / Sermo XXXVIII: LW IV; 327,1—5.
95 Eckhart: Sermo XXII: LW IV; 190,10—11.
96 Eckhart: InIoh 318: LW III; 265,4—266,7.
97 Eckhart: Sermo XXII: LW IV; 200,11.
98 Vgl. Eckhart: Sermo XXIV:LW IV; 218,3—6.
99 Vgl. Eckhart: InIoh 105: LW III; 90,1—4.
100 Eckhart: Sermo XXII: LW IV; 201,14—202,1.

Wechsels der irdischen Dinge [...] seien unsere Herzen dort verankert, wo die wahren Freuden sind"[101];

- von der Notwendigkeit, „im Ohr des Herzens taub zu sein für den Lärm der Eitelkeiten"[102].

- von der Notwendigkeit, an keinem Ort „mit irdischer Anhänglichkeit zu haften", sondern „in gleichmütigem Sinn überall zu sein", „denn es gibt keinen Ort, an dem Gott nicht wäre"[103].

- von der Notwendigkeit der materiellen Armut[104]: „Niemand kann Christi Jünger sein, der nicht auf alles verzichtet hat, was er besitzt"[105].

- von der Notwendigkeit, „sich alles Niedere zu unterwerfen"[106].

- von der Notwendigkeit, „die Leidenschaften zu besiegen, sie zu unterwerfen und auszurotten"[107].

- von der Notwendigkeit, sich selbst nichts und niemand anderem zu unterwerfen (ausgenommen Gott)[108].

- von der Notwendigkeit, „mit Verachtung alles Wandelbare [...] zu überschreiten": „Alles [...] erachte ich für Kehricht, damit ich Christus gewinne (Phil 3,8)"[109].

- von der Notwendigkeit, nicht zu sündigen[110], sondern „rein und heilig" zu leben[111], „das Böse zu verabscheuen und sich von den Bösen fern zu halten"[112], alles zu meiden, „was der Gnade unmittelbar entgegensteht"[113]: Hochmut, Stolz, Trägheit und Lauheit.

- von der Notwendigkeit der Heiligkeit[114], der „Reinheit und Lauterkeit des Herzens"[115].

101 Vgl. Eckhart: InIoh 317: LW III; 264,4—265,3.
102 Vgl. Eckhart: InIoh 487: LW III; 419,9—420,3.
103 Vgl. Eckhart: InIoh 210: LW III; 177,10—178,2.
104 Vgl. Eckhart: Sermo XXXVIII: LW IV; 328,8—9 und 330,2—3.
105 Vgl. Eckhart: ParGen 133: LW I; 597,11—12.
106 Vgl. Eckhart: InIoh 95: LW III; 82,12.
107 Vgl. Eckhart: Sermo XXII: LW IV; 200,7—8.
108 Vgl. Eckhart: InIoh 318: LW III; 265,11—12.
109 Vgl. Eckhart; InIoh 292: LW III; 244,5—245,1.
110 Vgl. Eckhart: Sermo XLII: LW IV; 354,9.
111 Vgl. Eckhart: InSap 51: LW II; 378,10—12.
112 Vgl. Eckhart: Sermo XXII; LW IV; 200,5—6.
113 Vgl. Eckhart: Sermo XXII: LW IV; 192,4—6.
114 Vgl. Eckhart: Sermo XXIV: LW IV; 219,10—220,1.
115 Vgl. Eckhart: InSap 57: LW II; 384,6—7.

- von der Notwendigkeit für den Menschen, „mit seinem ganzen Wesen alles zu lieben, was gerecht ist, und alles zu hassen, was nicht gerecht ist, was vom Gerechten verschieden oder ihm fremd ist – auch sich selbst, sofern er etwas der Gerechtigkeit unähnliches ist"[116].
- von der Notwendigkeit, das Leben Jesu als „Lehrbuch" für das eigene Leben anzunehmen, den Weg der Nachfolge zu beschreiten, um mitten in der Welt „ein anderer zu werden":
  „In Christus, Christus gleichgeformt, dem Eingeborenen gleichgestaltet, auf dass er [der Mensch] zum Sohn angenommen sei, der da ruft ‚Abba, Vater'"[117];
  Der Weg, der „ohne Irrtum zum Leben führt", ist das „Eingehen in das Netz Christi"[118].
- Dies bedeutet die Notwendigkeit der Umkehr: „Gerecht ist, wer gleich zu Beginn sein eigener Ankläger ist, [...] denn er betritt den Weg [der zum Leben führt]"[119].
  „Die verkehrte Einstellung (die *perversitas*") muss geändert werden. Denn wenn sie nicht das, was oben ist, nach unten, und das, was unten ist, nach oben kehrt, ist sie für das Himmelreich nicht tauglich"[120].
- von der Notwendigkeit die Konsequenzen, die ein Leben der Nachfolge als Prozess der *alteratio* mit sich bringt, in Freiheit anzunehmen und zu tragen: Verachtet- und Verlassensein[121], Trübsal und Unglück[122], Einsamkeit[123], Aufruhr[124], Schwierigkeiten und äußerer Widerstand, die „Widerwärtigkeiten, die uns erschüttern und von allen Seiten bedrängen"[125], Leid und „innerer Widerstreit", Unrast und Unruhe, Unlust, Mühsal, „eine Art Trauer der Natur" „unter dem Murren der Gegensätzlichkeit".

---

116 Vgl. Eckhart: InSap 62: LW II; 390,10—12.
117 Vgl. Eckhart: Sermo XXII: LW IV; 200,4—5.
118 Vgl. Eckhart: InSap 210: LW II; 547,1—3.
119 Vgl. Eckhart: InSap 210: LW IV; 546,6—9.
120 Vgl. Eckhart: InSap 61: LW II; 390,4—6.
121 Vgl. Eckhart: Sermo XLII: LW IV; 354,7—8.
122 Vgl. Eckhart: InIoh 522: LW III; 451,3—5.
123 Vgl. Eckhart: InIoh 488; LW III; 421,4.
124 Vgl. Eckhart, InGen 233: LW I; 378,2.
125 Vgl. Eckhart: Sermo XXXVIII: LW IV; 327,1—3.

„Die Wissenschaft der Heiligen besteht darin, hier, in der Zeit gekreuzigt [...] zu werden"[126].

- von der Notwendigkeit, furchtlos in der Welt zu leben[127], das bedeutet auch, Gott nicht zu fürchten[128].
- von der Notwendigkeit, „friedfertig (als *animal mansuetum'*) zu leben"[129], das bedeutet „vor allem, die Feinde zu lieben"[130].
- von der Notwendigkeit, „auf Frömmigkeit, Gebet und Betrachtung bedacht zu sein"[131], der Notwendigkeit „eifriger Versenkung in die göttlichen Dinge", der *„divinorum studiosa contemplatio"*[132].
- von der Notwendigkeit, in einer Haltung „tiefen Schweigens" zu leben, in der „das Lärmen des Fleisches verstummt, die Bilder der Vorstellung verstummen, die Seele selbst in sich verstummt" – eine Haltung, in der „alles, was aufsteht und vorübergeht, gänzlich verstummt", in der die Seele „ihrer selbst vergessend über sich hinausschreitet"[133].
- von der Notwendigkeit, sich dem „Eifer", „der Glut der Liebe"[134] zu überlassen: „Denn die Liebe – ich meine die göttliche Liebe – ist ein Feuer. [...] Dem Feuer aber ist es eigen, aufzusteigen"[135]; Der Mensch „darf sich nicht der Trägheit oder der Lauheit hingeben", sondern muss „mit glühender Sehnsucht" als Suchender leben[136].
- von der Notwendigkeit der Liebe zu Gott und zum Nächsten[137].
- von der Notwendigkeit, „sich den Werken der Barmherzigkeit zu widmen"[138].

---

126 Vgl. Eckhart: InSap 211: LW II; 548,2.
127 Vgl. Eckhart: InIoh 533: LW III; 463,10 / InSap 210: LW II; 546,6—9.
128 Vgl. Eckhart: InSap 60: LW II; 388,10.
129 Vgl. Eckhart: Sermo II2: LW IV; 19,2—3.
130 Vgl. Eckhart: Sermo XXII: LW IV; 201,7—8.
131 Vgl. Eckhart: InIoh 522: LW III; 451,3—5. / InSap 57: LW II; 384,7.
132 Vgl. Eckhart: Sermo XXII: LW IV; 201,13.
133 Vgl. Eckhart: InIoh 488: LW III; 420,11—421,3.
134 Vgl. Eckhart: InIoh 292: LW III; 244,5—245,1.
135 Vgl. Eckhart: Sermo XXXVIII: LW IV; 330,7—10.
136 Vgl. Eckhart: InSap 275: LW II; 605,9—13.
137 Vgl. Eckhart: Sermo XXII: LW IV; 201,1.
138 Vgl. Eckhart: InIoh 522: LW III; 451,3—5.

- und, das sei abschließend nochmals hervorgehoben, von der Notwendigkeit des Bewusstseins, das unter den Bedingungen der Geschöpflichkeit „Sein und Leben *Handeln* ist" (!): „Des Gerechten Sein und Leben ist gerecht *handeln*"[139]. Notwendig ist die „ständige Vermehrung guter Werke", die „*bonorum operum continua multiplicatio*"[140].[141]

non enim dicam	Ich möchte nicht sagen,
semel iustum	der Gerechte sei nur einmal
ex deo natum,	aus Gott geboren,
sed	vielmehr wird er
per singula	durch jedes einzelne
virtutis opera	Tugendwerk
semper ex deo nascitur.[142]	immer aus Gott geboren.
Iusti esse est et vivere	Des Gerechten Sein und Leben
iuste agere,	ist gerecht handeln,
desitio esse	das Ende dieses Seins
et mori	und Sterben
non est aliud	ist nichts anderes
quam deserere iustitiam	als die Gerechtigkeit verlassen
et iniuste quidquam agere,	und unrecht handeln,
secundum illud	nach dem Wort:
Phil. 1:	‚Christus ist für mich
‚mihi vivere	das Leben'
Christus est'.	(Phil 1,21).
[...]	[...]
Propter quod	Deshalb heißt es:
Eccli. 4 dicitur:	‚für die Gerechtigkeit kämpfe
‚pro iustitia agonizare	wie für deine Seele'
pro anima tua'.	(Jes Sir 4,33).

---

139 Eckhart: InSap 63: LW II; 391,1.
140 Vgl. Eckhart: Sermo XXII: LW IV; 201,10—11.
141 Vgl. hierzu auch Eckhart: In Eccl 22: LW II; 249,6—7 / InEccl 27: LW II; 254,6—14
142 Eckhart: InEccl 65: LW II; 295,8—9.

Qui dicit	Wer sagt,
se manere in Christo,	er bleibe in Christus,
debet ipse,	der muss auch selbst
ut ille ambulavit,	so wandeln,
et ipse ambulare,	wie *er* wandelte,
ut in eo	auf dass in ihm
appareant	die wahren Zeichen
vera filii	des Sohnes
signa.[143]	sichtbar werden.

II.3.7.5. Gerechtigkeit als Grenzbegriff

Es ist an dieser Stelle noch einmal innezuhalten, um sich erneut dem „Einspruch negativer Theologie" auszusetzen.

Wenn hier und im Folgenden in sehr positiver, oft ungebrochener Weise, von der Fähigkeit des Menschen die Rede ist, das Sein der *imago dei* auch innerweltlich zu verwirklichen, im Angesicht der Herausforderungen und der Fremdheit, der Widersprüchlichkeit geschöpflicher Realität (des Menschen wie der gesamten Schöpfung), „gerecht", d. h. „neu, gut, rein, lauter und heilig"[144] zu leben, so ist immer die Spannung mit zu bedenken, die von Seiten der radikalen Analogielehre Eckharts jeder positiven Aussage über das „Sein des Menschen" vorgegeben und eingeschrieben ist.

Die Rede von der „Fähigkeit" des Menschen heißt immer: Herausforderung, Anruf zur bewussten und vernünftig begründeten Entscheidung im Kontext einer zerrissenen Identität zwischen „altem" und „neuem Menschen".

Die Rede vom „idealen Sein" des Menschen heißt immer auch: ernsthafte Gefahr der Selbst-Verfehlung, des Zu-Nichte-Werdens im Kontext des Wissens um das „unstete und wandelbare Sein der Geschöpfe". Die Verheißung der „Gottes-Geburt", der *generatio*, bedeutet immer: Zumutung der Leiden der *alteratio*.

In dieser unaufhebbaren Spannung ist festzuhalten, dass die Gerechtigkeit im Leben des um ihre Verwirklichung bemühten Menschen

---

143 Eckhart: Sermo XXII: LW IV; 201,4—5.
144 Vgl. Eckhart: Sermo XLI: LW IV; 353,5.

zwar gegenwärtig und wirksam ist im Sinn des Wirkens der „zur *generatio* zurichtenden *forma"*. Die Gerechtigkeit selbst aber bleibt in ihrem Wesen dem erkennenden Zugriff des Menschen entzogen – sie umfasst durch ihr Sein *in non tempore* das Leben „des Gerechten unter den Bedingungen der Geschöpflichkeit", sie geht ihm voraus im Sinn eines im je einzelnen Akt der Gerechtigkeit wirksam werdenden begründenden Prinzips, sie liegt ihm in ihrer Vollendungsgestalt voraus als Zielpunkt der Lebensbewegung des „Gerecht-Werdenden".

In diesem Sinn ist der Begriff der Gerechtigkeit zu bestimmen als Grenzbegriff, dessen Erkenntnis der Mensch sich im „Erleben", in Wirken und Erleiden, annähern kann und soll. Wie konkret auch die im Folgenden entwickelten Ideale der „Idee des frommen Menschen" dargestellt werden können als Orientierungsmarken für ein Leben, das getragen ist von der „beständigen Sehnsucht, vollkommen zu sein" und sich so dem Sein des „Sohnes der Gerechtigkeit" anzunähern, so gilt in sehr grundsätzlicher Weise, dass sich diese Form der „Gerechtigkeitslehre", wie sie sich im Blick auf die Werke Meister Eckharts aufzeigen lässt, sich „zunächst und zuerst einmal negativ rechtfertigen lässt als Erweis der Weglosigkeit aller anderen Wege"[145].

Für jede „Lehre von der Gerechtigkeit" gilt, was in anderem Kontext Joseph Ratzinger als wesentliches Moment der Trinitätslehre hervorgehoben hat: „Nur durch die Negation hindurch und nur in der unendlichen Indirektheit [...] ist sie brauchbar: Nur als durchkreuzte Theologie ist [... sie] möglich"[146]. Wo eine Gerechtigkeitslehre sich dieses Vorbehaltes nicht mehr bewusst ist, droht ihr die Gefahr, durch unzulässige, eindeutige Festlegungen selbst zum Götzen zu werden. Entsprechend sind Eckharts Warnungen ernst zu nehmen, wenn er etwa spricht von der „Grausamkeit, die sich für Gerechtigkeit ausgibt"[147]. Auch für die Lehre von der Gerechtigkeit gilt: „Der Versuch einer totalen Logik endet in Unlogik, in der Selbstaufhebung der Logik in den Mythos hinein"[148].

---

145 Vgl. Ratzinger, Joseph: Einführung ins Christentum. 159.
146 Vgl. Ratzinger, Joseph: Einführung ins Christentum. 160.
147 Vgl. Eckhart: InGen 205: LW I; 353,6—7.
148 Vgl. Ratzinger, Joseph: Einführung ins Christentum. 158.

Begründet darin, Gott und Gerechtigkeit als „*al ein*", als identisch zu erkennen, wird der Rede von der Gerechtigkeit unausweichlich eine Gravur negativer Theologie eingeschrieben, sie erhält konsequent den „Charakter der Andeutung, in der ,Begriff' zum bloßen Hindeuten, das Begreifen zum bloßen Ausgreifen nach dem Ungreifbaren wird"[149].

So sollen an dieser Stelle – als bleibende Herausforderung – den weiteren Abschnitten dieses Kapitels über die „Wiedereinbildung des Menschen in das einfaltige Gut, das Gott ist", die die Konkretisierungen des „Weges ein ,anderer', ein *filius dei* zu werden" bedenken, die grundsätzlichen Gedanken Joseph Ratzingers vorangestellt werden. Hierbei wurde, um den Bezug deutlicher hervorzuheben, der Begriff „Gott/Trinität" von mir durch den der „Gerechtigkeit" ersetzt:

Die Lehre von der Gerechtigkeit als negative Theologie. Wenn man das Ganze überblickt, wird man feststellen können, dass sich die Form der Gerechtigkeitslehre, wie sie hier dargestellt ist, zunächst und zuerst einmal negativ rechtfertigen lässt als Erweis der Weglosigkeit aller anderen Wege. Vielleicht ist das sogar das Einzige, was wir hier wirklich können. Gerechtigkeitslehre wäre dann wesentlich negativ, als die einzig bleibende Form der Abweisung alles Durchschauenwollens zu verstehen, als die Chiffre für die Unauflösbarkeit des Geheimnisses der Gerechtigkeit. Sie würde fragwürdig, wo sie ihrerseits in ein einfaches positives Wissenwollen überginge. Wenn die mühsame Geschichte des menschlichen und des christlichen Ringens um Gerechtigkeit *etwas* beweist, dann doch dies, dass jeder Versuch, Gerechtigkeit in den Be-griff unseres Be-greifens zu nehmen, ins Absurde hineinführt. Recht können wir von ihr nur reden, wenn wir aufs Begreifenwollen verzichten und sie als das Unbegriffene stehen lassen. Gerechtigkeitslehre kann also nicht ein Begriffenhaben der Gerechtigkeit sein wollen. Sie ist eine Grenzaussage, eine verweisende Geste, die ins Unnennbare hinüberzeigt; nicht eine Definition, die eine Sache in die Fächer menschlichen Wissens eingrenzt; nicht ein Begriff, der die Sache ins Zugreifen des menschlichen Geistes geben würde.[150]

---

149 Vgl. Ratzinger, Joseph: Einführung ins Christentum. 159.
150 Vgl. Ratzinger, Joseph: Einführung ins Christentum. 159: „*Trinitätslehre als*

Die „Idee des frommen Menschen" im Konzept Eckharts zeigt mit ihren Facetten unter diesem Vorbehalt nicht mehr – aber auch nicht weniger – auf als die prägenden Grundhaltungen, die sich als „notwendige Disposition" erweisen, um als Mensch überhaupt dazu befähigt zu sein, die Forderung der Gerechtigkeit im Lebensvollzug je neu „herauszuhören", wach und empfänglich zu sein für ihren an den Menschen im je neuen, konkreten Einzelfall ergehenden Anruf:

Fiendo enim quis filius [...]:	Wird nämlich einer Sohn, [...]
sibi fieri audire est,	so ist für ihn Werden Hören,
et sibi audire fieri	und für ihn ist Hören Werden
et generari est.[151]	und Gezeugt-Werden.

---

negative Theologie. Wenn man das Ganze überblickt, wird man feststellen können, dass sich die kirchliche Form der Trinitätslehre zunächst und zuerst einmal negativ rechtfertigen lässt als Erweis der Weglosigkeit aller anderen Wege. Vielleicht ist das sogar das Einzige, was wir hier wirklich können. Trinitätslehre wäre dann wesentlich negativ, als die einzig bleibende Form der Abweisung alles Durchschauenwollens zu verstehen, als die Chiffre für die Unauflösbarkeit des Geheimnisses Gott. Sie würde fragwürdig, wo sie ihrerseits in ein einfaches positives Wissenwollen überginge. Wenn die mühsame Geschichte des menschlichen und des christlichen Ringens um Gott etwas beweist, dann doch dies, dass jeder Versuch, Gott in den Be-griff unseres Be-greifens zu nehmen, ins Absurde hineinführt. Recht können wir von ihm nur reden, wenn wir aufs Begreifenwollen verzichten und ihn als den Unbegriffenen stehen lassen. Trinitätslehre kann also nicht ein Begriffenhaben Gottes sein wollen. Sie ist eine Grenzaussage, eine verweisende Geste, die ins Unnennbare hinüberzeigt; nicht eine Definition, die eine Sache in die Fächer menschlichen Wissens eingrenzt; nicht ein Begriff, der die Sache ins Zugreifen des menschlichen Geistes geben würde."

151 Eckhart: InIoh 641: LW III; 557,6—7.

II.3.8 „Wenn ihr nicht glaubt, werdet ihr nicht verstehen": Die Befreiung zur Wahrheit

omne opus nostrum	All unser Werk
referendum est ad examen	ist der Prüfung zu unterwerfen
et regulam	nach der Richtschnur
rationis,	der Vernunft,
[...]	[nämlich der Vernunft im Sinne]
qui ‚caput' est,	des ‚Hauptes', und [nach der Richtschnur]
qui ‚imago dei' est [152]	des Bildes Gottes (1 Kor 11,3.7 / Eph 5,23).

maior ad sapientiam	Unser
sensibus	Wahrnehmungsvermögen
nostris	ist für die Weisheit
capacitas inest,	viel empfänglicher,
quando mortificatio Christi	wenn wir das Sterben Christi
circumfertur	in unserem sterblichen Leib
in corpore nostro mortali.[153]	umhertragen.

Der erste Aspekt, der zu betrachten ist, wenn es um das Leben des *homo pius* geht, ist die Bedeutung des Glaubens und der „Standhaftigkeit im Glauben", dessen „bloße Annahme" (‚*nuda receptio*'[154]) Eckhart als „Fundament" dafür bezeichnet, dass „die Seele Gottes würdiges Haus ist" und Gottes empfänglich ist[155].

---

152 Eckhart: ParGen 132: LW I; 597,1—3.
153 Eckhart: ParGen 192: LW I; 664,6—7.
154 Eckhart: Sermo XXII: LW IV; 200,11.
155 Vgl. Eckhart: Sermo XXIV: LW IV; 218,1—6: „Sunt autem quattuor, quae specialiter faciunt quod sit domus digna deo. Primum est fidelitas sive fidei stabilitas, Reg. 7: 'fidelis erit domus dei', et Reg. 11: 'aedificabo tibi domum fidelem'. Fides enim fundamentum est domus huius, ut docet [...] Cor. 3: 'fundamentum aliud nemo ponere potest.'"

Grundlage dessen, was Eckhart hier betont, ist die Unterscheidung einer *„duplex cognitio"*[156], einer zweifachen Form der Erkenntnis: „Glauben" und „Sehen".

videre autem	Das ‚Sehen' geht auf das,
praesentis est,	was gegenwärtig ist,
certior scientia est.	und ist sicheres Wissen.
Propter quod intelligere	Darum wird ‚einsehen'
videre dicitur.[157]	auch ‚sehen' genannt.

Das „Sehen" ist die Art der Erkenntnis, die „durch Gleichheit (*indentitas*) geschieht"[158], ist deshalb – wo es um die Erkenntnis Gottes und die durch sie vervollkommnete Erkenntnis der gesamten Wirklichkeit geht – Erkenntnis, die das vollendete Sohn-Sein voraussetzt, und damit für den Menschen unter den Bedingungen der Geschöpflichkeit nicht zu erreichen ist. Der *intellectus* ist in der *regio dissimilitudinis*[159], „im Land der Unähnlichkeit" der vollkommenen Erkenntnis nicht fähig, da er „mit der Finsternis des Nicht-Wissens bedeckt" ist:

quia homo	Weil der Mensch
appetitu scientiae,	aus Verlangen nach Wissen,
quae inflat,	das aufbläht
	(vgl. 1 Kor 8,1)
peccavit,	gesündigt hat,
iustum est,	ist es gerecht,
ut intellectus noster	dass unser Verstand
sit obtenebratus	mit der Finsternis
tenebris	des Nicht-Wissens bedeckt
ignorantiae,	wurde,
ut sit	so dass er
sicut	dem Auge der Nachteule

---

156 Eckhart: InIoh 406: LW III; 345,1.
157 Eckhart: InIoh 406: LW III; 345,3—4.
158 Eckhart: InIoh 406: LW III; 345,5.
159 Vgl. Eckhart: Sermo XV2: LW IV; 147,10—12.

oculus noctuae [160]	gleicht.
Scire enim et nosse	Wissen und Erkennen
‚consummata iustitia est‘	ist die vollendete Gerechtigkeit
et ‚radix immortalitatis‘,	und die Wurzel
Sap. 15,	der Unsterblichkeit
	(Wsh 15,3)
et ‚vita aeterna‘.[161]	und das ewige Leben
	(Joh 17,3).

Das zeitliche Sein des Menschen im Deutungshorizont der *generatio* ist nämlich nicht Sohn-Sein, sondern Sohn-Werden. Diesem „Sein im Werden" entspricht die Erkenntnisart, die Eckhart mit „Glauben" benennt:

Sciendum enim	Man muss wissen,
quod credere et videre	dass glauben und sehen
sive perfecte cognoscere	oder vollkommen erkennen
se habent	sich zueinander verhalten
quasi	wie Meinung und Beweis,
opinio et demonstratio,	nämlich wie
utpote imperfectum	das Unvollkommene
et perfectum.	zum Vollkommenen.
[...]	[...]
credens	Der Glaubende
nondum est proprie filius,	ist noch nicht eigentlich Sohn;
cuius est	denn diesem kommt es zu,
videre et noscere patrem,	den Vater zu sehen und zu
Matth. 11,	kennen (Mt 11,27).
nec tamen est expers omnino	Und doch ist er der Sohnschaft
filiationis,	nicht ganz bar,
sed se habet ad illam	vielmehr verhält er sich zu ihr
ut dispositio	wie die Zurichtung
et imperfectum,	und das Unvollkommene:

---

160 Eckhart: InGen 201: LW I; 348,4—6.
161 Eckhart: InIoh 110: LW III; 95,2—3.

Hebr. 11:
'est autem fides' '
argumentum
non apparentium'.
'Argumentum'
non esset
fides
'non apparentium',
si nihil habere
visionis illorum.

Rursus
si perfecta esset visio,
non esset
'non apparentium'.
'Nam quod videt quis,
quid sperat?',
Rom. 8.
'Est autem fides
sperandarum substantia
rerum', Hebr. 11.

Est ergo credere
et fides
quasi motus
et fieri
ad esse filium;

omne autem
quod movetur, [...]
utrumque terminum sapit.
[...]

'dedit eis potestatem
filios dei fieri,
his
qui credunt in nomine eius'.
Fieri, ait,

Der Glaube ist ja
eine feste Überzeugung
von unsichtbaren Dingen
(Hebr 11,1).
Eine *feste Überzeugung* wäre
aber der Glaube
an die ‚unsichtbaren Dinge'
nicht,
wenn er nichts
von ihrer Anschauung
an sich hätte.
Wäre er andererseits
vollendete Anschauung,
so wäre er nicht [Glaube]
an *unsichtbare* Dinge.
‚Denn was jemand sieht,
wie kann er das erhoffen?'
(Röm 8,24)
‚Der Glaube ist aber
feste Zuversicht auf Dinge,
die man erhofft' (Hebr 11,1).

Also ist das Glauben
und der Glaube
gleichsam eine Bewegung
und ein Werden
[hingeordnet]
auf das Sohn-Sein;
alles aber,
was in Bewegung ist, [...]
hat etwas vom Ausgangs-
und Zielpunkt an sich.
[...]
‚Er gab ihnen die Macht,
Söhne Gottes zu werden,
denen,
die an seinen Namen glauben'.
Gottes Söhne zu *werden*,

filios dei;	sagt er.
fieri	*Werden*
imperfectum est,	ist etwas Unvollkommenes,
moveri est;	ist *bewegt werden;*
filios perfectum est.	*Söhne* ist das Vollkommene.
In nomine ergo filii	An den Namen des Sohnes
credit	glaubt also,
qui fidem habet,	wer den *Glauben* hat,
qui iam fit,	wer schon Sohn *wird,*
sed nondum est filius [162]	es aber noch nicht *ist.*

In diesem Sinn ist „glauben" eine Art der Erkenntnis, die „durch Ähnlichkeit (*per similitudinem*) geschieht"[163], und damit die Erkenntnisweise, die dem Menschen als Geschöpf entspricht.

Es ist an dieser Stelle entscheidend, die Differenzierung zwischen „Glauben" als „unvollkommener Zurichtung" und „Sehen" als „vollkommener Erkenntnis" im Kontext der Spannung zwischen Univozitäts- und strenger Analogielehre Eckharts zu lesen, und sie damit einzuordnen in den Zusammenhang von *generatio* (als Geschehen *in non tempore*, dem das Sohn-Sein korrespondiert) und *alteratio* (als auf die *generatio* zubereitendes Geschehen *in tempore*, dem das Sohn-Werden korrespondiert).

Es geht Eckhart – und das berührt erneut auch die Frage nach dem Verhältnis, in dem er Philosophie (als Vernunfterkenntnis) und Theologie oder Glauben (als sich auf die geschöpfliche Vernunft übersteigende Offenbarung berufende Erkenntnis) betrachtet – nicht darum, dem „sehenden Verstehen" (das der Philosophie, den *rationes naturales philosophorum*, zuzuschreiben wäre) als „eigentliche, vollkommene Erkenntnis" den Glauben als „unvollkommene" und letztlich hinter sich zu lassende Form der Erkenntnis gegenüberzustellen. Auch die *rationes naturales philosophorum* gehören, insofern sie als von der Sinneswahrnehmung abhängige und in die Bedingungen der Geschöpflichkeit eingebundene Erkenntnis zu betrachten sind, in den Kontext des Seins *in tempore* und damit des letztlich immer Unvollkommenen. Unter dieser Hinsicht ist es, Eckhart fol-

---

162 Eckhart: InIoh 158—159: LW III; 130,9—131,9.
163 Vgl. Eckhart: InIoh 406: LW III; 345,4.

gend, unsinnig, Vernunft und Glauben als konkurrierende Gegensätze zu betrachten. Gerade die Vernunft, die Einsicht gewonnen hat in „die Stufen in der Wesensordnung des Seienden" und damit die Nichtigkeit und „Erbärmlichkeit" der geschöpflichen Wirklichkeit erkannt hat, die Verwiesenheit und radikale Abhängigkeit gegenüber ihrem „Oberen", gegenüber Gott, *„der unsprechelich und ohne namen ist"*, gerade diese Vernunft wird – so Eckhart – den Glauben als die ihr unter den Bedingungen des Seins *in tempore* entsprechende und angemessene Erkenntnisform wahr-nehmen.[164]

---

164 Zur angemessenen Bestimmung des Verhältnisses zwischen Theologie und Philosophie (im heutigen, Eckharts Denken fremdem Verständnis), das besonders in Auseinandersetzung mit den Thesen Kurt Flaschs immer wieder diskutiert wird, sei hier nur auf einen zentralen Text Eckharts hingewiesen:

In seinem Kommentar zum Johannes-Evangelium (Eckhart: InIoh 124: LW III; 108,3—5) beruft Eckhart sich mit Blick auf den Prolog des Evangeliums auf Augustinus, der „im 7. Buch der Bekenntnisse" sagt, [...]

"se legisse in libris Platonis et reperisse omnia quae a principio huius capituli scribuntur usque hic: *plenum gratiae et veritatis* inclusive".

[... *er habe alles, was vom Anfang dieses Kapitels (Joh 1,1) bis zu den Worten ,voll der Gnade und Wahrheit' einschließlich geschrieben steht, in den Büchern Platos gefunden und gelesen.*]

Gegenüber dem, was – mit Verweis auf Plato – als erkennbar mit Hilfe der „*rationes naturales philosophorum*" (vgl. Eckhart: InIoh 2: LW III; 4,5—6) erscheint, hebt Eckhart im Folgenden (InIoh 124/125) jedoch hervor, dass der Johannesprolog, über die Inhalte, die sich in den Büchern Platos finden, hinaus, zentrale Einsichten vermittelt, die so bei den Philosophen offensichtlich fehlen, nämlich die Abschnitte Joh 1,11—14:

*   über „das Kommen Gottes in sein Eigen",
*   über die Frage nach der „Aufnahme oder Ablehnung des kommenden Gottes",
*   über den Glauben als notwendige Voraussetzung für die „Aufnahme Gottes",
*   über das „Fleisch-Werden" und „Wohnen Gottes in uns", unser „Sohn-Werden".

Eckhart fasst (InIoh 125: LW III; 108,8—11) abschließend zusammen:

"Posset tamen convenienter dici [quod] hic dicitur: *verbum caro factum est* usque ibi: *plenum gratiae et veritatis* inclusive, supposita veritate semper historiae, continere et docere rerum naturalium, moralium et artificialium proprietates."

,Venite et videte'.	,Kommt und seht! –
Primo ait:	Zuerst sagt er [Christus]:
venite,	kommt!,
posterius: videte.	nachher: seht!
Ratio,	Der Sinn ist:
quia portet accedentem	Wer hinzutritt
	[d. h. wer sich dem Geheimnis
	Gottes nähern will],
credere, Hebr. 11;	muss glauben (Hebr 11,6);
[...]	[...]
,nisi credideritis,	wenn ihr nicht glaubt,
non intelligetis'.[165]	werdet ihr nicht verstehen!
'dedit eis potestas filios dei	,Macht, Söhne Gottes zu
fieri,	werden,
his	[gab er] denen,
qui credunt in nomine eius',	die an seinen Namen glauben,
id est	das heißt
notitia eius [...] –	an die Erkenntnis von ihm
	[Christus], [...]
'ut cognoscant' scilicet 'solum	auf dass sie Gott allein
deum'	erkennen.
[...].	[...]
Ait autem: *qui credunt.*	Er sagt aber: die *glauben.*
[...]	[...]
'Per fidem enim ambulamus',	Im *Glauben* nämlich
Cor. 5,	wandeln wir
	(2 Kor 5,7),

[*Trotzdem* (= *trotz der Tatsache des Über-die-,Philosophie'-Hinausgehens; E.F.) könnte man mit einer gewissen Berechtigung sagen, dass, was hier (im Johannes-Prolog) gesagt ist, (angefangen von) ,Das Wort ist Fleisch geworden' bis ,voll der Gnade und Wahrheit' einschließlich, die Eigentümlichkeiten der Dinge in der Natur, im sittlichen Leben und in der Kunst enthält und lehrt. Dabei ist die Wahrheit des (im Evangelium beschriebenen) geschichtlichen Geschehens immer vorausgesetzt.*]

165 Eckhart: InIoh 223: LW III; 187,1—3.

et ʼaccedentem	und wer hinzutritt [zu Gott],
oportet credereʼ, Hebr. 11. [...]	muss glauben. [...]
Nunc enim videmus	Denn jetzt sehen wir
ʼper speculum in aenigmate,	durch einen Spiegel im Rätsel,
tunc autem	alsdann aber
facie ad faciemʼ.	von Angesicht zu Angesicht.
Nunc cognoscimus ex parte,	Jetzt erkennen wir
	nur Stückwerk,
tunc autem cognoscimus,	dann aber erkennen wir,
sicuti cogniti sumus,	wie wir erkannt sind
Cor. 13.[166]	(1 Kor 13,12).

Die menschliche Vernunft bedarf, um Gott, das Göttliche, und damit auch die transzendentalen *perfectiones*, wie die Gerechtigkeit, wirklich verstehen zu können, einer Erkenntnis, die „durch das Hören [auf eine Wahrheit] von draußen, von Fremdem"[167]:

scientia enim dei	Das Wissen von Gott
et divinorum cognitio	und die Erkenntnis
non est [...]	des Göttlichen
a rebus accepta,	empfängt man nicht [...]
sed	von den Dingen,
secundum revelationem,	sondern
Matth. 16:	auf dem Weg der Offenbarung:
ʼcaro et sanguis	ʼFleisch und Blut
non revelavit tibi,	haben dir das
sed pater meus	nicht geoffenbart,
qui in caelis estʼ.	sondern mein Vater,
	der im Himmel istʼ
	(Mt 16,17);
Gal. 1:	ʼIch habe es nicht
,neque ab homine accepi	von einem Menschen
neque didici,	empfangen oder gelernt,

---

166 Eckhart: InIoh 110: LW III; 94,14—95,7.
167 Vgl. Eckhart: InIoh 406: LW III; 345,2—3: „Credere enim per auditum est foris ab alieno".

sed per revelationem	sondern
Iesu Christi'.[168]	durch eine Offenbarung
	Jesu Christi' (Gal 1,12).

Der *homo pius*, der Gerecht-Werdende, kennt die Tugend und damit die *forma*, die sein Sein bestimmt (d. h. bestimmend verändert), die sein „wahres Sein" ist, „bevor er tugendhaft *ist* und das Sein der Tugend besitzt", „auf das Zeugnis eines anderen hin durch Hören, durch Glauben, durch Belehrung, indem er glaubt"[169]. Er setzt damit jedoch nicht einfach einen „Glauben aufgrund eines fremden Zeugnisses" an die Stelle dessen, was er durch eigene Vernunfteinsicht erkennt, um so in umgekehrter Weise (nun eben unter Annahme einer Vorrangstellung des Offenbarungsglaubens) Glaube und Vernunft kontradiktorisch gegeneinanderzustellen. Eckhart hält entschieden am in Röm 1,20 festgeschriebenen Grundsatz fest: „Das was unsichtbar ist an Gott, wird [...] mit dem Verstand geschaut". Der Mensch bedarf für das Leben des „Sohn-Werdenden" seiner Vernunft, die jedoch eine „hörende Vernunft" sein muss: hörend nicht nur gegenüber dem, was die Sinne aus der Wirklichkeit der geschaffenen Welt aufnehmen, hörend auch gegenüber den Wahrheiten der Offenbarung. Die Vernunft muss eine „befreite" sein: befreit „durch die Wahrheit (Joh 8,32), die der Sohn, Christus selbst, ist"[170].

Dieses Ideal der „zur Wahrheit und durch die Wahrheit befreiten Vernunft" steht in der unauflösbaren Spannung von menschlicher, geschöpflicher Vernunft und der Offenbarung Gottes. Entsprechend formuliert Eckhart die Notwendigkeit:

---

168 Eckhart: InIoh 347: LW III; 295,5—8.
169 Vgl. Eckhart: InIoh 405: LW III; 343,11—344,1: „Notandum quod homo ante habitum virtutis, antequam sit virtuosus, habens esse virtutis, noscit quidem virtutem testimonio alieno per auditum, per fidem, informando, credendo 'per speculum in aenigmate' 'intuetur procul'."
170 Vgl. Eckhart: Sermo XVII1: LW IV; 159,9—11:
„Secundo *liberamur vero*, id est veritate, Ioh. 8:'veritas liberavit vos'; et post: 'si filius vos liberaverit, vere liberi eritis', quia filius ipse est 'veritas', Ioh. 14".

diligentius intuere	Schau genauer zu
et findem	und verbinde,
si poteris	soweit du kannst,
rationemque coniunge.	Glauben und Verstehen.
Sicut enim	Denn wie es
praesumptionis est	ein *Zeichen von Anmaßung*
et temeritatis	*und Unbesonnenheit* ist,
nolle credere,	nur glauben zu wollen,
nisi intellexeris,	wenn man eingesehen hat,
sic	ebenso ist es
ignaviae est et desidiosum	ein *Zeichen von Faulheit und*
quod fide credis,	*Feigheit,*
rationibus naturalibus	das, was man im Glauben
et similitudinibus	annimmt,
non investigare,	nicht mit Vernunftgründen
	und Gleichnissen
	zu erforschen,
praesertim cum omnis creatura	zumal ja jedes Geschöpf
ad minus sit	zum mindesten
vestigium creatoris [...].[171]	eine Spur des Schöpfers [...]
	ist.

Das „genaue Hinsehen" der Vernunft muss Anmaßung und Unbe-
sonnenheit kreatürlicher Selbstüberschätzung ebenso meiden wie
Faulheit und Feigheit simplifizierender Glaubens-Glückseligkeit!

nec sanctificatur anima	Die Seele wird nicht
spiritu sancto	vom Heiligen Geist geheiligt,
nisi	wenn sie nicht [zuvor]
in summum	zur Höhe
intellectualis naturalis luminis	des natürlichen
	Verstandeslichtes
deducta [172]	gebracht ist.

---

171 Eckhart: InIoh 361: LW III; 307,1—5.
172 Eckhart: Sermo XXXVII: LW IV; 315,3—4.

Unter diesem doppelten Vorbehalt als unverzichtbares Korrektiv sind Eckharts Aussagen über die Notwendigkeit des Glaubens für die Verwirklichung des Lebens des Gerechten zu betrachten.

Posse tamen breviter dici	Man kann kurz sagen:
quod Christus est *via*	In der Gegenwart
in praesenti	ist Christus der Weg
per fidem	durch Glauben
et bona opera	und gute Werke
quantum ad meritum,	- in Hinblick
in futuro autem	auf den Verdienst - .
est *veritas et vita*	In der Zukunft
quantum ad praemium.[173]	- im Hinblick auf den Lohn -
	ist er Wahrheit und Leben.

---

173 Eckhart: InIoh 545: LW III; 476,5—7.

Die Orientierung an Christus als Weg des Sohn-Werdens entspricht so der Forderung Eckharts, in der er die Aspekte von Negativer Theologie und Glauben als komplementäre Momente des Erkenntnisweges der Vernunft zusammenführt:

Et per hoc relinquitur fidelibus, quamdiu peregrinantur a domino,	So bleibt den Gläubigen, so lange sie fern von Gott [in dieser Welt umherwandernd, pilgernd] leben (vgl. 2 Kor 5,6), nur übrig
auferre a corde suo vana phantasmata, quae se cogitantibus ingerunt,	aus ihrem Herzen die eitlen Vorstellungen, die sich in ihr Herz einschleichen, zu entfernen,
et dirigere cor ad illum, ut quantum expedire novit, ipse se insinuet per spiritum suum, donec absumatur omne mendacium de quo dictum est: 'omnis homo mendax'.[174]	und ihr Herz auf *ihn* [Christus] zu richten, damit sich Gott in dem Maß, wie er es für heilsam hält, durch seinen Geist [in ihre Herzen] einsenkt, bis alles Lügenhafte, wovon es heißt (Ps 115,11): ‚jeder Mensch ist ein Lügner‘ ganz hinweggenommen ist.

Bedeutsam für die Erkenntnis der Wahrheit und den Weg des Sohn-Werdens werden damit verschiedene Aspekte, Möglichkeiten des „Ausrichten des Herzens auf Christus hin", dessen Ziel Eckhart im Kontrast zur „Wissenschaft der Welt" (*scientia mundi*) als Erlangung der „Wissenschaft der Heiligen" (*scientia sanctorum*) benennt.[175] Diese wesentlichen Elemente, auf die sich der Glaube stützt, die eine Ausrichtung des Herzens auf Christus ermöglichen, sind:

---

174 Eckhart: ParGen 220: LW I; 699; 7—11.
175 Vgl. Eckhart: InSap 211: LW IV; 548,2—3.

- Die Anerkennung der Autorität und Ehrwürdigkeit der Heiligen Schrift[176] (besonders des Evangeliums), ihr fortwährendes Studium, die Durchdringung der in ihr geoffenbarten Wahrheit: Das Ideal des *homo pius* erfordert, ein „gewissenhafter und eifriger Forscher"[177] des Evangeliums zu sein.

Das Evangelium offenbart dem „Liebhaber der Wahrheit", dem *veritatis amator*, „durch häufige und fromme Betrachtung"[178], „wo Gott ist", damit er weiß, „wohin er ihm folgen soll"[179].

Durch das Evangelium wird, so formuliert es Eckhart im Anschluss an 1 Kor 4,15, die mit Gott vereinigte Seele „*in Christus gezeugt*"[180].

- die Anerkennung des Zeugnisses der „heiligen Meister", für die Paulus als Beispiel gelten kann als „einer, der es [die Wahrheit des Evangeliums] erfahren hat" (*tamquam expertus*)[181], der „aufgrund seiner Erfahrung vom himmlischen Reichtum erzählt"[182],

---

176 Vgl. Eckhart: Sermo XXIV1: LW IV; 214,8:
„Magna [...] est auctoritas, magna reverentiae scripturae".
177 Vgl. Eckhart: InIoh 173: LW III; 142,11—12.
178 Vgl. Eckhart: Sermo XLV: LW IV; 384,2—3.
179 Vgl. Eckhart: Sermo LV3: LW IV; 456,13: „Nota, ubi est deus, ut scias, quo sequaris". Eckhart bezieht sich im Anschluss an diese allgemeine Aufforderung, „sich zu merken, wo Gott ist", auf das Weihnachtsevangelium. Daher ist es gerechtfertigt, das Evangelium selbst als „Erkenntnisquelle" anzusehen, „wo Gott zu finden ist": „Die Hirten finden ihn im Stall, die Weisen im Haus, die Eltern im Tempel [...]".
180 Vgl. Eckhart: ParGen 191: LW I; 662,13—663,1: "In Christo Iesu per evangelium ego vos genui".
181 Vgl. ausführlich Eckhart: Sermo XX: LW IV; 193,10—194,3.
182 Vgl. Eckhart: Sermo XX: LW IV; 197,11—12:
„Audi *hominem divitem* fideliter ut expertum caelestes divitias ennarantem Paulum, Cor 12: 'scio hominem in Christo'."
[Nun höre getreulich einen reichen Menschen, der aufgrund seiner Erfahrung von dem himmlischen Reichtum erzählt, nämlich Paulus: ‚Ich kennen einen Menschen in Christus' (2 Kor 12,2).]

- die Achtung der Sakramente, besonders der Eucharistie, als „Einladung zur Liebe, die alles glaubt" (1 Kor 13,7)[183],
- das Gebet als fortwährendes „Gespräch mit Gott", das Eckhart im Kontext der Schriftlesung verankert: „Wenn wir hören oder lesen, spricht Gott mit uns; wenn wir beten, sprechen wir mit Gott"[184], und
- die Anerkennung „der einzigartigen Würde der Kirche und der Gläubigen" (*ecclesiae sive fidelium singularis dignitas*)[185], die Eckhart pointiert als *secundum principale*[186], als „zweiten Hauptpunkt" neben der Schriftbetrachtung nennt. Die Kirche „verdient" diese Anerkennung und Achtung, da sie *in tempore* als *ecclesia militans*, als um die Verwirklichung des dem Sohn-Sein entsprechenden Lebens ringende Gemeinschaft der Gläubigen, „Haus des Wirkens und der Arbeit", „Haus des Gebetes" ist. Sie ist das „Haus des Sohnes" in der Zeit, *sein* Haus[187] – dieses Gott-Gehören, und nichts anderes, begründet ihre *singularis dignitas*[188].

---

183 Vgl. etwa Eckhart: Sermo XL2: LW IV; 343,2—8:
„convenienter valde homini proponitur sacratissimum sacramentum altaris incomprehensibiliter, ut in ipso discat homo se ipsum totaliter abnegare et se toto deo credere et se totum deo credere, nulli citra. [...] quamvis et hoc sit iustissimum, ut homo, qui appetitu scientiae primo a deo recessit, redeat et reducatur per sacramentum, in quo scientiae suae penitus renuntiet et contradicat."
[Es ist höchst angemessen, dass dem Menschen das allerheiligste Geheimnis des Altares als etwas Unbegreifliches dargeboten wird, damit er an ihm lerne, sich selbst gänzlich zu verleugnen und ganz und gar Gott zu glauben und sich ihm anzuvertrauen und niemandem sonst. [...] Allerdings entspricht auch das ganz der Gerechtigkeit, dass der Mensch, der sich zuerst aus Begierde nach Erkenntnis von Gott trennte, durch ein Geheimnis zur Heimkehr gebracht wird, indem er seiner Wissenschaft völlig entsagen und widersprechen soll.]
184 Vgl. Eckhart: Sermo XXIV2: LW IV; 224,11—12: „Nota: cum audimus aut legimus, deus nobis loquitur; cum oramus, deo loquimur".
185 Eckhart: Sermo XXIV1: LW IV; 214,13.
186 Vgl. ebd.
187 Vgl. Eckhart: Sermo XXIV1: LW IV; 214,13—14: „[Scriptum est: quia domus mea domus orationis est.] Secundum principale est ecclesiae sive fidelium singularis dignitas: *domus mea*. Nota quod dicit: *mea*".
188 Zum Ganzen vgl. Eckhart: Sermo XXIV1: LW IV; 214,13—215,6.

Der Glaube, der aus dem Hören des Wortes Gottes kommt, der ein „Ergriffen-Sein durch das Wort"[189] ist, ist als „Bewegung und Werden, das auf das Sohn-Sein hingeordnet ist", – das wird vor allem im Hinblick auf die ekklesiale Bedeutung des Glaubens, wie sie beschrieben wurde, deutlich –, nicht nur eine Sache „frommer Betrachtung" und gedanklicher Auseinandersetzung mit der „Logik des Evangeliums". Die *scientia sanctorum* erfordert den „Eintritt in das Haus des Wirkens und der Arbeit", als das Eckhart das „Haus des Sohnes" beschreibt.

Der Glaube wird von Eckhart gedeutet als vom Menschen angenommene „Sendung durch Gott", der er entspricht, indem er „in die Arbeit der Heiligen" eintritt, die Gott „vom Anfang der Welt gesandt hat und [immer wieder] senden wird":

hoc ipso	Dadurch,
quod quis mittitur	dass jemand von Gott
a deo	durch die ihm verliehene
per gratiam sibi datam	Gnade
ab illo,	gesandt wird,
fit nuntius et testis dei	wird er Bote und Zeuge Gottes
et Christi [...]	und Christi. [...]
Ait ergo [...]:	Er [Christus] sagt also: [...]
[...] *ego misi vos;*	Ich habe euch ausgesandt,
ego, inquam,	ich, sagt er,
is ipse qui et omnes sanctos	der ich alle Heiligen
ab origine mundi	vom Anfang der Welt an
misi et mitto. [...]	gesandt habe und sende. [...]
Necessario sequitur	Daraus folgt notwendig,
quod hoc ipso	dass eben dadurch,
quod vos mitto,	dass ich euch sende,
qui eos misi,	der ich sie gesandt habe,
vos in labores eorum	ihr in ihre Arbeit eintretet.
introeatis.[190]	

---

189 Vgl. Eckhart: InIoh 489: LW III; 421,9–11.
190 Eckhart: InIoh 403: LW III; 342,6–343,1.

Der Eintritt in die „Arbeit aller Heiligen" begründet in diesem Sinn eine Zugehörigkeit zur Kirche als gemeinsames „Haus" dieser „Arbeitsgemeinschaft", die aus der Sendung Gottes durch das Wirken der den Menschen verliehenen Gnade hervorgeht. „Glaubender-Sein" und „Sohn-Werden" bedeutet damit nicht nur „begnadet zu sein", von der Gnade erleuchtet zu sein, es bedeutet, gesandt zu sein als „Bote und Zeuge Gottes und Christi", um in der generationenübergreifenden Gemeinschaft der „Heiligen" zu *arbeiten*!

notandum	Es ist zu beachten,
quod verbum dei iubet [...]	dass [...] das Wort Gottes gebietet,
caelestam patriam	das himmlische Vaterland
desiderare,	zu ersehnen,
carnis desideria	die Gelüste des Fleisches
conteri,	zu verachten,
mundi gloriam	die Herrlichkeit der Welt
declinare,	zu meiden,
aliena non appetare,	Fremdes nicht zu erstreben
propria largiri.[191]	und Eigenes zu verschenken.

Wo dieses Wirksamwerden fehlt, wo die „Arbeit der Heiligen" nicht getan wird, kann für Eckhart nicht mehr im eigentlichen Sinn von „Glauben" die Rede sein. Die Verbindung von „großsprecherischer Zunge (so fromm sie auch schwatzen mag) und müßiger Hand" bezeichnet er gerade in Abgrenzung zum Sein des *homo pius* als „eine besondere Sünde":

Sunt etiam quidam	Es gibt auch Leute,
qui [...]	die, [...]
de magnis et divinis rebus	viel von großen
saepe loquuntur.	und göttlichen Dingen
Sed isti nolunt advertere	schwatzen.
quod hoc	Aber sie wollen nicht

---

191 Eckhart: InIoh 489: LW III; 421,11–422,2.

est speciale peccatum,
de quo reddituri sunt
rationem
[...].

Unde Bernardus
hoc dicit esse monstruosum
[...]:
,monstruosa res
gradus summus
et animus infimus,
sedes prima
et vita ima
vel vana,
lingua magniloqua
et manus otiosa,
sermo multus
et fructus nullus,
vultus gravis
et actus levis,
ingens auctoritas
et nutans stabilitas'.[192]

wahrhaben,
dass dies
eine besondere Sünde ist,
über die sie
Rechenschaft geben müssen.
[...]
Daher sagt Bernhard [...],
ein solches Gehaben
sei abscheulich:
,Etwas Abscheuliches ist es:
höchster Rang
und niedrigster Sinn,
erster Platz
und gemeines
oder nichtiges Leben,
großsprecherische Zunge
und müßige Hand,
vieles Gerede
und keine Frucht,
gewichtige Miene
und leichtfertige Tat,
gewaltiges Ansehen
und mangelhafte Festigkeit'.

---

192 Eckhart: Sermo XXVIII2: LW IV; 261,15—262,5

So wird bei Eckhart gerade das entschiedene Betonen der *singularis dignitas* der Kirche als „Haus des Wirkens und der Arbeit" zum Anknüpfungspunkt ebenso entschiedener Kritik, wo sich die Realität der Kirche als „Haus müßigen Geschwätzes" zeigt, als Haus von „bösen und törichten Knechten":

Qui opera habet tenebrosa	Wer Werke der Finsternis tut
et inter christianos	und trotzdem unter Christen
quasi unus ex eis conversatur,	wie einer von ihnen wandelt,
ipsi christianitati	der fügt der Christenheit selbst
iniuriam facit.[193]	Unrecht zu.

„Das sei gegen die gesagt, die nicht dienen wollen, wenn sie ihre Pfründen nicht mit allem Aufwand empfangen"[194].

Mit der Rede von der *lingua magniloqua et manus otiosa* beschreibt Eckhart, das ist im Kontext seiner Ausführungen unübersehbar, kirchliche Realität seiner Zeit – eine Realität, die dem Anspruch des Glaubens als durch das Evangelium in Christus gezeugter Bewegung hin zum Sohn-Sein radikal widerspricht. Eckharts hohes Bild von der Kirche erweist sich für diese als äußerst unbequem, indem es als Anklage gegen ihr „Sein *in tempore*" auf sie zurückfällt: Vom Übel des „Abfalls vom Sein", des Abfalls von der Gerechtigkeit und der Weigerung, den Weg des Sohn-Werdens zu beschreiten, ist auch die Kirche geprägt: von Müßiggang, Hochmut, Sattheit, Schwelgerei, Bosheit, frommem Geschwätz; sie ist als Gemeinschaft unter den Bedingungen der Geschöpflichkeit (auch) geprägt durch das „gemeine und nichtige Leben": „höchster Rang und niedrigster Sinn".[195]

tales	Solche Leute
	[die gewichtig daherreden,
	aber nicht handeln]
similes sunt [...] ranae,	ähneln einem Frosch,
quae totum corpus	der bis zum Hals
habet situm in luto,	im Schlamm steckt,

---

193 Eckhart: Sermo XX: LW IV; 184,7—9.
194 Eckhart: Sermo XXVIII2: LW IV; 261,13—14:
„Contra illos, qui nolunt servire, nisi laute praebendas suas recipiant".
195 Vgl. etwa Eckhart: Sermo XXVIII2: LW IV; 260,3—262,13.

os autem exponit caelo	aber sein Maul zum Himmel erhebt
et clamat	und ihn
in caelum.[196]	[mit großem Getöse] anquakt.

Diesem Spannungsfeld zwischen „hoher Ehre und abschüssiger Lebensbahn, heiligen Beruf und unheiligem Tun, geistlichem Gewand und ungeistlichem Wandel, höchstem Lehramt und niedrigstem Wissensstand" zwischen „der Redeweise eines Täubchens und der Gesinnung eines Hundes"[197] widmet Eckhart im Rahmen seiner Auslegung zu Gen 27,22 („Die Stimme war zwar Jakobs Stimme, aber die Hände sind Esaus Hände") eine ausführliche Betrachtung, die er mit einer Fülle von „Beispielen und Vergleichen aus den Schriften der Heiligen und der Philosophen" anreichert – diese Ausführlichkeit begründet er ausdrücklich mit der Wichtigkeit und Zentralität dieses Themas für das Glaubensleben: Es verdiene, „sehr häufig als Thema oder Nebenthema für Predigten"[198] behandelt zu werden.[199]

Es ist aber dennoch festzuhalten, dass Eckhart, trotz dieser und gegen diese *malitia et perversitas*[200] an der Überzeugung von der *ecclesiae sive fidelium dignitas singularis* festhält und der Kirche neben dem

---

196 Eckhart: InGen 282: LW I; 417,8—10.
197 Eckhart: InGen 278: LW I; 415,6—10.
Eckhart zitiert so zu Beginn seiner Ausführungen den heiligen Ambrosius: „Adduco primo auctoritatem Ambrosii in Pastorali, ubi sic ait: ‚nomen' episcopi ‚conveniat actioni', ‚ne sit nomen inane et crimen immane', ‚honor sublimis et vita proclivis', ‚deifica professio et illicita actio', ‚religiosus amictus et irreligiosus profectus', ‚cathedra sublimior et scientia humilior', ‚locutio columbina et mens canina".
Er eröffnet damit eine lange Folge von *auctoritates*: Bernhard, Chrysostomus, Aulus Gellius, Seneka, Statius u. a.
198 Vgl. Eckhart: InGen 285: LW I; 420,5—6:
„Et quia praemissa verba frequenter valde assumuntur sive in sermonibus sive in prothematibus sermonum, propter hoc plura hic notare volui tam de sanctorum auctoritatibus et philosophorum quam etiam de exemplis et similibus ".
199 Eckhart: InGen 278-285: LW I; 415,1—420,9.
200 Vgl. Eckhart: Sermo XXVIII2: LW IV; 261,6.

Evangelium den Platz des *secundum principale* im Leben der Gläubigen einräumt.

Diese Spannung, mit und in der der Sohn-Werdende leben muss, soll hier vorerst nicht weiter verfolgt werden – Sie ist trotz der Eindrücklichkeit der wenigen Belegstellen kein Hauptthema im Werk Eckharts, sie erscheint sozusagen *in prothematibus sermonum*, als „Nebenthema", das hingeordnet ist auf das „Hauptthema" der Herausforderung, mit der Eckhart seine Hörer und Leser konfrontiert, nämlich selbst konsequent den Weg des Sohn-Werdens zu beschreiten und wirklich „in die Arbeit der Heiligen einzutreten".

Dementia est	Torheit ist's,
amare sanctos	die Heiligen zu lieben
et honorare	und zu verehren
et non amare	und nicht die Heiligkeit
sanctitatem,	zu lieben
	[und damit als Anspruch an das eigene Leben anzunehmen],
propter quam	deretwegen die Heiligen
amantur sancti.[201]	geliebt werden.

Statt der Konzentration auf die Gebrochenheit kirchlicher Realität ist das Ideal des „frommen Menschen" erneut in den Blick zu nehmen, das *primum principale*, der Maßstab des Evangeliums, der keine „faulen Kompromisse" duldet:

lex dei	Das Gesetz Gottes
est ratio et radix	ist der Grund und die Wurzel
omnium humanarum legium	aller menschlichen Gesetze
et actionum;	und Taten,
et iterum quod de ipsa	man darf über es nicht richten
iudicare non licet,	sondern nach ihm
sed secundum ipsam	ist über jene zu richten.

---

201 Eckhart: InIoh 231: LW III; 194,4—5.

iudicantur.[202]

So soll nun das „zweifache Werk" vertiefend beschrieben werden, das mit der „im Grund des Menschen glimmenden und brennenden Kraft", der *synderesis*, dem *vünkelîn in der sêle* verbunden ist und den Prozess des Sohn-Werdens bestimmt und vorantreibt:

* das stetige Ausrichten des Menschen auf Gott, das „Verbinden" (*zuobinden*) und
* das Abkehren (*abekêren*) von allem das Sohn-Werden Behindernden oder Gefährdenden.[203]

---

202 Eckhart: Sermo XXX: LW IV; 273,2—4.
203 Vgl. Eckhart: Predigt 20a: DW I; 333,5—334,1.

II.3.9. „zuobinden": Das Gerecht-Werden
in *respectus* und „Gespräch"

Der erste Aspekt des Wirkens der Kraft des *vünkelîn*, den Eckhart als *zuobinden* beschreibt, charakterisiert er näher dadurch, *daz ez iemermê locket dem guoten*[204].

Dem „Locken hin zum Guten" von Seiten der wirkenden Gnade entspricht nun beim Menschen auf der Ebene seines Wirkens als adäquate „Antwort" das „Suchen" – Entsprechend ist der *homo pius* zu beschreiben als „Mensch auf der Suche nach Gott, dem Licht, der Weisheit, der Wahrheit, dem Reich Gottes"[205].

Hinter der dieser Suchbewegung steht die Erkenntnis, dass es ...

magna miseria	ein großes Elend
hominis est	für den Menschen ist,
cum illo non esse,	wenn er nicht mit dem ist,
sine quo non potest esse.	ohne den er nicht sein kann.
In quo enim est,	Er ist [zwar] nicht [wirklich]
procul dubio	ohne den,
sine illo non est.	in dem er ist.
Et tamen,	Und dennoch:
si eius	Er ist nicht [wirklich] mit ihm,
non meminit	wenn er sich seiner
eumque non intelligit	nicht erinnert
neque diligit,	und ihn nicht erkennt
cum illo non est.[206]	und liebt.

Der Mensch ist zwar nie „*ohne Gott*", weil es „keinen Ort gibt, an dem Gott nicht ist"[207], weil „Gott überall ist und in allen Dingen"[208], „weil das Sein selbst, Gott, seinerseits nicht von jemand sich abkehrt

---

204 Eckhart: Predigt 20a: DW I; 334,2—3.
205 Vgl. Eckhart: Sermo XXXIV: LW IV; 303,6—8: „Deus autem, lux, sapientia, veritas, regnum [dei], dum quaeritur, tota via ipsa est nutus, sciltilla, odor, sapor, resplendentia lucis ipsius quae quaeritur".
206 Eckhart: Sermo XXX: LW IV; 280,11—13.
207 Vgl. Eckhart: InIoh 523: LW III; 452,6—7.
208 Vgl. Eckhart: InSap 139: LW II; 476,11.

noch ihn von sich stößt"[209]. Der Mensch ist nie *ohne Gott,* weil Gott selbst in unverbrüchlicher Treue dem Menschen zugewandt ist – zu erinnern ist hier das, was Eckhart unter dem Thema der *collatio esse* entfaltet hat. Und doch ist der Mensch nicht wirklich (im Vollsinn) *„mit Gott",* wenn er die unzerstörbare Beziehung zu Gott als dem Grund seines Seins nicht „erkennt", „er-innert" und „an-erkennt", das heißt: seinerseits sein Wesen ganz durch diese Verbundenheit definiert: Als Angewiesenheit, Ausgerichtet-Sein, radikale Abhängigkeit. Diese radikale Abhängigkeit, die Anerkennung der eigenen „Nichtigkeit, Erbärmlichkeit und Bettelarmut" gegenüber Gott und dem Reichtum des Seins ist für den Menschen jedoch zwiespältig: Sie verliert ihren bedrohlichen Charakter nur durch die Erkenntnis, dass die Zuwendung Gottes zum Menschen in seiner Nichtigkeit einer Bewegung freigebender Liebe entspricht.

In diesem Sinn wäre die fundamentale Grundhaltung oder -überzeugung des „frommen Menschen", die der Gott-Suche ermöglichend und motivierend vorausliegt, zu bestimmen als Vertrauen in den in der *collatio esse* „sich maßlos schenkenden Gott"[210]:

quantum est ex parte dantis dei,	Sofern es von der Seite des schenkenden Gottes abhängt,
‚qui operatur omnia in omnibus', Cor.12, datur spiritus non ad mensuram.[211]	‚der alles in allem wirkt' (1 Kor 12,6), wird der Geist nicht nach Maß [begrenzt] gegeben.
omne quod operatur deus in creatura, gratia est et gratis datur.[212]	Alles, was Gott im Geschöpf wirkt, ist Gnade und wird umsonst gegeben.

---

209 Vgl. Eckhart: Sermo XV2: LW IV; 149,2−3.
210 Vgl. Eckhart: InIoh 368: LW III; 313,1.
211 Eckhart: InIoh 368: LW III; 312,14−313,2.
212 Eckhart: InSap 272: LW II; 602,2−3.

Nur unter der Bedingung einer wirklich ver-inner-lichten Erkenntnis dieses Verdanktseins gegenüber der Gnade als sich umsonst und ohne Maß schenkender Liebe wird die Gefahr gebannt, im Hintergrund der Rede von der radikalen Abhängigkeit des Menschen Gott „zum Inbegriff einer undurchschaubaren, den Menschen in jeder Hinsicht verendlichenden Übermacht" zu machen, ihn zu denken als einen Gott, dessen Angesicht „versinkt im Abgrund seiner U-nausdenklichkeit", „verfremdet zu einem der Menschheit feindlichen Tyrannen"[213]. Dieser „Verdüsterung Gottes" gegenüber erweist Eckhart den Grund der *collatio esse* betont in der Gottes-Freundschaft, in der Freundschaft Gottes zu seinem Geschöpf, in deren Horizont der Wille zur Seinsverleihung als Liebe verstehbar wird, ...

[...] quia ipsum esse, deus,	[...] weil das Sein selbst, Gott,
non recedit,	sich seinerseits
	nicht von irgendjemand abkehrt
non dimittit aliquem.[214]	noch ihn von sich stößt.

Dieses Versprechen der barmherzigen Zugewandtheit Gottes[215], die in jeder Hinsicht „umsonst" ist, betont Eckhart akzentuiert im Kontext der Frage nach der Haltung Gottes gegenüber den „Sündern", indem er die Überzeugung, „dass Gott die Sünder nicht erhöre" (als Strafe für ihr un-frommes Leben) als *verbum hominis nondum plene in fide illuminati*[216], als „Wort eines Menschen, der noch nicht ganz im Glauben erleuchtet ist" und damit als Irrtum abweist.

---

213 Vgl. zu dieser gefährlichen „Verdüsterung des Gottesbildes": Biser, Eugen: Einweisung ins Christentum. 64.
214 Eckhart: Sermo XV2: LW IV; 149,2.
215 Eckhart zitiert in diesem Zusammenhang, in dem er betont, dass die Gnade Gottes immer sowohl zuvorkommende, wirkende, mitwirkende und nachfolgende Gnade ist, als entsprechenden „Autoritätsbelege":
   • Ps 58,11: „seine Barmherzigkeit wird mir zuvorkommen", und
   • Ps 22,6: „deine Barmherzigkeit wird mich begleiten alle Tage meines Lebens".
   Vgl. hierzu: Eckhart: InSap 213-214: LW II; 549,9—550,8.
216 Eckhart: InIoh 498: LW III; 429,2—3.

Er anerkennt an anderer Stelle, dass diese Irrmeinung dem Wunsch entspringen mag, Gottes „Reinheit" nicht durch die allzu große Nähe zum „Schmutz der Sünde" zu gefährden, widerspricht dieser „Befürchtung gewisser Phantasten" jedoch mit Vehemenz:

deus est ubique et in omnibus.
[...]
non est verendum,
sicut verentur imaginarii,
quasi ad hoc sequatur
quod sic
etiam afficitur
sordibus,
privationibus
et similibus imperfectionibus
quarundam rerum.

Gott ist überall
und in allen Dingen! [...]
Es ist nicht zu befürchten,
wie gewisse Phantasten es tun,
als ob hieraus folge,
dass er [Gott] auf diese Weise
von Schmutz,
Mängeln
und ähnlichen
Unvollkommenheiten
gewisser Dinge
beeinträchtigt werde.

Quod non contingit. [...]
Non [...] immunda,
foeda et mala
deum afficiunt,
ut malus sit
aut huiusmodi,
sed e converso
deus
tangens
ista quae foeda sunt, mala
et immunda,
facit ipsa munda, pulchra
et bona.

Das ist nicht der Fall! [...]
Unreines, Hässliches und Übles
beeinträchtigen Gott [...] nicht,
so dass er dadurch schlecht
oder irgendwie
[unvollkommen] würde,
sondern im Gegenteil:
indem Gott
das, was schmutzig, übel
und unrein ist,
berührt,
macht er es rein, schön
und gut.

Universaliter enim
agens assimilat
sibi passum,
non e converso.
Sic ex non igne fit ignis,

Denn allgemein
macht das Wirkende sich
das Erleidende ähnlich,
nicht umgekehrt.
So wird aus Nicht-Feuer Feuer,

ex infirmo sanus.[217]	aus einem Kranken ein Gesunder.

So ist hier als Ausgangspunkt der kommenden Denkbewegung festzuhalten, dass die „Suche" des Menschen nach Gott, die als bestimmend für das Leben des „frommen Menschen" beschrieben wird,
keine Suche ist, die im Sinne eines sich Mühens zu verstehen wäre,
um in die Nähe des abwesenden oder sich (aufgrund der Niedrigkeit des Menschen) abwendenden Gottes zu gelangen, sich diese
Nähe zu „er-wirken". Sie ist vielmehr eine innere Gegenbewegung
gegen die Gefährdung des Menschen, „sich selbst zu verstoßen", sei
es aus Furcht vor der Übermacht Gottes oder aufgrund des Widerstands gegen die Anerkennung des eigenen Verdankt-Seins und
damit aus Hochmut und Selbstüberhebung:

ipsum esse, deus,	Das Sein selbst, Gott,
non recedit,	kehrt sich seinerseits nicht
non dimittit aliquem,	von irgendjemandem ab
sed ipse dimittitur,	noch stößt es ihn von sich,
ipsum esse dimittit,	sondern jeder wird [durch sich] selbst verstoßen,
quicumque cadit	jeder stößt das Sein selbst
ab esse quocumque	von sich,
et quocumque modo.[218]	der von irgendeinem Sein in irgendeiner Weise abfällt.

Das Bild der „Suche" erweist sich so als Ausdruck *aktiver* Aufnahmebereitschaft des Menschen gegenüber dem göttlichen Sein, als *aktives* Sich-Zuwenden, als bewusstes Eintreten in die unzerstörbar bestehende Beziehung zu Gott, die so zum prägenden Grund des Lebens werden kann.

in spiritualibus	Es ist in geistlichen Dingen
necesse est	notwendigerweise so,

---

217 Eckhart: InSap 139: LW II; 476,11—477,12.
218 Eckhart: Sermo XV2: LW IV; 149,2—4.
219 Eckhart: InSap 273: LW II; 602,11—603,3.

434 [Das Leben des Gerechten]

quod anima ipsa	dass die Seele göttliches Sein
accipiat esse divinum	annehmen muss,
ad hoc	um auf göttliche
quod operetur	und geistliche Weise
divine et spiritualiter.	wirken zu können.
Non enim operatur iuste	Denn wer nicht gerecht *ist*,
qui non est iustus [...].	kann nicht in gerechter Weise
	wirken. [...]
Hoc autem esse divinum	Dieses göttliche Sein aber
dat	schenkt die
gratia gratum faciens	[Gott] angenehm machende
ipsi essentiae animae.[219]	Gnade
	dem Wesen der Seele.

Suchen, Lieben, Sich-Zuwenden, *zuobinden*, In-Beziehung-Treten, das Geschenk „göttlichen Seins *annehmen*", „das eigene Herz Gott, dem Vater, entgegenhalten": Mit diesen Schlagworten lässt sich der Grundsatz des Lebens in der „Idee", im „ewigen Licht des frommen Menschen" beschreiben, für das Eckhart mit Nachdruck wirbt:

Docemur [...] nos	Wir werden [...]
in his verbis,	in diesen Worten belehrt,
ut	dass wir
sursum cor habeamus	das Herz auf Gott den Vater
ad deum patrem [...].	hin
Ratio est	[ausgerichtet] haben sollen. [...]
	Der Grund dafür ist:
primo,	*Erstens:*
quia ,omne datum optimum	,jede gute Gabe
et	und
omne donum perfectum	jedes vollkommene Geschenk
desursum descendens est	steigt von oben herab,
a patre'.	vom Vater'
	(Jak 1,17).
Secundo,	*Zweitens:*
quia est	Er ist ,Vater der Barmherzig-

'pater misericordiarum
et totius consolationis',
Cor 1. [...]

Tertio,
quia 'ab ipso
exire
mori est,
ad ipsum redire
reviviscere est,
in quo habitare
vivere est,
a quo averti
cadere est,
in quem reverti
resurgere est,
in quo manere
consistere est,
quem relinquere hoc
est quod perire,
quem attendere hoc est
quod amare,
quem videre hoc est
quod habere'.[220]

Augustinus: deus tuus
totum tibi erit.
Manducabis eum,
ne esurias,
bibes eum,
ne sitias,
illuminaberis ab eo,
ne sis caecus,
fulcieris ab eo,
ne deficias.

keit
und allen Trostes'
(2 Kor 1,3).
[...]

Drittens:
‚Von *ihm* [dem Vater]
weggehen,
ist sterben,
zu *ihm* zurückzukehren,
ist wiederaufleben,
bei dem zu wohnen,
leben ist,
von dem sich abzuwenden,
fallen ist,
zu dem zurückzukommen,
wiederaufstehen ist,
bei dem zu bleiben,
Bestand haben ist,
den zu verlassen dasselbe ist
wie zugrunde gehen,
den zu betrachten dasselbe ist
wie lieben,
den zu schauen dasselbe ist
wie [zu eigen] haben.'

Dein Gott, sagt Augustinus,
wird dir alles sein.
Deine Speise,
damit du nicht hungerst,
dein Trank,
damit du nicht dürstest,
dein Licht,
damit du nicht blind bist,
deine Stütze,
damit du nicht wankst.

---

220 Eckhart: InIoh 672: LW III; 585,12—586,7.

Possidebit te	Wie Gott ganz
totum integrum	und ohne Mängel ist,
totus integer,	wird er dich ganz
	und ohne Mängel besitzen,
angustias ibi ne patiaris.	damit du bei ihm geborgen
	bist.
Cum eo,	Mit ihm,
cum quo possides totum,	mit dem du alles besitzen
habebis totum,	wirst,
	wirst du [wirklich]
	alles haben,
quia et tu et ille	weil du und er
unum eritis,	eins sein werden,
et unum totum et ille	und eines und alles
habebit,	wird auch er haben,
qui nos possidebit.	der uns besitzen wird.
Ratio,	Der Grund ist der,
quia sine ipso	dass ohne Gott
omnia nihil tibi essent.[221]	alles für dich nichts wäre.

Das Ideal des *homo pius* ist damit nichts anderes als Ausdruck einer lebendigen Grundhaltung, die dem Wesen des Menschen „nach der Weise seiner Geschaffenheit" entspricht: Die „Suche" entspricht dabei dem wesenhaften Hunger des Menschen nach Sein. Dem radikalen Verwiesensein des Menschen auf Gott, der den Menschen in der *collatio esse* beschenkt und im Sein erhält, entspricht die bewusste Gestaltung des Lebens als „Leben-in-Beziehung", das den Blick zurücklenkt auf das Bild des „Sohnes", der als Verwirklichung des „Nicht-für-sich-Seins" dieses Ideal anschaulich macht:

filius id quod est	Der Sohn ist das, was er ist
et quod sibi proprium est	und was ihm eigentümlich ist,
se toto	ganz und gar
ad patrem est,	durch seine Beziehung
a patre	zum Vater,

---

221 Eckhart: Sermo XXX: LW IV; 281,4—9.

et in patre.	vom Vater
[...]	und im Vater.
	[...]
relativum	Was in Beziehung steht,
proprium habet et suum	hat die Eigentümlichkeit,
non sibi esse	nicht für sich
nec ad se,	und nicht auf sich hin
sed sibi non esse,	[ausgerichtet] zu sein,
	sondern ‚für sich' nicht zu sein,
alii esse	für ein anderes
et alius esse,	und des andern
et ad alterum esse.	und zum anderen hin zu sein.
Propter quod quo magis	Deshalb ist es um so mehr
non suum,	nicht sein eigen,
tanto magis suum,	je mehr es sein eigen ist,
et quo magis suum,	und je mehr es sein eigen ist,
tanto minus suum;	um so weniger ist es sein eigen;
sibi enim esse	denn das Für-Sich-Sein
et suum esse	und das ihm eigene Sein ist:
est sibi non esse,	nicht Sein-für-sich,
sed alius esse.[222]	sondern des anderen zu sein.

Hervorzuheben ist hier nochmals, dass Eckhart diese Rede vom „Sohn-Sein" christologisch verankert und „füllt": „Diesen Menschen empfiehlt uns der Apostel, wenn er sagt: ‚zieht den neuen Menschen an, der erneuert wird in der Erkenntnis Gottes nach dem Bild dessen, der ihn schuf. Dort ist nicht Mann noch Frau, nicht Heide noch Jude, nicht Knecht noch Freier, sondern alles und in allen Christus (Kol 3,10)"[223].

---

222 Eckhart: InIoh 425: LW III; 360,6—12.
223 Vgl. Eckhart: Sermo XX: LW IV; 193,11—194,1: „Hunc hominem persuadet apostolus Col. 3: ‚induentes novum hominem qui renovatur in agnitione dei secundum imaginem eius, qui creavit eum. Ubi non est masculus et femina, gentilis et Iudaeus et barbarus et Scytha, servus et liber, sed omnia et in omnibus Christus".

Et sic breviter	Kurz gesagt:
omnia,	alles,
quae perfectionis sunt	was der Vollkommenheit
	teilhaftig ist
et quae perfecta sunt,	und was vollkommen ist,
puta gratia,	nämlich die Gnade
veritas vitae,	[und] Wahrheit des Lebens,
iustitiae	der Gerechtigkeit
et doctrinae,	und der Lehre,
ad Christum pertinet. [...]	gehört zu Christus. [...]
Venire ergo	Zu irgendeiner Vollkommenheit
ad perfectionem quamlibet	kommen
est venire ad Christum,	bedeutet also
venire ad filium,	zu Christus kommen,
venire ad sinum patris,	zum Sohn kommen,
esse filium,	zum Schoß des Vaters kommen,
esse in Christo;	Sohn sein,
	in Christus sein;
elongari vero	sich aber irgendwie
quomodo libet	von irgendeiner
a perfectione quacumque	Vollkommenheit
	entfernen
est elongari	bedeutet sich entfernen
a Christo,	von Christus,
a gratia,	von der Gnade,
a veritate,	von der Wahrheit,
a sinu patris,	vom Schoß des Vaters,
in quo est filius	in dem der Sohn ist,
unigenitus a patre.	der Eingeborene vom Vater.
Christus ergo	Christus ist also
perfectio,	die Vollkommenheit,
gratia,	die Gnade
veritas est	und Wahrheit
naturalis	seiner Natur nach
et per naturam.	und durch seine Natur.
Quid enim	Denn was entspricht mehr
naturalius gratiae et veritati	der Natur der Gnade

quam *gratia et veritas?*	und Wahrheit als Gnade und Wahrheit (vgl. Joh 1,17)?
Christus autem veritas, Ioh. 14.	Christus aber *ist* die Wahrheit (Joh 14,6).
Nobis autem et cunctis, qui christiana religione censentur, ea quae perfectionis sunt, gratiae et veritatis, per adoptionem sunt et per gratiam.	Wir aber und alle, die zur christlichen Religion gehören, haben das, was an der Vollkommenheit, an der Gnade und Wahrheit teilhat, durch Annahme an Sohnes statt und durch Gnade.
Et hoc est quod hic signanter dicitur: 'gratia et veritas per Iesum Christum facta est',	Das besagt trefflich dieses Wort: ,Die Gnade und Wahrheit ward durch Jesus Christus' (Joh 1,17);
Rom. 8: 'accepistis spiritum adoptionis filiorum dei'[224]	,Ihr habt den Geist der Kindschaft Gottes empfangen' (Röm 8,15).

Christus erscheint als Inbegriff jedweder Vollkommenheit, die der Mensch auf seiner Suche erstrebt, der „wahre Reichtum des Menschen" besteht darin, „Christus im Herzen wohnen zu haben" und so „stark zu werden im inneren Menschen"[225].

Diese Personalisierung des Ideals des „Sohn-Seins" wird im weiteren Bedenken immer wieder von Bedeutung sein, wenn es um das Verständnis der Lebensbewegung des Gerechten geht. Für den hier gegebenen Kontext sind vorerst drei Aspekte festzuhalten:

---

224 Eckhart: InIoh 184: LW III; 153,11—154,8.
225 Vgl. Eckhart: Sermo XX: LW IV; 194,2—3.

- Die „Sohnschaft" (nach Joh 1,12) ist dem Menschen verheißen als „Bruderschaft zu *dem* Eingeborenen"[226] – aufgrund des Bruder-Verhältnisses zu Christus, dessen Aktualisierung für den Einzelnen im Glauben grundgelegt ist, darf der Mensch sich hineingenommen wissen in das „Sohnes-Verhältnis" zu Gott.
- Dieses Hineingenommen-Sein in die Beziehung Jesu zu Gott ist für Eckhart in dem Sinn von grundlegender Bedeutung, dass es dem Menschen ermöglicht, wie Christus Gott „unseren *Vater*" zu nennen und nicht „unseren *Herrn*". Eckhart betont dies immer wieder, da hier das Verhältnis, die Art der Beziehung grundlegend beschrieben ist, die den Weg des Sohn-Werdens, den Such-Weg des Glaubenden bestimmt:
  Die dem Vater-Sohn-Verhältnis entsprechende Haltung ist eine „der *Liebe* und nicht der *Furcht*"[227]! Gleichzeitig begründet Eckhart mit dem Wissen um die unverbrüchliche Freundschaft Gottes zum Menschen, die im intimen Verhältnis der Vater-Sohn-Relation zum Ausdruck kommt, die feste „Zuversicht, dass unsere Sehnsucht Erfüllung findet"[228] – Gott als dem Vater liegt nichts so sehr am Herzen wie die Vollendungsgestalt seiner Kinder, die Verwirklichung geglückter Beziehung.
- Der dritte Aspekt weist bereits voraus auf spätere Überlegungen: Das „Vater-Sohn-Verhältnis" ist, wenn es wirklich realisiert werden soll, nur als *beidseitige* Zugewandtheit in der Liebe denkbar. Auf der Seite des Menschen nun besteht diese Liebe nicht nur in der bewussten Annahme der geschenkten Zuneigung des Vaters, sondern, wie Eckhart an anderer Stelle in einer deutschen Predigt

---

226 Vgl. Eckhart: Sermo XXXVII: LW IV; 323,10–13.
227 Vgl. Eckhart: Sermo XXXVII: LW IV; 323,9–10 und Sermo XLIV1: LW IV; 369,6-10:
  „'Nuptias filio suo', quia datur solum filiis, a philos, amantibus, Psalmus: 'abscondisti timentibus te'. [...] *Filio soli*, [...], id est amanti, non servo timenti."
  [*Er bereitete seinem Sohn eine Hochzeit'. Sie wird den Söhnen gegeben, den Geliebten, [denn das Wort filius (Sohn) kommt] von philos (Geliebter). ,Du hast sie verborgen vor denen, die dich fürchten' (Ps 30,20). [...] Dem Sohn, das heißt dem, der [Gott] liebt, [wird die Hochzeit bereitet,] nicht dem Knecht, der ihn fürchtet.]*
228 Vgl. Eckhart: Sermo XXXVII: LW IV; 324,2–3.

formuliert, in der „wiedergebärenden Dankbarkeit" (*in der wider-*
bernden dankbærkeit)[229] :

„Wir sollen Gottes Ehre so lieben und ihr Gegenteil, wo immer es
einträte, soll uns so schmerzen, wie es Söhnen beim eigenen Vater ziemt!"[230]

Was auch immer „eintritt", als Geschehen im Lebensvollzug des
Menschen in Ermutigung und Anfechtung – Liebe und Schmerz,
die aus der Grundbewegung der   Liebe zum Vater und seiner
„Ehre" hervorgehen, werden im Wirken des Menschen Konse-
quenzen zeitigen: Ganz vom Sohn-Sein ‚durchtränkt' wirkt der
Mensch ‚die Werke des Sohnes'.

In diesem Sinn konkretisiert sich der Ruf zur Gott-Suche als Ruf
zur Nachfolge „*des* Eingeborenen", in der der Mensch sich dem
verborgenen Gott nähert, indem er in das Sohnes-Verhältnis eintritt. „Christus im Herzen wohnend habend", *in* Christus erkennt
er Gott, den *Herrn*, als *Vater*, der sich selbst verschenkende Liebe
ist und den Menschen ruft – einerseits, das Geschenk seiner Liebe
im Glauben anzunehmen, andererseits diese Liebe „in wiederge-
bärender Dankbarkeit in Gott zurückzutragen", selbst in der Welt
die Werke sich maßlos verschenkender Liebe zu wirken:

Christum induere debemus,	Wir sollen Christus anziehen,
sicut ferrum induit ignem,	wie das Eisen das Feuer,
aer solem,	die Luft die Sonne
lana calorem.	und die Wolle die Farbe an- zieht.
Ferrum sic induit ignem	Das Eisen zieht das Feuer so an,
quod totum est ignis,	dass es ganz feurig wird.
et sic	Entsprechendes

---

229 Vgl. Eckhart: Predigt 2: DW I; 27,4—9: „Daz der mensche got enpfæhet in
    im, daz ist guot, und in der enpfenclicheit ist er maget. Daz aber got
    vruhtbærlich in im werde, daz ist bezzer; wan vruhtbærkeit der gâbe daz
    ist aleine dankbærkeit der gâbe, und dâ ist der geist ein wîp in der wider-
    bernden dankbærkeit, dâ er gote widergebirt Jêsum in daz veterlîche her-
    ze".

230 Vgl. Eckhart: Sermo XXXVII: LW IV; 324,14—324,2.

de aliis.	geschieht bei den anderen.
Hoc modo	Auf diese Weise wird jeder
quisque fidelis	Gläubige
amore Christi	durch die Liebe zu Christus
fit rubricatus,	gerötet,
igneus	entflammt
et totus Christo	und ganz von Christus
imbutus,	durchtränkt,
ut ad opera Christi facienda	so dass er durch ihn geformt ist,
informatus sit Christo.[231]	die Werke Christi zu wirken (vgl. Joh 14,12).
restat	Daraus ergibt sich also,
quod serviendum est	dass man allein Christus
soli Christo domino,	dem Herrn dienen soll,
qui praecipit sanctitatem,	der Heiligkeit fordert:
Luc. 1:	,wir sollen in Heiligkeit
,serviamus illi	und Gerechtigkeit
in sanctitate et iustitia	all unsere Tage
coram ipso	vor ihm dienen'
omnibus diebus nostris'[232]	(vgl. Lk 1,74-75).

Der Intimität der Liebes-Beziehung zwischen Gott und dem „frommen Menschen" entsprechend, die in der Vater-Sohn-Relation grundgelegt ist, beschreibt Eckhart das Sein des *homo pius* (oder *homo sanctus*) mit Bildern personalen wechselseitigen Aufeinanderbezogen-Seins:

* als „Im-Gespräch-Sein", als „Rede und Zwiesprache, Rede und Anrede, durch die Oberes und Niederes unmittelbar miteinander sprechen [...] wie Liebender und Geliebtes"[233], als „Zwiegespräch des Höchsten in uns, das Gottes Bild ist, mit Gott und Got-

---

231 Eckhart: Sermo LII: LW IV; 436,5—9.
232 Eckhart: Sermo XXXIV: LW IV; 295,5—7.
233 Vgl. Eckhart: ParGen 148: LW I; 617,6 und 617,12—13.

tes mit ihm"[234]: „Dieses Gespräch wird zwischen dem Heiligen und dem Allerheiligsten, zwischen dem Heiligen und der Heiligkeit, zwischen dem Guten und der Gutheit, zwischen dem Gerechten und der Gerechtigkeit geführt"[235];
* als gegenseitiges Sich-Anblicken, als „Hinordnung aufeinander", als „Blick, der [...] hin und her geht"[236].

Zu betonen ist hier, dass Eckhart die „Liebe", die in diesen Bildern beschrieben wird, konsequent nicht zuerst als „Gefühlsbewegung" versteht, sie damit auch nicht im Willen als Seelenvermögen ansiedelt. Im hier beschriebenen Zusammenhang ist „Liebe" zu verstehen als ontologisch gegebene Beziehung, die auf Seiten des Menschen „verortet" ist im „obersten Teil der Seele", im *intellectus inquantum intellectus*, in „*dem* Verstand, der uns mit dem Schöpfer verbindet". Es handelt sich also um eine Liebes-Einheit, eine unverbrüchlich gegebene Beziehung in dem, was oben als „intellektiver Grund der Seele" beschrieben wurde. Diese Beziehung der Liebe ist dann erst nachgeordnet, aber in konsequenter Folge, zu betrachten im Sinn einer vom Menschen im Lebensvollzug zu aktualisierenden Wirklichkeits-Struktur.

Durch die Charakterisierung der ontologischen Beziehungsstruktur als „Gespräch" ist dieser zweite Schritt für Eckhart – im Sinn der „Antwort" auf die „göttliche Anrede" – unauflösbar mit dem ersten verbunden:
Der Mensch soll nicht nur „Hörender" sein und damit „über sich in Gott die unveränderlichen Regeln schauen"[237], er soll „Gehorsamer"[238] und damit „Antwortender" sein:

---

234 Vgl. Eckhart: ParGen 139: LW I; 607,5—6.
235 Vgl. Eckhart: ParGen 139: LW I; 607,7—9.
236 Vgl. Eckhart: ParGen 139: LW I; 606,11—607,1.
237 Vgl. Eckhart: ParGen 139: LW I; 606,7—8: "ratio superior semper intendit, subhaeret, coniuncta est et intuetur regulas incommutabiles super se ipsam in deo".
238 Vgl. Eckhart: ParGen (Tabula auctoritatum): LW I; 471,11—14: "deo idem est creare, facere, producere et praecipere et quod productum dictum et praeceptum et verbum, item quod creaturae idem est creari, fieri

„Reflexion (Wider-Spiegelung) Gottes", „Spiegelbild", „Echo", „Bei-Wort"[239] des göttlichen Wortes:

Nos autem deo loqui	Dass wir aber mit Gott spre-
non est aliud	chen,
quam ipsum	ist nichts anderes,
et eius inspirationem	als dass wir ihn
audire et oboedire,	und seine Eingebung
ab aliis	gehorsam hören,
autem averti	uns von den übrigen Dingen
et ad ipsum	abwenden
et ipsius assimilationem	und ihm zuwenden,
converti,	um ihm ähnlich zu werden,
quomodo	nach Art
montes	mancher Berge
aliqui et loca	und Örtlichkeiten,
respondent et loquuntur	die denen,
sibi loquentibus,	die zu ihnen hinrufen,
	antworten und zurückrufen.
sicut patet in sono,	Jedermann kennt
qui echem dicitur	diesen Widerhall,
a philosopho.	den der Philosoph Echo nennt.
[...]	[...]
Exemplum	Ein [anderes] Beispiel
est de speculo	ist der Spiegel.
respondente	Er reflektiert
et repercutiente	das Bild und die Form
speciem et formam	des sichtbaren Gegenstandes
obiecti visibilis.	und antwortet ihm

---

et produci a deo et ipsum audire, ipsi oboedire, ipsi loqui et ipsi respon-dere."
[Für Gott ist schaffen, machen, hervorbringen und gebieten ein und dasselbe, und das Hervorgebrachte ist sein Spruch, Gebot und Wort. Ferner ist für das Geschöpf von Gott geschaffen werden, gemacht werden und hervorgebracht werden dasselbe wie ihn hören, ihm gehorchen, mit ihm sprechen und ihm antworten.]
239 Vgl. Eckhart: Sermo LI: LW IV; 434,7.

	[damit gleichsam].
Ubi ipsa irradiatio	Hierbei ist die Einstrahlung
sive gignitio imaginis	oder Erzeugung der Bildes
	[im Spiegel]
est visibilis	das Sprechen
locutio,	des sichtbaren Gegenstandes,
speculi vero repercussio	während die Reflexion des
	Spiegels
est ipsius responsio	seine Antwort
sive locutio.	und sein Sprechen ist.
Et haec	Das Zwiegespräch,
sibi invicem loquuntur	das sie miteinander führen,
voce consona	klingt zusammen
in ipsa imagine hinc inde genita	in dem
tamquam prole,	von beiden erzeugtem Bild,
ut sint duo	das gleichsam ihr Spross ist.
in prole una	So sind sie geistlich
spiritualiter et veraciter [...][240]	und wirklich
	zwei
	in dem einen Spross.

Der „gemeinsame Spross"[241], das „im Zwiegespräch von beiden er-
zeugte Bild", ist „der Sohn", das Leben „des Gerechten", des Gott

---

240 Eckhart: ParGen 150: LW I; 619,11–621,2.
241 Vgl. auch Eckhart: ParGen 219: LW I; 697,3–10:
  "[...] *videre facie ad faciem* [...] qui in deum se aspicientem respicit, qui deo
  loquenti sibi respondet [...]. Sic enim formatur proles communis deo loquenti et viro sancto respondenti, deo inspicienti sive aspicienti supremum
  animae et viro sancto se toto reverso et respicienti ipsum deum facie animae ad faciem dei. Sic enim videmus quod in homine convertente faciem
  suam directe ad visibile formatur in oculo species quasi proles obiecti visi-
  bilis et visus."
  [*Der Mensch sieht Gott von Angesicht zu Angesicht, der den auf ihn gerichteten
  Blick Gottes erwidert und auf das an ihn gerichtete Wort Gottes antwortet. [...].
  Denn so bildet sich zwischen Gott, der redet, und dem heiligen Menschen, der
  antwortet, zwischen Gott, der auf den Gipfel der Seele hin- oder ihn anblickt, und
  dem heiligen Menschen, der sich ganz zurückwendet und auf Gott selbst zurück-
  blickt, der mit dem Angesicht der Seele auf das Angesicht Gottes [schaut], ein ihnen gemeinsamer Spross. So beobachten wir ja auch folgendes: richtet jemand sein*

wider-spiegelnden Menschen, der durch seinen Gehorsam gegenüber den „unveränderlichen Regeln über sich in Gott" zum „Echo Gottes" in der Welt wird:

Iustitia	Die Gerechtigkeit rechtfertigt,
loquendo iustificat,	indem sie spricht,
iustus audiendo iustitiam	der Gerechte
iustificatur,	wird gerechtfertigt,
gignitur iustus,	wird als Gerechter gezeugt,
fit filius iustitiae [...],	wird Sohn der Gerechtigkeit
transformatur	[...]
in iustitiam	wird umgeformt
et conformatur.[242]	in die Gerechtigkeit
	und ihr gleichgeformt,
	indem er die Gerechtigkeit
	hört.

Das Sein des gerechten, heiligen, frommen Menschen als „Sein im Gespräch" erweist die von Eckhart als Ziel der „Gottesgeburt" benannte Einheit zwischen Gott und Mensch, zwischen Gerechtigkeit und Gerechtem als Einheit der Beziehung, die zu unterscheiden ist von einer Vorstellung von Einheit, in der etwa der Mensch ununterschieden im göttlichen Sein aufginge, menschliches und göttliches Eigensein einfach zusammenfielen, bzw. das eine sich im anderen verlieren würde: Die „zwei sind geistlich und wirklich *zwei* in dem *einen* Spross", ihre Einheit ist „Zusammenklang im Zwiegespräch". Auf diesem Hintergrund ist jede Vorstellung einer *„unio mystica"*, die eine Auflösung menschlicher Personalität in einer Verschmelzung mit Gott bedeuten würde, für Eckhart abzuweisen – die „Einheit mit Gott" ist vom Menschen *als Mensch* zu leben:

Ich nime ein becke	Ich nehme ein Becken

Angesicht unmittelbar auf etwas Sichtbares, so formt sich in seinem Auge ein Abbild, das gleichsam ein Spross des sichtbaren Gegenstandes und des Gesichtssinnes ist.]

242 Eckhart: ParGen 147: LW I; 617,1–4.

mit wazzer	mit Wasser
und lege einen spiegel dar în	und lege einen Spiegel hinein
und setze ez	und setze es
under daz rat der sunnen:	unter den Sonnenball;
sô wirfet diu sunne ûz	dann wirft die Sonne
irn liehten schîn	ihren lichten Glanz
ûz dem rade	aus der Scheibe
und ûz dem bodem der sunnen	und aus dem Grund der Sonne
und envergât doch niht.	und vergeht darum doch nicht.
Daz widerspil des spiegels	Das Widerspiegeln des Spiegels
in der sunnen	in der Sonne
daz ist in der sunnen sunne.	ist in der Sonne Sonne,
Und er ist doch	und doch ist er [der Spiegel],
daz er ist.	was *er* ist.
Alsô ist ez umbe got.	So ist es auch mit Gott.
Got ist in der sêle	Gott ist in der Seele
mit sîner natûre	mit seiner Natur,
und mit sînem wesene	mit seinem Sein
und mit sîner gotheit.	und mit seiner Gottheit.
Und er enist doch niht diu sêle.	Und er ist dennoch nicht die Seele.
Daz widerspil der sêle	Das Widerspiegeln der Seele,
daz ist in gote got.	das ist in Gott Gott.
Und si ist doch	Und sie [die Seele] ist doch,
daz si ist.[243]	was *sie* ist.

Echo-Sein, Antwort-Sein, Spiegelbild-Sein – Im Leben des Gerechten als Mensch „Widerspiegeln" der göttlichen Gerechtigkeit zu sein, auch das wurde schon mehrfach bedacht, *ist* gleichzeitig „Sehen Gottes von Angesicht zu Angesicht"[244] und damit Grundlage wirklicher Erkenntnis Gottes.

---

243 Eckhart: Predigt 109: DW IV2; 771.
244 Vgl. Eckhart: ParGen 219: LW I; 697,3—698,1.

II.3.10. „Zugekehrt" leben:
In Demut und mit Liebe aufsteigen zu Gott

Eckhart vertieft und erweitert das Bild der „Suche" des Menschen als Ausdruck *aktiver* Aufnahmebereitschaft gegenüber dem göttlichen Sein, als Sich-Zuwenden, als bewusstes Eintreten in die unzerstörbar bestehende Beziehung zu Gott und damit als Sich-Einleben in das „Gespräch" mit Gott, wie es beschrieben wurde, um immer mehr „Echo", „Bei-Wort" und „Widerspiegeln" der göttlichen Gerechtigkeit zu werden, mit seinem Konzept des „Aufstiegs" der Seele, des *intellectus* zu Gott:

intellectus <deum>	Der Intellekt
in se non attingit,	berührt in sich nicht Gott,
nisi ascendat.[245]	außer er steige auf.

Die Vorstellung des *ascensus* verbindet er mit der Betonung der Notwendigkeit für den Menschen, durch das „Sich-Zukehren" die Nähe Gottes zu suchen. Diese Rede von der „Nähe zu Gott" (die als Gegenpol die „Gottes-Ferne" impliziert) scheint dabei auf den ersten Blick dem zu widersprechen, was bisher betont hervorgehoben wurde: Dass es für Eckhart „Zeichen eines unvollkommenen Glaubens" sei, daran zu zweifeln, dass es „keinen Ort gibt, an dem Gott nicht ist"[246], dass „das Sein selbst, Gott, sich seinerseits nicht von irgendjemandem abkehrt"[247], dass Gott vielmehr „überall und in allen Dingen", bis hinunter „in den Schmutz, das Unreine, das Hässliche und Üble" anwesend ist[248], dass der „schenkende Gott", „soweit es von seiner Seite abhängt, den Geist nicht nach Maß gibt", sich maßlos verschwendet an den Menschen[249].

Wenn Eckhart nun gleichzeitig ausdrücklich vom „großen Elend für den Menschen" spricht, das darin bestehe, in der Gott-Ferne zu le-

---

245 Eckhart: Sermo XXIV2: LW IV; 226,1—2.
246 Vgl. Eckhart: InIoh 523: LW III; 452,4—7.
247 Vgl. Eckhart: Sermo XV2: LW IV; 149,2—4.
248 Vgl. Eckhart: InSap 139: LW II; 476,11—477,12.
249 Vgl. Eckhart: InIoh 368: LW III; 312,14—313,7.

ben, „nicht mit dem zu sein, ohne den er nicht sein kann"[250], wenn er vom „Leben entfernt vom Ursprung" spricht, dem Leben weit ab im „Land der Unähnlichkeit"[251], so wird die Unzulänglichkeit all dieser an räumliche Vorstellungen von Nähe und Ferne gebundenen Metaphern deutlich, die gleichzeitig unverzichtbar sind, um die Dynamik der Beziehung zwischen dem Menschen und Gott zu veranschaulichen.

Eckhart selbst ringt mit dem Versuch, etwa am Beispiel der Transformation durch das Feuer, die bereits mehrfach begegnete als Bild des Verwandlungsprozesses des Menschen in der *generatio*, „im Bild zu bleiben": einerseits nämlich die Allgegenwart des wirkenden Feuers hervorzuheben, andererseits das wirkliche Stattfinden der *generatio* als abhängig vom „Grad der Annäherung" an den „Glutkern des Feuers" zu beschreiben:

quemadmodum	Wie in einem Feuer
in uno igne	Lichtglanz und Glut
consubstantialis [...]	sozusagen
sentitur	als gleichwesentlich
fulgor et calor	empfunden werden
nec separari ab invicem	und
possunt,	voneinander untrennbar sind,
calor tamen	die Glut aber
ad ea pervenit	nur zu dem gelangt,
quae prope sunt,	was nahe ist,
fulgor vero	während sich der Lichtglanz
longius	in die Weite
latiusque diffunditur[252]	und Breite ergießt.

So wirkt Gott „soweit es an ihm liegt" wirklich – vergleichbar dem mit dem Feuer verbundenen Lichtglanz – „in die Weite und in die Breite", während es am Menschen liegt, sich „der Glut des Feuers zu nähern", die wiederum mit dem allgegenwärtigen Lichtglanz „untrennbar verbunden ist".

---

250 Vgl. Eckhart: Sermo XXX: LW IV; 280,11 – 13.
251 Vgl. Eckhart: Sermo XV2: LW IV; 147,10 – 12.
252 Eckhart: InSap 167: LW II; 503,2 – 4.

Das Leben des Menschen bewegt sich in dieser schwer begrifflich fassbaren Spannung zwischen der „Glut des Feuers" und dem „Land der Unähnlichkeit", in dessen Finsternis dennoch der „Lichtglanz" Gottes scheint (vgl. Joh 1,5), in der Spannung zwischen Nähe und Ferne, „drinnen sein" und „draußen sein", „zu Hause sein" und „Leben in der Fremde".

Zwischen diesen Polen: Der *ascensus*, mühsamer Aufstieg und „Suche", der Weg der Nachfolge – so werden die Bilder von Nähe und Distanz transformiert zu einer Unterscheidung von „Bereitschaft" und „Verweigerung" („Unbereit-Sein" gegenüber dem Ruf Gottes):

got ist sêre vlîzic dar nâch,	Gott ist sehr beflissen,
daz er alle zît	allzeit
bî dem menschen ist	bei dem Menschen zu sein,
und lêret in,	und belehrt ihn,
daz er in her în bringe,	auf dass er ihn zu sich bringe,
ob der mensche wolde volgen.	wenn er denn folgen will.
Ez enbegerte nie mensche	Nie hat ein Mensch
einiges dinges sô sêre,	nach irgend etwas
	so sehr begehrt,
als got des begert,	wie Gott danach begehrt,
daz er den menschen	den Menschen
dar zuo bringe,	dahin zu bringen,
daz er in bekenne.	dass er ihn erkenne.
Got ist alzît bereit,	Gott ist allzeit bereit,
mêr: wir sîn sêre unbereit;	wir aber sind unbereit;
got ist uns nâhe,	Gott ist uns nahe,
mêr: wir sîn sêre verre;	wir aber sind ihm fern;
got ist inne,	Gott ist drinnen,
mêr: wir sîn ûze;	wir aber sind draußen;
got ist heimelich,	Gott ist [in uns] daheim,
mêr: wir sîn vremde.	wir aber sind in der Fremde.
[...]	[...]
Daz wir im alle volgen,	Dass wir ihm alle folgen,
daz er uns bringe in sich,	auf dass er uns bringe in sich,
dâ wir in wærlîche bekennen,	wo wir ihn wahrhaft erkennen,

des helfe uns got. Âmen.[253]   dazu helfe uns Gott. Amen.

Der „Aufstieg" zu Gott als Nachfolge-Weg, auf dem Gott „den Menschen in sich bringt" ist dabei geprägt[254] von

- der „glühenden Sehnsucht" und dem Begehren, dem Verlangen nach der Einheit mit Gott, nach seiner „Nähe",
- von der „Empfänglichkeit", der „Bereitschaft, sich durch Gott (und ausschließlich durch Gott) formen zu lassen",
- von der unbedingten Vermeidung der „Hingabe an die Trägheit oder die Lauheit",
- von der Beharrlichkeit, der Entschlossenheit, „in keinem Augenblick darauf zu verzichten, besser zu werden". Entsprechend zitiert Eckhart zustimmend den heiligen Bernhard:

---

253 Eckhart: Predigt 68: DW III; 151,11−152,8.
254 Zum Folgenden Eckhart: Sermo XIV1: LW IV; 142,10−11:
„omnis perfectio et desiderium animae sanctae est accipere omnia mediante deo, deum autem sine medio. Hoc est ascensus."
[Alle Vollkommenheit und alles Sehnen einer heiligen Seele besteht darin, alles durch Vermittlung Gottes zu empfangen, Gott (selbst) aber ohne Mittel. Das ist ‚Aufstieg'.]
Eckhart: Sermo XIV1: LW IV; 143,3−4:
"Hoc autem appetit anima: unum esse cum deo. [...] anima appetit nullo formari creato, sed solo deo."
[Das aber verlangt die Seele: eins zu sein mit Gott. [...] die Seele verlangt, nicht durch ein Geschaffenes, sondern nur durch Gott allein sich formen zu lassen.]
Eckhart: InSap 275: LW II; 605,9−13:
"quod volens accipere benedictionem sapientiae oportet praevenire solem, id est tempestive et mane, non expectato ortu solis, nec pigritudini intendere nec tepidum esse. Ea enim quae ferventer desideramus attingere, non expectato sole orto incipimus. Et hoc est quod supra [...] dicitur de sapientia: 'invenitur ab his qui quaerunt eam', fervore scilicet et desiderio."
[Wer den Segen der Weisheit empfangen will, muss vor Sonnenaufgang dafür bereit sein, das heißt zeitig und früh, und darf nicht erst den Sonnenaufgang abwarten, nicht sich der Trägheit oder Lauheit hingeben. Denn was wir mit glühender Sehnsucht zu erreichen streben, das fangen wir an, ohne den Sonnenaufgang abzuwarten. Das ist der Sinn der Worte, die oben von der Weisheit gesagt wurden: ‚sie lässt sich von denen finden, die sie suchen', nämlich mit glühender Sehnsucht.]

452 [Das Leben des Gerechten]

ascendas, necesse est;	Du musst aufsteigen!
si attemptas	Wenn du versuchst,
stare,	stehen zu bleiben,
ruas necesse est,	so wirst du bestimmt stürzen,
et	und in dem Augenblick,
ubi incipis	wo du darauf verzichtest,
nolle fieri melior,	besser zu werden,
ibi desinis esse bonus.[255]	hörst du auf, gut zu sein.

II.3.10.1.   *Das Gebot der Liebe als „Weg zum neuen Menschen"*

„Glühende Sehnsucht" und Verlangen, Entschlossenheit und das Bemühen um Eindeutigkeit charakterisieren diesen Aufstiegsweg des Menschen als Weg der Liebe und des Willens, die „dem Verstand vorauslaufen", um zur Erkenntnis Gottes zu gelangen.[256] So wie die Offenbarung der Wahrheit der Weg Gottes zum Menschen ist, so ist die Liebe, als „Bewegung zum Gegenstand hin"[257] der Weg des Menschen zu Gott.[258]

Diese Bewegung hin zu Gott ist damit nicht nur zu verstehen als eine „intellektuelle Annäherung", sondern als (dem *intellectus*, dem „Verstehen" „vorauslaufende") An-Gleichung im Lebensvollzug:

qualia amas, talis es;	Was du liebst, das bist du.
si mala, malus es,	Liebst du Böses, bist du böse;
si bona, bonus es.[259]	liebst du Gutes, bist du gut.

---

255 Eckhart: InIoh 279: LW III; 233,14—15.

256 Vgl. Eckhart: InIoh 696: LW III; 611,14—15:
"notandum quod voluntas et amor praecurrunt intellectum, quia deus potest in hac vita [...] non [...] per se ipsum cognosci."
[Es ist zu bemerken, dass Wille und Liebe dem Verstand vorauslaufen, weil Gott in diesem Leben nicht durch sich selbst erkannt werden kann.]

257 Vgl. Eckhart: Sermo XL: LW IV; 335,9—10:
„Amor sive dilectio est motus in res".

258 Vgl. Eckhart: Sermo XXII: LW IV; 190,9—10:
„Veritas quasi via dei ad hominem interiorem, caritas via hominis ad deum".

259 Eckhart: InEx 207: LW II; 174,6.

Qualia [anima] amat,	Wie das beschaffen ist,
	was die Seele liebt,
talis est,	so ist sie,
Augustinus [...].	sagt Augustinus [...]:
Terram amas?	Liebst du die Erde?
terra es.	So bist du Erde.
Deus amas?	Liebst du Gott?
quod dicam? deus eris?	Soll ich sagen: So bist du Gott?
Non audeo	Aus mir
dicere ex me,	wage ich das nicht zu sagen,
scripturas	hören wir aber
audiamus:	die Heilige Schrift:
'ego dixi:	,Ich sage,
dii estis' etc.[260]	ihr seid Götter
	[und Söhne des Allerhöchsten]
	(Ps 81,6).
praeceptum caritatis	Das Gebot der Liebe
	[,Ein neues Gebot gebe ich euch,
	dass ihr einander liebt,
	wie ich euch geliebt habe';
	Joh 13,34]
[...] facit de veteri	[...] macht aus dem alten
novum hominem [261]	den neuen Menschen.

Entsprechend dieser grundsätzlichen Ausführungen über die Bewegung der Liebe als Weg hin zum Geliebten (und damit zu größerer Nähe oder Distanz zu Gott) beschreibt Eckhart die Lebensdynamik des Gerechten:

Iustum enim	Den Gerechten
in quantum iustum	zieht als Gerechten
nihil prorsus trahit nisi iustitia,	ganz allein die Gerechtigkeit,
et trahit ipsum iustitia	das heißt die Gerechtigkeit

---

260 Eckhart: Sermo LV: LW IV; 462,13—463,1.
261 Eckhart: InIoh 541: LW III; 473,1—2.

et omne iustum [262]   und alles Gerechte, an.

Dieses „Angezogen-Sein durch die Gerechtigkeit und alles Gerechte" bestimmt das Leben des Gerechten in zweifacher Hinsicht: Während es einerseits den Menschen, der sich vom Anruf der Gerechtigkeit ergreifen lässt und der sich auf den Weg der Liebe zur Gerechtigkeit begibt, selbst der Gerechtigkeit gleichgestaltet, ordnet es ihn
gleichzeitig und in der selben Bewegung der Liebe auf die anderen
Menschen hin[263]:

Jeder vollkommene, gute Mensch,
jeder Gerechte
liebt die Gerechtigkeit aus ganzem Herzen[264],
mehr als Gold und Edelsteine,
mehr als die eigene Person,
mehr als Tausende von Gold und Silber[265],
und er liebt sich selbst
und den Nächste,
also jeden anderen Menschen[266],
in voller Gleichheit,
Gleichwertigkeit,
Identität[267],
um der Gerechtigkeit willen
und in der Gerechtigkeit[268].

---

262 Eckhart: InEccl 13: LW II; 242,11—12.
263 Vgl. Eckhart: Sermo XXX: LW IV; 271—273.
264 Vgl. Eckhart: Sermo XXX: LW IV; 272,11—12.
265 Vgl. Eckhart: Sermo XXX: LW IV; 272,15—17.
266 Vgl. Eckhart: Sermo XXX: LW IV; 273,13—14.
267 Vgl. Eckhart: Sermo XXX: LW IV; 272,6—8.
268 Vgl. Eckhart: Sermo XXX: LW IV; 271,6—12.

Dieses umfassende und konsequente (der notwendigen Konsequenzen bewusste) Verständnis der Liebe zu Gott, zur Gerechtigkeit und damit – „in der Gerechtigkeit und um der Gerechtigkeit willen" – zum „Nächsten" fasst Eckhart zusammen, indem er „vier Punkte, die den Nutzen des Gebotes ‚Du sollst deinen Nächsten lieben, wie dich selbst' hervorheben", benennt:

- Die Liebe „befreit die Seele vom Tode, indem sie ihr Leben verleiht: ‚Wir wissen, dass wir vom Tode zum Leben gelangt sind, weil wir die Brüder lieben' (1 Joh 3,14)";
- sie „öffnet den Zugang zur Betrachtung und Erkenntnis der göttlichen Dinge, indem sie den Verstand erleuchtet: ‚Wer seinen Bruder liebt, bleibt im Licht' (1 Joh 2,10)";
- sie „bekundet ihren Hass gegen den Feind, den Teufel, indem sie sich ihm widersetzt";
- sie „macht [den Menschen] Gott ähnlich und dadurch zum Sohn Gottes [...]. Denn die Liebe bewirkt, dass jemand Sohn Gottes ist".[269]

Diese Gedanken werden noch zu vertiefen sein.
An dieser Stelle muss noch einmal in Erinnerung gerufen und betont werden, dass es hier, bei der Betrachtung der Liebe als „Bewegung und Weg" um die Frage der „notwendigen Disposition" für die *generatio* und nicht um die *generatio* selbst, das vollendete Sein des Gerechten, des Sohnes geht.

---

269 Vgl. Eckhart: Sermo XL2: LW IV; 338,4—14:
„Primo, quia a morte animam liberat <vitam> tribuendo, Ioh.3: ‚nos scimus, quoniam de morte translati sumus ad vitam, quoniam diligimus fratres'; Matth.: 'hoc fac et vives'.
Secundo contemplationem sive divinorum cognitionem aperit intellectum illuminando, Ioh. 2: 'qui diligit fratrem suum, in lumine manet'; Prov. 6: 'mandatum lucerna et lex lux'; Ioh 15: 'haec mando vobis, ut diligatis invicem'.
Tertio hostem diabolum odit ipsi resistendo, Matth. 5: 'diliges amicum tuum et odio habebis inimicum tuum' id est diabolum.
Quarto filium dei constituit deo assimilando,Luc. 6d: 'diligite inimicos vestros', 'ut sitis filii patris vestri'; Col. 1b: 'transtulit nos in regnum filii dilectionis suae', quia dilectio facit esse filium dei".

Es geht hier um die Frage des Sohn-*Werdens*, des Gerecht-*Werdens*, um das *zuobinden*, das ‚den Menschen an Gott Festbinden' als Werk der Kraft des *vünkelîn der sêle* – und damit um den Lebensvollzug, genauer den Glaubensweg des Lebens in der Nachfolge *in tempore*, um den Anruf Gottes, der Gerechtigkeit und der Liebe, und die darauf geforderte Antwort des Menschen.

Diese erneute Betonung ist notwendig, da sie eine wichtige Konsequenz mit sich bringt, die hier festzuhalten ist:

Die Liebe ist auf die Einheit mit Gott, mit der Gerechtigkeit hingeordnet. Die Liebe (im hier beschriebenen Sinn) *ist* jedoch nicht dieses Eins-Sein, sie ist Bewegung, Ausdruck und Folge der „brennenden Sehnsucht" und des Verlangens nach der „Nähe Gottes", sie ist *Weg* zu Gott und damit *Weg* der Gotteserkenntnis:

Minne eneiniget niht,	Die Liebe vereinigt nicht,
enkeine wîse niht;	in gar keiner Weise;
daz geeiniget ist,	was vereinigt ist,
daz heftet si zesamen	das heftet sie zusammen
und bindet ez zuo.	und bindet es zu.
Minne einiget an einem werke,	*Liebe vereint im Wirken,*
niht an einem wesene.[270]	nicht im Sein.

Die „Einheit mit Gott *im Sein*" ist dem Menschen als Geschöpf nicht möglich, das wurde bereits mehrfach betrachtet – was dem Menschen in dieser Welt jedoch möglich ist, und das ist das vorläufige Ergebnis an dieser Stelle des Gedankengangs, ist eine „Einheit mit Gott *im Wirken*", die näher zu bestimmen sein wird als „Gott-Wirken-Lassen" von Seiten des Menschen.

Diese „Wirk-Einheit" ist – trotz noch ausstehender Seins-Einheit – möglich auf der Basis

* der (wenn auch unvollendeten) Vernunfteinsicht in die Strukturen der Wirklichkeit,
* des Gehorsams gegenüber dem Liebesgebot,

---

270 Eckhart: Predigt 7: DW I; 122,3—5.

- der „Bruderschaft Christi": der exemplarischen Anschauung vollendeter Seins- und Wirkeinheit zwischen Gott und Mensch.

II.3.10.2.   Die Demut: „propriissima dispositio omnis gratiae"

Der zweite Aspekt, den Eckhart neben der Liebe aus Grundhaltung auf dem „Weg des Menschen zu Gott" betrachtet, ist die Demut[271], die in einer spannungsvollen Einheit das Konzept des „Aufstiegs" zu Gott mit dem der „Niedrigkeit" und der „Erniedrigung" des Menschen gegenüber „seinem Oberen" zusammenbindet. In gewisser Weise spiegelt sich in der Lehre von der Demut die im Kontext des theologischen Entwurfs des Dionysius Areopagita bereits bedachte paradoxe Vorstellung des „Aufstiegs zu Gott durch den Abstieg, das Eintauchen in die Wirklichkeit der Schöpfung hinein"[272].
Eckhart räumt diesem Konzept des Aufstiegs durch die bejahende Verwirklichung ontologischer Niedrigkeit einen Platz oberster Priorität ein: „Die Erhebung und Höhe, die für die Seele notwendig ist, die mit Gott sprechen will, [...] wird *allein* durch die Demut erreicht"[273].

nemo potest ascendere	Zu Gott,
ad deum	der in der Höhe wohnt
,qui in altis habitat'	(Ps 112,5),
nisi per humilitatem,	kann man nur
	durch Demut aufsteigen,
secundum illud:	gemäß dem Wort:
'qui se humiliat,	,wer sich erniedrigt,
exaltabitur', Luc. 14.	wird erhöht werden'

---

271 Vgl. Eckhart: Sermo XVIII: LW IV; 170,6:
  „humilitate et caritate, quae sunt viae hominis ad deum."
  [*Die Wege des Menschen zu Gott sind Demut und Liebe.*]
272 Vgl. hierzu Abschnitt II.1.1.dieser Arbeit.
273 Vgl. Eckhart: Sermo XXIV2: LW IV; 224,14—225,2:
  „Patet igitur, quanta requiritur elevatio animae et altitudo, quae deo vult loqui. Iuxta <quod dic> quomodo haec, scilicet elevatio, fit humilitate solum".

	(Lk 14,11).
[...]	[...]
humilitas	Die Demut
est claritatis meritum,	verdient die Herrlichkeit,
claritas	die Herrlichkeit
est humilitatis praemium.	ist der Lohn der Demut.
[...]	[...]
ad paradisum prima via	Der erste Weg zum Paradies
est humilitas,	ist die Demut,
secunda,	ebenso der zweite,
tertia,	der dritte,
quarta et sic deinceps:	der vierte und so weiter:
semper via est humilitas,	immer ist die Demut der Weg,
non	nicht etwa,
quod non sit alia,	weil es keinen anderen gäbe,
sed quia nulla valet	sondern weil ohne sie
sine illa.[274]	kein anderer zum Ziel führt.

Die Demut hat diesen herausgehobenen Rang, sie ist die „allereigentlichste Vorbereitung auf jede Gnade" (die *„propriissima dispositio omnis gratiae"*)[275], da sie diejenige Haltung des Menschen ist, die in konsequenter Bejahung dem Verhältnis entspricht, das zwischen göttlichem und geschöpflichem Sein besteht:

Terrena autem	Das Irdische ist
materialia sunt,	seinem Wesen nach stofflich,
passiva sunt,	erleidend,
imperfecta,	unvollkommen,
nuda,	bloß,
egena,	dürftig,
mendica per essentiam. [...]	bettelarm. [...]
superiora,	Das Obere,
caeli scilicet,	der Himmel nämlich,

---

274 Eckhart: InIoh 356: LW IV; 301,11—302,2.
275 Vgl. Eckhart: Sermo XXII: LW IV; 192,4—6.
276 Eckhart: InGen 33: LW I; 210,10—12 und 211,4—6.

dant et influunt	schenkt und teilt
ex abundantia	aus der Überfülle
suae perfectionis,	seiner Vollkommenheit mit,
terra autem	während die Erde
et materialia	und das Materielle
mendicant paupertate,	aus Armut betteln gehen
privatione	und in ihrem Mangel
inania sunt,	wüst,
vacua et tenebrosa.[276]	leer und dunkel sind.

„Demut" – das bedeutet für Eckhart: Einsicht in die eigene Dunkelheit und Leere, die Unvollkommenheit und (ontologische) Bettelarmut gegenüber dem „aus der Überfülle seiner Vollkommenheit [sich] mitteilenden Gott".

Ihrem „Gegenpol", der *superbia*, dem Hochmut, der Selbst-Überschätzung und Selbst-Überhebung, die „der Gnade unmittelbar entgegensteht und eben dadurch Anfang, Wurzel und gewissermaßen die Urform aller Laster ist"[277], setzt sie die Einsicht entgegen, ...

creatura omnis,	... wie alle Geschöpfe,
etiam totum universum,	ja, das ganze Weltall
comparatum deo	im Vergleich zu Gott
minus est	geringer ist
quam sit culex	als eine Mücke
comparatione hominis.	im Vergleich zum Menschen.
[...]	[...]
totum universum comparatum	Das ganze Weltall
deo	verhält sich
se habet	im Vergleich zu Gott
sicut nihil	wie das Nichts
comparatum ipsi universo [278]	zum Weltganzen.

---

277 Vgl. Eckhart: Sermo XXII: LW IV; 192,4—5:
„Ex quo patet per contrarium quod superbia directe obstat gratiae et ex hoc ipso est initium, radix et quasi generalis forma omnium vitiorum".
278 Eckhart: InIoh 220: LW III; 185,3—7.

Gleichzeitig warnt Eckhart ausdrücklich vor einem falschen Verständnis, einer Pervertierung der Demut in Selbst-Verachtung, indem er betont:

incaute	In unpassender Weise
sunt humiles	sind demütig,
qui se mendacio illaqueant,	die sich in Lüge verstricken,
dum arrogantia	während sie ‚Anmaßung'
vitant	vermeiden.
[...]	[...]
Qui enim [...]	Denn
vera	wer [...] von sich Gutes sagt,
de se bona loquitur,	und zwar der Wahrheit gemäß,
tanto magis	ist um so mehr
humiliati iungitur,	der Demut verbunden,
quanto	je mehr er sich
veritati sociatur.[279]	der Wahrheit zugesellt.

Die Haltung der Demut hat vielmehr ihren Sinn in der „Beseitigung aller Hindernisse und aller Widerstände, welche die Wahrheit – die Gott ist – verfinstern"[280]. Eckhart verdeutlicht die Bedeutung und das der Wahrheit entsprechende Verständnis der Erkenntnis der eigenen Nichtigkeit so unter verschiedenen Hinsichten. Er betrachtet

* die Demut als Empfänglichkeit,
* die Demut als Überwindung der knechtischen Unterwürfigkeit gegenüber Gott und Befreiung zur Liebe,
* die Demut als Hingabe, die Leben ermöglicht,
* die Demut als „Züchtigung des Stolzes",
* die Demut als Einsicht in die Unsinnigkeit zwischenmenschlichen Herrschaftsgebarens.

---

279 Eckhart: InIoh 539: LW III; 471,1—4.
280 Vgl. Eckhart: Sermo XXII: LW IV; 119,12—191,1:
     „'parate viam domini' [...] quae paratur primo, si tollantur omnia obstacula et offendicula veritatem, quae deus est, obscurantia, ut sit via tota plana".

Während die Deutung der Demut als Empfänglich-Sein für das Wirken Gottes[281], als Offenheit und Aufnahmebereitschaft im Kontext
der *collatio esse* unmittelbar einsichtig ist, bedürfen die anderen
Sichtweisen eines vertiefenden Blicks.

a) Demut als Befreiung zur Liebe

Eckhart diskutiert diese Deutung anlässlich der Frage, „welcher Art
und wie selig das Leben des Schöpfers war, als noch kein Geschöpf
bei ihm war und ihm in Unterwürfigkeit diente"[282]. Diese Frage
lenkt in entscheidender Weise die Aufmerksamkeit für die Frage
nach der Haltung der Demut in eine überraschende Richtung:

universaliter causa	Ganz allgemein empfängt
et superius ut sic	die Ursache
nihil prorsus	und das Obere als solches
accipit	gar nichts
a suo causato	von seinem Verursachten
et suo inferiori.	und Niederen.
Quomodo ergo	Wie könnte also
aut quid deliciarium	das Niedere und Geschaffene
inferius et creatum	dem Schöpfer
conferat creatori [...]?	irgendeine Seligkeit bieten?
	[...]
Respondi quandoque laico	Als mir einst ein Laie
coram laicis	vor Laien
a me quaerenti	diese Frage vorlegte,
hanc quaestionem	da habe ich folgendermaßen
in huc modum:	geantwortet:
si nulla esset musca	Wenn es keine Fliege
sive culex	oder Mücke
in mundo,	in der Welt gäbe,

---

281 Vgl. etwa Eckhart: Sermo XXXV: LW IV; 308,6.
282 Vgl. Eckhart: InIoh 219: LW III; 184,8—9:
„[...] qualis et quam deliciosa vita fuerit creatoris nulla creatura subiecta
ministrante vel assistente".

essetne nobis	ginge es uns dann
in aliquo peius?	irgendwie schlechter?
Et ille securus	Jener antwortete
respondit	im Gefühl der Sicherheit,
quod non peius,	er würde sich nicht schlechter,
sed	sondern
potius melius sibi foret.[283]	vielmehr besser fühlen.

Es folgen die bereits zitierten Ausführungen:

Ego autem coepi	Da begann ich
ipsi exponere	ihm auseinanderzusetzen,
quomodo creatura omnis,	wie alle Geschöpfe,
etiam totum universum,	ja das ganze Weltall
comparatum deo	im Vergleich zu Gott
minus est quam sit culex	geringer ist als eine Mücke
comparatione hominis.	im Vergleich zum Menschen.
[...]	[...]
totum universum	Das ganze Weltall
comparatum deo	verhält sich
se habet	im Vergleich zu Gott
sicut nihil	wie das Nichts
comparatum ipsi universo.[284]	zum Weltganzen.

Die „Demütigung", *Nichts* vor Gott zu sein, ihm „*nichts* bieten zu können, was irgendwie zu seiner Seligkeit beitragen könnte", hat im Kontext der Frage, die hier den Ausgangspunkt der Überlegungen bildete, eine befreiende Konsequenz für den Menschen:

---

283 Eckhart: InIoh 219—220: LW III; 184,12—185,3.
284 Eckhart: InIoh 220: LW III; 185,3—7.

„Wie ist es um Gottes Seligkeit bestellt, wenn kein Geschöpf da ist, um ihm ‚in Unterwürfigkeit zu dienen'?"[285] – Da Gott „gar nichts von seinem Geschöpf empfängt", und ihm „unterwürfiges Dienen" eines Geschöpfes damit „*nichts* gibt", nichts geben kann, deswegen ist genau diese Grundhaltung des unterwürfigen Dienens unnötig und wertlos.

Im Kontext dieser Einsicht, die Eckhart mit der Demut identifiziert, ist seine Rede vom Wechsel des Verhältnisses des Menschen zu Gott von der Relation „Knecht – Herr" zu „Sohn – Vater" oder „Liebender – Geliebtes" zu verankern. In der Demut löst das „Verhältnis der Liebe" das „Verhältnis der Furcht" ab, das dem Verhältnis zwischen Schöpfer und Geschöpf nicht gerecht werden kann.

Schöpfung und Gerecht-Machung in der *generatio* sind Gnaden-Gaben an den Menschen, umsonst geschenkt in maßloser Selbst-Verschwendung Gottes ohne verstecktes Eigeninteresse.

Folgerichtig entspricht der Demut als Einsicht in diese Grundgegebenheit eine Haltung der in Freiheit geschenkten Liebe, die oben als „wiedergebärende Dankbarkeit" gefasst wurde.

b) Demut als Hingabe

Die zweite Deutung der Demut berührt sich mit dem Verständnis dieser Haltung als „Empfänglichkeit". Anschauliches Beispiel für die Haltung demütiger Hingabe ist hier die Erde selbst, die durch ihre Hingabe, ihr Sich-ganz-Ausliefern gegenüber dem Wirken des Himmels, es diesem ermöglicht, „sich ganz über sie zu ergießen".

quia terra	Die Erde
se humiliat	versöhnt [...] sozusagen
et quasi substernit se	das Innerste des Himmels,
totam ipsi caelo,	weil sie sich demütigt
intimum caelum,	und sich gleichsam
ut sic dicam, reconciliat,	dem Himmel

---

285 Vgl. Eckhart: InIoh 219,8—9:
"quam deliciosa vita fuerit creatoris nulla creatura subiecta ministrante vel assistente".

	ganz hingibt,
ut se toto	so dass dieser sich ganz und gar
et omnibus stellis et planetis	mit allen Sternen und Planeten
infundat terrae,	in und über die Erde ergießt.
sicut ostendit	Das erweist die große
rerum diversitas multiplex,	Mannigfaltigkeit der Wesen,
quae in terra et super terram	die in und auf der Erde
generantur et vivunt [286]	entstehen und leben.

Sinn und Konsequenz der Demut ist hier „Versöhnung", „mannig-
faltige Fruchtbarkeit", Entstehung und Entfaltung, Ermöglichung
von Leben.

c) Demut als „Züchtigung des Stolzes" und der Überheblichkeit

Ausgangspunkt dieser dritten Deutung der Demut ist die „Demut
Gottes selbst": „Die Demut ist die Leiter, auf der Gott zu den Menschen kommt und [darum!] die Menschen zu Gott"[287]. Die Haltung
der in Freiheit angenommenen Niedrigkeit wird so zum Aspekt des
Lebens als *imago dei* selbst, ein Aspekt, den Eckhart darstellt im Anschluss an den Prolog des Johannes-Evangeliums.

Maluit autem evangelista	Der Evangelist [Johannes]
dicere:	zog es vor zu sagen:
verbum	‚Das Wort
caro factum est	ist *Fleisch* geworden',
quam	statt ,
homo	[es ist] *Mensch* [geworden]',

---

286 Eckhart: Sermo XXXVIII: LW IV; 327,14—328,3.
287 Vgl. Eckhart: InIoh 90: LW III; 78,2—3:
    „humilitas scala est per quam deus venit ad homines et homines ad
    deum".

ad commendandum	um uns Gottes Güte
benignitatem dei,	ans Herz zu legen,
qui non solum	der nicht nur
animam hominis,	des Menschen *Seele*,
sed et carnem	sondern auch sein *Fleisch*
assumpsit.[288]	angenommen hat.

Gottes Wille zur Gleichheit, seine Güte lässt ihn „auf der Leiter der Demut herabsteigen", um in der Inkarnation gerade die Nichtigkeit und Bedrohtheit geschöpflicher Existenz mit dem Menschen zu teilen.

Diese Bewegung der Selbst-Erniedrigung Gottes wird später zu betrachten sein, wenn es um die Konsequenzen dieser Bewegung des Sich-Verschenkens und Sich-Entäußerns für den Lebensprozess der Nachfolge gehen wird. Hier soll vielmehr die besondere Akzentuierung des Demutsverständnisses betrachtet werden, die am ehesten zu fassen sind unter dem Gedanken einer angestrebten, bzw. mit Einsicht angenommenen „Gleichheit in der Nichtigkeit", die das Verhältnis der Menschen untereinander bestimmen muss.

Entsprechend setzt Eckhart den hier angeführten Text aus dem Johannes-Kommentar fort:

Et in hoc percutit	Damit züchtigt er
superbiam multorum	den Stolz vieler,
qui,	die,
requisiti	nach ihrer Verwandtschaft
super cognatione sua,	gefragt,
respondent allegando aliquem	jemanden anführen,
tenentem statum dignitatis,	der in hoher Stellung ist,
tacent autem	aber ihren eigenen Ursprung
originem.	verschweigen.
Requisiti etiam dicunt	So antworten sie etwa,
quod sunt nepotes	sie seien die Neffen
talis episcopi	dieses oder jenes Bischofs

---

288 Eckhart: InIoh 116: LW III; 101,4—6.

vel praepositi,	oder Propstes,
decani	Dechanten
aut alterius huiusmodi.	oder sonstigen Würdenträgers.
Narratur	Man erzählt
de mulo	von einem Maulesel,
quod requisitus	er habe auf die Frage,
qui esset pater eius	wer sein Vater sei,
respondit	geantwortet,
quod dextrarius	ein Streitross
esset avunculus eius,	sei sein Onkel,
tacens	dabei aber
et erubescens	aus Scham verschwiegen,
quod asinus esset pater eius.[289]	dass ein Esel sein Vater war.

Die Demut hat so eine doppelte Bedeutung: Sie überwindet die *superbia*, den Zwang zur Selbst-Überhebung, gleichzeitig betont sie die universale Gleichheit der Menschen, die in ihrer – allen gemeinsamen – *Nichtigkeit* gegenüber Gott begründet ist.

Dass jeder Mensch in diesem Sinn „Maultier" ist und kein „Streitross", dass er in der Demut Gott, und Gott allein hingegeben, untergeordnet ist, hat weitreichende Konsequenzen: Sie ermöglichen ein Leben in wirklicher Freiheit von der Anmaßung irrationaler Unterdrückungs- und Herrschaftsverhältnisse.

Die Haltung „unterwürfigen Dienens" hat, wo Demut das Leben des Einzelnen und das Zusammenleben der Menschen bestimmt, nicht nur gegenüber Gott ein Ende:

universaliter	Ganz allgemein
superius	gebietet oder befiehlt
praecipit sive imperat	das Obere dem Niederen;
inferiori;	denn Gleich und Gleich
par enim in parem	haben [sich gegenseitig]
non habet imperium.	nichts zu befehlen.
[...]	[...]
	[Und wenn schon ...]

---

289 Eckhart: InIoh 116: LW III; 101,6–11.

Quod si par in comparem	zwischen Gleichen
non habet praeceptum,	kein Befehlsverhältnis besteht,
multo minus	dann erst recht nicht
in superiorem.[290]	gegenüber dem Obern.
Imperium	Herrschaft
[...] proprie	kommt [...] im eigentlichen
dei est solius [291]	Sinn
	Gott allein zu.
Par enim	Gleiches aber vermag
in parem	auf Gleiches
non habet imperium.	keine Herrschaft auszuüben.
Igitur deus, [...]	Gott allein also
solus proprie	besitzt im eigentlichen Sinn
habet imperium.	Herrschaft.
[...]	[...]
Et ecclesia cantat:	Die Kirche singt:
,cuius imperium	,seine Herrschaft [ruht]
super humerum eius';	auf seiner Schulter':
'eius' inquit,	,auf *seiner*' heißt es,
quasi	das bedeutet ja soviel wie:
non alterius.[292]	nicht auf der eines andern.

Es wäre sicherlich verfehlt, Eckhart aufgrund solcher Akzentsetzungen in irgendeiner Form ein anarchistisches oder revolutionäres Interesse anzudichten. Die Freiheit von Herrschaft unter Gleichen, von der hier die Rede ist, zielt – das wird im Kontext seiner Ausführungen klar ersichtlich – in seinen Werken in keiner Weise auf eine ausdrückliche und grundsätzliche Infragestellung gesellschaftlicher oder auch kirchlicher Strukturen.

Wohl aber „befreit" das hier vorgestellte Verständnis von „Gleichheit in demütig angenommener Nichtigkeit" den Menschen in dem

---

290 Eckhart: ParGen 84: LW I; 546,7–10.
291 Eckhart: InSap 286: LW II; 619,6–7.
292 Eckhart: InSap 288: LW II; 622,2–7.

Sinn, dass es einen Protest und Widerstand gegen die der Demut und damit der wirklichen Struktur des Seins widersprechenden *superbia*, gegen Perversionen von Herrschaft und Selbst-Überhebung, ohne „die Furcht knechtischer Unterwürfigkeit" ermöglicht. Die in der Haltung der Demut verborgene „Herrschaftskritik" wäre so am ehesten zu beschreiben als Betonung der durch Gott garantierte menschlichen Freiheit, auch gegen den Einspruch und den Widerstand „Herrschaft" beanspruchender Menschen (und Strukturen) in Hingabe der Stimme der *synderesis* zu folgen, da in ihr die Stimme und das Gebot Gottes vernehmbar wird, dem allein „Herrschaft im eigentlichen Sinn" zukommt.

restat	Daraus ergibt sich also,
quod serviendum est	dass man allein Christus
soli Christo domino,	dem Herrn
qui praecipit sanctitatem [293]	dienen soll,
	der Heiligkeit fordert.

Diesem radikalen „Alleinherrschaftsanspruch" Gottes entsprechend, dessen Anerkennung mit der Tugend der Demut verbunden ist, betrachtet Eckhart an verschiedenen Stellen seines Werkes das Verhältnis von „göttlichem Gebot" und „menschlichem Gesetz". Von besonderem Interesse ist für ihn dabei die Frage nach dem Handeln des Menschen in Freiheit, wo „das göttliche Gebot die Übertretung des menschlichen Gesetzes fordert".

Im Kontext dieser Arbeit ist hier keine Diskussion der mit dieser Frage verbundenen moralischen Herausforderungen zu führen und auch keine moralische Wertung vorzunehmen. Im Folgenden soll nur Eckharts Position benannt werden, insofern sie das Verständnis der Demut als Haltung des „Gott, und *nur* Gott *allein* Dienens" vertieft.

Gleichzeit verdeutlicht das Folgende noch einmal – in der praktischen Anwendung – , was weiter oben im Hinblick auf die Gerechtigkeit als „Grenzbegriff" festgehalten wurde: Die bleibende Herausforderung nämlich, in jedem Augenblick der Gerechtigkeit als

---

293 Eckhart: Sermo XXXIV: LW IV; 295,5—6.

„Richtschnur des Guten an sich" gerecht werden zu müssen, ohne dieses „Gute an sich" abgeschlossen definieren und systematisieren zu können.

est illud Augustini	Es gilt das Wort Augustins in den Schriften
De vera religione	*Von der wahren Religion*
et De libero arbitrio	und *Vom freien Willen,*
quod lex dei	dass das Gesetz Gottes
est ratio et radix	der Grund und die Wurzel
omnium humanarum legum	aller menschlichen Gesetze
et actionum;	und Taten ist
et iterum quod de ipsa	und dass man über es
iudicare non licet,	nicht richten darf,
sed secundum	sondern nach ihm
ipsam iudicantur.	über jene zu richten ist.
Et praecipue ait Augustinus	Und vor allem sagt Augustin,
quod lex dei	dass das Gesetz Gottes
superior est nobis	höher ist als wir
et ideo de ipsa	und man deshalb darüber
iudicare non licet.	nicht richten darf.
Superior nobis,	Höher als wir,
id est plus dilecta nobis	das heißt: uns liebenswerter,
quam nos ipsi nobis [294]	als wir uns selbst sind.
omne praeceptum dei	Keines von Gottes Geboten
est simpliciter indispensabile,	lässt irgendeine Ausnahme zu,
omne autem praeceptum	während jedes Gebot
alius cuiuslibet,	irgendeines anderen [Wesens],
hominis	sei es das eines Menschen
vel naturae,	oder der Natur,
est dispensabile	immer
sine exceptione.	eine Ausnahme zulässt.
Ratio est:	Der Grund ist der,
deus enim,	dass Gott,

---

294 Eckhart: Sermo XXXI: LW IV; 273,1—6.

utpote bonum simpliciter,
non hoc aut hoc bonum,

praecipit
non bonum hoc aut hoc,
sed bonum simpliciter
in communi,
et per consequens prohibet
malum
generaliter
qualecumque.
In hoc autem
nulla cadit dispensatio,
scilicet iuste agere,
non iuste non agere.

Verbi gratia:
quod quis tollat
alienum,
manens alienum
invito domino,
indispensabile est.

Si vero tollatur
non invito,
sed volente
et mandate
domino,
non iam alienum
tollitur

nec iniuste
quid fit,
quomodo
'filii Israel
tulerunt
spolia Aegyptiorum'.
Praecipit enim deus furtum

der ja das schlechthin Gute
und nicht dieses oder jenes
Gute ist,
nicht
dieses oder jenes Gute,
sondern das Gute schlechthin
und allgemein gebietet
und folglich ganz allgemein
das Böse verbietet,
welcher Art es auch sei.

In diesem Punkt
gibt es keine Ausnahme;
hier gilt es, recht zu handeln
und nicht unrecht zu handeln.

Beispielsweise
ist es ohne Ausnahme verboten,
fremdes Eigentum
wegzunehmen
- das so lange Fremdes bleibt,
als der Herr es
nicht anders will -

Wird es jedoch
nicht wider den Willen,
sondern mit Willen
und auf Geheiß des Herrn
weggenommen,
dann wird kein *fremdes*
Eigentum
weggenommen
noch geschieht [hier] etwas
auf unrechte Weise,
wie [zum Beispiel]
‚die Kinder Israels
von den Ägyptern
Beute mitnahmen' (Ex 12,35ff.).
Denn Gott verbietet Diebstahl

[...]
et huiusmodi non fieri,
non secundum
quod singulum horum
est hoc aut hoc,
sed solum
in quantum iniustum est.
Unde
quocumque casu
furtum [...]
et similia
reciperent rationem iusti,

iam deus non praecipit
huiusmodi non fieri,
sed potius praecipit fieri. [...]
Propter quod notandum
quod in omni casu
quo id,
quod deus praecipit fieri,
foret inutile
sive malum
et nocivum communi bono,
iam deus hoc non praecipit
fieri,
sed praecipit
non fieri
et prohibet fieri.
Non enim praecipit
hoc aut hoc,
sed praecipit bonum
et prohibet
malum in communi.[295]

[...]
und dergleichen
nicht,
weil sie diese einzelnen,
so oder so beschaffenen Akte,
sondern nur
insofern sie Unrecht sind.
Wenn daher
in irgendeinem Fall
‚Diebstahl' [...]
und dergleichen
den Wesensgehalt des Rechten
annehmen,
so verbietet Gott dergleichen
nicht mehr,
vielmehr gebietet er es. [...]
So ist zu bemerken,
dass Gott überall da,
wo die Erfüllung eines Gebotes
das Gute überhaupt schädigte,
ihm abträglich
oder schlecht wäre,
sie nicht mehr fordert,

sondern gebietet,
dass es *nicht* geschehe,
ja seine Erfüllung verbietet.
Denn er gebietet nicht
dieses oder jenes [Gute],
sondern er gebietet *das Gute*
und verbietet
das Böse überhaupt.

---

295 Eckhart: ParGen 90: LW I; 552,10—554,7.

[Das Leben des Gerechten]

Die Grundhaltung der Demut als „„propriissima dispositio omnis grati-ae"²⁹⁶ zeigt sich so, und damit soll ihre Betrachtung an dieser Stelle abgeschlossen werden, als vielgestaltige Herausforderung, in gleicher Weise jedoch als ebenso vielgestaltige Einladung zur Verwirklichung eines „der Wahrheit entsprechenden Lebens", als Ermutigung und Befreiung, als Zumutung und Forderung.

Non autem influit	[Gott] aber
sive illuminat	beeinflusst
[deus] sed nec aliqua causa	und erleuchtet nur das,
influit	was unter ihm ist.
nisi suo inferiori.	
Hinc est quod humilitas,	Daher wird die Demut,
utpote subdens hominem	die den Menschen
deo,	Gott unterstellt,
praecipue commendatur	besonders empfohlen,
ab ipso Christo [...]	sowohl von Christus selbst,
	[...]
et a sanctis	als auch von den Heiligen
et doctoribus communiter.	und Lehrern.
Ipsa etiam virgo	Auch die Jungfrau [Maria]
de hac virtute meruit	selbst
	verdiente um dieser Tugend
	willen,
concipere	den Sohn Gottes zu empfangen
et parare filium dei [...].	und zu gebären. [...]
Augustinus [...] dicit	Augustinus:
quod humilitas scala est	‚Die Demut ist die Leiter,
per quam deus	auf der Gott
venit ad homines	zu den Menschen kommt
et homines ad deum.	und die Menschen zu Gott.'
[...]	[...]
Sine hac [...]	Ohne sie [...]
nulla virtus haberi potest,	kann man keine Tugend

---

296 Vgl. Eckhart: Sermo XXII: LW IV; 192,4—6.
297 Eckhart: InIoh 90-91: LW III; 77,10—79,3.

	erlangen,
eo videlicet	und zwar deshalb nicht,
quod ipsa sola	weil sie allein
hominem facit subditum deo	den Menschen Gott untertan
	macht
et ipsum respicit	und zu ihm aufblickt
ut inferius	wie das Niedere
superius. [...]	zu seinem Höheren. [...]
Sine quo respectu	Ohne diesen ‚Hinblick'
nec hoc illuminat	erleuchtet jenes nicht,
nec illud	und wird dieses
illuminatur [297]	nicht erleuchtet.

Die radikale „Unterwerfung unter Gott" und sein Gebot erweist sich für Eckhart dabei als „Weg zur Wahrheit", auf den der Mensch „nicht als Sklave und Knecht" gezwungen wird, auf den er vielmehr unter der Führung und Begleitung der Gnade Gottes „wie ein Freier, als Sohn gestellt ist":

intentio legis	Es ist die Absicht des Gesetzes
et legislatoris	und des Gesetzgebers,
est inducere homines	die Menschen
ad veritates	zur Wahrheit zu führen,
et ut id quod agunt,	dass sie das, was sie tun,
agant ex veritate,	aus Wahrheit,
veritatis amore,	aus Liebe zur Wahrheit tun,
ut filii,	als Söhne,
non ut servi	nicht als Knechte
aut mercenarii	oder Mietlinge
[...],	[...],
non sicut servi	nicht wie Sklaven
sub lege,	unter das Gesetz,
sed sicut liberi	sondern wie Freie
sub gratia constituti.[298]	unter die Gnade gestellt.

---

298 Eckhart: InIoh 379: LW III; 323,1—5.

Der Mensch „ist umso mehr der Demut verbunden, je mehr er sich der Wahrheit zugesellt" [299] und damit der *gerehticheit*, die „*diu ursache aller dinge in der wârheit*"[300] ist.

---

299 Vgl. Eckhart: InIoh 539: LW III; 471,3—4:
     [Homo...] "tanto magis humilitati iungitur, quanto veritati sociatur".
300 Vgl. Eckhart: Predigt 10: DW I; 161,7—8.

II.3.11. Die Dynamik des Gebetes und des „holocaustum"[301] als Ganz-Opfer

Eine kurze Betrachtung soll hier dem Gebet und seiner Bedeutung gewidmet werden. In Eckharts Ausführungen zu diesem Thema bündeln sich in gewisser Weise die Hauptgedanken über das Sein des Menschen auf dem Weg des Sohn-Werdens, da es der wohl sichtbarste Ausdruck des dialogischen Lebensvollzugs ist: „Rede und Zwiesprache, Rede und Anrede, durch die Oberes und Niederes unmittelbar miteinander sprechen wie Liebender und Geliebtes"[302], gegenseitiges Sich-Anblicken, „Blick, der hin und her geht"[303].

Das Gebet *ist* der „Aufstieg der Seele zu Gott"[304], es ist der „Zufluchtsort" oder die Grundbewegung des Lebens, in der „wir hören und lernen"[305] (an anderer Stelle qualifiziert Eckhart das *Lesen* als diesen Ort, wo „Gott mit uns spricht"[306]), in der wir fragend und antwortend „mit Gott sprechen"[307].

Es ist als unaufhörlicher „Ruf" nach Gott, Ausdruck des „beständigen Sehnens" und der Armut[308], ein „immerwährender Ruf" oder

---

301 Trotz der mir bewussten Belastetheit des Begriffs des "Holocaust" durch die "Orgie der Grausamkeit"(A. Delp), die geplante vollständige Vernichtung des jüdischen Volkes während der NS-Herrschaft in Deutschland, habe ich mich entschieden, den lateinischen Begriff „holocaustum" (Ganz-Opfer), den Eckhart – übernommen aus der lateinischen Bibelübersetzung der Vulgata – verwendet, hier nicht zu verändern. Dies in der Hoffnung, der Leser möge ihn – trotz aller Schwierigkeit – in den beschriebenen Zusammenhängen abstrahierend „mit den Ohren eines Bettelmönches aus dem 13./14. Jahrhundert" hören können.
302 Vgl Eckhart: ParGen 148: LW I; 617,6 und 617,12—13.
303 Vgl. Eckhart: ParGen 139: LW I; 606,11—607,1.
304 Eckhart: Sermo XXIV2: LW IV; 226,1:
„oratio est inetellectus in deum ascensus".
305 Vgl. Eckhart: Sermo XXVIII2: LW IV; 255,2—3:
„Ideo ut audiamus et di<s>camus, in principio ad orationem reccuramus".
306 Vgl. Eckhart: Sermo XXIV2: LW IV; 224,11:
„Cum audimus et legimus, deus nobis loquitur".
307 Vgl.Eckhart: Sermo XXIV2: LW IV; 224,11—12:
„[...] cum oramus, deo loquimur".
308 Vgl. Eckhart: Sermo XIII: LW IV; 138,4—139,3:

Schrei des Herzens nach Gott, der so lange aus dem Menschen herausbricht, solange in ihm der „Brand der Liebe nicht erkaltet"[309]. Für Eckhart wird so das Gebet wirklich zum Grundvollzug des Seins des Menschen, der ein Sohn- ein Gerechter-Werdender ist; die Grundvollzüge seines Seins werden zum beständigen Gebet:

Armut *ist* Gebet, Gebet *ist* Armut,

Sehnsucht *ist* Gebet, Gebet *ist* Sehnsucht,

der „Brand der Liebe" *ist* Gebet, Gebet *ist* „Brand der Liebe",

Demut *ist* Gebet, Gebet *ist* Demut,

Ergebung, Leere, Entblößtsein, Gott-Aufnehmen, Gott-Erleiden *ist* „wahrhaftes Gebet":

oratio est subditi deo	Es betet nur
[...].	ein Gott-Ergebener.
	[...]
sicut organum	Wie das Werkzeug
et universaliter	und überhaupt
suscipiens	das Aufnehmende
sive passivum	oder Erleidende

"desiderium tuum oratio tua est; si continuum desiderium, continua oratio. [...] Si non vis intermittere orare, noli intermittere desiderare; continuum desiderium tuum continua vox tua est. [...] Igitur orationes sanctorum sunt desideria eorum, Psalmus: 'desiderium pauperum exaudivit dominus'."

[Deine Sehnsucht ist dein Gebet; ist deine Sehnsucht beständig, so ist auch dein Gebet beständig. [...] Wenn du keine Unterbrechung deines Gebets willst, so höre nicht auf, dich zu sehnen. Denn dein beständiges Sehnen ist dein beständiger Gebetsruf. [...] So sind die Gebete der Heiligen ihr Sehnen: ‚das Sehnen der Armen hat der Herr erhört' (Ps 10,17).]

309 Vgl. Eckhart: Sermo XIII: LW IV; 138,9—139,1:

"continuum desiderium tuum continua vox est. Tacebis, si amare destiteris. Frigus caritatis silentium cordis est, flagrantia caritatis clamor cordis est. Si semper permanent caritas, semper clamas, semper desideras."

[Deine beständige Sehnsucht ist dein Gebetsruf. Du wirst erst schweigen, wenn du aufhörst zu lieben. Das Erkalten der Liebe ist das Schweigen des Herzens. Der Brand der Liebe ist das Rufen des Herzens. Wenn die Liebe immer bleibt, rufst du immer, sehnst du dich immer.]

310 Eckhart: Sermo XIII: LW IV; 139,4—8.

debet esse nudum	entblößt
et vacuum,	und leer sein muss,
sic vere orans	so soll der wahrhaft Betende
debet esse deus subditus,	Gott ergeben sein,
ut	so dass er
nihil plus unum quodlibet velit	in keiner Weise
quam alterum	das eine mehr will
nec quidquam	als das andere
velit penitus	und überhaupt nichts
sibi	weder für sich
et proximo	noch für den Nächsten will
nisi deum,	als Gott,
nisi dei voluntatem,	als Gottes Willen,
dei gloriam,	Gottes Herrlichkeit,
quae sola sufficit.[310]	die allein genügt.
humiles,	[Seid] demütig,
quia humilitas	denn die Demut
conservatrix	ist die Bewahrerin
et rectrix est	und Leiterin
ceterarum virtutum.	der übrigen Tugenden.
Augustinus [...]:	Augustinus sagt [...]:
‚Semper in illo	‚Immer können wir in ihm
	[Gott]
magni esse poterimus,	groß sein,
si semper sub illo	wenn wir immer unter ihm
parvuli simus‘. [...]	klein sind‘. [...]
‚magis placet deo humilitas	‚Mehr gefällt Gott Demut
in malis factis	in üblen Taten
quam superbia in bonis factis.	als Hochmut in guten Taten.
Sic odit deus	So sehr hasst Gott
superbos‘.	die Hochmütigen‘.
Sola ergo humilitas	Die Demut ist also allein
est oratio	das Gebet,
qua impetramus	durch welches wir

---

311 Eckhart: Sermo XIII: LW IV; 140,16—141,6.

et meremur	Erhörung erlangen
exaudiri,	und verdienen,
quia 'oratio	denn ,das Gebet dessen,
humilitantis se	der sich demütigt,
nubes penetrabit'.	wird
	die Wolken durchdringen'
	(Jes Sir 35,21).
Unde omnis humilis	Daher betet jeder Demütige
et solus humilis orat	und nur der Demütige,
et semper humilis	und der allezeit Demütige
semper orat.[311]	betet allezeit.
Dic	Sage,
quomodo orandum	wie man nach dem Apostel
,spiritu et mente'	,im Geist und im Gemüt'
secundum apostolum,	(1 Kor 14,15) beten soll:
ut	so nämlich,
te	dass du dich
cum omnis mundi	mit der Hinfälligkeit
praesentis	der ganzen gegenwärtigen
defuctu	Welt
proicias ante pedes dei [312]	Gott zu Füßen wirfst.

Das Gebet fordert vom Menschen jedoch mehr als beständige Artikulation dieser Grundverfasstheit des Geschöpfes vor Gott. Neben der „Beharrlichkeit" („*orationis perseverantia*")[313] und der beständigen Demut, die Eckhart als „erforderlich zum Gebet" nennt, bedarf es der „*Wahrheit des Lebensvollzugs*", nämlich

- des kritischen Einspruchs der Vernunft gegen jede Form religiöser Schwärmerei:
  Das Gebet ist grundsätzlich definiert als „*ascensus intellectus*", als Aufstiegsbewegung der Vernunft: „Der Heilige Geist entzieht sich allen Erwägungen, bei denen der Intellekt schweigt (Wsh

---

312 Eckhart: Sermo XXIV2: LW IV; 225,3-4.
313 Vgl. Eckhart: Sermo XXIV1: LW IV; 216,7—8.

1,5). [...] Eine Erwägung, bei der der Intellekt schweigt, ist Sache der Einbildung"[314].

- der „Reinheit des Herzens" (*„cordis munditia"*)[315] :
Jedes Gebet ist wertlos und „leeres Geschwätz", wenn vom Beter nicht vorher konsequent „alle Bosheit des Herzens weggeworfen wurde"[316]. Die Worte, das Tun und Unterlassen des Beters im Lebensvollzug müssen beide im „Brand der Liebe" ihren Ursprung haben und so eine Einheit bilden: „Wenn ihr auch eure Gebete vervielfältigt, werde ich sie doch nicht erhören; denn eure Hände sind voll Blut (Jes 1,15)"[317].
Entsprechend deutlich fällt die Kritik aus, die Eckhart am *„perverse"*[318] urteilenden Geist derjenigen übt, die „Gott zwar mit ihren niederen Kräften und äußeren Werken", gleichzeitig jedoch „der Sünde mit sehnsüchtiger Liebe aus innerem Wollen dienen: ‚Dieses Volk ehrt mich mit den Lippen, ihr Herz aber ist fern von mir' (Jes 29,13; Mt 15,8)".
„Solche Leute machen Gott zu einer Ziege und speisen ihn mit dem Kraut ihrer Worte ab. Auch machen sie ihn zu einem Gaukler und schenken ihm ihre alten und wertlosen Kleider. [...] Diese Menschen machen es nach Augustins Wort wie einer, der mit dem oberen stumpfen Ende des Griffels schreiben, mit dem unteren spitzen Ende aber auslöschen und glätten will. Wer so handelt, stellt ja alles auf den Kopf. [...] Darum muss diese verkehrte Einstellung geändert werden! Wenn sie nicht das, was oben ist,

---

314 Vgl. Eckhart: Sermo XXIV2: LW IV; 227,4—6:
„Nota ergo: ‚ascensus intellectus'. Sap. 1 dicitur quod spiritus sanctus 'aufert se a cogitationibus, quae sunt sine intellectu'. [...] Item cogitatio sine intellectu imaginaria est".
315 Vgl. Eckhart: Sermo XXIV1: LW IV; 216,2—7.
316 Vgl. Eckhart: Sermo XXIV1: LW IV; 216,5:
„In tempore orationis ‚omnem malitiam cordis proiciamus a nobis'".
317 Vgl. Eckhart: Sermo XXIV1: LW IV; 216,2—4:
„Sed tertio cordis munditia, Is. 1: 'cum multiplicaverit orationes vestras, non exaudiam; manus enim vestrae sanguine plenae sunt'".
318 Vgl. Eckhart: InSap 61: LW II; 390,1.

nach unten, und das, was unten ist, nach oben kehren, sind sie für das Himmelreich nicht tauglich!"[319]

- des Mitleidens mit den Armen und der Barmherzigkeit (*„compassio et misericordia"*)[320]:
  Der Beter *muss* als Liebender (und damit als „Liebhaber der Brüderlichkeit unter den Menschen", als *„amator fraternitatis"*[321]) mitleidend mit dem notleidenden Nächsten sein. So lange er nicht aktiv um „Gleichheit und Einheit" (*„similitudo et unitas"*) bemüht ist, die *argumenta dilectionis*[322], die „Erweise der Liebe", bleibt ‚Liebe' eine leere Worthülse – das Gebet wird damit hinfällig: „Zum Gebet wird erfordert: zuallererst Mitleiden und Barmherzigkeit mit dem Nächsten: ‚Gut ist Gebet mit Fasten und Almosen' (Tob 12,8), und: ‚wer sein Ohr gegen das Schreien der Armen verstopft, der wird auch selber schreien, ohne Erhörung zu finden' (Spr 21,13)"[323].

- der Ausdauer und Geduld in der Bedrängnis (*„sufferentia sive patientia in tribulatione"*)[324]:

---

319 Vgl. Eckhart: InSap 61: LW II; 389,6—390,6:
„Serviunt etiam deo secundum vires inferiores et operibus exterioribus, creaturae autem et peccatis serviunt desiderio et amore voluntatis interioris, secundum illud Is. 29 et Matth. 15: 'populus hic labiis me honorat, cor autem eorum longe est a me'. Isti faciunt capram de deo, pascunt eum foliis verborum. Item faciunt deum histrionem, dant sibi veteres et viles vestes suas. [...] Istis contingit, ut ait Augustinus, qui vult scribere cum plano et capite stili, delere autem et planare cum pede et acuto ipsius stili. Talis enim totum confundit. [...] Quare ista perversitas corrigenda est, quia nisi fecerit quod sursum est deorsum et quod deorsum est sursum, regno caelorum non erit aptus".

320 Vgl. Eckhart: Sermo XIII: LW IV; 140,14—15 und Sermo XXIV1: LW IV; 215,10—13.

321 Vgl. Eckhart: Sermo XIII: LW IV; 140,14.

322 Vgl. Eckhart: Sermo XIII: LW IV; 140,14—15.

323 Vgl. Eckhart: Sermo XXIV1: LW IV; 215,10—14:
„Ad orationem vero exigitur primo erga proximum compassio et misericordia, Tob. 15: 'bona est oratio cum ieiunio et eleemosyna', et Prov. <21>: 'qui obturat aurem suam ad clamorem pauperis, et ipse clamabit et non exaudietur'".

324 Vgl. Eckhart: Sermo XXIV1: LW IV; 215,13—216,2.

Wenn ein Mensch wirklich „ein Christ des neuen Gesetzes und der Gnade ist"[325], so erwartet ihn, den um die Verwirklichung der Gerechtigkeit bemühten, mit-leidenden „Liebhaber der Gleichheit und Einheit" kein „zeitlicher Lohn". Ihn erwartet vielmehr, das wurde bereits bei der Betrachtung des Prozesses der *alteratio* deutlich, Widerstand, Auseinandersetzung, Unrast und oftmals drohende Verzweiflung.

Die geforderte Geduld, die *patientia*, erweist sich in diesem Zusammenhang als Vertrauen in die Gegenwart und das Wirken des den Prozess des Gerecht-Werdens begleitenden Heiligen Geistes, der „der [einziger] Trost aller ist, die getröstet werden"[326], als das Vertrauen auf die Wahrheit der Verheißungen des Evangeliums:

„Wie kannst du wollen, dass das Vorbild des menschlichen Lebens, das Christus an sich selbst als Urbild des Leidens hinstellte, zum Lügner wird und seine so überaus heilsame Lehre in dir und deinetwegen hinfällig wird? Wo hat dir Christus vergänglichen Trost versprochen? Im Gegenteil! Wenn er einlöst, was er versprach, nämlich ‚viel Trübsal', durch welche ‚wir in das himmlische Reich eintreten sollen' (Apg 14,21), so freue dich. Es ist ein Zeichen, dass er später einlösen wird, was er für die Zukunft versprochen hat. Löste er aber hier das Versprochene nicht ein, so müsstest du fürchten, dass er auch in Zukunft es nicht tun würde. Denn dort ‚wird er dir das Flehen deines Herzens erfüllen' (Ps 36,4), wenn du dich hier *in ihm* erfreut hast."[327]

---

325 Vgl. Eckhart: Sermo XIII: LW IV; 140,1−2:
„Quomodo, cum sis christianus novae legis et gratiae, mercedem postulas temporalem?".

326 Vgl. Eckhart: Sermo XIII: LW IV; 139,9−12:
„In quo mediante et praesentante sive uniente et propinquante consolatio est omnium qui consolantur. Hinc est quod ipse dicitur paraclitus, id est consolator".

327 Vgl. Eckhart: Sermo XIII: LW IV; 140,5−13:
„Quomodo vis exemplar vitae humanae, quod Christus de se ipso fecit exemplum patiendi, mendax fieri et doctrinam suam quam docuit saluberrimam in te et propter te deficere? Ubi Christus promisit tibi transitoriam consolationem? Quin immo contrariam! Si solvit quod promisit, hoc scilicet, 'multas tribulationes', per quas 'oportet nos intrare in regnum' caeleste,

Zusammenfassend wird hier erneut, in konzentrierter Form, Eckharts Deutung der Lebensbewegung des „Gerechten *in tempore*" deutlich, als Lebensprinzip eines Menschen,

- der „Gott in allem liebt, was heißt: in allem für Gott (und für Gott allein) lebt"[328],
- der damit die Gerechtigkeit, die Tugend liebt und für sie lebt[329],
- der nach der Gerechtigkeit dürstet, sich danach sehnt, sie „einfordert" im Rufen und Schreien des Gebets,
- der auf das Gesetz und die Verheißung Gottes hört und durch sie sein Leben formen lässt[330],
- der Christus, dem Urbild des „Gerechten", durch viel Trübsal hindurch folgt, um, getrieben vom „Brand der Liebe", in Demut und Freiheit durch ein Leben der geduldig gelebten Barmherzigkeit und des Mit-Leidens mit den Armen „in das himmlische Reich einzutreten".

| lex dei, | Gottes Gesetz, |
| praeceptum dei, | Gottes Gebot, |

Act. 14, gaude. Signum est quia solvet post, quod promisit futurum. Sed si hic non solveret promissum, haberes timere quod nec in futuro. Ibi enim 'dabit tibi petitiones cordes tui', si hic delectatus fueris in eo".

328 Vgl. Eckhart: Sermo LV4: LW IV; 465,12—13:
„Sicut enim modo in omnibus amat deum, sic tunc in omnibus vivit deo."
[Gott in allem lieben heißt in allem für Gott leben.]

329 Vgl. erneut Eckhart: Sermo XXX: LW IV; 272,13:
"virtuoso virtus est pro deo."
[Für den Tugendhaften nimmt die Tugend die Stelle Gottes ein.]

330 Vgl. Eckhart: InGen 156—157: LW I; 305,10—13:
"deus in his quiescit, qui non solum unum mandatum sive opus bonum faciunt, sed qui universa. 'Nec enim una hirundo facit ver, nec una deis clara aestatem', ut ait philosophus. Exodi 24: 'omnia quae locutus est dominus, faciemus'."
[Gott ruht in denen, die nicht nur ein Gebot oder ein gutes Werk tun, sondern die [die Gebote] insgesamt [erfüllen]. ‚Denn eine Schwalbe macht noch keinen Frühling und ein schöner Tag noch keinen Sommer', wie der Philosoph sagt. Alles, was der Herr gesagt hat, wollen wir tun (Ex 24,3).]

virtus, veritas	die Tugend und Wahrheit
amatur ab omni virtuoso	wird von jedem tugendhaften
sive perfecto	oder vollkommenen
et bono viro	und guten Mann
ex toto corde	aus ganzem Herzen geliebt:
et 'super aurum et topazion',	,mehr als Gold und Edelgesten' (Ps 118,127),
et super se ipsum	mehr als die eigene Person
et 'super milia	und ,mehr als tausende
auri et argenti'.[331]	von Gold und Silber.

„Alles zu tun, was der Herr gesagt hat"[332], „dass wir ihn und seine Eingebung gehorsam hören, uns von den übrigen Dingen abwenden und ihm zuwenden, um ihm ähnlich zu werden", das bedeutet „mit Gott sprechen" [333], bedeutet „beten": „Auf diese Weise wird jeder Gläubige durch die Liebe zu Christus gerötet, entflammt und ganz von Christus durchtränkt, so dass er durch ihn geformt ist, die Werke Christi zu wirken"[334].

Diese *Lebensdynamik des Betens*, wie sie beschrieben wurde, die darin zu bündeln ist, Gott, die Tugend, die Gerechtigkeit „mehr zu lieben als die eigene Person", als das eigene Leben, charakterisiert Eckhart in anderem Zusammenhang in Anlehnung an Ex 20,24 („Ihr sollt auf ihm [dem Altar] eure Brandopfer darbringen") als *„holocaustum"*, als Ganz-Hingabe, als „Brandopfer", das „Gott aus Ehrfurcht vor seiner Majestät und aus Liebe zu seiner Güte dargebracht wird". Dieses Verständnis des „Sich-selbst-Gott-Darbringens", sich „ganz verbrennen zu lassen in der Hingabe an Gott", um „ganz von ihm durchtränkt und durch ihn geformt", in ihn verwandelt zu werden, verknüpft er ausdrücklich mit der Praxis der Nachfolge Christi, im Sinn der „Befolgung der geistlichen Räte", nicht ausschließlich, aber akzentuiert auch im „Stand der ‚Religiosen' des Neuen Bundes" – damit wird Eckharts Theologie verstehbar als Theologie radikaler Nachfolge im Kontext der Lebensform derer, die die evangelischen

---

331 Eckhart: Sermo XXX: LW IV; 272,15—17.
332 Vgl. Eckhart: InGen 156—157: LW I; 305,10—13.
333 Vgl. Eckhart: ParGen 150: LW I; 619,11—620,1.
334 Vgl. Eckhart: Sermo LII: LW IV; 436,5—9.

Räte als Form ihres Lebens annehmen und so in Freiheit „eintreten in das Haus der Arbeit der Heiligen". Auf dieser Basis ist Eckharts Werk (zumindest auch) zu lesen unter der Fragestellung, welches Lebensideal *secundum apostolum"* der vernünftigen Einsicht in die Wirklichkeit entspricht – und bildet so einen akzentuierten Beitrag zur Theologie der „apostolischen Bewegung" des Spätmittelalters:

[sacrificium
quod totum incendebatur]

[Das Brandopfer ...]

dicebatur holocaustum
ab holon vel holos,
quod est totum,
et cauma, quod est incendium,
quasi
totum incensum.

wurde *holocaustum* genannt,
von *holon* oder *holos*,
das heißt ‚ganz',
und *cauma*, das heißt ‚Brand',
also
‚ganz verbrannt'.

Hoc enim offerebatur deo
specialiter in reverentiam
maiestatis dei
et propter amorem bonitatis
eius:

Denn es wurde Gott
besonders aus Ehrfurcht
vor seiner Majestät
und aus Liebe zu seiner Güte
dargebracht.

et conveniebat
statui perfectionis
in impletione
consiliorum,

Das entspricht dem
‚Stand der Vollkommenheit',
in welchem
die evangelischen Räte
befolgt werden.

ut, sic animal totum,
resolutum in vaporem,
sursum ascendebat,
sic totus homo ipse
et quae ipsius sunt
essent deo subiecta,
secundum illud:
'quae sursum sunt,
sapite',
Col. 3.

Wie das Tier ganz,
in Rauch aufgelöst,
emporstieg,
so soll der ganze Mensch
und alles, was sein ist,
Gott unterworfen sein,
nach dem Wort:
‚Was droben ist,
dem sinnt nach'
(Kol 3,2).

Et videtur congrue<re>	Das entspricht
religiosis	dem Stand der ‚Religiosen'
in novo testamento.[335]	im Neuen Bund.

Dic quomodo orandum [...]	Sage, wie man [...]
secundum apostolum:	nach dem Apostel beten soll:
ut	So nämlich,
te	dass du dich
cum omnis mundi praesentis	mit der Hinfälligkeit
defectu	der ganzen gegenwärtigen Welt
proicias ante pedes dei,	Gott zu Füßen wirfst,
secundo	zweitens, [dass du] dich
cum	mit den Verdiensten
matris dei	und dem Licht
et omnium sanctorum	der Mutter Gottes
meritis et luce	und aller Heiligen
offeras deo.[336]	Gott darbringst.

II.3.12. „abekêren": Nachfolge als Umkehr und Abkehr vom „alten, bösen Menschen"

Die Kraft des *vünkelîn* wird, darauf soll nun der Blick konzentriert werden, nicht nur im „Werk des *zuobindens*" wirksam: Das *eine* Wirken der Gnade, das wurde bereits festgehalten, zeitigt im Menschen ein „*zweifaches* Werk".

Mit dem *zuobinden* ist in untrennbarer Einheit das *abekêren* verbunden, mit dem „unaufhörlichen Locken zum Guten" der „Widerbiss gegen das Böse". Das „sich dem Einen Zukehren" beinhaltet notwendig und in derselben Bewegung die Abkehr von allem anderen. Die Praxis der „Nachfolge" bedeutet gleichzeitig und immer „Umkehr". Entscheidend ist dabei die im Konzept des *vünkelîn* gesicherte Einheit dieses „zweifachen Werkes", eine Einheit, die das Leben des Menschen *in tempore* fundamental prägt: Der Mensch wird nicht

---

335 Eckhart: InEx 249: LW II; 202,8−203,3.
336 Eckhart: Sermo XXIV2: LW IV; 225,3−5.

einmal durch ein besonderes Wirken der Gnade „abgekehrt" und lebt dann allezeit und unwiderruflich „zu-gebunden", es gibt nicht den vereinzelten zeitlichen Moment der „Umkehr", dem dann das gesicherte Sein des „ein für alle Mal Gerechten" zeitlich folgen würde.

Das Leben des „Sohn-Werdenden", das Leben im Glauben als „Empfänglichkeit" und „Passivität" gegenüber der „Kraft der Gnade", die im *vünkelîn* wirksam ist, als ungehindertes Wirken-Lassen, bedeutet die in jedem Augenblick je neu zu realisierende Einheit von *zuobinden* und *abekêren*, von Hinkehr zu Gott und Abwendung vom Bösen, von Nachfolge und Verweigerung: „Nachfolge" als Bedingung für die „Fruchtbarkeit der Seele mit Gott" (für die *„fecunditas animae cum deo"*)[337] ist Umkehr.

Gerecht-Werden ist Gerecht-*Sein* im je einzelnen Akt der Hinkehr zur Gerechtigkeit und des „Widerbisses", des Widerstands gegen die Ungerechtigkeit.

Per singula	Durch die einzelnen
virtutis opera	Tugendwerke
homo	wird der Mensch
nascitur filius dei.	als Kind Gottes geboren.
[...]	[...]
Hanc autem coniunctionem	Diese Einigung
animae cum verbo dei	der Seele mit dem Wort Gottes
nemo meretur	verdient aber niemand
accipere	zu erfahren,
nisi	der sich nicht
discedens a vitiis	von den Lastern scheidet,
affectus carnis	das Begehren des Fleisches
relinquat,	hinter sich lässt
cogitationes animales	und die sinnlichen
abiciat.[338]	Vorstellungen ablegt.
volens deum in se invenire	Wer Gott in sich *finden* will,

---

337 Vgl. Eckhart: ParGen 189: LW I; 661,10.
338 Eckhart: ParGen 191: LW I; 663,3 und ParGen 192: LW I; 664,7—9.
339 Eckhart: InIoh 115: LW III; 100,10—14.

oportet quod sit filius dei.	muss Gottes Sohn *sein*.
Pater enim et filius	Denn Vater und Sohn
simul sunt,	sind zugleich,
correlativa	sie stehen
sunt.	in wechselseitiger Beziehung.
[...]	[...]
Filii autem sumus,	Wir sind aber Söhne,
si amore boni solius,	wenn wir *jedes einzelne Werk*
ut bonum est,	aus Liebe zum Guten allein,
operemur singula.[339]	insofern es gut ist, tun.

Die Doppelstruktur des Lebens im Prozess des Sohn-Werdens zwischen *zuobinden* und *abekêren* bestimmt das bei Eckhart entworfene Ideal des *homo pius*. „An verschiedenen Stellen in der Bibel und bei den Philosophen" („*in diversis locis bibliae et philosophorum*")[340], so Eckhart, werde der Mensch dementsprechend „belehrt" ...

... quid sit, in quo	... worin eigentlich die
consistit	menschliche Vollkommenheit
humana perfectio	besteht
et in quo e converso consistit	und worin umgekehrt Mangel,
defectus,	Unvollkommenheit,
imperfectio	Böses
et malum hominis	oder Sünde des Menschen bestehen,
seu peccatum.	
[...] quid sit bonum,	[...] was das Gute
quid malum,	und was das Böse,
quid in nobis sit a deo,	was in uns von Gott
quid a diabolo,	und was vom Teufel ist,
quid deo placeat in homine,	was Gott am Menschen gefällt
quid displaceat,	und was [ihm] missfällt,
quid deus in nobis operetur,	was Gott in uns wirkt
quid diabolus,	und was der Teufel,
quid angelus bonus	was der gute,
ad meliora inclinans	zum Guten neigende

---

340 Vgl. Eckhart: InGen 242: LW I; 386,8—9.

et suggerens,	und ratende,
quid angelus malus	und was der böse,
semper ad peiora	immer zum Schlechten
inclinans	neigende und
et ipsa suggerens;	ratende Engel [in uns wirken];
et	weiter:
quid 'arbor bona'	was ‚der gute Baum'
et 'arbor mala'	und ‚der schlechte Baum'
et fructus earum,	und welches ihre Früchte sind (vgl. Mt 7,17-20),
quid lex dei in mente,	was das Gesetz Gottes im Geist
quid lex carnis	und das Gesetz des Fleisches
in membris hominis,	in den Gliedern des Menschen
Rom. 7,	(Röm 7,23.25),
quid caro, quid spiritus:	was Fleisch und was Geist ist:
'si secundum carnem	‚Wenn ihr dem Fleisch nach
vixeritis,	lebt,
moriemini;	werdet ihr sterben;
si	wenn ihr [aber]
spiritu facta carnis	durch den Geist
mortificaveritis,	die Werke des Fleisches tötet,
vivetis', Rom. 8.[341]	werdet ihr leben' (Röm 8,13).

Dabei geht es nicht darum, dem Leben eine Form dualistisch geprägter Ontologie zugrundezulegen, im Mittelpunkt steht vielmehr die radikale Betonung der Notwendigkeit für den Menschen, im Lebensvollzug in freier, selbstbestimmter Wahl den Strukturen des Seins zu entsprechen (und damit vernunftgemäß, gut und „Gott gefallend" zu leben), oder diese Strukturen des Seins zu ignorieren (und damit „wider die Vernunft", „böse" und „Gott missfallend" zu leben).

Das „Böse", über das Eckhart den Menschen belehrt, ist kein Seinsprinzip neben Gott, es ist vielmehr Verweigerung gegenüber dem Sein, Abfall vom Sein, Ver-Neinung des Seins, es ist als nicht-verwirklichtes Sein bloßer Mangel, gegenüber dem Anspruch und

---

341 Eckhart: InGen 242: LW I; 385,13—386,8.

der Realität des einzigen, göttlichen Seins und damit gegenüber den Strukturen der Wirklichkeit ein verfehltes Leben. „Das Böse" ist nicht auf der Ebene des Seins angesiedelt denkbar, es ist „Nicht-Sein" und damit *nihil* – „Nichts". „Das Böse" ist Mangel an im Wirken ver-wirklichtem Sein: Mangel an Einheit, Mangel an Wahrheit, Mangel an Gutheit, Mangel an Liebe. Eckhart beruft sich hier auf Augustinus und seine Lehre, ...

diabolus	... der Name ‚Teufel'
non	sei nicht
est nomen naturae,	die Bezeichnung eines Wesens,
sed operis.	sondern eines Wirkens.
Unde omnis	Deshalb ist jeder,
male operans	der böse handelt,
diabolus est.[342]	ein Teufel.

Der „teuflische Mensch" ist so der Mensch, der un-menschlich, seinem eigenen Wesen widersprechend lebt und handelt, der in gewisser Weise ein Nicht-Mensch ist: „Der Mensch *ist* kein Mensch, der nicht demütig ist. [...] Der *ist* kein Mensch, der nicht vernunftgemäß lebt. [...] Der *ist* kein Mensch, der sich nicht alles niedere unterworfen hat".[343]

Was oben im Kontext der Betrachtung des *zuobindens* als „Hinwendung des Menschen zu Gott" beschrieben wurde – so wird hier erneut deutlich –, bedeutet für den Menschen als geschaffen *ad imaginem dei* immer gleichzeitig die Hinwendung zu seinem wahren, eigentlichen Wesen: „Von ihm wegzugehen, ist sterben. Zu ihm zurückzukehren, ist wiederaufleben. [Zu ihm,] bei dem zu wohnen leben ist, von dem sich abzuwenden fallen ist, zu dem zurückzu-

---

342 Eckhart: InIoh 483: LW III; 415,13—14.
343 Vgl. Eckhart: InIoh 95: LW III; 82,6—13:
„[...] homo qui non est humilis, ab humo, non est. Homo enim ab humo dictus est.
Rursus homo non est qui secundum rationem non vivit. Homo enim animal rationale est.
[...] Praeterea homo non est qui omnia inferiora subiecta sibi non habet, Psalmus: quid est homo?' Et sequitur: 'omnia subiecisti sub pedibus eius".

kommen wiederauferstehen ist, bei dem zu bleiben Bestand-haben ist, den zu verlassen dasselbe ist wie zugrunde gehen"[344].

Das menschliche Leben *in tempore* ist in diesem Sinn fundamental geprägt, und hier wird die Verankerung der Unterscheidung von „innerem"/„neuem" und „äußerem"/„altem" Menschen in der Betrachtung des Lebensvollzugs deutlich, von einer nicht aufhebbaren Spannung, einer Grunddynamik des Lebens zwischen „weggehen und zurückkehren", „sich abwenden und sich wieder zuwenden", „fallen und wieder auf(er)stehen".

Die Pole dieser Spannung, zwischen denen der Mensch sich bewegt, benennt Eckhart, anknüpfend an johanneisch-paulinische Motive als „Christus" (als vollkommene, exemplarische Verwirklichung der *imago dei*) auf der einen Seite und „die Welt" (als Sinnbild des Lebens des Seins-Mangels, des „Abgewandt-Seins", des Lebens „fern, im Land der Unähnlichkeit") auf der anderen[345]:

Christus ist …	↔	*„die Welt" ist …*
die Wahrheit		trügerisch und lügenhaft
der Friede		voller Sturm und Streit
unwandelbar		unbeständig und hinfällig
das Licht [der Welt]		finster
das Gute alles Guten		böswillig und arglistig
der Quell der Weisheit		töricht und hassenswert
die Reinheit		unrein und ansteckend

Die Lebensbewegung, die Eckhart in dieser Spannung als Ideal „wahren Menschseins" im Bild des *homo pius* beschreibt als den Weg, der „ohne Irrtum zum Leben führt"[346], ist das „Eingehen in das Netz Christi"[347].

Propter hos ergo defectus	Wegen der Mängel der Welt

---

344 Vgl. erneut Eckhart: InIoh 672: LW III; 585,12—586,7.
345 Zur folgenden Gegenüberstellung vgl. Eckhart: InIoh 671: LW III; 583,12—585,1.
346 Vgl. Eckhart: InSap 210: LW II; 547,1—2.
347 Vgl. Eckhart: InSap 210: LW II; 547,3.

mundi	also
salvator […] ait:	sagt der Heiland:
‚ego elegi vos	‚Ich habe euch aus der Welt
de mundo'.[348]	ausgewählt' (Joh 15,19).

Dem „Christus ins Netz gehen", dem „aus der Welt ausgewählt"-Sein korrespondiert die konsequente Abkehr des Menschen von „der Welt" (als johanneisch-paulinischer Gegenbegriff des „Lebens im Geist Gottes") und – in gleicher Bewegung – Hinkehr und Hinwendung zu Christus, dem „Sohn der Gerechtigkeit".

Der *eine* „Lockruf" der Gerechtigkeit in der Stimme des *vünkelîn* ist Ruf zur Umkehr und Ruf zur Nachfolge; ihm antwortend „hat sich [die geheiligte Seele] Gott geweiht und von allem andern losgesagt"[349], da für sie „alles Sehnen und dessen Befriedigung darin besteht, mit Gott vereinigt zu werden"[350].

Christus […] docet	Christus lehrt,
quod ille	dass derjenige wahrhaft
vere christianus est re,	und wirklich Christ ist,
non solum nomine,	nicht nur dem Namen nach,
filius natus ex deo,	Sohn aus Gott geboren,
cuius operum	bei dem Ursprung der Werke
et intentionis principium,	und der Absicht,
a quo exit	wovon er ausgeht
et oritur,	und anfängt,
et finis, quem intendit,	und Ziel das er erstrebt,
deus est.[351]	Gott ist.

Iustus, in quantum iustus,	Der Gerechte als Gerechter

---

348 Eckhart: InIoh 671: LW III; 585,1—2.
349 Vgl. Eckhart: Sermo XXXVI: LW IV; 313,11—12:
     „[Anima]'Sanctificata', id est deo dicata, omnibus aliis abdicata".
350 Vgl. Eckhart: InIoh 547: LW III; 477,10—11:
     „omne autem desiderium et eius quies est uniri deo".
351 Eckhart: InIoh 669: LW III; 582,11—13.
352 Eckhart: InIoh 177: LW III; 146,10—13.

nihil prorsus quaerit	sucht und begehrt
nec appetit	durchaus nur das eine,
nisi perfici in se ipso	dass die Gerechtigkeit
iustitiam,	in ihm vollendet
exui ab omi,	und er von allem,
quod non est	was nicht die Gerechtigkeit
ipsa iustitia,	selbst ist,
abici	entkleidet werde,
tam simile	und dass sowohl das Ähnliche
quam dissimile,	als das Unähnliche
quousque simile	abgeworfen werde,
transeat in unum,	bis das Ähnliche zu dem Einen,
quod est ipsa iustitia,	zur Gerechtigkeit selbst wird,
et quousque imperfectum	und das Unvollkommene
evacuetur	durch die Ankunft
veniente perfecto.[352]	des Vollkommenen vergeht
	(1 Kor 13,10).

II.3.12.1. Der Ruf zur Nachfolge

Die konsequente Hinwendung zur Gerechtigkeit ist die Antwort des Menschen auf den Ruf zur Nachfolge, der im Zentrum des Evangeliums steht als immer wiederkehrender Ruf Christi: „Folge mir!" (vgl. etwa die Stellen, die Eckhart ausführlicher betrachtet[353]: Joh 1,43 / Joh 12,26 / Mt 4,20 / Mt 16,23-24 / Offb 14,4).
„Mit diesen Worten ‚folge mir!'", so betont Eckhart, „ermuntert er [Christus] uns zuerst zur Nachfolge: ‚folge!', zweitens belehrt er über das Ziel oder den Gegenstand: ‚mir', sagt er, ‚folge mir!'"[354]; dieser Ruf zur Nachfolge entspricht dem „Licht", mit dem „Gott jeden Menschen erleuchtet" (von dem sich aber nicht jeder erleuchten lässt), er ist die „Stimme Gottes", der „zu allen spricht" (auf den a-

---

353 Vgl. Eckhart: InIoh 227-231; InIoh 234—236; InIoh 529.
354 Vgl. Eckhart: InIoh 227: LW III; 190,12—13:
„Dicamus ergo quod in his verbis: *sequere me* primo nos hortatur ad sequendi actum dicens: *sequere*, secundo docet finem sive obiectum: *me* ait, *sequere me*".

ber nicht alle hören). Zur Nachfolge Christi, dazu, „ein anderer", ein „Gerechter", „Sohn" und *imago dei* und damit „wahrer Mensch" zu werden, sind ausnahmslos alle Menschen gerufen:

- die „Bösen und die Sünder":

Tales,	Das sind solche,
qui in actibus suis	die in ihren Handlungen
nunquam	niemals
deum sibi proponunt,	Gott vor Augen haben,
non curant	sich keine Sorgen
nec cogitant	und keine Gedanken
	darüber machen,
quid bonum vel malum,	was gut oder böse,
deo placitum	Gott wohlgefällig
vel non placitum.	oder missfällig ist.
Hoc enim totum	All das
post tergum proiciunt,	werfen sie hinter sich,
sicut vetula	wie ein altes Weib
ova vel poma corrupta,	verdorbene Eier oder Äpfel.
sed solum	Sie denken vielmehr
cogitant,	allein daran,
qualiter honores,	wie sie Ehren,
divitias	Reichtümer
et delicias assequantur.	und Wohlsein erlangen.
Isti sunt adversarii dei,	Sie sind Widersacher Gottes,
sunt diaboli,	sind Teufel,
sunt ipse diabolus,	ja, der Teufel selbst,
adversarius dei,	*der* Widersacher Gottes,
ut dictum est Petro:	wie der Herr zu Petrus sprach:
'vade post me, satanas'	‚Geh hinter mir her, du Satan!'
Matth. 16.	‚Hinter mir her!', sagt er
‚Post me', ait.[355]	(Mt 16,23).

- die „Unvollkommenen":

---

355 Eckhart: InIoh 228: LW III; 191,1–6.

Sunt alii qui vadunt
iuxta deum
a latere,
et isti sunt iam non mali,
imperfecti tamen. [...]

Isti
non sequuntur deum;
volunt deum ducere
potius quam ab ipso duci,
vellet
deum velle quod ipse vult.
[...]

Volunt quidem
quod deus vult;
mallent tamen
quod deus vellet,
quod ipsi volunt.

Narratur
de vetula,
quae committebat puero suo
quod duceret capram,
quam Iohannam vocabat,
ad pascua;

tandem capra videns
folia spineti
traxit post se
puerum
per spineta.

Puer laesus a spinis
plorabat dicens:
'domina Iohanna,
mater mea dixerat
quod ego deberem vos ducere,
et vos me ducitis'. [...]

Andere
gehen neben Gott her,
als gehörten sie an seine Seite;
sie sind zwar nicht böse,
aber unvollkommen. [...]

Diese Leute
folgen Gott nicht nach,
sie wollen lieber Gott führen
als von ihm geführt zu werden;
sie möchten,
dass Gott wolle, was sie wollen.
[...]

Sie wollen zwar,
was Gott will,
es wäre ihnen aber lieber,
Gott wollte,
was sie selbst wollen.

Man erzählt
von einer alten Frau,
die ihren Jungen bat,
die Ziege Johanna

zur Weide zu führen;
aber die Ziege sah auf einmal
die Blätter einer Dornenhecke
und zog den Jungen
durch das dornige Gesträuch
hinter sich her.

Von den Dornen verletzt,
jammerte der Junge:
,Frau Johanna,
meine Mutter hat gesagt,
ich solle *euch* führen,
aber *ihr* führt *mich*. [...]

Tales non advertunt	Solche Leute bedenken nicht,
quod deus non habet parem.	dass Gott nicht seinesgleichen hat.
Unde cum ipso	Darum darf niemand
non debet quis currere	gleichen Schrittes
de pari et a latere.	neben ihm hergehen.
Inferiora enim	Denn das Niedere
naturaliter	muss
debent	seiner Natur entsprechend
duci	durch das Höhere
per superiora,	geführt werden,
non e converso.[356]	nicht umgekehrt.

- und die „bereits Nachfolgenden":

Isti sunt	„Diese [die Christus folgen]
qui nihil	schauen auf nichts,
post tergum,	was hinter ihnen liegt,
nihil	auf nichts,
extra aut a latere	was draußen oder zur Seite
hinc inde circumstans,	sie hier und da umgibt:
sed solum deum	sie schauen nur auf Gott allein
ante se	vor ihnen
et supra se respiciunt. [...]	und über ihnen. [...]
De istis Apoc. 14 dicitur:	Von ihnen heißt es:
,sequuntur agnum	,Sie folgen dem Lamm,
quocumque ierit'.[357]	wohin es geht' (Offb 14,4).

„Dem Lamm [Christus] zu folgen, wohin es geht" – diese Antwort des Menschen auf den Ruf des Evangeliums soll, damit der Prozess der „Gottesgeburt" wirklich greifen kann,

---

356 Eckhart: InIoh 229: LW III; 191,7 – 192,7.
357 Eckhart: InIoh 230: LW III; 192,13 – 193,1.

- entschieden,
- also „ohne Hemmungen" sein, „hemmungslos" auch in dem Sinn, dass sie sich nicht durch äußeren Widerspruch behindern lässt[358],
- die Antwort der Nachfolge muss Gott gegenüber exklusiv[359] und
- ohne Zögern, „auf der Stelle und ohne Verzug" gegeben werden:

volentes deum sequi	Wer Gott nachfolgen
et apprehendere	und ihn erfassen will,
debent ipsum sequi et appre-	muss dies auf der Stelle
hendere	und ohne Verzug tun.
sine mora continuo	[...]
[...].	
dicitur Matth. 4	Von den Aposteln wird gesagt:
de apostolis:	‚*Sofort* verließen sie ihre Netze
‚continuo relictis retibus	und folgten ihm'
secuti sunt eum'.[360]	(Mt 4,20)
Quanto agens	Je kraftvoller
est fortius	und je mehr von oben her
et quanto superius,	ein Wesen wirkt,
tanto movet citius,	um so rascher,
sine mora,	ungehemmter
velocius. [...]	und schneller bewegt es. [...]
Deus ergo cum sit	Da Gott also

---

358 Vgl. ebd.
359 Vgl. Eckhart: InIoh 236: LW III; 198,4—8:
"Sola ratio tarditatis et difficultatis et laboris, quia non sequimur deum solum, sed alia vel alia cum ipso et ipsum propter nos et nostra: 'adultera-mur verbum dei', Cor. 2, mercenarii sumus, mercatores sumus. Ioh. 2 dici-tur quod Christus eiecit de templo vendentes et nummularios dicens: ‚aufferte ista hinc; nolite facere domum patris mei domum negotiationis'."
[*Der einzige Grund unserer Säumigkeit, unserer Hemmung und Mühe ist der, dass wir nicht Gott allein folgen, sondern dem und jenem neben ihm, und das wir ihm unseretwegen und unserer Anliegen wegen folgen: ‚wir verschachern Gottes Wort' (2 Kor 2,17), Mietlinge sind wir und Händler. Christus trieb aber die Verkäufer und Geldwechsler aus dem Tempel mit den Worten: ‚Tut dies hinweg; macht das Haus meines Vaters nicht zu einem Kaufhaus!' (Joh 2,16).*]
360 Eckhart: InIoh 234: LW III; 196,2—6.

supremum in omnibus,
homo
motus
a deo
sequi debet continuo,
sine mora,
velociter,
Eccli. 1:
,non tardes
converti ad dominum'.[361]

Nota:
habens pedem in igne
non consulit
quin statim extrahat.

Sic incarceratus
non consulit
carcerarium
de exitu suo,
sed cum potest,
continuo fugit.

Sic de volente
sequi Christum,
veritatem et salutem,
Augustinus [...] sic ait:
[...]
,quamdiu
cras?
quare non modo?
quare non
hac hora
finis
turpidinis meae?'
[...]
,modo, ecce modo;

das oberste aller Wesen ist,
so soll der Mensch
sofort,
ohne Aufenthalt
und schnell folgen,
wenn er einen Antrieb
von ihm erhält:
,zögere nicht,
dich zum Herrn zu bekehren!'
(Jes Sir 5,8).

Merke:
Wer einen Fuß im Feuer hat,
überlegt nicht lange,
sondern zieht ihn *sofort* heraus.

Auch fragt ein Gefangener
seinen Kerkermeister nicht
um Rat
für seine Flucht,
sondern flieht *sofort*,
wenn er die Möglichkeit hat.

So sagt Augustinus [...]
als er bereit war,
Christus,
der Wahrheit und dem Heil,
zu folgen: [...]
Wie lange noch soll es heißen:
,morgen'?
Warum nicht *heute*?
Warum soll nicht
in dieser Stunde
das Ende
meiner Schmach sein?
[...]
,Gleich, ja, gleich –

---

361 Eckhart: InIoh 235: LW III; 196,16—197,6.

sine paululum.	lass mich nur ein wenig';
Sed 'modo et modo'	doch das ‚gleich, gleich'
non habebat modum,	nahm kein Ende
et	und das
'sine paululum'	‚lass mich ein wenig nur'
in longe ibat.'	zog sich in die Länge.
Hoc contra	Das ist für die gesagt,
procrastinantes.	die
[...]	alles auf morgen verschieben.
	[...]
'Deo servire	Ich habe mich entschlossen,
statui,	Gott zu dienen,
et hoc	und dieses Werk beginne ich
ex hac hora	in dieser Stunde
in hoc loco aggredior.'[362]	und an diesem Ort!

Die Nichtbeachtung jedes dieser Kriterien verhindert die „Vollkommenheit" der Lebensbewegung der Nachfolge und gefährdet in diesem Sinn die *generatio*, die Ausprägung der Form der Gerechtigkeit im „Sohn". Die „Flucht aus dem Kerker", das „Herausziehen des Fußes aus dem Feuer", mit diesen Bildern wirbt Eckhart für die Nachfolge als Bruch mit dem „falschen", d. h. wider-göttlichen und damit un-menschlichen Leben. Nachfolge bedeutet radikale Umkehr: „Warum soll nicht *in dieser Stunde* das Ende meiner Schmach sein?" Eckhart versteht dabei die Nachfolge ausdrücklich als Konsequenz einer bewussten, in Freiheit getroffenen Entscheidung des Menschen: „Ich habe mich *entschlossen*, Gott zu dienen, und dieses Werk beginne ich in dieser Stunde und an diesem Ort!". Sie ist „Werk des *Menschen*" und hat ihren Ursprung in einer Setzung des Willens.

---

362 Eckhart: InIoh 234: LW III; 196,6—15.

Auf die Bedeutung des Willens für die Selbst-Werdung des Menschen im Konzept Eckharts, die „vielen Eckhart-Interpreten bisher verborgen bleiben konnte"[363], haben bereits Burkhard Mojsisch[364] und Irmgard Kampmann[365] in ihren Studien dezidiert hingewiesen: „ [...] wann geschieht dann dieser radikale Neuanfang in der Gotteskindschaft, von der unser Heil, unsere ‚vollkommene Freude', abhängt? Eckhart gibt eine verblüffend nüchterne Antwort: Sie geschieht, wenn wir uns zu ihr entscheiden und nach einer Zeit der Einübung mit unserer Lebensentscheidung eins geworden sind. [...] Wir müssen uns entscheiden, was unser Denken und Handeln als Richtschnur bestimmen soll. [...] Als grundsätzlich freie, vernünftige, sich an Prinzipien orientierende Wesen sind wir so wie das, von

---

363 Vgl. Kampmann, Irmgard: Ihr sollt der Sohn selber sein. 93.
364 Vgl. Mojsisch, Burkhard: Meister Eckhart – Analogie, Univozität und Einheit. 116—117.
„Rückgewinnung der ursprünglichen Unmittelbarkeit ist das erklärte Ziel, das Eckhart dem Menschen setzt. Dem Menschen ist es grundsätzlich möglich, sich zu sich selbst als zu einem Ich-in-sich-selbst zu entscheiden, aber auch, sich gegen diese Entscheidung zu entscheiden.
Entscheidet er sich überhaupt, hat er sich bereits zu seinem In-sich-selbst-Sein entschieden und trägt als Sich-Entscheidender für sich, zu dem er sich entschieden hat, Verantwortung.
Entscheidet er sich gegen sich, zu dem er sich entschieden hat, dann entscheidet er sich für sich, der die Verantwortung für sich trägt und sich in Bewusstheit dieser Verantwortung auch stets neu für sich als Ich-in-sich-selbst nicht nur entscheiden muss, sondern auch will.
Entscheidet er sich nicht gegen sich, zu dem er sich entschieden hat, verbleibt er in der Verzäunung eingeschränkter Bewusstheit, die insofern eingeschränkt ist, als sie die Verantwortung für sich selbst nicht erkennt oder nicht erkennen will" (a. a. O.; 117).
365 Vgl. ausführlich den Abschnitt „Gotteskindschaft als Lebenswende" bei: Kampmann, Irmgard: Ihr sollt der Sohn selber sein. 90—95, besonders 93—95.
Irmgard Kampmann hebt dabei hervor, dass der Begriff ‚Entscheidung', der in ihren Ausführungen im Zentrum steht, im Johanneskommentar als ihrem hauptsächlichen Bezugspunkt zwar „nicht als Wort" erscheine, wohl aber der Sache nach, „wenn ‚Entscheidung' derjenige Akt des Willens und der Vernunft heißt, mit dem sich eine Freiheit auf zuvor als wahr und als für sie bedeutungsvoll erkannte Bestimmungen festlegt" (a. a. O.; 93). Sie führt im Anschluss (a. a. O.; 93—94) eine Fülle von Belegen aus Eckhart: I-nloh hierfür an.

dem her wir uns verstehen. Gewählte Prinzipien wirken auf uns ein wie Ursachen, die das Wesen des Verursachten hervorbringen, so dass wir handelnd und denkend diese Prinzipien zum Ausdruck bringen.

Wählen wir Gott als *ens, unum, bonum et verum* zum Maßstab unseres Erkennens, Urteilens und Handelns, dann werden wir zum ‚Wort‘ und ‚Sohn‘ Gottes in der Welt.“[366]

In diesem Sinn ist das Sohn-Werden in der *generatio* als „eine Lebensorientierung“, zu verstehen, „die nicht ohne weiteres mit der leiblichen Existenz gegeben ist, sondern gewählt werden kann“[367] – und gewählt werden muss!

Mit Irmgard Kampmann ist gleichzeitig die Universalität der Bedeutung der „gewählten Lebensorientierung“, die hier als „Leben in der Nachfolge des Lammes“ (nach Offb 14,4) beschrieben wird, zu betonen: „In der bewussten, ausdrücklichen Gotteskindschaft gestalten wir, was wir als Vernunft und Freiheit immer schon sind. Wenn Menschen ihr Heil in Christus, in einem christusförmigen Leben finden, finden sie zugleich zu ihrem eigenen Wesen.“[368]

sequimur ipsum	Wir folgen ihm [dem Herrn] ja
sola voluntate,	mit dem Willen allein:
Matth. 16:	‚wer mir nachfolgen *will*‘
‚qui vult venire post me‘.	(Mt 16,24),
‚Vult‘, ait,	‚*will*‘, sagt er,
quia volendo	weil wir Gott
deum sequimur.	mit dem Willen folgen.
Et hoc est,	Das sagt
quod Augustinus [...] ait:	Augustinus [...]:
'non solum ire,	‚Zu Gott gehen
verum et pervenire ad deum	und auch zu ihm zu gelangen,
nihil erat aliud	war nichts anderes
quam velle ire,	als gehen *wollen*,
sed velle fortiter	freilich kraftvoll
et integre,	und ganz wollen,

---

366 Kampmann, Irmgard: Ihr sollt der Sohn selber sein. 93—95.
367 Vgl. Kampmann, Irmgard: Ihr sollt der Sohn selber sein. 94.
368 Kampmann, Irmgard: Ihr sollt der Sohn selber sein. 95.

et non semisaucius'.	nicht halbwund'
[...]	[...]
,amicus dei si voluero,	,Will ich Gottes Freund sein,
ecce nunc fio'.	sieh, *jetzt* werde ich es.'
[...]	[...]
Amare enim	Denn gerecht werden wollen
et velle iustus fieri	und es lieben,
est iustum fieri.	heißt ein Gerechter zu werden.
Ibi voluntas facultas,	Dort ist Wollen Können,
ibi conceptio parturitio,	dort ist Empfängnis Geburt,
ibi flos fructus,	dort ist die Blüte Frucht
Eccli. 24.[369]	(Jes Sir 24,23).

II.3.12.2. „Niemand kann zwei Herren dienen!"

Grundlage der Willensentscheidung des Menschen ist die Einsicht in die „werbende Konkurrenz" zwischen dem, was Eckhart als „irdische Güter" benennt und dem „Licht des Antlitzes des Herrn" – und damit die Einsicht in die grundsätzliche Notwendigkeit der Wahl.[370] Grundlage der Entscheidung zur Nachfolge ist darüber hinaus die Einsicht in die „Rechtheit" der exemplarischen Entscheidung und Wahl, die im Leben der Apostel sichtbar wird, der exemplarische Charakter *ihrer* Antwort auf die Frage, wonach der Mensch in der beschriebenen Konkurrenzsituation streben soll:

Bene ergo	Mit Recht/„Gut"
relictis omnibus	verließen sie also alles
secuti sunt eum.[371]	und folgten *ihm* nach.

Bestimmend ist also die vernünftige Einsicht,

- dass es „zwei Herren" gibt, die Anspruch auf die Herrschaft über den Menschen erheben (nämlich Christus und „die Welt"),

---

369 Eckhart: InIoh 236: LW III; 197,8—198,3.
370 Vgl. hierzu Eckhart: Sermo XIV2: LW IV; 144,9—16.
371 Eckhart: Sermo XIV2: LW IV; 144,15-16.

- dass „niemand zwei Herren dienen kann" (Mt 6,24) und darum eine entschiedene Positionierung, die Gewinnung eines eigenen, verantworteten Verhältnisses zu diesen „Herren" notwendig ist,
- dass „die Welt" als grundsätzlich „nichtig" zu betrachten ist, wenn sie im Verhältnis / in Konkurrenz zum göttlichen Sein (zur Wahrheit, Güte, Gerechtigkeit, Einheit und den anderen *perfectiones*, die mit Christus als vollkommener *imago dei* identifiziert werden) „gewertet" wird,
- dass es darum Ausdruck von „Eitelkeit und Dummheit" wäre, gerade „diesem Herren zu dienen"[372],
- dass darum die Entscheidung der Apostel, „alles zu verlassen, um ihm (Christus) zu folgen", gut und richtig war,
- und dass damit das Leben „*secundum apostolum*" für jeden vernünftigen Menschen nachahmenswert ist, dass dem Apostel als exemplarischem Vorbild des gerechten Lebens *in tempore* nachzueifern ist.

‚Nemo potest duobus dominis servire' [...]	Niemand kann zwei Herren dienen. [...]
nemo potest [...] servire [...]	Niemand kann [...]
mundo et deo,	der Welt und Gott,
carni et deo,	dem Fleisch und Gott,
diabolo et deo.	dem Teufel und Gott [dienen].
Deus sactitatem [praecipit] [...],	Gott fordert Heiligkeit [...].
mundus vanitatem [...],	Die Welt fordert Eitelkeit [...];
‚Vani', id est stolidi. [...]	‚Eitel', das heißt dumm[373]. [...]
Caro voluptatem [...];	Das Fleisch fordert Lust

---

372 Vgl. Eckhart: Sermo XIV2: LW IV; 293,14—294,7.
373 Eckhart zitiert hier zustimmend Aulus Gellius:
„Aulus Gellius [...] narrat quod quidam requisitus, quid inter se different vanus et stolidus, ait: stolidus est et vanus qui nescit eiusdem stultitiae esse vanitatem et stoliditatem."
[Aulus Gellius erzählt [...], dass einer auf die Frage, worin der Unterschied zwischen einem eitlen und einem dummen Menschen bestehe, zur Antwort gab: Dumm und eitel ist, wer nicht weiß, dass Eitelkeit und Dummheit zu demselben törichten Wesen gehören.]

[Unde A. Gellius ...]
voluptatem summum malum
ponit,
['malum esse voluptatem' ait]
'et
multa ex sese
mala parere,
iniurias, desidias,
obliviones, ignavias'.

Diabolus praecipit aut suggerit
superbiam
sive fastus sublimitatem.[374]

Amator vero huius mundi
necesse est, ut serviat:
primo quidem cupiditati,
superbiae
et similibus;
deinde
his omnibus rebus
quas amat serviat necesse est,
nolit velit.
Nam quocumque duxerint,
sequitur;
et quisquis
ea visus fuerit
auferre posse,
metuitur autem ista auferre.

Possunt autem ista auferre
et scintilla ignis,
aliqua parva bestiola
et
innumerabiles adversitates.[375]

[...];
die ‚Lust' ist das größte Übel
[...]

und
gebiert viele andere Übel
aus sich:
Rechtsbruch, Faulheit,
Vergesslichkeit und Feigheit.

Der Teufel fordert oder flüstert
Stolz
und kalten Hochmut ein.

Wer aber diese Welt liebt,
muss notwendig dienen:
zunächst der Begierde,
dem Stolz
und ähnlichem;
dann aber
muss er all den Dingen dienen,
die er liebt,
ob er will oder nicht.
Denn wohin sie auch führen,
er folgt ihnen;
und wenn jemand
den Anschein erwecke,
er könne sie wegnehmen,
so entsteht die Angst,
er nehme sie [wirklich] weg.

Wegnehmen aber können sie
sowohl ein Feuerfunke
wie irgendein winziges Tier
und
unzählige Widerwärtigkeiten.

---

374 Eckhart: Sermo XIV2: LW IV; 293,5—294,15.
375 Eckhart: InIoh 459: LW III; 393,1—5.

Primo monemur,	Erstens werden wir ermahnt,
ut serviamus deo. [...]	Gott zu dienen. [...]
Secundo quod nulli serviamus	Zweitens, keinem zu dienen,
<quod alienum> et alterum sit	was Gott fremd
a deo.[376]	und von ihm verschieden ist.

qui terrena	Die, die im Widerspruch
caelestibus anteponunt	zu dem Wort:
contra illud	‚Suchet zuerst das Reich Gottes'
Matth.:	(Mt 6,33)
‚primum quaerite regnum dei'	die irdischen Güter
[...],	den himmlischen vorziehen
	[...],
isti sunt similes cani	gleichen dem Hund, der,
qui umbram	indem er nach dem Spiegelbild
carnis	des Fleischbrockens [im Bach]
volens capere,	schnappte,
carnem amisit.[377]	das Fleisch selbst verlor.

Der „Ruf zur Umkehr" im Werk Eckharts lässt sich so differenziert nachvollziehen:
Einerseits betont er grundsätzlich, dass jede wirkliche Wertabwägung eine Konsequenz in der Lebenspraxis impliziert (der Mensch „muss all den Dingen dienen, die er liebt, ob er will oder nicht. Denn wohin sie auch führen, er folgt ihnen").
Zum anderen macht er unmissverständlich deutlich, dass alle „Nachfolge fordernden Dinge der geschöpflichen Wirklichkeit" selbst nur als „Spiegelbilder eines Fleischbrockens" zu betrachten sind, dass sie hinfällig und vergänglich sind und darum keine verlässliche Sicherheit, keine Lebensbasis bilden können: „Sowohl ein Feuerfunke wie irgendein winziges Tier und unzählige Widerwärtigkeiten können sie wegnehmen." Statt dessen stellen sie – gerade wegen ihrer Kontingenz und ihrem Gefährdet-Sein – eine dauernde

---

376 Eckhart: Sermo XIV2: LW IV; 293,6—7.
377 Eckhart: InGen 15: LW I; 198,5—8.

Quelle der Angst, nämlich der Verlust-Angst und damit der Gier, des Neides, der Habsucht dar. Weil in diesem Sinn die Bindung an die Dinge der Welt den Menschen in Abhängigkeit, Unfreiheit und Angst führt, weil dadurch auch das Verhältnis der Menschen untereinander vergiftet wird („wenn jemand den Anschein erwecke, er könne die Dinge wegnehmen, so entsteht die Angst, er nehme sie [wirklich] weg"), ist es konsequent als „Dummheit" zu betrachten, den vergänglichen Dingen zu „dienen".

Jeder vernünftige Mensch wird deshalb dem unvergänglichen Sein dienen wollen: Der Wahrheit, der Gerechtigkeit, der Einheit. Herausfordernd ist nun – für das Denken des modernen Lesers / der modernen Leserin – in besonderer Weise die Identifizierung dieses „Unvergänglichen" mit dem biblischen Gottesbegriff, speziell mit der Person des Jesus von Nazareth, dem „Lamm, dem die Gerechten folgen, wohin es geht" (Offb 14,4): „Wenn jemand mir dient, folge er mir nach! (Joh 12,26): Er [Christus] sagt: *mir*! [...], gemäß dem Wort: ‚Du sollst den Herrn, deinen Gott, anbeten und *ihm allein* dienen! (Mt 4,10)."[378]

Die Entscheidung zu konsequenter Nachfolge des ‚Einen' bedeutet dabei, und Eckhart betont dies immer wieder, nicht allein die Abkehr von den der Tugend entgegenstehenden Lastern (also etwa Eitelkeit, Dummheit – d.h. Verweigerung des Vernunftgebrauchs – Gier nach Lust, Rechtsbruch, Faulheit, Vergesslichkeit und Feigheit, Stolz und kalter Hochmut); Nachfolge bedeutet radikaler die grundsätzliche Abkehr von der Anhänglichkeit an die „Güter der Welt", die grundsätzliche Verweigerung, ihnen zu „dienen".

Damit geht Eckharts Verständnis des Ideals des „Gerecht-Seins" weit über die Vorstellung moralischen Wohlverhaltens und innerweltlicher Gesetzeserfüllung hinaus – er vertritt auf der Grundlage des Evangeliums ein radikalisiertes Gerechtigkeitsverständnis, das als konsequente Herausforderung gegen „die Vielen" gerichtet ist, „die nicht Gott suchen und meinen, sondern vielmehr sich selbst, nämlich eigene Bequemlichkeit, Reichtum, Ehre und dergleichen"[379].

---

378 Vgl. Eckhart: InIoh 529: LW III; 460,9—10.
379 Vgl. Eckhart: InEx 264: LW II; 213,1—3:
     "[...] contra multos, qui non deum quaerunt nec intendunt, sed potius se
     ipsos, puta proprias commoditates, divitias, honores et huiusmodi".

Mihi', ait,	Er [Christus] sagt: ‚[folge] mir!‘,
non sibimet	nicht sich [dem Menschen] selbst
aut alteri cuilibet,	oder irgendeinem andern
lucro scilicet,	wie zum Beispiel dem Gewinn,
commoditati,	der Bequemlichkeit,
honori	der Ehre
aut similibus.[380]	oder ähnlichem.

Eckharts Kritik der Selbst-Bezogenheit, der „Suche nach dem Eigenen", konzentriert sich dabei – wenn auch nicht ausschließlich – in einer Kritik an Reichtum und Besitz, die in besonderer Weise die *perversitas*, die Verkehrtheit des „Dienstes an den Dingen der Welt" sichtbar werden lassen.

Die Fixierung auf das Geld, den materiellen Besitz, wird für Eckhart zum exemplarischen Ausdruck des „Desinteresses an der Wahrheit" – Er behandelt diese Frage im Anschluss an die bei Joh 18,38 berichtete Abwendung des Pilatus von der Wahrheit, mit der er Christus dem Leiden ausliefert.

> „Sprach nun Pilatus zu ihm [Jesus]: Also bist du doch ein König?
> Antwortete Jesus: Das sagst du. Ich bin ein König.
> Ich – ich bin dazu geboren und dazu in die Welt gekommen,
> dass ich für die Wahrheit zeuge.
> Jeder, der aus der Wahrheit ist, hört meine Stimme.
> Sagt Pilatus zu ihm: Was ist Wahrheit?
> Und als er das gesprochen hatte,
> ging er abermals zu den Juden hinaus
> und sagt zu ihnen:
> Ich finde keinerlei Schuld an ihm.
> [Weil aber das Volk nicht aufhörte,
> seine Verurteilung zu fordern ...]
> nahm Pilatus Jesus und ließ ihn auspeitschen. [...]
> Dann lieferte er ihn an sie aus, auf dass er gekreuzigt werde."[381]

---

380 Eckhart: InIoh 529: LW III; 460,9 – 10.
381 Joh 18,37 – 19,16 [Ü: Stier, Fridolin: Das Neue Testament. 246 – 248.].

hic dixit Pilatus,	Pilatus hat hier
quid esset veritas,	gleichsam ironisch gefragt,
quasi ironice,	was Wahrheit sei,
non tantum	nicht nur als Ausdruck
pro sua,	seiner eigenen Bosheit,
sed	sondern auch
pro aliorum	der Bosheit anderer
et pro temporis malitia,	und der Zeit,
quasi diceret	als ob er sagen wollte,
audito verbi Christi:	nachdem er das Wort Christi gehört hatte:
'qui est ex veritate,	,Wer aus der Wahrheit ist,
audit vocem meam'	hört meine Stimme',
quod veritas	die Wahrheit
pro tunc locum	habe damals keinen Platz
non habuerit	gehabt,
nec Iudaei	und die Juden täten
pro veritate	oder unterließen nichts
quidquam facerent	für die Wahrheit
aut dimitterent,	
secundum illud Pharaonis:	gemäß jenem Wort des Pharao:
'quis est dominus,	,*Wer* ist *der Herr,*
ut audiam	dass *ich*
vocem eius?',	auf *seine* Stimme hören sollte?'
Exodi.[382]	(Ex 5,2).

Eckhart vergleicht den Prozess des „zur Kreuzigung Auslieferns"
mit der Verweigerung der Händler auf dem Markt gegenüber der
Bitte der Armen, „um Gottes willen" an den zum Verkauf stehenden
Gütern teilhaben zu dürfen. Weil „für eine solche Münze", Gott, sein
barmherziger Wille, „nichts zu bekommen ist", wird der bettelnde
Arme ohne Erbarmen seinem Leid überlassen:

Apud nos etiam,	Auch bei uns pflegt man zu sagen,

---

382 Eckhart: InIoh 687: LW III; 601,6–10.

quando mercator	wenn ein Bedürftiger
emendo	auf dem Markt
quid propter deum	etwas ‚um Gottes willen'
petit,	erbittet,
solet dici quod pro illa moneta	dass für eine solche Münze
et cum illa	und mit ihr
nihil emitur	nichts zu kaufen ist,
nec solvitur	und nichts bezahlt wird,
nec bursam implet.	und sie nicht die Geldbörse füllt.
Propter quod	Deshalb heißt es:
Eccl. 10 dicitur:	‚Dem Geld gehorcht alles'
'pecuniae oboediunt omnia';	(Koh 10,19).
et solet dici	Und man pflegt zu sagen:
quod in foro	‚Auf dem Markt
plus valet florenus	gilt eine Mark
quam deus.[383]	mehr als Gott!'.

Die Unvereinbarkeit dieser „Weisheit" des Marktes mit der Wahrheit, ihre Perversität und Wider-Göttlichkeit betont Eckhart entschieden:

divitiae [...] servire	Wer dem Reichtum dient,
est deum abnegare.[384]	verleugnet Gott!

non potest deo servire	Du kannst nicht Gott dienen
et	und [gleichzeitig]
mammonae,	dem Mammon,
id est divitiis.[385]	das heißt: dem Reichtum.

Eckharts Kritik geht natürlich über dieses Beispiel der Verachtung der „Markt-Gesetze" weit hinaus, seine akzentuierte Stellungnahme zum Problem des Reichtums und der Anhänglichkeit an vergängli-

---

383 Eckhart: InIoh 687: LW III; 601,10—13.
384 Eckhart: Sermo XXXIV: LW IV; 300,3—4.
385 Eckhart: Sermo XXXIV: LW IV; 301,12.

che Güter erweist ihn konsequent als Theologen der Armutsbewegung. Die Forderung des Evangeliums nach der Nachfolge in Armut, in Freiheit von der Bindung an (materielle wie immaterielle) Güter, die letztlich doch nur „vergängliche Spiegelbilder" sind, konkretisiert Eckhart gemäß seinem eigenen Lebensideal:

non potest	Niemand kann
esse Christi discipulus,	Christi Jünger sein,
'qui non renuntiaverit	der nicht auf *alles* verzichtet
omnibus,	hat,
quae possidet'.[386]	was er besitzt.

Auf „*alles*" zu verzichten, „*alles*" zu lassen, um dem Einen nachzufolgen – das bedeutet, so entfaltet es Eckhart, den bewussten Verzicht auf „Vater, Mutter, Frau, Kinder, Brüder, Schwestern, die eigene Seele, geschlechtlichen Verkehr, weltlichen Besitz, leibliche Verwandschaft"[387]. Zur Verdeutlichung der Radikalität dieser Forderung zitiert er aus einem Brief des heiligen Hieronymus:

Percalcato	Mach dich auf,
perge	selbst, wenn du dem Vater
patre,	einen Fußtritt geben musst,
siccis oculis	und eile ohne Tränen
ad vexillum crucis pervola.	zum Zeichen des Kreuzes.
Pietatis genus est	Es gehört zur Kindesliebe,
in hac re	in dieser [so wichtigen] Sache
esse crudelem.[388]	grausam zu sein.

Das „*esse crudelem*" bedeutet in erschreckend radikaler Formulierung nichts anderes, als entschieden und kompromisslos zu sein, wo der Anspruch der Wahrheit, der Gerechtigkeit und Barmherzigkeit zu erfüllen ist; es bedeutet in erster Linie eine kompromisslose Strenge in Hinblick auf die eigene Lebensgestaltung unter „dem Zeichen des Kreuzes".

---

386 Eckhart: ParGen 133: LW I; 597,11–12.
387 Vgl. Eckhart: ParGen 133: LW I; 597,11–598,10.
388 Eckhart: ParGen 133: LW I; 598,4–6.

Wer diese konsequente Strenge des Sich-Abkehrens nicht aufbringt, wer nicht „in allem Gottes Angesicht sucht", sondern „nach ihm und außer ihm, was zeitlich und hinfällig ist"[389], wer „lieber Vorteile für seinen Leib und seine Vervollkommnung als die Vollendung seiner Seele sucht"[390], wer „irgend etwas sucht, was ‚ihm eigen' ist"[391], der gehört nicht zu denen, die „dem Lamm nachfolgen". Er gehört vielmehr zu den *„mercennarii"*, zu den „Kaufleuten":

non serviunt deo,	Sie dienen Gott nicht,
sed vendunt deum	sondern verkaufen Gott,
pro alio aliquo	um irgend etwas anderes
consequendo	zu erlangen
sive adipiscendo.	und zu besitzen.
Illud faciunt finem suum,	Das machen sie zu ihrem Ziel,
deum autem	Gott aber
ordinant in finem alium	ordnen sie diesem andern Ziel zu,
altiorem,	das ihnen höher,
priorem	vorzüglicher
et sibimet gratiorem	und lieber als Gott ist,
quam sit deus,	
et sic	und sie machen es damit
illud faciunt deum.	zu ihrem Gott.
Deum autem ipsum	Gott aber
faciunt non deum,	machen sie zum Nicht-Gott.
privant ipsum	Sie berauben ihn,
sua deitate,	soviel an ihnen liegt,
quantum in ipsis est.[392]	seiner Gottheit.

---

389 Vgl. Eckhart: InEx 272: LW II; 219,5—6.
390 Vgl. Eckhart: InEx 273: LW II; 220,5—6.
391 Vgl. Eckhart: InEx 246: LW II; 200,11—12.
392 Eckhart: InEx 246: LW II; 200,12—201,2.

Tales faciunt	Solche machen
scientiam divinam	die Göttliche Wissenschaft
sive deum scire	oder die Gotteserkenntnis
moechari.[393]	zur Dirne.
invocas deum,	Du rufst Gott an,
ut det tibi lucrum.	dass er dir Gewinn verschaffe.
Lucrum ergo invocas,	Du rufst also den Gewinn an,
non deum.	nicht Gott.
Ministrum lucri tui	Zum Diener deines Gewinns
facis deum,	machst du Gott;
viluit tibi deus.	du hast ihn herabgesetzt.
Vis invocare deum?	Willst du Gott anrufen?
Gratis invoca.	Tu es ohne Gewinnabsichten!
An parum est tibi,	Oder gilt es dir wenig,
si te impleat ipse deus?	ob Gott selbst dich erfüllt?
Deus si ad te veniat	Kommt Gott
sine auro, sine argento,	ohne Gold und Silber zu dir,
non vis illum?	lehnst du ihn ab?
	Aber:
Quid tibi de his,	Was von allen
quae fecit deus,	Geschöpfen Gottes
sufficit,	genügt dir,
cui deus ipse	wenn Gott selbst
non sufficit?[394]	dir nicht genügt?

Der Ruf zur Nachfolge ist ein Ruf, Gott, und Gott allein zu dienen – ihm, und ihm allein „Herrschaft" zuzubilligen. Sowohl diejenigen, die die Nachfolge bewusst verweigern (und in bewusster Opposition zum Evangelium den Nicht-Göttern von Reichtum, Ehre und Bequemlichkeit dienen) als auch diejenigen, die äußerlich „Gott dienen", deren Bereitschaft zur Nachfolge aber nicht bedingungslos ist, „setzen Gott herab", machen ihm zum Nicht-Gott und erheben Nicht-Götter zu „Göttern" – sie „berauben Gott, soweit es an ihnen

---

393 Eckhart: InEx 273: LW II; 220,2.
394 Eckhart: InEx 248: LW II; 201,15–202,3.

liegt, seiner Gottheit". Die Konkurrenz zwischen Christus und „der Welt", zwischen Hingabe in der Sohnschaft und egozentrisch pervertierter „Kaufmannschaft", zwischen Nachfolge und Verweigerung zeigt sich so als Konkurrenz zwischen Gott und Nicht-Gott um den allein Gott zustehenden Rang des gegenüber dem Menschen „Oberen".

Das Leben des Menschen bewegt sich zwischen den Polen von Gottes-Dienst (in der Nachfolge des Gerechten, des „Lammes") und Götzendienst (in der pervertierten Nachfolge, der Hingabe an die – offen oder hintergründig – Herrschaft beanspruchenden Nicht-Götter). Er ist „Christ und Bruder Christi" oder „Kaufmann", hingegeben an die „Wissenschaft der Heiligen" oder die „Weisheit des Marktes", auf dem „die Münze ‚Gott' (die Gerechtigkeit) nicht zählt".

Scientia mundi	Die Wissenschaft der Welt
docet vanitatem,	lehrt Eitelkeit,
scientia carnis	die Wissenschaft des Fleisches
voluptatem.	Lust.
'Saguisugae	‚Die Blutsaugerin
duae sunt filiae,	hat zwei Töchter,
dicentes:	die sprechen:
affer, affer', Prov. 30.	gib her!, gib her!' (Spr 30,15).
Sanguisuga	‚Die Blutsaugerin':
propria voluntas;	das ist Eigenwille,
filiae	‚ihre Töchter'
vanitas et voluptas.[395]	sind Eitelkeit und Lust.
Iustus, in quantum iustus,	Der Gerechte als Gerechter
nihil prorsus	sucht und begehrt durchaus
quaerit nec appetit	nur das eine:
nisi perfici in se ipso	Dass die Gerechtigkeit in ihm
iustitiam,	vollendet
exui	und er von allem,

---

395 Eckhart: InSap 211: LW II; 548,2—4.
396 Eckhart: InIoh 177: LW III; 146,10—11.

ab omni,	was nicht die Gerechtigkeit
quod non est	selbst
ipsa	ist,
iustitia.[396]	entkleidet werde.

II.3.12.3. Der Feind im Inneren

Die Auseinandersetzung um Nachfolge und Verweigerung gegenüber dem Anruf Gottes wird erfahrbar nicht nur als äußere Auseinandersetzung – etwa auf dem Markt, wo Gerechtigkeit und Geldbörse miteinander konkurrieren. Der Mensch selbst ist als „unstetes, veränderliches Geschöpf" geprägt durch einen inneren Zwiespalt, der in dem beschriebenen Konflikt zwischen „Wissenschaft der Heiligen" und „Wissenschaft der Welt" / „Weisheit des Marktes" schließlich auch gesellschaftlich zum Ausdruck kommt. Der „Feind", der von der Nachfolge „abrät", und mit dem sich der Mensch im Prozess des Gerechtwerdens auseinandersetzen muss, ist jedoch in gleicher Weise wie auf dem Markt im Inneren des Menschen selbst zu suchen:

| inimicus homo est vetus homo, | Der Feind ist der ‚alte Mensch', |
| exterior homo.[397] | der ‚äußere Mensch'. |

Der „Teufel", der „böse Engel, der [zum Schlechten] rät", das „Übel" ist „die sinnliche Begierde"[398], die Gier nach dem, was die auf die sinnliche erfahrbaren, „irdischen Güter" gerichteten Sehnsüchte des Menschen zu befriedigen scheint. Diese vermeintlichen „Güter" wurden bereits oben benannt: „Reichtum, Bequemlichkeit, Ehre und dergleichen".

Der Mensch, der – statt ihn zu „unterwerfen" – diesem „inneren Teufel" nach-folgt, ist „der ‚böse Mensch'", den Eckhart vergleicht mit Petrus, der den zur Kreuzigung verurteilten Christus verleugnet, um sein eigenes, irdisches Leben zu retten:

---

397 Eckhart: InGen 245: LW I; 388,8.
398 Vgl. Eckhart: InGen 245: LW I; 388,8–389,2.

„So nahmen also die Kohorte und der Oberst
und die Amtsdiener der Juden
Jesus fest.
Sie banden ihn und führten ihn zuerst zu Hannas;
er war nämlich der Schwiegervater des Kajaphas,
der Hoherpriester jenes Jahres war.
Kajaphas aber war es gewesen,
der die Juden zum Beschluss gebracht hatte:
Es gereicht zum Guten, wenn ein Mensch stirbt – anstelle des Volkes.

Simon Petrus aber und ein anderer Jünger folgten Jesus.
Jener Jünger war dem Hohenpriester bekannt
und ging mit Petrus in den Hof des Hohenpriesters hinein.
Petrus aber stand am Tor draußen.
Nun ging der andere Jünger – der Bekannte des Hohenpriesters –
hinaus,
sprach mit der Torhüterin
und führte Petrus hinein.
Da sagte die Magd – eben die Torhüterin – zu Petrus:
Gehörst nicht auch du zu den Jüngern dieses Menschen?
Jener sagte: Ich nicht!"[399]

[homo malus],	[Der ‚böse Mensch' ist der Mensch,...]
in quo ratio	in dem Vernunft
et intellectus	und Verstand
non dominatur	nicht über die sinnliche
concupiscentiae sensuali,	Begierde,
sed ipsa e converso	sondern umgekehrt diese
dominatur rationi.	über die Vernunft herrscht.
Haec	Sie [die Begierde]
est ancilla	ist die
ostiaria,	von allen Evangelisten
quae ‚Petrum',	erwähnte Magd,

---

399 Joh 18,12—17. [Ü: Stier, Fridolin: Das Neue Testament. 244—245.].
400 Eckhart: InGen 240: LW I; 384,7—11.

id est ‚agnoscentem',	die die Tür hütet
rationem scilicet,	und Petrus,
facit	das heißt den Erkennenden
negare Christum,	- gemeint ist die Vernunft -
de qua loquuntur	dazu bringt,
omnes evangelistae.	dass er Christus verleugnet.
Tales	Solche Menschen
sunt bestiae gestantes	sind wilde Tiere
figuram	in Menschengestalt
et nomen	und nur dem Namen nach
hominis. [400]	Menschen.

Der Mensch ist durch seine innere Zerrissenheit ständig in der Gefahr, die Unterwerfung seiner Vernunft unter die Leidenschaften und Begierden zuzulassen, „in deren Natur es liegt, die Ordnung zu stören: Denn wenn die Leidenschaft die Vernunft beherrscht, der sie als dem Oberen von Natur Untertan sein müsste, hält sie die Ordnung nicht ein, sondern verletzt, stört und verkehrt sie"[401].

Die „Perversion" der „rechten Ordnung" in der Hingabe an die Göttlichkeit beanspruchenden Nicht-Götter, die Verweigerung der Nachfolge, die darin besteht, „Gott, und Gott *allein* zu dienen" und sonst von nichts und niemandem „beherrscht zu werden", ist für den Menschen die Verfehlung seines eigenen Wesens. „Von Leidenschaft beherrschte Menschen sind keine Menschen, sondern unvernünftige Tiere"[402].

Zu betonen ist hier, dass diese Selbst-Verfehlung des Menschen ihn nicht wesenhaft prägt: Die Herausforderung, wirklich Mensch zu sein, Christus-förmig zu sein, oder aber das „Mensch-Sein" zu verfehlen, „Christus zu verraten", ein „Teufel" und „unvernünftiges Tier" zu sein, stellt sich für den Menschen *in tempore*, unter den Bedingungen der Geschöpflichkeit, neu in jedem je neuen einzelnen

---

401 Vgl. Eckhart: InGen 122: LW I; 278,8—10:
„Secundo notandum consequenter quod passio turbat ordinem ex natura sua. Dominando enim rationi, cui naturaliter deberet subesse, utpote superiori, ordinem non servat, sed violat et turbat et pervertit".
402 Vgl. Eckhart: InGen 124: LW I; 279,5.

Augenblick, der einen Akt seines freien Wirkens fordert, einen Akt, der das „wahre Sein ver-wirklicht" oder aber verfehlt.

In diesem Sinn wird „der Teufel" ebenso wie der „Sohn der Gerechtigkeit" für den Menschen *in tempore* zu einer „Bezeichnung eines Wirkens, nicht eines Wesens" („*nomen operis non nomen naturae*"[403]): „Deshalb ist jeder, der böse handelt, ein Teufel"[404]. Er ist „Teufel" im je einzelnen „teuflischen Akt" – ein „Teufel", der jedoch grundsätzlich immer der Umkehr fähig ist, der in jedem einzelnen neuen Akt erneut wählen kann und wählen muss, sich als „Teufel" oder „Christus" zu erweisen.

totiens	Wir werden ebenso oft
ex diabolo nascimur,	aus dem Teufel geboren,
quotiens peccamus.	wie wir sündigen.
Infelix ille	Unselig,
qui semper	wer aus dem Teufel
a diabolo generatur.	immer geboren wird.
Ille vero felix est,	Glückselig aber,
qui semper	wer aus Gott
a deo nascitur;	immer geboren wird.
non enim dicam	Denn ich möchte nicht sagen,
semel iustum ex deo natum,	der Gerechte sei nur einmal
sed	aus Gott geboren,
per singula	vielmehr wird er
virtutis opera	durch jedes einzelne
semper	Tugendwerk
ex deo nascitur.[405]	immer aus Gott geboren.

Es folgt bei Eckhart ein erschreckend radikales Bild der Selbst-Verfehlung des Menschen, der, so oft er gegen die Gerechtigkeit handelt, damit „dem Teufel zum Fraß gegeben wird", der „von der Schlange gefressen wird", sein Mensch-Sein verliert (erneut sei be-

---

403 Vgl. Eckhart: InIoh 483: LW III; 415,13−14.
404 Eckhart: InIoh 483: LW III; 415,14.
405 Eckhart: InEccl 65: LW II; 295,6−9.

tont: er verliert sein Mensch-Sein *in tempore*, d.h. im je einzelnen Augenblick, in dem er handelt, nicht *in non tempore*[406]):

quando dictum est diabolo:	Als dem Teufel gesagt wurde:
‚terram manducabis',	‚Erde sollst du fressen',
dictum est et	wurde gleichzeitig
peccatori:	dem Sünder gesagt:
'terra es	‚Erde bist du,
et in terram	und zur Erde
ibis', Gen. 3.	sollst du zurückkehren'.
Datus est ergo	Der Sünder wurde also
in cibum diaboli peccator.[407]	dem Teufel zum Fraß gegeben.

„Jede Sünde trägt eine eigene Strafe in sich selbst, die unzertrennlich mit ihr verbunden ist"[408], nämlich die erschreckende Erkenntnis der in jedem Akt der Sünde zum Ausdruck kommenden Selbst-Verfehlung, einer Art „innerer Selbst-Zerfleischung" durch die Verleugnung des eigenen Seins im Akt der Ungerechtigkeit:

---

406 Mir ist keine einzige Belegstelle bewusst, in der Eckhart überhaupt Stellung bezieht oder Aussagen trifft über eine Selbst-Verfehlung des Menschen, die eine wirklich das Wesen betreffende Zerstörung des Menschen bedeuten würde. Im Gegenteil: Er betont verschiedentlich, dass das *vünkelîn* als „zum Guten lockende Kraft" selbst in denen nicht ausgelöscht werden kann und schweigt, die „in der Hölle" sind. Die „Hölle" erscheint in diesem Zusammenhang als Inbegriff des Leidens unter der eigenen Selbstverfehlung, eines Leidens, das im „Widerbiss der *synderesis*", den der Mensch in jedem Akt der Ungerechtigkeit zu spüren bekommt, *in tempore* auf einen Augenblick des Gewissens-Bisses beschränkt ist und durch das „immer Neue" der Wiederholung so prägend werden kann, dass dieses Leiden unter der Selbst-Verfehlung ver-ewigt wird, über die bloße Folge der zeitlichen Einzelakte und „Einzel-Wider-Bisse" hinaus.
Der „Wurm, der in Ewigkeit nicht stirbt", der „Blick in die Hölle im Augenblick" ist *in tempore* ständiger Ruf zur Umkehr: „Wollen wir von der Schlange nicht gefressen werden, lasst uns nicht ‚Erde' sein!" (Eckhart: InEccl 65: LW II; 295,12).
407 Eckhart: InEccl 65: LW II; 295, 10—11.
408 Vgl. Eckhart: InSap 217: LW II; 552,3.

peccator
mox, ut peccat,
morirur,
quamvis vivere videatur,

secundum illud Apoc. 3:
,nomen habes
quod vivas
et mortuus es'.

Ipsum einim peccatum
mors est,
et mors pessima.
[...]
Sap. 16:
,homo
per malitiam occidit
animam suam'.

Augustinus [...]:
,exspectamus
peccatori poenam.
Dimitte illum in se.
Ut multum
saeveris,
subiectus est
bestiis;
in se ipsum
peius est bestiis.

Bestia
potest corpus eius lacerare;
ipse cor suum, animam suam,
lacerat.
Interius in se
ipse saevit.
Et tu exterius plagas inquiris?

Der Sünder stirbt
im gleichen Augenblick,
in dem er sündigt,
obwohl er [weiter] zu leben
scheint,
nach dem Wort:
,Den Namen hast du,
dass du lebst,
und bist [doch] tot' (Offb 3,1).

Denn die Sünde selbst
ist der Tod,
und zwar der schlimmste Tod
[...].
,Der Mensch tötet
durch Bosheit
seine Seele'
(Wsh 16,14).

Augustinus sagt [...]:
,Wir erwarten
die Bestrafung des Sünders.
Überlass ihn sich selbst.
Soviel du auch [gegen ihn]
wüten magst –
er ist [bereits]
wilden Tieren vorgeworfen;
ja, er [wütet] gegen sich selbst
schlimmer als wilde Tiere.

Ein wildes Tier
kann seinen Leib zerfleischen;
er selbst zerfleischt sich
Herz und Seele.
In seinem Innern
wütet er selbst gegen sich.
Und du verlangst äußere

---

409 Eckhart: InGen 190: LW I; 333,8—334,11. Vgl. auch InSap 217: LW II;
552,7—10.

	Schläge?
Ora pro illo,	Bete für ihn,
ut	dass er
liberetur	von sich [selbst]
a se'.[409]	befreit werde!'.

Wie auch immer der Mensch aber im Einzelfall entscheidet, ob er
sein Tun als „Nachfolgender" von der vernünftigen Stimme der *synderesis* beherrschen lässt, oder aber von der Leidenschaft des Sinnesvermögens – er kann auf keine Weise der inneren Zerrissenheit und
dem Konflikt zwischen „altem" und „neuem Menschen" entkom-
men, da dieser Konflikt letztlich mit seiner Geschöpflichkeit (geprägt
durch das *duplex esse*) selbst gegeben ist:

* Folgt der Mensch der „Stimme der Leidenschaft", die ihn auf die
  sinnlich wahrnehmbaren und damit „irdischen Güter" hin orientiert, muss er den „entschiedenen Widerbiss" der *synderesis* als
  Stimme der Vernunft in Kauf nehmen;
* folgt er dagegen der Kraft des *vünkelîn*, das ihn auf die unvergänglichen, aber unsichtbaren und den Sinnesvermögen unzu-
  gänglichen Güter hin orientiert, folgt er den Spuren „des Lammes" und der Vernunft, muss er mit dem „Zorn des sinnlichen
  Vermögens" rechnen, mit einer heftigen Gegenreaktion der Leidenschaften, die Eckhart vergleicht mit dem „Wutausbruch un-
  vernünftiger Tiere, wenn sie gereizt werden"[410].

---

410 Vgl. Eckhart: InGen 122-123: LW I; 278,8—14:
"passio turbat ordinem ex natura sua. [...] [ordinem] violat et turbat et
pervertit. [...] iterum consequenter quod propter hoc bruta animalia,
quando provocantur aut alias in passionibus suis fuerint, sicut videmus,
homini non oboediunt, utpote deordinata passione, cui prius ante pas-
sionem deordinantem ad nutum oboesdiant."
*[In der Natur der Leidenschaft liegt es, die Ordnung zu stören, [...] sie verletzt,
stört und verkehrt sie. [...] Hieraus folgt wiederum, dass, wie man beobachten
kann, die unvernünftigen Tiere, wenn sie gereizt werden oder sonstwie in Wut geraten, dem Menschen nicht gehorchen, weil sie aus Wut die Ordnung durchbre-
chen, während sie ihm vor dem Wutausbruch, der die Ordnung stört, auf den
Wink gehorchten.]*

In his verbis moraliter	Für das geistliche Leben
[... posse intelligi]:	[ist zu sagen]:
[...] sensitivum in nobis	Das sinnliche Vermögen in uns
naturaliter irascitur	wird seiner Natur nach zornig
et concidit vultus eius	und seine Züge entstellen sich
ad opus	gegenüber dem Werk
rationis	der Vernunft
et virtutis [...]	und der Tugend.
utpote retrahentis	Denn diese ziehen
in oppositum	das sinnliche Vermögen [...]
et delectionem	in eine
sensitivi [...]	ihm entgegengesetzte Richtung
minuentis.	und mindern seine Lust.
Ratio enim ostendens	Die Vernunft hält ihm nämlich
ipsi malitiam delectationis	die Bosheit der Lust
et poenam ipsi debitam	und die ihm gebührende Strafe
	vor
retrahit	und zieht es damit
a prosecutione libera	von der ungezügelten Jagd
sensibilis	nach den begehrten
desiderati.	Sinnendingen
	zurück.
Iob 22:	‚Weiche von uns!',
'recede a nobis',	lässt Ijob die Bösen [zu Gott]
'scientiam viarum tuarum	sagen,
nolumus'	‚wir wollen von deinen Wegen
dicitur ex persona malorum,	nichts wissen'!
qui libere volunt	Sie wollen ja
frui	die fleischliche Lust
delectatione carnali.[411]	ungezügelt genießen.

Dieser Kontext der Wahrnehmung der unausweichlichen inneren Zerrissenheit des Menschen, der in der Spannung der miteinander konkurrierenden Wertsysteme und Lebensentwürfe jeden seiner Akte in Freiheit setzen muss, der damit wählen muss, wem er „nach-

---

411 Eckhart: ParGen 170: LW I; 640,2—9.

folgen will", ist zu bedenken, um Eckharts Äußerungen richtig zu verstehen, wenn er betont:

- „Es ist der eigene Wille (*„propria voluntas"*), mit dem man sündigt"[412]; und
- „Wer das ewige Leben erlangen will, [...] muss alles hassen, was sein eigen ist"[413].

Der Grund für diese radikale Ablehnung des „Eigenen" liegt in der unter dem Bild des „äußeren Menschen", der der „innere Feind" ist, beschriebenen Gefahr, gerade in der Hingabe an das, was der Mensch „in Besitz nehmen kann", sich „zu eigen nehmen kann", was aber grundsätzlich zu den „irdischen Gütern" (zum *esse hoc et hoc*) gehört, sein eigentliches Wesen als *imago dei* zu verfehlen.

divinum enim ut sic	Das Göttliche als solches
semper commune est	ist immer *gemeinsam*
et ab alio est,	und es ist *von einem andern,*
non suum aut proprium	nicht Eigenbesitz
alicui creato.[414]	irgendeines Geschöpfes.

- Die in der von den sinnlichen Leidenschaften angestrebte In-Besitz-Nahme der Dinge als „Eigenbesitz",
- die Illusion, eigen-mächtig und nicht verdankt (*„ab alio"*) zu sein,
- die Abgrenzung vom „Gemeinsamen",

diese Merkmale beschreiben den „Weg zum Verderben", der den Menschen sich abtrennen lässt vom „Göttlichen als solchem" und damit von der „Quelle des Lebens". Dieses Getrennt-Sein, das wesentliches Merkmal des *„esse suum aut proprium"* im Gegensatz zum *„esse commune"* ist, ist Folge einer pervertierten Liebe, die auf den

---

412 Vgl. Eckhart: InIoh 484: LW III; 416,8:
„utique <est> propria voluntas qua peccatur".
413 Vgl. Eckhart: InIoh 528: LW III; 459,7.12:
„Nota: qui vult vitam aeternam adipisci, [...] secundo oportet odisse omne quod proprium est".
414 Eckhart: InIoh 528: LW III; 459,12−460,1.

Menschen selbst zurückgebogen ist als sich abgrenzende Selbst-Liebe („*amor sui*") und Liebe „zu dem [vom gemeinsamen] abgesonderten Guten":

amor sui,	Die Selbst-Liebe,
amor	die Liebe
privati boni:	zum abgesonderten Guten -
hic	diese ist
radix est omnis mali;	die Wurzel alles Schlechten;
'arbor mala	ein schlechter Baum,
faciens fructos malos',	der schlechte Früchte bringt
Matth. 7.	(Mt 7,17).
Hic fecit Luciferum	Sie macht den Luzifer
esse diabolum,	zum Teufel,
pater diaboli est.[415]	sie ist ‚der Vater' des Teufels.

Dieser Zusammenhang ist zu bedenken, um den Irrtum zu vermeiden, es ginge Eckhart mit der Rede vom „notwendigen Hass gegen das ‚Eigene'" um eine Form selbstzerstörerischer Verachtung des menschlichen, weltlichen Lebens. ‚Das Eigene' ist als in der Konsequenz einer pervertierten Liebe (die anders an sich reißen will, statt sich selbst an andere zu verschwenden, wie es der Liebe entsprechen würde, die sich als Wesen Gottes offenbart) „in Besitz Genommenes" gerade äußerste Gefährdung des „eigentlichen ‚eigenen' Wesens" des Menschen.

non enim apud te,	Nicht bei dir,
sed ‚apud deum	sondern bei Gott
est fons vitae',	ist die Quelle des Lebens
in Psalmo;	(Ps 35,10).
[...]	[...]
Sic ergo quantum accedis	Wie sehr du also hinschreitest
ad te,	zu dir,
ad tuum,	zu dem Deinen,
tantum accedis	so sehr schreitest du

---

415 Eckhart: InIoh 484: LW III; 416,8—11.

ad perditionem.	zum Verderben.
Propter hoc	Deshalb
Christus consulit dicens:	gibt Christus den Rat:
'si quis	‚Wenn jemand
vult post me venire,	mir nachfolgen will,
abneget semet ipsum',	verleugne er sich selbst'
Matth. 16.[416]	(Mt 16,24).

Eckhart zitiert in diesem Zusammenhang immer wieder Ijob 7,20, um den inneren Konflikt des Menschen deutlich zu machen, der aufbricht, sobald der Mensch in sich der „Stimme" und Kraft des *vünkelîn*, dem Wirken der göttlichen *forma substantialis* Raum gibt. Diese „innere Stimme" lässt den Menschen sich als im Gegensatz zu seinem eigentlichen, eigenen Wesen lebend erkennen, sie ruft zur Nachfolge dessen, der dieses unverwirklichte eigene Sein, das Sein des *filius dei*, exemplarisch darstellt; sie ruft den Menschen, wirklich er selbst (als *imago dei*) zu werden – was jedoch, wie bereits bedacht wurde, für den Menschen *in tempore* bedeutet, in Konfrontation zu sich selbst „ein anderer zu werden".

Unde etiam sibimet	Daher ist jeder Gerechte auch
est gravis quisque iustus,	sich selbst zur Last,
secundum quod	insoweit er
dissimilis est iustitiae,	der Gerechtigkeit unähnlich ist,
secundum illud Iob:	gemäß dem Wort:
'posuisti me	„Du hast mich
contrarium tibi,	dir zum Widersacher gemacht,
et factus sum	und ich bin mir selbst
mihimet ipsi gravis'.[417]	zur Last geworden' (Ijob 7,20).

Entsprechend heißt „*gerecht sein*" unter den Bedingungen der Geschöpflichkeit nichts anderes als den notwendigen „Weg [der *alteratio*] zu betreten", um ein Gerechter zu werden – und diesen Weg

---

416 Eckhart: InIoh 428: LW III; 364,7—8 und 365,4—6.
417 Eckhart: InIoh 177: LW III; 146,13—15.

betritt nur derjenige, „welcher gleich zu Beginn sein eigener Ankläger ist"[418].

Der Weg der Nachfolge ist damit in paradoxer Weise ein Weg der
Umkehr des Menschen von sich selbst zu sich selbst – vom „alten,
äußeren Menschen" hin zum „neuen, inneren Menschen", vom Eigenen zum Eigentlichen, vom verführerisch Greifbaren zum verborgenen, unbegreiflichen Wesentlichen.

II.3.12.4. Die Herausforderung und Zumutung der Umkehr

Die eigentliche Zumutung, die für den Menschen im Ruf zur Abkehr
vom „Eigenen" und der Umkehr zum „Wesentlichen" liegt, die den
„Wutanfall" und die Gegenwehr der sinnlichen Vermögen provoziert, besteht im Besonderen in zwei Herausforderungen der „Verleugnung des Eigenen":

* Die notwendige Umkehr bedeutet die praktische[419] Abkehr von
  der „*amor sui*" in der Hinkehr zu den Armen, in der Hingabe und
  im Verzicht auf den eigenen Besitz zu ihren Gunsten.
  Das Wagnis des Sich-Verschenkens in der den Nachfolgeweg bestimmenden „Liebe zum ‚Gemeinsamen'", im „Willen zur
  Gleichheit", in der „Liebe zur Geschwisterlichkeit" wird hier
  nicht nur zur konkreten materiellen Zumutung, es fordert vielmehr das feste Vertrauen auf die Wahrheit des Evangeliums heraus, damit auf das Nicht-Greifbare, Nicht-Besitzbare, Unsichtbare
  der Verheißung Gottes, dass nämlich gerade auf dem Weg des
  Sich-Verschwendens und Sich-aufs-Spiel-Setzens das „wahre,
  wesentliche Leben", das „*commune*"-Leben zu finden ist, dass ein
  „Mehr an Leben" („ein ‚AB'") nur in der Hingabe, im Wegschen-

---

418 Vgl. Eckhart: InSap 210: LW II; 546,6—8:
     "est 'iustus', qui in principio accusator est sui. [...] bonus [est] quia accedit
     ad viam".
419 Vgl. etwa Eckhart: InIoh 231: LW III; 194,11:
     "‚Sequere', inquit, ‚me'. *Sequere* actum imperat."
     [‚Folge mir!', sagt er [Christus].‚Folge!', das befiehlt ein Tun/Wirken.]

ken des Besitzes („des ‚A'"), dessen was „bekanntlich (d. h. angeblich) Leben sichert", zu gewinnen ist:

‚date et dabitur vobis',	„Gib, dann wird dir gegeben!"
et Matth.19:	
‚vende omnia quae habes	„Verkauf alles, was du hast
et da pauperibus,	und gib es den Armen!
et habebis thesaurum	Dann wirst du einen Schatz
in caelo'.	im Himmel haben."
Sed videtur	Das scheint
malum forum:	ein schlechter Handel:
‚da quae habes,	Gib weg, was du hast,
et habebis'	und du wirst haben [...].
iudicio plebis	Sicher ist nur das *„Du hast"*,
non fallit ‚habes',	so denkt das Volk
sed ‚habebis'.	und misstraut dem
	„Du wirst haben".
Plus valet a per ‚habes'	Mehr gilt ein ‚A', das du hast,
quam per ‚habebis' a.b.'.[420]	als ein versprochenes ‚AB'.

Umkehr bedeutet hier den Bruch mit einer verbreiteten Haltung des „Kreisens um das *Haben*, demgegenüber das *Sein* in seiner ungreibaren Transzendenz verschwindet", einem Denken, „dem vorwiegend das Greifbare, Sichtbare und Machbare als wirklich gilt"[421].

- Die zweite Zumutung des Rufs zur Nachfolge ist die, dass die Entscheidung „ein Anderer", ein Gerechter zu werden, nicht nur innere Zerrissenheit, sondern ebenso „Widerstand von außen" provoziert.
  Wer „gerecht wird", wer „dem Lamm nachfolgt", gerät zwangsläufig, Eckhart sieht das als unausweichlich an, in einen Konflikt mit „der Welt", dem vom „alten, äußeren Menschen" geprägten Leben der „Normalen" (der „Nicht-Anderen"), mit der ihn um-

---

420 Eckhart: Sermo XII2: LW IV; 121,8.11 – 12.
421 Vgl. Lorenz, Erika: Praxis der Kontemplation. 7 – 8.

gebenden Gesellschaft, die „dem ‚*Du wirst haben*' des Evangeliums misstraut" und darum mehrheitlich der „Weisheit des Marktes" folgt. Nachfolge bedeutet – immer! – Auseinandersetzung, Ent-Fremdung: „*Gerecht werden*" bedeutet die Notwendigkeit, Widerstand zu leisten, und die Notwendigkeit, mit Widerstand der Anderen Nicht-Anderen gegen das eigene Anders-Sein zu rechnen. In diesem Sinn bedeutet für Eckhart Nachfolge, das Leben des um Gerechtigkeit Bemühten, sich und sein Leben „aufs Spiel setzen zu müssen".

In der Hingabe an die Armen, die mit Hinweis auf das Gesetz des Marktes, dass nämlich „in der Geldbörse die Münze ‚Gott' oder ‚Gerechtigkeit' nichts zählt", „zur Kreuzigung ausgeliefert werden", muss der Gerechte in Kauf nehmen, ihr Schicksal teilen zu müssen. Der „Wille zur Gleichheit" bedeutet den Willen zum Sich-den-Armen-Gleichmachen, die bewusste Annahme und Übernahme ihres Schicksals.

Nachfolge erfordert die entschiedene Wahl, im Konflikt zwischen „Pilatus" und „dem Lamm", selbst – mit allen Konsequenzen – das „Leben des Lammes" zu leben.

Der „Wissenschaft der Welt und des Fleisches", der *scientia mundi sive carnis*[422] steht so unversöhnlich die *scientia sanctorum* entgegen:

„Die Wissenschaft der Heiligen besteht darin, hier, in der Zeit, gekreuzigt zu werden!"[423]

Multi volunt	Viele wollen zwar
venire cum Christo,	mit Christus gehen,
sed	aber sie wollen Christus
non post Christum.	nicht nachfolgen.
Sic enim	Denn
‚oportuit pati Christum	‚Christus musste leiden
et ita	und so
intrare in gloriam suam'.	in seine Herrlichkeit eingehen'
	(Lk 24,26).

---

422 Vgl. Eckhart: InSap 211: LW II; 548,2—4.
423 Eckhart: InSap 211: LW II; 548,2:
  „Scientia sanctorum est, hic temporaliter cruciari et in aeternum delectari".

Isti volunt bene	Jene wollen sehr gerne
'intrare in gloriam',	,in die Herrlichkeit eingehen',
sed nolunt 'pati'.[424]	leiden aber wollen sie nicht.
Certe multi sunt,	Gewiss gibt es viele,
qui sequuntur Christum,	die Christus folgen,
si praecedat	wenn er vorangeht
et ducat ad sanitatem,	und sie zu Gesundheit,
prosperitatem,	Glück,
divitias	Reichtum
et delicias;	und Wohlleben führt;
si vero ducat	wenn er sie aber
et praecedat	in seiner Nachfolge
in dolores,	zu Schmerzen,
in poenalitates	Mühsal
et similia,	und dergleichen führt,
dicunt:	dann sagen sie:
'durus est hic sermo.	,Diese Rede ist hart,
Quis potest eum audire?'	wer kann sie hören?' (Joh 6,61)
et abeunt retro, Ioh. 6.	und wenden sich ab.
Deberemus tamen	Und doch müssten sie
esse multum securi	ganz ruhig sein,
ex quo agnus dei,	wenn das Lamm Gottes,
deus ipse,	Gott selbst,
nos praecedit,	uns vorangeht:
Rom. 8:	,Wenn Gott für uns ist,
,si deus est pro nobis,	wer ist dann gegen uns?'
quis contra nos?' [...]	(Röm 8,31). [...]
Tales non sequuntur deum,	Solche Leute folgen nicht Gott,
sed aliquid datum a deo,	sondern einer Gabe Gottes,
non aemulantur bonum,	sie eifern nicht für das Gute [als solches],
sed hoc	sondern für dieses
aut hoc bonum,	oder jenes Gut,

---

424 Eckhart: Sermo XLV: LW IV; 382,3—5.

	für Nützliches
utile scilicet	und Ergötzliches. [...]
aut delectabile. [...]	Solche Leute folgen Gott
Tales sequuntur deum	wie der Falke einer Frau,
sicut milvus mulierem	die Eingeweide
tripas	oder Würste trägt,
vel salsucia portantem,	wie Wölfe dem Aas,
sicut lupi cadavere,	wie die Fliege dem Topf.
musca ollam.	
Contra illos	Gegen diese
ait hic Christus:	richtet Christus sein Wort:
'sequere me!'.[425]	‚Folge mir!'.

Die Entscheidung, sich trotz der Gegenwehr des Sinnesvermögens und trotz der „Wutanfälle" der Leidenschaften, trotz der „drohenden Kreuzigung" auf den Weg der Nachfolge zu begeben, „dem Lamm zu folgen, wo auch immer es hinführen mag"[426], liegt – das hebt Eckhart deutlich hervor – „in des Menschen Macht und freiem Vermögen":

sub te erit	[Gott] lehrt durch das Wort:
docet	‚*unter* dir soll
	[deine Leidenschaft]
	sein',
quod in hominis potestate	dass es in des Menschen Macht
et libertate est	und freiem Vermögen liegt,
non vinci	sich in Versuchungen
in temptatione.	nicht besiegen zu lassen.
Ea enim	Denn das,
quae temptationem ingerunt	was in Versuchung führt,
sub homine,	ist unter dem Menschen
inferiora	und niedriger
et infirmiora sunt. [...]	und schwächer [als er]. [...]

---

425 Eckhart: InIoh 230—231: LW III; 193,2—194,10.
426 Vgl. Eckhart: InIoh 230: LW III; 192,16—193,2:
„De istis Apoc. 14 dicitur: ‚sequuntur agnum quocumque ierit'; et Matth. 8: ‚sequar te quocumque ieris'."

homo servus est	Der Mensch ist Knecht
et servit omni illi	und allem gegenüber versklavt,
quod est superatum,	was „überlegen",
id est	das heißt:
magis superius factum	zu etwas Höherem
quam ipse est.	über ihm geworden ist.
[...]	[...]
Ait ergo:	Gott sagt deshalb:
sub te	,*Unter* dir
erit appetitus eius,	soll das Begehren danach sein,
et tu dominaberis illius.[427]	und du sollst es beherrschen!'

Der Mensch ist als Mensch (als *imago dei*) grundsätzlich, das wurde bereits ausführlich bedacht, aufgrund seines freien Willens „seiner selbst mächtig", fähig, „in Freiheit Ursprung des eigenen Wirkens zu sein", fähig zur „Selbstherrschung" in dem Sinn, „Gewalt zu haben über das eigene Wirken und die rechte Ordnung der den Menschen bestimmenden Kräfte"[428]. Die Fähigkeit zur Freiheit gegenüber der „Sünde", in der „die Ordnung der Dinge aufgehoben wird und das Obere dem Niederen unterworfen wird, die Vernunft der Sinnlichkeit"[429] erweist sich so darin, konsequent die „rechte Ordnung der Dinge" zum Maßstab des Handelns zu nehmen:

- „das ,Zeitliche' (die *temporalia*) zu ,verachten'; d. h. sie zu ,überwinden' / zu ,übersteigen' (*transcendere*)"[430];
- allein darauf zu hören, „was Gott spricht", d.h. für „alles andere", für „weltliche und irdische Neigungen taub zu sein wie ein Schläfer"[431];

---

427 Eckhart: ParGen 176: LW I; 647,3—12.
428 Vgl. erneut Eckhart: InGen 115: LW I; 271,1—6.
429 Vgl. Eckhart: Sermo XVII1: LW IV; 158,6—9:
   „Nota [...] quomodo *peccatum* et omne peccatum servitus est [...]. Propter hoc solum peccatum obstat libertati. Peccatum autem, ut nunc, est, quotiens ordo rerum tollitur et superius subicitur inferiori, ratio sensibilitati".
430 Vgl. Eckhart: InGen 63: LW I; 229,5—6.
431 Vgl. Eckhart: ParGen 149: LW I; 618,4—11. und ParGen 128: LW I; 592,4—6.

- alles, was als „Verlust" in der Nachfoge aussieht, was Nachfolge schwer macht, - alle Widrigkeiten, aller Widerstand von außen, alle innere Zerrissenheit - , „mit den Waffen der Gerechtigkeit zur Rechten und zur Linken (2 Kor 6,7) zu verachten: „Der Gerechte [...] erachtet [gegenüber Christus] alles für Dreck (Phil 3,8). Da er also alles verachtet, erachtet er alles für ein Nichts. Nichts zu verlassen, das heißt das Nichts zu verlassen, fällt niemandem schwer"[432].

iubetur homo	Der Mensch hat das Gebot
et debere	und die Pflicht,
relinquere	sein Herz
omnia corde.	von allem loszureißen.
[...]	[...]
Relinquere autem	Sein Herz
pecuniam corde	vom Geld loszureißen
non debet esse grave	kann aber dem Herzen
cordi,	nicht schwer sein,
quin immo nemo est,	ja,
	es dürfte sich wohl keiner finden,
qui vellet pecuniam	der sein Geld
esse	in seinem Herzen
in corde suo.	haben möchte.
Pecunia siquidem	Denn hätte einer sein Geld
si in corde esset,	in seinem Herzen,
cor utique moreretur.[433]	so müsste das Herz ja sterben.

Die Pflicht, „sein Herz von allem loszureißen", erweist sich bei Eckhart in erster Linie als Ruf zur Freiheit, als Ermutigung, das eigene Leben aus der „Knechtschaft und Sklaverei" unter der Sünde, der

---

432 Vgl. Eckhart: InIoh 244: LW III; 204,10—13:
"vir iustus contemnit omnia 'per arma iustitiae a dextris et a sinistris', Cor. 6; omnia arbitratur ut stercora, Phil. 3. Ergo cum contemnat omnia, omnia sunt ipsi pro nihilo. Nihil autem relinquere et relinquere nihil, nulli grave est".
433 Eckhart: InIoh 246: LW III; 205,10—13.

Ungerechtigkeit, der Fesselung an die „irdischen Güter" (neben dem Reichtum, dem Geld, „an dem das Herz stirbt": Bequemlichkeit, Ehre, „Ruhm in irdischem Vorrang"[434] und dergleichen) zu befreien, ein „Anderer", ein „neuer" Mensch zu werden, der „zum Abbild des göttlichen Wesens wird" und dementsprechend „aufnahmefähig ist für alle Vollkommenheiten, die zum Wesen Gottes gehören"[435].

Die Kraft zum Wirken der Gerechtigkeit als Akte der Freiheit, als bewusste Setzung der Gerechtigkeit als „Anderes" gegen die *scientia mundi* und die „Weisheit des Marktes", muss der Mensch – und hier hebt Eckhart deutlich die Verheißung des Evangeliums hervor – nicht durch sich selbst aufbringen.

Geht er das Wagnis der Nachfolge ein und „kehrt um", so wird er „alle Tage seines Lebens begleitet von der Barmherzigkeit Gottes"[436]. Es ist „notwendigerweise so", „dass die Gerechtigkeit selbst unaufhörlich dem Akt zur Seite steht und ihn begleitet und ebenfalls den Akt selbst durch sich und in sich ganz und gar wie in einem Ziel zusammenfasst, so dass die Gerechtigkeit selbst das Ziel des Aktes ist, nichts sonst außer der Gerechtigkeit, genauso wie sie auch sein Ursprung war"[437].

Diese Denk-Notwendigkeit der ununterbrochenen Gegenwart der Gerechtigkeit selbst als den einzelnen Akt des gerechten Wirkens umfassendes Prinzip soll den Menschen in der Gewissheit des Glaubens und im Mut zum Risiko der Selbst-Hingabe in der Nachfolge bestärken:

Istis	Mit dem Gesagten
concordat	stimmt überein,
quod	dass man
distinguitur	wirkende

---

434 Vgl. Eckhart: ParGen 128: LW I; 593,2—3.
435 Vgl. erneut Eckhart: InGen 115: LW I; 271,1—6.
436 Vgl. Eckhart: InSap 213: LW II; 549,13—550,2:
    „misericordia tua subsequenter me omnibus diebus vitae meae".
437 Vgl. Eckhart: InSap 213: LW II; 549,11—13:
    „oportet [...] quod iustitia indesinenter assit et comitetur ipsum actum et deducat et ipsum actum se toto in se ut in fine contineat, ut finis ipsius actus sit ipsa iustitia,nihil extra, sicut fuit et principium".

gratia in operantem	und mitwirkende,
et cooperantem,	zuvorkommende
praeveniemtem	und nachfolgende Gnade
et subsequentem.	unterscheidet.

Hinc etiam est
quod orando dicimus:
'actiones nostras,
quaesumus, domine,
aspirando praeveni
et adiuvando prosequere,
ut cuncta nostra operatio
a te
semper incipiat
et per te
incepta finiatur'.[438]

Daher beten wir auch:

,Wir bitten dich, Herr,
komm unserm Handeln
mit deiner Einhauchung zuvor
und begleite es mit deiner Hilfe,
damit all unser Tun
von dir
immer seinen Anfang nehme
und das begonnene
durch dich vollendet werde'.

ad omne opus bonum
et in bono opere
confortat sive fortificat [...]
gratia domini nostri
Iesu Christi. [...]
Dat enim gratia
homini
abnegare se ipsum
et tollere crucem suam
et sequi deum,
vivere deo,
non sibi,
Cor. 5c:
'qui vivunt,
iam non sibi vivant';
Gal. 5d:

Zu jedem guten Werk
und im guten Werk
bestärkt und bekräftigt
die Gnade unseres Herrn
Jesus Christus. [...]
Die Gnade verleiht
dem Menschen [die Kraft],
sich selbst zu verleugnen,
sein Kreuz auf sich zu nehmen
und Gott [= Jesus[439]] zu folgen,
Gott zu leben,
nicht sich:
,Die da leben,
sollen nicht mehr sich leben'
(2 Kor 5,15);
,Ich lebe, nicht mehr ich'

---

438 Eckhart: InSap 214: LW II; 550,5—8.
439 Vgl. Mt 16,24 [EÜ]:
    „Darauf sagte Jesus zu seinen Jüngern: Wer mein Jünger sein will, der ver-
    leugne sich selbst, nehme sein Kreuz auf sich und folge mir nach".

'vivo ego, iam non ego'.	(Gal 2,20).
Iustus	So lebt auch der Gerechte
siquidem soli iustitiae vivit.[440]	allein der Gerechtigkeit.

II.3.12.5. Das „Freuden-Fest der Umkehr"

Erneut ist an dieser Stelle zu betonen, dass der Gerechte, der „allein
der Gerechtigkeit lebt", dies nicht aufgrund eines im von außen auferlegten Gebotes tut, sondern aufgrund einer vernünftigen Erkenntnis sowohl seines eigenen Wesens als auch der „Seinsordnung der
Wirklichkeit und ihrer Stufen". Diese Erkenntnis ist zwar eine Erkenntnis der Vernunft, insofern sie durch den Anruf der Offenbarung Gottes (und damit *„von außen"*, durch ein „Außen" das sich a-
ber zugleich als „Innerstes" des Menschen erweist) erleuchtet und
dadurch von ihrer geschöpflichen Selbstbeschränktheit befreit ist,
aber auch diese Befreiung ist als Sich-Befreien-Lassen aufgrund einer vernünftigen Einsicht in die Notwendigkeit der Selbst-
Transzendenz der geschöpflichen Vernunft zu verstehen.
Das Umkehren, Sich-Losreißen vom Irdischen, die Nachfolge, das
Tun des Gerechten ist, wie Eckhart betont, ein Akt der Freiheit:

liberum est	Das ist frei,
quod sui gratia est,	was um seiner selbst willen ist,
et [...] honestum est	und [...] das ist sittlich gut,
quod sua vi	was aus eigener Kraft
nos trahit.	uns anzieht.
Quotiens igitur quis	So oft einer
operatur bonum	Gutes tut,
propter operari bonum,	um das Gute zu tun,
scilicet	es also tut,
quia operari illud est bonum,	weil es zu tun gut ist,
nullo alio respectu,	und aus keiner anderen Rücksicht,

---

440 Eckhart: Sermo II2: LW IV; 17,3—5. und 11—13.

sed	sondern
propter se ipsum prorsus,	ganz um seiner selbst willen,
propter nihil utile	weder
nec propter delectari [...],	wegen irgendeines Nutzens
	noch wegen der Lust [...],
tunc operari bonum	dann geschieht Gutes-Tun
sui gratia <est>	um seiner selbst willen
et sua vi nos trahit.	und zeiht uns
[...]	aus eigener Kraft an. [...]
Honestum enim	Das sittlich Gute
vere	ist ja das wirklich
et absolute bonum est,	und unbedingt Gute
distinctum contra bonum utile	im Gegensatz zum nützlichen
et delectabile,	und lustvollen Guten.
et sua vi	Es zieht an
trahit,	aus seiner eigenen Kraft,
non vi utilis	nicht aus der des nützlichen
vel delectabilis boni.	oder lustvollen Guten.
Dicitur ergo	Deswegen heißt es,
filius liberare,	der ‚Sohn' mache frei,
quia filius est	weil der ‚Sohn' es ist,
qui amore	der aus Liebe
boni absolute,	zum unbedingt Guten,
quod est honestum,	das das sittlich Gute ist,
operatur.[441]	handelt.

Als notwendiges Gegengewicht zur oben betonten „Mühe der Nachfolge" ist an dieser Stelle hervorzuheben:

- „Der Sohn", der in jedem Akt gerechten Handelns in die geschöpfliche Wirklichkeit hinein „geboren wird",
- das Sohn-Werden des Menschen, das sich verwirklicht im Sohn-Sein des Augenblicks als Aufleuchten der Wirklichkeit der Gerechtigkeit in der Zeit (und dies nicht nur in dem Sinn, dass Ge-

---

441 Eckhart: InIoh 476: LW III; 409,2–13.

rechtigkeit und gerechter Akt in analogem Verhältnis zueinander
stünden, sondern im Sinn der Univokation!),

- das Wirken des Menschen „aus Liebe zum wirklich und unbedingt Guten", ...

all dies ist dadurch gekennzeichnet, dass, begründet im univoken
Relationsverhältnis zwischen „Vater" und „Sohn", zwischen Gerechtigkeit und gerechtem Akt, in diesem Akt des gerechten Handelns
selbst die „Wehen der Veränderung und der Bewegung", die mit
dem Prozess der *alteratio*, des Gerecht-Werdens, verbunden sind,
„völlig verschwinden".
Wenn auch der Mensch in der Zeit nicht von einem Zeitpunkt (etwa
der „Bekehrung" an) für alle Zeit „Der Gerechte *ist*", sondern auf
dem Weg ist, dieser zu *werden*, so *ist* er es doch im jeweils einzelnen
Akt der Gerechtigkeit, der der „Sohn" *ist*.
Der Prozess der *alteratio* findet zeitlich im jeweils einzelnen Akt der
Gerechtigkeit seine Vollendung in der *generatio* des Gerechten als
Sohn der Gerechtigkeit.
Hier sind erneut Eckharts Ausführungen zum „Feuer-Werden des
Holzes" und zur „Suche nach dem Feuer" zu erinnern, die hier noch
einmal ausführlich zitiert werden sollen:

Quamdiu enim ignis	Solange das Feuer
generatur ex ligno,	aus dem Holz erzeugt wird,
nunquam plene gaudet	freut sich dieses niemals
de calore.	vollkommen über die Hitze.
Sed postquam lignum	Erst dann, nachdem das Holz
adeptum est	die Form des Feuers
formam ignis,	erlangt hat,
tunc perfecte assequitur	erreicht
et accipit	und empfängt es
per formam	durch die Form
et in forma	und in der Form
plenum calorem:	die volle Hitze:
non iam	nicht etwa diejenige,
praecedentem	die vorausgeht
et disponentem	und die Form des Feuers

ad formam ignis,
sed potius
consequentem
et
procedentem
ab ipsa forma ignis.
Et sic iam cessat tristitia
parturientis
alterationis
et motus,

et plene gaudet
et delectatur
de pleno calore
formae ignis.
Cui, calore utpote pleno,
iam nihil
addi potest,
sed in ipso quiescit
cessante
omni tristitia
et repugnantia
alterationis
et motus.

Et hoc est quod [...]
'mulier cum parit,
tristitiam habet';
,cum autem peperit puerum,
iam non meminit
pressurae
propter gaudium,
quia natus est homo'.
[...]
'nunc quidem tristitiam habetis;
iterum autem
videbo vos,

vorbereitet,
sondern vielmehr die,
welche nachfolgt
und
aus der Form des Feuers selbst
hervorgeht.
So vergeht denn das Leid,
das mit den Wehen
der Veränderung
und Bewegung
verbunden ist,
und [das Holz] freut
und ergötzt sich vollkommen
an der vollen Hitze
der Form des Feuers.
Da die Hitze voll ist,
so kann ihr nichts
hinzugefügt werden,
vielmehr ruht [das Holz] in
ihr,
und Leid
und Widerstreit
der Veränderung
und Bewegung
verschwinden völlig.
Darum
,hat die Frau' [...] ,Leid,
wenn sie gebiert';
,hat sie aber das Kind geboren,
so gedenkt sie nicht mehr
der Pein
um der Freude willen,
dass ein Mensch geboren ist.'
[...]
,Jetzt habt ihr Leid;
Ich werde euch aber
wiedersehen,

et gaudebit
cor vestrum.'
Quamdiu enim res
est
in fiendo aliud,
semper habet tristitiam
dissimilitudinis
adiunctam et inquietudinis.
Cum autemacceperit esse
per formam,
quiescet et gaudet.

Videt idem ignis
ligna
calefaciendo
et alterando
disponens
ad formam ignis,
sed cum tristitia
repugnantis
dissimilitudinis.

Iterum autem videt,
quando abiecta
dissimilitudine
accipiunt formam ignis
generatione,
quae est in silentio
omnis motus,
temporis
et dissimilitudinis. [...]

Sic ergo in proposito:
quamdiu
dissimilis sumus deo
et adhuc parturimur,
ut formetur in nobis
Christus,
Gal.4,
inquieti sumus

und euer Herz
wird sich freuen'.
Solange nämlich ein Wesen
auf dem Weg ist,
etwas anderes zu werden,
hat es immer das Leid
über die Unähnlichkeit
und Unruhe zum Begleiter.
Hat es aber das Sein
durch die Form erlangt,
so ruht es und freut sich.

Das Feuer
sieht die Holzstücke,
indem es sie durch Erhitzung
und Veränderung
auf seine eigene Form
vorbereitet,
aber mit Leid
über die widerstrebende
Unähnlichkeit.

Es sieht sie wieder,
wenn sie die Unähnlichkeit
abgeworfen haben
und die Form des Feuers
durch Erzeugung empfangen;
in der Erzeugung
schweigt alle Bewegung,
Zeit
und Unähnlichkeit. [...]

So ist es auch hier:
so lange wir
Gott unähnlich sind
und die Geburt währt,
auf dass Christus
in uns gestaltet werde
(Gal 4,19),
sind wir in Unruhe

et turbamur erga plurima	und bekümmern uns
cum Martha,	mit Martha um vieles
Luc. 10.	(Lk 10,41).
Cum vero iam Christus,	Sobald aber Christus,
filius dei,	Gottes Sohn,
in nobis formatus est,	in uns gestaltet ist,
ut	so dass wir
'simus in vero filio eius',	,in seinem wahren Sohn sind'
Ioh.5,	(1 Joh 5,20),
et simus filii dei	und nach Beseitigung
abiecta	aller Unähnlichkeit
omnis dissimilitudine –	Gottes Söhne sind, –
1 Ioh. 3:	,wir werden ihm ähnlich sein
,similes ei erimus,	und ihn schauen, wie er ist'
et videbimus eum sicuti est',	(1 Joh 3,2)
unum facti in ipso	einsgeworden in ihm
per ipsum, Ioh 17 –	und durch ihn (Joh 17,21) –,
tunc plenum	dann ist in uns
et perfectum gaudium est	eine
in nobis	ganz vollkommene Freude,
et quieti sumus,	und wir sind in Ruhe,
secundum illud Augustini	gemäß dem Wort Augustins:
Confessionum I.I.:	
'fecisti nos	,Du hast uns
ad te,	zu dir hin erschaffen,
et inquietum est cor nostrum,	und unruhig ist unser Herz,
donec requiescat in te'.[442]	bis es ruht in dir.'
sicut rosa,	Wie man eine Rose
antequam videatur,	riecht,
sentitur,	bevor man sie sieht,
et antequam inveniatur,	und ihren Duft besitzt,
tenetur in odoribus suis,	bevor man sie findet,
sic deum transeuntem	so verspürten die Blinden,
de longe	bevor sie Gott,

---

442 Eckhart: InIoh 129–130: LW III; 110,14–112,11.

caeci,	der [in der Person Jesu]
antequam videant,	vorüberging,
divinitatis eius	sehen konnten,
fragrantiam	schon von weitem
senserunt.	den Wohlgeruch
[...]	seiner Gottheit.
	[...]
Sparsit enim divina sapientia	So hat die göttliche Weisheit
quasi odorem	gleichsam den Duft
suae bonitatis,	ihrer Güte,
pulchritudinis,	Schönheit,
formositatis	Wohlgestalt
et dulcedinis	und Süßigkeit
super omnem creaturam,	über alle Geschöpfe
	ausgebreitet,
quae est quasi in via	die sozusagen auf dem Weg
quaerentium deum:	der Gott-Suchenden sind:
Eccli. 1:	‚Er hat [seine Weisheit]
'effudit illam	über alle seine Werke
super omnia opera sua'.	ausgegossen'
	(Jes Sir 1,10).
Et propter hoc	Deshalb freut sich
quaerens deum	der Gott-Suchende
etiam quaerendo	auch schon beim Suchen
adhuc in via laetatur,	auf seinem Weg,
diletatur cor et confirmatur.[443]	sein Herz wird weit und stark.

Dem Gott-Suchenden, dem Gerecht-Werdenden bleibt die Mühe und Anstrengung des Weges der Nachfolge nicht erspart, sie wird im vielmehr immer wieder neu, bezogen auf jeden seiner in Freiheit zu wirkenden Akte, als radikale Herausforderung zugemutet.
Gleichzeitig ist er – wo im einzelnen Akt die *generatio* „des Gerechten" geschieht, wo immer im konkreten Fall „Nachfolge" gelingt und der Mensch Christus-förmig handelt – „in Ruhe": „dann ist in

---

443 Eckhart: InSap 78: LW II; 409,9–410,12.

ihm eine vollkommene Freude", „Leid und Widerstreit der Veränderung und Bewegung verschwinden völlig".

Diese „vollkommene Freude", die den Menschen im Akt der Gerechtigkeit „ruhen lässt", ist letztlich die Freude darüber, dass in diesem Akt die wahre Natur des Menschen zur Vollendung gekommen ist. Sie ist, wenn auch begrenzt auf den Augenblick des Gerecht- Wirkens, konkrete Erfahrung „des Duftes der Güte, der Schönheit, der Wohlgestalt und Süßigkeit göttlicher Weisheit". Entsprechend wäre der oben angeführte Text Eckharts frei zu übertragen:

Wie man eine Rose riecht, bevor man sie sieht,
und ihren Duft besitzt, bevor man sie findet,
so verspürt der „Blinde",
der zur wahren Erkenntnis des Wesens der Gerechtigkeit nicht
fähige Mensch,
bevor er die Gerechtigkeit selbst sehen kann,
dadurch, dass die Gerechtigkeit
in der „Gestalt" des gerechten Aktes „vorüberging"
und immer neu „vorübergeht",
schon von weitem den „Wohlgeruch ihres Wesens".
Wegen dieses „Duftes ihrer Güte, Schönheit,
Wohlgestalt und Süßigkeit",
der auf dem Weg der Gott-Suchenden erfahrbar ist,
freut sich der die Gerechtigkeit Suchende,
der Gott-Suchende,
schon beim Suchen
auf dem mühsamen Weg, „ein Anderer",
ein Gerechter zu werden,
sein Herz wird weit und stark.

Aus diesem Grund kann Eckhart betonen, dass trotz allem Widerstand, allem Leid und aller Auseinandersetzung, die mit dem Wirken der Gerechtigkeit, mit der Nachfolge unvermeidlich verbunden sind, das Gerecht-Wirken selbst weder „lästig", „gewaltsam", „widrig" noch „bitter" ist, der im einzelnen Akt gerechte Mensch wirkt

diesen Akt nicht „widerwillig", sondern „freiwillig im uneingeschränkten Sinn".[444]

Folgerichtig spricht Eckhart, im Anschluss an Origines, von einem
„Freudenfest der Umkehr", an dem nicht nur der einzelne „Umkeh-
rende" beteiligt ist, sondern die Dreifaltigkeit selbst, alle Engel und
Heiligen mit ihm. Dieses „Fest" wird gefeiert, „sooft ein Unzüchtiger
keusch wird und ein Ungerechter der Gerechtigkeit dient"[445], es
wird gefeiert in jedem einzelnen Akt der Gerechtigkeit, in dem der
Mensch – in seinem Akt – als „Gerechter" aus der Gerechtigkeit, als
„Sohn" aus Gott geboren wird:

felix	*Glückselig,*
qui semper	wer aus Gott
a deo nascitur;	immer geboren wird.
non enim dicam	Denn ich möchte nicht sagen,
semel	der Gerechte sei aus Gott
iustum ex deo natum,	nur einmal geboren worden,

---

444 Vgl. Eckhart: InGen 261: LW I; 402,9—403,4:
  "omnis qui servit deo, si retro respiciat ad aliquod exterius commodum vel
  etiam ad mercedem quacumque aliam praeter vel extra deum, procul du-
  bio in statuam salis convertitur, quia opus ipsum necessario ipsi fit onero-
  sum et amarum, quia involuntarium. Non enim vellet absolute, nisi esset
  merces; unde fit involuntarium simpliciter, sed tantum voluntarium secundum quid et mixtum. [...] Involuntarium enim semper est violentum et
  contrarium, grave et amarum [...]. Et quia involuntarium, ideo deo ingra-
  tum, praesertim quia talis habet aliquid gratius et carius deo, habet deum
  pro minimo, pro pretio eius quod pro mercede exspectat."
  [Jeder, der Gott dient und [dabei] rückwärts, auf irgend einen äußeren Vorteil oder
  auch auf irgendwelchen anderen Lohn neben und außer Gott blickt, wird unwei-
  gerlich in eine Salzsäule verwandelt. Denn sein Tun wird ihm notwendig lästig
  und bitter, weil es widerwillig geschieht. Denn gäbe es keinen Lohn, so würde er
  überhaupt nicht wollen. So verrichtet er [sein Tun] schlechthin widerwillig und
  freiwillig nur in eingeschränktem Sinn. [...] [Was] widerwillig [geschieht], ist
  immer gewaltsam und widrig, lastend und bitter. [...] Weil es aber widerwillig
  [geschieht], ist es Gott nicht angenehm, zumal einem solchen etwas [anderes] an-
  genehmer und lieber ist als Gott, während Gott ihm etwas sehr Geringes, nämlich
  der Preis für den erwarteten Lohn ist.]
445 Vgl. Eckhart: InEx 244: LW II; 200,1—3:
  "Per singulos, qui convertuntur, festivitas oritur domino. Festum agit deus,
  cum impudicus fit castus et cum iniustus iustitiam colit".

sed	vielmehr wird er
per singula	durch jedes einzelne
virtutis opera	Tugendwerk
semper	aus Gott
ex deo nascitur. [...]	immer [wieder neu] geboren!
	[...]
per singulos	Mit jedem einzelnen,
qui convertuntur	der sich bekehrt,
festivitas oritur	wird dem Herrn
domino:	ein Fest bereitet.
festum agit deus pater,	Ein Fest begeht Gott, der Vater,
cum	sooft
iniustus	ein Ungerechter
iustitiam colit,	Gerechtigkeit übt,
festum agit Christum,	ein Fest begeht Christus,
festum agit	ein Fest begeht
spiritus sanctus,	der Heilige Geist,
festum agunt angeli	ein Fest begehen die Engel,
ad quorum sollemnitatem	und zu ihrer Feier
accedunt conversi,	gesellen sich die Bekehrten,
scilicet iustificati.[446]	die Gerecht-Gemachten.

An dieser Stelle schließt sich ein Kreis von Gedankengängen, der begonnen hat mit Eckharts Frage danach, „wer denn die Gerechten seien". Mit dieser Frage Eckharts und seiner Antwort, die (in ihrem ersten Teil) den Ausgangspunkt zur Frage nach dem Wesen der Gerechtigkeit im Kontext der zurückliegenden Überlegungen bildete, soll dieser Abschnitt zusammenfassend abgeschlossen werden:

‚Die gerehten suln leben'.	‚Die Gerechten werden leben'.
Welhez sint die gerehten?	Wer sind die Gerechten?
Ein geschrift sprichet:	Eine Schrift sagt:
‚der ist gereht,	‚Der ist gerecht,
der einem ieglîchen gibet,	der einem jeden
daz sîn ist'.	das Seine gibt'.

---

446 Eckhart: InSap 67: LW II; 395,5—11.

Die gote gebent,	Die Gott geben,
daz sîn ist,	was das Seine ist,
und den heiligen	und den Heiligen
und den engeln,	und den Engeln,
daz ir ist,	was das Ihre ist,
und dem ebenmenschen,	und dem Mitmenschen,
daz sîn ist.	was das Seine ist.
Gotes ist diu êre.	[Sie geben] Gott: die Ehre.
Wer sint, die got êrent?	Wer sind die, die Gott ehren?
Die ir selbes	Die völlig aus ihrem Eigenen
alzemâle sint ûzgegangen	ausgegangen sind
und des irn	und ganz und gar
alzemâle niht ensuochent	nicht das Ihre suchen,
an keinen dingen,	in keinem Fall,
swaz ez joch sî,	um was auch immer es geht,
noch grôz noch klein,	sei es groß oder klein,
die niht ensehent	die nichts im Auge haben,
under sich	[weder] unter sich,
noch über sich	noch über sich,
noch neben sich	noch neben sich,
noch an sich,	noch an sich,
die niht enmeinent	die nichts im Sinn haben,
noch guot	weder Güter,
noch êre	noch Ehre,
noch gemach	noch Bequemlichkeit,
noch lust	noch Lust,
noch nuz	noch Nutzen,
noch innicheit	noch Intimität[447],
noch heilicheit	noch Heiligkeit,
noch lôn	noch Lohn,
noch himmelrîche	noch das Himmelreich,
und dis alles	die sich
sint ûzgegangen,	von all dem abgewandt haben,
alles des irn,	von allem, was Ihres ist.

---

447 So die Übersetzung Kurt Flaschs (Vgl. LE II; 31).
    Diese ungewöhnliche Übersetzung ist nicht von der Hand zu weisen, sie
    deckt sich mit dem von Eckhart im Kontext der Frage nach den Bedingun-

dirre liute	Von diesen Leuten
hât got êre,	bekommt [hat] Gott Ehre,
und die êrent got	und sie ehren Gott
eigenlîche	im eigentlichen Sinn,
und gebent im,	und [sie] geben ihm,
daz sîn ist.	was das Seine ist.
Man sol geben den engeln	Man soll den Engeln
und den heiligen	und den Heiligen
vröude.	Freude geben.
Eyâ, wunder	Oh, Wunder
über alliu wunder!	über alle Wunder!
Mac ein mensche	Kann ein Mensch
in disem lebene	in diesem Leben
vröude geben den,	denen Freude geben,
die in dem êwigen lebene sint?	die im ewigen Leben sind?
Jâ wærlîche!	Ja, wirklich!
ein ieglich heilige	Ein jeder Heilige
hât sô grôzen lust	hat so große Lust
und sô	und so
unsprechelîche vröude,	unaussprechliche Freude,
	[die ihm bereitet wird]
von einem ieglîchen	von einem jeglichen
guoten werke,	guten Werk,
von einem guoten willen	[und] von einem guten Willen
oder einer begerunge	oder einem [guten] Verlangen
hânt sie	haben sie
sô grôze vröude,	dermaßen große Freude,
daz ez kein munt	dass es kein Mund
ûzsprechen kan,	aussprechen kann,
noch kein herze	und kein Herz
kan ez erdenken,	kann es sich ausdenken,
wie grôze vröude sie	wie große Freude sie
dâ von hânt.	deswegen haben.

---

gen der Nachfolge geforderten Verzicht auf Familie und geschlechtlichen Verkehr (Vgl. Eckhart: ParGen 133: LW I; 597,11–598,10).

[Das Leben des Gerechten]   **545**

War umbe ist daz?	Warum ist das so?
Dâ	Da [im ewigen Leben]
minnent sie got	lieben sie Gott
als unmæzlîche sêre	dermaßen maßlos
und hânt in sô rehte liep,	und haben ihn so sehr lieb,
daz sîn êre in lieber ist	dass seine Ehre ihnen lieber ist
dan ir sælicheit.	als ihre Seligkeit.
Niht aleine die heiligen	Und nicht allein die Heiligen
noch die engel,	und die Engel
	[freuen sich so unmäßig],
mêr:	nein, vielmehr:
got selber	Gott selbst
hât sô grôzen lust dar abe,	hat so große Lust daran
	[an jeglichem guten Werk,
	am guten Willen,
	an der Sehnsucht
	nach dem Guten],
rehte als ob ez	gerade so, als ob es
sîn sælicheit sî,	Grund seiner Seligkeit wäre,
und sîn wesen swebet dar an	und sein Sein hängt davon ab
und sîn genüegende	und sein Genügen
und sîn wollust.[448]	und seine Wollust.

Kurt Flasch spricht in seinem Kommentar zur gerade zitierten Stelle aus Predigt 6 von einer „überraschend eigenwilligen Deutung der Gerechtigkeit"[449] bei Eckhart: „Die Ehre Gottes bezieht sich auf Er-

---

448 Eckhart: Predigt 6: DW I; 99,5—101,11.
449 Vgl. Flasch, Kurt: Predigt 6. LE II, 41.
Das „überraschend Eigenwillige" besteht dabei vor allem in der Annahme, dass der Gerechte durch sein Wirken der Gerechtigkeit in der Zeit nicht nur den „Seligen", sondern Gott selbst „Freude gibt":
„Eckhart selbst ist erstaunt, wohin der Gedanke ihn geführt hat. Seine Verwunderung bezieht sich zunächst darauf, wie sehr die Seligen ihr Glück an irdische Ereignisse knüpfen, sofern diese die Ehre Gottes berühren. Sodann aber darüber, dass Gott selbst durch den Gerechten Freude *gewinnt*. Nach thomistischer Schultheologie kann der *actus purus* keine weitere Vollkommenheit empfangen. Als respektiere er diesen Gedanken, führt Eckhart den Freudegewinn Gottes zunächst als ein Als-Ob ein: Gott

eignisse in der Welt"[450], auf die Verwirklichung der Gerechtigkeit im Handeln des Menschen.

Es ist die Bereitschaft zur Umkehr, der Wille zum Guten, die Sehnsucht nach der Gerechtigkeit, die sich in jedem einzelnen Akt der Gerechtigkeit „aus-wirkt", die „Gott und den Heiligen das Ihre gibt", die damit im eigentlichen Sinn bereits ein „Akt der Gerechtigkeit unter den Bedingungen der Geschöpflichkeit" ist.

Die „Gerechtigkeit" erweist sich bis hierher zusammenfassend als Verwirklichung wahrer Freiheit des Menschen, „das Gute ganz um seiner selbst willen zu tun". Das Leben, das sich prägen lässt von der *forma substantialis*, der Gerechtigkeit Gottes, ist als „Handeln, das aus der Liebe zum unbedingt Guten kommt", „Geburt des Sohnes", die frei macht – und zwar, wie erneut im Anschluss an Origines und Eckhart zu betonen ist, „nicht nur einmal [für alle Zeit], sondern immer", je neu, „in jedem einzelnen Akt der Gerechtigkeit".

„Eckhart setzt voraus", so betont Kurt Flasch, „sein Hörer werde ,Gerechtigkeit' nicht als bloße Abstraktion nehmen, sondern als den einzigen gelebten und geliebten Lebensinhalt gerechter Menschen. Sein Gerechter liebt die Gerechtigkeit; er liebt nichts als sie, aber nicht als abstrakte Norm, nicht als Sollensvorschrift oder als ,Wert', sondern als Lebensfülle, in der er festen Stand gewonnen hat. Nichts kann ihn von ihr abziehen; nichts anderes hat er im Sinn. Er liebt die Gerechtigkeit, und das heißt, nach einem schönen Wortspiel Augustins, seine Seele lebt mehr in der Gerechtigkeit als in seinem Leib.

---

freut sich über den Gerechten, *als ob* seine Seeligkeit an ihm hänge. Aber dabei bleibt Eckhart nicht stehen. Gleich im nächsten Satz nimmt er das abschwächende Als-Ob zurück; die Bezüglichkeit Gottes oder der Gerechtigkeit auf den Gerechten ist ihm nicht nur Schein; sie ist zugleich Gottes Wesen. Da sein Wesen von absoluter Einfachheit ist, ist damit *eo ipso* auch seine *wollust* im Spiel. Gott hat keine ,Außenbeziehung', die nicht sein Wesen wäre. Dies liegt ebenfalls in der Konsequenz der Lehre vom *actus purus*. Seine Bezüglichkeit ist zugleich sein Wesen. Die Vorstellung, es bestehe ein selbständiges Außen, ein Mensch etwa, in den die Gerechtigkeit eingeht und in dem sie verzeitlicht und relativiert würde, ist zu korrigieren: Der Gerechte, sofern er gerecht ist, geht in die Gerechtigkeit ein, nicht umgekehrt." (a. a. O., 41–42).

450 Flasch, Kurt: Predigt 6. LE II, 41.

Der Liebende wird zu dem, was er liebt. Daher ist die *anima* eigentlicher dort, wo sie liebt (*amat*), als wo sie einen Leib beseelt (*animat*). Der Gerechte liebt die Gerechtigkeit und ist daher ganz in sie verwandelt; ihn interessiert nichts mehr als sie allein"[451].

Was Kurt Flasch hier beschreibt, ist *ohne jede Relativierung* die Wirklichkeit des wesentlich gewordenen, gerecht wirkenden Menschen, wenn auch unter dem Gesichtspunkt der Zeitlichkeit beschränkt auf den je einzelnen Akt der Gerechtigkeit und damit in zeitlicher Brechung aufscheinend.

Ein vertiefender Blick soll im Folgenden noch einmal der Frage gelten, inwiefern es dem Menschen – unter Berücksichtigung des bis hierher Bedachten – möglich ist, „gerecht zu wirken", zu erkennen, *was* in jedem Augenblick, in dem die Realität der Welt ihn „herausfordert", *gerecht ist*, wenn er, wie bei Eckhart eindrücklich zu verstehen gegeben wird, Gerechtigkeit *nicht* als abstrakte Norm, als Sammlung von Sollensvorschriften vorgelegt bekommt, an die er sich „halten" könnte.

Damit wird der Blick zurückgelenkt auf „*den* Gerechten", „*den* Sohn der Gerechtigkeit", den *filius dei per naturam*, in dessen Nachfolge der Mensch gerufen ist, um selbst ein Gerechter zu werden, neugeboren zu werden als *Wirklichkeit* des trinitarischen Bezugs von Gott Vater zu Gott Sohn:

„Gott Vater gebiert mich, sofern ich gerecht bin, als seinen Sohn. Nicht nur gebiert er *in* mir seinen Sohn; er gebiert mich als sich und sich als mich. Er gebiert mich als sein Wesen, als seine göttliche Natur"[452].

---

451 Flasch, Kurt: Predigt 6. LE II, 43—44.
452 So fasst Kurt Flasch einen zentralen Punkt des Eckhartschen Gerechtigkeitsverständnisses zusammen. Vgl. Flasch, Kurt: Predigt 6. LE II, 46.
    Er bezieht sich dabei auf die Ausführungen Eckharts in der kommentierten Predigt (vgl. LE II; 34,23—32):
    „Der vater gebirt sînen sun in der êwicheit im selber glîch. ‚Daz wort was bî gote, und got was daz wort': ez was daz selbe in der selben natûre. Noch spriche ich mêr: er hât in geborn in mîner sêle. Niht alein ist si bî im noch er bî ir glîch, sunder er ist in ir, und gebirt der vater sînen sun in der sêle in der selben wîse, als er in der êwicheit gebirt, und niht anders. Er muoz ez tuon, ez sî im liep oder leit. Der vater gebirt sînen sun âne underlâz, und ich spriche mêr: er gebirt mich sînen sun und den selben sun. Ich spriche

II.3.13. Das Lebensprinzip des Gerechten: *barmherzicheit* und Kenosis, Demut und Armut

„Eckhart setzt voraus, sein Hörer werde ,Gerechtigkeit' nicht als bloße Abstraktion nehmen, sondern als den einzigen gelebten und geliebten Lebensinhalt gerechter Menschen. Sein Gerechter liebt die Gerechtigkeit [...] als Lebensfülle, in der er festen Stand gewonnen hat"[453], so betonte Kurt Flasch. Entsprechend dieses Verständnisses, darauf wurde bereits hingewiesen, nimmt Eckhart „den Begriff der Gerechtigkeit aus der philosophischen Ethik und aus der Jurisprudenz auf, eliminiert aber alle lebenspraktischen Einzelheiten, etwa bezüglich Kauf oder Verkauf, Vertrag oder sozialer Hierarchie"[454], er entwickelt keine in einzelne „Sollensvorschriften" (Flasch) ausdifferenzierte Gerechtigkeitslehre. Vielmehr verweist er – und dies bereits in den frühen *„Reden der underscheidunge"* – auf die Notwendigkeit des „Bedenkens einer Art zu sein" gegenüber der Fixierung auf die Erfüllung von Einzelgeboten als Inhalt der Gerechtigkeit:

Die liute endörften	Die Leute brauchten nicht
niemer vil gedenken,	soviel nachzudenken,
waz sie tæten;	was sie *tun* sollten;
sie solten aber gedenken,	sie sollten vielmehr bedenken,
waz sie wæren.	was sie *wären*.
Wæren nû die liute guot	Wären nun aber die Leute gut
und ir wîse,	und ihre Weise,
sô möhten iriu werk	so könnten ihre Werke
sêre liuhten.	hell leuchten.
Bist dû gereht,	Bist *du* gerecht,
sô sint ouch dîniu werk	so sind auch deine *Werke*
gereht.	gerecht.
Niht gedenke man	Nicht gedenke man

---

mêr: er gebirt mich niht aleine sînen sun, mêr: er gebirt mich sich und sich mich und mich sîn wesen und sîn natûre. In dem innersten quelle dâ quille ich ûz in dem heiligen geiste, dâ ist éin wesen und éin werk".

453 Flasch, Kurt: Predigt 6. LE II, 43—44.
454 Flasch, Kurt: Predigt 6. LE II, 50.

heilicheit ze setzenne	Heiligkeit zu gründen
ûf ein tuon;	auf ein Tun;
man sol heilicheit	man soll Heiligkeit [vielmehr]
setzen ûf ein sîn,	gründen auf ein Sein,
wan diu werk	denn die Werke
enheiligent uns niht,	heiligen nicht uns,
sunder wir	sondern wir
suln diu werk heiligen.	sollen die Werke heiligen.
Swie heilic diu werk	Wie heilig die Werke
iemer sîn,	immer sein mögen,
sô enheiligent sie uns	so heiligen sie uns
zemâle niht,	ganz und gar nicht,
als verre sie werk sint,	soweit sie Werke sind,
mêr: als verre als wir heilic sîn	sondern: soweit wir heilig sind
und wesen hân,	und Sein besitzen,
als verre heiligen wir	soweit heiligen wir
alliu unsriu werk,	alle unsere Werke,
ez sî ezzen, slâfen, wachen	es sei Essen, Schlafen, Wachen
oder swaz ez sî.[455]	oder was immer es sei.

Dieser Vorrang des Bedenkens des Seins vor dem Bedenken des geforderten Tuns prägt auch Eckharts Verständnis von Nachfolge, das hier betrachtet werden soll: Die „Strenge", die Ernsthaftigkeit des Lebens, das „dem Lamm folgt, wohin es geht", erweist sich nicht in der Imitation von im Evangelium berichteten Einzelhandlungen oder in der Imitation des Lebens heiliger Vorbilder aus der Geschichte der Kirche.

Der geforderte „Eintritt in die Arbeit der Heiligen", von dem oben die Rede war, ist nicht gleichbedeutend mit der Kopie *ihres* Lebens, *ihres* Wirkens – selbst nicht des Lebens Jesu (verstanden als Sammlung von Einzelhandlungen, die zur Norm erhoben werden könnten). So betont Eckhart:

Alsô ist ez nû	So ist es auch
in der gestrengicheit	mit der Strenge

---

455 Eckhart: RdU 4: DW V; 197,6—198,6.

des nâchvolgennes.
Daz merke,
waz dînes nâchvolgennnes
dar ane sî.
Dû solt merken
und gemerkt haben,
war zuo dû von gote
allermeist gemanet sîst;
wan alle liute ensint
mit nihte
in éinen wec ze gote geruofen,
als sant Paulus sprichet.

[...] Sô möhtest dû sprechen:
enliget dar ane niht,

wes hânt ez denne
unser vorvarn,
vil heiligen, getân?
Sô gedenke:
unser herre hât in
die wîse gegeben
und gap in ouch die maht,
daz ze tuonne,
daz sie der wîse
möhten gevolgen,
und im daz
von in
geviel;
und dar inne solten síe
ir bestes bekomen.
Wan got
enhât des menschen heil
niht gebunden
ze deheiner sunderlîchen wîse.
[...]

der Nachfolge.
Achte darauf,
in was *deine* Nachfolge
bestehen kann.
Du musst erkennen
und darauf gemerkt haben,
wozu *du* von Gott
am stärksten gemahnt seist;
denn mitnichten
sind alle Menschen
auf *einen* Weg zu Gott gerufen,
wie Sankt Paulus sagt
(1 Kor 7,24).

[...] Du könntest zwar sagen:
Liegt nichts daran
[an einer besonderen Weise
der Nachfolge],
weshalb haben's dann
unsere Vorfahren,
viele Heilige *so* gemacht?
So bedenke:
Unser Herr hat *ihnen*
diese Weise gegeben,
gab ihnen aber auch die Kraft,
so zu handeln,
dass sie diese Weise
durchhielten,
und eben darin
fand er bei *ihnen*
sein Wohlgefallen;
darin sollten *sie*
ihr Bestes erreichen.
Denn Gott
hat der Menschen Heil
nicht an eine besondere Weise
gebunden.
[...]

Nû möhtest dû sprechen:	Nun könntest du sagen:
unser herre Jêsus Kristus	Unser Herr Jesus Christus,
der hâte ie	der hatte allemal
die hœhste wîse,	die *höchste* Weise;
dem sul wir	dem sollen wir
iemer von rehte	von Rechts wegen
nâchvolgen.	stets nachfolgen.
Daz ist wo wâr!	Das ist wohl wahr.
Unserm herren	Unserem Herrn
sol man billîche	soll man billigerweise
nâchvolgen,	nachfolgen
aber doch in áller wîse niht.	und doch nicht in *jeder* Weise.
Unser herre	Unser Herr,
vaste vierzic tage.	der fastete vierzig Tage;
Alsô ensol sich des nieman	niemand aber
anenemen,	soll es unternehmen,
daz er alsô volge.	ihm *darin* zu folgen.
Kristus der hât vil werke getân,	Christus hat viele Werke getan
dâ mite er meinete,	in der Absicht,
daz wir im geistlîchen	dass wir ihm geistig
süln nâchvolgen	und nicht leiblich
und niht lîplîchen.	nachfolgen sollen.
Und dar umbe	Darum
sol man sich vlîzen,	soll man sich darum bemühen,
daz man vernünfticlîchen	dass man ihm
künne nâchvolgen.[456]	*vernünftig nachfolgen* könne!

Das Ideal der „geistigen", der „vernünftigen Nachfolge" erfordert dabei eine intellektuelle Durchdringung, ein wirkliches Verstehen der Logik der Gnade – Nachfolge bedeutet so zuerst einen „Weg der Vernunft", des Denkens, um die *„scientia sanctorum"*, die die Weisheit des Evangeliums ist, zu verstehen. Die Nachfolge beginnt damit, sich „belehren zu lassen" durch das Leben Jesu und der Heiligen, die *Grundstrukturen* dieses Lebens zu erkennen und sie sich (als *‚disciplina morum'*) anzueignen:

---

456 Eckhart: RdU 17: DW V; 250,6–253,10.

Omnis enim Christi actio	Jedes Werk und Wort Christi,
et sermo, quae gessit	was er tat,
et circa ipsum gesta sunt,	und was um ihn geschah,
nostra sunt instructio. [...]	ist Belehrung für uns. [...]
[Augustinus dicit]	[Augustinus sagt ...]
de Christo loquens:	von Christus:
'tota vita eius in terris	‚Sein ganzes Leben auf Erden
per hominem,	war dadurch,
quem suspicere	dass er sich herabließ,
dignatus est,	die menschliche Natur
	anzunehmen,
disciplina	die Lehre
morum fuit.	des sittlichen Lebens.
[...]	[...]
Ipse vero totius doctrinae modus,	Seine ganze Lehrweise aber,
	die teils ganz offen war,
partim apertissimus,	teils der Gleichnisse
partim in similitudinibus,	sich bediente,
in dictis, in factis,	die in Worten, Taten
in sacramentis	und Geheimnissen
ad omnem animae instructionem	der gesamten Unterweisung
exercitationemque	und Übung
accomodatus,	der Seele sich anpasste –
quid aliud	was war sie anderes
quam	als
rationalis disciplinae	die vollendete Durchführung
regulam	der in der vernünftigen Lehre
implevit.[457]	enthaltenen Norm?'

Das Leben Jesu offenbart für Eckhart, gerade weil es das exemplarische Sichtbarwerden der unter den Bedingungen geschöpflicher Existenz verwirklichten *imago dei* ist, nichts anderes als die „Durchführung" der aus der streng vernünftigen Durchdringung der „Seinsordnung und ihrer Stufen" erkannten „Norm".

---

457 Eckhart: InIoh 173: LW III; 142,12 – 143,3.

Das „kurze Lehrbuch, die Art Brevier, das alles (alle Gebote und Verbote der Schrift und des Gesetzes Gottes) enthält und umfasst"[458], das das Leben Jesu darstellt, es wird nicht verstehbar als Sammlung von Vorschriften, sondern als Ausfaltung einer bestimmten Lebensbewegung, des „einzigen gelebten und geliebten Lebensinhalt gerechter Menschen", als „Lebensfülle"[459] „des Sohnes der Gerechtigkeit", des *filius dei*.

Diese einheitliche, jeden Einzelakt prägende Lebensbewegung wird von Eckhart, wie im angeführten Verweistext deutlich wurde, bestimmt als Bewegung der Kenosis, der Selbst-Verschwendung, der Hingabe und „Er-Niedrigung", des Sich-Herablassens, des Sich-Herabbeugens: „Sein ganzes Leben auf Erden war dadurch, dass er sich herabließ, die menschliche Natur anzunehmen, die Lehre des sittlichen Lebens". Das „kurze Lehrbuch" wird dadurch gegeben, „dass das Wort Gottes sich selbst im Fleisch erniedrigt".

Diese Grundbewegung des Lebens, das „*Lebensprinzip*" des Wortes Gottes, wird bei Eckhart gebündelt – auch dies wurde bereits betrachtet – im Bild des reichen Ritters, der sich, um sich seiner entstellten Frau gleich zu machen und ihr so die Hingabe an die gegenseitige Liebe zu ermöglichen, eines seiner Augen aussticht. Diese Erzählung zur Verdeutlichung des radikalen Willens Gottes zur Gleichheit mit dem Menschen als Ermöglichungsgrund personaler Liebe wird, wie bereits gesehen, sowohl zur Erläuterung des Sinnes der Inkarnation (in der Predigt „Ave, gratia plena"[460]) als auch der Passion, der Hingabe Jesu in den Tod (im Johannes-Kommentar[461]) herangezogen.

Eckhart betrachtet diese Modell-Erzählung dabei als Reflex zweier grundlegender paulinischer Texte (nämlich 2 Kor 8,9 und Phil 2,6-8), die die Bewegung der „Entäußerung Gottes" in die geschöpfliche Welt hinein und der Lebenshingabe Jesu, der „Entäußerung des Menschen zur Knechtsgestalt" (das Sich-Herabbeugen zum konkreten leidenden Menschen) und der „Entäußerung in den Tod hinein" am Kreuz.

---

458 Vgl. Eckhart: Sermo XXIV1: LW IV; 211,14—212,6.
459 Flasch, Kurt: Predigt 6. LE II, 43—44.
460 Vgl. Eckhart: Predigt 22: DW I; 377,4—379,1.
461 Vgl. Eckhart: InIoh 683: LW III; 598,3—599,5.

Gleichzeitig offenbaren diese kurzen aber radikalen Brennpunkte, in denen sich die *„scientia sanctorum"*, die Logik des Evangeliums bündelt, „das Gewand und Kleid, das Christus trug, als er auf Erden wandelte", und das der Mensch in seiner Nachfolge „anziehen" soll, selbst tragen soll. Das Ideal der Nachfolge konzentriert sich auf das Verstehen und „Tragen", das Sich-zu-Eigen-Machen dieses „Gewandes und Kleides des Leidens Christi".

De passione Christi	Vom Leiden Christi.
[...]	[...]
Sic Christus,	So empfahl uns
dilectionem suam	Christus
nobis commendans,	seine Liebe,
cum essemus mortales	da wir sterblich
et egeni,	und arm waren:
,propter nos	,Unseretwegen
egenus factus est,	ist er arm geworden,
cum dives esset,	da er reich war,
ut illius inopia	damit wir durch seine Armut
divites essemus',	reich würden'
Cor. 8.	(2 Kor 8,9).
'Cum	,Obwohl er
in forma dei esset,	in Gottes Gestalt war,
non rapinam arbirtratus	hielt er es nicht für einen Besitz,
esse se aequelem deo,	Gott gleich zu sein.
semet ipsum exinavit	Er hat sich selbst entäußert,
forman servi accipiens,	nahm Knechtsgestalt an
in similitudinem hominum	und wurde
factus'	den Menschen gleich.
'humiliavit semet ipsum'	Er hat sich selbst erniedrigt
'usque ad mortem,	bis zum Tod,
mortem autem crucis',	ja bis zum Tod am Kreuz'
Phil. 2.	(Phil 2,6-8).
Ubi et hoc gemendum est	Dabei ist auch zu beklagen,
quod erubescit homo	dass der Mensch sich scheut,

---

462 Eckhart: InIoh 683: LW III; 598,3 und 599,1—8.

portare habitum et vestem	Gewand und Kleid
passionis Christi	des Leidens Christi zu tragen,
quam vestem	das Christus trug,
Christus portavit	als er auf Erden wandelte,
in terris conversatus;	
cum tamen	während doch bei uns
homo apud nos	ein Mensch
multum reputet se honrari	sich für hoch geehrt hält,
portando robam	wenn er das Gewand
regis terreni	eines irdischen Königs trägt,
qua rex	mit dem der König selbst
ipse induitur.[462]	sich kleidet.

Die *eine* Lebensbewegung des Gerechten erweist sich in ihrem Kern als Bewegung der Hingabe und des Sich-Herablassens, des Herunter-Steigens um der Gleichheit mit den Armen willen. Sie offenbart gleichzeitig das tiefste Wesen Gottes als sich maßlos an die Welt verschenkende Liebe.

In diesem Sinn wird „Gerechtigkeit" zurückgeführt auf die *Barmherzigkeit* als ihren innersten Kern, ohne den sie – wie Eckhart hervorhebt – nichts anderes wäre als „Grausamkeit, die sich für Gerechtigkeit ausgibt"[463].

Act. 1	In der Apostelgeschichte
scribuntur	steht geschrieben:
quod ,Iesus coepit facere	,Jesus begann zu wirken
et docere'.	und zu lehren'.
Dominica proxima	Im Evangelium
habitum est	des vergangenen Sonntags
in evangelio	steht,
quod ipse fecit et facit	dass er Barmherzigkeit übte
misericordiam.[464]	und noch übt.

---

463 Vgl. Eckhart: InGen 205: LW I; 353,6—7:
„crudelitas sub specie iustitiae se excusat".
464 Eckhart: Sermo XII1: LW IV; 118,4—6.

Er tat und tut dies

- „in seiner Menschwerdung", mit der er „die Lampe anzündet, um die verlorene Drachme zu finden",
- „in seiner Passion / in seinem Leiden", indem er „das Schaf, das verloren war, freudig auf seine Schultern legt",
- „in der Annahme der Sünder": dies „geschieht täglich in der Darbringung der Sakramente".[465]

Es ist die Barmherzigkeit, die Gottes Wesen am deutlichsten aufscheinen lässt, das darin besteht, „sich mitzuteilen und sich selbst ganz zu geben"[466].

Die Barmherzigkeit – und zwar die praktisch gelebte Barmherzigkeit[467] –, ist darum auch wesentliches Merkmal der „Gottförmigkeit der Seele":

Patet ergo	Es erhellt also,
quod misericordia	dass die Barmherzigkeit
induit animam	die Seele
de roba dei	mit dem Kleid Gottes bekleidet
et ipsam	und ihr den Schmuck
deiformiter ornat,	der Gottförmigkeit verleiht,
Is. 58:	[wie es] Jesaja 58, 10-11 [heißt]:

---

465 Vgl. Eckhart: Sermo XIII1: LW IV; 118,4—9.
466 Vgl. Eckhart: Sermo VI: LW IV; 55,1—2:
      „dei natura, esse et vita subsistit in se communicando et se ipsum se totum dando".
467 Hier ist erneut zu erinnern an Eckharts grundsätzliche Überzeugung (InEccl 22: LW II; 249,7):
      „Virtus siquidem et bonum in actu consistit."
      [Die Tugend und das Gute bestehen im Tun!]
      Entsprechend vgl. auch Eckhart: Sermo XXII; LW IV; 195,12—13:
      „ostende ex bona conversatione te divitem in Christo per inhabitantem spiritum eius."
      [Zeige durch deinen guten Wandel, dass du reich in Christus bist durch seinen innewohnenden Geist.]
      und Eckhart: Sermo XX: LW IV; 184,9—10:
      "qui vult esse Christi, faciat opera Christi."
      [Wer Christus gehören will, soll die Werke Christi tun!]

cum effuderis	Wenn du dem Hungernden
esurienti	deine Seele [dein Erbarmen]
animam tuam,	ausgießt,
quantum ad misericordiam	die leibliche Barmherzigkeit
corporalem,	betreffend,
et animam afflictam repleveris,	und die betrübte Seele erfüllst,
quantum ad misericordiam	die geistliche Barmherzigkeit
spiritualem,	betreffend,
orietur in tenebris	dann geht in der Finsternis
lux tua.[468]	dein Licht auf.

Selbst vor der Erkenntnis des Menschen räumt Eckhart der *barmher-zicheit* einen Vorrang ein – in dem Bewusstsein nämlich, dass die Erkenntnis, die unter der Hinsicht des Wegs des Menschen zu Gott „zwar eine ontologische Priorität vor der Liebe hat, weil erst das durch Erkenntnis Verbundene geliebt wird" und werden kann, und weil die Erkenntnis „zudem die Möglichkeit hat, sich selbst durch Erkenntnis ihrer Geschöpflichkeit zu übersteigen", dass sich der Er-kenntnis des Menschen „aber eben darin", „ohne dass sie es ergrei-fen kann, Gott als die gebende Barmherzigkeit" zeigt.[469]

Ein meister sprichet:	Ein Meister sagt:
daz hœhste werk,	Das höchste Werk,
daz got ie geworhte	das Gott je wirkte
an allen crêatûren,	in allen Kreaturen,
daz ist barmherzicheit.	das ist Barmherzigkeit.
Das heimlîcheste	Das Heimlichste
und das verborgenste,	und Verborgenste,
dennoch	selbst das,
daz er an den engeln	was er je
ie geworhte,	in den Engeln wirkte,
daz wirt ûfgetragen	das wird emporgetragen
in barmherzicheit,	in die Barmherzigkeit,

---

468 Eckhart: Sermo XII2: LW IV; 123,5—8.
469 Zum letzten Absatz vgl. Mieth, Dietmar: Gotteserfahrung – Weltverantwortung. 80—81.

das werk
barmherzicheit,
als ez in im selber ist
und als ez in gote ist.
Swaz got würket,
der êrste ûzbruch
ist
barmherzicheit
[...].
Ein meister sprichet:
daz werk
barmherzicheit
ist gote sô gesippe,
aleine wârheit
und rîchtuom
und güete
got nennent, [...]
daz hœhste werk gotes [aber]
ist barmherzicheit
und meinet,
daz got die sêle setzet
in das hœhste
und in daz lûterste,
daz si enphâhen mac,
in die wîte,
in daz mer,
in ein ungründlich mer:
dâ würket got
barmherzicheit.
[...]
Die besten meister sprechent,
daz diu vernünfticheit
schele alzemâle abe
und nimet got blôz,
als er lûter wesen ist
in im selben.

und zwar
in das Werk
der Barmherzigkeit,
so wie es in sich selbst ist
und wie es in Gott ist.
Was immer Gott wirkt,
der erste Ausbruch
ist <immer>
Barmherzigkeit.
[...]
Ein Meister sagt:
Das Werk
<der> Barmherzigkeit
ist Gott so wesensverwandt,
dass zwar Wahrheit
und Reichtum
und Gutheit
Gott benennen, [...]
das *höchste* Werk Gottes aber
ist Barmherzigkeit,
und es bedeutet,
dass Gott die Seele
in das Höchste
und Lauterste versetzt,
das sie zu empfangen vermag:
in die Weite,
in das Meer,
in ein unergründliches Meer;
dort wirkt Gott
Barmherzigkeit.
[...]
Die besten Meister sagen,
die Vernunft
schäle völlig ab
und erfasse Gott entblößt,
wie er reines Sein
in sich selbst sei.

Bekantnisse
brichet durch wârheit
und güete
und vellet
ûf lûter wesen
und nimet got blôz,
als er âne namen ist.
Ich spriche:
noch bekantnisse
noch minne eneiniget niht.
Minne nimet got selben,
als er guot ist,
und entviele got dem namen
güete,
minne
enkünde niemer vürbaz.
Minne nimet got
under einem velle,
under einem kleide.
Des entuot vernünfticheit niht;
vernünfticheit nimet got,
als er in ir bekant ist;
dâ enkan si in niemer
begrîfen
in dem mer
sîner gruntlôsicheit.
Ich spriche:
über disiu beidiu,
bekantnisse und minne,
ist barmherzicheit;
dâ würket got barmherzicheit
in dem hœhsten und in dem
lûtersten,
daz got gewürken mac.[470]

Das Erkennen
bricht durch die Wahrheit
und Gutheit hindurch
und wirft sich
auf das reine Sein
und erfasst Gott bloß,
wie er ohne Namen ist.
Ich aber sage:
Weder das Erkennen
noch die Liebe einigen.
Die Liebe ergreift Gott selbst,
insofern er gut ist,
und entfiele Gott dem Namen
‚Gutheit‘,
so würde die Liebe
nimmermehr weiterkommen.
Die Liebe nimmt Gott
unter einem Fell,
unter einem Kleide.
Das tut die Vernunft nicht;
die Vernunft nimmt Gott so,
wie er in ihr erkannt wird;
sie kann ihn aber niemals
erfassen
im Meer
seiner Unergründlichkeit.
Ich sage:
Über diesen beiden,
<über das> Erkennen und
<die> Liebe hinaus
ragt die Barmherzigkeit;
im Höchsten und Lautersten,
das Gott zu wirken vermag,
dort wirkt Gott Barmherzigkeit

---

470 Eckhart: Predigt 7: DW I; 121,1–123,5.

Nicht nur für die Erkenntnis Gottes, auch für die Erkenntnis des Wesens der menschlichen Seele ist die *barmherzicheit* zentral: *„Waz diu sêle in irm grunde sî, dâ enweiz nieman von. Waz man dâ von gewizzen mac, daz muoz übernatiurlich sîn, ez muoz von gnâden sîn: dâ würket got barmherzicheit"*[471].

Der Mensch also, der Gott erkennen will, der seinem eigenen Wesen als *imago dei* gerecht werden will, ist verwiesen auf die Lebensbewegung „Barmherzigkeit", auf die Hingabe an das Erbarmen, das Mit-Leid, die „compassion"[472], wie die englische Übersetzung *barmherzicheit* wiedergibt.

barmherzicheit	Barmherzigkeit
enist niht anders,	ist nichts anderes,
wan daz der mensche	als dass der Mensch
ûz im selber gât	aus sich selbst herausgeht
ûf sînes ebenmenschen	hin zu den Gebrechen
gebresten	seines Mitmenschen
und dâ von sîn herze	und dass dadurch
betrüebet wirt.[473]	sein Herz betrübt wird.

Zielpunkt der Erkenntnis ist die Ähnlichkeit zu Gott, „der in seinem Wesen freigebig ist und damit unseren, nicht seinen Nutzen sucht"[474].

Das Bemühen um Gerechtigkeit bedeutet, wenn es wirklich Ausdruck „geistiger, vernünftiger Nachfolge" ist, Einsicht und Einwilligung in die Notwendigkeit, „sich ein Auge auszustechen", das Eigene hinzugeben um der Gleichheit mit den „Niedrigen" willen, es bedeutet den Nachvollzug der Lebensbewegung *des Gerechten*, eine Bewegung des Sich-Verschenkens, des „Sich selbst und sich selbst ganz Gebens" in jedem Akt des Wirkens, in dem sich *„ein mensche*

---

471 Eckhart: Predigt 7: DW I; 124,4—6.
472 Vgl. Predigt DW 7 bei Fox, Matthew: Passion for Creation – The earth-honoring spirituality of Meister Eckhart. 440—442.
473 Eckhart: Von abegescheidenheit: DW V; 409,7—410,1.
474 Vgl. Eckhart: Sermo XXXIX: LW IV; 334,9—10. und ähnlich Sermo XXXI: LW IV; 282,11.

über den andern erbarmet[475]. Diese Konkretisierung im Wirken betont Eckhart ausdrücklich, indem er sowohl das Wesen der Barmherzigkeit als auch parallel das der Gerechtigkeit dadurch bestimmt, „dass sie den Menschen auf den Nächsten hinordnen"[476].

Es geht Eckhart zentral um den Nachvollzug des „Blutvergießens" Christi (als Inbegriff des sich und sein Leben *ganz* Verschwendens), der „überquellenden Liebe Christi, durch die er sich Gott für uns hingab/opferte"[477]:

sic, ut sicut ego	Wie ich [Christus]
pro vobis animam meam pono,	für euch mein Leben hingebe,
sic et vos	so sollt auch ihr
pro fratribus	für eure Brüder
ponatis animas vestras.[478]	das Leben hingeben.

Das „Selbst-Opfer" aus Liebe, das so ins Zentrum der Betrachtungen Eckharts sowohl der Inkarnation als auch der Passion Jesu rückt, das den Kern der Lebensbewegung *barmherzicheit* bildet, verbindet er konsequent mit dem bereits mehrfach bedachten Bild der Verwandlung des Holzes in Feuer, mit dem in der Hingabe an Gott stattfindenden Prozess der *generatio*:

Amor	Die Liebe
vero totum offert,	bringt sich ganz zum Opfer,
totum incedit,	entbrennt ganz,
totum sursum agit,	steigt ganz empor,
totum se transformat	formt sich ganz
in amatum,	in den Geliebten,

---

475 Vgl. Eckhart: Predigt 7: DW I; 121,6.
476 Vgl. etwa Eckhart: Sermo XII2: LW IV; 124,12—13:
"misericordias homines regulando ad proximum ordinat";
und Sermo XII2: LW IV; 126,4—5:
„Sequitur: ,et anteibit faciem tuam iustitia tua', in quantum ordinat ad proximum. Hoc est iustitia".
477 Vgl. Eckhart: InEx 254: LW II; 205,3—4:
"effusio sanguinis Christi et pinguedo caritatis, per quam se obtulit deo pro nobis".
478 Eckhart: InIoh 625: LW III; 544,6—7.

deum scilicet,	nämlich in Gott, um,
illi vivit,	ihm lebt sie,
non sibimet,	nicht sich selbst,
secundum illud:	nach dem Wort:
'vivo ego, iam non ego'	,Ich lebe, doch nicht mehr ich,
etc.;	sondern Christus lebt in mir'
	(Gal 2,20)
et iterum:	und
'mihi vivere	,für mich ist Leben
Christus est'.	Christus-Leben'
	(Phil 1,21).
Illi ergo vivit	Ihm also lebt sie,
et ipso vivit,	und durch ihn lebt sie
secundum illud:	nach dem Wort:
'dilectus meus mihi,	,Mein Geliebter ist mein
et ego illi', Cant. 2;	und ich bin sein' (Hld 2,16)
	und
'innixa	,Sie stützt sich
super dilectum suum',	auf ihren Geliebten'
Cant. 8,	(Hld 8,5),
ut dicat:	so dass sie sagen kann:
'mihi autem adhaerere deo	,für mich ist Gott anhangen
bonum est', Psalmus.[479]	das Gute' (Ps 77,28).

Entsprechend bestimmt Eckhart das Wesen der vom Evangelium geforderten „Liebe zu Gott aus ganzem Herzen" als *Selbstvergessenheit*
im Verwandlungsprozess der *alteratio*:

Ubi nota exemplum:	Dazu merke das Beispiel:
pars ligni	Ein Stück
proiecti	des ins Feuer geworfenen
in ignem	Holzes,
	das sich
conversa	in einen Funken
in scintillam	verwandelt hat

---

479 Eckhart: InEx 257: LW II; 206,7—207,2.

seu speciem ignis	oder feuerförmig geworden ist,
	[= *ein Mensch,*
	der vom Feuer Gottes
	erfasst wurde
	und gott-förmig geworden ist;
	E.F.,]
mox ipsum lignem,	verlässt das Holz,
a quo,	von dem,
per quod	durch das
et in quo habebat	und in dem es
totum suum esse,	sein ganzes Sein
utpote pars ipsius,	als dessen Teil hatte,
deserit	flieht zurück
et fugit rursus	und strebt,
et quasi sui ipsius	als ob es sich selbst
oblita	vergessen hätte,
sursum tendit,	nach oben,
quamvis exstinguendo	obgleich es unterwegs
medio.[480]	verlischt.

Die barmherzige, sich selbst vergessende, die das eigene „Verlö-
schen" riskierende Hingabe „in der Nachfolge des Lammes" ist –
darauf ist hier zurückzukommen – getragen vom Nachvollzug des
göttlichen „Willens zur Gleichheit", der seinen Ausdruck findet im
„Abstieg Gottes auf der Leiter der Demut". Im Nachvollzug dieses
„Abstiegs" steigt der Mensch, so formuliert Eckhart in paradoxer
Weise, zu Gott auf. Im Abstieg nähert er sich ihm und damit dem
Geheimnis der Gerechtigkeit an: „Die Demut ist die Leiter, auf der
Gott zu den Menschen kommt und [darum!] die Menschen zu
Gott"[481].

Gott selbst nämlich, der „das Urbild (*exemplum*) oder die Urform
(*forma*) der Barmherzigkeit ist"[482], ...

---

480 Eckhart: Sermo XXX: LW IV; 276,9—12.
481 Vgl. Eckhart: InIoh 90: LW III; 78,2—3:
„humilitas scala est per quam deus venit ad homines et homines ad
deum".
482 Vgl. Eckhart: Sermo XII2: LW IV; 119,8—9.

miseretur	... erbarmt sich
et excitat alios	und erweckt andere
ad misericordiam,	zur Barmherzigkeit,
ad compassionem	zum Mitleiden
et subventionem.[483]	und Helfen.

Sich „zur Barmherzigkeit erwecken zu lassen", „im Abstieg der Demut zu Gott aufzusteigen" bedeutet zum einen, „nicht aus Begierde,
sondern vorsätzlich und auf Geheiß der Vernunft barmherzig zu
sein"[484], „sich von Mit-Leid, nicht von selbstbezogener Leidenschaft,
von Liebe und Durst nach Gerechtigkeit und nicht nach Geld oder
dergleichen leiten zu lassen", und dann „zu sehen" [485]: „Ich will hin-
absteigen und sehen" (Gen 18,21).
Das aufmerksame Sehen, die Wahrnehmung des Leidens des
„Nächsten", des Anderen, *sine passione*, begründet das Erbarmen „in
einem einfachen und wesentlichen Wirken" (*simplici et essentiali operatione*)[486]:

---

483 Eckhart: Sermo XLVI: LW IV; 395,2—3.
484 Vgl. Eckhart: Sermo XII2: 128,10—13. Die Vernunft garantiert dabei die
    notwendige Verbindung, die „Begegnung" von Barmherzigkeit, Wahrheit
    und Recht.
485 Vgl. die Beschreibung der „Ordnung, Recht zu sprechen" bei Eckhart:
    InGen 256: LW I; 397,4 und 397,10—398,2:
    „Descendam et videbo': [...] Primo enim debet descendere ut ex compas-
    sione, non ex passione moveatur, amore et siti iustitiae, non pecuniae aut
    aliquo huiusmodi, post videre examinando causam et eius circumstantias,
    secundum illud Iob 29: 'causam quam ignorabam diligentissime investiga-
    bam'."
    *[,Ich will hinabsteigen und sehen': [...] Zuerst ist es nötig, herabzusteigen, d. h.
    sich von Mit-Leid, nicht von [selbstbezogener] Leidenschaft bewegen zu lassen,
    von Liebe und Durst nach Gerechtigkeit, nicht nach Geld oder dergleichen. Dann
    [ist es nötig], zu sehen, den Fall [bei dem es konkret um Gerechtigkeit und Recht
    geht] und seine Umstände zu prüfen, gemäß Ijob 29,16: „Die mir unbekannte Sa-
    che habe ich fleißig untersucht'.]*
486 Vgl. Eckhart: Sermo XII2: LW IV; 128,4—7:
    „Sciendum ad praesens quod pater caelestis misericors dicitur et dupliciter
    miseretur, in quo nobis datur forma quam imitemur. Miseretur enim primo
    sine passione. Item miseretur simplici et essentiali operatione".

qui ascendunt	Wer durch die Gnade
et in alto sunt	aufsteigt,
per gratiam,	und „in der Höhe" ist,
debet descendere	muss herabsteigen,
et	nämlich
condescendere	sich zu denen herablassen,
inferioribus,	die unter ihm sind,:
Petri 4: 'unusquisque,	‚Ein jeder teile die Gnade,
sicut accepit gratiam,	die er empfangen hat,
in alterutrum illam	dem anderen mit'
administrantes'.[487]	(1 Petr 4,10).

Die Bewegung des Abstiegs, des Sich-Herablassens zum Niedrigeren, dient dazu, den eigenen „Reichtum", „sich selbst ganz" mitzuteilen: Es geht, wie Eckhart formuliert, darum, „sich zu dem, der am Boden liegt, herabzuneigen, um ihn aufrichten zu können"[488]!
Im Bewusstsein, all das, was er selbst ist und hat, ganz der Gnade Gottes zu verdanken, schenkt der Gerechte, der Barmherzige diesen Reichtum weiter: Wie er sich Gott gegenüber als „Armer", als derjenige versteht, dem „es eigen ist, nicht zu geben, sondern zu empfangen"[489], so nimmt er dem „am Boden liegenden Armen", dem „Niederen" gegenüber die Position des „Reichen" (des von Gott mit Reichtum Beschenkten) ein, „zu dessen Wesen es gehört, zu geben, nicht zu empfangen"[490]:

qui lumen,	Jeder, der das Licht,
gratiam dei, recipit,	Gottes Gnade empfängt,
sciat se debitorem	soll seine Pflicht erkennen,
illuminandi ceteros,	andere zu erleuchten,
secundum illud 1 Petr. 4:	nach dem Wort:

---

487 Eckhart: InIoh 281: LW III; 235,10–12.
488 Vgl. Eckhart: Sermo XLVI: LW IV; 393,8–9:
  „Nota: stans in alto iacentem non erigit nisi inclinatus ad iacentem".
489 Vgl. die im Kontext der Überlegungen zur Demut bereits angesprochene Deutung der Armut als wesentliche „Empfänglichkeit": Eckhart: Sermo XXXIV: LW IV; 302,12–13.
490 Vgl. Eckhart: InIoh 262: LW III; 217,4–5.

,unusquisque	,Wie ein jeder
sicut accepit gratiam'	die Gnade empfangen hat,
etc.[491]	teile er sie dem Andern mit'.

Barmherzigkeit „besteht im Geben": „Verkaufe alles, was du hast, und gib es den Armen – und du wirst einen Schatz im Himmel haben"[492]. Der „Reichtum", den der Barmherzige gibt, ist dabei nicht nur Geld oder Brot für die Armen. Der „Reichtum" ist er selbst, sein eigenes Leben:

iustus miseretur	Der Gerechte erbarmt sich
et retribuet.	und gibt reichlich (Ps 36,21).
[...]	[...]
habet semper	Wessen Herz
unde det,	voll von Liebe ist,
cui plenum pectus est	der hat immer etwas,
caritatis.	wovon er geben kann.
[...]	[...]
Commodat [iustus]	[Der Gerechte] leiht
caeco oculos,	dem Blinden seine Augen,
claudo pedes,	dem Lahmen seine Füße,
manco manus,	dem Krüppel seine Hände,
praestat consilium,	er spendet Rat und Hilfe,
praestat auxilium, si potest,	wo er kann,
voce adiuvat,	er hilft durch seine Fürsprache,
pro tribulato orat	bittet für den Gepeinigten,
et forte	und vielleicht
magis ipse exauditur	findet er mehr Gehör
quam	als der,
qui porrigit panem.[493]	der [nur] Brot darreicht.

---

491 Eckhart: InGen 111: LW I; 264,8—10.
492 Vgl. Eckhart: Sermo XII2: LW IV; 121,4—7.
493 Eckhart: Sermo XXII: LW IV; 195,14—196,6.

Arbor igitur fructifera	Ein ‚fruchtbringender
et bona est,	und guter Baum'
quisquis	ist daher jeder,
proximis indigentibus	der den bedürftigen Nächsten
et	sowohl
fructum	die ‚Frucht'
suae liberalitatis	seiner Freigebigkeit
et	als auch
umbram exhibet	den ‚Schatten' seines Schutzes
suae protectionis.[494]	spendet.

Wenn Eckhart im Kontext der Nachfolge in dieser Weise vom Mit-Leiden spricht, so bedeutet dies sehr konkret, sich selbst rückhaltlos mit dem Leidenden zu identifizieren. Der „Wille zur Gleichheit", der die Bewegung der Barmherzigkeit hin zum „Niederen" bestimmt, bedeutet die Bereitschaft, selbst das „Kreuz" des (Mit-)Leidens und der Armut auf sich zu nehmen.

Entsprechend gehört zur „häufigen, frommen Betrachtung des Leidens unseres Herrn"[495] wesentlich die „Verabscheuung der Sünde"[496], die „Verleugnung der weltlichen Gelüste"[497] und die „Abtötung des ‚Fleisches' (des Selbst-fixierten Lebens) im Mit-Leid mit dem Nächsten"[498].

Eckhart warnt ausdrücklich vor *den* Menschen, „die *Christi* und *anderer Menschen* Kreuz ‚aufnehmen' und lobpreisend erheben, und es doch [selbst] ‚mit keinem Finger anrühren wollen' (Mt 23,4)"[499]. Wirkliches Mit-Leid dagegen kann sich nicht auf verbale Bekenntnisse beschränken, die Barmherzigkeit verlangt, mit dem eigenen Leben an das Kreuz zu rühren, sich berühren zu lassen vom Leid des „am Boden liegenden Armen" und *sein* „Kreuz" als das eigene, als ein *sich zu eigen genommenes* in Demut „zu tragen".

---

494 Eckhart: Sermo XX: LW IV; 185,12—13.
495 Vgl. Eckhart: Sermo XLV: LW IV; 384,2—3.
496 Vgl. Eckhart: Sermo XLV: LW IV; 384,12.
497 Vgl. Eckhart: Sermo XLV: LW IV; 385,13.
498 Vgl. Eckhart: Sermo XLV: LW IV; 386,7.
499 Vgl. Eckhart: Sermo XLV: LW IV; 383,13—14.

II.3.14. Die materielle Armut, das Almosen, die Gerechtigkeit und der Frieden

Das Leben des Gerechten ist, so wurde deutlich, fundamental geprägt durch das Wirken der Werke der Barmherzigkeit, geprägt von der radikalen Offenheit und Bereitschaft „zu sehen", geprägt vom Mit-Leid, vom notwendigen Sich-Herabbeugen zum „Niederen", zum Armen, zum Leidenden, von der selbstvergessenen Hingabe und der Bereitschaft, „an das Kreuz zu rühren", es zu „tragen" mit den *eigenen* Händen. Dabei geht es ausdrücklich nicht in erster Linie darum, „Almosen zu verteilen" in dem Sinn, dass in der Barmherzigkeit nur „ihr Wesensgift, der Hochmut"[500] sichtbar würde: „Wenn ein Mensch [...] barmherzig zu seinesgleichen ist, wird er nicht selten herablassend und genießt diese Herablassung"[501]. Eckhart, der hier von der Gefahr der „Ungerechtigkeit des eitlen Ruhms" spricht, weist dementsprechend an verschiedenen Stellen seines Werkes und in unterschiedlichen Zusammenhängen ausdrücklich auf die notwendige Verbindung der Barmherzigkeit mit der Demut und der Gerechtigkeit hin:

dives	Der Reich sendet
pro vana gloria	aus eitlem Ruhm
mittit eleemosynam pauperi	dem Armen ein Almosen
per nuntium;	durch einen Boten;
iniustitia	die Ungerechtigkeit
vanae gloriae	des eitlen Ruhms
non est in nuntio,	liegt nicht bei dem Boten,
sed in divite	sondern bei dem Reichen,
qui misit illum.[502]	der ihn gesandt hat.
qui dilectionem propriam	Wer Eigenliebe
sive gaudium,	oder eigene Freude
etiam spiritus,	– auch solche des Geistes –

---

500 Vgl. Rahner, Karl: Preis der Barmherzigkeit. 259.
501 Vgl. ebd.
502 Eckhart: InIoh 429: LW III; 367,4—6.
503 Eckhart: Sermo XXXIV: LW IV; 304,13—15.

quaerit,
errat.
Unde, Matth. 6, petimus cotidie:
,adveniat regnum tuum'.
'Tuum', dicit.[503]

sucht,
der irrt.
Daher bitten wir täglich:
,Dein Reich komme'.
,*Dein*' heißt es!

quicumque in templo dei,
in ecclesia scilicet,
operatur bona,
intendens
aliquod temporale
aut etiam quodcumque
praeter deum,
talis est Iudas,
Simon est
- a quo simoniaci -

Wer immer im Tempel Gottes,
in der Kirche nämlich,
Gutes tut,
dabei jedoch etwas Zeitliches
oder sonst etwas anderes
als Gott
im Sinn hat,
ist ein Judas (Mt 26,14ff.),
ein Simon (Apg 8,18ff.)
– daher die Bezeichnung
,Simonist' – ,

mercennarius est, servus est,
Lev. 23:
,opus servile
non facietis mihi'.

ein Mietling ist er, ein Knecht:
,Ein knechtisches Werk
sollt ihr mir nicht tun!'
(Lev 23,7).

Non enim opus facit
deo,
sed sibimet,
qui utilitatem propriam,
honorem,
divitias
aut delicias quaerit,

Denn nicht für Gott,
sondern für sich selbst
tut ein Werk,
wer dabei eigenen Nutzen,
Ehre,
Reichtum
und Wohlergehen sucht;

sicut non deo,
sed sibi ieiunat,
qui ea
quae sibi ad tempus substrahit,
non pauperibus tribuit,
sed ventri
postmodum offerenda
custodit.
[...]

so ,fastet' nicht für Gott,
sondern ,für sich selbst,
wer das,
was er sich zeitweise entzieht,
nicht den Armen austeilt,
sondern es aufhebt,
um es später
seinem Bauch
zukommen zu lassen'. [...]

Adhuc autem opus tale	Zudem
mortuum est	ist ein solches Werk tot
nec fit in deo;	und wird nicht in Gott getan;
quod enim factum est in illo,	denn nur, was in *ihm* getan ist,
vita est, Ioh. 1.[504]	ist Leben.
Et hoc est	Dies wird dem Barmherzigen
quod misericordi promittitur	verheißen:
Is. 58:	‚Dein Heil
'sanitas tua	wird eilends aufgehen
citius orietur	und deine Gerechtigkeit
et anteibit faciem tuam	wird vor deinem Angesicht
iustitia tua',	einhergehen" (Jes 58,5).
[...].	[...]
Signanter autem	Dies aber
hoc dictum est,	ist ausdrücklich gesagt,
scilicet ut misericordia	damit die Barmherzigkeit
sit iusta,	gerecht sei,
dans unicuique quod suum est.	indem sie jedem das Seine gibt.
[...]	[...]
magnum est scelus	Ein großes Verbrechen ist es,
sumptus pauperum	den Unterhalt der Armen
praestare divitibus	den Reichen zu geben
et de sumptibus	und vom Unterhalt
inopum	der Bedürftigen
acquirere	die Gunst der Mächtigen
favores potentum,	sich zu erwerben,
quaerentis terrae	der dürstenden Erde
aquam tollere	das Wasser zu nehmen
et flumina	und die Flüsse
irrigare.[505]	damit zu bewässern.

---

504 Eckhart: InIoh 311: LW III; 258,13—259,7.
505 Eckhart: Sermo XII2: LW IV; 125,2—3 und 126,5—9.

Dieses Verständnis von demütiger und gerechter Barmherzigkeit, wie es im Werk Eckharts einsichtig wird, sei noch einmal mit den Worten Karl Rahners zusammengefasst:

„So geben, dass er dabei sich nicht ‚gnädig' herablässt, kann offenbar nur der, der sich und seine Gabe als dauernd empfangen und geliehen weiß, damit sie weitergegeben werde; jener also, der sich selbst immerfort erfährt als der, an dem urgründige, umfassende Barmherzigkeit geschieht, so dass er nicht das Seine, sondern das Empfangene als solches weitergibt, weiterströmen lässt, weil es ihm nie gegeben wurde, damit er es behalte. Barmherzig sein kann man also, ohne schrecklich zu werden, nur, wenn und indem man sich selbst als barmherzig geliebt weiß und als solchen sich annimmt; wenn man gibt, indem man die Liebe selbst empfängt. Nur der in der Agape[506] Geliebte kann in Agape barmherzig sein, nur wer diese Demut – selbst   noch einmal als Gabe der Liebe empfangen – als Grundakt seines Daseins vollzieht, wird nicht stolz in seiner Barmherzigkeit. Nur so offenbart er in der Tat der Barmherzigkeit nicht seine Sicherheit und seinen Reichtum, sondern seine eigene   Armut, von der der andere sich beschenken lassen kann. Und wenn der Barmherzige den anblickt, dem er hilft, erblickt er in ihm seine eigene Armut und Not, ist mit ihm brüderlich dort, wo alle Armen und Leeren zusammen aus derselben Fülle empfangen, und so empfängt er von seinem Bruder mehr, als er gibt: den unverhüllten Anblick seiner eigenen Leere, in dem er allein seinen eigenen empfangenen Reichtum nicht verliert. *Simul dives et pauper.* [...]

Das schönste Wunder der menschlichen Barmherzigkeit aber ist dieses: Wer wirklich barmherzig ist, lässt sich los, identifiziert sich mit dem notleidenden Bruder, wagt sich ins Unübersehbare, seiner Freiheit wird es zu ihrem eigensten Wagnis, sich zu verlieren. [...]

Denn wer loslässt und springt, fällt in die Tiefe, die da ist, nicht nur insoweit er sie selbst ausgelotet hat. Wer sein und seines Bruders Menschsein ganz annimmt (ach, das ist unsagbar schwer, und dunkel bleibt es, ob wir es wirklich tun), der hat den Menschensohn angenommen, weil in ihm Gott den Menschen angenommen hat. Wenn es in der Schrift heißt, es habe das Gesetz erfüllt, wer den Nächsten

---

506 Rahner beschreibt die „Agape", um die es hier geht, als „die in der Botschaft des Evangeliums verkündete Liebe, die sich zur Armut herabneigt, sich nicht wie der Eros an der Schönheit des Geliebten entzündet, sondern ihn barmherzig liebt, obwohl oder weil er arm, niedrig, nichtig ist" (vgl. Rahner, Karl: Preis der Barmherzigkeit. 260).

liebt, dann ist dies darum die letzte Wahrheit, weil Gott dieser Nächste selbst geworden ist und so in jedem Nächsten immer dieser eine Nächste und Fernste zumal angenommen und geliebt wird, weil darum die schenkende Hingabe an den Bruder tiefer empfängt: Fülle um Fülle unseres barmherzigen Gottes und darin ihn selbst zu seinem Preis."[507]

Worum es Eckhart geht, ist eine in der Lebensbewegung der Demut, der Barmherzigkeit und Gerechtigkeit wirklich vollzogene „Umkehr", eine innere, mit Entschiedenheit vollzogene Abkehr des Menschen vom Götzendienst der „Markt-Weisheit", wie sie oben unter dem Aspekt des *zuobindens* und des *abekêrenens* verdeutlicht wurde. Diese Form der Umkehr begründet ein neues Verhältnis zur Welt und damit auch zu den „irdischen Gütern" und wiederum damit auch zum materiellen Besitz: die „genügsame Armut" als Lebensform. Sie wird im Werk Eckharts beschrieben in Abgrenzung zur „Anhänglichkeit an niedere und weltliche Dinge", die den Reichtum an materiellen Gütern in Konkurrenz und Gegenerschaft zum „Reichtum des Glaubens" bringt: „Hat nicht Gott die Armen dieser Welt erwählt, die reich im Glauben sind?"[508].

anima	Die Seele,
adhaerens multis	die vielem anhängt,
recedit a deo.	entfernt sich von Gott.
Et quanto adhaeret plus et plus multis,	Und je mehr und mehr sie vielem anhängt,
tanto est pauperior,	um so ärmer,
tanto peior,	um so schlechter,
tanto miserior,	um so elender ist sie,
tanto minus est.	um so weniger ist sie.
[...]	[...]
Apoc. 3:	Du sagst,'Ich bin reich' –
,dicis quia dives sum', [...]	du weißt nicht,
'nescis	dass du elend
quia miser es	und armselig

---

507 Rahner, Karl: Preis der Barmherzigkeit. 260–261 und 263–264.
508 Eckhart: Sermo XXII: LW IV; 194,4. Er zitiert hier Jak 2,5.

et miserabilis
et caecus
et pauper'.

Augustinus [...]:
anima
quae in multa procedit,
sectatur aviditate
pauperiem.[509]

concludere \<licet\>
quod eo quis est pauperior,
quo rebus
huius mundi
temporalibus est ditior.
Temporale enim
ad aeternum nihil est
nec
pars
diei.

Tunc sic:
qui plus habet sapientiae,
sapientior est.
Igitur
qui plus nihil habet,
pauperior est.
Pauper enim dicitur
qui nihil habet.

Sed quo quis ditior est
in hoc mundo,
eo plus habet de nihilo,
cum temporalia
sint quoddam nihil.

Ergo a primo ad ultimum:

und blind
und arm bist
(Offb 3,17).

,Die Seele,
die in die Vielfalt sich begibt,
läuft durch ihre Gier
gerade hinter der Armut her'
(Augustinus).

Man kann den Schluss ziehen,
dass jemand um so ärmer ist,
je reicher er
an den zeitlichen Gütern
dieser Welt ist.
Denn das Zeitliche
ist vor dem Ewigen nichts,
nicht so viel
wie der [kleinste] Teil
eines Tages.

Dann kann man so schließen:
Wer mehr Weisheit hat,
ist weiser.
Also ist,
wer mehr vom Nichts hat,
ärmer;
denn ,arm' nennt man den,
der nichts hat.

Je reicher aber jemand
in dieser Welt ist,
umso mehr hat er vom Nichts,
denn die zeitlichen Güter
sind ein Nichts.

Die Schlusskette ergibt also:

---

509 Eckhart: Sermo XXII: LW IV; 194,5−12; vgl. auch Sermo XXX: LW IV; 280,1−6.
510 Eckhart: Sermo XLIII1: LW IV; 361,13−362,3.

quo quis ditior,	je reicher jemand ist,
eo pauperior.	um so ärmer ist er.
Unde Apoc. 3:	Daher heißt es:
'dicis,	‚Du sagst:
quia dives sum et locuples'	ich bin reich und vermögend,
'et nescis,	und weißt nicht,
quia tu es pauper et caecus etc.	dass du arm und blind
et nudus'.[510]	und nackt bist'.

volens contemplari et gustare	Wer himmlische Dinge
caelestia	betrachten und schmecken will,
oportet	muss
tollere velamen	den Schleier der Anhänglichkeit
affectionis inferiorum	an niedere und weltliche Dinge
et mundanorum.[511]	wegnehmen.

Die Gefahr für die Seele, in der Gier nach irdischen Gütern in Wahrheit hinter Nichtigkeiten, hinter dem „Nichts" und damit der Armut herzulaufen, für Eckhart eine zentrale Bedrohung des Menschen. Diese Gier „verschleiert" und entstellt dabei nicht nur die Wahrnehmungsfähigkeit des Einzelnen gegenüber den „himmlischen Dingen" – dadurch, dass der von Gier erfüllte Mensch diese „himmlischen", wesentlichen Dinge nicht mehr anschauen, betrachten und „schmecken" kann, wird er unfähig, sein eigenes, wahres Wesen als *imago dei* zu erkennen, das er mit allen anderen Menschen teilt.

An die Stelle des Wissens um die Gleichheit der Geschöpfe in ihrer Armut und Demut vor Gott, ihrem geteilten Verdankt-Sein tritt die Illusion eines unabhängigen, in Konkurrenz zu den „Anderen" entwickelten „hochmütigen", überheblichen „eigenen Ich", das den Menschen sich in sich selbst verschließen lässt. Diese *perversitas*, die Entstellung des Wesens des Menschen durch das illusorische, auf Nichts gestützte Eigen-Ich, steht im Zentrum der Kritik Eckharts.[512] Sie droht als Inbegriff der Ungerechtigkeit, des Nicht-dem-Sein-

---

511 Eckhart: ParGen 129: LW I; 593,10—11.
512 Vgl. hierzu ausführlich den Abschnitt II.2.2.2.b („Das ‚überschriebene Bild': Entfremdung und Sünde) dieser Arbeit.

entsprechend-Seins, den einzelnen Menschen wie die zwischenmenschlichen Beziehungen zu „zerstören".

Diese grundlegende „Verkehrung" des Menschen, seine „Liebe zum
vom Gemeinsamen abgetrennten Ich" und die gleichzeitige Selbst-
Verknechtung unter die Götzen des nichtigen, vergänglichen Gutes
sind in negativer Weise in der Welt struktur-begründend wirksam:

- Während „der Natur Weniges und Geringes genügt" (im Sinne
  dessen, was mit der Schöpfung den Menschen zur gemeinsamen
  Nutzung geschenkt ist), „genügt der Habgier nichts:

Cum enim unum nemus	Während eine Trift
multis pecoribus ad esum	[in Wahrheit]
sive pastum sufficiat,	als Weide
	für eine ganze Herde ausreicht,
	reichen
	[in der von der Habsucht
multa nemora	geprägten Welt]
uni homini	viele Triften nicht aus
non sufficiunt.[513]	für *einen* Menschen.

- Die In-Besitz-Nahme der „vielen Triften" durch den Einzelnen
  und ihre der Demut und Gerechtigkeit widersprechende Dekla-
  rierung als vom Gemeinsamen abgetrenntes „Eigenes" vernichtet
  die Lebensgrundlage des „Restes" der „Herde":

magnum est scelus	Ein großes Verbrechen ist es,
sumptus pauperum	den Unterhalt der Armen
praestare divitibus	den Reichen zu geben
et de sumptibus	und vom Unterhalt
iopum	der Bedürftigen
acquirere	die Gunst der Mächtigen
favores potentum,	sich zu erwerben,
quaerentis terrae	der dürstenden Erde
aquam tollere	das Wasser zu nehmen

---

513 Eckhart: InGen 126: LW I; 281,13—15.

et flumina	und die Flüsse
irrigare.[514]	damit zu bewässern.

- Das Verbrechen, den Armen das Notwendige zum Lebensunterhalt zu entziehen, ihnen „den Zugang zu den Triften zu verweigern", wie auch die nicht zu stillende Konkurrenz der einzelnen auf das „Eigene" fixierten Habgierigen untereinander führen zu einem Zustand des Krieges – zu einem Zustand des erbitterten Kampfes um die Verteilung des in Wahrheit „Gemeinsamen":

lex naturae	Das Naturgesetz hat
	[dem Menschen]
terminum statuit	nicht mehr zugeteilt,
non esurire,	als dass er nicht hungern
non sentire	und dürsten soll
- quod hic dicitur:	– also: Brot zu essen –
panes ad vescendum -	
non algere	und nicht frieren soll
- quod hic dicitur: vestem	– also: ein Gewand,
ad induendum -	sich zu bekleiden –.
[...]	[...]
ut famem sitimque	Um Hunger und Durst
depellas,	zu vertreiben,
non est necesse	braucht man weder
	[auf Eroberungsfahrten]
maria temptare	die Meere zu befahren
nec sequi castra.	noch Kriegszüge mizumachen.
Ad manum est,	Was genügt,
quod satis est.[515]	ist zur Hand.

„Äußere Dinge [zeitliche Güter, Reichtümer, Speise und Trank ...]", so betont Eckhart konsequent, „sind nicht an sich gut, sondern unsere Schwäche und Bedürftigkeit macht sie gut. [...] Diese Güter sind

---

514 Eckhart: Sermo XII2: LW IV; 126,7—9.
515 Eckhart: InGen 291: LW I; 427,8—12.

nicht schlechthin gut, sondern nur für die Bedürftigen und für die Zeit der Bedürftigkeit, nicht immer"[516]. Mit dieser Hervorhebung des durch Schwäche und Bedürftigkeit des Menschen bestimmten Wertes der irdischen Güter wird nun auch streng logisch einsichtig, warum im Denken Eckharts Demut und Barmherzigkeit zum Grundprinzip der Gerechtigkeit werden.

Um zur Erkenntnis der Gerechtigkeit zu gelangen, ist es unverzichtbar, sich „zum Niedrigsten herabzuneigen", in der demütigen Bewegung der Aufmerksamkeit die entgegenkommende Armut, Schwäche und Bedürftigkeit „zu sehen" und wahr-zu-nehmen, um dann in einer Bewegung des Sich-Verschenkens, des Verteilens des „Eigenen" (das in Wirklichkeit schon immer „Gemeinsames" ist) unter den Bedürftigen die Wirklichkeit der Welt einem Zustand näherzubringen, in dem wirklich „jedem das Seine gegeben wird", in dem das wenige Notwendige („Brot zum Essen und ein Gewand, sich zu kleiden") niemandem vorenthalten wird, in dem „der ganzen Herde der Menschen Zugang zu den Triften der Schöpfung gewährt wird". Wo dies in Wahrheit geschieht, erübrigen sich Eroberungs- und Verteilungs-Kriegszüge von selbst.

Den unauflöslichen Zusammenhang zwischen der Abkehr von der „Liebe zum ‚Eigenen' und der Hinkehr zu Gott, zum „Einen Notwendigen", und damit zur Gerechtigkeit, und dem wirklichen Frieden hat sehr klar Udo Kern[517] herausgearbeitet:

„Frieden ist bei Meister Eckhart keine irreale Hoffnung, keine vertröstende Utopie. Frieden ist bei ihm auch nicht isolierter Seelenfrieden, sich selbst genügende fromme Friedfertigkeit, die sich in seliger Beschaulichkeit pazifistisch ergötzt. Frieden ist kein Spiel des mystagogenen Helden, der in tragischer Weltentsagung solipsistische Genugtuung erreicht. Nicht der schöne Traum des ausgestiegenen bzw. aussteigenden Phantasten schafft und ist Frieden. Frieden ist für

---

516 Vgl. Eckhart: InIoh 609: LW III; 530,11—531,1:
„Patet ergo quod ista exteriora non sunt in se bona, sed nostra infirmitas et indigentia facit ipsa bona. [bona ista] non sunt bona simpliciter, sed indigenti, et pro tempore indigentiae, non semper".

517 Vgl. dazu den umfassenden Aufsatz: „*Man sol luofen in den vride. –* ‚Frieden' bei Meister Eckhart. in: Kern, Udo: Gottes Sein ist mein Leben. 252—263.

Meister Eckhart nicht – weder genetisch noch ontisch – psychisch, anthropologisch und ‚natürlich' fundamental fassbar. Frieden ist bei Eckhart genetisch und ontisch, also in seinem Woher und in seinem Sein, an *ein* Subjekt gebunden. In der Relation zu diesem einen Subjekt ‚west' Frieden, wird er den Menschen und die Kreatur prägende Wirklichkeit. Dieses eine, unaufhebbare Subjekt des Friedens ist für Eckhart ein theologisches: *Gott* ‚sprichet vride in sîn volk'[518]. Gott ist *das* Subjekt des Friedens."[519]

Gott, der „das Urbild (*exemplum*) oder die Urform (*forma*) der Barmherzigkeit ist"[520], der „sich erbarmt und andere zur Barmherzigkeit, zum Mitleiden und Helfen erweckt" [521], begründet damit seine „Ordnung göttlichen Friedens", die Eckhart in Anlehnung dan Dionysius Areopagita beschreibt:

Sant Dionysius sprichet:	Der heilige Dionysius spricht:
‚der götlîche vride	‚Der göttliche Frieden
durchvert	durchzieht
und ordent	und ordnet
und endet alliu dinc;	und vollendet alle Dinge;
und entaete der vride	und täte der Frieden
des niht,	dies nicht,
sô zervlüssen alliu dinc	so zerflössen alle Dinge
und enhaeten	und hätten
keine ordenunge'.[522]	keine Ordnung'.

Indem der göttliche Friede selbst

* den Menschen „sich wieder zurückneigen macht in ihren ersten Ursprung"[523], ihn demütig macht,

---

518 Eckhart: Predigt 45: DW II; 368,1.
519 Kern, Udo: Gottes sein ist mein Leben. 252.
520 Vgl. Eckhart: Sermo XII2: LW IV; 119,8—9.
521 Vgl. Eckhart: Sermo XLVI: LW IV; 395,2—3.
522 Eckhart: Predigt 57: DW II; 595,4—6.
523 Vgl. ausführlich die Beschreibung des „vierten Merkmals des Friedens" bei Kern, Udo: Gottes Sein ist mein Leben. 261.

- indem er ihn „dazu qualifiziert, dass er ‚sich entgiezende und vliezende in der minne wird"[524], dass er fähig wird zur Hingabe in der Liebe,
- indem er den Menschen und alle Kreaturen „diensthaft untereinander macht, so dass sie einen Bestand haben, eine an der anderen"[525],

schafft er wirkliche Kommunikation, Kommunion zwischen Gott und dem Menschen, zwischen den Menschen untereinander, zwischen dem Menschen und allen Kreaturen:
„Das ist nicht ein loser Zusammenhang, eine mehr oder weniger zu entbehrende Verbindung. [...] Die Geschöpfe werden in der Tiefe fundamental aufeinander und zueinander ausgerichtet. Sie werden so einander ‚dienstbar' gemacht, dass sie in ihrem ‚bestân' an den anderen gebunden sind. Für ihr Leben wesentlich Notwendiges, das sie nicht in sich selber finden, finden die Kreaturen in dem Anderen [...]. ‚Alle Kreaturen suchen außer ihrer selbst eine an der anderen das, was sie [selbst] nicht hat'[526]. Ja, Eckhart kann sagen: ‚Eine Kreatur vermag wohl der anderen das Leben zu geben'[527]."[528]
Dadurch dass die Kreaturen zu „*einander Leben Gebenden*"[529] werden, „wird der Anarchie des Unfriedens der Raum genommen"[530]:

„Frieden setzt dem destruierenden Chaos ein Ende. Frieden ordnet die Menschen, Dinge, Verhältnisse. Der göttliche Friede schafft eine Friedensordnung in den Dingen und bei den Menschen. Diese Ordnung, die der Frieden schafft, zerstört nicht die Dinge, bedeutet nicht Vergewaltigung ihrer Natur, nicht Etablieren eines abstrakten Ordnungsprinzips, das dem Sein der Dinge essentiell entgegenstünde. [...] Durch den Frieden werden die Dinge wahrhaft vollendet, wird ihrem Sein entsprochen. Unfrieden inhäriert anarchistische Destruk-

---

524 Vgl. die Beschreibung des „zweiten Merkmals des Friedens" bei Kern, Udo: Gottes Sein ist mein Leben. 260.
525 Vgl. das „dritte Merkmal des Friedens" bei Kern, Udo: Gottes Sein ist mein Leben. 260.
526 Vgl. Eckhart: Predigt 13a: DW I; 225,2—3.
527 Vgl. Eckhart: Predigt 8: DW I; 131,4—5.
528 Vgl. Kern, Udo: Gottes Sein ist mein Leben. 260—261.
529 Vgl. Kern, Udo: Gottes Sein ist mein Leben. 261.
530 Vgl. Kern, Udo: Gottes Sein ist mein Leben. 259.

tion, Frieden ordnende Vollendung der Dinge. Die ordnende Arbeit des Friedens verhindert das ‚zervlüssen alliu dinc' und das Einnisten des anarchistischem Chaos".[531]

Der „Lauf in den Frieden", zu dem Eckhart ermuntert, ist, wie Udo Kern betont „für den Aus-Gott-Geborenen", in unserem Kontext: für den Gerechten, „ein Tun":

> „Dem entsprechen nach Eckhart viele Menschen nicht. Sie haben zwar alle den Wunsch nach Frieden, aber Frieden bleibt für sie ein Optat. Frieden bestimmt sie in ihren Wünschen, aber nicht in ihrem Leben, in ihrer Tat.
> ‚...alle wollen Frieden, aber wenige das, was zum Frieden dient, wenn sie solche Dinge tun, die weder [dem Frieden] dienen noch zum Frieden beitragen, sondern vielmehr Hass und Streit erzeugen'. Solange Frieden bei den Menschen nur eine Wunschkategorie ist, solange sie zwar den Frieden wünschen, aber nicht das tun, was diesem entspricht, vielmehr Taten des Unfriedens (*odium et lites*), ist kein Frieden. Frieden ist gerade von seinem theologischen Anfang her Frieden-Tun. Wer die Tat hier nicht kennt, weiß – epistemologisch und ontologisch – nichts vom Frieden. Das, was der Mensch in seinen Wünschen vom Frieden träumt, ist nicht legitimer Ersatz für die Tat des Friedens, für den notwendigen Lauf in den Frieden."[532]

Der „Lauf in den Frieden", das Tun dessen, was zum Frieden dient, die Arbeit zugunsten der „göttlichen Ordnung" und gegen das „Einnisten des anarchistischen Chaos" ist, so betont Eckhart in aller Schärfe, die „Arbeit" der Umkehr: der Hinkehr zu Gott, dem Einen, und der Abkehr vom „Vielen", von den vergänglichen, irdischen Gütern.

> „Wo die Kreatur die Stelle Gottes als Subjekt und Beginn von Frieden einnimmt, ist für Eckhart notwendigerweise Unfrieden gegeben. [...] Wo sich als ‚Ersatz' des *unum* der *abscessus ab uno* installiert, etabliert sich der *recessus a pace*, der Unfrieden. Der Prozess des Unfriedens wird für die Kreaturen möglich durch Abkehr von dem Einen. Hier sind die schier unerschöpflichen Ressourcen des Nichtfriedens.

---

531 Kern, Udo: Gottes Sein ist mein Leben. 259.
532 Kern, Udo: Gottes Sein ist mein Leben. 258.

Hier liegen die Quellen seiner permanenten Produktion und Reproduktion. Die Desorientierung, das Abwenden von dem Einen, kreiert potentiell und aktual Nichtfrieden.

Der *abscessus ab uno* hat für Eckhart als notwendige Folge das Aufkommen des universalen, ja man könnte fast sagen, des transzendentalen Egoismus. Eigenwillen und Eigenliebe finden jetzt ihr buntes Feld. Wo die Konzentration des Einen entfällt, nistet sich der *amor sui* ein. Er ist existentiell und transzendental als Negation des Einen. Sein Geschäft läuft und lebt in permanenter Aufrechterhaltung dieser Negation. Der *amor sui* ist die Ursache aller *privatio boni*, alles Bösen. [...]

Unfrieden steigt auf, wo die *causa omnis mali*, die Eigenliebe, den eigenen, vom Einen abgekehrten Willen entfaltet. [...]

Der *amor sui* ist und erarbeitet Unfrieden."[533]

Die Arbeit, das Wirken des „Aus-Gott-Geborenen", des Gerechten ist so zu beschreiben als radikaler Bruch mit der *perversitas* der Eigen-Liebe, der Liebe zum „Eigenen", zum vom „Gemeinsamen" „abgetrennten Gut", ein Bruch mit Sein und Leben *„unordentlîche in den dingen"*[534], das sich an der „Weisheit des Marktes", an der *„koufmannschaft"* orientiert. Dieses falsche, ungerechte Leben, gegen das „gearbeitet" werden muss, pervertiert die Dinge, indem es einen Nicht-Gott zum Gott erhebt und Gott damit „seiner Gottheit beraubt", es zerstört die „Ordnung des Friedens" in egoistischer Habsucht. „Dies erkennt und lebt der geistlich Arme. Der Arme ist frei vom destruierenden, Unfrieden schaffenden Habensmodus"[535].

Die Armut ist so zu konkretisieren als Bruch mit der „sich selbst, Mitwelt und Umwelt destruierenden, Unfrieden produzierenden Eigenliebe, mit der „koufmannschaft", mit dem Habensmudus"[536].

Es ist dieser radikale Bruch, der Eckharts Bewertung der „zeitlichen Güter" wie der „Armut" bestimmt! Seine Kritik, die aus der Bewegung der Umkehr hervorgeht, ist verbunden mit einer entschiedenen Abwehr von Fehlhaltungen gegenüber dem Ideal „geistlicher und damit vernünftiger (!) Armut" in zwei Richtungen:

---

533 Kern, Udo: Gottes Sein ist mein Leben. 254.
534 Vgl. Eckhart: RdU: DW V; 193,2.
535 Kern, Udo: Gottes Sein ist mein Leben. 262.
536 Vgl. Kern, Udo: Gottes Sein ist mein Leben. 262.

Zum einen, das wurde bereits beschrieben, betont Eckhart, dass die irdischen Güter ihren Wert allein von der Bedürftigkeit des Menschen her zugesprochen bekommen dürfen: Reichtum an sich ist kein Wert! Er birgt in der Gestalt der „ungeordneten Anhänglichkeit" die Gefahr des Götzendienstes in sich:

bona temporalia	Zeitliche Güter
non sunt vere bona,	sind nicht wahrhaft gut,
sed tempus et indigentia	sondern Zeit und Bedürftigkeit
facit ipsa bona,	machen sie gut.
et propter hoc	Und deshalb [...]
non [...] semper	sind sie nicht immer
prosunt,	von Nutzen,
sed frequenter obsunt,	sondern häufig schädlich,
nec habentes	und vervollkommnen
perficiunt,	ihre Besitzer nicht,
sed inficiunt frequenter.	sondern verderben sie oft.
[...]	[...]
Rursus autem	Wenn aber andererseits
si bona temporalia	zeitliche Güter
habentem facerent bonum,	für den, der sie besitzt, gut sind,
utique	dann machen sie gewiss
archam facerent bonam,	die Kasse gut,
non animam;	nicht die Seele.
habet enim archa	Die Kasse nämlich
in se pecuniam,	enthält das Geld,
non animam.[537]	nicht die Seele!

Zur Abwehr des Irrtums, dass der Besitz den Wert der Seele und damit des Lebens bestimmen könnte, betont Eckhart in radikaler Weise den Ruf zum Lebensideal der Armut:

---

537 Eckhart: InIoh 610: LW III; 532,1—7.

nemo aius dignus est deo,	Niemand ist Gottes wert,
nisi qui opes	der nicht den Reichtum
contempserit.[538]	verschmäht.
non potest esse	Niemand kann
Christi discipulus,	Christi Jünger sein,
qui non renuntiaverit	der nicht
omnibus,	auf alles verzichtet hat,
quae possidet.[539]	was er besitzt.
Isti enim	Solche Leute,
caecati malitia	die blind sind vor Bosheit,
non vident	sehen nicht,
ipsam prosperitatem	dass ihr Wohlergehen
interius esse mortem.	innerlich Tod ist.
[...]	[...]
'perversa	,Die verkehrten
et adversa corda	und widerspenstigen Herzen
mortalium	der Sterblichen
felices	halten
res humanas	die menschlichen Verhältnisse
putant,	für Glück,
cum tectorum	solange sie nur
splendor attenditur	auf äußeren Glanz,
et	nicht aber
labes non attenditur	auf den inneren
animorum':	Makel der Seelen
	achten'.
felicitas peccatorum	Den Sündern wird ihr Glück
fovea ipsorum est;	zur Fallgrube;
Prov. 1:	den Toren
'prosperitas	wird ihr Wohlstand
stultorum	zum Verderben
perdet illos'.[540]	(Spr 1,32).

---

538 Eckhart: Sermo XXXVIII: LW IV; 328,11−329,1.
539 Eckhart: ParGen 133: LW I; 597,11−12.

Es gilt, Eckhart zitiert hier Paulus, mit Entschiedenheit und „mit Verachtung alles Wandelbare zu überschreiten": „Alles erachte ich für Dreck, damit ich Christus gewinne! (Phil 3,8)"[541].

Zweitens jedoch betont Eckhart mit ebensolcher Entschiedenheit, dass auch die materielle Armut an sich *kein* Wert ist, dass sie ihren Wert allein dadurch gewinnt, dass sie Ausdruck der Lebensbewegung der radikalen Hingabe an Gott und seine Verheißung und, daraus erwachsend, Ausdruck des Willens zur Gleichheit, der Sehnsucht nach Gerechtigkeit und des „Hinabsteigens zu den Armen" ist, das seinen Sinn darin findet, diese „aufzurichten".
Armut an sich schützt nicht vor der inneren Vergiftung durch die Eigenliebe und die Habsucht:

nota	Bemerke,
quod perfectionem	dass wir die Vollkommenheit
frustra quaerimus	vergebens außerhalb
extra bona temporalia,	der zeitlichen Güter suchen,
quamdiu in ipsorum	solange wir in ihrer Gegenwart
praesentia	und auf Grund
et ex praesentia	ihrer Gegenwart
dissimiles sumus	‚unähnlich' sind
et afficimur.	und ‚bestimmt werden'.
Nam ex una	Denn aus ein und derselben
et eadem radice	Wurzel
procedit	entspringt beides:
amare	die Liebe
praesentia	zu den gegenwärtigen
et absentia	und das Streben
appetere,	nach den abwesenden Gütern,
nec refert	und es ist einerlei,
utrum amore afficiar	ob mich Liebe
	[zu den gegenwärtigen]

---

540 Eckhart: InGen 190: LW I; 334,13−335,6
541 Vgl. Eckhart: InIoh 292: LW III; 244,5−245,1.

vel desiderio sive appetitu.[542]	oder Wunsch und Streben [nach den abwesenden] bestimmt.
Qui sunt pauperes?	Wer sind ‚die [geistlich/vernünftig] Armen'?
Qui sunt inopes?	Wer sind ‚die Besitzlosen'?
Qui spem non habent nisi in illo, in quo solo spes eorum non fallitur. Non pauperes, qui omnino nihil habent.	Das sind die, die ihre Hoffnung nur auf den setzen, in dem allein ihre Hoffnung nicht betrogen wird, nicht [aber einfach] die Armen, die nichts besitzen.
Invenis enim pauperem hominem, <qui,> quando patitur aliquam iniuriam, non attendit nisi patronum suum, in cuius domo manet, cuius inquilinus est, cuius colonus est, cliens est. In homine spes ipsius, cinis in cinere.	Du kannst nämlich Arme finden, die sich bei jeder Unbill ganz auf ihren Schutzherrn verlassen, in dessen Haus sie wohnen, dessen Mieter, Pächter und Schutzbefohlene sie sind. Auf einen Menschen setzen sie ihre Hoffnung, Staub auf Staub!
Sunt autem alii qui opulenti sunt et honoribus humanis fulciuntur,	Es gibt aber auch Leute, die zwar im Wohlstand leben und sich auf ihr Ansehen bei den Mitmenschen stützen könnten,

---

542 Eckhart: Sermo XV2: LW IV; 152,14—153,2.

et tamen	aber ihre Hoffnung
nec in pecunia sua	weder auf ihr Geld
nec in fundis suis	noch ihren Grundbesitz
nec in familia sua	oder ihre Familie
spem ponunt	noch
nec in claritate transitoria	auf den vergänglichen Glanz
dignitatis,	ihrer Würde setzen,
sed totam spem in illo	sondern ganz auf den,
ponunt,	
qui mori non potest,	der nicht sterben,
qui falli et fallere	der sich und andere
non potest.	nicht täuschen kann.
Tales	Besitzen solche Leute
etsi multa videntur habere,	auch anscheinend viel,
ea gubernant	so verwenden sie es doch
ad refectionem indigentium.	zur Erqickung der Bedürftigen.
Inter pauperes domini	Sie werden
numerantur.	zu den ‚Armen des Herrn‘
	gerechnet.
Sic conversantur in opulentia,	So leben sie in ihrem Wohlstand
quomodo viator	wie der Wanderer
in stabulo,	in der Herberge:
transiturus,	er will weiterreisen,
non possessurus.[543]	nichts in Besitz nehmen.

Wie materieller Besitz (oder andere vergängliche Güter) nicht an sich gut ist, so ist er – und das ist gegenüber einer drohenden Verkehrung des evangeliumsgemäßen Armutsideals ausdrücklich zu betonen – ebenso nicht an sich schlecht.

Sowohl im Besitz als auch in der „Armut", im (manchmal nur scheinbaren) Mangel, im Entbehren und im Verzicht können die irdischen Güter dem Menschen zur Falle werden, wenn er sich auf sie fixiert und sie damit „zum Gott hat, als Gott verehrt und ihnen dient"[544]. In beiden Fällen wird der Nicht-Gott des Vergänglichen

---

543 Eckhart: Sermo XXXVIII: LW IV; 328,11—329,12.
544 Vgl. erneut Eckhart: Sermo XL: LW IV; 335,13—336,2:

zum Gott erhoben, Gott aber „seiner Gottheit beraubt", indem er zum Nicht-Gott degradiert wird. Die Armut allein schützt nicht vor dem in der Hingabe an Irdisches drohenden Götzendienst! Eckhart warnt vielmehr vor der „Liebe zum Nichts", die letztlich den Menschen selbst, sein Leben und seine Beziehung zu seinen Mitmenschen und zur Welt zerstört, ver-Nichtet.[545]

Kriterium der Bewertung zeitlicher Güter ist dementsprechend:

- die Frage nach der „Anhänglichkeit", der Abhängigkeit von diesen Gütern, der Platz, den sie in der „Ordung der Wirklichkeit" eingeräumt bekommen, und
- die Frage, in wie weit sie nützlich sind und konkret genutzt werden „zur Erquickung der Bedürftigen", in wie weit sie also Mittel zur Förderung der Gerechtigkeit in der „Ordnung des göttlichen Friedens" sind.

Eckhart richtet sich nicht gegen den Besitz als solchen, sondern gegen die *perversitas* des Eigen-Besitzes, die die Güter, die wesentlich „auf Reisen sind", widerrechtlich „in Besitz nimmt" und darin den Kreislauf der „fließenden" Gnade unterbricht, der, um in der Welt wirksam sein zu können, Menschen braucht, die *„sich entgiezende und vliezende in der minne"* werden[546].
Die Form der angenommenen oder frei gewählten Armut, die „den alten Sauerteig ausfegt, damit der Mensch neuer Teig sei" (vgl. 1 Kor 5,7), die „den Grünspan vom Silber entfernt, so dass ein ganz blan-

---

„omne quod diliges ex toto corde, ipse est deus tuus, ipsum habebis deum sive pro deo coles et ipsi servies."
[*Alles, was du aus ganzem Herzen lieben wirst, ist dein Gott, das wirst du zum Gott haben und als Gott verehren und dem wirst du dienen.*]

545 Vgl. Eckhart: InSap 34: LW II; 354,12—355,2:
„Amor enim amantem transformat in amatum. Augustinus: qualia amas, talis es. Amas nihil. Nihil es."
[*Die Liebe verwandelt den Liebenden in das Geliebte. Augustinus sagt: ‚Wie das beschaffen ist, was du liebst, so bist du. Du liebst das Nichts. So bist du ein Nichts'.*]

546 Vgl. Eckhart: Predigt 57: DW II; 595,6.

kes Gefäß darunter zum Vorschein kommt" (vgl. Spr 25,4), die ein „Sich-Beschneiden-Lassen des Herzens für den Herrn" ist (vgl. Jer 4,4), damit das wahre Mensch-Sein der *imago dei* sichtbar werden kann, bestimmt Eckhart als ...

... circumsisio	... die Abschneidung
superflui,	[alles] Überflüssigen,
inutilis	Unbrauchbaren
et praeternecessarii	und Unnötigen
in omnibus	in allem,
actibus	was wir
nostris	mit Herz, Mund und Hand
cordis, oris est operis.[547]	verrichten.

„Gemeint und gefordert" ist dabei ausdrücklich nicht eine Form asketischer Selbstkasteiung, sondern die Zufriedenheit mit dem Not-Wendigen, die Beschränkung auf den „bescheidenen Lebensunterhalt"[548]:

Eccli. 29:	‚Des menschlichen Lebens
‚initium	Anfang
vitae hominis	ist Wasser und Brot'
aqua et panis'.	(Jes Sir 29,28).
Nam [...]	Denn die Natur
paucis minimisque	ist [...] mit Wenigem
natura contenta est.[549]	und ganz Geringem zufrieden.

delectatio	Der Mäßige und Enthaltsame
in cibo, potu	empfindet
et huiusmodi	keine geringere Lust
non est minor	am Essen, Trinken
in sobrio et continente	und dergleichen
quam in guloso	als der Gierige

---

547 Eckhart: InGen 246: LW I; 390,9—11.
548 Vgl. Eckhart: Sermo XXXVIII2: LW IV; 261,12—14.
549 Eckhart: InGen 126: LW I; 281,11—12.

et incontinente,	und Ausschweifende,
quamvis sobrius	obwohl der Mäßige
et continens	und Enthaltsame
non sic infrunite	sich nicht so gierig
et effrenate	und zügellos
se effundat	auf Speise und Sinnliches
super cibum et sensibile	stürzt,
fervore concupiscientiae	noch mit so glühender
inhaerendo	Begierde
delectationi immoderate	maßlos der Lust frönt,
quasi	als ob er
in ipsa quiescendo.[550]	in ihr Ruhe finden könnte.

Das Gegenbild zum „vernünftig Armen", zum „Mäßigen und Enthaltsamen", ist der Gierige, der geizige Mensch, dem es ...

non sufficit [...]	... nicht genügt,
nosse et amare aurum,	Gold zu kennen und zu lieben,
nosse et amare vesci,	Essen zu kennen und zu lieben
neque nosse et amare	auch nicht Ehre und Macht
honores et imperia,	zu kennen und zu lieben,
nisi	wenn sie nicht wirklich
proveniant.	*sein* Besitz werden.
Quae	Doch [selbst]
tamen omnia	wenn er das alles erreicht hat,
nec adepta sufficiunt,	genügt es wieder nicht;
quia	denn ihr Besitz
cum dolore et periculis	ist mit Schmerz und Gefahren
	[= mit dem ständig drohenden
	Verlust; E.F.]
possidentur.[551]	verbunden.

---

550 Eckhart: ParGen 155: LW I; 626,5—9.
551 Eckhart: InIoh 373: LW III; 317,11—318,1.

„Reichtum und Armut gib mir nicht, sondern teile mir soviel mit, wie ich zum Leben brauche" (Spr 30,8) – mit dieser Gebetsbitte[552] bündelt Eckhart sein Verständnis des richtigen Maßes im Spannungsverhältnis zwischen notwendigem Besitz und nicht zerstörerischer Armut und damit möglichem Verzicht.

Tim. 6:	‚Wenn wir Nahrung
‚habentes alimenta	und Kleidung haben,
et quibus tegamur,	wollen wir zufrieden sein'
his contenti simus'.	(1 Tim 6,8)
Paucis enim	Denn die Natur
minimisque	ist mit Wenigem
natura	und ganz Gerimgem
contenta est.	zufrieden.
[...]	[...]
Et hoc est	Das meint Jakob,
quod hic Iacob orat	wenn er hier in seinem Gebet
dicens:	sagt:
si fuerit deus mecum	‚Wenn Gott mit mir ist
et dederit mihi panes ad vescendum	und mir Brot zu essen gibt
etc.,	usw.'.
secundum illud	Es entspricht der Bitte:
Matth. 6:	‚Unser tägliches Brot
‚panem nostrum cotidianum	gib uns heute'
da vobis'.[553]	(Mt 6,11).

Das Lebensideal des Gerechten ist hier abschließend und zusammenfassend zu beschreiben als geprägt

• von der Demut gegenüber Gott,
• vom Willen zur Gleichheit als Gestaltungsprinzip des menschlichen Zusammenlebens,
• von der Aufmerksamkeit, dem Sehen des Leidens und der Not der „Niedrigen",

---

552 Vgl. Eckhart: InGen 290: LW I; 426,14−15.
553 Eckhart: InGen 290: LW I; 425,6−426,15.

- von der Bewegung des Herunterbeugens zu den Armen, um sie aufzurichten,
- von der Bereitschaft sich selbst und seinen Besitz zu verschenken, um „die Liebe zum Fließen zu bringen",
- von der radikalen Abkehr von Hochmut, Habgier und Eigen-Liebe,
- von der Abwehr der „Vergöttlichung"/Vergötzung des vergänglichen Seins,
- von der Bereitschaft, „in den Frieden zu laufen", in Wirken und Erleiden aktiv zu sein für das, „was zum Frieden", was der Gerechtigkeit dient.
- von der bewussten Beschränkung auf den „bescheidenen Lebensunterhalt" im Besitzstreben und der „Abschneidung [alles] Überflüssigen, Unbrauchbaren und Unnötigen".

Im Kern dieses Geflechts, in dem die Umkehr des „verkehrten und widerspenstigen Herzens der Sterblichen", das aufgrund seines „inneren Makels" „blind ist vor Bosheit"[554], als Forderung an die Lebensgestaltung aufscheint, verweist Eckhart auf die *barmherzicheit*, das Mit-Leiden, die Compassion, die das Grundprinzip der „göttlichen Friedensordnung" bildet:

qui sequitur misericordiam,	Wer der Barmherzigkeit nachfolgt,
inveniat vitam [...],	der wird das Leben finden
respectu sui;	in Hinblick auf sich selbst,
et iustitiam [...],	und Gerechtigkeit
respectu proximi;	in Hinblick auf den Nächsten,
et gloriam [...],	und Herrlichkeit
respectu dei.[555]	in Hinblick auf Gott.

„Der den Frieden empfangende Mensch, [...], der dem Frieden entsprechende, der in den Frieden laufende Mensch ist ‚*ein gesiht des vrides*'[556]. Der Friede Gottes leuchtet in ihm. [...] Der ein Gesicht des

---

554 Vgl. Eckhart: InGen 190: LW I; 334,11—335,6.
555 Eckhart: Sermo XII2: LW IV; 124,14—125,2.
556 Vgl. Eckhart: Predigt 44: DW II; 351,1—2.

Friedens seiende Mensch ‚soll versetzt sein und hineingestoßen sein in den Frieden und soll enden in dem Frieden'[557]. Er ist teleologisch auf Frieden gerichtet. Das, was er tut und ist, korreliert dem In-Frieden-Sein. Der Frieden, in den er versetzt und gestoßen ist, bestimmt perennierend sein Sein als Im-Frieden-Sein, das ihn zu einem Gesicht des Friedens werden lässt.

Dieser Frieden ist nicht Elitärkategorie, die nur partikuläre Dimension hätte. Er gilt allen Menschen, allen Orten, allen Stätten. Dieser Frieden leuchtet ständig allen. Wer das Gesicht des Friedens trägt, ist universal auf alle Kreatur, alle Menschen ausgerichtet. Der ihn erleuchtende Frieden strukturiert ihn zu universaler Partizipation und Offenheit.

Das Gesicht des Friedens trägt der Mensch bei seinem Lauf in den Frieden. Erleuchtet wird das Gesicht des in den Frieden Laufenden nicht durch und aus ihm selbst. Nicht auf Grund seiner eigenen Kreatürlichkeit und der ihr innewohnenden *potestas* und *virtutes* leuchtet ihm Frieden. Der Herr des Friedens, Gott, macht ihn zu einem Gesicht des Friedens. Gott zugewendet heißt für Eckhart dem Frieden zugewendet."[558]

---

557 Vgl. Eckhart: Predigt 7: DW I; 118,1—2:
     Der Mensch „sol gesast sîn in vride und gestôzen sîn in vride und sol enden in dem vride".
558 Kern, Udo: Gottes Sein ist mein Leben. 262—263.

II.3.15. „Gott wird in den Menschen geliebt":
Die Universalität der Nächstenliebe

Qui enim deo servit	Wer Gott
et alteri	und etwas anderem dient,
quod non est deus,	was nicht Gott ist,
servit utique ei	der dient schlechterdings dem,
quod non est deus.	was nicht Gott ist.
Quod si sic,	Ist es so,
servit non-deo.	dann dient er dem Nicht-Gott.
Si servit non-deo,	Wenn er aber dem Nicht-Gott
igitur non servit deo.[559]	dient,
	dient er also nicht Gott.

An dieser Stelle ist es notwendig, sich mit einem möglichen Missverständnis der Theologie Eckharts auseinanderzusetzen, das davon ausgeht, die radikale Betonung des „sich *allein* Gott Zuwendens" würde eine entschiedene, undifferenzierte Abkehr von der Wirklichkeit der geschöpflichen Welt bedeuten, Eckhart würde demgemäß eine Theologie der Welt-Flucht und der Unberührbarkeit des Menschen gegenüber den Herausforderungen des „Irdischen" intendieren. Eckhart selbst setzt sich mit dieser Fehldeutung, die besonders im Kontext des von ihm vertretenen Ideals der *abegescheidenheit* droht, bereits in der frühen *„rede der underscheidunge"* auseinander, wo er betont:

Ich wart gevrâget:	Ich wurde gefragt:
etlîche liute	manche Leute
zügen sich sêre	zögen sich streng
von den liuten	von den Menschen zurück
und wæren	und wären
alles gerne aleine,	immerzu gern allein,
und dar an læge ir vride,	und daran läge ihr Friede
und	und daran,
daz sie wæren in der kirchen,	dass sie in der Kirche wären –
ob daz daz beste wære?	ob dies das Beste wäre?

---

559 Eckhart: Sermo XXXIV: LW IV; 301,2—3.

Dô sprach ich:	Da sagte ich:
nein![560]	Nein!

Er begründet seine schroffe und entschiedene Abwehr gegenüber einem Ideal des Rückzugs aus der Wirklichkeit der Welt in eine Scheinsicherheit und einen illusionistischen privaten Frieden in einer fromm-beschaulichen Sonderwelt mit dem Hinweis, dass derjenige Mensch, der „*reht ist*"[561] (und hier klingt das eckhartsche Ideal der ‚Gerechtigkeit' als „Rechtheit" an), Gott „*in der wârheit bî im*" hat, „*in allen steten und in der strâze und bî allen liuten als wol als in der kirchen oder in der einœde oder in der zellen*"[562].
Gott allein zugewandt zu leben bedeutet für Eckhart die Überwindung der knechtischen Abhängigkeit von der irdischen Wirklichkeit und der verkehrten Anhänglichkeit an ihre „Güter", *nicht* (!) jedoch eine wie auch immer geartete Form von Welt-Verachtung und Welt-Abgekehrtheit.
Das „Gott in der Wahrheit bei sich haben" begründet vielmehr eine neue, radikale Form der Welt-Zugewandtheit des „*rehten* Menschen", das „Gott in allen Dingen Finden":

	[Wenn ein Mensch ‚recht' ist],
Dâ hât er aleine got	dann hat er einzig Gott
und meinet aleine got	und sieht es nur auf Gott ab,
und werdent im alliu dinc	und alle Dinge
lûter got.	werden ihm lauter Gott.
Dér mensche treget got	Ein solcher Mensch trägt Gott
in allen sînen werken	in allen seinen Werken
und in allen steten,	und an allen Stätten,
und alliu des menschen	und alle Werke
werk	dieses Menschen
diu würket got lûterlîchen.	wirkt Gott allein [lauter, rein].
[...]	[...]
Meinen wir denne	Haben wir also lauter

---

560 Eckhart: RdU 6: DW V; 200,10—201,2.
561 Vgl. Eckhart: RdU 6: DW V; 201,3.
562 Vgl. Eckhart: RdU 6: DW V; 201,5—7.

got	und allein
lûterlîchen und aleine,	Gott im Auge,
in der wârheit,	wahrlich,
sô muoz er	so muss er
unsriu werk würken,	unsere Werke wirken,
und an allen sînen werken	und an allen seinen Werken
enmac in nieman	vermag ihn niemand
gehindern,	zu hindern,
weder menige	keine Menge
noch stete.	und keine Stätte.
Alsô enmac disen menschen	So kann also diesen Menschen
nieman gehindern,	niemand behindern,
wan er enmeinet niht	denn er erstrebt nichts
noch ensuochet niht	und sucht nichts,
noch ensmecket im nihtes	und es schmeckt ihm nichts
dan got;	als Gott;
wan er wirt	denn der wird
dem menschen	mit dem Menschen
in aller sîner meinunge	in allem seinem Streben
geeiniget.	vereint.
Und alsô, als got	Und so wie Gott
kein manicvalticheit	keine Mannigfaltigkeit
enmac zerströuwen,	zu zerstreuen vermag,
alsô enmac	so kann auch
disen menschen	diesen Menschen
nihtes zerströuwen	nichts zerstreuen
noch vermanicvaltigen,	noch vermannigfaltigen,
wan er ist einez	denn er ist eins
in dem einen,	in jenem Einen,
dâ alliu mannicvalticheit	in dem alle Mannigfaltigkeit
einez ist	Eins
und ein unvermannicvalticheit	und eine
ist.	Nicht-Mannigfaltigkeit ist.
Der mensche sol got nemen	Der Mensch soll Gott
in allen dingen	in allen Dingen ergreifen

---

563 Eckhart: RdU 6: DW V; 201,11—203,3.

und sol sîn gemüete	und soll sein Gemüt
wenen,	daran gewöhnen,
daz er alle zît got habe	Gott
in gegenwerticheit	allzeit gegenwärtgig zu haben
in dem gemüete	im Gemüt
und in der meinunge	und im Streben
und in der minne.[563]	und in der Liebe.

Das Konzept der Gerechtigkeit als „Eins-Sein des Menschen in dem Einen, in Gott" zeigt seine Konsequenzen – das wird später noch zu vertiefen sein – weder in einem Rückzug aus der Welt noch in einem Verzicht auf das „äußere Wirken" in der Welt. Die Gegenwart Gottes im Leben des „*rehten* Menschen", die Einheit dieses Menschen mit Gott „im Gemüt, im Streben und in der Liebe" hat vielmehr zur Folge, dass Mensch und Gott in eine „Wirk-Einheit" kommen, in der Gott im Menschen seine Werke ungehindert wirken kann, in der die Werke des gerechten Menschen „*in der wârheit*" Gottes Werke sind: „Haben wir also lauter und allein Gott im Auge, wahrlich, so muss er unsere Werke wirken, und an allen seinen Werken vermag ihn niemand zu hindern".

Es geht Eckhart entschieden nicht darum, Gott und Welt in ein Verhältnis des kontradiktorischen Gegensatzes zu stellen, die Hinwendung zu Gott als Konsequenz des Ver-Neinens geschöpflicher Wirklichkeit dazustellen! Der radikal einzuhaltende Vorrang des absoluten Seins, Gottes, vor dem in der *collatio esse* geschenkten, kontingenten Sein der Schöpfung begründet statt dessen ein eindeutiges, neu bestimmtes Verhältnis zur Wirklichkeit der Welt. Die Abwehr gegenüber dem Götzendienst, in dem dem Nicht-Gott geschöpflicher Wirklichkeit der Rang Gottes eingeräumt wird, kann hier nicht länger zur Begründung einer Konkurrenz zwischen der Hingabe an Gott und dem Dienst an der Welt herangezogen werden!

qui servit duobus,	Wenn jemand zweien dient,
deo et alteri,	Gott und etwas anderem,
hoc alterum si accipit	und er nimmt dieses andere
sub fine	in Unterordnung unter das Ziel

aut ad finem	oder in Hinblick auf das Ziel,
qui deus est,	das Gott ist,
iam non sunt duo.	so sind es nicht mehr zwei.
Idem enim simpliciter	Denn es ist schlechthin
est actus	ein und derselbe Akt,
quo amo	mit dem ich
id quod ad finem	das auf das Ziel Hingeordnete
et finem ipsum.	und das Ziel selbst liebe.
Si vero illud	Liebe ich es aber
ut extra	wie etwas *außerhalb*
ordinem finis,	der Ziel-Ordnung Stehendes,
iam [...] per consequens	*dann* [...] diene [ich] folglich
non servio deo.[564]	nicht mehr Gott.

„Gott in allen Dingen zu finden" bedeutet für den Lebensvollzug des Menschen ein konsequentes „alle Dinge auf Gott Hinordnen", woraus „*moraliter*" – in Hinblick auf das praktische Leben, auf das Wirken des Menschen – Prinzipien einer profiliert „theonomen E-thik" abzuleiten sind.

Diese ethische Konsequenz des „*reht*"-Seins ist dabei für Eckhart kein verzichtbares Nebenphänomen – ein Irrtum, der immer wieder deutlich sichtbar wird in unzulässig vereinfachenden Interpretationen etwa des isoliert betrachteten Akzentes, den Eckhart in der „*rede der unterscheidunge*" setzt:

Die liute	Die Leute sollten
endörften niemer vil gedenken,	nicht so viel nachdenken,
waz sie tæten;	was sie tun sollten;
sie solten aber gedenken,	sie sollten vielmehr bedenken,
waz sie wæren.[565]	was sie sind.

Liegt auch „Gerechtigkeit" für Eckhart ausdrücklich im Sein be-gründet, so folgt aus diesem Sein doch das entsprechend bestimmte „Werk": *„Bist dû gereht, sô sint ouch dîniu werk gereht"*[566]. Entspre-

---

564 Eckhart: Sermo XXXIV: LW IV; 301,5—8.
565 Eckhart: RdU 4: DW IV; 197,6—7.
566 Eckhart: RdU 4: DW IV; 197,8.

chend betont er, dass die *„ordinatio ad proximum"*, die Hinordnung
des Menschen auf „den Nächsten", nicht akzidentell zum „Sein der
Gerechtigkeit" hinzukommt, dass diese Hinordnung auf den Nächsten, den Anderen, vielmehr zum Wesen der Gerechtigkeit (wie auch
der Barmherzigkeit) selbst gehört. „Gerechtigkeit", die ja Wesensbestimmung einer Beziehung, Verhältnis-Begriff ist, ist *nicht denkbar*
ohne diese Hinordnung und damit ohne den *„ûzbruch"*[567], den Aus-
Bruch der Gerechtigkeit im gerechten Werk: „Das ist das Wesen der
Gerechtigkeit, dass sie den Menschen auf den Nächsten hinord-
net"[568]!

Die Hinordnung auf den Nächsten erhält nun im Denken Eckharts
eine profilierte Prägung: Das „Nehmen aller Dinge (und damit auch
des ‚Nächste') im Hinblick auf Gott", das oben als Konsequenz des
„reht-Seins" bestimmt wurde, lässt Eckhart in Hinsicht auf die Verhältnisbestimmung zum Mitmenschen seine Position ausdrücklich
in Abgrenzung, in Opposition zu dem von Aristoteles in der Niko-
machischen Ethik formulierten Grundsatz bestimmen, der besagt:

‚amicabilia	Das freundschaftliche Verhalten
ad alterum	zu anderen
veniunt sive sunt	[wird] aus dem Verhalten
ex amicabilibus	zu uns selbst
ad se ipsum'.[569]	abgeleitet.

Eckhart vertritt eine von diesem Grundsatz pointiert abweichende
Bestimmung des Verhältnisses von Selbst- und Nächstenliebe, indem er in Anküpfung an das Evangelium Lk 10,27 („Du sollst Gott
lieben mit ganzem Herzen – und den Nächsten wie dich selbst") A-

---

567 Vgl. hierzu die Bestimmung des Verhältnisses zwischen der „minne" und
dem „ûzbruch der minne im werk der minne" bei Eckhart: RdU 10: DW V;
219,3—221,8.

568 Vgl. Eckhart: Sermo XII2: LW IV; 126,4—5:
„Sequitur: ‚et anteibit faciem tuam iustitia tua', in quantum ordinat ad
proximum. Hoc enim est iustitia".
Gleiches gilt für den Begriff der Barmherzigkeit. Vgl. Eckhart: Sermo XII2:
LW IV; 124,12—13:
„misericordias homines regulando ad proximum ordinat".

569 Aristoteles: Eth Nic IX c.4. zitiert bei Eckhart, Sermo XXX: LW IV; 271,7—8.

ristoteles widerspricht. Er betont dabei einerseits „die volle Gleichheit oder Gleichwertigkeit oder vielmehr Identität der Selbstliebe und Nächstenliebe"[570], ordnet aber beide konsequent der Liebe zu Gott unter:

Non ergo	Die Selbstliebe
dilectio sui	ist also *nicht*
est mensura	das Maß
dilectionis proximi,	der Nächstenliebe,
sed	sondern
	die
dilectio dei	aus ganzem Herzen kommende
ex toto corde	Gottesliebe
est mensura	ist Maß
sive ratio	oder Grund
et causa dilectionis	und Ursache der Liebe
et tui	sowohl zu dir
et proximi.[571]	wie zum Nächsten.
maxime	Was am meisten
et primo amatum	und zuerst geliebt wird,
mensura est	ist das Maß
omnium amabilium	für alles Liebenswerte
sive amatorum.	und Geliebte.
[...]	[...]
Dic ergo	Sage also,
quod amans	dass einer,
deum	der Gott
ex toto corde	von ganzem Herzen liebt,
utique se ipsum non diligit	auch sich selbst
nisi propter deum	nur um Gottes willen
sive in deo.	und in Gott liebt.

---

570 Vgl. Eckhart: Sermo XXX: LW IV; 272,5—6:
„Ubi secundo nota quod *proximum* primo nominat, secundo *te ipsum,* ad notandum plenam aequalitatem sive parilitatem aut potius itentitatem dilectionis sui et proximi".
571 Eckhart: Sermo XXX: LW IV; 272,6—8.

Unde dominus [...]	Daher stellt der Herr [...]
optime	trefflich
praemittit	die
dilectionem dei	aus ganzem Herzen
ex toto corde,	kommende
qua habita	Gottesliebe voran,
convenientissime sequitur:	worauf folgerichtig kommt:
'proximum	,Liebe den Nächsten
sicut te ipsum',	wie dich selbst',
et tam te ipsum	und zwar sowohl dich selbst
quam proximum	wie den Nächsten
propter deum	um Gottes willen
et in deo.[572]	und in Gott.

Kernpunkt eines auf dem Hintergrund dieses evangeliumsgerechten Verständnisses von Gottes-, Selbst- und Nächstenliebe zu entwickelnden Gerechtigkeitsverständnisses ist ein radikal geschärftes Bewusstsein für die Gleichheit der Menschen sowohl in ihrer Verdanktheit gegenüber dem Sein-verleihenden Gott, in ihrer Bedürftigkeit und Not, die sie mit allen Geschöpfen verbinden, wie auch in ihrer Würde als *imago dei*[573]. In letzter Konsequenz ist der Grundsatz: „Du wurdest deinem Nächsten gleich gefunden"[574] und die daraus folgenden Forderungen an die Lebensgestaltung des Gerecht-Werdenden bei Eckhart auch hier christologisch verankert:

Vere enim christianus,	Einer, der wahrhaft Christ ist
a Christo,	- der von Christus
	seinen Namen hat -
habet omnem hominem	verhält sich zu allen Menschen
aequaliter ut se ipsum,	gleich wie zu sich selbst,

---

572 Eckhart: Sermo XXX: LW IV; 271,6—12.
573 Vgl. etwa Eckhart: Sermo XL: LW IV; 336,16—337,1.
574 Vgl. Eckhart: Sermo XXX: LW IV; 277,2: „inventus es proximo tuo par".

quia Christus	da Christus
naturam	die [menschliche] Natur,
assumpsit,	nicht die [menschliche] Person
non personam.[575]	annahm.

Für den Gläubigen, den der „wahrhaft Christ ist" und der den „Namen, den er von Christus hat", „*in der wârheit*" verdient, ist dies um so prägender, als dass für ihn gilt:

	[Wenn ein Mensch ‚recht' ist],
Dâ hât er aleine got	dann hat er einzig Gott
und meinet aleine got	und sieht es nur auf Gott ab,
und werdent im alliu dinc	und alle Dinge
lûter got.[576]	werden ihm lauter Gott.

Die Hinwendung zum bedürftigen Nächsten ist für ihn ein Akt der Hinwendung zu Gott selbst. Erneut wird hier die Verbindung deutlich, die Eckhart sieht zwischen dem „Sich-Herabneigen des Menschen zum Armen" und dem darin sich ereignenden „Aufstieg zu Gott", wie er oben als Bewegung der Selbst-Hingabe in der Barmherzigkeit bedacht wurde. Entsprechend betont Eckhart in grundsätzlicher Weise die prinzipielle Gleichheit, die Einheit von Nächsten- und Gottesliebe:

deus	Gott wird
amatur	im Menschen
in homine	als in seinem Ebenbild
quasi in sua imagine.[577]	geliebt!

Die Hinwendung zum anderen Menschen und zur Schöpfung ist der „Ort", an dem der Mensch im eigentlichen Sinn seine *natura intellectualis*, seine geistige Natur „schmeckt und findet": „Hier ist das Gottesbild Gottes empfänglich, dessen ganzes Wesen darin besteht, auf

---

575 Eckhart: Sermo XX: LW IV; 184,15—16.
576 Eckhart: RdU 6: DW V; 201,11—12.
577 Eckhart: Sermo XL: LW IV; 336,16—337,1.

etwas anders hin zu sein"[578]. Hier verwirklicht der Mensch sein wahres Sein als *imago dei*, als Ab- und Ebenbild dessen, der „sein Alles und auch sich selbst gibt. Gottes Natur, Sein und Leben besteht darin, dass er sich selbst mitteilt und dass er sich selbst, sich ganz gibt. ‚Das Erste' ist nämlich von Natur aus reich. Daher gibt er [Gott] sich nach Dionysius ohne [sein] Lieben zu berechnen, so wie die Sonne strahlt"[579]. Eckharts Bestimmung des Menschen als *imago dei* findet, daran ist hier nun erneut zu erinnern, im Sinne des Abbild-Seins hinsichtlich des wesentlichen Schöpfer-Seins Gottes in der Bewegung der Hingabe an den Nächsten seine Verwirklichung. Der Mensch ist hier Abbild der „Fürsorge" Gottes, die sich nach Wsh 6,8 „gleichmäßig auf alle Geschöpfe erstreckt".[580]

[...] finis creationis	Das Ziel der Schöpfung
sit rerum ipsum esse [...].	ist das Sein der Dinge, [...]
finis creationis	das Ziel der Schöpfung
est totum universum,	ist das ganze Weltall,
omne scilicet,	das heißt das Gesamt
quod est omnia.	oder alle Dinge.
[...] sicut ome agens per se	[...] Wie jedes Wirkende
semper intendit	seine Absicht an sich
ipsum totum,	immer auf das Ganze richtet,
puta artifex	der Baumeister etwa
domum,	auf das Haus,
partes autem	auf dessen Teile
non nisi propter totum	aber nur um des Ganzen willen
et in toto,	und im Ganzen,

---

578 Vgl. Eckhart: Sermo XIV2: LW IV; 144,6—7:
„Deus enim ut deus non est nec sapit nec invenitur nisi in intellectuali natura, ubi imago dei capax dei, cuius totum est esse ad aliud".
579 Vgl. Eckhart: Sermo VI1: LW IV, 54,4—55,4:
„omnia sua et se ipsum etiam dat. [...] dei natura, esse et vita subsistit in se communicando et se ipsum se totum dando. Primum enim est dives per se. [...] Unde secundum Dionysium non ratiocinando se amare ipsum dat, sicut sol irradiat".
580 Vgl. Eckharts Behandlung dieses Verses aus dem Buch der Weisheit: InSap 71—73: LW II; 400,3—404,3.

sic agens primum,	so brachte Gott,
deus,	das erste Wirkenden
per se et primo produxit	bei der Erschaffung an sich
et creavit	an erster Stelle
universi	das alles umfassende Weltall
	hervor,
	die einzelnen Teile aber,
et partes	[die ja Teile des Weltalls]
	und [damit] Teile von Allem
omnium,	[des Ganzen] sind,
non nisi propter universum	nur um des Weltalls willen
et in universo.	und in ihm.
[...]	[...]
prima intentio	Die erste Absicht
et finis	und das erste Ziel
creationis est	der Schöpfung
unum universum perfectum,	ist das vollkommene Weltall,
cuius tamen perfectio	dessen Vollkommenheit
et unitas	und Einheit
consistit in multitudine	jedoch in der Vielfalt
et diversitate	und Verschiedenheit
partium [...].[581]	seiner Teile besteht.
[...] sicut totum universum	Wie das ganze Weltall
est primo intentum	zuerst beabsichtigt ist
a causa prima,	von der ersten Ursache,
et esse ipsius universi	ist auch das Sein des Weltalls
unum,	als eines beabsichtigt,
partes autem quaelibet	wie demgegenüber jeder Teil
et ipsarum	und jedes Sein
esse	an zweiter Stelle
secundario,	beabsichtigt ist,
accipiunt esse	empfängt er Sein
a causa universi	von der Ursache des Weltalls
mediante	nur vermittels

---

581 Eckhart: InSap 36—37: LW II; 355,15—357,8.

ipso uno esse	dieses einen Seins
universi,	des Weltalls,
in ipso,	in ihm,
per ipsum	durch es
et propter ipsum,	und seinetwegen,
et aequaliter	und zwar notwendigerweise
necessario,	gleichmäßig,
eo quod in uno	weil im Einen
non sit inaequalitas.	keine Ungleichmäßigkeit ist.
[...]	[...]
sequitur quod	So folgt, dass sie
	[die geschaffenen Dinge]
et aequaliter	gleichmäßig
sunt sub cura	unter der Fürsorge
eiusdem causae primae:	dieser ersten Ursache sind:
aequaliter,	gleichmäßig,
quia sub ratione unius	weil innerhalb des Horizontes
et eiusdem esse	eines und desselben Seins
quod est	des gesamten Weltalls.
totius universi	[...]
[...].	
sicut deficiente	Fehlte im Weltall
creato quolibet	ein Geschöpf
perfectissimo	von höchster Vollkommenheit,
non esset perfectum	so wäre das Weltall
universum,	nicht vollkommen,
sed nec universum esset,	ja es wäre nicht das Weltall.
sic pari ratione	Aus dem gleichen Grund
deficiente	wäre das Weltall
quovis minimo gradu universi	nicht vollkommen,
nec perfectum esset universum,	ja es wäre nicht das Weltall,
sed nec universum esset.	fehlte ihm eine Stufe
	von geringster
	Vollkommenheit.
Et sic	Und so verhalten sich

---

582 Eckhart: InSap 72—73: LW II; 401,9—403,9.

aequaliter se habent	[alle Teile] gleichmäßig
quantum ad integritatem	zur Vollständigkeit
universi	und Vollkommenheit
et eius perfectionem,	des Weltalls,
et per consequens	und folglich erstreckt sich
aequaliter cura est	die Fürsorge [Gottes]
de ipsis.[582]	gleichmäßig auf sie.

Die so beschriebene Fürsorge, die von Seiten Gottes dem Gesamt des Weltalls und jedem seiner Teile unabhängig von deren „Vollkommenheit" gilt, überträgt Eckhart, auch dies sei hier wiederholt, in seiner Auslegung des Verses Gen 1,26 als Aussage über die Gott-Ebenbildlichkeit auf den Menschen.

Zu den „Vollkommenheiten, die zum Wesen Gottes gehören", zählen nicht nur „Wissen, Weisheit und Hoheit über das Seiende und dessen Ordnung", Vollkommenheiten, die im Allgemeinen als solche mit dem *intellectus* verbunden werden. „*Imago dei*" – Sein bedeutet darüber hinaus wesentlich, „Vorsorge zu tragen für die anderen Geschöpfe", im Anschluss an die zuletzt zitierten Stellen aus Eckharts Kommentar zum Buch der Weisheit[583]: Fürsorge für das Gesamt der Schöpfung, das „Weltall als Ganzes", und jedes ihrer Teile. Der Mensch ist *imago dei* als „Lenker der Geschöpfe", der Sorge trägt für „das Seiende und seine Ordnung". Entsprechend deutet Eckhart in der Fortsetzung des bereits oben angeführten Abschnitts aus seinem Genesis-Kommentar[584] des „Sinn der Rede von der Gott-Ebenbildlichkeit des Menschen":

[...] homo	Der Mensch
procedit a deo	geht also so von Gott aus,
in similitudinem	dass er zum Abbild
divinae substantiae,	des göttlichen Wesens wird.
[...] capax est [...]	[...] die geistige Natur
intellectualis natura	ist aufnahmefähig
perfectionum substantialium	für die Vollkommenheiten,

---

583 Eckhart: InSap 72—73.
584 Eckhart: InGen 115.

divinae essentiae,	die zum Wesen Gottes gehören,
puta [...]	nämlich: [...]
praesidentiae,	Oberhoheit über das Seiende
dispositionis entium	und dessen Ordnung,
et providentiae	Vorsorge
et gubernationis	für die anderen Geschöpfe
aliarum creaturarum.	und deren Lenkung.
Et hoc est quod hic dicitur:	Das ist der Sinn des Wortes
'Faciamus	‚Lasst uns den Menschen
hominem	machen
ad imaginem	nach unserem Ebenbild
et similitudinem nostram' [...]	und Gleichnis' [...]
et sequitur:	auf das folgt:
'praesit	„Er herrsche
piscipus maris	über die Fische des Meeres
et volatilibus	und über die Vögel
caeli	des Himmels
et bestiis universae terrae'.[585]	und die Tiere der ganzen Erde'
	(Gen 1,26).

Die „Vorsorge für die anderen Geschöpfe", in der der Mensch Gottes Willen zur Seinsverleihung an die Kreaturen nachvollzieht, beschreibt Eckhart als „Suche nach dem Reich Gottes"[586], nach dem „Heil des Geschöpfes", das nach Lk 17,21 „in uns ist" und auch außerhalb, in der „Ordnung des Seienden" sichtbar werden soll.
Entsprechend der Grenzenlosigkeit und Maßlosigkeit der sich schenkenden Fürsorge Gottes ent-grenzt Eckhart in mehreren Schritten konsequent den Begriff des „Nächsten", den zu lieben dem Menschen aufgetragen und zugemutet ist, und damit die Verantwortlichkeit des „gerechten, gottförmigen Menschen" für das „Heil der Geschöpfe".

---

585 Eckhart: InGen 115: LW I; 271,1–8.
586 Vgl. Eckhart: Sermo XXXIV: LW IV; 302,2–4:
„Quaerite ergo primum regnum dei [...] regnum dei primum est, intra nos est, regnum caelorum est, creaturae salus est."
[‚Sucht als erstes das Reich Gottes!' [...] Das Reich Gottes ist das Erste, es ‚ist in uns' (vgl. Lk 17,21), es ist das Himmelreich, das Heil des Geschöpfs.]

Proximi tui multi sunt.	Nächste hast du viele!
Proximus est omnis homo	Nächster ist jeder Mensch
omnis homini.	jedem [anderen] Menschen.
Proximi sibi dicuntur	Als Nächste gelten [gewöhnlich]
pater et filius,	Vater und Sohn,
socer	Schwiegervater
et gener.	und Schwiegersohn.
	[Das aber ist unzureichend!; E.F.]
Nihil tam proximum	Nichts ist einander so nahe
quam homo <et homo>.[587]	wie der Mensch dem Menschen.
Ich spriche ein anderz	Ich sage ein Weiteres
und spriche ein swærerz:	und sage ein Schwereres:
swer in der blôzheit	Wer unmittelbar
dirre natûre	in der Bloßheit dieser Natur
ane mitel	[der Natur des Menschen]
sol bestân,	stehen will,
der muoz	der muss
aller persônen	von allem Personhaften
ûzgegangen sîn,	ausgegangen sein,
alsô daz er dem menschen,	so dass er dem Menschen,
der jensît mers ist,	der jenseits des Meeres ist,
den er mit ougen	den er mit Augen
nie gesach,	nie gesehen hat,
daz er dem alsô wol guotes günne	ebensowohl Gutes gönne
als dem menschen,	wie dem Menschen,
der bî im ist	der bei ihm ist
und sîn heimlich vriunt ist.	und sein vertrauter Freund ist.
Al die wîle dû dîner persônen	Solange du deiner Person
mêr guotes ganst	mehr Gutes gönnst
dan dem menschen,	als dem Menschen,
den dû nie gesæhe,	den du nie gesehen hast,

---

587 Eckhart: Sermo XXX: LW IV; 273,13—274,1.

sô ist dir	so steht es wahrlich unrecht
wærlîche unreht [...].588	mit dir.

omnis vere amans deum	Jeder, der Gott wahrhaft liebt,
necessario amat	muss den Nächsten
proximum	ebenso
sicut	und in gleichem Maße
et quantum se ipsum,	wie sich selbst lieben;
et non solum	und nicht nur
omnem proximum,	alle Nächsten,
scilicet hominem,	also alle Menschen,
sed omne proximum,	sondern alles Nächste,
omne citra deum	alles, was es außer Gott gibt,
diligit sicut se ipsum.589	liebt er wie sich selbst.

vita,	Das Leben,
quam confert,	das er [Gott] mitteilt,
non solum est	ist nicht nur
vita	das Leben
unius hominis,	eines einzigen Menschen,
sed, quantum in se est,	sondern – soviel an ihm liegt –
totius mundi.590	das Leben der ganzen Welt.

Die Verantwortlichkeit für „das Leben der ganzen Welt", die dem Menschen als *imago dei* im „Herrschafts-Auftrag" über die Schöpfung" (Gen 1,26) zugewiesen ist, erfordert für Eckhart, so ist hier noch einmal zusammenzufassen:

---

588 Eckhart: Predigt 5b: DW I; 87,9—88,3.
589 Eckhart: Sermo XL: LW IV; 337,1—4.
590 Eckhart: Sermo V2: LW IV; 47,5—6.

- die Anerkenntnis der radikalen Verdanktheit der eigenen Existenz gegenüber Gott in der Haltung der Demut,
- das Bewusstsein, in dieser Verdanktheit nicht nur den anderen Menschen, sondern allen anderen Geschöpfen „gleich gefunden zu sein",
- die Erkenntnis, dass das „Eigene" als „vom Gemeinsamen abgetrenntes Gut" der Verwirklichung der göttlichen Friedensordnung entgegensteht, deren Prinzip die „fließende Minne" ist. In diesem Sinn bedarf der Mensch der Einsicht in die Widersinnigkeit der Aufteilung der von Gott geschenkten Güter in „Eigenes" und „Fremdes" – Eine Besitz-Aufteilung, die dem Göttlichen wesentlich widerspricht:

  „Das Göttliche, sofern es göttlich ist, ist nicht geteilt, wie auch Gott nicht geteilt ist. Ja, je mehr es sich mitteilt und je größer die Zahl derer ist, auf die es sich gemeinschaftlich verteilt, desto göttlicher ist es; es ist [dann] nicht unter die Einzelnen aufgeteilt, sondern eint das geteilte Einzelne und sammelt das Zerstreute. [...] Seneca sagt: ‚Die törichte Habgier der Sterblichen unterscheidet Besitz und Eigentum, hält aber das, was öffentlicher Besitz ist, nicht für ihr eigen. Der Weise hält nichts mehr für sein eigen als das, woran er mit dem ganzen menschlichen Geschlecht teilhat"[591].

- die Bereitschaft zur Hingabe, deren Ausdruck die „Verleugnung des ‚Eigenen' ist"[592], die das Leben der göttlichen Welt anfanghaft vorwegnimmt:

  „In jener Welt gibt es weder ‚mein' noch ‚dein', und ich liebe dort nicht ‚das Meine' oder ‚das Deine'"[593].

---

591 Vgl. Eckhart: InEx 194: LW II; 164,6—16:
"Divina enim, in quantum divina, non dividuntur, sicut nec deus. Quin immo quo plus communicatur et communis et pluribus sunt divisa, tanto sunt diviniora et non dividuntur in singulis, sed singula divisia uniunt et sparsa colligunt. [...] Seneca ait: 'stulta avaritia mortalium possessionem proprietatemque discernit, nec quidquam suum esse credit, quod publicum est. At sapiens nihil iudicat suum magis, quam cuius illi cum humano genere consortium est'".

592 Vgl. etwa Eckhart: InIoh 290: LW III; 242,4—8.

593 Vgl. Eckhart: Sermo XXX: LW IV; 275,4—5:

- die Liebe zum Nächsten „nur in sich selbst und um seiner selbst willen" und ohne jede heimlichen oder offenen eigen-nützigen Motive,

„weil der Begehrende den Nächsten nicht ‚so wie sich selbst, sondern so wie eine Kuh oder ein Bad oder wie ein buntes und zwitscherndes Vögelchen liebt, das heißt um irdischer Vergnügen oder Vorteile willen'"[594].

Nur in der Uneigennützigkeit kann das Bild Gottes aufscheinen, der selbst ausschließlich „um seiner Gutheit willen und um unseres, nicht seines Nutzens willen wirkt"[595].

In Entsprechung zum Wirken Gottes, der „alles um seiner selbst willen, also um Gottes willen wirkt" und das Gute „um unseres, nicht seines Nutzens willen wirkt"[596] formuliert Eckhart als Prinzip des menschlichen Wirkens, das dem „*reht*-Sein", der Gerechtigkeit entspricht:

in omni opere nostro	In allen unseren Werken
debemus intendere	sollen wir die Ehre Gottes
gloriam dei	und die ‚Erbauung'
et proximi	des Nächsten
aedificationem.[597]	im Sinn haben.

Dieser Anspruch erfüllt sich im Wirken der Barmherzigkeit, im „das Eigene" hinschenkenden Sich-Herabneigen zum Bedürftigen, um ihn „aufzurichten", ihn in der *„aedificatio"* wie ein zerstörtes Haus

---

„Praeterea ibi non est meum nec tuum, nec amo sive diligo meum aut <tuum>".

594 Vgl. Eckhart: InEx 191: LW II; 163,9—12:
"concupiscens non amat proximum 'tamquam se ipsum, sed tamquam iumentum aut balnea aut aviculam pictam vel garrulam, id est ut ex eo aliquid temporalis voluptatis aut commodi capiat' [...]".

595 Vgl. etwa Eckhart: InIoh 312: LW III; 260,4—5:
„deus operatur propter suam bonitatem, propter nostram, non suam utilitatem".

596 Vgl. Eckhart: InIoh 312: LW III; 260,1—6.

597 Eckhart: InIoh 310: LW III; 258,7—8.

neu „aufzuerbauen". Eckhart schildert dieses Lebensideal, das den Gerechten prägen muss, eindrücklich im Kontext einer Auslegung des Gleichnisses vom „unter die Räuber gefallenen Wanderer und dem barmherzigen Samariter" im Lukas-Evangelium (Lk 10):

sicut Samaritanus [...]	Wie der Samariter [...]
vulnerato	dem Verwundeten,
alieno	der ihm völlig fremd war
penitus	und keinen Anspruch
et immerito	auf seine Hilfe hatte,
gratis	selbstlos
infundit	Wein und Öl
vinum, oleum etc.,	in die Wunden goss,
sic et tu	so tu auch du
cuilibet indifferenter	unterschiedslos einem jeden,
non pensata affectione,	und lass dabei Neigung,
coniunctione	Verwandschaft
sive merito,	oder Verdienst außer acht,
sed indigentia	bedenke vielmehr
et necessitate	allein seine Bedürftigkeit
sola pensata.[598]	und seine Not!

Der Samariter, von dem Eckhart ausdrücklich betont, dass er *„nec esset sacerdos nec levita"*, dass er weder Priester noch Levit gewesen sei, die beide dem Leser des Evangeliums ein gefährliches falschen Beispiel geben, indem sie der Universalität der Nächstenliebe mit ihrem Handeln entgegenstehen[599], wird so zum exemplarischen Bild des „Gerechten", der aus Barmherzigkeit handelt und damit – auch gegen das Beispiel des *„sacerdos"*, gegen das Negativ-Beispiel kirchlichen Verrats an der barmherzigen Gerechtigkeit – für die Wahrheit des Evangeliums Zeugnis ablegt.
Diesen Vorrang des Wirkens der Barmherzigkeit vor jeder ihr entgegenstehenden (Schein-) Verpflichtung, sei sie auch noch so religiös

---

598 Eckhart: Sermo XXX: LW IV; 278,2—5.
599 Vgl. dazu ausdrücklich Eckhart: Sermo XXX: LW IV; 277,10—278,5.

motiviert, betont Eckhart wiederum bereits in der „*rede der unterscheidunge*":

wære der mensche	Wäre der Mensch
alsô in einem înzucke,	so in einer Verzückung,
als sant Paulus was,	wie der heilige Paulus es war,
und weste	und er wüsste
einen siechen menschen,	einen kranken Menschen,
der eines suppelîns	der eines Süppleins
von ihm bedörfte,	von ihm bedürfte,
ich ahtete verre bezzer,	ich erachtete es für weit besser,
daz dû liezest von minne	du ließest aus Liebe
von dem	von dem einen
	[von der Verzückung] ab
und dientest dem dürftigen	und dientest dem Bedürftigen
in mêrer minne.[600]	in größerer Liebe.

Im Bild des barmherzigen Samariters, der sich zum Anderen, Fremden herabbeugt, wird zusammenfassend das Lebensideal der Armutsbewegung greifbar, das Eckhart in einem anderen Sermo beschreibt:

Ambulemus	Wir sollen wandeln
[in novitate vitae]	[in der Neuheit des Lebens
	(vgl. Röm 6,4)],
etiam	indem wir
proximum attrahendo,	den Nächsten anziehen,
aedificando,	in auferbauen,
lucificando,	ihn erleuchten,
lucrifaciendo:	ihn gewinnen .
Ioh. 1:	‚Das Leben
'vita	war das Licht der Menschen'
erat lux hominum'.	(Joh 1,4)
Ubi dic	Hierbei sage:

---

600 Eckhart: RdU 10: DW V; 221,5—8.

quod talis debet esse vita nostra,	Unser Leben muss derart sein,
ut sit	dass es
lux hominum,	ein Licht der Menschen ist,
quia	denn:
'vos estis lux mundi'.	‚Ihr seid das Licht der Welt'
	(Mt 5,14).
Sequitur:	Es folgt:
'videant	‚Sie sollen
opera vestra bona'	eure *guten Werke* sehen'
etc.[601]	usw.

II.3.16. Die Kirche als mit-leidende Gemeinschaft des Leibes Christi

Bereits oben wurde bedacht, dass Eckhart, wenn er auch keine eigene Ekklesiologie in seinem Werk entwickelt hat, doch an zentralen Stellen seiner Schriften auf die Kirche und ihre Bedeutung für das Leben der „gottförmigen Menschen", der „Heiligen", zu sprechen kommt. Dies ist, neben den lateinischen Sermones, vor allem im Kommentar zum Johannes-Evangelium der Fall.

Eckhart betrachtet dabei, um die Konzentrationspunkte, die im vorgelegten Gedankengang bereits eine Rolle spielten, zusammenzufassen, die Kirche als Gemeinschaft der um die Verwirklichung des dem „Sohn-Seins" entsprechenden Lebens ringenden Menschen, die ihre „Sendung durch Gott" erkennen und – um ihr zu entsprechen – „in die Arbeit der Heiligen" eintreten. Der so im Ruf des Evangeliums gründenden Kirche als Gemeinschaft der Heiligen, die Gott „vom Anfang der Welt gesandt hat und [immer wieder] senden wird", spricht Eckhart eine *singularis dignitas*[602] zu, eine Würde, die sie als „Haus des Sohnes"[603] in der Zeit, als „Haus des Wirkens und der Arbeit", als „Haus des Gebetes" hat.

---

601 Eckhart: Sermo XV2: LW IV; 154,1—4.
602 Eckhart: Sermo XXIV1: LW IV; 214,13.
603 Vgl. Eckhart: Sermo XXIV1: LW IV; 214,13—14:

In diesem Sinn betrachtet er die Zugehörigkeit zur Kirche als *secundum principale*[604] unter den notwendigen Bedingungen geistlichen Lebens – sie folgt damit in ihrer Bedeutung direkt auf das Evangelium, den „ersten Hauptpunkt".

hoc ipso	Dadurch,
quod quis	dass jemand von Gott
mittitur a deo	durch die
per gratiam sibi datam ab illo,	ihm verliehene Gnade
fit nuntius	gesandt wird,
et testis dei	wird er Bote und Zeuge Gottes
et Christi [...]	und Christi. [...]
Ait ergo [...]: [...]	Er [Christus] sagt also: [...]
ego misi vos;	Ich habe euch ausgesandt,
ego, inquam,	ich, sagt er,
is ipse qui et omnes sanctos	der ich alle Heiligen
ab origine mundi	vom Anfang der Welt an
misi et mitto. [...]	gesandt habe und sende. [...]
Necessario sequitur	Daraus folgt notwendig,
quod hoc ipso	dass eben dadurch,
quod vos mitto,	dass ich euch sende,
qui eos misi,	der ich sie gesandt habe,
vos in labores eorum	ihr in ihre Arbeit
introeatis.[605]	eintretet.

Der Eintritt in die „Arbeit aller Heiligen" begründet, so wurde betont, die Zugehörigkeit zur Kirche als gemeinsames „Haus" dieser „Arbeitsgemeinschaft", die aus der Sendung Gottes durch das Wirken der den Menschen verliehenen Gnade hervorgeht. „Glaubender-Sein" und „Sohn-Werden" bedeutet nicht nur „begnadet zu sein", von der Gnade erleuchtet zu sein, es bedeutet, gesandt zu sein als

---

„[Scriptum est: quia domus mea domus orationis est.] Secundum principale est ecclesiae sive fidelium singularis dignitas: *domus mea*. Nota quod dicit: *mea*".

604 Vgl. ebd.

605 Eckhart: InIoh 403: LW III; 342,6—343,1.

„Bote und Zeuge Gottes und Christi", um in der generationenübergreifenden Gemeinschaft der „Heiligen" zu *arbeiten*! Diese Gedanken Eckharts sollen hier – im Anschluss an die Ausführungen zur
Barmherzigkeit, Hingabe und Liebe zum „bedürftigen Nächsten"
vertieft werden.

Es ist der „Eintritt in die Arbeit der anderen", die aus der Bewegung
der Gottes- und Nächstenliebe resultiert, die für den Menschen, wie
Eckhart im Anschluss an paulinische Bilder ausführt, das „neue Sein
als *Glied am Leib Christi*" begründet.[606]

Die Bewegung des Sohn-Werdens im Nachvollzug der Lebensdynamik *des* Sohnes, Jesus von Nazaret, der Bewegung der kenotischen
Selbst-Hingabe, hat entschieden ekklesiale Bedeutung:

sancti	Die Heiligen
fiunt cum	werden mit
homine Christo	dem Menschen Christus
unus Christus,	*ein* Christus,
et	so dass,
omnibus	wenn *alle*
ascendentibus	zum Himmel aufsteigen,
ipse unus ascendat in caelum	dieser *eine* Christus aufsteigt,
qui de caelo	der vom Himmel
descendit.	herabgestiegen ist.
[...]	[...]
De hac unitate	Von dieser Einheit
sanctorum cum Christo	der Heiligen mit Christus,
quam non aliud deputat	die er
Christus	als seinen Leib,
corpus suum,	
id est ecclesiam suam,	das heißt: seine Kirche,
quam se ipsum,	mit sich in eins setzt,

---

606 Vgl. Eckhart: InIoh 388: LW III; 331,8—10:
   „intrat homo, membrum Christi, labores aliorum, amando scilicet proximum sicut se ipsum [...], 'tamquam', id est tantum quantum."
   [*Der Mensch, als Glied Christi, tritt in die Arbeiten der anderen ein, wenn er
   nämlich den Nächsten liebt wie sich selbst, [...] das heißt: den Nächsten ebenso-
   sehr liebt wie sich selbst.*]

sic ait Augustinus [...]:	sagt Augustinus:
Christus ,secum nos faciens	,Christus macht sich mit uns
unum hominem,	zu *einem* Menschen:
caput et corpus.	Haupt und Leib.
Oramus per illum,	Wir beten durch ihn,
ad illum et in illo.	zu ihm und in ihm.
Dicimus cum illo	Wir sprechen mit ihm
et dicit nobiscum;	und er mit uns,
cum dicimus in illo,	wir sprechen in ihm
dicit in nobis.[607]	und er in uns.

Rom. 8 dicitur:	Wie wir an einem Leib
'sicut in uno corpore	viele Glieder haben,
multa membra habemus,	alle Glieder aber
omnia autem membra	nicht die gleiche Aufgabe
non eundem actum habent,	haben,
ita multi	so sind wir, die vielen,
unum corpus sumus in Christo	ein Leib in Christus,
Iesu,	die einzelnen aber
singuli autem	Glieder untereinander
alter alterius membra'.	(Röm 12,4f.).
[...]	[...]
omnes fideles	Alle gläubigen
et divini,	und göttlichen Menschen
in quantum huiusmodi,	als solche
in Christo et deo	sind in Christus und in Gott
unum sunt,	eins,
sicut membra unum sunt	wie die Glieder
corpus naturale.	ein natürlicher Leib sind.
[...]	[...]
Et haec est	Und das ist
communio	die Gemeinschaft
sanctorum	der Heiligen,
de qua	von der es im

---

607 Eckhart: InIoh 352-353: LW III; 299,5—12.
608 Eckhart: InIoh 384: LW III; 327,2—11 und 328,1—2.

in Symbolo	Apostolischen
apostolorum	Glaubensbekenntnis
dicitur:	heißt:
'credo	‚Ich glaube
sanctam ecclesiam catholicam,	die heilige katholische Kirche,
sanctorum	die Gemeinschaft
communionem'.[608]	der Heiligen'.

Der Glaube an die Einheit der Heiligen im einen universalen Christus-Leib der Kirche stellt dabei eine zweifache Herausforderung dar:

- Er verlangt vom Einzelnen, sich das Lebensideal der Heiligkeit, das „Leben des Sohnes", des „Gerechten" wirklich zu eigen zu machen, sich also nicht – aus welchen Gründen auch immer (und sei es aus falscher Demut) – vom Anspruch des Evangeliums zu dispensieren;

Nemo dicat:	Niemand sage
	[über das Psalmwort Ps 85,2:
	‚behüte meine Seele,
	denn ich bin heilig']
‚non Christus hoc dicit'	‚Nicht Christus sagt das!'
aut	oder
‚non ego dico';	‚Nicht ich sage das!'
si se in Christi corpore cognoscit,	Wenn er sich am Leibe Christi weiß,
utrumque dicat:	so sage er beides:
et 'Christus dicit'	sowohl ‚Christus sagt es'
et 'ego dico'.	als auch ‚Ich sage es'
	[nämlich: ‚Ich bin heilig'].
Noli aliquid dicere sine illo,	Sag nichts ohne ihn,
et non dicit aliquid sine te.	und er sagt nichts ohne dich.
[...]	[...]
[Et super Psalmo ...	Dies [das Psalmwort
sic Augustinus ait:]	von der Heiligkeit der Seele]
verba Christi	sind die Worte Christi
in forma servi	in der Knechtsgestalt

vel verba
omnis fidelis,
unum corpus
cum Christo <constituentis>,
qui est sanctus,
fideles, corpus suum,
sanctificans,
secundum illud:
'sancti estote,
quoniam ego sanctus sum',
Lev. 19.
[...]
qui membra facti sunt
corporis Christi
et dicunt se sanctos non esse,
iniuriam faciunt ipsi capiti
cuius membra facti sunt.

Ratio praemissorum
est manifesta.

Constat enim exempli gratia
quod
lapis ignitus
operatur omnia opera
ignis,
in quantum ignitus est.

Ioh. 14:
'pater in me manens,
ipse facit opera';
et Cor. 15:
,gratia dei
sum id quod sum,
et gratia eius
in me
vacua non fuit'.

oder die Worte
eines jeden Gläubigen,
der einen Leib
mit Christus bildet,
der heilig ist
und die Gläubigen
als seinen Leib heiligt,
gemäß dem Wort:
,Seid heilig,
denn ich bin heilig'
(Lev 19,2).
[...]
Wer ein Glied
am Leib Christi geworden ist
und sagt, er sei nicht heilig,
beleidigt das Haupt selbst,
dessen Glied er geworden ist.

Der Grund für das Gesagte
ist offenkundig.

Denn beispielsweise
wirkt ein im Feuer
durchglühter Stein
offensichtlich alle Werke
des Feuers,
insofern er feurig ist.

,Der Vater, der in mir bleibt,
er selbst wirkt die Werke'
(Joh 14,10)
und
,Durch Gottes Gnade
bin ich, was ich bin,
und seine Gnade
ist in mir
nicht unwirksam geblieben'
(1 Kor 15,10).

Frustra enim et supervacue	Denn vergeblich und unnütz
esset gratia in anima,	wäre die Gnade in der Seele
ignis in lapide,	und das Feuer im Stein,
si non	wenn sie nicht
operatur	die ihnen eigentümlichen
opera sibi propria.[609]	Wirkungen hervorbrächten.

- Er verlangt von der Kirche als „Leib", sich zu definieren allein über das gemeinsame Wirken der „Arbeit der Heiligen": Kirche ist für Eckhart, will sie nicht „vergeblich und unnütz" sein, nur als „Gemeinschaft der Barmherzigen" denkbar, in der niemand sich selbst dient, in der „alle Tätigkeiten oder Leiden eines jeden gläubigen Gliedes Christi und Gottes allen Gläubigen gemeinsam sind, die Glieder Christi sind"[610]. *„Barmherzicheit"*, Compassion ist damit als Konstitutivum des Lebensvollzugs von Kirche ausgewiesen.

membrum quodlibet	Ein jedes Glied
	[des Leibes Christi /
	der Kirche]
non plus sibi servit	dient nicht mehr sich selbst
quam alteri membro,	als dem andern Glied;
puta	zum Beispiel
oculus non plus sibi	sieht das Auge nicht
videt	mehr für sich
quam pedi,	als für den Fuß,
quia nec sibi	weil es weder sich selbst
nec pedi,	noch dem Fuß dient,
sed	sondern
toti homini	dem ganzen Menschen
[...]	[...],
cui primo per se	dem allein es zunächst

---

609 Eckhart: InIoh 353—354: LW III; 299,14—230,16.
610 Vgl. Eckhart: InIoh 384: LW III; 327,10—11:
  „Sequitur ergo in conclusione quod omne operationes aut passiones cuiuslibet fidelis membri Christi et dei sint communes omnibus fidelibus qui sunt membra Christi".

immediate soli servit,	an sich unmittelbar dient,
per quod	wodurch
et in quo omnia membra sunt	und worin alle Glieder sind
et unum sunt;	und eins sind;
ipso et ipsi	dadurch und dafür
et propter ipsum	und dessentwegen
operantur sibimet	wirken sie für sich
et sibi mutuo	und darum wechselseitig
propter illud.	für sich.
Hinc est	Deshalb
quod haec	ist ein solcher Ausdruck
est impropria:	nicht im eigentlichen Sinn
	zu nehmen:
'oculus videt',	,das Auge sieht',
'auris audit',	,das Ohr hört',
'lingua loquitur'	,die Zunge spricht'
et huiusmodi,	und dergleichen.
haec autem propria:	Im eigentlichen Sinn jedoch
	trifft zu:
'homo	,der Mensch
videt oculo',	sieht mit dem Auge',
	,der Mensch
'audit aure',	hört mit dem Ohr',
	,der Mensch
'loquitur lingua'; [...]	spricht mit der Zunge'. [...]
Iste est ergo unus modus	Dies ist also die Weise,
quo bona,	in der das Gute,
sive passionum	sowohl im Erleiden
sive meritorum	oder im Verdienst
sive praemiorum,	oder im Lohn,
sunt omnibus bonis et sanctis	allen Guten und Heiligen
omnia communia.	gemeinsam sind.
Et hoc est	Und das ist der Sinn
quod Cor. 12 dicitur:	des Wortes:
'non sit schisma	,Es gebe keine Spaltung

---

611 Eckhart: InIoh 385: LW III; 328,4−329,3.

in corpore,	im Leibe,
sed id ipsum	sondern die Glieder
pro invicem	seien gleicherweise
sollicita membra;	einträchtig füreinander
	besorgt;
et si quid patitur	und wenn ein Glied leidet,
unum membrum,	
compatiuntur omnia membra,	leiden alle Glieder mit,
sive gloriatur	oder wenn ein Glied
unum membrum,	geehrt wird,
congaudent omnia'.⁶¹¹	freuen sich alle Glieder mit'
	(1 Kor 12,25-27).

calcato pede	Die Zunge sagt gewöhnlich
lingua usualiter et veraciter	und mit Recht
dicit	zu dem, der uns auf den Fuß
calcanti pedem:	tritt:
tu me calcas.	,Du trittst mich!'
Quamvis enim lingua	Denn obwohl die Zunge
non sit pes,	nicht der Fuß ist,
sed	sondern beide
multum differant	dem Ort,
loco,	der Gestalt
figura	und der Aufgabe nach
et officio,	sehr verschieden sind,
propter unitatem tamen	so kann doch die Zunge
qua membra	– wegen ihrer Einheit
sunt unius corporis,	[mit dem Fuß]
unum esse et unum vivere	als Glieder eines Leibes,
et ab una anima habentia,	die von *einer* Seele *ein* Sein
calcato pede	und *ein* Leben haben –
lingua vere dicit	mit Recht sagen,
se calcari.⁶¹²	sie selbst werde getreten.

---

612 Eckhart: InIoh 355: LW III; 301,4—7.

Unter der Ungerechtigkeit, mit der der einzelne Mensch, „getreten wird", leidet notwendig die ganze Kirche, die bewegt von Mit-Leid und Barmherzigkeit ebenso notwendig ihre Stimme in Klage und Anklage erhebt und so dem „stummen, geschundenen Fuß" ihre Zunge leiht:

pede calcato	Tritt man den Fuß,
lingua loquitur:	so spricht die Zunge:
tu me calcas.[613]	‚Du trittst *mich*!'

Wo dies nicht der Fall ist, wo „die Glieder nicht gleicherweise einträchtig füreinander besorgt sind, wo nicht alle Glieder mit-leiden, wenn ein Glied leidet", so ist umgekehrt zu schließen, dort droht die Gefahr „einer Spaltung im Leibe". In diesem Sinne wäre von einer schismatischen Kraft mangelnden oder verweigerten Mit-Leids, mangelnder Barmherzigkeit, mangelnder Bereitschaft zur selbstlosen Hingabe und zur Nachfolge „in den Spuren des Lammes" zu sprechen – eine Gefahr, die die das Leben der Kirche als „Gemeinschaft der Heiligen" durch alle Zeiten begleitet.

Hervorzuheben ist an dieser Stelle abschließend, dass Eckhart selbst – entsprechend der Entgrenzung des Begriffs des „Nächsten" auf „alles, was Gott geschaffen hat" – auch den Gedanken der Verantwortlichkeit, der Für-Sorge der Glieder des einen Christus-Leibes in dem Sinn entgrenzt, dass er die Verantwortung des Gläubigen nicht an den Grenzen der verfassten Kirche enden lässt. Auch denen gegenüber, die nicht – oder, wie Eckhart sagt: „der Hoffnung nach" (also „noch nicht" oder „nicht mehr") – zur Kirche als verfasster Gemeinschaft gehören, ist der Gerechte als „Bruder Christi" zur Fürsorge, zur Barmherzigkeit verpflichtet.

Diese Verpflichtung des Einzelnen wie der Kirche als Ganzer entspringt, Eckhart verweist auf das Gleichnis vom „barmherzigen Samariter", „dem Wort des Herrn selbst", das „erhellt", dass es notwendig ist, „*jeden* Menschen wie oder ebensoviel wie sich selbst zu lieben": „Wie der Samariter, [...], so tu auch du unterschiedslos einem jeden. [...] Bedenke allein seine Bedürftigkeit und Not"[614]!

---

613 Eckhart: Sermo XXX: LW IV; 275,8.
614 Vgl. erneut Eckhart: Sermo XXX: LW IV; 277,10–278,5.

Sic enim videmus	So sehen wir nämlich
in natura	in der Natur,
quod oculus	dass das Auge
non plus sibi videt	nicht mehr für sich sieht
quam alteri;	als für ein anderes [Körperteil];
videt autem	es sieht [...]
toti primo et per se,	zuerst und seiner Natur nach
	für das Ganze,
aliis autem partibus	für sich selbst
et sibimet	und für die anderen Glieder
propter totum	aber nur um des Ganzen willen,
et in quantum sunt in toto	sofern sie im Ganzen sind
et in quantum sunt	und in Wirklichkeit
aliquid totius	oder der Hoffnung nach
re vel spe,	zum Ganzen gehören,
id est	das heißt:
vel quia sunt	weil sie bereits zu ihm gehören
<vel> ut sint.[615]	oder doch zu ihm gehören
	sollen.

---

615 Eckhart: Sermo XXX: LW IV; 277,6−9.

II.3.17. Ein möglicher Einspruch:
„die gnâde, daz ich ez willîche lîde"

Die eigentliche Kernfrage, mit der sich in Zusammenhang mit der vorgelegte Arbeit nun auseinandergesetzt werden muss, ist die, inwieweit mit Blick auf Eckhart wirklich von einem Lebensideal des „aktiven, praktischen Lebens zu Gunsten der Gerechtigkeit" als „notwendige Bedingung" sowohl für die Gottes- und Selbsterkenntnis als auch für die „Geburt Gottes im Menschen" (die Neu-Geburt, die *re-generatio* des Menschen als „Sohn") gesprochen werden kann, wie das bis hierher getan wurde – und noch zu vertiefen ist. Ist es wirklich gerechtfertigt, Eckhart *so* zu lesen?

Eckharts reservierte Haltung gegenüber den „äußeren Werken", sein Konzept der „Gelassenheit" und „Abgeschiedenheit" scheinen im gewohnten Verständnis dieser Interpretation entgegenzustehen. Wie kann von all dem bis hierher Behaupteten die Rede sein angesichts des Verständnisses von „Gerechtigkeit", das Eckhart in der für dieses Thema zentralen Predigt „Iusti vivent in aeternum" (Pr 6), die den Ausgangspunkt für den gesamten letzten Teil dieser Arbeit (ab II.3.7) bildete, vorlegt:

in einem andern sinne	In einem andern Sinne
sô sint die gereht,	sind die gerecht,
die alliu dinc	die alle Dinge
glîch enpfâhent von gote,	von Gott als gleich hinnehmen,
swaz ez joch sî,	was immer es sei,
ez sî grôz oder klein,	groß oder klein,
liep oder leit,	lieb oder leid,
und al glîch,	und zwar völlig gleich,
noch minner noch mêr,	ohne Weniger oder Mehr,
einz als daz ander.	das eine wie das andere.
Wigest dû daz ein iht mêr	Bewertest du das eine
dan ein ander,	irgendwie höher als das andere,
sô ist im unreht.[616]	so ist es unrecht, verkehrt.

---

616 Eckhart: Predigt 6: DW I; 102,1–4.

Ist es damit für Eckhart nicht einfach als Inhalt der „Gerechtigkeit" zu betrachten, „alle Dinge" und damit auch das Leid, die Armut, die Ungerechtigkeit der Welt, die *perversitas* der *koufmanschaft*, der „Markt-Weisheit", „so wie sie nun einmal sind", als „Gott-gegeben" „hinzunehmen", und als von irdischen Widrigkeiten unberührter „göttlicher Mensch" die Welt und ihre Unruhe „hinter sich zu lassen", sich in stoischer innerer Unangreifbarkeit „herauszuhalten", sich der „äußeren Werke" getrost zu enthalten, um stattdessen sich des „inneren Werks der Gerechtigkeit", des Gerecht-Seins, verborgen im Intellekt, im unantastbaren „Innersten der Seele" in Sicherheit (selbst-)bewusst zu sein? Für eine solche Deutung, der ich mich bemühe zu widersprechen, wird oftmals Eckhart selbst, etwa sein *„buoch der götlîchen træstunge"*, angeführt:

Unglîch	Nichts Ungleiches
und ungereht	und Ungerechtes
enmöhte niht	noch irgendwelches Gemachte
noch iht gemachen	oder Geschaffene
noch geschaffen	vermöchten
den gerehten	den Gerechten
leidic machen,	in Leid zu versetzen;
wan allez, daz geschaffen ist,	denn alles, was Geschaffen ist,
daz ist verre under im	liegt weit unter ihm,
als verre als under gote	ebenso weit wie unter Gott,
und enhât keinen îndruk	und übt keinerlei Eindruck
noch învluz	oder Einfluss
in den gerehten	auf den Gerechten aus
noch gebirt sich niht in in,	und gebiert sich nicht in ihn,
des vater got aleine ist.	dessen Vater Gott allein ist.
Herumbe sol der mensche	Darum soll der Mensch
gar vlîzic sîn,	sich sehr befleißigen,
daz er sich entbilde sîn selbes	dass er sich seiner selbst
und aller crêatûren,	und aller Kreaturen entbilde
noch vater wizze	und keinen Vater kenne
dan got aleine;	als Gott allein;

sô enmac in niht	dann kann ihn nichts
leidic gemachen	in Leid versetzen
noch betrüeben,	oder betrüben,
weder got noch crêatûre,	weder Gott noch die Kreatur,
noch geschaffenez	weder Geschaffenes
noch ungeschaffenez,	noch Ungeschaffenes,
und allez sîn wesen,	und sein ganzes Sein,
leben,	Leben,
bekennen,	Erkennen,
wizzen und minnen	Wissen und Lieben
ist ûz gote	ist aus Gott
und in gote	und in Gott
und got.[617]	und ist Gott selbst.
Man liset in *der veter buoche*,	Man liest im Buch der Väter,
daz ein mensche	dass ein Mensch
klagete einem heiligen vater,	einem heiligen Vater klagte,
daz er was in lîdenne.	dass er zu leiden habe.
Dô sprach der vater:	Da sprach der Vater:
wiltû, sun,	‚Willst du, Sohn,
daz ich got bite,	dass ich Gott bitte,
daz er dir daz beneme?	er möge dir's abnehmen?'
Dô sprach der ander:	Da sprach der andere:
nein, vater,	‚Nein, Vater,
wan ez ist mir nütze;	denn es ist mir heilsam,
daz bekenne ich wol.	das erkenne ich wohl.
Sunder bite got,	Bitte vielmehr Gott,
daz er mir sîn gnâde	er möge mir seine Gnade
gebe,	verleihen,
daz ich ez willîche lîde.[618]	auf dass ich's *willig leide'*.

In eine ähnliche Richtung weisen auf den ersten Blick Ausführungen Eckharts über die „Herrschaft der Vernunft" über die Leidenschaften, die Grundlage des „gottförmigen Lebens" ist:

---

617 Eckhart: BgT: DW V; 12,18—13,4.
618 Eckhart: BgT: DW V; 57,3—7.

statim,	Sobald die Vernunft
ut ratio deliberat,	die Herrschaft antritt,
iram	soll sie dem Zorn
finiat	ein Ende machen
et exstinguat.[619]	und ihn auslöschen.

Alles Geschaffene weit unter sich zu lassen, „willig zu leiden", Empörung und Zorn „auszulöschen" zugunsten vernunftbeherrschter Unberührbarkeit – sind das für Eckhart die „Wirkungen göttlicher Gnade"? Wenn ja, in welchem Sinn?

Die Frage nach dem „willigen Leiden" soll hier zunächst noch einmal zurückgestellt werden – ihr wird der kommende Hauptteil II.4. unter dem Thema der *abegescheidenheit* gewidmet sein. Vorher sind jedoch im Rahmen dieses Teils II.3. noch zwei zentrale Fragestellungen zu behandeln, die sich aus den hier aufgeworfenen Anfragen und (vermeintlichen) Widersprüchen ergeben:

- die Frage nämlich nach dem Verhältnis der Gottförmigkeit des Menschen, der „Herrschaft der Vernunft", dem „Leiden unter der Ungerechtigkeit", der leidenschaftlichen Empörung und des notwendigen aktiven Widerstands gegen das Unrecht; und
- die Frage nach dem Verhältnis von „innerem" und „äußerem" Werk der Gerechtigkeit".

---

619 Eckhart: Sermo XLI2: LW IV; 353,16—17.

II.3.18. „*Negatio negationis*": Liebe zur Gerechtigkeit als Hass gegen die Ungerechtigkeit

allez sîn	Sein
[des gerehten,	[nämlich: des Gerechten,
des vater got aleine ist]	dessen Vater Gott allein ist,]
wesen,	ganzes Sein,
leben,	Leben,
bekennen,	Erkennen,
wizzen und minnen	Wissen und Lieben
ist ûz gote	ist aus Gott
und in gote	und in Gott
und got.[620]	und ist Gott selbst.

So betont Eckhart im „*buoch der götlîchen trœstunge*". Die Antwort auf die Frage nach dem Sein, Leben, Erkennen, Wissen und Lieben des „Gerechten" ist dementsprechend in einer erneuten Reflexion über das Wesen Gottes selbst, näherhin über die „Einheit Gottes" zu suchen. Dass der Gerechte nämlich „*alliu dinc glîch enpfâhet von gote, swaz ez joch sî, ez sî grôz oder klein, liep oder leit, und al glîch, noch minner noch mêr, einz als daz ander*"[621], gründet wesentlich in der Ununterschiedenheit Gottes selbst:
Weil Gott „ununterschieden ist, liebt es auch die Seele, ununterschieden zu sein, das heißt: eins zu sein und eins zu werden mit Gott"[622]:

homo,	Der Mensch
divinus ut sit	muss sich überall
et deiformis,	und in allem
debet esse ubique	einförmig verhalten,
et in omnibus uniformiter	um göttlich
se habens.	und gottförmig zu sein.

---

620 Vgl. Eckhart: BgT: DW V; 13,3—4; ergänzt nach a. a. O.; 12,21.
621 Eckhart: Predigt 6: DW I; 102,1—4.
622 Vgl. Eckhart: InSap 282: LW II; 614,13—615,1:
     „Deus autem indistinctus est, et anima amat indistingui, id est unum esse et fieri cum deo".

Nam et deus unus est,	Denn auch Gott ist einer
a quo uniformis nomen	(Gal 3,20)
trahitur.[623]	und davon leitet sich das Wort
	,einförmig' ab.

„Einförmig zu sein" bedeutet laut Eckhart für den Menschen so ein Zweifaches, nämlich:

- „einförmig mit dem einen Gott" zu sein und
- „gottförmig in den Dingen".[624]

Der „vollkommene Mensch" ist dabei, das folgt aus der entscheidenden Einsicht in die *ordines activorum et passivorum*[625], die „Stufen in der Wesensordnung des Wirkenden und Erleidenden",

- gegenüber Gott: ganz erleidend,
- gegenüber „den Dingen", gegenüber der geschaffenen Welt: ganz wirkend, frei und unabhängig, nämlich „gottförmig".[626]

Wesentlich für den „vollkommenen Menschen" ist es unter dieser zweifachen Hinsicht, Gott-durchlässig zu sein, Gott durch sich in die Welt hinein wirken zu lassen, in diesem Sinn „Einfallstor" des Göttlichen zu sein.

Es gilt, „mit Hilfe der Gnade" nicht nur „das Herz in Gott selbst festzumachen", sich ihm anzunähern in der „Vermeidung der Sünden". Beides könnte als beschränkt auf einen Weg persönlicher Vervollkommnung und damit individualistisch missdeutet werden! Unverzichtbar ist es, „fortzuschreiten im Dienst Gottes an der Welt".[627]

---

623 Eckhart: InIoh 112: LW III; 97,3—4.
624 Vgl. Eckhart: InIoh 112: LW III; 97,7—8.
625 Vgl. Eckhart: ParGen 25: LW I; 495,4—5.
626 Vgl. hierzu, zur Bestimmung des „Wirkenden" (das der gott-förmige Mensch gegenüber den „Dingen") und „Erleidenden" (das die „Dinge" gegenüber dem gottförmigen Menschen sind), Eckhart: ParGen 25: LW I; 495,6—10.
627 Vgl. Eckhart: Sermo XII1: LW IV; 117,2—3:

Das Streben danach, das, „was in sich eines ist" „vollständig zu erlangen, und dort, wo es, selbst ungezeugt, gebärend und zeugend ist, nämlich in seinem obersten Ursprung, in seiner Quelle, in das Eine hinübergeformt zu werden"[628], das Bedingung dafür ist, „durchlässig" sein zu können, so dass das Eine in die geschaffene Welt hineinwirken kann, die „Liebe zu dem, was in sich eines ist", wie etwa zur Gerechtigkeit, diese Liebe, die für Eckhart „die vortrefflichste unter Gottes Gaben ist, die die Kinder Gottes von den Kindern des Teufels scheidet"[629], sie ist unter zweifacher Hinsicht zu betrachten:

- als Liebe zum *Einen* (in Hinsicht auf die Ununterschiedenheit, damit auf die Eindeutigkeit) und
- als *Liebe* zum Einen (in Hinsicht auf die „Begierde", die den Lebensvollzug des Menschen prägt, der danach strebt, das Eine „vollständig zu erlangen").

Die Betrachtung des Einen als Eines konzentriert die Aufmerksamkeit auf das für Eckharts Denken charakteristische Verständnis von Gott, dem Sein, als *„negatio negationis"*, als Ausschluss jeden Nicht-Seins, jeden Mangels, jeden „Unterschiedes", der das *esse hoc et hoc* der geschöpflichen Wirklichkeit prägt. Das Wesen des *esse absolutum* besteht darin, „durch Ununterschiedenheit von allem *esse hoc et hoc*

„Bonum est enim gratia peccata declinare, melius in deo proficere, optimum autem cor in ipso stabilire".

628 Vgl. Eckhart: InSap 105: LW II; 441,9−12:
„Secundo nota quod amans quippiam unum aliquod, puta iustitiam, non amat quidquam aliud nec quidquam non iustum. Quaerit igitur solum se perfecte assequi iustitiam et in ipsam in sui supremo, in suo fonte, ubi est pariens sive gignens ingenita, transformari".

629 Vgl. Eckhart: Sermo XL2: LW IV; 337,14−338,2:
„'fortis est enim ut mors dilectio'. Iterum patet eius nobilitas eo quod sit primum donum, in quo et per quod dantur omnia, excellentius inter dona dei, [...] dividens inter filios dei et filios diaboli. Quin immo dilectio est ipse deus, Ioh. 4: 'deus caritas est'".

unterschieden zu sein", Fülle des Seins zu sein, das kein Nicht-Sein duldet:

[Item]	[Gott, das Sein,]
est negatio negationis,	ist Verneinung der Verneinung,
quae est	das ist
purissima affirmatio.[630]	die reinste Bejahung.

[...ipsi]	[Bei Gott gibt es ...]
nulla privatio	weder Gebrechen
aut negatio convenit,	noch Verneinung,
sed propria est sibi,	vielmehr ist ihm
et sibi soli,	und ihm allein
negatio negationis,	die doppelte Verneinung eigen,
quae est medulla et apex	die Kern und Krone
purissimae affirmationis.[631]	der lautersten Bejahung ist.

Diese Wesensbestimmung des göttlichen Seins als *negatio negationis*, als „lauterste Bejahung in doppelter Verneinung" erhält bei Eckhart eine für den Zusammenhang der hier behandelten Fragestellung entscheidende Wendung hin zu einer Art „ethischer Stellungnahme", einer „Parteilichkeit Gottes" zugunsten des Seins gegenüber dem Nicht-Sein, dem Mangel und der Bedrohung durch das Nichts:

nihil tam propinquum [...]	Nichts ist Gott so nahe
quam [...] negatio non esse,	wie die Verneinung des Nicht-Seins
assertio	und damit die Setzung
sive affirmatio esse.[632]	oder Bejahung des Seins.

Gottes „Liebe zu allem Seienden" bedeutet, als *negatio negationis* verstanden und dadurch „radikalisiert", gleichzeitig und in derselben

---

630 Eckhart: InSap 147: LW II; 485,6—7.
631 Eckhart: InIoh 207: LW III; 175,4—6.
632 Eckhart: InSap 82: LW II; 414,1—2.

Bewegung „Hass gegen alles Nicht-Seiende", gegen alle Verneinung des Seins und Gottlosigkeit.[633] Dieses Verständnis bewahrt die Rede von der „Liebe zum Einen", etwa der „Liebe zur Gerechtigkeit", vor jeder schwärmerischen Süßlichkeit: Liebe zum Einen ist keine Liebe, wenn sie nicht gleichzeitig Hass gegen das Nicht-Eine ist. Liebe zum Sein ist keine Liebe, wenn sie nicht Hass gegen den Mangel an Sein und das Nicht-Sein ist. Liebe zur Gerechtigkeit ist keine Liebe, wenn sie nicht Hass gegen die Nicht-Gerechtigkeit, gegen den Mangel an Gerechtigkeit und die Ungerechtigkeit ist.

Dies wird für die Frage nach dem Leben des „gottförmigen Menschen" in dem Sinn von Bedeutung, als dass er *in tempore* eingebunden lebt in die geschaffene Welt des *esse hoc et hoc*, die fundamental geprägt ist von der Spannung zwischen „Haben" (*habitus*) und „Beraubung" (*privatio*), der „Wurzel der konträren Gegensätze"[634].

in nobis	In unserem Bereich
non omne, quod in nobis est,	ist nicht alles, was in uns ist,
sive id, quod nos sumus,	noch das, was wir sind,
est iustitia[635]	Gerechtigkeit.

Die Welt des *esse hoc et hoc* ist eine Welt der Spannung zwischen Sein und Nicht-Sein, weil ihr Sein immer unvollkommen ist, gleichzeitig Mangel an Sein, Nicht-Sein ist:

ipsum ‚nihil'	‚Das Nichts' selbst
est ‚novum sub sole',	ist ‚neu unter der Sonne',
‚novum', id est recens,	‚neu', das heißt: jeweils neu,
quia continue oriuntur,	weil ununterbrochen
insurgunt et accrescunt	in dieser Welt Übel entstehen,
mala in hoc mundo,	aufsprießen und zunehmen:

---

633 Hierzu vgl. ausführlich Eckhart: InSap 254—259: LW II; 586—591.
634 Vgl. Eckhart: InEx 134: LW II; 123,10—13:
     "Contrariorum enim radix est privatio et habitus. [...] binarius, ut tactum est, privatio est unitas; privatio autem ut sic nihil in esse constituit".
635 Eckhart: InGen 223: LW I; 366,10—11.

Ioh.:	‚die ganze Welt
'totus mundus	liegt im Argen'
in maligno positus est'.[636]	(1 Joh 5,19).

Die Herausforderung für die dem göttlichen Sein entsprechende *negatio negationis* liegt in dieser Welt je neu aufsprießender Übel darin, dass es nicht darum geht, dieser Welt des *esse hoc et hoc* einfach gänzlich zu entgehen, sie als solche grundsätzlich zu ver-neinen! „Gegenüber den Dingen Gott-förmig leben" bedeutet, in der Spannung zu leben zwischen der Bejahung des Seins unter gleichzeitiger Ver-Neinung des Nicht-Seins, das „unter der Sonne ist" – in einer Spannung, die von einer Unvollkommenheit der Dinge gegenüber ihrem „eigentlichen, wahren Sein", einem „Mangel an Sein", bis hin zur *corruptio*, bis zur Ver-Nichtung, zur Zerstörung geschöpflichen Seins, zur radikalen Negierung des Schöpfungshandeln Gottes reicht. Dies ist in Eckharts Verständnis die extremste Form des wider-göttlichen, „teufel-förmigen" Lebens: „Dinge der geschöpflichen Wirklichkeit", denen Gott Sein schenken will und schenkt, „vom Sein ins Nichts bringen", sie (teilweise oder auch völlig) zu ver-nichten.[637] Dieses Rückgängigmachen der Schöpfung in der Ver-Neinung, der *negatio* des Seins, ist im eigentlichen Sinn Gegenstand des „Hasses", als die sich die „Krone der lautersten Bejahung des Seins", die „Liebe" als *negatio negationis* in der geschöpflichen Welt zeigt. „Dabei ist es nicht zu übersehen", hebt Eckhart emphatisch hervor, „ dass solcher Hass oder Zorn, wie ihn Gott gegen den Sünder und die Sünde hegt, größer ist als aller Hass und Zorn oder Abscheu, den irgendwelche noch so gegensätzliche oder widerstrebende oder feindselige Dinge in der Natur gegeneinander hegen"[638].

---

636 Eckhart: Sermo XV2: LW IV; 147,3—5.

637 Vgl. die scharfe Gegenüberstellung von *„rerum creatio aut productio"* und *„rerum corruptio"* bei Eckhart: InSap 122: LW II; 459,5—6:
   „Corruptio siquidem est via ab esse in non esse sive in nihilum".

638 Vgl. Eckhart: InGen 222: LW I; 365,13—366,2:
   „Ubi et hoc non est praetereundum quod tale odium sive ira dei contra peccatorem et peccatum maior est omni odio et ira sive detestatione quorumlibet et quantumlibet contrariorum sive adversariorum et inimicorum in natura".

Weil „jedes Werk, das einen Mangel oder sonst ein Übel bedeutet, das heißt: ein Werk [...] der Pein, des Leids, Gott als solches fremd ist"[639], darum ist die Liebe zur Gerechtigkeit innerweltlich nur in Wahrheit, was sie vorgibt zu sein, wenn sie – so beunruhigend dies klingt – „Hass" *ist*: Hass gegen jedes Werk der Ver-Nichtung, des Mangels, der „Beraubung", gegen jedes Werk der Nicht-Gerechtigkeit, das „ein Übel und Leid bedeutet".

omnis faciens malum,	Jeder, der etwas Böses
in quantum huiusmodi,	als solches tut,
facit sive operatur illud,	tut und wirkt dies,
in quantum est alienus deo,	soweit er Gott fremd,
alienus a deo,	Gott fern ist;
et operando illud	und indem er dies tut,
fit alienus deo,	entfremdet er sich Gott,
divisus a deo.[640]	scheidet sich von ihm.

Liebe und Hass, Zorn und Mit-Leid, Empörung und Barmherzigkeit sind unter dem Gesichtspunkt der *negatio negationis* ein und dasselbe unter verschiedener Hinsicht – in der Spannung nämlich zwischen Sein und Nicht-Sein, Bejahung und Verneinung, Schöpfung und drohender Vernichtung.

deus,	Je mehr Gott uns
quanto plus irascitur nobis,	[wegen der Ungerechtigkeit] zürnt,
tanto plus miseretur	desto mehr erbarmt er sich
et nobis compatitur	und hat Mitleid mit uns,
[...] quia in ipso	[...] weil in ihm

---

639 Vgl. Eckhart: Sermo XVIII: LW IV; 170,11–171,3:
„omne opus privationis et mali cuiuscumque, id est punitionis sive poenae, est deo alienum, in quantum huiusmodi. Semper enim et necessario deus producit ens sive esse, bonum et optimum, praesertim cum ipse sit finis. Voluntas eius, operatio eius ipsa est finis. Rursus: alienum est opus privationis a deo, quia ab alio quam ab ipso est, in quantum malum, Ioh 1: ,sine ipso factum est nihil'".
640 Eckhart: Sermo XVIII: LW IV; 171,3–5.

idem est prorsus	Zorn und Barmherzigkeit
ira et misericordia,	durchaus dasselbe sind,
[...] quia [...] iustitia	[...] weil die Gerechtigkeit
se tota et per se,	ihrer ganzen Natur
per suam essentiam	und ihrem Wesen nach
est ad iustificandum [...]	der Gerechtmachung
iniusto,	des Ungerechten
ad tollendum,	und der Aufhebung
ad destruendum iniustum.[641]	und Vernichtung des Unrechts
	dient.

Was Eckhart hier für Gott betont, die Einheit des Willens zur Ge-recht-Machung (*iustificatio*) und des Willens zur Vernichtung der Unrechts (*destructio iniustum*), überträgt er auf den gott-förmigen, den „gerechten Menschen": „Allgemein hasst jeder, der hasst, das Nichts dessen, was er liebt"[642], weil „Liebe und Wille auf das gelieb-te Objekt als solches zielen, wie es in sich und durch sich selbst allein und rein, ungetrübt durch etwas anderes besteht", weil sie „alles Fremde und alles davon Verschiedene verachten"[643].

---

641 Eckhart: Sermo XVIII: LW IV; 171,6—172,1.
642 Vgl. Eckhart: InSap 222: LW II; 558,3—4:
      „Et sic universaliter odit omnis qui odit ipsum nihil eius quod amat".
643 Vgl. Eckhart: InEccl 8: LW II; 236,4—6:
      „Amor ergo et voluntas ipsum amatum in se ipso et per se ipsum solum et purum sine omni alio respiciunt, quin immo omne alienum, omne aliud despiciunt".

Ipsa vero iustitia
se tota
contraponitur
et adversatur
et detestatur sive odit iniustum
et ipsi offenditur
sive irascitur.[644]

Die Gerechtigkeit selbst
ist dem Ungerechten
ganz entgegengesetzt,
widerstrebt ihm,
verabscheut oder hasst es
und hegt Unwillen
und Zorn dagegen.

quia in malo non est deus
nec in ipso relucet
eius similitudo,
sed potius dissimilitudo,
propter hoc solum
odit vir iustus malum[645]

Der gerechte Mensch
hasst allein deshalb das Übel,
weil Gott nicht in ihm ist
und sein Abbild
nicht darin aufleuchtet,
sondern vielmehr ein Zerrbild.

iustus
iustitiae serviens
plus eam amat quam se ipsum,
ut
si iustum portaret in se infer-
num
vel diabolum,
ipsum amaret,
ipsi saperet,
ipsum delectaret;
et e converso:
si iniustum
portaret secum paradisum,
deum ipsum,
ipsi non saperet.

Der Gerechte,
der der Gerechtigkeit dient,
liebt sie mehr als sich selbst,
so dass,
trüge das Gerechte die Hölle
oder den Teufel in sich,
er es dennoch lieben
und es ihm dennoch schme-
cken
und ihn erfreuen würde.
Und umgekehrt:
Wenn das Ungerechte
das Paradies,
ja Gott selbst mit sich brächte,
so würde es ihm dennoch
nicht schmecken.

Sicut autem amat
iustum esse,

Wie der Gerechte
das Gerechtsein liebt,

---

644 Eckhart: InGen 222: LW I; 366,7—9.
645 Eckhart: Sermo XL2: LW IV; 342,5—6.

sic odit et grave est iusto	so hasst er alles Ungerechte,
omne iniustum,	alles Nicht-Gerechte,
omne non iustum.[646]	und es ist ihm zur Last.

Das Ungerechte, die Ver-Neinung und Vernichtung von Seiendem –
die Inkaufnahme von „Opfern", die Negation des Lebendigen, ist
hassens- und verachtenswert, selbst, wenn diese Negation des Seienden „das Paradies, ja Gott selbst mit sich brächte", „weil Gott
nicht in ihm ist und sein Abbild nicht darin aufleuchtet, sondern
vielmehr ein Zerrbild": die *crudelitas sub specie iustitiae*, die „Grausamkeit, die sich für Gerechtigkeit ausgibt"[647]!
Jeder „politische Gebrauch der Ungerechtigkeit" zur Erwirkung des
Gerechten, der als „etwas Krummes" der Geradheit der Gerechtigkeit selbst in Wahrheit entgegensteht, widerspricht hier dem Einen,
der Eindeutigkeit Gottes, die zu verwirklichen dem Gerechten als
imago dei aufgetragen ist.

Deus autem est	Gott aber ist
ipsa rectitudo	die Geradheit
iustitiae,	der Gerechtigkeit selbst,
et omne, quod in ipso est,	und alles, was in ihm ist,
et id, quod ipse est,	und das, was er ist,
rectitudo	ist Geradheit
sive iustitiae est.	oder Gerechtigkeit.
Propter quod	Deswegen wird
quolibet peccato,	durch jede Sünde
utpote obliquo	als etwas Krummes
et non recto,	und Nicht-Gerades,
sed distorto	sondern Verkehrtes
et iniusto,	und Ungerechtes
turbatur medullitus	Gott selbst im Innersten
ipse deus	getroffen
et offenditur omne,	und alles, was in ihm ist,

---

646 Eckhart: Sermo XXXIV: LW IV; 298,9–14.
647 Eckhart: InGen 205: LW I; 353,6–7.

quod in ipso est,	wird beleidigt,
tantum eius sapientia,	seine Weisheit,
eius potentia,	seine Macht,
eius patientia,	seine Geduld
et cetera omnia	und alles übrige,
quae in ipso sunt,	was in ihm ist,
quantum	ebenso sehr,
ipsa eius iustitia.	wie seine Gerechtigkeit selbst.
[...]	[...]
Patet ergo	Es ist also klar,
quod deus maxime	dass Gott aufs schwerste
offenditur	durch die Sünde beleidigt
et irascitur peccato,	und erzürnt wird
[...]	[...],
quia offenditur id	denn es wird das beleidigt,
quod ipse deus est,	was Gott selbst ist,
cor dei.[648]	Gottes Herz.

Eine Frage, die Eckhart in diesem Zusammenhang weiterführend diskutiert, ist das Verhältnis zwischen der Ordnung der Vernunft und den Leidenschaften, die in den eben angeführten Abschnitten seines Werkes Gott und dem gottförmigen Menschen zugeschrieben werden, scheinen doch Eifer, Zorn, Erbarmen und Mitleid, Reue, Liebe und Hass gerade der „Nüchternheit" des *intellectus* zu widerstreiten.

Es wurde etwa im Kontext der Frage nach dem vernunftgemäßen Leben, das den „Gerechten" fundamental prägen muss, hervorgehoben:

passio	In der Natur der Leidenschaft
turbat ordinem	liegt es,
ex natura sua.	die Ordnung zu stören.
Dominando enim rationi,	Denn
	wenn *sie* die Vernunft

648 Eckhart: InGen 223: LW I; 366,12–367,5.
649 Eckhart: InGen 122: LW I; 278,8-10.

cui	beherrscht,
naturaliter deberet subesse,	der sie als dem ‚Oberen'
utpote superiori,	von Natur Untertan sein
ordinem non servat,	müsste,
sed violat	hält sie die Ordnung nicht ein,
et turbat et pervertit.[649]	sondern verletzt,
	stört und verkehrt sie.

Die Leidenschaft, die hier als gefährliche Störung der vernünftigen Ordnung benannt wird, kann – so wäre einzuwenden möglich – nicht plötzlich in ihrer Erscheinung als Liebe, Zorn, Entrüstung und Schmerz zum Lebensideal erhoben werden!

homines	Von Leidenschaften
passionatos	beherrschte Menschen
dicit non esse homines,	sind keine Menschen,
sed bestias irrationales.[650]	sondern unvernünftige Tiere.

Eckhart, der sich dieser Spannung bewusst war, die in der ethischen Wendung seiner Lehre von der *negatio negationis* zu Tage tritt, diskutiert ausführlich die damit auftretende Frage, ...

quomodo	... inwiefern man bei Gott
paenitentia	von Reue und anderm,
et cetera,	was [begrifflich] Leidenschaft
quae passionem implicant,	in sich schließt,
de deo	reden kann
dicantur	und inwiefern ihm
et ipsi conveniant.[651]	[derartiges] zukommt.

In seiner Antwort auf diese Herausforderung führt Eckhart eine notwendige Differenzierung im Begriff der „Begierde" ein, indem er unterscheidet zwischen einer

---

650 Eckhart: InGen 124: LW I; 279,5.
651 Eckhart: InGen 217: LW I; 362,4—5.

- „Begierde des sinnlichen Vermögens" (*concupiscentia sensibilis sive sensitivi*) und einer
- „Begierde des vernünftigen Vermögens" (*concupiscentia rationalis*).[652]

Es sei, so Eckhart, „klar, dass Gott von der *concupiscentia sensitivi* spricht und sie verbietet, wenn er sagt: ‚du sollst nicht begehren!'"[653], nicht jedoch die *concupiscentia rationalis*, die „sich in das niedere sinnliche Streben ergießt, um es zu formen, zu bestimmen und [zum Begehren] eines geistlichen Gutes emporzuziehen, worauf sich das sinnliche Vermögen von Natur nicht richten würde"[654]. Die „vernünftige Begierde" (in ihrer Doppelgestalt von Liebe und Hass) wird so nicht auf der Ebene der sinnlichen Kräfte der Seele angesiedelt, sondern wird benannt als Aspekt des Wesens der Seele selbst und damit des *intellectus* – damit wird zugleich die doppelte „Tätigkeit" des *vünkelîn der sêle*, das *zuobinden* und das *abekêren* ver-„ortet": Die Seele, so führt Eckhart aus, findet ihre Vollendung unter drei verschiedenen Aspekten, nämlich:

- „als *vernünftige*" (*anima rationalis*)
  darin, dass sie „im Innersten und Lautersten der Dinge zur Ruhe kommt, nämlich in ihrer Idee",
- „als *begehrende*" (*anima concupiscibilis*)
  darin, dass sie „nur das Beste erlangt", was sie ersehnt – hier wäre die „vernünftige Liebe" anzusiedeln,
- „als *zürnende*" (*anima irascibilis*)
  darin, dass sie das „schwer Erreichbare und Höchsten" erreicht.[655]

---

652 Vgl. Eckhart: InEx 226–228: LW II; 188,1–190,8.
653 Vgl. Eckhart: InEx 228: LW II; 189,11–12:
     "Patet ergo quod, cum dicitur '*non concupisces*', loquitur deus de concupiscentia sensitivi ipsam prohibendo".
654 Vgl. Eckhart: InEx 228: LW II; 189,7–10:
     "concupiscentia rationalis redundat in inferiorem appetitum sensitivum, ut ipsam informet, afficiat et surasum trahet in bonum spirituale, in quo ex sui natura non ferretur sensitivum".
655 Vgl. Eckhart: Sermo XXXVIII: LW IV; 332,12–333,3:

Die *anima irascibilis* ist der „Ort", an dem in unserem Kontext der „vernünftige Hass" anzusiedeln ist. Eckhart benennt diesen Aspekt der Vernunftseele auch als „Zürnerin", als *ufkriegende kraft*", als „die Kraft, mit der die Seele sich gegen Widerwärtiges wehrt und um schwer Erreichbares kämpft". Sie wird als „'zürnende' bezeichnet, weil der Zorn ihr sichtbarer Ausdruck ist"[656].
Entsprechend dieser Differenzierung ist zu unterscheiden zwischen dem „eigentlichen, seinsmäßigen Kern der ‚Leidenschaften'" und der „Erregung oder körperlichen Veränderung, die zum eigentlichen Kern auf Grund der Verbindung mit dem sinnlichen Seelenteil hinzukommen":

ira sive paenitentia	Zorn und Reue
et cetera huiusmodi	und dergleichen
formaliter	ist dem eigentlichen Kern nach
et realiter	und seinsmäßig
non est aliud nisi dissimilitudo	die Unähnlichkeit
sive dissonantia	oder Dissonanz
naturarum	zwischen
	verschiedenen Naturen
et suarum proprietatum	und ihren Eigenschaften,
aliquarum ad invicem,	
quae dissimilitudo	eine Unähnlichkeit,
causat	die einen Widerstreit
quandam repugnantiam	zwischen ihnen hervorruft
ipsorum	und das eine sich
et facit	von dem andern
dissilire	trennen
et quasi fugere unum ab altero	und es gleichsam fliehen,
et ipsum detestari	verabscheuen
et displicere [...]	und verwerfen lässt [...].

„Sicut anima rationalis non quiescit nisi in intimo et purissimo, quod est ipsa rerum ratio, concupiscibilis non nisi in optimo, sic irascibilis non <nisi> in arduo et supremo".
656 Vgl. LW IV; 333. Anm. 1.

e converso	Umgekehrt hat Ähnlichkeit
amor naturalis,	und Zusammenklang
complacentia et gaudium	in der Natur
consequitur similitudinem	natürliche Liebe,
et convenientiam	Wohlgefallen
aliquorum in natura.	und Freude zur Folge.
Quod autem ex his	Dass nun aus solchem
	[Gegensatz
	oder Zusammenklang]
consequitur passio	eine Erregung
sive alteratio,	oder [körperliche] Veränderung
	folgt,
accidit formalitati	kommt [...]
	zum eigentlichen Kern
irae et gaudii	von Zorn und Freude
ratione adiuncti	auf Grund der Verbindung
sensitivi [...].	mit dem sinnlichen Seelenteil
	hinzu.
Ex his manifestum est	Daraus ergibt sich klar
quod,	Folgendes:
quia malum et peccatum	Weil das Böse und die Sünde
dissimile et se toto	als Böses,
repugnans est	Ungerechtes
et adversum	und Ungerades
sive oppositum bono,	dem Guten,
iusto et recto,	Gerechten und Geraden
utpote malum,	unähnlich
iniustum	und gänzlich widerstreitend,
et obliquum,	widersprechend
	und entgegengesetzt ist,
naturalissima	darum
et verissima detestatio	ist ein ganz natürlicher Abscheu
et displicentia est	und ein ganz wahres Missfallen
omni bono	jedem Guten
contra malum,	gegen das Böse,

---

657 Eckhart: InGen 221: LW I; 364,5—365,12.

iusto	jedem Gerechten
contra iniustum,	gegen das Ungerechte,
et sic de aliis.	[jedem Geraden
	gegen das Ungerade] eigen.
Et hoc est	Und darin besteht die Natur
natura irae,	von Zorn,
odii	Hass
et huiusmodi similium.[657]	und dergleichen.

„Leidenschaft, Zorn und dergleichen" ist also *nur dann* „etwas Schlechtes und Böses, wenn sie der Vernunft zuvorkommen". – „So-oft aber die Leidenschaft nicht der Vernunft zuvorkommt und sie beherrscht, sondern der Vernunft, von dieser beherrscht, folgt, dann ist das kein Fehler, sondern ein *actus virtutis*, eine Tat der Tugend"[658].

Mit dieser Differenzierung setzt sich Eckhart – nach einer ausführlichen Diskussion[659] der Stellungnahmen des Hieronymus („Zorn ist generell zu verbieten") und des Augustinus („Gerechter, begründeter Zorn ist notwendig") ausdrücklich „von den Stoikern und ihrer Ansicht, ,der Weise verfalle *keiner* Leidenschaft' ab" und betont im Anschluss an Augustinus und Chrysostomus:

„In der *christlichen* Sittenlehre geht es nicht um die Frage, *ob* ein frommes Gemüt in Zorn gerät, sondern *warum!*"[660]

Das „Warum", das den Zorn rechtfertigt, ist dabei gerade ein „,Warum' der Leidenschaft für das Sein": die Liebe zum Einen, die vernünftige Leidenschaft für die Gerechtigkeit, der Abscheu und der Hass gegenüber der Ungerechtigkeit, die Gottes liebenden Willen

---

658 Vgl. Eckhart: InIoh 524: LW III; 453,5—10:
„Notandum quod passio, ira scilicet et huiusmodi, quotiens rationem praeveniunt, vitiosum est et malum. Est enim homo animal rationale, [...] et secundum Dionysium, [...] bonum hominis est secundum rationem esse, malum autem quod est praeter rationem. Quotiens vero passio non praevenit rationem ut imperans, sed sequitur rationem ut imperata ab ipsa, iam non vitium est, sed actus virtutis".

659 Vgl. Eckhart: Sermo XVI: LW IV; 155—157.

660 Eckhart: InIoh 524: LW III; 454,12—455,1.; so auch InGen 228: LW I; 373,4—12.

zur Seins-Verleihung negiert und Seiendes der Ver-Nichtung preis-
gibt.

Notandum ergo	Merke also:
quod, dum passio	Lasterhaft ist es,
praevenit	wenn die Leidenschaft
et movet rationem,	der Vernunft zuvorkommt
vitium est,	und sie bewegt.
utpote contra ordinem naturae,	Denn dann bewegt das Niedere
inferius	gegen die Naturordnung
movet suum superius.	das ihm Übergeordnete.
Quando vero ratio praevenit	Tugendhaft dagegen ist es,
et dictat	wenn die Vernunft
motum passionis,	der Leidenschaft zuvorkommt
virtus est.[661]	und ihre Bewegung anordnet.
Iustum enim est et rationabile,	Es ist gerecht und vernünftig,
ut	dass derjenige,
qui bonum diligit	der das Gute liebt,
turbetur a malo,	vom Bösen beunruhigt wird,
secundum illud Psalmi:	gemäß dem Wort des Psalms [96,10]:
'qui diligitis bonum,	,die ihr das Gute liebt,
odite malum'.	hasset das Böse!'
[...]	[...]
si ira non fuerit,	Gäbe es keinen Zorn,
nec doctrina proficit	dann nützte keine Belehrung,
nec iudicia stant	hätten Gerichte keinen Bestand,
nec crimina	und werden keine Verbrechen
compescuntur.	unterdrückt.
Iusta ergo ira	Gerechter Zorn
mater est	ist also die Mutter
disciplinae.	der sittlichen Ordnung.
[...]	[...]
iracundia, quae cum causa est,	Zorn, wenn er einen Grund hat,

---

661 Eckhart: InGen 228: LW I; 373,9—11.

nec est iracundia,	ist kein Zorn,
sed iudicium.	sondern Urteil.
Qui enim	Denn
cum causa irascitur,	wer einen Grund zum Zürnen hat,
ira illius	dessen Zorn
iam non ex passione est,	stammt nicht aus Leidenschaft
sed	sondern
ex causa.	ist [vernünftig] begründet.
[...]	[...]
Huiusmodi enim motus	Solche Gemütsbewegungen,
de amore boni	die aus der Liebe zum Guten
et de sancta caritate venientes	und aus heiliger Liebe kommen,
vitia dicenda non sunt,	soll man nicht Laster nennen,
cum	da sie
rectam rationem sequantur.[662]	der rechten Einsicht folgen.

Als nicht gelöstes Problem benennt Eckhart im Kontext der Diskussion über die mögliche Tugendhaftigkeit des Zorns – darauf sei hier nur hingewiesen – den von Hugo von St. Viktor angeführten Einwand, dass „keinem Zornigen *sein* Zorn ungerecht erscheint".[663]
Wie nämlich im konkreten Fall genau zu unterscheiden ist zwischen „vernünftigem" und damit gerechtem und „sinnlichem" und damit unvernünftigem, lasterhaftem Zorn, dazu bietet Eckhart keine Lösung. Trotzdem hält er ausdrücklich am Begriff des „gerechten Zorns" fest. Ein Kriterium, das jedoch auch in diesem Kontext der Beurteilung des Zorns deutlich in den Mittelpunkt tritt, ist die ablehnende Haltung Eckharts gegenüber der „Liebe zum Eigenen", die oben bereits ausführlich bedacht wurde.

in propriis	*Uns selbst* zugefügte
iniuriis	Beleidigungen

---

662 Eckhart: InIoh 524: LW III; 454,2—455,4.
663 Vgl. Eckharts ausführliche Darlegung in Sermo XVI: LW IV; 155—157.
       Zur Position Hugo v. St. Viktors vgl. a. a. O.; 157,10—11: "Hugo super regulam Augustini; 'ne ira crescat in odium' dicit: 'nulli irascenti ira sua videtur iniusta'".

esse quempiam patientem	geduldig hinzunehmen
laudabile est,	ist löblich,
iniurias autem dei	eine Beleidigung *Gottes*
	[der Gerechtigkeit,
	des „Nächsten"]
dissimilare	übersehen
nimis est impium.	aber freventlich.
Et hoc est quod hic dicitur:	Das besagt dieses Wort
	(Ps 68,10):
'zelus domus tuae	,der Eifer für *dein* Haus
comedit me'. 664	verzehrt mich'.

Das Musterbeispiel „gerechter Leidenschaft", das Eckhart anführt, ist – in der Perikope über das „letzte Abendmahl" Jesu mit seinen Jüngern – Johannes, der Lieblingsjünger, „der Jesus so innig liebte, dass er ohnmächtig an seine Brust sank, als er von dem bevorstehenden Verrat an Christus hörte": „Denn wer wahrhaft liebt, muss geradezu außer sich geraten, wo immer er von einer Gott angetanen Schmach hört".665

Das vernünftige „außer-sich-Geraten" des Gerechten angesichts einer „Beleidigung Gottes", einer „Gott angetanen Schmach" geschieht, „wenn ein Mensch wahrhaft die Gerechtigkeit liebt" – weil „Gott im Menschen als seinem Ebenbild geliebt wird" – überall dort, wo Beleidigung und Schmach, wo die *negatio*, die im Gewand der Ungerechtigkeit begegnet, einem „Nächsten", einer Kreatur Gottes, angetan wird. Entsprechend fordert Eckhart, und so schließt sich der Kreis der Gedanken an dieser Stelle, vom Gerechten, dass er „durch Mitleiden mit dem Nächsten das Kreuz auf sich nehmen soll"666, dass er „Christi und anderer Menschen Kreuz ,mit seinen eigenen

---

664 Eckhart: InIoh 315: LW III; 262,2—4.
665 Vgl. Eckhart: Sermo LIV: LW IV; 449,10—13:
    „Adhuc, *implevit eum*, scilicet Iohannem, qui dilexit eum adeo, ut audita traditione Christi amens cadere supra pectus Iesu, secundum Chrysostomum. Audita enim ubicumque contumelia dei quasi dementari debet, qui vere diligit".
666 Vgl. erneut Eckhart: Sermo XLV: LW IV; 386,7.

Fingern anrühre'"[667]. Dieses „Aufnehmen des Kreuzes" bedeutet eine dreifache Herausforderung:

- Es ist dem Gerechten unmöglich, vor fremdem Leid die Augen zu verschließen, wegzusehen, das Wirken der Barmherzigkeit zu unterlassen und nicht mit gerechtem Zorn gegen das leidverursachende Unrecht anzugehen.

Wegzusehen, Unrecht zu übersehen bedeutet Mit-Täterschaft statt Mit-Leid und liefert Seindes, Lebendiges der *negatio*, der drohenden Ver-Nichtung aus:

consensus	Unterlassen
negligit,	[d. h. eine Straftat geflissentlich
	übersehen,
	statt sie zu verhindern]
suadet,	heißt: zustimmen,
iuvat	zuraten,
atque tuetur	[dem Täter] helfen,
[...].	[den Täter] beschützen. [...]
Rom. 1:	‚Die solches tun,
‘qui talia agunt,	sind des Todes würdig;
digni sunt morte,	nicht nur die Täter,
non solum qui faciunt ea,	sondern auch die,
sed etiam	die den Tätern zustimmen'
qui consentiunt facientibus'.[668]	(Röm 1,32).

- Es ist dem Gerechten unmöglich, zu schweigen, wenn er Leid und Unrecht wahrnimmt. Der Gerechte klagt „mit heftigen Vorwürfen" das Unrecht und den Täter offen an, in dieser Anklage, in der er laut „das Niedrige verwünscht und verabscheut", lobt er Gott, indem er für die Gerechtigkeit Zeugnis gibt:

Quod autem [...] dicitur	Was gesagt wird,
quod	dass nämlich derjenige,

---

667 Vgl. erneut Eckhart: Sermo XLV: LW IV; 383,13 — 14.
668 Eckhart: InGen 212: LW I; 359,7 — 10.

vituperans quempiam	der irgendjemanden
sive blasphemans	tadelt oder lästert,
blasphemando et vituperando	im Lästern und Tadeln
laudat deum,	Gott lobt,
sic patet	wird folgendermaßen
in exemplo:	an einem Beispiel deutlich:
vituperans adulterum	Wer einen Ehebrecher tadelt,
non ipsum vituperaret	würde ihn nicht
de adulterio,	wegen des Ehebruchs tadeln,
nisi adulterium	wenn er nicht den Ehebruch
reputaret vitium	als ein Laster betrachtete,
et	und als
verecundiam	ein beschämendes Verbrechen
illi	für den,
quem vituperaret.	den er tadelt.
Non autem	Es wäre aber
esset verecundum	nichts Beschämendes
alicui	für jemanden,
esse adulterum,	ein Ehebrecher zu sein,
nisi castitas,	wenn nicht Keuschheit,
cuius privatio est adulterium,	deren Beraubung der Ehebruch ist,
esset bona et laudabilis.	gut und lobenswert wäre.
Ergo quanto magis	Je mehr also
vituperatur et detestatur	der Ehebruch eines andern
adulterium alterius	getadelt und verabscheut wird,
et acrius improperatur	und je heftiger er jemandem
alicui	von einem andern
ab alio,	zum Vorwurf gemacht wird,
tanto magis	um so mehr
laudatur castitas,	wird die Keuschheit gelobt,
bonum scilicet	nämlich das Gut,
oppositum	das dem Ehebruch
adulterio.	entgegengesetzt ist.
Sic enim	So ist es auch

---

669 Eckhart: InIoh 496: LW III; 427,4—12.

in naturalibus	im Bereich der Natur:
quanto quid fugit,	je mehr etwas sein Tiefes
abominatur et detestatur	oder Niederes sieht,
bassum suum	verwünscht und verabscheut,
sive inferius,	um so mehr lobt,
tanto hoc ipso amplius laudat,	billigt und empfiehlt es
approbat et commendat	eben dadurch
altum sive superius.[669]	das Hohe oder Höhere.

- Der Gerechte handelt und wirkt zu Gunsten der Gerechtigkeit, er geht gegen leid-verurachende Ungerechtigkeit vor, um „das zu verhüten, was er verhüten kann". Ohne dieses aktive Wirken, ohne den „Einsatz des eigenen Lebens" für die Gerechtigkeit verrät er die Hoffnung auf die Gerechtigkeit selbst, auf Gott.
Vorbild des Gerechten ist hier Abraham, der Sara als seine Schwester ausgab, um sie zu schützen, und damit sich selbst und seine gesellschaftliche Stellung in Gefahr brachte:

[Abraham tacuit	[Er handelte so],
quod uxor eius esset,	
sed non mentiebatur	
quod soror esset, ...]	
ut caveret	um das zu verhüten,
quod poterat,	was er konnte,
et deo commendaret	und Gott anzubefehlen,
quod cavere non poterat,	was er nicht verhüten konnte.
ne si et illa,	Indem er also,
quae cavere poterat,	was er [selbst]
	verhüten konnte,
deo tantum dimitteret,	nicht einfach Gott überließ,
non in deum sperare,	vermied er den Eindruck,
sed potius temptare deum	als versuche er Gott,
inveniretur.[670]	statt auf ihn zu hoffen.

---

670 Eckhart: InGen 227: LW I; 371,5—7.

II.3.19. Das „innere"
und das „äußere Werk" der Gerechtigkeit

Zum Abschluss dieser Reihe von Betrachtungen über das Lebensprinzip der Gerechtigkeit, über das Wirken des Gerechten *in tempore*
soll nun Eckharts Verständnis vom Verhältnis des „inneren" zum
„äußeren Werk der Gerechtigkeit" beschrieben werden.
Es wurde bereits hervorgehoben, dass Eckhart schon in der frühen
„*rede der underscheidunge*" den Vorrang des Seins vor dem Wirken
äußerer Werke betont: „die liute [...] solten aber gedenken, waz sie
wæren. Wæren nû die liute guot und ir wîse, sô möhten iriu werk
sêre liuhten. Bist dû gereht, sô sint ouch dîniu werk gereht. Niht en-
gedenke man heilicheit ze setzenne ûf ein tuon; man sol heilicheit
setzen ûf ein sîn, wan diu werk enheiligent uns niht, sunder wir suln
diu werk heiligen"[671].
Diesen Vorrang des Seins vor dem Wirken begründet Eckhart an
anderer Stelle damit – und hier ist zurückzuverweisen auf die Frage
nach dem „Ort der *imago dei*", nach dem „Ort" des Wirkens der göttlichen Gnade im Menschen –, dass die „*heilicheit*" als im Lebensvollzug verwirklichtes Sein der *imago dei* ihre „Verwurzelung" nicht auf
der Ebene der Vermögen der Seele, im Willen, dem Ursprung äußeren Wirkens, sondern „tiefer", im intellektiven „*grunt*", in der *essentia animae*, im „Wesen der Seele" hat.
Die göttliche Gnade, so betont dementsprechend Eckhart, „tut nicht
unmittelbar und an sich gute Werke", sondern sie „verleiht an sich
göttliches Sein", das Sein, die *forma substantialis* Gottes, der Gerechtigkeit:

gratia,	Die Gnade tut,
cum sit in essentia animae,	weil sie im Wesen der Seele ist,
non in potentia	nicht in deren Vermögen,
- secundum doctores meliores -	gemäß der Lehre
	der besseren Theologen,
non operatur proprie	nicht im eigentlichen Sinn

---

671 Eckhart: RdU 4: DW V; 197,6—198,3.
672 Eckhart: InIoh 521: LW III; 449,12—550,2.

nec immediate per se	und nicht unmittelbar an sich
[...]	[...]
opera exteriora,	äußere [gute] Werke,
sed per se dat	sondern an sich verleiht sie
esse divinum.[672]	göttliches Sein.

Wenn auf der Basis dieser Erkenntnis der *doctores meliores* das Wirken des gerechten Menschen im Verhältnis zum Sein der Gerechtigkeit zu beschreiben ist, dann bedeutet dies:

sicut deus spiritus operatur omnia	Wie der göttliche Geist alles
ex semet ipso,	aus sich selbst,
per semet ipsum,	durch sich selbst,
in semet ipso	in sich selbst
et propter semet ipsum,	und um seiner selbst willen wirkt,
sic homo spiritualis,	so [wirkt] der geistliche Mensch,
natus ex spiritu ...	der aus dem Geist Geborene ...

... gerade nicht „aus sich selbst, durch sich selbst und um seiner selbst willen" – dies ist die Versuchung des von der „*amor sui*", der Selbst-Liebe als Liebe zum vom gemeinsamen abgesonderten „Eigenen", geprägten „teuflischen Menschen" – sondern aus dem Geist (aus Gerechtigkeit), durch den Geist (durch die in ihm wirkende *forma* der Gerechtigkeit), im Geist (in der Gerechtigkeit) und um des Geistes (um der Gerechtigkeit) willen.

Er wirkt als Gerechter, als *homo spiritualis* nur unter dem Vorbehalt des „*in quantum*" „von sich selbst her", nur in dem Sinn also, insoweit er „eins ist mit der Gerechtigkeit":

[...] natus ex spiritu,	der aus dem Geist Geborene wirkt
in quantum talis,	als solcher,
puta iustus,	nämlich als Gerechter,
operatur iuste	gerecht:

a semet ipso:	von ‚sich selbst her':
nam a iustitia,	nämlich von der Gerechtigkeit,
quae una est	die eins
cum ipso iusto –	mit dem Gerechten selbst ist;
et ex semet ipso:	aus ‚sich selbst':
utpote iustus formaliter –	da er der Form nach gerecht ist;
et propter semet ipsum:	um ‚seiner selbst willen':
nam	nämlich
propter iustitiam	um der Gerechtigkeit willen,
unam cum ipso.[673]	die mit ihm eins ist.

Aus dem Sein des Gerechten, der *forma substantialis* der Gerechtigkeit, die eins geworden ist mit der *essentia animae* des Gerechten,
folgt das „gerechte Werk", das Eckhart – entsprechend seiner Konzeption des dreistufigen Verhältnisses zwischen der *essentia animae*
(dem „Grund der Seele"), der *anima intellectualis* (also dem „Intellekt"), dem „wesenhaft Vernünftigen" mit seinen Vermögen und
dem „durch Teilhabe Vernünftigen"[674] – nochmals differenziert betrachtet, indem er betont:

---

673 Dieses und das vorangehende Zitat: Eckhart: InIoh 341: LW III; 289,12–16.
674 Nimmt man das „unvernünftige", das Sinnesvermögen hinzu, dann wären
   mit Eckhart vier Ebenen zu unterscheiden (vgl. hierzu etwa Eckhart: InIoh
   111: LW III; 95,13–17):
   • ein *unvernünftiges Vermögen*, das der Vernunft nicht untertänig ist,
   • ein *„zwar auch unvernünftiges Vermögen"*, das *„aber doch so beschaffen ist,
     dass es der Vernunft gehorcht"*, das *„durch Teilhabe Vernünftige"*,
   • das *„wesenhaft Vernünftige"*, hinzu zu diesen drei in InIoh 111 aufge-
     führten Ebenen kommt
   • der *„Grund"*, der als Ort der *imago dei* selbst sich dem verstehenden
     Zugriff des Menschen entzieht, der „namenlos" und „verborgen"
     bleibt.
   Eckhart beschreibt auf dieser Grundlage ein kontinuierliches Weiter-Wirken,
   eine Kette der Beeinflussung, die ihren Ausgang vom jeweils höheren zum
   niedrigeren „Vermögen" nimmt. Vgl. hierzu etwa Eckhart: ParGen 140–
   141: LW I; 607,15–608,8:
   "[...de parte inferiori rationalis] subordinata suo superiori, rationi scilicet
   superiori, et ipsa mediante deum. [...] Hinc est quod tertio loco rationale inferius sic infusum lumine et virtute sui superioris et etiam lucis divinae im-
   bibitae ipsi superiori, haec, inquam, sentiens et audiens vocat etiam, format

in omni opere bono	In jedem guten Werk
est duo	muss man zweierlei
considerare,	betrachten:
actum scilicet interiorem	nämlich den inneren
et actum exteriorem.[675]	und den äußeren Akt.

Der „äußere Akt"gehört dabei „nicht zu den inneren Wesensbestimmungen des Hervorbringenden", „die Natur des Hervorbringenden kann deshalb ohne ihn sein".

Anders der „innere Akt": „Ohne ihn besteht das Prinzip des Hervorbringenden nicht und lässt sich niemals von ihm trennen", er ist zu betrachten, „als wäre er den Wesensbestimmungen zuzurechnen".[676]

Actus interior	Der *innere Akt*
ipse est in anima,	ist in der Seele,
in voluntate,	im Willen,
et ipse	und der

---

et informat, ducit et trahit sensitivum, [suum inferius], quod non est rationale per essentiam, sed servit et ancillatur ipsi rationali."

[(Der niedere Teil der Vernunft) ist dem, was über ihm ist, dem obern Teil der Vernunft und durch dessen Vermittlung Gott untergeordnet [...]. Hieraus ergibt sich für die dritte Stufe: Wenn der niedere Teil der Vernunft mit dem Licht und der Kraft des obern und auch [mit der Kraft] des in diesen eingeströmten göttlichen Lichts durchtränkt ist, und dies – meine ich – spürt und vernimmt, so ruft er auch das niedere sinnliche Vermögen, formt und überformt es und führt und zieht es [nach sich]. [...] [Denn] dieses Vermögen ist nicht seinem Wesen nach vernünftig, sondern dient dem vernünftigen Vermögen wie ein Kecht oder eine Magd.]

675 Eckhart: InIoh 583: LW III; 510,7–8.

676 Vgl. Eckhart: ParGen 111: LW I; 576,8–15:

"Secundo advertendum quod principium communiter habet actos duos, quos principiat et loquitur sive dicit et se in ipsis pandit et manifestat, unum quidem exteriorem, qui foris stat et extra, propter quod exterior dictus est; non enim pertinet ad essentialia interiora producentis, unde sine ipso potest natura esse producentis et dicentis.

Alius autem actus est interior, sine quo non stat principium productionis nec unquam ab illo separatur [...], propter quod etiam interior dicitur, quasi intra essentialia computandus".

654 [Das Leben des Gerechten]

est laudabile	ist im eigentlichen Sinn
proprie,	lobenswert,
meritorius,	verdienstvoll
divinus,	und göttlich,
quem deus operatur in nobis.	den Gott in uns wirkt.
[...]	[...]
Iste est actus virtutis	Das ist der Tugendakt,
qui bonum facit	der den, welcher ihn besitzt,
habentem	gut macht
et	und der auch
opus eius etiam exterius	sein äußeres Werk
bonum reddit.[677]	zu etwas Gutem macht.

Der „innere Akt" ist ganz Wirken der Gnade, es ist „*der* Wille, den Gott in uns wirkt" durch die Gnade, „die unserem Wirken vorausgeht und ‚bewirkt, dass wir wollen'", er ist als Akt der Tugend selbst angesiedelt im Willen des Menschen,
im Willen, der „das Prinzip aller menschlichen Handlungen" ist, „Wurzel und Ursprung alles äußeren Tuns von innen (vom vernünftigen Vermögen) her"[678].
Leonardo Boff charakterisierte entsprechend in einer seiner Studien Meister Eckhart programmatisch als „mystischen Lehrer totaler Verfügbarkeit", vollkommener „Bereitschaft" gegenüber Gott. Mit diesem Begriff „*vollkommener Bereitschaft*" und Hingabe ist das zu beschreiben, was Eckhart als das „innere Werk der Gerechtigkeit" benennt, das den gott-förmigen Menschen, den „Gerechten" wesentlich prägt, das sich nun, am Schluss des Teils II.3. dieser Arbeit zusammenfassend beschreiben lässt als:

* Bereitschaft, als „wahrer Mensch", als *imago dei* zu leben,
* Bereitschaft zur Hingabe an das Evangelium und seine „Logik",
* Bereitschaft zur Umkehr in der Nachfolge des „Lammes",

---

677 Eckhart: InIoh 583: LW III; 510,8—11.
678 Vgl. Eckhart: ParGen 131: LW I; 596,4—7:
"radix, origo [...] omnis operationis exterioris ab intra est [...]. Voluntas enim, principium omnium humanorum actuum, [...] ab intellectivo derivatur et descendit".

- Bereitschaft zu einem Leben der Demut,
- Bereitschaft zum Sich-Losreißen von allem „Eigenen",
- Bereitschaft zum Bruch mit der *koufmanschaft*, mit der Markt-Weisheit,
- Bereitschaft, Verantwortung, Fürsorge zu tragen für die gesamte Schöpfung,
- Bereitschaft, „in den Frieden zu laufen", wirkend einzustehen für die göttliche Ordnung des Friedens und der Gerechtigkeit zwischen den Geschöpfen,
- Bereitschaft zu einem Leben der *barmherzicheit*, des Mit-Leidens mit den Armen,
- Bereitschaft, sich herabzuneigen zu den Bedürftigen, um sie aufzurichten,
- Bereitschaft, das Kreuz der Notleidenden und Bedürftigen als das eigene mit-zu-tragen,
- Bereitschaft zum Risiko, gemäß der *scientia sanctorum*, wegen des Wirkens der barmherzigen Gerechtigkeit in dieser Welt selbst „gekreuzigt zu werden",
- Bereitschaft, mit wachen Augen das Unrecht und das dadurch verursachte Leid wahrzunehmen,
- Bereitschaft, sich mit Werken der Barmherzigkeit der Leidenden zu erbarmen,
- Bereitschaft, mit „heftigen Anklagen" gegen das Unrecht und die Täter des Unrechts aufzustehen,
- Bereitschaft zu wahrer Hoffnung: Zu handeln, um „das Unrecht zu verhüten, was der Mensch verhüten kann, und Gott anzubefehlen, was er selbst nicht verhüten kann".

„Bereitschaft", die Gerechtigkeit, Gerecht-Sein *in tempore*, Gerecht-Sein unter den Bedingungen der Geschöpflichkeit bedeutet Gerecht-Sein-Wollen, Bereitschaft und Begehren, die *forma* der Gerechtigkeit zu empfangen und wirken zu lassen.

In rebus [...] spiritualibus,	Bei den geistigen Dingen,
puta	zum Beispiel

---

679 Eckhart: InEx 205: LW II; 172,16—173,1.

in iustitia	bei der Gerechtigkeit
et similibus,	und dergleichen,
ipsa concupiscere	ist es ein und dasselbe,
utique est	sie zu begehren
ista adipisci	und sie zu erlangen
et habere:	und zu besitzen:
ipsa conceptio est ipsa adeptio.	Empfängnis ist Besitz.
Qui enim	Denn wer die Gerechtigkeit
vere concupiscit	wahrhaft begehrt
et amat iustitiam,	und liebt,
iustus est.[679]	ist gerecht.

Indem also „der Anblick des Vorbildes draußen" („der Gerechte", wie er dem Suchenden im Evangelium begegnet) „die Seinsweise der inneren Form annimmt", wird das Vorbild „zum Ursprung des äußeren Werkes", „gemäß dem Wort: ‚der Heilige Geist wird von oben her in dich kommen' (Lk 1,35), damit nämlich das ‚Oben' zum ‚In' wird".[680]

Das „äußere Werk" nun, das seinen Ursprung im „inneren Werk" hat, durch das der Mensch „kundtut und draußen verkündet, verbreitet und ausbreitet, was er in seinem Innern verborgen hat"[681], ist gegenüber dem „inneren Werk" in dem Sinn unterzuordnen, dass es

- einerseits „außerhalb des Menschen und nicht im Menschen ist", ihn darum – anders als das „innere Werk" „nicht gut machen kann", und
- andererseits „von einem anderen abhängt" und „wider den Willen des Menschen verhindert und unterbrochen werden kann":

---

680 Vgl. Eckhart: InIoh 41: LW III; 34,11−35,1:
„exemplar extra inspectum nunquam opus principiat artificis, nisi ipsum accipiat rationem formae inhaerentis. [...], secundum illud Luc. 1: 'spiritus sanctus superveniet in te', scilicet ut 'super' fiat 'in'".

681 Vgl. Eckhart: InIoh 188: LW III; 157,15−16:
„Hoc enim quis ennarat, extra narrat, pandit et expandit, extra pandit, quod intus habet latens".

Actus vero exterior	Der äußere Akt jedoch
non facit hominem bonum.	macht den Menschen nicht gut.
Quomodo enim	Wie auch sollte das
bonum facerent hominem	einen Menschen gut machen,
quod est extra hominem	was außerhalb des Menschen
et non in homine	und nicht im Menschen ist
et quod dependet ab altero,	und was von einem andern
[...]	abhängt [...]
et quod impedire potest	und was wider den Willen
et intercipi potest	des Menschen
invito	verhindert
homine?	und unterbrochen werden
	kann?
Actus vero interior,	Der innere Akt aber,
utpote divinus,	der ja göttlich ist,
intercipi non potest	kann weder unterbrochen
nec impediri;	noch verhindert werden;
semper operatur	immer wirkt er,
nec dormit	er schläft nicht
neque dormiat, [...].	und schlummert nicht [...]
Conveniens est exemplum	Ein passendes Beispiel dafür
in gravi,	ist ein schwerer Körper,
puta lapide,	zum Beispiel ein Stein;
ubi est accipere	hier kann man
duplicem actum,	einen doppelten Akt
	annehmen,
unum interiorem	einen inneren,
qui est	der
inclinare deorsum,	in der Neigung
	nach unten besteht,
alium	und einen andern,
exteriorem,	den äußeren,
qui est descendere	der im Herunterfallen
vel iacere deorsum.	oder Untenliegen besteht.
Primus actus semper manet	Der erste Akt bleibt immer,

---

682 Eckhart: InIoh 583: LW III; 510,11 – 511,7.

manente natura lapidis,	solange die Natur des Steines bleibt,
simul oritur	er entsteht
et moritur,	und vergeht zugleich mit ihm,
coaevus est;	ist von gleicher Dauer;
a nullo	von niemandem
prorsus impediri potest,	kann er verhindert werden,
nec in deo quidem,	nicht einmal von Gott,
manente	solange
natura lapidis.	die Natur des Steines bleibt.
Secus	Anders ist es
de actu exteriori	mit dem äußeren Akt,
qui plerumque impeditur.[682]	der sehr häufig verhindert wird.

Mit diesem Beispiel wird deutlich ersichtlich, dass es Eckhart mit der Differenzierung zwischen Sein und Wirken und dann im Hinblick auf das Wirken zwischen „innerem" und „äußerem Werk", mit der Höherbewertung des Seins vor dem Wirken und in Hinblick auf das Wirken mit der des „inneren" vor dem „äußeren Werk" nicht um eine Distanzierung vom Wirken, vor allem auch vom „äußeren Werk" gehen kann.

Sein Konzept trägt vielmehr den „Stufen in der Ordnung des Seienden" Rechnung, denen im Idealfall eine gestufte Abfolge von Wirkungen des Höheren auf das jeweils Niedrigere entspricht:

das „Sein der Gerechtigkeit" →
[im „Grund", in der *essentia animae*]

    → das „innere Werk der Gerechtigkeit" →
    [in der Seele mit ihren drei Aspekten[683]:
    anima intellectualis, concupiscibilis und *irascibilis*]

        → das „äußere Werk" der Gerechtigkeit

---

683 Vgl. Eckhart: Sermo XXXVIII: LW IV; 332,12−333,2.

Gleichzeitig kann es in dieser „Wirkkette" insofern zu einem „Bruch" kommen, als dass das „Hervorleuchten des Inneren" nach außen, in die Welt des *esse hoc et hoc*, in die Welt der sich widerstreitenden Gegensätze, „sehr häufig verhindert wird", dass also dem Gerechten aufgrund äußeren Widerstands das Wirken des Gerechten in der geschöpflichen Welt nicht immer möglich ist.

Dass „jedem Wirkenden" in der Welt des *esse hoc et hoc* „aufgrund seiner Materie Passivität beigemischt ist", dass es abhängig ist von äußeren, bestimmenden Faktoren, „das hat eine gewisse Minderung und Einschränkung seiner Wirkkraft zur Folge, so dass sein Wirken ‚eingeschläfert wird'"[684].

Das Tun des Gerechten kann, „gegen den Willen des Wirkenden" gewaltsam von außen unterdrückt werden, verhindert werden. Solche „*oppressiones*", darauf weist Eckhart hin, sind „sehr häufig".

inclinatio	Das Streben
gravis	eines schweren Gegenstandes
deorsum	nach unten
neque tempore nec loco	kann weder Zeit
prohiberi potest,	noch Ort hindern
ut taceat,	noch zum Schweigen bringen,
sed 'requiem non habet	sondern es ruft und spricht
nocte ac die'	ohne Ruh,
clamare et dicere:	bei Tag und bei Nacht':
sanctus, sanctus, sanctus	Heilig, heilig, heilig
dominus,	ist der Herr,
deus noster;	unser Gott;
ipse fecit nos;	er hat uns geschaffen;
dixit,	er sprach,
et facti sumus;	und wir wurden gemacht;
praeceptum posuit,	er hat ein Gebot gegeben,
et non praeteribit;	und es wird nicht vergehen;
ipse mandavit,	er hat geboten,

---

684 Vgl. Eckhart: ParGen 116: LW I; 582,9—11:
"Omne activum permixtum habet ratione materiae suae aliquid passibilitas et per consequens aliquid diminutionis et oppressionis virtutis activae et sic soporatur eius actio".

et creati sumus.	und wir wurden geschaffen.
Quamvis enim	Denn wenn auch
actus exterior,	der äußere Akt,
puta latio	nämlich die Bewegung
sive motus deorsum,	und der Fall nach unten,
taceat,	schweigt,
dum	solange
grave	der schwere Gegenstand
in alto	gewaltsam
violenter tenetur,	in der Höhe festgehalten wird,
ne cadat,	so dass er nicht fallen kann,
inclinatio tamen deorsum	schweigt doch
consequens formam lapidis,	das Streben des Steins
qua deus loquitur,	nach unten,
mandat, iubet et praecipit,	das aus seiner Form folgt
nunquam	und durch das Gott spricht
tacet,	und anweist, befielt
	und gebietet,
	niemals,
sed semper deo respondet,	sondern es antwortet Gott,
deo loquitur,	spricht mit ihm
praeceptum eius implet	und erfüllt sein Gebot stets
neque praeterit.[685]	und übertritt es nicht.

Die Differenzierung zwischen „innerem" und „äußerem Akt" sichert so vor allem die Gewissheit, dass derjenige „der vollkommen die Gerechtigkeit kennt und sie vollkommen liebt schon gerecht ist, wenn auch keine *Möglichkeit* besteht, nach außen [gerecht] zu handeln"[686], dass der Widerstand, die Unterdückung, die *oppressiones*, die Ungerechtigkeit „die Gerechtigkeit niemals gänzlich zerstört, auslöscht und zum Verstummen bringen kann". Der Gerechte bleibt der Gerechte, Sohn der Gerechtigkeit, auch wenn er gewaltsam am

---

685 Eckhart: ParGen 162: LW I; 632,3—11.
686 Vgl. Eckhart: InIoh 373: LW III; 318,1—2:
„Qui enim perfecte novit perfecteque amat iustitiam, iam iustus est, etiam si nulla exsistat forinsecus operandi facultas".

Wirken, an der Verwirklichung des Gerechten nach außen gehindert wird.

Hinc est	Daher kommt es,
quod malum	dass ein Übel
nunquam corrumpit totaliter bonum	das Gute niemals gänzlich zerstört,
neque exstinguit	auslöscht
neque obmutescere facit.	und zum Verstummen bringt.
Verbi gratia	So vernichtet zum Beispiel
contrarium	in der Naturordnung etwas,
quodcumque in naturalibus	was der Natur des Dinges
formam rei	entgegengesetzt ist,
quantum ad actum exteriorem	zwar deren äußeren Akt
corrumpit quidem	und
et tacere facit,	bringt sie in dieser Hinsicht zum Schweigen,
inclinationem vero	mindert aber
sive habilitatem,	die in der Natur des Trägers
respectum,	[der Form]
ordinem et appetitum	verwurzelte
ad bonum,	Hinneigung oder Bereitschaft,
radicatum in natura subiecti,	Beziehung und Hinordnung
in nullo minuit per aliquam	und das Streben zu dem,
subtractionem	was gut ist,
aut diminutionem,	in keiner Weise.
quominus appetat	
et inclinet ad formam.[687]	

Zu den von außen auferlegten *„oppressiones"* gehören dabei nicht nur Akte der Gewaltanwendung durch Dritte, zu ihnen sind auch Formen „äußerer Umstände" zu rechnen, in die eingebunden der Mensch am Wirken des der ihm innewohnenden Form der Gerechtigkeit entsprechenden Aktes gehindert wird:

---

687 Eckhart: ParGen 163: LW I; 633,1—6.

Exempli gratia	So kann jemand zum Beispiel
liberalis	freigebig
sive misericors potest esse quis,	und barmherzig sein,
quamvis pauper sit	obwohl er arm ist
nec	und
quidquam	keine äußeren Aufwendungen
extra impendat,	zu machen vermag;
actu quidem	er ist es nämlich
interiori,	seinem inneren Akt nach,
quo miseretur	durch den er Erbarmen hat
et intelligit super egenum	und des Bedürftigen
et pauperem.	und Armen gedenkt.
Qui actus nunquam quiescit	Dieser Akt ruht
nec cessat,	und endet niemals,
quin immo sine ipso	ja ohne ihn ist die Tugend,
mortua est virtus,	nämlich Freigebigkeit
liberalitas et misericordia.[688]	und Barmherzigkeit, tot.

Entsprechend spricht Eckhart von der „Schönheit der Gerechtigkeit", der *„pulchritudo iustitiae"*, die unabhängig von der Möglichkeit
äußerer Verwirklichung „geschaut und gepriesen wird"[689]:

[iustitia] intus est	[Die Gerechtigkeit] ist innen,
et pulchra est[690]	und sie ist schön!

Die Schönheit des inneren Aktes der Gerechtigkeit ist darin begründet, dass er als „Akt der Tugend, der darin besteht, zum Guten zu
neigen und dem Schlechten zu widerstreben, göttlich ist" und darum „in allem das Wesen Gottes verspüren lässt, der darin [im inneren Akt der Gerechtigkeit] wirkt"[691].

---

688 Eckhart: ParGen 111: LW I; 576,15—577,4.
689 Vgl. Eckhart: Sermo XXXI:LW IV; 285,3—6:
„cum cogitamus iustitiam eiusque intus in ipsa cogitatione pulchritudine
fruimur [...] Et intus est [iustitia] et pulchra est et videtur et laudatur".
690 Eckhart: Sermo XXXI: LW IV; 285,5—6.
691 Vgl. Eckhart: InIoh 584: LW III; 511,12—513,1:

Nihil enim bonitatis moralis
adicit
actus exterior
interiori,
sed e converso
quidquid bonitatis habet,
omniquaque
accipit ab interiori,
secundum illud
Ambrosii
[...]:
‚affectus tuus operi tuo
nomen imponit".[692]

Der äußere Akt
fügt dem inneren
nichts an sittlicher Gutheit
hinzu,
sondern umgekehrt,
er empfängt alles,
was er an Gutheit hat,
in jeder Weise vom innern,
nach dem Wort
des Ambrosius:
[...]
‚Dein Wollen prägt deinem
Tun den Namen auf!'.

virtus
sive honestas
aequalis se tota aequaliter est
in uno sicut in mille actibus,
quantum ad numerum,

in minimo sicut in maximo,
quantum ad magnitudinem.
[...]

Die Tugend
oder göttliche Gutheit
ist gleichmaßen vollständig
- an der Zahl gemessen -
in einem
wie in tausend Akten,
- an der Größe gemessen -
im kleinsten
wie im größten [Akt].
[...]

Maius enim
et minus
extra
fidelitati
nihil adicit
nec abicit,

Denn es fügt der Treue
nichts hinzu
und nimmt ihr nichts,
ob sie sich in einer größeren
oder geringeren Sache
draußen bewährt.

„Et notandum quod sicut actus interior virtutis, qui est inclinare ad bonum et repugare malo, est divinus et ipsum pater operatur in nobis manens, sic in omnibus sapit naturam dei in se operantis".

692 Eckhart: InIoh 584: LW III; 512,3—6.

sed solum	Am äußeren Vorgang
indicat foris,	wird nur sichtbar,
si virtus intus sit.[693]	*ob* die Tugend drinnen ist.

* Die „Schönheit der Gerechtigkeit" „innen",
* die Einsicht, dass der äußere Akt dem inneren nichts an Gutheit hinzufügt und hinzufügen kann,
* der in diesem Sinn verstandene Vorrang des inneren Aktes der Gerechtigkeit vor dem äußeren, ...

all dies bedeutet für Eckhart ausdrücklich keine „Ermutigung" zum Verzicht auf das äußere Wirken!

Auch wenn der äußere Akt der Gerechtigkeit von anderem abhängig ist als vom Willen des Wirkenden allein, auch wenn er „zum Schweigen gebracht", verhindert und vernichtet werden kann, es ist doch der äußere Akt, der „die Gerechtigkeit kundmacht, nach außen von ihr Zeugnis gibt". durch den äußeren Akt der Gerechtigkeit wird diese „im Hervorleuchten geboren", „leuchtet durch seinen Ausgang hervor"[694].

Die Bereitschaft und der Wille, in denen der innere Akt besteht, machen es dem Menschen unmöglich, sich vom konkreten, praktischen, äußeren Wirken von sich aus zu dispensieren – dies würde den inneren Akt der Gerechtigkeit ad absurdum führen: *"Qui negat rebus operationem, negat substantiam* – Wer den Dingen ihre Tätigkeit nimmt, nimmt ihnen ihr Wesen".

Sunt aliqui habentes arma,	Manche besitzen wohl Waffen,
sed in arca	aber nur in der Lade
vel in pertica	oder auf der Stange
ad ostentationem.	zur Schaustellung.
Isti sunt	Das sind die,
qui habent	welche die Tugenden
virtutes	nur in ihren Heften

---

693 Eckhart: InSap 119: LW II; 455,7—456,1.
694 Vgl. Eckhart: InIoh 169: LW III; 139,13—15:
  „Rursus non enarraret nec extra testimonium daret de ipsa, nisi ab ea procederet et emicaret ipso suo processu emicando genitus".

in quaternis suis
vel in habitu scientiae
et verbo doctrinae.

Istud non sufficit.
Parum profuit
virginibus fatuis
quod habebant lampades
et pecunias,
quibus oleum emerent,
quia
'dum irent
emere',
'clausa est ianua',
Matth. 25.[695]

nunquam
est amor dei otiosus;
operatur enim magna,
si est;
si operari renuit,
amor non est. [...]
Vacuum enim,
vanum et frustra
deus non patitur
nec natura.[696]

nec amor
nec aliquod
formale
est otiosum.
Nihil enim
destituitur
propria operatione.
Qui negat

oder in ihrer Wissenschaft
oder im Wort der Lehre
besitzen.

Das reicht nicht aus!
Den törichten Jungfrauen
nützte es wenig,
dass sie Lampen
und Geld
zum Kauf von Öl hatten,
denn
,während sie noch gingen,
um einzukaufen,
wurde die Tür verschlossen'
(Mt 25,10).

Niemals
ist die Gottesliebe müßig;
sie tut nämlich Großes,
wenn sie [wirklich] ist;
lehnt sie es ab zu wirken,
so ist sie keine Liebe! [...]
Das Unwirksame,
Eitle und Vergebliche
duldet weder Gott
noch die Natur.

Weder die Liebe
noch überhaupt
etwas Formhaftes
ist untätig.
Denn nichts
entbehrt
die ihm eigene Tätigkeit.
Wer den Dingen

---

695 Eckhart: Sermo XLV: LW IV; 375,10−14.
696 Eckhart: InIoh 578: LW III; 506,10−507,3.

rebus operationem,	ihre Tätigkeit nimmt,
negat substantiam.[697]	nimmt ihnen ihr Wesen.

Operatur enim Iesus,	Jesus *wirkt* nämlich,
in anima si est;	wenn er in der Seele ist.
si renuit	Wenn sie es ablehnt
operari,	zu wirken,
in ea non est.[698]	ist er nicht in ihr!

Zustimmend zitiert Eckhart aus dem Jakobusbrief: „Der Glaube ohne Werke ist tot!" (Jak 2,10)[699]: Die Weigerung, gerecht zu *wirken*, offenbart das Fehlen des „inneren Werkes" und des Seins, der *forma substantialis* der Gerechtigkeit „innen" – sie erweist den, der sich als „Gerechter" „in der Lade und auf der Stange" des öffentlichen Lebens „zur Schau trägt" als Lügner! Nur ein Leben, in dem „all unser Sein und Wirken dem Vorbild, das Gott selbst ist, entspricht"[700], entspricht dem „Ziel jeder Tätigkeit Gottes und des Göttlichen als solchen", das darin besteht, „die Herrlichkeit Gottes zu offenbaren"[701], die Gerechtigkeit „aufleuchten und hervorbrechen zu lassen" in der Welt des *esse hoc et hoc*, in der Wirklichkeit der Welt, in der Mensch und Kreatur leiden müssen unter der „Unähnlichkeit": unter Mangel, Ungerechtigkeit, Krieg, Selbstsucht usw.

Das Leben des Gerechten besteht darin, „in rückgebärender Dankbarkeit", im In-die-Welt-Gebären des gerechten Aktes, des „einzigen Bildes des Sohnes", „Mit-Vater Gottes" (*dei compatres*)[702] zu sein, um so die empfangene Gabe der Gerechtigkeit in dem Maß, wie es möglich ist, „in Gott zurückzutragen":

---

697 Eckhart: Sermo XXXIII: LW IV; 290,5—6.
698 Eckhart: InIoh 711: LW III; 622, 8—9.
699 Vgl. etwa Eckhart: Sermo XXXII: LW IV; 288,11.
700 Vgl. Eckhart: InEccl 64: LW II; 294,9—10.
701 Vgl. Eckhart: InIoh 494: LW III; 425,12—13:
„finis omnis operationis dei et divini, in quantum huiusmodi, est manifestari gloriam dei".
702 Vgl. Eckhart: InIoh 573: LW III; 500,8—9:
"pater nobis ostenditur, quando dei compatres sumus, patres unius imaginis".

gratiarum actio,	Da das Danken
cum non sit aliud	in nichts anderem besteht
quam	als darin,
donorum perceptorum	die empfangenen Gaben
in deum relatio,	in Gott zurückzutragen,
ipsa est ratio et origo	ist es Grund und Ursprung
sive principium boni	oder Ausgangspunkt des Guten
omnibus aliis.	für alles andere.
Unde quanto plenius	Je vollständiger wir daher
in deum referimus,	ein Werk in Gott zurücktragen,
tanto est deo gratius	um so wohlgefälliger ist es Gott
et in se ipso opus melius.[703]	und um so besser in sich selbst.
ferrum	Ein im Feuer
bene et plene	gut und ganz
ignitum	durchglühtes Eisen
operatur opera ignis,	wirkt die Werke des Feuers,
quin immo et maiora.	ja noch größere.
Nam, ut ait Avicenna,	Wie nämlich Avicenna sagt,
plumbum liquefactum	verbrennt verflüssigtes Blei
fortius urit manum	die Hand stärker
quam ignis,	als Feuer.
secundum illud Ioh. 14:	Gemäß dem Wort [Joh 14,12]:
‚opera	‚Die Werke,
quae ego facio,	die ich [Christus] tue,
et ipse faciet,	wird auch er [der mir nachfolgt] tun;
et maiora horum faciet'.	und noch größere als diese wird er tun'
Sic est omnis,	verhält es sich so mit jedem,
qui natus est ex spiritu	der aus dem Geist
sive deo.	oder aus Gott geboren ist (Joh 3,6).
Verbum enim caro factum	Das fleischgewordene Wort

---

703 Eckhart: Sermo XLIII3: LW IV; 364,9—12.
704 Eckhart: InIoh 128: LW III; 110,4—10.

in ipso habitat,	wohnt in ihm,
et illo informatus	und von ihm überbildet
quasi unigenitus ab illo	schaut er als Eingeborener
videt gloriam eius,	seine Herrlichkeit,
plenus gratiae et veritatis,	voll der Gnade und Wahrheit,
id est	das heißt
omnis	[voll] aller seiner
perfectionis	Vollkommenheit
et gloriae illius.[704]	und Herrlichkeit.

Entsprechend eindringlich ist Eckharts Forderung an den Menschen, die hier – das Kapitel abschließend – zitiert werden soll:

„Wer Christus gehören will, soll die Werke Christi tun!
Wer aber nicht die Werke Christi tun will,
der wird auch nicht zu Christus kommen."[705]

---

705 Vgl. Eckhart: Sermo XX: LW IV; 184,9—10:
„qui vult esse Christi, faciat opera Christi. Qui autem non vult opera Christi facere, non veniat ad Christum".

II.4. Von „Abgeschiedenheit":
Ganz-Hingabe und Bestehen im Leid

Ûzer aller dirre lêre,
diu in dem heiligen êwangeliô geschriben ist
und sicherlîche bekant in dem natiurlîchen liehte der vernünftigen sêle,
vindet der mensche gewâren trôst alles leides.[1]

II.4.1. Das leidlose Leiden des Gerechten
und der „innere Raum der Unberührbarkeit"

In der Aufzählung der Schwerpunkte seiner Predigtthemen, an denen sich diese Studie in ihrer Gliederung orientiert, räumt Eckhart dem Thema der „Abgeschiedenheit", das hier abschließend betrachtet werden soll, eine herausgehobene Stellung ein. Er benennt es als erstes und zentrales Thema seines Denkens: *„Swenne ich predige, sô pflige ich ze sprechenne von abegescheidenheit und daz der mensche ledic werde sîn selbes und aller dinge"*[2].

Dabei ist der Begriff der „Abgeschiedenheit" aufs engste verknüpft mit dem im Kontext der Umkehr- und Nachfolgebewegung des Gerechten bereits behandelten Themenkomplex der „Gelassenheit", des „Ledig-Werdens", des „Lassens", des Sich-selbst-Verlassens. In Hinblick auf dieses Konzept der Gelassenheit fasst Erik A. Panzig in seiner Studie „Gelâzenheit und abegescheidenheit" zusammen, es gehe Eckhart mit diesem Entwurf, wie er in den vorausgehenden Abschnitten der Studie im Mittelpunkt stand, „um ein schroffes Gegenüber von ontologischer Identität und Nichts, nicht um ein ungenau abgegrenztes Ähnlichkeits- oder Unähnlichkeitsverhältnis zwischen Gott und Kreatur"[3]. Daraus folgt, so ist hier zu erinnern, „dass

---

1   Eckhart: BgT: DW V; 11,20—22: „Aus dieser ganzen Lehre, die im heiligen Evangelium geschrieben steht und mit Gewissheit in dem natürlichen Licht der vernünftigen Seele [als richtig] erkannt ist, findet der Mensch wahren Trost alles Leidens".

2   Eckhart: Predigt 53: DW II; 528,5—529,2: „Wenn ich predige, so pflege ich von *Abgeschiedenheit* zu sprechen, und dass der Mensch *ledig werden* soll seiner selbst und aller Dinge".

3   Panzig, Erik A.: Gelâzenheit und abegescheidenheit. 228.

der Mensch, insofern er sich dem kreatürlichen *hoc et hoc* zuwendet bzw. in diesem verbleibt, nur auf das Nichts stößt. Deshalb fordert Eckhart vom Menschen, vom *hoc et hoc* zu lassen und sich lediglich auf das *esse* zu konzentrieren, was ja die ontische Identität von Gott und Kreatur im Sinn analoger Relationalität ausmacht. Somit ist Eckharts Rede von *gelâzenheit* im Rahmen seiner Analogielehre zu verorten. Insofern der gelassene Mensch von allem kreatürlichen *hoc et hoc* lässt beziehungsweise von diesem absieht, wird ihm Gott offenbar. So erkennt der gelassene Mensch seinen *grunt* (wie die „*rede der underscheidunge*" Gott auch bezeichnet), als der sich Gott ihm gnadenhalber mitgeteilt hat"[4].

Die Lehre, die Eckhart „*moraliter*", d. h. in Hinblick auf den Lebensvollzug des Menschen, mit dem Konzept der Gelassenheit verbindet, wurde im Rahmen der vorgelegten Studie in das Zentrum der Betrachtung gestellt.

Gegenüber der Gelassenheit, dem „*ledic werden sîn selbes und aller dinge*" als Prozess des Einübens der notwendigen *dispositio* für die „Geburt des Sohnes", die *generatio* des Gerechten, ist der Begriff der *abegescheidenheit* in grundlegender Hinsicht anders zu verorten.

Um diese Profilierung des Abgeschiedenheitsbegriffs in den Blick zu nehmen, soll hier der Prolog des Traktates „*Von abegescheidenheit*"[5] angeführt werden:

---

4 Panzig, Erik A.: Gelâzenheit und abegescheidenheit. 228—229.

5 Dieser Traktat ist in der Forschung Gegenstand anhaltender Auseinandersetzungen, ob er Eckhart als Verfasser zugeschrieben werden kann. Während Josef Quint von der Authentizität des Textes ausging und ihn so in die Stuttgarter Ausgabe der Deutschen Werke Eckharts aufnahm, meldete Kurt Ruh schon früh Zweifel an Eckharts Autorschaft an. Zuletzt hat er seine Position dahingehend verschärft, den Traktat als „schlichtweg unauthentisch" einzustufen. Erik A. Panzig hält dazu in seiner aktuellen Studie zum Abgeschiedenheitsbegriff fest: „Ruh steht allerdings mit seiner jetzigen Position allein, da die übrige Eckhartforschung [...] von der Authentizität des Traktats ausgeht" (vgl. Panzig, Erik A.: Gelâzenheit und abegescheidenheit. 150).
Einen Überblick über diese Diskussion und eine Auseinandersetzung mit den Argumenten Kurt Ruhs bietet Panzig a. a. O., S. 150—159.
Niklaus Largier fasst diesbezüglich in seinem Kommentar (EW II; 803) zusammen:

Ich hân der geschrift vil	Ich habe
gelesen,	viele Schriften gelesen
beidiu	sowohl
von den heidenischen meistern	der heidnischen Meister
und von den wîssagen	wie der Propheten,
und von den alten	des Alten
und niuwen ê,	und des Neuen Testaments,
und hân mit ernste	und ich habe mit Ernst
und mit ganzem vlîze	und mit ganzem Eifer
gesuochet,	danach gesucht,
welhiu diu hœhste	welches die höchste
und diu beste tugent sî,	und die beste Tugend sei,
dâ mite der mensche	mit der sich der Mensch
sich ze gote allermeist	am meisten
und aller næhste	und am allernächsten
gevüegen müge	mit Gott verbinden
und mit der der mensche	und mit der der Mensch
von gnâden werden müge,	von Gnaden werden könne,
daz got ist von natûre,	was Gott von Natur ist,
und dâ mite der mensche	und durch die der Mensch
aller glîchest stande	in der größten
	Übereinstimmung

„Obwohl Quint den Text in seine Ausgabe aufgenommen hat, bleiben viele frühere Einwände gegen die Echtheit des Traktats bis heute unausgeräumt [...]. Man wird deshalb [...] von einer ‚eingeschränkten Authentizität' sprechen dürfen. Ist die gedankliche Nähe zu den echten Werken Eckharts auf der einen Seite unbestreitbar, sind doch gewisse Unsicherheiten und Inkonsistenzen der Terminologie nicht zu übersehen. Der Vorschlag Ruhs, davon auszugehen, dass hier möglicherweise ein Bearbeiter am Werk gewesen sei, dem Notizen Eckharts zum Problem der Abgeschiedenheit vorgelegen hätten, ist daher durchaus plausibel".
Die Frage nach der Echtheit des Traktates in seiner überlieferten Form kann hier nicht geklärt werden. Unbestritten ist jedoch in der Forschung, dass in diesem Text „alle wichtigen Elemente des Denkens Eckharts begegnen" (so Largier, Niklaus: Kommentar EW II; 804), dass er also – wenn auch nicht ohne Berücksichtigung weiterer als authentisch erwiesener Werke Eckharts – zur Darstellung der Lehre von der „Abgeschiedenheit" herangezogen werden kann.

dem bilde, als er in gote was, in dem zwischen im und gote kein underscheid was, ê daz got die crêatûre geschuof.	mit dem Bilde stände, das er in Gott war, in dem zwischen ihm und Gott kein Unterschied war, ehe Gott die Kreaturen erschuf.
Und sô ich alle die geschrift durchgründe, als verre mîn vernunft erziugen und bekennen mac, sô envinde ich niht anders, wan daz lûteriu abegescheidenheit ob allen dingen sî,	Und wenn ich alle diese Schriften durchgründe, soweit meine Vernunft es zu leisten und soweit sie zu erkennen vermag, so finde ich nicht anderes, als dass lautere Abgeschiedenheit alles übertreffe,
wan alle tugende hânt etwas ûfsehennes ûf die crêatûre, sô stât abegescheidenheit ledic aller crêatûren.	denn alle Tugenden haben irgendein Absehen auf die Kreatur, während Abgeschiedenheit losgelöst von allen Kreaturen ist.
Dar umbe sprach unser herre ze Marthâ: ,unum est necessarium',	Darum sprach unser Herr zu Martha: ,Unum est necessarium' [Lk 10,42],
daz ist als vil gesprochen: Marthâ, wer unbetrüebet und lûter welle sîn, der muoz haben einez, daz ist abegescheidenheit.[6]	das besagt so viel wie: Martha, wer unbetrübt und lauter sein will, der muss eines haben, das ist Abgeschiedenheit.

---

6   Eckhart: VAbg: DW V; 400,2—401,10.

Die Abgeschiedenheit erweist sich hier als „Vollendung" dessen, worauf die Tugenden – Eckhart behandelt in seinem Traktat das Verhältnis der Abgeschiedenheit zu Liebe (*minne*), Demut (*dêmüeticheit*) und Barmherzigkeit (*barmherzicheit*) – in ihrer Bezogenheit auf die Kreaturen, ihrem „disponierenden Charakter" als notwendige Bedingungen, um „ein Anderer zu werden", anzielen: Das „neue Sein" des Menschen, als die Seinsweise,

- „mit der sich der Mensch am meisten und am allernächsten mit Gott verbinden kann", und
- „mit der der Mensch von Gnaden werden kann, was Gott von Natur ist", und
- „durch die der Mensch in der größten Übereinstimmung mit dem Bilde steht, das er in Gott war, in dem zwischen ihm und Gott kein Unterschied war, ehe Gott die Kreaturen erschuf".

Die *abegscheidenheit* als *unum necessarium* gemäß Lk 10,42 erscheint so als Verwirklichung des *esse virtuale* des Menschen, als Verwirklichung des „Bildes", der *imago dei*, als Verwirklichung des „Sohn-Seins", in dem der Mensch als *alius non aliud* von Gnaden das ist, was Gott von Natur ist.

Abegescheidenheit ist das Sein der göttlichen *forma substantialis*, das Sein der Gerechtigkeit, Gottes selbst, dessen Gott-Sein, dessen Lauterkeit, Einfaltigkeit und Unwandelbarkeit in seiner „unbeweglichen Abgeschiedenheit" gründet. Gott selbst ist „*diu oberste abegescheidenheit*"[7].

Disiu	Diese
unbeweglîchiu	unbewegliche
abegescheidenheit	Abgeschiedenheit
bringet den menschen	bringt den Menschen
in die grœste glîcheit	in die größte Gleichheit
mit gote.	mit Gott.
Wan daz got ist got,	Denn dass Gott Gott ist,
daz hât er	das hat er

---

7   Vgl. Eckhart: VAbg: DW V; 434,3–4.

von sîner	von seiner
unbewegelîchen	unbeweglichen
abegescheidenheit,	Abgeschiedenheit,
und von der abegescheidenheit	und von der Abgeschiedenheit
hât er sîne lûterkeit	hat er seine Lauterkeit
und sîne einvalticheit	und seine Einfaltigkeit
und sîne unwandelbærkeit.	und seine Unwandelbarkeit.
Und dâ von,	Und daher,
sol der mensche	soll der Mensch
gote glîch werden,	Gott gleich werden,
als verre als ein crêatûre	soweit eine Kreatur
glîcheit	Gleichheit
mit gote gehaben mac,	mit Gott haben kann,
daz muoz geschehen	so muss das geschehen
mit abegescheidenheit.	durch Abgeschiedenheit.
Diu ziuhet danne	Die zieht dann
den menschen	den Menschen
in lûterkeit	in Lauterkeit
und von der lûterkeit	und von der Lauterkeit
in einvalticheit	in Einfaltigkeit
und von der einvalticheit	und von der Einfaltigkeit
in unwandelbærkeit,	in Unwandelbarkeit,
und diu dinc	und diese Dinge
bringent eine glîcheit	bringen eine Gleichheit
zwischen gote	zwischen Gott
und dem menschen;	und dem Menschen hervor;
und diu glîcheit	diese Gleichheit aber
muoz beschehen in gnâden,	muss in Gnade erstehen,
wan diu gnâde	denn die Gnade
ziuhet den menschen	zieht den Menschen
von allen zîtlîchen dingen	von allen zeitlichen Dingen
und liutert in	und läutert ihn
von allen	von allen
zergenclîchen dingen.[8]	vergänglichen Dingen.

---

8   Eckhart: VAbg: DW V; 412,3—413,3.

Bezüglich des Begriffs *abegescheidenheit* betont Erik A. Panzig: „der abgeschiedene Mensch entspricht dem *bilde, als er in got was, in dem zwischen im und gote kein underscheid was*. Demnach ist das Verhältnis zwischen Gott und Mensch nicht nur als analoge sondern auch als univoke Beziehung zu verstehen. In *abegescheidenheit* ist der Mensch dann als exemplarursächliches Bild in Gott gleichzeitig auch Wort und Sohn Gottes. [...] Dann ist der abgeschiedene Mensch *in univocis* als Sohn auch Erbe Gottes"[9].

Der zentrale Wechsel der Perspektive, der zwischen *gelâzenheit* und *abegescheidenheit* vollzogen wird, die „qualitative Differenz"[10] zwischen beiden, ist gekennzeichnet vom Übergang des „Lassens" und des *„gelâzen hân"*, das mit seiner „ethischen Qualität"[11] die Herausforderung an das Handeln in der Welt des *esse hoc et hoc* betont, zur „ontologischen Kategorie" des *„gelâzen sîn"*[12], vom Übergang von der Ebene des Wirkens auf die des Seins, der dadurch markiert ist, dass die Prozessualität und die Bezogenheit auf die Kreatur, auf das *esse hoc et hoc*, überwunden ist.

Die Verwirklichung der *conformatio cum deo sive deiformitas* (von der Eckhart betont unter einem „in quantum"-Vorbehalt spricht: *als verre als ein crêatûre glîcheit mit gote gehaben mac*), die im Begriff der Abgeschiedenheit zum Ausdruck kommt, wird dabei erneut ausdrücklich gedeutet als *conformatio sive configuratio cum Christo*[13]:

Nû stât daz lûter	Nun steht das lautere,
abegescheiden herze	abgeschiedene Herz
ledic aller crêatûren.	ledig aller Kreaturen.
Dâ von ist ez	Daher ist es

---

9   Vgl. Panzig, Erik A.: Gelâzenheit und abegescheidenheit. 230.
10   Vgl. Panzig, Erik A.: Gelâzenheit und abegescheidenheit. 166.
11   Vgl. Panzig, Erik A.: Gelâzenheit und abegescheidenheit. 166.
12   Vgl. Panzig, Erik A.: Gelâzenheit und abegescheidenheit. 166—167.
      Panzig weist (a. a. O.; 167) darauf hin, dass diese Gleichsetzung des *gelâzen
      sîn* des Menschen (ein Begriff, den Eckhart in der *„rede der underscheidungen"* verwendet) mit dem Begriff *abegescheidenheit* nur in sofern zulässig ist,
      als dass in beiden die Überwindung der Bezogenheit auf die Kreaturen zugunsten der alleinigen Bezogenheit auf Gott hervorgehoben wird. Dieser
      Vorbehalt ist hier ausdrücklich zu berücksichtigen.
13   Vgl. Panzig, Erik A.: Gelâzenheit und abegescheidenheit. 174.

alzemâle geworfen under got,	völlig Gott unterworfen,
und dâ von stât ez	und daher steht es
in der obersten einförmicheit	in der höchsten Einförmigkeit
mit gote	mit Gott
und ist ouch	und ist zugleich
aller enpfenclîchest	am allerempfänglichsten
des götlîchen învluzzes.	gegenüber
	dem göttlichen Einfluss.
Daz meinet sant Paulus,	Das meinte Sankt Paulus,
dô er sprach:	als er sprach:
‚leget an iuch Jêsum Kristum',	‚Legt an euch Jesus Christus!'
	(Röm 13,14),
und meinet:	und er meinte:
mit einförmicheit	durch Einförmigkeit
mit Kristô,	mit Christus;
und daz anelegen	das Anlegen nämlich
enmac niht beschehen	kann nur durch Einförmigkeit
dan mit einförmicheit	mit Christus
mit Kristô.	geschehen.
Und wizze:	Und wisse:
dô Kristus mensche wart,	Als Christus Mensch wurde,
dô ennam er niht an sich	da nahm er nicht
einen menschen,	*einen Menschen* an sich,
er nam an sich	er nahm
menschlîche natûre.	*die menschliche Natur* an.
Dâ von sô ganc ûz	Entäußere dich deshalb
aller dinge,	aller Dinge,
sô blîbet aleine,	so bleibt allein,
daz Kristus an sich nam,	was Christus an sich nahm,
und alsô hâst dû Kristum	und so denn hast du dir
an dich geleget.[14]	Christus angelegt.
Und der mensche,	Und der Mensch,
der alsô stât	der so

---

14 Eckhart: VAbg: DW V; 430,2—11.
15 Eckhart: VAbg: DW V; 411,6—10.

in ganzer abegescheidenheit,	in völliger Abgeschiedenheit steht,
der wirt	der wird
alsô gezücket	so in die Ewigkeit
in die êwicheit,	hineingezogen,
daz in	dass ihn
kein zergenclich dinc	kein vergängliches Ding
bewegen enmac,	bewegen kann,
daz er nihtes niht enpfindet,	dass er nichts empfindet,
daz lîplich ist,	was leiblich ist,
und heizet der werlte tôt,	und er heißt tot für die Welt,
wan im smacket niht,	denn ihm schmeckt nichts,
daz irdisch ist.	das irdisch ist.
Daz meinet sant Paulus,	Das meinte Sankt Paulus,
dô er sprach:	als er sprach:
‚ich lebe	‚Ich lebe
und lebe doch niht;	und lebe doch nicht;
Kristus lebet in mir'.[15]	Christus lebt in mir' (Gal 2,20).

Die Abgeschiedenheit bestimmt Eckhart als den inneren „Ort", an dem der christusförmige Mensch „unbeweglich steht", der Mensch, der „hineingezogen ist in die Ewigkeit" und „der Welt gestorben ist". Sie ist damit „Ort" des „inneren Menschen".

Dies ist insofern von besonderer Bedeutung, als dass der „abgeschiedene Mensch" – das verdeutlicht Eckhart am Beispiel Jesu und seiner Mutter Maria – nur und ausschließlich der „*innere*" Mensch ist, der jedoch in der Welt, in der der Mensch vom *duplex esse* geprägt ist, niemals ohne den gleichzeitig zu berücksichtigenden „äußeren Menschen" existiert.

Nû was in Kristô	Nun war in Christus
ouch ein ûzwendiger mensche	auch ein äußerer Mensch
und ein inwendiger mensche,	und ein innerer Mensch
und ouch in unser vrouwen;	und ebenso in Unserer Frau;
[...]	[...]
Und alsô redete Kristus,	Und so redete auch Christus,
dô er sprach:	als er sprach:

,mîn sêle ist betrüebet	,Meine Seele ist betrübt
biz in den tôt',	bis in den Tod' (Mk 14,34);
und	und bei allem,
swaz unser vrouwe klagete,	was Unsere Frau klagte,
[...]	[...]
sô stuont doch alzît	stand doch ihr Inneres
ir inwendicheit	allzeit
in einer	in einer
unbewegelîchen	unbeweglichen
abegescheidenheit.	Abgeschiedenheit.
Und nim des	Und dazu nimm
ein ebenbilde:	einen Vergleich:
ein tür gât in einem angel	Eine Tür geht in einer Angel
ûf und zuo.	auf und zu.
Nû glîche ich	Nun vergleiche ich
daz ûzer bret an der tür	das äußere Brett an der Tür
dem ûzern menschen,	dem äußeren Menschen,
sô glîche ich den angel	die Angel aber setze ich
dem innern menschen.	dem inneren Menschen gleich.
Sô nû diu tür	Wenn nun die Tür
ûf und zuo gât,	auf- und zugeht,
sô wandelt sich	so bewegt sich
daz ûzer bret	das äußere Brett
hin und her,	hin und her,
und blîbet doch der angel	und doch bleibt die Angel
an einer stat unbewegelich	unbeweglich an ihrer Stelle
und enwirt dar umbe	und wird deshalb
niemer verwandelt.[16]	niemals verändert.

Ausdrücklich betont Eckhart die Gleichzeitigkeit einerseits des „unbeweglich" und unangreifbar Stehens in der Abgeschiedenheit und andererseits der Anfechtung, des *„in üebunge sîn"*[17] durch die Bedrohung des leiblichen, äußeren Menschen.

Abgeschiedenheit wäre so, wie sie von Eckhart im Kontext der Passion Christi und der Schmerzen und Klagen seiner Mutter, „Unserer

---

16 Eckhart: VAbg: DW V; 421,8—422,11.
17 Eckhart: VAbg: DW V; 421,7.

Frau", verankert wird, zu bestimmen als Unantastbarkeit des inneren Menschen im Leiden und trotz des Leidens, in der und trotz der Gefährdung des äußeren Menschen:

Hie solt dû wizzen,	Hier sollst du wissen,
daz rehtiu abegescheidenheit	dass rechte Abgeschiedenheit
niht anders enist,	nichts anderes ist,
wan daz der geist	als dass der Geist
alsô unbewegelich stande	so unbeweglich stehe
gegen allen zuovellen	gegenüber allem anfallenden
liebes	Lieb
und leides,	und Leid,
êren,	Ehren,
schanden	Schanden
und lasters	und Schmähungen,
als ein blîgîn berc	wie ein bleierner Berg
unbewegelich ist	unbeweglich ist
gegen	gegenüber
einem kleinen winde.[18]	einem schwachen Wind.

Abgeschiedenheit, die „Unbeweglichkeit", Freiheit gegenüber Leid, Schanden und Schmähungen, erweist sich so als „Quelle innerer Widerstandskraft" gegenüber den Anfeindungen und dem Widerstand, der von außen auf dem Weg der Nachfolge begegnet.
Wie Christus in Hinblick auf seinen äußeren Menschen verraten, beschimpft, gemartert, getötet wurde, aber in Hinblick auf den inneren Menschen ungebrochen, „unbewegt" blieb und so den Weg der Gerechtigkeit gehen konnte („selbstvergessen" wie ein Stück Holz, das in Feuer verwandelt als Funke in die Höhe fliegt, seiner Feuer-Natur folgt, ohne Furcht davor und Gedanken daran, unterwegs zu verglühen), so wird auch der Mensch, der Christus nachfolgt – es wurde bereits ausführlich bedacht – mit Widerstand und Verfolgung rechnen müssen, wird aber selbst als Gerechter, als gottförmiger, abgeschiedener Mensch fähig zu angstfreiem Widerstand, der seine Kraft aus der Unzerstörbarkeit des „inneren Menschen" schöpft, der

---

18   Eckhart: VAbg: DW V; 411,12—412,3.

in *abegescheidenheit* in sicherer „Unterwerfung unter Gott" geborgen ist.

Dieser Gedanke findet sich bestimmend in einem anonymen Brief, den Wilhelm Oehl in seiner Sammlung „Deutsche Mystikerbriefe des Mittelalters 1100-1550" herausgegeben hat, der terminologisch Eckhart nahe steht, und den Dorothee Sölle für ihr Buch „Mystik und Widerstand" aufgegriffen hat, indem sie aus diesem Brief den Untertitel ihres Werkes entlehnt hat: den Gottes-Namen des „stillen Geschreis".

Dieser anonyme Text soll hier – auch wenn er nicht von Eckhart selbst verfasst sein wird – zur Verdeutlichung des Kerns der Lehre von der *abegescheidenheit* zitiert werden.

> „Lerne Gott lassen um Gott,
> den verborgenen Gott um den bloßen Gott!
> Sei gewillt, einen Pfennig zu verlieren,
> auf dass Du einen Gulden findest;
> verschütte das Wasser,
> auf dass Du Wein schöpfen könnest!

> Die Kreatur ist nicht so mächtig,
> dass sie Dich Gottes berauben könnte
> oder auch nur der mindesten Gnade.
> [...]
> Willst Du den Honig genießen,
> so soll dich des Bienleins Stachel nicht verdrießen!
> Willst Du Fische fangen,
> so lerne im Wasser waten;
> willst Du Jesum sehen am Gestade,
> so lerne vorher im Meer versinken!

> Und sähest Du den Himmel stürzen
> und die Sterne fallen,
> dennoch soll es Dich nicht verwirren:
> Gott selbst kann sich Dir nicht nehmen, [...]
> um wie viel minder die Kreatur!

Höre,
sieh,
leid und schweig!

Lass Dich in dem Licht,
sieh mit Vernunft,
lerne mit Klugheit,
leide Dich mit Freuden,
freue Dich mit Sehnsucht,
habe Verlangen mit Langmütigkeit,
klage niemandem!

Mein Kind,
sei geduldig und lass Dich,
dieweil man Dir Gott nicht aus dem Grunde des Herzens gräbt.

O tiefer Schatz, wie wirst du ausgegraben?
O hoher Adel, wer kann dich erreichen?
O quellender Bronnen, wer kann dich erschöpfen?
O lichter Glanz,
ausdringende Kraft,
einfaltige Zukehr,
bloße Verborgenheit,
verborgene Sicherheit,
sichere Zuversicht,
einige Stille in allen Dingen,
mannigfaltiges Gut in einiger Stille,
du stilles Geschrei,
dich kann niemand finden,
der dich nicht zu lassen weiß.

Lass Dich, mein Kind,
und danke Gott,
der Dir solch eine Stätte gegeben hat.[19]

---

19 Brief XXXVI3. in: Oehl, Wilhelm (Hrsg.): Deutsche Mystikerbriefe des Mittelalters. 634—635.

Abegescheidenheit wäre im Zusammenhang dieser Grundgedanken zu bestimmen als die von Gott geschenkte Stätte „verborgener Sicherheit" und „sicherer Zuversicht", dass „die Kreatur nicht so mächtig ist, dass sie Dich Gottes berauben könnte oder auch nur der mindesten Gnade", dass „man Dir Gott nicht aus dem Grunde des Herzens gräbt", selbst „wenn Du den Himmel stürzen und die Sterne fallen sähest" – es „soll Dich nicht verwirren".

Bei der Abgeschiedenheit im Sinn Eckharts handelt es sich in gewisser Weise so um einen akzentuierten Gegenbegriff zum „Laster der *Akedia*", das „eine Form sublimster Verzweiflung" ist: „Erschöpfung, Überdruss, Trägheit, ein Verzicht auf Hoffnung"[20]. Abgeschiedenheit wäre dagegen zu verstehen als Raum innerer Unangreifbarkeit, Unzerstörbarkeit, beständiger Hoffnung, der dem um das gottförmige Sein, um Christus-Nachfolge und Gerechtigkeit bemühten Menschen eine innere Stärke schenkt, der die Haltung ermöglicht, die Euagrios Pontikos (345—399) bestimmte als ἀπαθεια, „die keinesfalls das war, was man aus ihr zu machen versuchte: Unempfindlichkeit, sondern [...] zu deuten ist als eine innere Festigkeit, die nicht nur den Dingen gegenüber kein selbstverfremdendes Begehren aufkommen lässt, sondern selbst angesichts der Erinnerung an sie unerschüttert bleibt"[21] – wie ein bleierner Berg gegenüber einem schwachen Wind. Abgeschiedenheit, „Apathie ist ein Ergebnis eines äußerst aktiven Verhaltens, der sogenannten Praktike. ‚Die Apathie ist die Blume der Praktike; und was die Praktike konstituiert, ist die Einhaltung der Gebote', heißt es in Euagrios' *Praktikos*"[22].

In Hinblick auf Eckhart wäre festzuhalten: Die *abegescheidenheit* ist als innerer Ort der Unzerstörbarkeit des „inneren Menschen" Ergebnis und Vollendung eines Weges des Gerecht-Werdens, geprägt vom unermüdlichen Wirken des Gerechte in der von Auseinandersetzung und Leid geprägten Welt des *esse hoc et hoc*.

In dieser Welt „des Sinnfälligen", so hatte Eckhart betont, „herrscht immer Widerstreit und Kampf, Spaltung und Teilung oder Zwietracht und Bitterkeit"[23].

---

20 Vgl. Haas, Alois M.: Die Arbeit der Nacht. 12—13.
21 Vgl. Haas, Alois M.: Die Arbeit der Nacht. 15.
22 Haas, Alois M.: Die Arbeit der Nacht. 15.
23 Vgl. Eckhart: InGen 231: LW I; 376,4—5: „in sensibilius semper est contra-

Am Schluss des Traktates „*Von abegescheidenheit*" spricht Eckhart in provozierender Weise vom Leiden als „sicherster und schnellster Weg" zur Abgeschiedenheit, zur Christus- und Gottförmigkeit. Auch dieser Text hat – neben anderen – Alois M. Haas bewogen, Eckharts Theologie sehr grundsätzlich als eine „Theologie des Leidens"[24] zu charakterisieren, in deren Zentrum die Vorstellung des „Leids ohne Leid" stehe, begründet einerseits im Glauben, „dass es dem guten Gott unmöglich ist, dem Menschen ein Leid zustoßen zu lassen, das nicht irgendwie *etwas bezzers* oder die größere Ehre Gottes intendiert", und andererseits im „radikalen Willen des guten Menschen, alles zu wollen, was Gott will, ‚selbst wenn es sein Schaden und gar seine Verdammnis wäre' (mit Berufung auf Römer 9,3)"[25].

Die Abgeschiedenheit, der Kernbegriff Eckhartscher Leidlehre ist „letztlich [...] Ergebnis eines sie [d. h. die stoischen Formeln, mit denen die *abegescheidenheit* beschrieben wird; E.F.] über- und umgreifenden Gedankens, der das Geschöpf auf das verpflichtet, was ihm Leben [...] bedeutet – auf Gott, und zwar absolut und kompromisslos"[26].

„Dem Menschen ist mithin ein *innigez werk* (‚ein inneres Werk') aufgegeben: Es besteht in der kompromisslosen Option für Gott, in der eingeschlossen ist alle Verfügbarkeit für alles denkbare Leiden. Die Unempfindlichkeit in Richtung aufs Kreatürliche ist im Blick auf Gott höchste Bereitschaft zum Leiden"[27].

Hervorzuheben ist hier allerdings, dass es Eckhart in keiner Weise um eine undifferenzierte Verklärung des Leidens geht.

Vielmehr erscheint das Leid, das notwendig aus der kompromisslosen Hinwendung zu Gott, zu seinem Gebot, zur Gerechtigkeit folgt, nur deshalb als ein Übel, das (in diesem speziellen Fall des „Leidens um Gottes willen") zu ertragen und geduldig anzunehmen ist, weil

---

rietas et pugna, schisma et divisio sive discordia et amaritudo".

24 Vgl. Haas, Alois M.: Gott leiden – Gott lieben. 132.
25 Vgl. Haas, Alois M.: Gott leiden – Gott lieben. 134.
26 Haas, Alois M.: Gott leiden – Gott lieben. 135.
27 Haas, Alois M.: Gott leiden – Gott lieben. 135.

und insofern darin „ein Abbild des Gottmenschen" zu finden ist.[28] Es geht also nicht um einen angeblichen Wert des Leidens an sich, um ein „Leiden um des Leidens willen", sondern akzentuiert um ein Leiden in der Nachfolge des „Gottmenschen", ein Leiden um Gottes, um der Gerechtigkeit willen. Weil aber denknotwendig das Wirken der Gerechtigkeit – wie oben ausführlich betrachtet wurde – von der *forma substantialis* der Gerechtigkeit begleitet werden muss, kann Eckhart mit Entschiedenheit vertreten, dass ein „Leiden um Gottes (der Gerechtigkeit) willen" immer ein „Leiden mit Gott" ist:

allez, daz der guote mensche	Alles, was der gute Mensch
lîdet durch got,	um Gottes willen leidet,
daz lîdet er in gote,	das leidet er in Gott,
und got ist mit im	und Gott ist mit ihm
lîdende	leidend
in sînem lîdenne.	in seinem Leiden.
Ist mîn lîden in gote	Ist mein Leiden in Gott
und mitlîdet got,	und leidet Gott mit,
wie mac mir danne lîden	wie kann mir dann das Leiden
leit gesîn,	ein Leid sein,
sô lîden leit verliuset	wenn das Leiden das Leid verliert
und mîn leit in gote ist	und mein Leid in Gott ist,
und mîn leit got ist?	und mein Leid Gott ist?
Wærlîche,	Wahrhaftig,
als got wârheit ist	so wie Gott die Wahrheit ist,
und	und,
swâ ich wârheit vinde,	wo immer ich Wahrheit finde,
da vinde ich mînen got,	ich meinen Gott,
die wârheit:	die Wahrheit finde,
alsô ouch,	ebenso auch,
noch minner noch mê,	nicht weniger und nicht mehr,
so ich vinde lûter lîden	finde ich, wenn ich lauteres Leiden
durch got	um Gottes willen
und in gote,	und in Gott finde,
dâ vinde ich got mîn lîden.[29]	mein Leiden als Gott.

---

28 Vgl. Eckhart: Sermo XL2: LW IV; 342,12–15.
29 Eckhart: BgT: DW V; 53,20–54,6.

„Leid, alles Leid der Welt", so fasst Alois M. Haas zusammen, „ist – und das ist nun der innerste Sinn aller Leidkompetenz des Menschen – erträglich [...] in der Leidenssolidarität Gottes mit dem Menschen: *daz got ist mit uns lîdenne, daz ist, daz er mit uns lîdet selbe.* Ja, Gott ist dem Menschen mit seinem Leiden voraus: *Got der lîdet mit dem menschen, jâ, er lîdet nâch sîner wîse ê und unglîche mê dan der dâ lîdet, der durch got lîdet."*[30]

„Am Schluss von Eckharts Leidensmystik steht [...] das Paradox der leidlosen Gottheit, die aus Mitleid sich selbst im Sohne entäußert"[31]. Dieses Paradox „überträgt sich auf den Menschen als die Offenheit zur *obersten bereitschaft, zu stân ûf einem blôzen nihte,* was höchste Leidlosigkeit mitsamt *græster mügelicheit* und *græster enpfenglicheit* zum Leiden in eins fasst. Abgeschiedenheit ist, in dem Maß, wie sie Verzicht auf irdisches, und damit Entrücktsein gegenüber verdinglichtem Leid bedeutet, höchstdenkbare Verletzlichkeit durch Leid, Wehrlosigkeit und Fügsamkeit durch Leiden, das Gott in seinem Mitleiden mit dem Geschöpf selber ist. *Einformicheit mit gote* – wie sie dem Menschen gnadenhaft möglich ist – fordert diesen Preis eines Stehens *ûf einem blôzen nihte,* das gleichzeitig ein Stehen *ûf dem hœhsten* ist. Solches Abgeschiedensein als Vereinigtsein mit Gott ist anders nicht möglich als im Leiden"[32] – im Leiden durch Gott und um Gottes willen:

- im „Verachtet- und Verlassensein"[33] – um der Gerechtigkeit willen;
- in der „Mühsal" der eigenen Schwäche (vgl. 2 Kor 11,30 und 12,9), des Leidens unter Verfolgungen (vgl. Mt 5,10) und des „Durstes nach Gerechtigkeit" (vgl. Mt 5,6)[34];
- in der um der Gerechtigkeit wegen erlittenen „Schmach, die uns angetan wird"[35];

---

30   Haas, Alois M.: Gott leiden – Gott lieben. 137.
31   Haas, Alois M.: Gott leiden – Gott lieben. 137.
32   Haas, Alois M.: Gott leiden – Gott lieben. 137.
33   Vgl. Eckhart: Sermo XLII: LW IV; 354,7−8.
34   Vgl. Eckhart: InSap 212: LW II; 548,6−549,3.
35   Vgl. Eckhart: InSap 119: LW II; 456,1−4.

- im „geduldigen Hinnehmen uns zugefügter Beleidigungen" – um der Gerechtigkeit willen[36];
- im „geduldigen Ertragen von Trübsal und Unglück" – um der Gerechtigkeit willen[37].

Eckharts „Leidenslehre" zusammenfassend betont Otto Langer, das „einzig legitime religiöse Leiden des Menschen" sei das „Leiden des Sohn-Werdens": „An die Stelle des Nachempfindens der Leidensschmerzen Christi und der darin möglichen unio mit dem Gekreuzigten tritt bei Eckhart [...] der ‚Wachstumsschmerz' des Sohnes, an dessen Leiden Gott selbst mitleidet"[38]. Eckhart schließt seinen Traktat über die Abgeschiedenheit:

Nû merket,	Nun gebt acht,
alle	alle
vernünftigen menschen!	vernunftbegabten Menschen!
Daz snelleste tier,	Das schnellste Tier,
daz iuch treget	das euch
ze dirre volkomenheit,	zu dieser Vollkommenheit trägt,
daz ist lîden,	ist das Leiden.
wan ez niuzet nieman mê	Denn es genießt niemand mehr
êwiger süezicheit,	ewige Süßigkeit
dan die	als die,
mit Kristô	die mit Christus
stânt in der grœsten bitterkeit.	in der größten Bitterkeit stehen.
[...]	[...]
Daz vesteste fundament,	Das festeste Fundament,
dar ûf disiu volkomenheit	worauf diese Vollkommenheit
gestân mac,	stehen kann,
daz ist dêmüeticheit,	das ist Demut;
wan swelhes natûre hie	denn wessen Natur hier
kriuchet	in der tiefsten Niedrigkeit
in der tiefsten niderkeit,	kriecht,

---

36 Vgl. Eckhart: InIoh 315: LW III; 262,2–10.
37 Vgl. Eckhart: InIoh 552: LW III; 451,3–5.
38 Vgl. Langer, Otto: Mystische Erfahrung und spirituelle Theologie. 240.
39 Eckhart: VAbg: DW V; 433,1–434,2.

des geist vliuget ûf	dessen Geist fliegt empor
in das hœhste der gotheit,	in das Höchste der Gottheit,
wan liebe bringet leit,	denn Liebe bringt Leiden,
und leit bringet liebe.	und Leid bringt Liebe.
Und dâ von,	Wer daher zu
swer begert ze kommene	vollkommener
ze volkomener	Abgeschiedenheit
abegescheidenheit,	zu kommen begehrt,
der stelle nâch	der trachte
volkomener dêmüeticheit,	nach vollkommener Demut,
sô kumet er	dann kommt er
in die næhede der gotheit.[39]	in die Nähe der Gottheit.

II.4.2. „Der *Sohn* und die heiligen Märtyrer": Freiheit zum Leiden

Zum Abschluss und zur Zusammenfassung dieses Kapitels zur „Abgeschiedenheit" und in gewisser Weise als Bündelung dessen, was im gesamten Teil II der vorliegenden Studie dargestellt wurde – Eckharts Theologie als Theologie radikaler Christusnachfolge in Selbst-Hingabe und Wirken der Gerechtigkeit – sollen hier einzelne Texte aus den lateinischen Schriftkommentaren Eckharts betrachtet werden. In ihnen, die Eckhart als *moraliter notandum* kennzeichnet, als „um der Lebenspraxis willen zu bedenken", bündeln sich die mit den Begriffen der Nachfolge, der Gelassenheit, der Hingabe und der Abgeschiedenheit verbundenen Gedanken zu „lebenspraktischen Ausführungen" in einer „Theologie der Freiheit zum Leiden", in einer „Theologie des Martyriums um der Gerechtigkeit willen".
Eckharts Ausgangsthese ist dabei – sie ist in ihrer Begrifflichkeit bereits vertraut –, dass es dem Menschen, „der Gott über sich erhebt und mehr als sich selbst liebt" (was bei Eckhart wesentliches Charakteristikum des „Gerechten" auf dem Weg der Nachfolge ist),

„leichter fällt, dem Gebot Gottes zu folgen als sein eigenes, natürliches Leben zu führen"⁴⁰:

Dant enim viri sancti	Heilige Männer geben
et contemnunt	eher ihr natürliches Leben
vivere naturale	und ihre Seele hin
et animas suas,	und verachten sie,
antequam	als dass sie
recedant a mandatis.	von den Geboten abwichen.
[...]	[...]
omne quod mei est	Alles, was mein ist,
grave mihi est et otiosum,	ist mir lästig und verhasst,
si sit contrarium	wenn es dir [= Gott]
tibi	und deinen Geboten
et mandatis tuis.⁴¹	zuwider ist.

Diese Grundeinsicht präzisiert Eckhart auf das Wirken des Menschen hin, auf das Tun der Gerechtigkeit, und das Leiden um der Gerechtigkeit willen: das „Werk, das in Gott getan ist".

vis scire,	Willst du wissen,
si opus tuum factum sit in deo:	ob dein Werk in Gott getan sei,
vide	dann sieh zu,
si opus tuum sit vita tua,	ob dein Werk dein Leben ist:
Eccli. 4:	,Für die Gerechtigkeit
'pro iustitia agonizare	kämpfe [wie] für deine Seele,
pro anima tua,	bis zum Tode
et usque ad mortem	streite für Gerechtigkeit'
certa pro iustitia';	(Jes Sir 4,33);
Gal. 2:	,Ich lebe im Glauben
'in fide vivo filii dei';	an den Sohn Gottes' (Gal 2,20);
Phil. 1:	,Christus

---

40 Vgl. Eckhart: InIoh 291: LW III; 243,8—12: „qui deum super se tollit et plus quam se ipsum amat [...], tali, inquam, levius est sequi mandatum dei quam ipsum vivere suimet naturale".

41 Eckhart: InIoh 291: LW III; 243,13—244,1.

'mihi vivere Christus est'.	ist für mich das Leben' (Phil 1,21).
Volo dicere: si vis iuste agere et bene, sit tibi quasi vita tua, sit tibi carius et dulcius quam vita tua, secundum illud iam supra: 'usque ad mortem certa pro iustitia'.	Ich will sagen: willst du gerecht und gut handeln, so sei das für dich gleichsam dein Leben, sei dir teurer und süßer als dein Leben, gemäß dem obigen Wort: ‚bis zum Tod streite für Gerechtigkeit'.
Quod si sit, opus est in deo, opus divinum et iustum. Secundum hoc exponitur illud Matthaei: 'tollite iugum meum super vos', 'et invenietis requiem'.	Wenn das so ist, dann ist es ein Werk in Gott, ein göttliches und gerechtes Werk. Demgemäß wird das Wort ausgelegt: ‚Nehmt mein Joch auf euch, so werdet ihr Ruhe finden' (Mt 11,29).
Iugum dei super se tollit qui mandatum dei plus diligit quam se ipsum, secundum illud: ‚abneget se ipsum', ibidem.	Gottes Joch nimmt auf sich, wer Gottes Gebot mehr liebt als sich selbst, gemäß dem Wort: ‚Er verleugne sich selbst' (Mt 16,24).
Hinc est quod martyres sancti potius elegerunt vitam suam relinquere amore dei quam iustitiam.[42]	Daher haben die heiligen Märtyrer es vorgezogen, [eher] ihr Leben zu lassen aus Liebe zu Gott als die Gerechtigkeit.

---

42 Eckhart: InIoh 68: LW III; 57,4—14.

Die Bereitschaft, „aus Liebe zu Gott um der Gerechtigkeit willen das natürliche Leben zu verlassen", für die Gerechtigkeit bis zum Tod und unter dem Risiko, getötet zu werden, zu kämpfen und zu streiten wie um „die eigene Seele", diese Bereitschaft wurzelt in dem, was oben als *abegescheidenheit* beschrieben wurde, sie hat ihren Ursprung in einem „inneren Raum der Unberührbarkeit und Unzerstörbarkeit", im Bewusstsein und in der Sicherheit, die Eckhart beschreibt: „Der ,Gerechte' kann von einem anderen Menschen nicht besiegt werden, vielmehr siegt er!"

Eckhart spricht in diesem Zusammenhang von der Gewissheit eines „doppelten Sieges" des Gerechten, der um der Gerechtigkeit willen angegriffen wird: „Das Gute wird ihm nicht geraubt und das Böse wird ihm nicht zugefügt":

nec ab homine	Von einem Menschen
vinci potest,	kann der nicht besiegt werden,
qui vitia sua	der seine Laster[43]
	[Zorn, Neid und Leidenschaft]
vincit.	besiegt;
Non enim vincitur,	denn besiegt wird nur der,
nisi is cui eripitur	dem vom Gegner
ab adversario	das entrissen wird,
quod amat.	was er liebt.
Qui ergo id amat solum	Wer also nur das liebt,
quod amanti	was dem Liebenden
eripi non potest,	nicht entrissen werden kann,
ille indubitanter invicus est	der ist ohne Zweifel unbesiegt
nec	und wird
ulla cruciatur invidia.	von keinem Neid gemartert.
Id enim diligit	Denn je mehr hinzukommen,
ad quod diligendum	zu lieben
et percipiendum	und sich anzueignen,
quanto plures venerint	was er liebt,
tanto eis uberius	um so freudiger
gratulatur. [...]	beglückwünscht er sie. [...]

---

43 Eckhart bestimmt hierbei das „Laster" als „fehlgeleitete Liebe".

homo iustus	Der gerechte Mensch
vinci	kann
non potest	von einem andern Menschen
ab altero homine,	nicht besiegt werden,
sed potius vincit [...].	vielmehr siegt er [...].
Primo,	Erstens
quia non potest auferre	kann ihm ein Gegner
adversarius	nur Zeitliches
nisi temporalia	rauben,
quae iustus	was der Gerechte
nihilo pendit.	für nichts achtet.
Secundo, quia adversarius conatur	Zweitens sucht der Gegner dem Geduldigen
auferre bonum	Gutes wegzunehmen
patienti	und Böses zuzufügen
et inferre malum	und ihm so
et	auf zweierlei Weise zu schaden;
nocere utroque modo;	denn er beabsichtigt,
intendit enim	den Geduldigen zu verwirren
patientem turbare,	*[den Gerechten*
	von der Gerechtigkeit zu entfernen;
	E.F.],
bonum auferre,	ihm das Gute wegzunehmen,
malum inferre	das Böse zuzufügen
	[nämlich: seine Geduld
	und Gerechtigkeit herauszufordern
	und zu zerstören; E.F.]
et vincere	und ihn so
malo;	durch das Böse zu besiegen.
ipse autem	Er selbst jedoch
e converso	verwirrt sich [dabei] umgekehrt
se ipsum turbat	selbst
passione	durch die Leidenschaft
irae,	des Zornes,
se ipsum privat	er beraubt sich selbst
bono virtutis,	des Gutes der Tugend,
sibimet infert	er bringt sich selbst

vitium peccati,	das Laster der Sünde,
patientem vero	den Geduldigen
turbare non potest;	kann er jedoch nicht verwirren:
'non enim contristabit	‚Nichts
iustum	kann den Gerechten betrüben,
quidquid ei acciderit',	was ihm auch zustoßen mag'
Prov. 12.	(Spr 12,21).
Qui ergo vincit	Wer also Böses
bono malum patienter,	in Geduld mit Gutem besiegt
	(vgl. Röm 12,21),
non vincitur	der wird nicht besiegt:
nec bono	Das Gute
privatur	wird ihm nicht geraubt
nec malum	und das Böse
sibi infertur	wird ihm nicht hinzugefügt.
nec sibi nocetur.[44]	Schaden trifft ihn nicht!

„Unbeweglich stehend in der *abegescheidenheit* wie ein bleierner Berg gegenüber einem schwachen Wind" besiegt der Geduldige das Böse durch das Gute, vor allem dadurch, dass der Gerechte sich vom Bösen nicht in dem Sinne „verwirren lässt", dass er „sich das Böse innerlich hinzufügen lässt", dass er also selbst sich von der Gerechtigkeit abwendet und mit Gewalt auf den Angriff des *adversarius*, des „ungerechten Gegners" reagiert.

Was Eckhart hier als Grundhaltung des Gerechten im Bild des „heiligen Märtyrers" beschreibt, spiegelt die Haltung des *filius dei per naturam* wieder, seine Hingabe des Lebens am Kreuz, die Bewegung der Selbst-Entäußerung und Selbst-Erniedrigung um der Gerechtigkeit willen, die Bewegung der Kenosis, die oben als Kern der Lebensdynamik des „Gerechten" beschrieben wurde.

Eckhart betrachtet diese Grundhaltung als sichtbar in Geduld und unbedingter Gewaltlosigkeit „inmitten von Feindseligem und Entgegen-Stehendem" in einem Abschnitt seines Kommentars zum Johannes-Evanngelium[45], der hier interpretiert werden soll – an dieser

---

44 Eckhart: InIoh 457-458: LW III; 391,9—392,9.
45 Eckhart: In Ioh 76: LW III; 64,1—65,10.

Stelle ist es notwendig, die Übersetzung und ihre Implikationen ausführlicher zu bedenken:

lux in tenebris lucet,	Das Licht leuchtet
	inmitten der Finsternis,
quia virtus	weil [in dem Sinn, dass]
lucet	die ‚virtus‘ leuchtet
et apparet	und [sichtbar] erscheint
in adversis	inmitten von Feindlichem
et oppositis,	und Entgegen-Stehendem,
Cor. 12:	[wie es] 2 Kor 12,9 [sagt]:
‚virtus	‚Die virtus[46]
in infirmitate	wird in Schwachheit/Ohnmacht/
	Gebrechlichkeit („infirmitas“)
perficitur‘;	vollendet‘;
Psalmus:	Psalm 16,3:
‚igne me examinasti,	‚Im Feuer hast du mich geprüft,
et	und [dennoch] wurde in mir
non est inventa in me	keine iniquitas[47]
iniquitas‘.	gefunden‘.
„Qualis enim	„Welche Beschaffenheit nämlich
quisque	irgend jemand
apud se lateat,	bei sich verborgen hält,
illata	wird [dann] enthüllt/offenbar
contumelia	wenn er durch contumelia[48]

---

46 „virtus“ ist hier die Übersetzung von δυναμις;
lat. Varianten zur Übersetzung: Mannhaftigkeit, Manneswürde, *Tatkraft,* Tapferkeit, *Mut,* Standhaftigkeit, *Kraft,* Tüchtigkeit, Verdienst, *Wert,* Tugend, Sittlichkeit, Moral, Ehrenhaftigkeit. Die Übersetzung als ‚Tugend‘, wie in LW III durchgängig, verkürzt das Verständnis einseitig auf die moralischen Bedeutungsaspekte. Zu verstehen wäre ‚virtus‘ vielleicht am ehesten als *‚Mut und Kraft zum dem eigentlichen Wesen und Wert der Person entsprechenden Handeln/Tun, im Sinne einer Grundhaltung‘.*

47 „iniquitas“: Ungleichheit, Unebenheit, Schwierigkeit, Ungerechtigkeit, Härte
„iniquus“: *ungleich,* uneben, schief, ungünstig, unbequem, beschwerlich, abgeneigt, *feindselig,* feindlich, *gehässig,* ungerecht, neidisch, unwillig, *ungeduldig, nicht gelassen.*

probat",	geprüft wird",
ut ait Gregorius.	wie es Gregor sagt.

Interessant ist im vorhergehenden Abschnitt der Zusammenhang der zentralen Begriffe „*contumelia*", „*iniquitas*" und „*virtus*". Wird ein Mensch durch die „contumelia" (im Sinn einer Verletzung der Würde der Person durch andere Menschen) herausgefordert, so wäre es die ‚normale menschliche Reaktion', „iniquitas" (im Sinn einer aggressiven Verteidigung der eigenen Würde, des Selbstbewusstseins) zu zeigen.

Das ‚göttliche Licht', das hier leuchten soll und kann, ist der Verzicht auf diese aggressive Selbst-Behauptung („Gelassenheit" also, als Gegenbegriff zur „Nicht-Gelassenheit" der iniquitas), ist „*virtus*" als ‚Mut und Kraft zum dem eigentlichen Wesen und Wert der Person (als Abbild Gottes) entsprechenden Wirken, im Sinne einer bestimmenden Grundhaltung.

In solchen Situationen zeigt der Mensch „sein wahres Gesicht", vergleichbar einer „außen versilberten Kupfermünze, die ins Feuer geworfen wird".

Ist es das „Gesicht" und Bild der „*virtus*", erscheint der Mensch zwar äußerlich als „*infirmus*", als Schwächling.

Im weiteren Verlauf der Argumentation Eckharts wird jedoch deutlich, dass die so verstandene „*patientia*" (Geduld als „Leidens-Fähigkeit") nichts mit Schwäche zu tun hat, sondern Ausdruck ist der δυναμις, der Kraft Gottes, die im Angegriffenen wirkt. Eine Übersetzung und begriffliche Fassung der drei Begriffe (*contumelia, iniquitas* und *virtus*) als Schmach – Bosheit – Tugend greift zu kurz!

Anselmus libro suo	Anselm gibt in seinem Buch
De similitudinibus ponit	‚Über die Ähnlichkeiten'
exemplum	das Beispiel
de nummo cupreo	der kupfernen Münze,
foris deargentato,	die außen versilbert ist,

---

48 „contumelia": Misshandlung, Stoß, Ungemach, Ehrenkränkung, Beschimpfung, Beleidigung, schmachvolle Behandlung, Schande. also „*Alles, was die Würde der Person angreift, verletzt*".

qui proiectus
in ignem
non habet imputare igni

quod ipsum cupreum
fecerit.

Responderet enim ignis:
non ego talem te feci,
sed
qualis in te fueris

et latueris,
detexi,
secundum illud Eccli. 26:
‚vasa figuli
probat fornax'.

Universaliter:
omnis potentia
relucet
et accipit esse
non a subiecto
in quantum potentia,
sed ab obiecto
sive opposito.
Sic
et virtus relucet
ex
suo opposito. [...]

Quanto enim quisquam nobis
plus adversatur
et inimicatur,
tanto magis virtus
in nobis apparet,
patientia

die, nachdem sie ins Feuer
geworfen wurde,
nicht dem Feuer [als Schuld]
zurechnen darf,
dass es sie kupfern
gemacht habe.

Das Feuer nämlich wird antworten:
Nicht ich habe dich so gemacht,
sondern
ich habe aufgedeckt,
wie beschaffen du in dir
[in deinem Inneren] bist,
und was du verborgen hältst,
gemäß jener Stelle bei Sir 27,6:
‚Die Gefäße des Töpfers
prüft der Ofen".

Allgemein [gesagt]:
Eine jede Fähigkeit
leuchtet wider
und empfängt das Sein
nicht vom Subjekt
- soweit sie eine Fähigkeit ist -,
sondern vom Objekt
oder Entgegen-Gesetzten.
So
leuchtet auch die ‚virtus' wider
ausgehend von dem
ihr Entgegengesetzten. [...]

Je mehr nämlich irgend etwas
uns widerstreitet
und uns angreift,
desto mehr erscheint in uns
die ‚virtus',
nämlich die Geduld

scilicet et amor dei,	und die Gottes-Liebe[49],
quae	die [beide]
sunt domestici nostri.	unsere „Hausfreunde" sind.
Secundum hoc exponi potest	Dem folgend kann Psalm 79,6
Psalmus:	ausgelegt werden:
‚cibabis nos	„Du gibst uns
pane lacrimarum',	‚Tränen-Brot' zu essen",
et iterum:	und weiter (Ps 41,4):
‚fuerunt mihi	„Meine Tränen
lacrimae meae panes'.	wurden mir Brote".
Boni enim viri	Die guten Menschen nämlich
cibantur,	werden genährt,
nutriuntur,	werden umhegt,
pascuntur,	werden aufgezogen,
proficiunt	machen Fortschritte/Gewinn
et delectantur	und werden erfreut
in adversis,	in Feindlichem,
quae per lacrimas	das durch die Tränen
designantur.	bezeichnet wird.
Hinc est	Dies ist es,
quod Matthaei dicitur:	was bei Mt 5,10 gesagt wird:
‚beati,	‚Selig sind,
qui persecutionem patiuntur'.	die unter Verfolgung leiden'.
‚Patiuntur', inquit,	Er sagt ‚leiden',
non ‚patientur'	nicht ‚leiden werden'
aut ‚passi sunt'.	oder ‚gelitten haben'.
Patientia enim	Die Geduld leuchtet nämlich
proprie lucet,	im eigentlichen Sinn,
dum actu	während des Aktes,
quis patitur. [...]	den jemand erleidet. [...]
maior	Die ‚*virtus*' der Geduld
est virtus patientiae	ist größer
quam omne	als alles,
quod ab homine	was einem Menschen
invito	gegen seinen Willen

---

49   „Gottes-Liebe" kann hier bedeuten „Die Liebe Gottes (zum Menschen)"
      oder auch „Die Liebe (des Menschen) zu Gott".

auferri potest.	weggenommen werden kann.
[...] deus ipse consolatur et illucet his, qui adversa et tribulationes sustinet, Psalmus: ‚iuxta est dominus his, qui tribulato sunt corde‘ et iterum: ‚cum ipso sum in tribulatione‘. Et tenebrae eam non comprehenderunt,	Gott selbst tröstet und erleuchtet jene, die Feindliches und quälendes Leid[50] ertragen[51], [wie es] Ps 33,19 [sagt]: ‚Der Herr ist nahe bei denen, die gequält sind im Herzen‘ und weiter: ‚Ich bin mit ihm im qualvollen Leid‘ (Ps 90,15). Und die Finsternis hat es [das Licht] nicht ergreifen können,
quia , non sunt condignae passiones huius temporis ad futuram gloriam‘, Rom. 8. Unde Gen. 15 dicitur:	denn , die Leiden dieser Zeit sind nichts Entsprechendes[53] zur zukünftigen Herrlichkeit‘ (Röm 8,18). Darum wird [in] Gen 15,1 gesagt:
‚ego‘ ‚merces tua magna nimis‘. Semper enim deus remunerat supra condignum.[52]	‚Ich [Gott] [werde] dir ein übermäßig großer Lohn [sein]‘. Immer nämlich belohnt Gott über das Verdienst hinaus.

---

50 „tribulatio": Leiden, Qual, Not, Trübsal, Drangsal, Beschwerde, Heimsuchung; ist verwandt mit „tribulum": Dreschwagen.

51 „sustinere" ist etwas sehr aktives!: emporhalten, stützen, aushalten, ertragen, Angriffen standhalten, etwas wagen, auf sich nehmen.

52 Eckhart: In Ioh 77: LW III; 65,11 – 66,4.

53 „Sind in ihrer Bedeutung nicht zu vergleichen".

Die *virtus* der Gerechtigkeit: Demut, Barmherzigkeit, Mit-Leid, Hingabe, Selbst-Entäußerung, Wirken des Gerechten, Mut, Kraft zum Widerstand, Geduld, Verzicht auf aggressive Selbstverteidigung – sie wird für den Menschen in der Welt des *esse hoc et hoc*, der Welt, in der „Widerstreit und Kampf, Spaltung und Teilung, Zwietracht und Bitterkeit herrschen"[54] lebbar

- in der Gewissheit der Nähe des mit dem Menschen mit-leidenden Gottes,
- in der auf unbedingter Denk-Notwendigkeit beruhender Einsicht des „natürlichen Lichtes der Vernunft", dass „das Körperliche nicht Maßstab des Geistigen ist", dass die Gerechtigkeit selbst unzerstörbar, unsterblich, ewig ist – dies gilt ebenso für jeden „Sohn der Gerechtigkeit", für den *homo iustus in quantum iustus*.

Mit dieser Gewissheit soll der sich in immer neuen Kreisbewegungen ansetzende Gedankengang durch die theologischen Grundthemen der Werke Meister Eckharts abgeschlossen werden.

Die „Welt seiner Texte" ist zutiefst geprägt von der fundamentalen Einsicht Eckharts, die hier den Endpunkt bilden soll:

Iustitia	Die Gerechtigkeit
perpetua est et immortalis.	ist ewig und unsterblich.
Quod autem dicitur	Dass aber Unerfahrene sagen
et creditur ab imperitis	und glauben,
iustitiam,	die Gerechtigkeit,
sapientiam et huiusmodi	die Weisheit und dergleichen
mori cum iusto	stürben mit dem Gerechten
et sapiente,	und dem Weisen,
ex ignorantia est	kommt von der Unwissenheit
eorum,	derer her,
qui spiritualia iudicant	die das Körperliche
secundum	zum Maßstab

---

54 Vgl. Eckhart: InGen 231: LW I; 376,4–6.

corporalia [...].

des Geistigen machen. [...]

Propter quod
signanter [...] dicitur:
‚iustorum animae
in manu dei sunt,
et non tanget illos
tormentum mortis';

Deshalb heißt es
bezeichnenderweise [...]:
‚Die Seelen der Gerechten
sind in Gottes Hand;
des Todes Pein
wird sie nicht berühren';

et sequitur:
‚visi sunt
oculis insipientium
mori'
[...]

und es folgt:
‚In den Augen der Toren
waren sie wie Sterbende'
(Wsh 3,1.2).
[...]

'inexstinguibile
est lumen illius'.[55]

‚Unauslöschlich
ist ihr Licht!' (Wsh 7,10).

---

55   Eckhart: InSap 43: LW II; 365,1—14.

III.   Ertrag

Meister Eckhart, die Armutsbewegung
und die Theologie radikaler Nachfolge

„Mensch zu werden – das ist mehr als eine Frage der Empfängnis und Geburt. Es ist Auftrag und Sendung, ein Imperativ, eine Entscheidung. Der Mensch hat ja ein freies Verhältnis zu sich selbst. Er besitzt sich nicht ungefragt, in schöner Selbstverständlichkeit – wie Gott. [...] Ihm ist sein Sein anvertraut als Anruf, dass er es annehme und sich zu ihm bekenne. Nie ist er ein bloß ‚vorhandenes‘ und immer schon überschaubar ‚fertiges‘ Seiendes; er ist ursprünglicher ein Sein-können; sich selbst zugelastet, einer der sich selbst erwerben muss, der gleichsam noch selbst entscheidet, als was er existiert. Er muss in Freiheit *werden*, was er *ist* – ein Mensch; Mensch-Werdung durch das Werk seiner Freiheit ist das Gesetz seines Mensch-Seins.“[1]

Meister Eckhart entfaltet in seinen Werken eine herausfordernde Antwort auf die Frage, worin „wahres Mensch-Sein" bestehe, wie es dem Menschen möglich sei, dieses Ideal des Mensch-Seins im eigenen Lebensvollzug verwirklichend einzuholen. Es geht für ihn darum, dass der Mensch das, was er von Ewigkeit her ist, *imago dei*, Abbild Gottes selbst, unter den Bedingungen des Lebens in der widersprüchlichen Welt des „geschaffenen Seins" zum „Hervorleuchten" bringen kann und soll.

Er konfrontiert dabei seine Leser/Hörer mit einem Konzept der Transformation des Menschen in das Bild des „Gerechten" – Inbegriff des „göttlichen Menschen" – hinein:

- Der Mensch, der in Hinblick auf sein geschaffenes Sein, sein Leben als Geschöpf, gänzlich in Abhängigkeit vom Sein-verleihenden Schöpfer zu verstehen ist,
- der Mensch, der wesentlich „Hunger und Durst nach Sein", „unstillbares Verlangen und brennende Sehnsucht", „bittere Armut und Erbärmlichkeit ist",
- der deshalb in Gefahr ist, sich in seiner Gier nach Erfüllung an die Kreaturen zu verlieren, wird durch seine vom Evangelium er-

---

1   Metz, Johann Baptist: Armut im Geiste. 13.

leuchtete Vernunft auf einen Weg der Umkehr gerufen, um „ein Anderer", ein „neuer Mensch", ein „Gerechter" zu werden.

Der Zielpunkt dieser Umkehr- und Transformationsbewegung ist die Verwirklichung seines ewigen Seins als *imago dei*: Realisierung des Seins des „Sohnes Gottes", der in Freiheit und Verantwortung „Lenker der Geschöpfe" und *coadiutor*, „Mitarbeiter Gottes" an der Vollendung der Schöpfung ist.

Dieses Sein, das als „begründendes Prinzip" dem Menschen von Ewigkeit her zu eigen ist, gilt es, wiederzugewinnen, wo es durch die unvernünftige Hinwendung zur geschaffenen Wirklichkeit und die Unterwerfung unter ihre (irreführende) Verheißung, mit ihrer Hilfe den unendlichen Seinshunger stillen zu können, verdunkelt ist.

Der Weg der Wiedergewinnung, das „Anziehen des neuen Menschen" wird bei Eckhart gefasst als Weg des beständigen Bemühens um eine Angleichung an die Person Jesu Christi, in dessen Leben das Sein des „*filius dei*" dem Menschen exemplarisch verwirklicht vor Augen gestellt wird.

Der Weg, „wahrer Mensch" zu werden, ist der Weg der Nachfolge, der Weg, „dem Lamm (Christus) zu folgen wohin es geht".

Dabei betont Eckhart ausdrücklich, dass es dabei nicht um eine Imitation einzelner Handlungen Jesu gehen kann: „Vernünftige Nachfolge", wie Eckhart sie fordert, besteht darin, das grundlegende Lebensprinzip Jesu, die *forma substantialis* seines Lebens, zu verstehen und sich zu eigen zu machen.

In diesem vernünftigen Nachvollzug rückt für Eckhart in den Mittelpunkt des Denkens,

- dass das allein angemessene Verhältnis zwischen dem Menschen und Gott nicht in einer Relation von „Knecht" und „Herr" zu sehen ist: In der Person Jesu offenbart sich Gott als „Gemeinschaft sich erbarmender und erlösender Liebe" – Gott entäußert sich selbst. Bewegt vom „Willen zur Gleichheit" mit seinem Geschöpf verschwendet er sich an die Schöpfung und ermöglicht so in der eigenen Hingabe die grundsätzliche Überwindung des Herr-Kecht-Verhältnisses in der Liebe;

- dass es dem Menschen in der Erkenntnis des Wesens Gottes, wie es sich in der Inkarnation und Passion des *Sohnes* offenbart, möglich wird, sich von seiner Lebensangst und von „kompensatorischen Wahnvorstellungen", mit denen er innerweltlich seine Armut und Erbärmlichkeit verschleiern oder überwinden will, frei zu machen, um sich ganz Gott zuzuwenden, auf seinen Anruf im Lebensvollzug zu „antworten";
- dass der „Anruf Gottes" nicht von außen, gewaltsam fordernd dem Menschen entgegenkommt, dass dieser Anruf vielmehr im „Inneren" des Menschen selbst vernehmbar und wirksam wird. Im *vünkelîn der sêle* wirkt Gott, der durch die Stimme der *synderesis* den Menschen ruft, sich mit Gott zu verbinden und sich vom Wider-Göttlichen abzukehren. Der „Stimme der *synderesis*" zu folgen, bedeutet, „gemäß der Vernunft zu leben"!
- dass die „Antwort" auf den Anruf Gottes in einem „zweifachen Werk" besteht, das den Weg der Nachfolge als Umkehrbewegung charakterisiert: Abkehr von den Nicht-Göttern und Zuwendung zu dem „Einen", der allein Gott ist; die Gerechtigkeit lieben und die Ungerechtigkeit hassen; Einüben der radikalen Empfänglichkeit gegenüber Gott und des Sich-Verschenkens an die Armen, Niedrigen und Bedürftigen.

Diese Umkehrbewegung des Einübens des dem Sein des „Sohnes" entsprechenden Lebens konzentriert sich so

- in der Abkehr von der *scientia mundi*, im Bruch mit der Markt-Weisheit, der *koufmanschaft*, die das menschliche Leben innerweltlich fundamental prägt, und
- in der kompromisslosen Hinwendung zur *scientia sanctorum*, deren wesentlicher Kern in einer Reihe von Grundhaltungen liegt, die „der Welt" zutiefst fremd sind, jedoch den Weg zum „wahren Leben" kennzeichnen:
Demut als Bewusstsein der eigenen Nichtigkeit und Bewegung der Unterordnung unter Gott in einer Bewegung der *Liebe* (nicht der Unterwürfigkeit!),
Barmherzigkeit als Nachvollzug der Lebensbewegung des *filius dei per naturam* in der Hinwendung zu den Armen und Bedürftigen,

eine Bewegung deren Ursache die Aneignung des göttlichen Willens zur Gleichheit ist.

- in der *Armut* als freiwilliges „Sein-Herz-Losreißen" von der Anhänglichkeit an alles Überflüssige, um im Austeilen der so freiwerdenden Güter an die Armen der Verwirklichung der „Ordnung göttlichen Friedens" zu dienen.

Eckhart konzentriert diese notwendigen *dispositiones*, die die *„regeneratio"*, die Wieder-Geburt des *filius dei* im Leben des Menschen, die „Gottes-Geburt" ermöglichen, in seinem Konzept von „Gelassenheit" und „Selbst-Vernichtung" als Überwindung jeglicher innerer Bindung an die und Abhängigkeit gegenüber der kreatürlichen Welt.

Der Weg der Nachfolge und Umkehr, des „Sich radikal Umkehren-Lassens", stellt für den Menschen nicht nur eine Herausforderung in dem Sinn dar, dass er von ihm entschiedene Selbstbeherrschung und Konsequenz im Handeln fordert. Er fordert zuerst dadurch heraus, dass der Mensch durch die vom Evangelium erleuchtete Einsicht seiner Vernunft in einen inneren Konflikt getrieben wird, den Eckhart als „erbitterte Auseinandersetzung zwischen ‚innerem' und ‚äußerem Menschen'" beschreibt. Dieser Konflikt spiegelt sich entsprechend auch in Hinblick auf die Beziehung des Gerecht-Werdenden zu seiner von der *„scientia mundi"*, der „Kaufmannschaft" geprägten Umwelt.

Wer der *forma substantialis* der Gerechtigkeit in seinem Leben bestimmenden Raum gewährt, um „gerecht zu leben", ein Gerechter zu werden, muss – davon ist Eckhart überzeugt – aufgrund des notwendigen Widerspruchs gegen das falsche, lebensfeindliche Prinzip der „Weisheit der Welt" mit Anfeindung, Auseinandersetzung und Verfolgung von außen rechnen.

Die „Weisheit der Heiligen", so betont Eckhart, besteht darin, „in der Welt gekreuzigt zu werden" – Jeder der, orientiert am göttlichen Willen zur Gleichheit, zu den Armen „herabsteigt", um sie „aufzurichten", wird ihr Schicksal teilen müssen in wahrem Mit-Leid.

Das Leben des Gerechten wird – in der Nachfolge des verachteten, gemarterten Gekreuzigten, der „der Gerechte" ist – zu einem Weg des Leidens unter der eigenen und fremden Ungerechtigkeit.

Neben Demut, Armut und Barmherzigkeit als Grund-Lebenshaltungen tritt so die Bereitschaft zum „Leiden um der Gerechtigkeit willen", die das Leben des Gerechten in grundsätzlicher Weise prägt.

Diese Bereitschaft, die ihren Ermöglichungsgrund im durch Gott geschenkten „Raum der *abegescheidenheit*" hat, im sicheren Bewusstsein der Nähe des mit dem Gerechten mit-leidenden Gottes, „leuchtet hervor" in der Kraft zum entschiedenen Widerstand gegen die von der Markt-Weisheit geprägte *perversitas* der Welt.

„Der Gerechte" ist so in letzter Konsequenz der „heilige Märtyrer", der in der Nachfolge des „Sohnes", des „Lammes", bereit ist, sein Leben hinzuschenken, damit den Armen Gerechtigkeit widerfährt.

Eckharts radikale Theologie der Gerechtigkeit lässt sich so verstehen als

- Theologie konsequenter Christus-Nachfolge,
- Theologie der Barmherzigkeit, der *compassion* mit den Armen und Leidenden,
- Theologie der „Ein-Förmigkeit", der Eindeutigkeit der Gerechtigkeit Gottes, als Theologie der Parteilichkeit um der „Ordnung des Friedens willen",
- Theologie des Widerstandes gegen die „Kaufmannschaft", gegen die „Weisheit der Welt", auf die sich berufend Menschen in ihrer Selbstherrlichkeit und Habgier die Lebensgrundlagen der Bedürftigen zerstören oder an sich reißen,
- Theologie der „Gottes-Geburt", der „Geburt der Gerechtigkeit im Leben des Menschen", der Wieder-Gewinnung „wahren Menschseins", als Theologie der in absolutem Sinn unzerstörbaren Gott-Ebenbildlichkeit des Menschen.

Sie zeigt sich so als profilierter Beitrag Eckharts zu einer Theologie der „Armutsbewegung", indem er in radikal geschärfter Weise Antwort gibt auf die mit dieser Aufbruchbewegung der „apostolischen Nachfolge" verbundenen Herausforderungen und Fragen.

Bis heute ist sein Entwurf in seiner Eindeutigkeit provozierend, er fordert Auseinandersetzung und Widerspruch heraus.

Gerechtigkeit, Compassion, Armut – im Sinne Eckharts „die notwendige Zutat jeder wahrhaft christlichen Lebenshaltung": „Ohne sie gibt es kein Christentum und keine Nachfolge Christi"[2].

Eckhart selbst erkannte diese Theologie radikaler Nachfolgepraxis als Grund der gegen ihn gerichteten Anklagen vor dem Inquisitionsgericht des Kölner Erzbischofs:

> „Quin immo si minoris essem famae in populo et minoris zeli iustitiae, certus sum quod contra me non essent talia ab aemulis attemptata"[3].

Ein Kernpunkt der Theologie Eckharts: *"zelus iustitiae"* – leidenschaftlicher Eifer für die Gerechtigkeit.

---

2   Vgl. Metz, Johann Baptist: Armut im Geiste. 30.
3   Acta Echardiana 48 [Proc. Col. I]: LW V; 275,19–21.

Verzeichnis der verwendeten und zitierten Literatur

I. Werkausgaben

a) Meister Eckhart

Zur Zitationsweise aus den Werken Eckharts:
Angegeben wird in den Zitationsnachweisen jeweils das Werk, dem das Zitat ent-
nommen ist (ggf. unter der im Folgenden angeführten gebräuchlichen Abkürzung),
versehen mit der Nummer des jeweiligen Abschnitts, die Abteilung und der Band
der Ausgabe der Schriften, gefolgt von Seiten- und Zeilenangabe.
Beispiel: Eckhart: InIoh 20: LW III; 17,10—18,1:
Das Zitat findet sich in der „Expositio sancti Evangelii secundum Iohannem", Ab-
schnitt 20, Band III der Lateinischen Werke, S.17/Z.10 bis S.18/Z.1.

DW   MEISTER ECKHART: Die deutschen Werke [hrsg. von Josef Quint u. a. im Auftrag der Deutschen Forschungsgemeinschaft]. Stuttgart 1936ff.:

I	Predigten 1—24
II	Predigten 25—59
III	Predigten 60—86
IV,1	Predigten 87—105
IV,2	Predigten ab Pr 106 *(bisher verfügbar: Lfg. 1—2: Pr 106—109)*
V	Traktate:

Liber Benedictus

I	Daz buoch der gœtlîchen trœstunge [zit. als BgT]
II	Von dem edlen menschen [zit. als VeM]

Die rede der unterscheidunge [zit. als RdU]
Von abegescheidenheit [zit. als VAbg]

EW   MEISTER ECKHART: Werke [hrsg. und kommentiert von Niklaus Largier; Bibliothek des Mittelalters, Bd. 21, I/II]. Frankfurt a. M. 1993.

LE   LECTURA ECKHARDI: Predigten Meister Eckharts von Fachgelehrten gelesen und gedeutet. [Hrsg. von Georg Steer und Loris Sturlese]. Stutt-
gart/Berlin/Köln.
Bd. I: 1998,
Bd II: 2003.

LW   MEISTER ECKHART: Die lateinischen Werke [hrsg. v. Josef Koch u. a. im Auftrag der Deutschen Forschungsgemeinschaft]. Stuttgart 1936ff.:

I	Prologi in Opus tripartitum
	Expositio libri Genesis [zit. als InGen]

Liber parabolarum Genesis [zit. als ParGen]

I,2 *bisher (bis Oktober 2009) herausgegeben: Lfg. 1—6*
Prologi in Opus tripartitum (Recensio L)
Expositio libri Genesis (Recensio L)
Liber parabolarum Genesis (Recensio altera), *bisher unvollständig ediert*

II Expositio libri Exodi [zit. als InEx]
Sermones et lectiones super Ecclesiastici cap. 24 [zit. als InEccl]
Expositio libri Sapientiae [zit. als InSap]
Expositio Cantici Canticorum cap. 1,6 [zit. als InCant]

III Expositio sancti Evangelii secundum Iohannem [zit. als InIoh]

IV Sermones

V Collatio in libros Sententiarum
Quaestiones Parisienses
Sermo die B. Augustini Parisius habitus
Tractatus super Oratione Dominica
Acta Echardiana

PARADISUS ANIME INTELLIGENTIS: Largier, Niklaus / Fournier, Gilbert (Hrsg.): Paradis der fornuftigen sele. [Deutsche Texte des Mittelalters (hrsg. v. d. Deutschen Akademie der Wissenschaften); Bd. 30]. Hildesheim ²1998.

QUINT, JOSEF (HRSG.): Meister Eckhart – Predigten und Traktate. München 1963.

b) weitere Primärquellen

DH DENZINGER, HEINRICH / HÜNERMANN, PETER (HRSG.): Enchiridion symbolorum definitorum et declarationum de rebus fidei et morum. (Kompendium der Glaubensbekenntnisse und kirchlichen Lehrentscheidungen). Freiburg i. Br. ³⁸1999.

DIONYSIUS AREOPAGITA: Theologia Mystika. in: Sudbrack, Josef: Trunken vom hell-lichten Dunkel des Absoluten. Dionysius der Areopagite und die Poesie der Gotteserfahrung. Einsiedeln/Freiburg 2001. 18—31.

[DIONYSIUS AREOPAGITA (ESGA)] STEIN, EDITH: Wege der Gotteserkenntnis – Studie zu Dionysius Areopagita und Übersetzung seiner Werke. [Edith Stein Gesamtausgabe; 17]. Freiburg i. Br. ²2007.

FRANZISKUS VON ASSISI: Nicht bullierte Regel. in: LEHMANN, LEONHARD (HRSG.): Das Erbe eines Armen. Franziskus-Schriften. Kevelaer 2003. 85–118. [zit. als NbR]

JACOBUS DE VORAIGNE: Legenda aurea [übersetzt von Richard Benz]. 2 Bände. Jena 1917/1921.

OEHL, WILHELM (HRSG.): Deutsche Mystikerbriefe des Mittelalters (1100–1550). Darmstadt 1972.

TAULER, JOHANNES: Predigten [übertragen und herausgegeben von Georg Hofmann; mit einer Einführung von Alois M. Haas]. 2 Bände. Einsiedeln ⁴2007.

THOMAS VON AQUIN: Recht und Gerechtigkeit. STh II-II, q.57–79. [Utz, Arthur F. (Hrsg.): Deutsche Thomasausgabe; Bd. 18]. Bonn 1987.

II. Bibelausgaben

[EÜ] KATHOLISCHE BIBELANSTALT U. A. (HRSG.): Die Bibel – Einheitsübersetzung der Heiligen Schrift. Gesamtausgabe. Stuttgart 1980.

STIER, FRIDOLIN: Das Neue Testament. München/Düsseldorf 1989.

III. Sekundärliteratur

Bei Zitierungen aus Aufsatzsammlungen werden die Angaben für den Sammelband (unter dem Namen des Herausgebers, ggf. des ersten Herausgebers) und zusätzlich die Angaben der einzelnen zitierten Artikel (unter dem Namen des jeweiligen Autors) vollständig aufgeführt.

AERTSEN, JAN A. / SPEER, ANDREAS (HRSG.): Geistesleben im 13. Jahrhundert. [Miscellanea Mediaevalia; Bd. 27]. Berlin/New York 2000.

ACKLIN ZIMMERMANN, BEATRICE (HRSG.): Denkmodelle von Frauen im Mittelalter [Dokimion; Bd. 15]. Fribourg/Ch. 1994.

ACKLIN ZIMMERMANN, BÈATRICE: Gott im Denken berühren. Die theologischen Implikationen der Nonnenviten. [Dokimion; Bd. 14]. Fribourg/Ch. 1993.

BACHL, GOTTFRIED: Der beneidete Engel – Theologische Skizzen. Innsbruck/Wien 2001.

BALTHASAR, HANS URS VON: Herrlichkeit – Eine theologische Ästhetik. Bd. II,1. Einsiedeln ³1984.

BAUMGARTNER, ISIDOR U. A. (HRSG.): Den Himmel offen halten. Ein Plädoyer für Kirchenentwicklung in Europa. Innsbruck 2000.

BECK, HANS-GEORG U. A. (HRSG.): Die mittelalterliche Kirche – Vom Hochmittelalter bis zum Vorabend der Reformation [Jedin, Hubert (Hrsg.): Handbuch der Kirchengeschichte; Bd. III/2]. Freiburg i.Br. 1985.

BEIERSWALTES, WERNER U. A. (HRSG.): Grundfragen der Mystik [Kriterien; Bd. 33]. Einsiedeln 1974.

BENEDIKT XVI.: Deus caritas est – Enzyklika Papst Benedikt XVI. an die Bischöfe, an die Priester und Diakone, an die gottgeweihten Personen und an alle Christgläubigen über die christliche Liebe. [Verlautbarungen des Apostolischen Stuhls; Nr. 171; hrsg. vom Sekretariat der Deutschen Bischofskonferenz]. Bonn 2006.

BENJAMIN, WALTER: Über den Begriff der Geschichte. in: Ders.: Abhandlungen [Gesammelte Schriften; Bd. I/2]. Frankfurt a. M. 1991. 691–704.

BENKE, CHRISTOPH: Licht und Tränen – Das *donum lacrymarum* und die Erfahrung des Geistes in den Katechesen Symeons des Neuen Theologen. in: Dienberg, Thomas / Plattig, Michael (Hrsg.): Leben in Fülle – Skizzen zur christlichen Spiritualität. [Theologie der Spiritualität – Beiträge; Bd. 5]. Münster 2001. 11–38.

BERG, DIETER: Armut und Geschichte – Studien zur Geschichte der Bettelorden im Hohen und Späten Mittelalter [Beiträge zur Geschichte der Sächsischen Franziskanerprovinz; Bd. 11]. Kevelaer 2001.

BERG, DIETER: Heinrich von Herford (Art.). in: Lexikon des Mittelalters; Bd. 5. München/Zürich 1991. Sp. 2093.

BISER, EUGEN: Einweisung ins Christentum. Düsseldorf ²1998.

BLUMENBERG, HANS: Paradigmen zu einer Metaphorologie. [Suhrkamp TB Wissenschaft; 1301]. Frankfurt a. M. ²1999.

BROX, NORBERT U. A. (HRSG.): Die Machtfülle des Papsttums [Die Geschichte des Christentums – Religion, Politik, Kultur; Bd. 5] Freiburg i. Br. 1994.

BÜCHNER,CHRISTINE: Gottes Kreatur – ein reines Nichts. Einheit Gottes als Ermöglichung von Geschöpflichkeit und Personalität im Werk Meister Eckharts. [Innsbrucker theologische Studien; Bd. 71]. Innsbruck/Wien 2005.

CASPER, B. (HRSG.): Gott nennen – Phänomenologische Zugänge. Freiburg i. Br. 1981.

CELAN, PAUL: Der Sand in den Urnen [Gesammelte Werke; Bd. 3; Suhrkamp TB 3204]. Frankfurt a. M. 2000.

CHENU, MARIE-DOMINIQUE: Nature, Man and Society in the Twelfth Century – Essays on New Theological Perspectives in the Latin West [Medieval Academy Reprints for Teaching; Bd. 37]. Toronto/Buffalo/London 1997.

DEGENHARDT, INGEBORG: Studien zum Wandel des Eckhartbildes [Studien zur Problemgeschichte der antiken und mittelalterlichen Philosophie; Bd. 3]. Leiden 1967.

DELGADO, MARIANO / NOTI, ODILO / VENETZ, HERMANN-JOSEF (HRSG.): Blutende Hoffnung – Gustavo Gutierrez zu Ehren. Luzern 2000.

DELGADO, MARIANO / FUCHS, GOTTHARD (HRSG.): Die Kirchenkritik der Mystiker – Prophetie aus Gotteserfahrung; Bd. I.: Mittelalter. [Studien zur christlichen Religions- und Kulturgeschichte; Bd. 2]. Stuttgart/Fribourg 2004.

DELP, ALFRED: Predigten und Ansprachen. [Bleistein, Roman (Hrsg.): Alfred Delp – Gesammelte Schriften; Bd. 3]. Frankfurt a. M. 1983.

DELP, ALFRED: Schriften aus dem Gefängnis. [Bleistein, Roman (Hrsg.): Alfred Delp – Gesammelte Schriften; Bd. 4]. Frankfurt a. M. ²1985.

DENIFLE, HEINRICH (HRSG.): Actenstücke zu Meister Eckharts Process. in: Zeitschrift für deutsches Altertum und deutsche Literatur. 29 (1885), 259—262.

DIENBERG, THOMAS / PLATTIG, MICHAEL (HRSG.): Leben in Fülle – Skizzen zur christlichen Spiritualität. FS für Prof. Dr. Weismayer zu seinem 65. Geburtstag. [Theologie der Spiritualität – Beiträge; Bd. 5]. Münster 2001.

DOMIN, HILDE: Das Gedicht als Augenblick der Freiheit – Frankfurter Poetik-Vorlesungen. Frankfurt a. M. 1993.

712

DOMIN, HILDE: Wozu Lyrik heute? – Dichtung und Leser in der gesteuerten Gesellschaft. Frankfurt a. M. 1993.

ECK, SUZANNE: Werft euch in Gott – Einführung zu Meister Eckhart [Dominikanische Quellen und Zeugnisse; Bd. 5]. Leipzig 2004.

ECKHOLT, MARGIT: Hermeneutik und Theologie bei Paul Ricoeur – Denkanstöße für eine Theologie im Pluralismus der Kulturen [Benediktbeurer Hochschulschriften; Bd. 19]. München 2002.

ECKHOLT, MARGIT: Poetik der Kultur – Bausteine einer interkulturellen dogmatischen Methodenlehre. Freiburg i. Br. 2002.

ECKHOLT, MARGIT: Zwischen Entrüstung und Hoffnung – Theologische Frauenforschung als Befreiungstheologie. in: Delgado, Mariano u. a. (Hrsg.): Blutende Hoffnung – Gustavo Gutierrez zu Ehren. Luzern 2000. 151–170.

EGGENSPERGER, THOMAS / ENGEL, ULRICH (HRSG.): Wahrheit – Recherchen zwischen Hochscholastik und Postmoderne [Walberberger Studien; Philosophische Reihe; Bd. 9]. Mainz 1995.

EMMERICH, BETTINA: Geiz und Gerechtigkeit – Ökonomisches Denken im frühen Mittelalter [Vierteljahrschrift für Sozial- und Wirtschaftsgeschichte; Beiheft Nr. 168]. Wiesbaden 2004.

ENGEL, ULRICH (HRSG.): Dominikanische Spiritualität [Dominikanische Quellen und Zeugnisse; Bd. 1]. Leipzig ²2000.

ENGEL, ULRICH: Predigt „von unten" – Zum Charisma dominikanischer Spiritualität. in: Geist und Leben 79 (2006) 3, 161–169.

FICHTENAU, HEINRICH: Ketzer und Professoren – Häresie und Vernunftglaube im Mittelalter. München 1992.

FISCHER, HERIBERT: Grundgedanken der deutschen Predigten. in: Nix, Udo / Öchslin, Raphael (Hrsg.): Meister Eckhart der Prediger. [Festschrift zum Eckhart-Gedenkjahr] Freiburg i. Br./Basel/Wien 1960.

FLASCH, KURT: Auslegung der Predigt 52 „über die Armut an Geist". in: ders./Imbach, Ruedi: Meister Eckhart in seiner Zeit [Schriftenreihe der Identity-Foundation; Bd. 7]. Düsseldorf 2003. 36–46.

FLASCH, KURT / IMBACH, RUEDI: Meister Eckhart in seiner Zeit [Schriftenreihe der Identity-Foundation; Bd. 7]. Düsseldorf 2003.

FLASCH, KURT: Meister Eckhart – Die Geburt der „Deutschen Mystik" aus dem Geist der arabischen Philosophie. München 2006.

FLASCH, KURT: Meister Eckhart – Versuch, ihn aus dem mystischen Strom zu retten. in: Koslowski, Peter (Hrsg.): Gnosis und Mystik in der Geschichte der Philosophie. Darmstadt 1988. 94—110.

FLASCH, KURT: Predigt 6 „Iusti vivent in aeternum". in: Steer, Georg / Sturlese, Loris (Hrsg.): Lectura Eckhardi. Predigten Meister Eckharts von Fachgelehrten gelesen und gedeutet. Bd. II. [LE II]. Stuttgart 2003.

FORNET-BETANCOURT, RAÚL: Bilanz der letzten 25 Jahre (1968—1993). [Befreiungstheologie – Kritischer Rückblick und Perspektiven für die Zukunft; Bd. 1]. Mainz 1997.

FOX, MATTHEW: Passion for Creation – The earth-honoring spirituality of Meister Eckhart. Rochester, Vermont 2000.

FROMM, ERICH: Haben oder Sein [Analytische Charaktertheorie. GA II, 269—414]. München 1999.

FUCHS, GOTTHARD (HRSG.): Die dunkle Nacht der Sinne – Leiderfahrungen und christliche Mystik. Düsseldorf 1989.

GISEL, PIERRE: Paul Ricoeur – Eine Einführung in sein Denken. in: Ricoeur, Paul / Jüngel, Eberhard (Hrsg.): Metapher – Zur Hermeneutik religiöser Sprache [Sonderheft Evangelische Theologie]. München 1974. 5—23.

GRAUS, FRANTIŠEK: Pest – Geißler – Judenmorde. Das 14. Jahrhundert als Krisenzeit [Veröffentlichungen des Max-Planck-Instituts für Geschichte; Bd. 86]. Göttingen ³1994.

GRAUS, FRANTIŠEK: Randgruppen der städtischen Gesellschaft im Spätmittelalter. in: Zeitschrift für historische Forschung 8 (1981), 385—437.

GRESCHAT, MARTIN (HRSG.): Gestalten der Kirchengeschichte [Bd. 3: Mittelalter I]. Stuttgart/Berlin u. a. 1983.

GRUBER, MARGARETA: Wandern und Wohnen in den Welten des Textes – Das Neue Testament als Heilige Schrift interpretieren. in: Studien zum Neuen Testament und seiner Umwelt 29 (2004), 41—65.

GRUNDMANN, HERBERT: Religiöse Bewegungen im Mittelalter. Darmstadt ⁴1970.

GÜNTER, ANDREA / WODTKE-WERNER, VERENA (HRSG.): Frauen, Mystik, Politik in Europa. Königstein/Taunus 2000.

GUERIZOLI, RODRIGO: Die Verinnerlichung des Göttlichen – Eine Studie über den Gottesgeburtszyklus und die Armutspredigt Meister Eckharts. [Studien und Texte zur Geistesgeschichte des Mittelalters; hrsg. v. Andreas Speer; Bd. 88]. Leiden/Boston 2006.

GUTIERREZ, GUSTAVO: Theologie der Befreiung. Mainz [10]1992.

HAAS, ALOIS M.: Civitatis Ruinae – Heinrich Seuses Kirchenkritik. in: Delgado, Mariano / Fuchs, Gotthard (Hrsg.): Die Kirchenkritik der Mystiker – Prophetie aus Gotteserfahrung; Bd. I.: Mittelalter. [Studien zur christlichen Religions- und Kulturgeschichte; Bd. 2]. Stuttgart/Fribourg 2004. 157—178.

HAAS, ALOIS M.: Die Arbeit der Nacht – Mystische Leiderfahrung nach Johannes Tauler. in: Fuchs, Gotthard (Hrsg.): Die dunkle Nacht der Sinne – Leiderfahrungen und christliche Mystik. Düsseldorf 1989. 9—40.

HAAS, ALOIS. M.: Einleitung. in: Seuse, Heinrich: Mystische Schriften [hrsg. v. Georg Hofmann]. Zürich/Düsseldorf 1999. 11—29.

HAAS, ALOIS M.: Geistliches Mittelalter. [Dokimion; 8]. Fribourg/Ch. 1984.

HAAS, ALOIS M.: Gott leiden – Gott lieben. Zur volkssprachlichen Mystik im Mittelalter. Frankfurt a. M. 1989.

HAAS, ALOIS M.: Granum sinapis – An den Grenzen der Sprache. in: Ders.: Sermo mysticus – Studien zu Theologie und Sprache der deutschen Mystik. [Dokimion; 4]. Fribourg/Ch. 1979. 301—329.

HAAS, ALOIS M.: Jesus Christus – Inbegriff des Heils und verwirklichte Transzendenz im Geist der deutschen Mystik. in: ders.: Geistliches Mittelalter. [Dokimion; 8]. Fribourg/Ch. 1984. 291—314.

HAAS, ALOIS M.: Meister Eckhart als normative Gestalt geistlichen Lebens [Kriterien; Bd. 51]. Einsiedeln 1979.

HAAS, ALOIS M.: Meister Eckhart im Spiegel der marxistischen Ideologie. in: Ders.: Sermo mysticus – Studien zu Theologie und Sprache der deutschen Mystik. [Dokimion; Bd. 4]. Fribourg/Ch. 1979. 238—254.

HAAS, ALOIS M.: Mystik als Aussage – Erfahrungs-, Denk- und Redeformen christlicher Mystik [Suhrkamp TB Wissenschaft; Bd. 1196]. Frankfurt a. M. ²1997.

HAAS, ALOIS M.: Mystik im Kontext. München 2004.

HAAS, ALOIS M.: Sermo mysticus – Studien zu Theologie und Sprache der deutschen Mystik. [Dokimion; 4]. Fribourg/Ch. 1979.

HALBMAYR, ALOIS / HOFF, GREGOR MARIA (HRSG.): Negative Theologie heute? – Zum aktuellen Stellenwert einer umstrittenen Tradition. [Quaestiones Disputatae; Bd. 226]. Freiburg i. Br. 2008.

HAUG, WALTER U. A. (HRSG.): Deutsche Mystik im abendländischen Zusammenhang. Tübingen 2000.

HAUSER, RICHARD: Art. Gerechtigkeit. in: Ritter, Joachim (Hrsg.): Historisches Wörterbuch der Philosophie. Bd. III. Darmstadt 1974. Sp. 329−334.

HEIMBACH, MARIANNE: Der ungelehrte Mund als Autorität – Mystische Erfahrung als Quelle kirchlich-prophetischer Rede [Mystik in Geschichte und Gegenwart, Abteilung I: Christliche Mystik; Bd. 6]. Stuttgart – Bad Canstatt. 1989.

HEIMBACH-STEINS, MARIANNE: Einmischung und Anwaltschaft – Für eine diakonische und prophetische Kirche. Ostfildern 2001.

HILLENBRAND, EUGEN: Der Straßburger Konvent der Predigerbrüder. in: Jacobi, Klaus (Hrsg.): Meister Eckhart. Lebensstationen – Redesituationen [Quellen und Forschungen zur Geschichte des Dominikanerordens; NF 7]. Berlin 1997. 151−173.

HINNEBUSCH, WILLIAM A.: Kleine Geschichte des Dominikanerordens [Dominikanische Quellen und Zeugnisse; Bd. 4]. Leipzig 2004.

HOCHSTAFFL, JOSEF: Negative Theologie – Ein Versuch zur Vermittlung des patristischen Begriffs. München 1976.

HÖDL, LUDWIG: Art. Gerechtigkeit. in: Bautier, Robert-Henri (Hrsg.): Lexikon des Mittelalters. Bd. IV. München 1989. Sp. 1304−1306.

HÖFFE, OTFRIED: Gerechtigkeit – Eine philosophische Einführung. München ²2004.

HOFF, GREGOR MARIA: Hermeneutischer Gottesentzug? – Das kritische Moment negativer Theologie im Modell von Augustinus' „De trinitate". in: Halbmayr, Alois / Hoff, Gregor Maria (Hrsg.): Negative Theologie heute? – Zum aktuellen Stellenwert einer umstrittenen Tradition. [Quaestiones Disputatae; Bd. 226]. Freiburg i. Br. 2008. 268—283.

HOLLYWOOD, AMY: The Soul as Virgin Wife – Mechthild of Magdeburg, Marguerite Porete and Meister Eckhart. Notre Dame/Indiana 2001.

HORST, ULRICH: Evangelische Armut und Kirche – Thomas von Aquin und die Armutskontroversen des 13. und beginnenden 14. Jahrhunderts [Quellen und Forschungen zur Geschichte des Dominikanerordens; NF, 1]. Berlin 1992.

IMBACH, RUEDI: Deus est intelligere – Das Verhältnis von Sein und Denken in seiner Bedeutung für das Gottesverständnis bei Thomas von Aquin und in den Pariser Quaestiones Meister Eckharts. [Studia Friburgensia; NF 53]. Fribourg/Ch. 1976.

IMBACH, RUEDI: Die deutsche Dominikanerschule – Drei Modelle einer Theologia mystica. in: Schmidt, Margot / Bauer, Dieter R. (Hrsg.): Grundfragen christlicher Mystik (Wissenschaftliche Studientagung ‚Theologia mystica'; Weingarten 7.-10.11.1985). [Mystik in Geschichte und Gegenwart; Abteilung I: Christliche Mystik; Bd. 5]. Stuttgart – Bad Canstatt 1987. 157—172.

IMBACH, RUEDI: Meister Eckhart – Erste Zeugnisse. in: Flach, Kurt / Imbach, Ruedi: Meister Eckhart in seiner Zeit [Schriftenreihe der Identity-Foundation; Bd. 7]. Düsseldorf 2003.

JACOBI, KLAUS (HRSG.): Meister Eckhart. Lebensstationen – Redesituationen [Quellen und Forschungen zur Geschichte des Dominikanerordens; NF 7]. Berlin 1997.

JÄGER, WILLIGIS: Wiederkehr der Mystik – Das Ewige im Jetzt erfahren. Freiburg i.Br. 2004.

JANSSEN, WILHELM: Das Erzbistum Köln im späten Mittelalter 1191—1515. Zweiter Teil [Trippen, Norbert (Hrsg.): Geschichte des Erzbistums Köln; Bd. II/2]. Köln 2003.

KAMPMANN, IRMGARD: Ihr sollt der Sohn selber sein – Eine fundamentaltheologische Studie zur Soteriologie Meister Eckharts. [Europäische Hochschulschriften: Reihe XXIII Theologie; Bd. 579]. Frankfurt a. M. u. a. 1996.

KATZ, STEVEN T. (HRSG.): Mysticism and Sacred Scripture. Oxford 2000.

KAUFMANN, ARTHUR: Rechtsphilosophie [2., überarbeitete und stark erweiterte Auflage]. München 1997.

KEEL, HEE-SUNG: Meister Eckhart – An Asian Perspective. [Louvain Theological & Pastoral Monographs; 36]. Leuven 2007.

KERN, UDO: Gottes Sein ist mein Leben – Philosophische Brocken bei Meister Eckhart. [Theologische Bibliothek Töpelmann; hrsg. v. Bayer, O. u. a.; Bd. 121]. Berlin/New York 2003.

KEUL, HILDEGUND: Gravuren der Mystik in christlicher Gottesrede – Ein genealogischer Beitrag zur Negativen Theologie. in: Halbmayr, Alois / Hoff, Gregor Maria (Hrsg.): Negative Theologie heute? – Zum aktuellen Stellenwert einer umstrittenen Tradition. [Quaestiones Disputatae; Bd. 226]. Freiburg i. Br. 2008. 226–247.

KEUL, HILDEGUND: Verschwiegene Gottesrede – Die Mystik der Begine Mechthild von Magdeburg. [Innsbrucker theologische Schriften; 69]. Innsbruck/Wien 2004.

KOBUSCH, THEO: Christliche Philosophie – Die Entdeckung der Subjektivität. Darmstadt 2006.

KOBUSCH, THEO: Lesemeistermetaphysik – Lebemeistermetaphysik. Zur Einheit der Philosophie Meister Eckharts. in: Speer, Andreas / Wegener, Lydia (Hrsg.): Meister Eckhart in Erfurt [Miscellanea Mediaevalia; Bd. 32]. Berlin/New York 2005. 239–258.

KÖBELE, SUSANNE: Bilder der unbegriffenen Wahrheit – Zur Struktur mystischer Rede im Spannungsfeld von Latein und Volkssprache [Bibliotheca Germanica; Bd.30]. Tübingen/Basel 1993.

KOLMAR, GERTRUD: Gedichte [ausgewählt und mit Nachwort versehen von Ulla Hahn]. Frankfurt a. M. ⁹2004.

KREIML, JOSEF: Thomas von Aquin, der allgemeine Lehrer der Christenheit – Seine Synthese von evangelischer Radikalität und aristotelischer Weltbejahung. in: Klerusblatt 87 (2007); 66–67.

KROLL, SUSANNE: Die Gerechten werden leben ewiglich bei Gott – Eine Studie zur Dialektik des Gerechtigkeitsbegriffs bei Meister Eckhart unter Berücksichtigung formal-methodologischer Fragestellungen. [Europäische Hochschulschriften; Reihe XX: Philosophie; Bd. 664]. Frankfurt a. M. u. a. 2003.

LAMBERT, MALCOLM: Häresie im Mittelalter – Von den Katharern zu den Hussiten. Darmstadt 2001.

LANGER, OTTO: Christliche Mystik im Mittelalter. Mystik und Rationalisierung – Stationen eines Konflikts. Darmstadt 2004.

LANGER, OTTO: Meister Eckharts Lehre vom Seelengrund. in: Schmidt, Margot / Bauer, Dieter R. (Hrsg.): Grundfragen christlicher Mystik (Wissenschaftliche Studientagung ‚Theologia mystica'; Weingarten 7.-10.11.1985). [Mystik in Geschichte und Gegenwart; Abteilung I: Christliche Mystik; Bd. 5]. Stuttgart – Bad Canstatt 1987. 173–191.

LANGER, OTTO: Mystische Erfahrung und spirituelle Theologie – Zu Meister Eckharts Auseinandersetzung mit der Frauenfrömmigkeit seiner Zeit. München/Zürich 1987.

LARGIER, NIKLAUS: Die ‚deutsche Dominikanerschule' – Zur Problematik eines historiographischen Konzepts. in: Aertsen, Jan A. / Speer, Andreas (Hrsg.): Geistesleben im 13. Jahrhundert. [Miscellanea Mediaevalia; Bd. 27]. Berlin/New York 2000. 203–213.

LARGIER, NIKLAUS: ‚Intellectus in deum ascensus' – Intellekttheoretische Auseinandersetzungen in Texten der deutschen Mystik. in: Deutsche Vierteljahrsschrift für Literaturwissenschaft und Geistesgeschichte 69 (1995) 423–471.

LARGIER, NIKLAUS: Kritik und Lebenskunst nach Eckhart von Hochheim, Heinrich Seuse und Margareta Porète. in: Delgado, Mariano / Fuchs, Gotthard (Hrsg.): Die Kirchenkritik der Mystiker – Prophetie aus Gotteserfahrung; Bd. I.: Mittelalter. [Studien zur christlichen Religions- und Kulturgeschichte; Bd. 2]. Stuttgart/Fribourgh 2004. 141–155.

LEGOFF, JAQUES: Der Mensch des Mittelalters. Essen 2004.

LEICHT, IRENE: Marguerite Porete – eine fromme Intellektuelle und die Inquisition [Freiburger theologische Studien; 163]. Freiburg i. Br. 1999.

LENGSFELD, PETER (HRSG.): Mystik – Spiritualität der Zukunft. Erfahrung des Ewigen. [FS für Willigis Jäger zum 80. Geburtstag]. Freiburg i. Br. 2005.

LENZEN, VERENA: Jüdisches Leben und Sterben im Namen Gottes – Studien über die Heiligung des göttlichen Namens (Kiddusch HaShem). München/Zürich 2002.

LEPPIN, VOLKER: Die christliche Mystik. München 2007.

719

LERNER, ROBERT: The Heresy of the Free Spirit in the later Middle Ages. Notre Dame/London 1972.

LIBERA, ALAIN DE: Denken im Mittelalter. München 2003.

LIBERA, ALAIN DE: Die mittelalterliche Philosophie. [UTB 2637]. München 2005.

LIBERA, ALAIN DE: On Some Philosophical Aspects of Master Eckhart's Theologie. in: Freiburger Zeitschrift für Philosophie und Theologie 45(1998); 151—168.

LOHRUM, MEINOLF: Zur dominikanischen Spiritualität. in: Engel, Ulrich (Hrsg.): Dominikanische Spiritualität [Dominikanische Quellen und Zeugnisse; Bd. 1]. Leipzig ²2000. 16—42.

LORENZ, ERIKA: Praxis der Kontemplation – Die Weisung der klassischen Mystik. München 1994.

LOSSKY, VLADIMIR: Die mystische Theologie der morgenländischen Kirche. [Geist und Leben der Ostkirche; 1]. Graz/Wien/Köln 1961.

LOSSKY, VLADIMIR: In the Image and Likeness of God. Crestwood, NY 1974.

LOSSKY, VLADIMIR: Théologie négative et connaissance de Dieu chez Maître Eckhart. [Études de Philosophie Médiévale; 48]. Paris 1973.

MAIER, MARTIN: Oscar Romero. Freiburg i. Br. 2001.

MANSTETTEN, REINER: Esse est Deus – Meister Eckharts christologische Versöhnung von Philosophie und Religion und ihre Ursprünge in der Tradition des Abendlandes. Freiburg i. Br./München 1992.

MCGINN, BERNARD: Christliche Mystik im Abendland. Freiburg i. Br. 1994ff.
Bd. 1: Ursprünge. Freiburg i. Br. ²1994.
Bd. 2: Entfaltung. Freiburg i. Br. 1996.
Bd. 3: Blüte: Männer und Frauen der neuen Mystik (1200-1350). Freiburg i. Br. 1999.

MCGINN, BERNARD (HRSG.): Meister Eckhart and the Beguine Mystics. New York 1994.

MCGINN, BERNARD: The Harvest of Mysticism in Medieval Germany (1300-1500). [The Presence of God: A History of Western Christian Mysticism; IV]. New York 2005.

MᴄGɪɴɴ, Bᴇʀɴᴀʀᴅ: The mystical thought of Meister Eckhart. New York 2001.

Mᴇᴛᴢ, Jᴏʜᴀɴɴ Bᴀᴘᴛɪsᴛ: Armut im Geiste – Passion und Passionen. Münster 2007.

Mᴇᴛᴢ, Jᴏʜᴀɴɴ Bᴀᴘᴛɪsᴛ / Pᴇᴛᴇʀs, Tɪᴇᴍᴏ Rᴀɪɴᴇʀ: Gottespassion – Zur Ordensexistenz heute. Freiburg i. Br. 1991.

Mᴇᴛᴢ, Jᴏʜᴀɴɴ Bᴀᴘᴛɪsᴛ: Memoria Passionis – Ein provozierendes Gedächtnis in pluralistischer Gesellschaft. Freiburg i. Br. 2006.

Mᴇᴛᴢ, Jᴏʜᴀɴɴ Bᴀᴘᴛɪsᴛ: Zeit der Orden? – Zur Mystik und Politik der Nachfolge. Freiburg i. Br. 1977.

Mɪᴇᴛʜ, Dɪᴇᴛᴍᴀʀ: Christus – Das Soziale im Menschen. Texterschließungen zu Meister Eckhart. Düsseldorf 1972.

Mɪᴇᴛʜ, Dɪᴇᴛᴍᴀʀ: Die Einheit von vita activa und vita contemplativa in den deutschen Predigten Meister Eckharts und bei Johannes Tauler – Untersuchungen zur Struktur christlichen Lebens. Regensburg 1969.

Mɪᴇᴛʜ, Dɪᴇᴛᴍᴀʀ: Gotteserfahrung – Weltverantwortung. Über die christliche Spiritualität des Handelns. München 1982.

Mɪᴇᴛʜ, Dɪᴇᴛᴍᴀʀ (Hʀsɢ.): Meister Eckhart – Einheit mit Gott. Düsseldorf 2002.

Mɪᴇᴛʜ, Dɪᴇᴛᴍᴀʀ: Meister Eckhart – Mystik und Lebenskunst. Düsseldorf 2004.

Mᴏᴊɪsᴄʜ, Bᴜʀᴋʜᴀʀᴅ: Meister Eckhart – Analogie, Univozität und Einheit. Hamburg 1983.

Mᴏʟʟ, Hᴇʟᴍᴜᴛ (Hʀsɢ.): Zeugen für Christus – Das deutsche Martyrologium des 20. Jahrhunderts [hrsg. i. A. der Deutschen Bischofskonferenz; 2 Bände]. Paderborn/München Wien/Zürich 1999.

Mᴏʟʟᴀᴛ, Mɪᴄʜᴇʟ: Die Armen im Mittelalter. München 1984.

Mᴜ̈ʟʟᴇʀ, Eᴡᴀʟᴅ: Das Konzil von Vienne 1311–1312. Seine Quellen und seine Geschichte. Münster 1934.

Mᴜʀᴋ-Jᴀɴsᴇɴ, Sᴀsᴋɪᴀ: Brides in the desert – The spirituality of the Beguines. Eugene/Oregon 2004.

Nɪx, Uᴅᴏ ᴜ. ᴀ. (Hʀsɢ.): Meister Eckhart der Prediger. Freiburg i. Br. 1960.

PANZIG, ERIK A.: Gelâzenheit und abegescheidenheit – Eine Einführung in das theologische des Meister Eckhart. Leipzig 2005.

PATSCHOVSKY, A.: Straßburger Beginenverfolgungen im 14. Jahrhundert. in: Deutsches Archiv für Erforschung des Mittelalters 30 (1974), 56–198.

PESCH, OTTO HERMANN: Thomas von Aquin – Grenze und Größe mittelalterlicher Philosophie. Mainz 1988.

PETERS, TIEMO RAINER: Johann Baptist Metz – Theologie des vermissten Gottes. Mainz 1998.

PETERS, TIEMO RAINER: Mehr als das Ganze – Nachdenken über Gott an den Grenzen der Moderne. Ostfildern 2008.

PETERS, TIEMO RAINER: Mystik, Mythos, Metaphysik – Die Spur des vermissten Gottes [Forum Politische Theologie; Nr. 10]. Mainz 1992.

PETERS, TIEMO RAINER: Spirituelle Dialektik – Thomas von Aquin grüßt Karl Marx. in: Ders.: Mystik Mythos Metaphysik – Die Spur des vermissten Gottes [Forum Politische Theologie; Nr. 10]. Mainz 1992. 29–39.

PRAMMER, FRANZ: Die philosophische Hermeneutik Paul Ricoeurs in ihrer Bedeutung für eine theologische Sprachtheorie [Innsbrucker theologische Studien; Bd. 22]. Innsbruck/Wien 1988.

RAHNER, KARL: Frömmigkeit früher und heute. SzTh VII (1966). 11–31.

RAHNER, KARL: Preis der Barmherzigkeit. SzTh VII (1966). 259–264.

RATZINGER, JOSEPH: Der Geist der Liturgie. Freiburg i. Br. 2000.

RATZINGER, JOSEPH: Die christliche Brüderlichkeit. München 2006.

RATZINGER, JOSEPH: Einführung ins Christentum – Vorlesungen über das Apostolische Glaubensbekenntnis. München 2000.

RATZINGER, JOSEPH: Eschatologie – Tod und ewiges Leben. Regensburg 2007.

RHEINBAY, PAUL (HRSG.): Kirche im Wandel – Pallottinische Optionen. [Pallottinische Studien zu Kirche und Welt; Bd. 2]. St. Ottilien 1999.

RICOEUR, PAUL: Gott nennen. in: Casper, B. (Hrsg.): Gott nennen – Phänomenologische Zugänge. Freiburg i. Br. 1981. 45–79.

RICOEUR, PAUL: Philosophische und theologische Hermeneutik. in: Ricoeur, Paul und Jüngel, Eberhard (Hrsg.): Metapher – Zur Hermeneutik religiöser Sprache [Sonderheft Evangelische Theologie]. München 1974. 22–44.

RICOUER, PAUL: Stellung und Funktion der Metapher in der biblischen Sprache. in: Ricoeur, Paul / Jüngel, Eberhard (Hrsg.): Metapher – Zur Hermeneutik religiöser Sprache [Sonderheft Evangelische Theologie]. München 1974. 45–70.

RICOEUR, PAUL / JÜNGEL, EBERHARD (HRSG.): Metapher – Zur Hermeneutik religiöser Sprache [Sonderheft Evangelische Theologie]. München 1974.

RICHARD, PABLO: Die ursprünglichen Kernstücke der Befreiungstheologie. in: Fornet-Betancourt, Raúl: Bilanz der letzten 25 Jahre (1968–1993). [Befreiungstheologie – Kritischer Rückblick und Perspektiven für die Zukunft; Bd. 1]. Mainz 1997. 19–29

ROSENBERG, ALFRED: Die Religion des Meister Eckehart. [Sonderdruck aus dem „Mythus des 20. Jahrhunderts"]. München 1934.

RUBIM, ACHYLLE A.: Die Befreiung der Theologie der Befreiung. in: Rheinbay, Paul (Hrsg.): Kirche im Wandel – Pallottinische Optionen. [Pallottinische Studien zu Kirche und Welt; Bd. 2]. St. Ottilien 1999. 94–146.

RUFFING, JANET K.: Introduction. in: Dies. (Hrsg.): Mysticism and Social Transformation. New York (Syracuse University Press) 2001. 1–25.

RUFFING, JANET K. (Hrsg.): Mysticism and Social Transformation. New York (Syracuse University Press) 2001.

RUH, KURT: Die Mystik des deutschen Predigerordens und ihre Grundlegung durch die Hochscholastik. [Geschichte der abendländischen Mystik; III]. München 1996.

RUH, KURT: Meister Eckhart – Theologe, Prediger, Mystiker. München ²1989.

RUPPERT, LOTHAR: Jesus als der leidende Gerechte – Der Weg Jesu im Lichte eines alt- und zwischentestamentlichen Motivs. [Stuttgarter Bibelstudien; Bd. 59] Stuttgart 1972.

SANDER, HANS-JOACHIM: Macht in Ohnmacht – Eine Theologie der Menschenrechte [Quaetiones Disputatea; Bd. 178]. Freiburg i. Br. 1999.

SANDFUCHS, WILHELM (HRSG.): Die Kirche und das Wort Gottes [Münchener Kirchenfunkkommentare zum Konzil; Bd. 3]. Würzburg 1967.

SCHEFFCZYK, LEO: Die Weitergabe der göttlichen Offenbarung. in: Sandfuchs, Wilhelm (Hrsg.): Die Kirche und das Wort Gottes [Münchener Kirchenfunk-kommentare zum Konzil; Bd. 3]. Würzburg 1967. 45—61.

SCHILLEBEECKX, EDWARD: Weil Politik nicht alles ist – Von Gott reden in einer gefährdeten Welt. Freiburg i. Br. 1987.

SCHMIDT, MARGOT / BAUER, DIETER R. (HRSG.): Grundfragen christlicher Mystik (Wissenschaftliche Studientagung ‚Theologia mystica'; Weingarten 7.-10.11.1985). [Mystik in Geschichte und Gegenwart; Abteilung I: Christliche Mystik; Bd. 5]. Stuttgart – Bad Canstatt 1987.

SCHNEIDERS, SANDRA M.: The Revelatory Text – Interpreting the New Testament as Sacred Scripture. Collegeville, Minnesota ²1999.

SCHÖNFELD, ANDREAS: Spirituelle Identität und Mystik. in: Geist und Leben 81 (2008), 1—8.

SCHOLEM, GERSHOM: Die jüdische Mystik in ihren Hauptströmungen. Frankfurt a. M. 1967.

SCHWEITZER, FRANZ JOSEF: Meister Eckhart und der Laie – Ein antihierarchischer Dialog des 14. Jahrhunderts aus den Niederlanden. [Quellen und Forschungen des Dominikanerordens; NF; Bd. 6]. Berlin 1997.

SELLS, MICHAEL: The Pseudo-Woman and the Meister, in: McGinn, Bernard (Hrsg.): Meister Eckhart and the Beguine Mystics. New York 1994. 114—146.

SENNER, WALTER: Meister Eckhart in Köln. in: Jacobi, Klaus (Hrsg.): Meister Eckhart. Lebensstationen – Redesituationen [Quellen und Forschungen zur Geschichte des Dominikanerordens; NF 7]. Berlin 1997. 207—237.

SOBRINO, JON: Geist, der befreit – Lateinamerikanische Spiritualität. Freiburg i. Br. 1989.

SÖLLE, DOROTHEE: Die politische Dimension der Ichlosigkeit. in: Günter, Andrea und Wodtke-Werner, Verena (Hrsg.): Frauen, Mystik, Politik in Europa. Königstein/Taunus 2000. 163—171.

SÖLLE, DOROTHEE: Gegenwind. Erinnerungen. Hamburg ²1995.

SÖLLE, DOROTHEE: Gott denken – Einführung in die Theologie. Stuttgart ⁴1992.

SÖLLE, DOROTHEE: Leiden. Freiburg i. Br. ²1993.

SÖLLE, DOROTHEE: Mystik und Widerstand – „Du stilles Geschrei". Hamburg 1997.

SÖLLE, DOROTHEE: Phantasie und Gehorsam – Überlegungen zu einer künftigen christlichen Ethik. Stuttgart 1968.

SÖLLE, DOROTHEE: Politische Theologie. Stuttgart 1982.

SPAEMANN, ROBERT: Gut und böse – relativ? Über die Allgemeingültigkeit sittlicher Normen. [Antwort des Glaubens (Schriftenreihe des Informationszentrums Berufe der Kirche der Erzdiözese Freiburg); Bd. 12]. Freiburg 1979.

SPEER, ANDREAS / WEGENER, LYDIA (HRSG.): Meister Eckhart in Erfurt [Miscellanea Mediaevalia; Bd. 32]. Berlin/New York 2005.

SPITAL, HERMANN JOSEF: Gott lässt sich erfahren. Trier/Graz u. a. 1995.

STACHEL, GÜNTER: Meister Eckhart. Alles lassen – Einswerden. Mystische Texte. München 1992.

STEGGINK, OTKER U. A.: Mystik – Ihre Aktualität. [ders.: Mystik. Bd. 2]. Düsseldorf 1984.

STEIN, EDITH: Wege der Gotteserkenntnis – Studie zu Dionysius Areopagita und Übersetzung seiner Werke. [Edith Stein Gesamtausgabe; 17]. Freiburg i.Br. ²2007.

STIRNIMANN, HEINRICH / IMBACH, RUEDI (HRSG.): Eckhardus Theutonicus, homo doctus et sanctus – Nachweise und Berichte zum Prozess gegen Meister Eckhart [Dokimion 11]. Fribourg/Ch. 1992.

STURLESE, LORIS: Hat es ein Corpus der deutschen Predigten Meister Eckharts gegeben? in: Speer, Andreas / Wegener, Lydia (Hrsg.): Meister Eckhart in Erfurt [Miscellanea Mediaevalia; Bd. 32]. Berlin/New York 2005. 393–408.

STURLESE, LORIS: Homo divinus. Philosophische Projekte in Deutschland zwischen Meister Eckhart und Heinrich Seuse. Stuttgart 2007.

SUCHLA, BEATE REGINA: Dionysius Areopagita. Leben – Werk – Wirkung. Freiburg i. Br. 2008.

SUDBRACK, JOSEF: Fundamentalismus in der Eckhart-Deutung. Zu einigen Neuerscheinungen. Literaturbericht. in: GuL 66(1993), 291–303.

725

SUDBRACK, JOSEF: Mystik – Sinnsuche und die Erfahrung des Absoluten. Darmstadt 2002.

SUDBRACK, JOSEF: Trunken vom hell-lichten Dunkel des Absoluten – Dionysius der Areopagite und die Poesie der Gotteserfahrung. Einsiedeln/Freiburg 2001.

THOMAS DE AQUINO: Recht und Gerechtigkeit. STh II-II, Fragen 57–79 [Nachfolgefassung von Bd. 18 der Deutschen Thomasausgabe; übersetzt von Josef Groner; kommentiert von Arthur F. Utz]. Bonn 1987.

TRUSEN, WINFRIED: Eckhart vor seinen Richtern und Zensoren. in: Jacobi, Klaus (Hrsg.): Meister Eckhart. Lebensstationen – Redesituationen [Quellen und Forschungen zur Geschichte des Dominikanerordens; NF 7]. Berlin 1997.

TRUSEN, WINFRIED: Der Prozess gegen Meister Eckhart – Vorgeschichte, Verlauf und Folgen. Paderborn 1988.

TRUSEN, WINFRIED: Zum Prozess gegen Meister Eckhart. in: Stirnimann, Heinrich und Imbach, Ruedi (Hrsg.): Eckhardus Theutonicus, homo doctus et sanctus – Nachweise und Berichte zum Prozess gegen Meister Eckhart [Dokimion 11]. Fribourg/Ch. 1992. 7–30.

ULRICH-ESCHEMANN, KARIN: Liebe ist kein Zustand der Seele, sondern eine Richtung. in: Günter, Andrea / Wodtke-Werner, Verena (Hrsg.): Frauen, Mystik, Politik in Europa. Königstein/Taunus 2000. 185–196.

VAUCHEZ, ANDRÉ: Von radikaler Kritik zur Häresie. in: Brox, Norbert u.a. (Hrsg.): Die Machtfülle des Papsttums [Die Geschichte des Christentums – Religion, Politik, Kultur; Bd. 5] Freiburg i. Br. 1994. 488–503.

VICAIRE, MARIE-HUMBERT: Dominikus. in: Greschat, Martin (Hrsg.): Gestalten der Kirchengeschichte [Bd. 3: Mittelalter I]. Stuttgart/Berlin u. a. 1983. 267–281.

WEHR, GERHARD: Der Stimme der Mystik lauschen. München 2005.

WEHRLI-JOHNS, MARTINA: Das mittelalterliche Beginentum – Religiöse Frauenbewegung oder Sozialidee der Scholastik? in: Dies. (Hrsg.): Fromme Frauen oder Ketzerinnen? –Leben und Verfolgung der Beginen im Mittelalter. Freiburg i. Br. 1998. 25–51.

WEHRLI-JOHNS, MARTINA (HRSG.): Fromme Frauen oder Ketzerinnen? – Leben und Verfolgung der Beginen im Mittelalter. Freiburg i. Br. 1998.

726

WEHRLI-JOHNS, MARTINA: Mystik und Inquisition – Die Dominkaner und die sogenannte Häresie des Freien Geistes. in: Haug, Walter u. a. (Hrsg.): Deutsche Mystik im abendländischen Zusammenhang. Tübingen 2000. 223–251.

WENDEL, SASKIA: Affektiv und inkarniert – Ansätze Deutscher Mystik als subjekttheoretische Herausforderung. [Ratio fidei – Beiträge zur philosophischen Rechenschaft der Theologie; Bd.15]. Regensburg 2002.

WERNER, M.: Religiöse Bewegungen im Mittelalter. Oldenbourg 2001.

WIDL, MARIA: Christentum und Esoterik – Darstellung, Auseinandersetzung, Abgrenzung. Graz/Wien/Köln 1995.

WIDL, MARIA: Wie privat ist ChristIn-Sein?. in: Baumgartner, Isidor u. a. (Hrsg.): Den Himmel offen halten. Ein Plädoyer für Kirchenentwicklung in Europa. Innsbruck 2000. 61–70.

WOLTER, HANS: Die Bettelorden. in: Beck, Hans-Georg u. a. (Hrsg.): Die mittelalterliche Kirche – Vom Hochmittelalter bis zum Vorabend der Reformation [Jedin, Hubert (Hrsg.): Handbuch der Kirchengeschichte; Bd. III/2]. Freiburg i. Br. 1985. 214–229.

WOLTER, HANS: Die Krise des Papsttums und der Kirche im Ausgang des 13. Jahrhunderts. in: Beck, Hans-Georg u. a. (Hrsg.): Die mittelalterliche Kirche – Vom Hochmittelalter bis zum Vorabend der Reformation [Jedin, Hubert (Hrsg.): Handbuch der Kirchengeschichte; Bd. III/2]. Freiburg i. Br. 1985. 297–362.

ZECHMEISTER, MARTHA: Gott erfahren? in: Geist und Leben 65(1992), 321–329.